教育研究法

（增訂第二十版）

王文科　王智弘　著

五南圖書出版公司 印行

···二十版序···

本增訂版主要特色和增、修訂之內容重點，分述如下：

第一、延續撰寫本書的一貫立場和態度。釐清概念和更新資料，使本書能與時俱進、日新又新。本書並重視研究倫理，呼籲研究者接受完整的研究倫理訓練以及修習學術倫理的基本核心概念的相關課程。

第二、本書內容完備，質的、量的以及混合的研究等觀點兼顧，內含各種研究方法，至於研究計畫、論文寫作與評鑑的體例及格式，則力求配合《APA出版手冊》（2020）的內容，就其精髓部分，予以引入，以求有完備的解說。讀者如熟練並掌握本書內容，當裨益於論文的撰寫與評述。

第三、《APA出版手冊》建議其2020年版，宜從其第七版於2020年春季開始採行，可供讀者參考。

本書之增修訂，承五南圖書出版公司的鼎力支持、編輯部同仁的精心擘劃，始能順利完成，謹致謝忱。

本書之增修訂過程，雖力求嚴謹，內容追求新穎與實用，惟疏漏、欠周在所難免，敬祈先進暨讀者批評指教。

王文科、王智弘　謹誌

wkw@thu.edu.tw

chiwang@cc.ncue.edu.tw

・・・增訂新版序・・・

　　隨著時代巨輪的運轉，學術領域不斷創新發展，乃為不爭的事實，教育研究法為教育學術領域中的一環，自不例外，無論就量的充實、質的改進，均見斐然有成。

　　拙作《教育研究法──教育研究的理論與實際》一書，自民國75年3月問世以來，其間已印行三版，初版與再版期間只相隔九個月。足見其深受讀者歡迎、接受的程度，但亦因而鞭策作者不可怠忽，務須針對讀者的意見、使用本書之教授先進的建議，予以更新，俾與時俱進。作者有鑑於此，加上本書問世以後，有關教育研究法的西書，除了新書陸續推出之外，原來參考用書的新版亦先後問世，使得本書有相形見絀之感，亟待增訂修正，遂於一年半前決定徹底改寫，達成符合「增訂新版」的理想。

　　本書與以前各版相較，值得告訴讀者的有以下各項：

　　一、本書以前各版共分11章，有些體系讀者不易掌握，為了彌補此種缺失，本書改分成20章，除了第1章教育研究概述與第20章研究報告的撰寫與評鑑之外，其餘18章細分成研究計畫的準備及撰擬、主要的研究方法、資料分析與解釋三篇，體系更加清晰、完備，內容益見充實，無論在理論或概念的解析，或在實際的應用，都有具體獨到而明確的闡釋。

　　二、本書以前各版雖開國內教育研究法著作風氣之先，列有討論質的研究（如人種誌研究法）部分；但仍停留在淺嘗輒止的境界，尚待充實。本書雖未能就質的研究與量的研究做等量處理，事實上亦不可能如此，但已就質的研究計畫的撰擬、質的研究報告的評鑑列有專節，人種誌研究法、內容分析研究法、個案研究法等列有專章探討，以拓展讀者的視野、擴充研究的方向。

　　三、本書對於常用或罕用，且不易找到範例的部分，如研究計畫的撰擬、個案研究的敘寫、Q方法論的運用等，列有實例介紹，俾供讀者靈活運用的參考。

　　四、本書第二篇針對各種研究方法，有體例較為一貫的陳述，舉凡各研究方法的定義、目標、程序或步驟、使用的時機或優點與限制、統計分析等，都涵蓋其中，可深入了解各種方法，或可提醒讀者於運用取捨之際，宜加審慎或作周延考慮。

五、量的教育研究與統計分析密不可分，本書較之以前各版增加資料圖示方法、後設分析、百分比差異的顯著性考驗，與多重比較等，並將原有資料重加組織，務期更具實用性，增進讀者對統計運用的掌握，此一部分共分兩章，雖無意概括全部教育統計內容，但對初學者而言，應已足敷需要。

　　六、教育研究重在觀念的理解與運用，為了提供讀者自我評量的機會，本書在每章之後，精選若干作業，且部分附有參考答案，讀者可自行練習、訂正。是以本書無論當教科書或讀者自修，均方便適用。

　　本書為顧及讀者不同的需要，內容力求周全，採用本書為教科書之教師可視學生程度、需求與授課時數，作彈性調整，讀者自修時，亦宜針對個人狀況與需求，靈活運用，收益較宏。

　　本書部分內容，依據作者曾分別在台灣省中等學校教師研習會、台灣省國民學校教師研習會、台灣省教育廳舉辦之中等學校教育專題研究研習會、台灣省社會處社會福利工作人員研習中心、台北市教師研習中心，以及台灣省立台中師範學院國小教師教育研究法研習會講授之文稿，予以充實完成，謹向此等機關負責人致謝，若沒有他們提供機會，激發作者的動力，本書的完成，恐尚在未定之天。採用本書的教授先進，曾對本書之修訂，提供許多珍貴的建議。作者任教班級之學生的意見，亦多有參考價值。五南圖書出版公司負責人楊榮川先生的積極策劃推動之功，亦不可沒，謹此一併致謝。

　　作者雖全力以赴，務求本書達成自己預期的理想目標、符合讀者的需要，但疏漏之處，恐在所難免，尚祈先進、讀者繼續予以指正。

王文科　謹誌
於彰化師範大學特殊教育研究所

・・・初版序・・・

　　「工欲善其事，必先利其器。」古有明訓。初學者若不諳研究方法，縱有絕佳題目，充實材料，亦有無法下筆之難；渠如能於撰稿之前，掌握方法訣竅，寫作過程較能順利，即使遭遇困難，自知處理之道，便可迎刃而解。

　　作者曾於民國70年編譯出版貝斯特（John W. Best）原著《教育研究法》（*Research in Education*, 3rd ed., 1977）一書，頗受歡迎，旋於72年濃縮再版；可見國人對研究方法需求殷切。惟鑑於編譯書籍常有無法面面兼顧之憾，自該譯本初版之日，即有自擬專書計畫。加之，作者自66年以來，忝承台灣省政府研究發展考核委員會之聘，為評審工作小組委員之一，得以參與省政研考之評審工作，因而發現，不少佳作礙於使用方法不當，以致遜色許多；間亦有誤用工具，減損報告之價值者，實屬可惜。更因而激發作者撰寫本書之動機。奈因平時教學、研究忙碌，又兼任行政工作，是以雖有要將本書早日付梓之念，但終因心有餘而力不足，延宕至今方才脫稿。

　　全書主要分成四部分：其一、為研究理論之基本概念的剖析；其二、為研究方法的引介與評述；其三、為研究工具與技術的編製和應用；其四、為附錄。

　　研究理論之基本概念的剖析，以第一、二兩章為主。試圖揭示研究基本概念，進而確立選擇問題之途徑，撰擬研究計畫之細節，以為以後的研究工作，奠定穩固之基礎。

　　第三至五共三章為研究方法的引介及剖析部分。舉凡實驗研究法、敘述研究法、歷史研究法等之類型、特徵、步驟、優點及限制，均力求鉅細靡遺地分析，俾供讀者在選用適當方法之餘，亦能慎記其缺點，或進而謀求補救之道，或慎於申述。

　　工具與技術應用部分包括第六至十一共六章，逾本書之半數。第六至八章以探討各種工具或技術之類型、編製程序、優缺點等為主，強調工具或技術之編製過程及應用之重點。第九、十兩章針對資料分析所需之統計程序，基於實用之立場，分從敘述及推論統計舉隅說明。最後一章為研究報告的撰寫，舉凡論文或報告之目次的編排、圖表的安置、附註及參考書目的排列、研究報告或論文的評鑑，都有比較式的說明，或有多種舉隅，藉供參照與取擇。

附錄部分，除了統計檢定所需之附表資料外，尚有研究問題、Q方法論之應用舉隅、社會科學統計套裝軟體（Statistical Package for the Social Science, SPSS）之應用、國內論文簡略索引、中央暨省市鼓勵研究發展有關規定等。

　　研究問題，旨在供讀者評量自己熟練各章內容的程度外，並導引進一步探討之用，尚可為報告之撰寫，無形中奠定基礎，此與一般作業限於教材內容，不涉進一步的應用有別。應用Q方法論論文舉隅，係作者翻譯的文章，乃鑑於國內真正應用Q分類撰寫論文者不多，擬藉本文之介紹，供讀者揣摩應用之需。又利用電子計算機處理資料迅速又便捷，已蔚為今後可循之途徑，研究者除需了解基本之運算外，交付便捷工具處理，至有價值；作者乃商請在該方面有深入研究與實務經驗豐富的林振盛博士，依本書第十章有關附表資料為例，寫成〈研究工具，電子計算機〉一文，藉供參考。此外，閱讀有關論文或報告，不失為初學者揣摩研究方法、技術之可靠途徑，作者有鑑於此，以方法為經，論文內容、使用工具、統計程序等為緯，分就北、中、南部大專院校有關教育、心理、輔導等期刊所載，近十餘年來之（碩士）論文或報告，擇要彙成索引，以滿足讀者就近參閱之需。此項安排一則可節省篇幅，二則可供讀者就需要選擇研讀，三則可讀到全文而非摘要，易有全盤性之了解。另附「各級行政機關研究發展實施辦法」、「台灣省政府研究發展案件評審暨獎勵金核發要點」、「台北市政府所屬各機關自行研究注意事項」，供有志研究工作者參考。

　　貝斯特教授曾惠贈書刊；本院同事何華國博士提供不少寶貴資料；另作者藉於74年5、6月間赴美參加皮亞傑學會（Jean Piaget Society）年會之便，承張煌熙博士、蔡璧煌博士、吳明清博士、曾守得博士、黃半先先生等之協助與引導，得先後在史坦福大學（Stanford University）、柏克萊加州大學（U. of California-Berkeley）、聖荷西州立大學（San Jose State University）、哈佛大學（Harvard University）、賓州大學（U. of Pennsylvania）、休斯頓大學（U. of Houston）等校，蒐得本書所需寶貴資料，使本書內容得以益增充實；內人陳桂花女士從旁督促，舍弟文漢費神校對；五南圖書出版公司楊榮川先生安排出版事宜，均有助於本書的問世，謹致謝忱。

　　作者不揣譾陋，勉力完成本書，疏漏在所難免，敬祈方家不吝指正。

王文科　謹誌

台灣光復四十週年紀念日於國立台灣教育學院

<h1>···目 次···</h1>

第二篇　主要的研究方法

第三篇　資料分析與解釋

第19章　敘述統計 ·· 521

第20章　推論統計 ·· 557

···附表目次···

・・・附圖目次・・・

第**1**章

教育研究概述

（性質、特徵與相關概念）

　　對教育研究的性質、特徵與相關概念，先有基本的認識，無論對於從事教育研究的學者，或實際從事教學的教師而言，均見其重要性。例如：如何提供學生解決問題的有效途徑、縮短研究發現與實際應用之間的差距、強化教師的專業地位等課題，有待研究工作的不斷推展，以期推陳出新，始能達成。惟在深入探討研究的途徑與方法之前，對於教育研究的基本概念，須有初步的認識。爲了達成上述的要求，本章先從追求知識的來源分析，以強調科學方法應用於教育研究的可行步驟；繼而闡述科學方法的性質及其應用於教育及其他社會科學的限制；其次針對教育研究的性質與類別加以分析；最後則以探討教育研究涉及的相關概念結尾。

第一節　人類知識的來源

　　人類和其他動物比較，可以顯現人類有較高度發展的神經系統、思考靈敏的大腦、複雜的發音結構等，因而能夠彼此交換經驗與觀念、解決問題、或攝取新知（賈馥茗，1981）。

　　交換經驗與觀念、解決問題、或攝取新知，最穩健而可靠的途徑，應是採取科學的方法，但在人類求知的歷程中，並非一開始即採用科學的方法，其間曾經歷一段漫長的歷程。最早或根據經驗（experience）、訴諸權威（authority），進而採用演繹推理（deductive reasoning）、歸納推理（inductive reasoning），最後演變爲採用科學的方法（scientific approach）（Ary et al., 2019; Babbie, 2002, 2004; Neuman, 2012; Van Dalen, 1979）。

壹、根據經驗

歷代列祖列宗傳遞下來的智慧，乃是人類經驗的結晶，利用此等遺產，後代子孫始可免除重複盲目探索的歷程，亦可因而有更多的時間與精力，從事導引社會進步的工作。同樣，個人憑藉過去處理問題的經驗，可以迎刃而解「重演」的問題，或類似的情境。

惟如過分仰賴經驗，視之為真理的來源，便有待斟酌，其理由有二：一、有了經驗作憑依，處理問題容易形成「蕭規曹隨」的現象，不思創新，恐難求突破；二、單憑個人經驗，往往會影響判斷事情真相的品質，即使所判斷的屬同一事件，亦常會導致迥然不同的結論。例如：有兩位督學同時分派調查某一事件的真相，其中一位把焦點放在正確的一面，另一位卻專注錯誤的一面，他們分別提出的報告之間的差異，乃可想像。另外，吾人尚須獲得的許多新知，無法單從經驗中「遷移」而來，如學生利用數學計數的經驗，可以解決加法的運算，但是對於平方根的計算，單憑經驗卻無法達成。

貳、訴諸權威

當吾人藉著經驗仍無法了解或解決疑難的問題時，常有訴諸權威的傾向。西方自建立宗教權威系統之後，運用神秘觀點及祭司的權威名義，解釋自然的歷程，便成為牢不可破的作法，這種權威的濫用，使得進一步追求真理的意念，延宕了幾個世紀之久。

「權威」係指著有解決某（些）問題經驗的人，或提供其他專門知識的來源而言。如要了解本學年度全國接受國民教育的學生人數，教育部出版的*教育統計年報*無疑是最具有權威的資料來源。又如初任教師運用的教學技術，常依據在學時教師傳授的方法，亦為訴諸權威的具體反映。

凡事訴諸權威，易取得別人的信賴，不致被斥為信口開河；但是，如是作法，不免有其缺失，值得商榷：第一、權威之說，可能是錯誤的，因為他們的觀點，不是絕對無謬誤的；第二、權威彼此之間對問題的分析與見解，難求一致，其中不免摻雜個人的偏見，亦是事實。

參、採用演繹推理

吾人對發現真理，採取有系統的研究，始自古希臘的哲學家。首先由亞里斯多德（Aristotle）及希臘人倡導的系統推理方法，即是演繹法，即在大前提、小前提與結論之間，建立一種由一般到特殊的邏輯關係，此一推理方法，亦稱之為定言三段論（Categorical Syllogism）。其中大前提是一種自明的假定，由形上真理或教條所建立的命題；小前提為一種和大前提有關的特例；由這些命題既有的邏輯關係，獲致一種不可避免的結論。

典型的亞里斯多德式三段論如下：

1.大前提……所有的人會死。

2.小前提……蘇格拉底（Socrates）是人。

3.結論……蘇格拉底會死。

演繹推理的前提若均為真，結論必然為真。但是，若以舊教條，或不可信任的權威為基礎，而建立的大前提，乃是錯誤的，據此錯誤的大前提，而導致的結論，勢必錯誤。其次，三段論中的結論，無法超越大、小前提的範圍，以致無法從中發現新的關係或原理；凡此兩端，乃是演繹推理的限制。

儘管如此，在研究的過程中，演繹推理仍有用處，它可作為連結理論與觀察二者之間的手段，協助研究者從現有的理論中，推演出有待觀察的現象，因而建立研究的假設，假設乃是科學探究方法中重要的部分。

肆、運用歸納推理

由於演繹推理而得的結論，是否為真，與前提所根據的基礎的真偽，密切相關，是以確認前提是否為真，便顯得格外重要。

如何確認前提是否為真，培根（Francis Bacon, 1561-1626）首倡認知的新方法，以為研究者應當採用直接觀察的方法，觀察許多個別的現象，以取得事實或證據，俾獲致一般的結論或原理，這種歸納歷程，係由觀察特定的現象開始，終而獲致原理、原則，使得推理的方法，避免一些冒險；培根認為演繹推理的歷程，係以舊教條，即宗教的或知識的權威為依據，並予接受，因此，在發現新的真理方面，自然就會受到障礙。這些妨礙真理發現，且存在於吾人心中的偏見與觀念，他稱為「偶像」（idols），力主予以掃除，這是他在1620年所寫的*新工具*（*Novum Organum*）一書中提出的見解。

下列故事，引以說明培根對中世紀的文字權威所產生的反感，此一權威控制了當時對真理的探求：

> 主後1432年，弟兄之間因馬嘴內的牙齒數，發生嚴重的爭論；此一不休止的激烈爭辯達十三天之久。所有的古書和記載的史料，都被取來，且令人驚異的、大量的知識都出了籠。至第十四天，有位舉止文雅的年輕修道士，要求所屬的有學識的上司，允許他附帶說一句話，立即引起辯者們的驚奇，他們深不可測的睿智，使他深感困惱；他以粗糙的且未聽聞過的理由，懇求他們去觀看馬嘴，以找出問題的答案。在這種情況之下，他們以為尊嚴深受損害，旋即勃然大怒，終於匯成一股巨大的騷動，予以攻擊，擊打他的臀部，並即將他投擲出去。因為他們說：「確實是撒旦的誘使，孕育而出該位魯莽的新教徒，宣告發現真理所需的方式，不僅是邪惡的，且不曾聽過的，與神父講授的完全相反。」在嚴厲的爭吵過後的好幾天，

和平鴿棲息在會場上；他們如同人一樣，宣稱該問題，可能是一個持久性的神秘，因為缺乏歷史的與神學的證據，故下令作同樣的記載（Cited in Mees, 1934, pp.13-14）。

培根所倡導的歸納法，是邏輯領域的新方法，為當時的科學家廣泛採用，不像演繹推理會受錯誤的命題、語文符號的不當與曖昧，或缺乏證據等的影響。

惟單憑歸納推理，仍不是一種可令人感到十分滿意的解決問題的方式。如「每一本研究法教本均列有一章詳述研究報告的撰擬，因此，所有的研究法教本包含研究報告的撰擬一章」一例，可能仍有疑慮。因隨機蒐集個別觀察而得的資料，從中獲取的原理、原則或理論，常無法達到盡善盡美的境界。儘管有如是顧慮，但是藉歸納推理獲得的資訊，如屬可靠，確可協助吾人作合理的決定。

伍、採取科學方法

根據前面所述，可知演繹推理和歸納推理，各有優、缺點，學者遂採統整方式，結合二種推理方法的重要部分，形成新的研究方法，即歸納—演繹法（inductive-deductive method）或稱科學方法。

採科學方法的研究者，先從觀察現象入手，根據結果，歸納而得到假設，再從假設，演繹其邏輯涵義；演繹而得的結果，將可用來判斷假設中的各種關係，是否為真；如為真，則另需採用實證資料，予以考驗（檢定），作為拒絕或接受假設的依據。假設的有無，乃為分辨科學方法和歸納推理二者的主要關鍵。

科學方法，包括如下五個步驟：

1. **選擇與界定問題**：吾人遭遇有待解決的疑難問題，即須採用科學方法處理；但是為了配合科學研究的需要，待解決的問題，需以可在自然環境中觀察或實驗的方式界定之。

2. **閱覽文獻及陳述研究問題與假設**：閱讀有關文獻，並作進一步的思考之後，提出解釋問題的暫時性假設。

3. **演繹推理與執行研究程序**：經由演繹推理的過程，確定假設的涵義。然後進行研究設計，包括選取受試者以及選擇或發展測量工具等程序。

4. **蒐集並分析資料**：就假設或其演繹而得的涵義，藉著觀察、測驗或實驗的過程，蒐集有關資料，予以考驗。

5. **詮釋發現與敘述結論**：採用科學方法獲得的結論，是蒐集資料而得的證據，旨在針對研究問題，詮釋發現，或肯定、拒絕假設，而非在於證實假設是否為絕對的真理，以獲致結論，進而提供研究報告，供人分享或複製之用（Ary et al., 2019; Creswell, 2014; McMillan & Schumacher, 2010; Neuman, 2011; Wiersma & Jurs, 2009）。

第二節 科學方法的性質

壹、科學的目標

概括來說，科學的目標在於發展新的知識。詳細言之，科學的目標至少包括探索、描述、預測、控制與解釋五項。

一、探索的目標

探索為一切研究順序的開端，並為更有系統之後續研究奠定基礎，是以探索係針對新的，或從未被研究過的議題進行研究，探索探討的多為「什麼」的問題，且較無固定的答案；研究者須具有創意、本開放的胸襟，採「質的」方法，蒐集所需資料。

二、描述的目標

描述係指科學的活動，在於描述自然的或人為的現象，以及所發現的新現象而言。欲達成此項目標，則須借重測量與觀察儀器或工具的協助。如未能準確描述客觀存在的現象，科學便無從進步。描述也為了解其他科學的目標，提供基本的知識，其重要性不容忽視。

三、預測的目標

預測目標的達成，須以精確描述的資料為基礎；根據甲現象獲得的資料，便可預測乙現象。如學生在校的成就，可根據一、二年前受測的性向測驗成績，作相當準確的預測。

四、控制的目標

科學的實驗設計，即以達成此項目標為重點；如在某項實驗中，可控制甲現象，以決定乙現象是否會產生。大致言之，控制的目標與預測的目標，在一項科學研究之中，有著密切的關聯。二者主要的差別，乃在於科學家是否操縱其中的某個現象而定；預測的探究，科學家僅以研究現象與現象間自然發生的結合情形為主體；而控制的探究，科學家必須操縱某（些）條件，以決定是否能控制某些其他的條件。因此就現象與現象間的結合情形而論，控制探究比預測探究更能提供強而有力的說明。惟果真如此，那麼何以須講究預測，因為有些現象是不允許做實驗控制，仍有賴預測所致。

五、解釋的目標

解釋的目標常被認為是終極的目標，亦即包括前四項目標在內。若科學家能解

釋一組現象，即指他們能夠深入探索問題、以高度的準確性描述、預測和控制該組現象。對於所研究的某種現象作的解釋，通常採理論的形式呈現，由於以理論形式呈現的解釋對於科學的探究，至為重要，因此有待對科學的理論，詳予分析。

貳、科學的理論

不少人將「理論」（theory）視為象牙塔、不實在，實用價值不高。事實上並不盡然。根據前面的分析，可知理論有探索、描述、控制、預測與解釋現象等功能。從事純粹研究者把全部精力投入建立或修正理論的研究時，可能與實際應用的關係性不大，但是當一個理論建立以後，便具有實用的價值。杜威（John Dewey）稱：沒有比良好的理論更實用的東西，即指此而言。

理論在一般的用法中，具有許多含混不清的內涵，或含有預感之意；或含著缺乏與事實直接連結的思辨。但是一種科學的理論，就其定義與性質而言：理論是一組交互關聯的構念（概念）、定義和命題，藉著確定諸變項之間的關係，對現象提供系統的觀點，其目標在於解釋與預測該等現象。（Kerlinger & Lee, 2000）該定義提及三件事情：其一、理論是包括經界定且有交互關聯構念在內的一組命題；其二、理論描述一組變項（構念）之間的交互關係，以對由變項所描述的現象，提出一種系統的觀點；第三、理論在於解釋現象。

用來解釋現象的科學理論，須先指明一組特定的理論構念（theoretical constructs）：構念是一種假設性概念，係由理論架構發展而來，它所指稱的是不能被見到的東西，如智力、自尊、動機等，但卻是會對教育的成果產生影響的真正特徵。在教育研究中，將被測量的構念，即是所謂的變項。變項就像構念一樣，代表人、團體、情境、或制度的特性，如性別、社會技巧、社經地位、成就等。任一理論構念可採結構或操作的方式予以界定，且與同系統中的其他理論構念有關。所謂「結構界定構念」（constitutively defined construct）係指界定的某一構念，須指涉及其他的構念。例如：皮亞傑式的保留（conservation）可界定為：當物體的某些特性（如長度、密度等）發生轉變時，受試者仍能認定其若干特性維持不變的能力。在此一保留的定義中，顯然係以涉及其他構念（如特性、轉變、長度、密度），而作的界定。所謂「操作界定構念」（operationally defined construct），係指以特定的測驗或操縱活動，予以界定的一種構念，例如：上述的「保留」構念也可採操作界定構念的方式說明，即指一項特別的任務，在該項任務中，主試者將等量的液體，分別注入大小不同的容器內，然後要求受試者（兒童）說出，各容器內裝著的液體的數量是否相等，藉以解釋或預測兒童有無保留構念。所謂結構界定構念，亦稱概念性定義（conceptual definitions）；所謂操作界定構念，通稱操作性定義（operational definitions）。

在教育的領域中，長期以來普遍缺乏理論的導引，個人的經驗常凌駕於一切之上，這是一個頗值得引人深思的問題。

參、科學方法在社會科學運用上的限制

　　自然科學在達成科學的目標方面，已有顯著的進展；而社會科學，如人類學、經濟學、教育學、政治學、心理學等領域，似乎瞠乎其後。因此有人即認定社會科學，不是「科學」的領域；有些人則認為社會科學並非一籌莫展，只是進步較為遲緩，迄未達到自然科學所要求的水準而已！有的人則認為一個領域只要建立在方法論的基礎上，即採用的研究方法屬於科學的程序，便可稱之為科學，毋須單依學科的材料決定，堪稱言人人殊。

　　所以會導致此等歧見，確是其來有自，不足為奇。因為科學的方法，最先被應用於自然現象的研究，所以傳統便認定科學與自然界合一。科學的方法論約在過去的一世紀內，才應用於社會科學的研究，由於社會科學這個領域是科學方法應用的新方向，其結果當然無法和較成熟的、且歷史較久遠的自然科學相提並論。

　　應用科學方法於探究教育及其他的社會科學之時，可能會有如下的限制（Ary et al., 2019; Van Dalen, 1979）：

一、研究的題材複雜

　　自然科學處理物理與生理的現象，變項有限，容易精確測量、解釋，亦易於建立普遍的法則。社會科學以「人」為研究對象，探討單獨的個人，以及團體中的個人的行為與發展。為了了解複雜的人類的行為，有許多獨立作為以及交互作用的變項，須予以探討。每個人發展的方式、心智的構造、社會的與情緒的行為，甚至整體的人格，皆具有獨特性。團體中人的行為以及團體成員的行為對個人的影響，也是社會科學家必須研究的主題。小學一年級甲班學生的表現，可能有別於小學一年級丙班的學生，因丙班中的學習者、教師和環境等變項，都會對學生的行為產生影響。由此不難發現，在某團體獲致的資料，應用於另一團體或其他情境，不見得有效，因此研究者欲推廣研究結果時，務須審慎。

二、直接的觀察困難

　　觀察是科學的必要條件，但是在社會科學中，欲作直接的觀察，似較自然科學困難。社會科學的觀察常須依觀察者的角度，予以解釋，較易流於主觀，例如：探究的題材經常是屬於某人對他人行為的反應這一類。動機、價值、態度又是無法公開探求，因而當觀察者決定觀察的行為是涉及特定的動機、價值或態度時，難免要作主觀的解釋，於是不免發生問題，問題的關鍵乃在於社會科學家自己持有的一套價值與態度，不但會影響觀察，也會影響研究的發現及結論。至於自然科學家研究的現象，須作主觀解釋的很少，較不易發生類似的難題。

三、精確的複製不易

　　「複製」的原文為replication，本是結合repetition（重複）與duplication（複

本）二字而來。化學家能客觀地觀察在試管中的兩種化學藥品的反應，並提出發現報告和觀察歷程，此種結果與歷程，別人也易於「如法炮製」。可是在社會科學領域，想要這麼做，不但困難，結果也不易求得一致；例如學制的存在，有其歷史、社會、文化、經濟等背景，無法盲目移植，即為一例，縱然可以移植，但往往橘蹄淮而為枳，相去何止千里。即使在學校的同一棟建築物內，欲準確複製與以前完全相同的情境，都有問題，遑論其他。

四、觀察者與受試者的交互作用

研究者經常認為甲因素引起了乙因素，而進行觀察研究；但呈現的事實卻是「研究者觀察甲因素」這個變項，引發了乙因素。如眾所皆知的霍桑效應（Hawthorne effects）實驗結果，即為一例，該實驗，本來是要了解工人工作條件的改變，是否會因而改變生產量，結果不然，卻由於他們獲選供實驗的對象，而提升了生產量。因為研究者本身也是人，由於以觀察者身分呈現，可能會使同樣是人的受試者的行為，發生改變。這種由於觀察者與受試者的交互作用，導致研究結果的變化，固可使用隱藏的照像機以及錄影機等儀器，來取代人為的觀察，減少交互作用的程度，可是有不少的社會科學研究，卻有賴研究者與受試者之間的交互作用，方可達成。

五、控制實驗的困難

對於以人為對象的研究，採用控制實驗的可能性，確比自然科學為小。自然科學的研究，可在實驗室進行，以嚴密控制為實驗的條件；而以人為研究對象的社會科學研究，欲作如是的控制，是不可能的，與其同時要處理的變項很多，受試者的工作條件又極不一致。雖然社會科學的研究者試圖盡其所能確認所有的變項，並力求加以控制，惟此項工作，有時候做起來是比構想的困難得多。

六、測量工具的問題

實驗研究須測量涉入的因素，社會科學的測量工具，似乎較自然科學使用的遜色，幾乎缺乏可供比較的精確量尺，不像自然科學使用的溫度計或多種實驗儀器那麼精確。本節前已指出人的行為至為複雜，受到許多變項獨自作用或交互作用的影響，如何予以分析，至為重要。社會科學家有鑑於此，在執行研究時，莫不仔細審慎，除了採用主觀的、質的判斷外，尚須對於變項作嚴謹的控制，施予較準確的測量，冀求獲得量化的資料，以補救前項的不足。社會科學家除了發展精確的理論之外，並積極追求像自然科學採用的準確性測量工具，以求取正確、一致及完美的研究結果。

七、倫理與法規上的考量

由於教育研究以人為對象，因此，研究者在倫理上，要對參與者負起保護的責

任：在其研究過程中，要保障參與者的安全。政府當局亦須在相關法規，訂定保護參與者的隱私和對所蒐集之資料，負起保密之責任，如此一來，可能會對研究工作的執行，產生影響。

今日世界證明了自然科學帶來的許多奇蹟。如沙克與沙賓疫苗的發明，驅除了小兒麻痺症；原子分裂、太空梭的使用、雷射的發展，超出人類的想像，也給人類帶來了福祉。而社會科學的進展，由於受到上述諸項限制，似乎難有突破性的進展，但是只要採取科學的探究精神，本諸嚴謹與有系統的研究方法，將可提升其在科學上的地位。

自然科學家關心的是事實的問題（problems of facts），將研究的重點置於自然存在的條件；社會科學家對於事實的問題也不置身度外，例如：為了確定當前的社會條件，社會科學家研究貧窮、青少年犯罪、閱讀障礙，或類似問題的特徵與成因，即可證明。但是社會科學家並不以已了解社會現況為滿足，而要更進一步去發展應然的理論，即什麼是社會可欲的行為。雖然有些社會學家認為不必關注社會的目的，但是，他們卻無意中將現行的社會秩序視為理想的取向。有些研究人員可能忽視社會的目的，但是根據他們的研究發現，他人可從而探求理想的社會秩序。因為社會科學的題材與人攸關，而人是追求目標、尋求價值的，因此，社會科學提出的問題形式，便和自然科學所提供者不同。

社會科學如希望在探索、描述、解釋、預測與控制人的行為方面，作出非凡的貢獻，除了要克服上述的困難之外，尚須保持持續不斷與耐心的探究精神，全力以赴，方易達成目標。因為自然科學固然能造福人類，亦能隨時給人類世界帶向自我毀滅的道路，如何化解此一危機，則有賴於社會科學的協助。例如原子彈的發明，是自然科學的貢獻，但是否可用，何時使用較為適宜，則屬於社會科學探討的範圍。

第三節　教育研究的意義與問題

壹、研究與科學

在教育領域中，「研究」（research）與「科學」或「科學方法」有時候交互使用。雖然就涵義分析，它們之間確有若干相同的成分，惟若進一步釐清，亦可從中發現一些不同的內涵。

根據**韋氏辭典**（*Webster's Dictionary*, 1997）的定義，研究是：「細心的、有系統的、耐心的執行探查或探究某知識領域，以發現或建立事實或原理。」科學是：「有系統可循的自然或物理現象的知識；藉觀察、實驗和歸納而確定的真理；將已

知事實作有次序的安排，以歸成類或目；和實際有別的學理知識；原理的知識或發明、構設、機械等的規則，以和藝術有所分辨。」

　　從這些涉及科學與研究的定義內容分析，二者的不同，顯然可見。研究與科學二者固均與事實的發現有關，惟科學蒐集而得的事實，旨在考驗（檢定）或發展理論。雖然有不少的研究也在蒐集事實，但與理論無關，工商企業界經常舉行的市場研究，即是此種例子。二者的另一種區別，可從蒐集而得之事實的本質來看，科學研究的本質，涉及蒐集有關「基本」歷程的事實，如細胞活動的性質；而研究涉及蒐集達成有用目標的事實。換句話說，科學或科學方法以基本研究為重點，而研究則以應用研究為主體（有關基本研究與應用研究詳見第四節）。

　　接著，似宜針對研究的基本性質，深入分析，以為以後探究的參照。研究或科學的研究，主要的定義約有如下各項：

　　1.研究的性質是有計畫的和有系統的蒐集、分析，以及解釋資料，以獲致可靠的解決問題的歷程（Mouly, 1978）。

　　2.科學研究可界定為應用科學的方法於探究問題，是獲得可靠的和有用的資訊的方式。其目的在於透過應用科學的程序，發現有意義問題的答案。……雖然它發生在不同的情境和可能運用不同的方法，科學研究普遍來說，在於有系統的和客觀的探求可靠的知識（Ary et al., 2019）。

　　3.「研究基本是一種活動或歷程，若干特徵有助於界定其性質：……(1)研究是可驗證的；(2)研究須是有系統的；(3)研究須是有效的；(4)研究須是可信的；(5)研究可採多種形式。」（Wiersma & Jurs, 2009）。

　　4.科學的研究是系統的、控制的、實證的和批判的探究由理論引導的自然現象，以及有關假定此等現象之間關係的假設（Kerlinger & Lee, 2000）。

　　另外，從前述的分析，似乎容易使人陷入實證的研究方法才是科學方法的錯覺。Eisner（1981）曾就教育研究的科學方法分成二類，即科學的（指實證的）與藝術的（即指「主觀」的）方法，並指陳二者的十項不同，詳如表1-1。

　　個案研究法（case study method）、人種誌法（ethnography），以及歷史研究法屬於藝術的研究法，惟其抽樣程序、測量、研究設計等，均與科學的研究法有關。

　　揆諸事實，主觀的（藝術的）研究法與實證的（科學的）研究法二者，對研究均有貢獻，且各有短長、價值，都有必要。研究應視題材與目標決定方法，因此不宜妄加論斷何種研究方法較優。有關此一論點，Eisner也有如下的說明：

　　我們必須轉向藝術的（研究方法）時，「不宜」視為拒絕科學的（研究方法），但是由於藉著二者，我們始能獲得雙眼的觀點。依靠單眼，從來無法提供研究領域的深度（Eisner, 1981, p.9）。

表1-1

科學的與藝術的研究法之差異

科學的研究法	藝術的研究法
1.用操作（定義）的方式界定法則與概念。	藝術的、個別的表象方式——如視覺的、聽覺的和推論的語言。
2.根據效度、人與人間的信度與概括性等規準，評鑑探究的方法。	根據研究者個人感受的與相信的觀點，評鑑探究的方法。
3.客觀分析可觀察的人類行為。	擬情的投入個人的經驗。
4.從樣本（個人的集合體）推論到母群體。	從個別的案例推論到母群體。
5.撰寫報告的格式標準化，表達客觀性。	採個別的形式表達意義；報告的格式視未來的讀者而改變。
6.毫無偏見地報導客觀的事實。	選擇性的提出報告與特別強調的要點。
7.目標在於預測和控制。	目標在於解說與了解。
8.資料蒐集方法標準化、客觀化。	研究者自己的知覺是主要的資料來源。
9.情緒是中立的。	在認知方面，情緒是主要的角色。
10.終極的目的在於真理，包含奇特性與絕對性的觀點。	終極的目的在於意義（meaning），包括分歧的詮釋以及相對的論點。

*註：取自 On the differences between scientific and artistic approaches to qualitative research, by E. Eisner, 1981. *Educational Research, 10* (4), pp.5-9.

貳、教育研究的意義

教育研究（educational research）的意義，約有如下的幾種說法：

1.教育研究是社會科學及行為的研究，所涉及的討論，乃指有關教育歷程中，一切人類行為相關的現象（Ebel, 1969）。

2.教育研究是一種針對教育家關注的事件，發展成為有組織的科學知識體系，為其導向的活動（Travers, 1969）。

3.教育研究，乃指對於各種教育問題的「科學研究」，即以客觀的「科學方法」，來從事教育問題的研究（呂俊甫，1970a）。

4.教育研究是用來推動教育發展，進行的研習與探究（Good, 1973）。

5.教育研究是對教育領域或有關的教育問題，而進行任何有系統的研究的一門科學（Mouly, 1978）。

6.教育研究是為了求知識與事實，而分別為教育理論的研究與教育實際的研究。前者著重觀念、概念和思想，抽象的成分多；後者著重現象、狀況、和事件，具體的成分多（賈馥茗，1979，333-334頁）。

7.教育研究是正式的、系統的應用科學方法於研究教育問題，其目標，……質言之在於解釋、預測，以及（或）控制教育的現象（Mills & Gay, 2016）。

綜上所述，似可獲得一個印象，即教育研究係「指採用科學方法探討教育領域的問題；基於研究重點的不同，分成理論的研究和實際的研究；論其目標乃在於組織教育的知識體系、解決教育的問題，與推動教育的發展。」事實上，本節前項所引研究的精神與真諦的內容，應仍適用於說明教育研究的精神與真諦，讀者可以自行參考。

參、教育研究的問題

教育研究既以教育問題為探討的對象，教育研究的問題，便有分析的必要，通常來說，教育研究的問題，主要的約可分成理論的問題（theoretical questions）和實際的問題（practical questions）兩種，二者的分野，在於欲達成之目標的差別，而不是根據問題的複雜程度而分。

一、理論的問題

理論的問題或可稱為哲學的問題，涉及教育的基本原理。最基本的理論問題有（賈馥茗，1979）：

1. **教育目的問題**：包括：(1)教育以培養健全的人格，抑是增進知能為目的？(2)教育要適應個人以造就人才，或要改變個人，著重群體，以培養健全國民？(3)教育以對象——兒童——為目的，以發展人格，或是以內容——教材——為目的，而灌輸知識、訓練技能？

2. **教育內容問題**：即「什麼材料是最有價值」的問題，兒童應學習自然科學的知識，或是有關社會文化的材料？小學生應介紹日常生活的知識，抑是述說神話的故事？以激發思考能力。

3. **教育方法問題**：即「什麼方法是最有效」的問題。教育方法種類繁多，如何根據教材需要，採用適當的方法，指引學生，便是此一問題探討的重點。

4. **教育方式問題**：多半指著學制問題，像正規教育與非正規教育的問題、教育等級分類或按性質分類的問題均屬之。

另有人（Ary et al., 2019）認為理論的問題，係指與下列有關的那些問題，如：

1. **是什麼的問題**：教育研究中常見的此類問題如「什麼是資賦優異學生？」、「什麼是教育研究？」

2. **是如何發生的問題**：典型的此類問題如「人格是如何發展的？」、「兒童是如何學習的？」

3. **為什麼會發生的問題**：教育研究常見的此類問題，如「為什麼人會遺忘？」、「為什麼寄養家庭的兒童比在普通家庭成長的兒童，顯現發展較為遲滯的現象？」

就該三種問題言之，「是什麼的問題」應與「教育內容問題」屬同一性質；「是如何發生的問題」應與「教育方法問題」為同一性質。惟不論分類規準如何，屬於理論導向的研究，係以發展理論，或考驗（檢定）現有的理論，為其重點。

先就發展理論而言。研究者試圖釐清現有各變項間的關係之性質，俾從而發現行為的普遍性；他們相信，有若干變項彼此之間有著關聯，為了描述這種關係的性質，須從事研究，再根據研究發現，發展有關解釋此種現象的理論。學習理論即是循此方式發展而成，研究者終能揭示若干方法、個人與環境變項，以及學習過程之成效間的關係。

繼就考驗現有的理論而言。剛著手研究工作者，似乎無法發展理論，較實際的作法，乃在於從既有的理論中演繹而得若干假設，並施予考驗。若假設是從理論中演繹而出，實證的考驗也提供支持該項假設的證據，那麼，該項證據也為原有的理論，提供了支持。

二、實際的問題

教育研究的實際的問題，亦稱應用的問題，乃是在每日情境中可能遭遇到，且須立即解決者。

就學校教育而言。義務教育的年限、編班的方式與效果、師資的養成與訓練等，都是屬於實際的問題。有關此類問題，可採待答問題的方式呈現。如：

1.採用編序教學法，教導國中一年級的數學，有何成效？

2.公民與道德一科的教學，採討論教學法，較之傳統的演講法，有何具體的成效？

上述有關教學方法的實際的問題，如能獲得解答，有助於教師作實際決策時的參考。

教育之理論的問題或許窮盡研究者的一生，仍得不到令人滿意的答案，但即使如此，尚不至於危害到實際；但是對實際的問題採取的解決策略，萬一發生錯誤，則貽害下一代匪淺，不容不慎，特別是由於人謀不臧，可能衍生的禍害，更應予以預防。

第四節　依目標區分的教育研究類別

壹、方法與方法論

方法（method）與方法論（methodology）二者常被混為一談，在區分教育研究的類別之前，有必要先予釐清。

就教育研究的方向分析，通常對「方法」的見解，有如下各項：

1.科學方法涉及在科學社群所使用的觀念、規則、技術和觀點／途徑（Neuman, 2012）。

2.在教育研究中，用來蒐集資料，以為推論與解說、解釋與預測之基礎的探究範圍。傳統上，方法涉及……對預定的問題引發反應、記錄測量、描述現象以及執行實驗等有所連結的技術……也與參與觀察、角色扮演、非指導性晤談、軼事以及解說有所連結。……原則上限於由研究者使用的較普遍性技術（Cohen et al., 2012; Payne & Payne, 2004）。

3.教育研究法是基於教育是「實施」的觀點，斟酌切合實際研究的方法與技術，著重於實際的技術；……以實施為重的須把所用的方法與技術，就研究問題的性質而加以限制與確定，以求其切合實際（賈馥茗，1970，13頁）。

針對上述可知，方法是針對回答研究問題的需要而衍生的一種蒐集分析資料的程序與技術，務期切合實際。

至於方法論，亦有如下的定義：

1.方法論涉及科學程序的邏輯（Merton, 1968, p.140），或「做事情」的處方，在科學上「做事情」指的是建議合乎邏輯的歸納與演繹（Hy, et al., 1983, pp.7-8）。

2.對於這些方法的描述和分析，注意它們的限制與資源、釐清它們的預設與結果、確立它們的潛力與知識領域不明地帶的關係。它將得自特定技術的成功，勇於概括，即建議作新的應用；以及開展具體問題的邏輯和形上原則的特定關係，即建議新的陳述（Kaplan, 1973）。

3.教育學方法論是基於教育學是一門「學問」，探討研究此門學問的方法與技術，著重理論的指引。……以理論為重的，則不受時間與空間的限制，而在求普遍的原則（賈馥茗，1970，13頁）。

綜言之，方法論的目的不僅在於協助吾人了解科學探究的產物，而且也要協助我們對研究歷程本身的掌握，分析其邏輯性。前者在於強調研究結果的概括性與應用性，後者則在剖析其合理性。但要達成上述的目的，需透過方法以蒐集和分析資料，從中加以判斷。是以方法與方法論二者關係密切，其界限很難作截然的劃分，這也難怪有些研究方法的書籍將它們混用或交互使用，如時下在寫研究計畫或研究報告時，列有（研究）方法一章，有的以「method」表之，有的則以「methodology」示之，得以見其一斑。

依目標而分教育研究方法（論）的類別，其主要的依據，在於該類研究發現直接應用於教育的程度及其概括於其他教育情境的程度，在執行研究期間，這兩項規準承負研究控制的功能。基本研究（basic research）在於發展理論；應用研究（applied research）涉及應用理論於解決問題；評鑑研究（evaluation research）在於決定兩項或多項替代行動方案的相對價值；研究與發展（research and development）以發展能在學校使用的有效產品為導向；行動研究（action research）涉及直接解決當地問題為依歸。

貳、基本研究與應用研究

基本研究與應用研究二詞已被運用多時，但就方法論言，有人仍對二者的關係，發生誤解。例如：有人誤以為基本研究較為複雜，而應用研究較為簡單。有人誤以為基本研究係由一個專注抽象而不務實際的思想家從事的領域，而應用研究則由從事實際的工作者所採行。有人誤以為基本研究講求精確，在實際情境中顯現的價值很小，而應用研究比較草率、隨便，但有很大的實用的價值。事實上，二者的區分不在價值的高低與複雜性，而在於它們追求目標的不同。

基本研究又稱為純粹研究（pure research），其目標在於：根據實證資料，建立、擴展或評鑑教育理論，但不以解決實際的問題為導向。亦即基本研究的首要目標，不在於考慮實際應用的價值，而以拓展知識的領域為依歸。當然從基本研究而得的結果，如可應用於解決實際的問題，自然亦受歡迎，只是其對實際的貢獻，顯得較為間接、緩慢而已。吾人常可見到教育實際的進步，與經由心理學、教育學和社會學的基本研究，而獲致的一般原理，頗有關聯。目前特殊教育實際所採用的如廁訓練、控制肌肉訓練、語言治療技術，便是根據基本研究而得的學習原理，應用於行為改變（behavior modification）的實例（Reagan, 1967）。

由於基本研究在於發現具有普遍性的原理原則，以致建立理論。是以在研究的歷程中，極為審慎，尤其抽樣的程序，乃是一個重要的關鍵。

基本研究通常在實驗室的情境中進行，且經常以動物為對象，因此這種研究，主要是心理學家或社會學家進行的活動，而不是教育學家的活動。因為教育學家所關注的教育歷程，並不是心理學家、社會學家等所重視的主題，故有人不免因而認定該項研究活動，對教育歷程的改進可能作的貢獻，相當有限。此外，像詹姆斯（W. James）、伊斯提斯（W. K. Estes）等心理學家也一直警告教育工作者，不必預期心理學能為教育問題的解決，提供大量的協助。有鑑於此，Ebel（1967）在〈教育基本研究的若干限制〉一文中，便坦率指陳：教育的基本研究，能為改良教育歷程作承諾的很少，現在如此，可預見的將來亦然。是耶！非耶！尚待證明。

有位心理學家在實驗室以老鼠為研究對象，試圖了解，在某天氣條件之下，老鼠發生爭鬥的情形。遂經由建立假設、進行觀察，並蒐集和分析資料的過程，進而設定如下的理論：即在悶熱的日子，老鼠彼此間發生的爭鬥較為激烈，幾經研究，該心理學家最後根據研究所得，採理論的方式，陳述其發現：老鼠的行為受天氣條件的影響，而發生改變。此即基本研究的一個例子。

應用研究的目標，在於解決呈現在眼前的實際問題。藉著應用研究，教育工作者得將理論概念，付諸實際的問題情境，予以考驗。吾人仰賴基本研究，發現較具普遍性的學習原理，但是，為了了解這些原理在實際情境中的運作情形，有賴應用研究的促成。若科學上發生了變遷，欲探索教學實際所受的影響程度，則需應用研究的協助。

　　某位大學教授在期刊中見到，上述那位心理學家的研究發現，深受其所建立之理論的影響，遂決定考驗該理論，並從事實驗設計，以探討兒童的行動與不同氣氛條件的關係，遂選擇數個班級學生，作為實驗的對象。就在敘述問題、建立假設、蒐集與分析資料之後，提出如下的結論：變換氣氛條件，會影響兒童的行為。此例即是應用研究。

　　應用研究與基本研究的目標雖然各有不同，但是所採用的科學探究方法，並無二致，吾人確實不易在基本研究與應用研究二者之間劃出一道尖銳對立的界限。蓋得自理論的應用，有助於解決實際的問題；應用研究的發現，可以完成其理論的主張。因此，教育研究活動應是只強調好與壞之分，而無須斤斤計較基本研究與應用研究之別（Good, 1972）。呂俊甫（1970b）有鑑於此，便就基本研究與應用研究的動機、目的與關係，以圖1-1示之。

圖1-1
基本研究與應用研究的動機、目的和關係

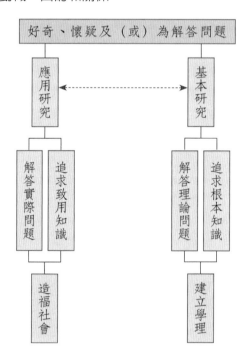

　　基本與應用研究關係固然密切，已如前述。惟有些人士認為應用研究具有實用價值，且立即有效，如預防小兒麻痺疫苗、電視機、助聽器等都是應用研究的成就，普遍受到歡迎，但是對於基本研究獲得的新知，較不重視。例如：有人對於抗癌藥丸的發展研究，或數學教學機的研究感到興趣，而對於細胞成長或學習本質的研究，卻不予支持，與其無法立即產生社會的與經濟的價值。然而有關細胞成長的

基本研究，不僅可以預防癌症，說不定尚可預防其他的疾病。同理，學習性質的研究，不僅有助於改進數學的教學，且有助於改進其他學科的教學。

參、評鑑研究

評鑑研究把焦點置於某一場所（site）的特定實務，所謂特定實務可能是一種方案、一項產品，或一種歷程。評鑑即為有系統地蒐集與分析特定實務的資料，以供決定的歷程；其所要處理的問題如以下各種皆是：(1)該項特殊方案投下的費用值得嗎？(2)新課程比以前的課程為佳嗎？(3)阮祖里的充實三合模式（Renzulli's Enrichment Triad Model）適合安置在資優方案嗎？

為了回答上述問題，需要蒐集資料並加以分析，再依據一種或多種規準（criteria）解釋。規準是人決定的，主觀成分在所難免，惟愈客觀愈佳。如前項問題(2)，涉及的規準可能有學生的態度、教師的態度，或學生的成就等，其中學生的成就或許是較客觀的一種。根據考試成績顯示，接受新課程的學生平均成績高過2分，但學校行政人員卻決定，為了認定為新課程投下的時間、努力與成本確有價值，是否接受新課程二者在平均成績方面的差異，至少應達10分，如此在客觀規準的決定方面，又含有相當主觀的成分。

惟評鑑的功能，不在於決定某（些）特定實務的好、壞為滿足，而是為了選擇替代性方案，作成決定。所謂的替代方案，可能僅有兩種（如選擇繼續或停止某方案），或有多種（如備有多種教科書，藉供選擇）。

研究者之間，對於評鑑究竟是一種研究的類別，或是一門分立的學科，觀點未趨一致。癥結在於評鑑是否需依研究設計而來，特別是當各組比較時（如甲課程比乙課程獲致較高的成就嗎？）極易造成爭議，蓋有些論點以為教育研究與教育評鑑目標顯著不同。前者強調控制；後者在於評估事實，強調在自然背景下進行之，基本上便排除控制。雖然二者有良好的界限，但事實上，評鑑亦可採用研究設計行之。又研究與評鑑二者皆涉及作決定，涉及的步驟亦力求符合科學的方法。進而言之，許多的研究在自然的、真實的情境下進行，所遭遇到的控制問題，也與評鑑無殊。職此之故，儘管問題尚等解決，但就目標在於協助作決定而言，將評鑑列為研究的一個類別，似無不妥。

但教育研究的根源在科學，係以發展理論為導向，其採用的方法最為吾人熟悉的應推實驗法，該法從理論中衍生而得假設，並安排控制的條件，將該等假設，予以考驗，因此實驗法，常被視為最符合科學研究的方法。至於教育評鑑的根源則不在科學，而是科技（technology），不以建立理論為重點，而在強調結果的傳遞（product delivery）或任務的達成（mission achievement），論其本質，乃對於以實用的、具體名詞界定的成果，有效達成程度，提供回饋的作用。事實上，評鑑的歷程起源甚早，只是其最初功能皆安置在非正式情況下運作而已，論其正式的被採用應溯自1950年代與電腦結合開始，其運用的步驟：(1)訂定目標；(2)設計達成這

些目標的手段:(3)建構回饋機轉以決定目標達成的程度。以電腦語言述之,其基本範型如下:

$$輸入 \longrightarrow \frac{處\ 理}{過\ 程} \longrightarrow 輸出$$

這個順序實際上可說是以相逆的順序設計的。因為第一、須決定某一系統(制度)必須達成的是什麼,即輸出是什麼?第二、必須規劃欲達成此等目標所需的一切居中步驟(處理過程);第三、須決定所有必須輸入該系統的成分。

區分評鑑與研究方法,最簡單的應推史塔夫賓(D. Stufflebeam)所說的「評鑑的目標在於改良(improve),而不在證明(prove)。」所謂改良係指針對評鑑結果,判斷哪種方案最有價值;易言之,根據評鑑者提供的資料,判斷某方案的有效或無效、適當或不妥、好或壞、有價值或無價值,以及行動、過程或成果的適當或不當等。故有人(Gall, Gall, & Borg, 2007)便把教育評鑑界定為:判斷教育方案的優點、意義或價值的過程(p.559)。

有關教育評鑑與教育研究二者的不同,有如次的說法,茲並列於後,藉供比較、參考。

Gall等(2007)從三方面說明教育評鑑與教育研究的不同:

1.評鑑研究係由對政策、管理,或政治策略能作決定的人所倡導;其目標不外蒐集有助於決策的資料。教育研究則起源於兩個以上變項間關係的「假設」,最後希望因而獲致有關假設的結論——接受或拒絕該假設。當然教育研究的發現可用來指引決策;同時評鑑資料與研究假設的考驗,可能也有關聯。二者的主要差別乃在於一以作實際的決定為重點,另一以接受、拒絕或建立假設為主體。

2.教育研究與教育評鑑的不同,係以其發現可能概括的範圍而定。評鑑研究的目標有限:決策者的興趣在於他們方案運作良好的程度,於是蒐集有關資料,而進行評鑑研究。至於教育研究者的興趣,乃在於發現可廣泛應用於解釋諸變項間關係的原理。教育研究者可能採用特定的課程材料或一群教師來考驗某項假設,但是他們基本上是把這些材料或教師視為較大群體的樣本,希望從當中的研究發現,概括應用於所屬的母群體。同樣,這種差異亦非純粹是如此的,因為有的評鑑研究設計,亦希望獲得可以概括化的結果,某些基本研究也嚴格限制其概括性。

3.以有無涉及價值判斷為依據。評鑑者設計的研究,希望獲得有優點的、有意義的與有價值的教育現象;其研究發現傾向於作如下的敘述「甲種閱讀方案優於其他方案因為……。」而教育研究者的設計,在於發現有關教育現象的真理,他們的研究發現傾向於作如下的敘述「顯現的是甲變項是決定乙變項的因素」或「甲、乙變項與丙變項呈現適中的關係。」教育工作可能根據研究發現,作價值判斷與決定,但這只是研究發現的次要用途,其基本的用途,仍在於對教育現象有著基本的了解。

　　儘管教育研究與評鑑研究的目標不同，但是二者採用的方法論，殊無二致。

　　Isaac和Michael（1983）根據十個規準（criteria）或特徵，以圖示法（圖1-2(1)）表明（教育）研究與評鑑（研究）的區別。

圖1-2(1)
（教育）研究與（教育）評鑑

特　徵	（教育）研究	（教育）評鑑
目　　　標	新知識，真理	任務達成，成果傳遞
結　　　果	可概括性的結論	特別的決定
價　　　值	解釋的與預測的力量	決定價值與社會的效用
原　動　力	好奇與無知	需要與目的
概念的基礎	因與果關係	手段——目的歷程
主　要　事　件	假設考驗	評值目標的獲致情形
典型的範例	1.實驗法 　E　$\begin{array}{ccc} O_1 & X & O_2 \\ O_3 & C & O_4 \end{array}$ 　C 2.相關法 　r_{xy}	1.系統方法 　輸入→處理過程→輸出 2.目標方法 　目標→手段→測量
訓　　　練	控制並操縱變異數	方案計畫與管理
規　　　準	內在與外在效度	同類質（期待的與獲得的一致）與可靠
功　能　型　態	純粹的與應用的 真正實驗 準實驗	形成性——總結性 歷　程——成　果

取自 *Handbook in research and evaluation* (2nd ed.) (p.3), by S. Issac & W. B. Michael, San Diego: Edits Publishers. Copyright 1981 by Edits Publishers.

　　Morgan（1973）從方法與目的方面，區分教育研究與教育評鑑的不同如下：

圖1-2(2)
（教育）研究與（教育）評鑑

教育（研究）	（教育）評鑑
1.界定嚴格：界定研究問題的定義極嚴，研究範圍明確。	1.界定鬆懈：多人參與界定研究的問題，問題隨情境不同而變。
2.比較結果與理論：將研究結論概括及於其他情境。	2.比較結果與目的：研究結論僅限於該研究情境。
3.微觀取向：控制情境，觀察細微的變化。	3.宏觀取向：觀察真實環境中的各方面的變化。
4.實驗設計：應用隨機分派方式分成實驗組與控制組，依前測後測─比較實驗結果。	4.評鑑設計：在評鑑過程中控制組很少，可能也很少用，不過可用實驗組參加前與參加後的資料，進行比較。
5.過程嚴謹：研究方法在實驗處理過程中要求至為嚴謹，實驗程序不能中途改變。	5.過程有彈性：研究過程可因資料的回饋而修正，並改進其程序。
6.重視數量：研究係根據數量的顯示，連品質的變項也須以數量化處理。	6.重視品質：評鑑是價值的鑑定，數量資料須附加品質的判斷，以獲致對某些活動價值的了解。
7.注重硬體資料：資料的蒐集要符合科學研究的標準（即具有效性與信度）。	7.注重資訊來源：蒐集資料除了硬體的資料外，尚包括一些反映的意見，主觀的判斷等。
8.增進知識：研究之目的在於增進新知。	8.增加智慧：評鑑之目的，乃在增加決策者的智慧，從各種行動方案中選擇現況中最好的解決方案。

　　雖然對於任何教育方案的評鑑過程，經常是複雜的，且涉及許多的因素，但就其核心而論，大致有三個簡單的步驟，即先決定欲達成的目標，決定達成此等目標的手段，最後發現目標實現的情況，該三項簡單步驟如下圖所示：

目　　　標	手　　　段	評　　　量
使用可測量的或可觀察的名詞，清晰而明確地界定每個目標。	為了獲致前述的每個目標，應設計各種可行的策略與活動。	選擇或發展評量工具，以評定每個目標達成的情形。

隨著方案評鑑的複雜性增加，在原先三個基本步驟之上，另需添加更多的成分，其中有個普遍為大眾使用的模式如下（Alkin, 1971）：

所謂需要即指實際情況（what is）與應該情況（what ought to be）二者之間的差距。需要一經界定，須依優先順序的次序安排，以供作訂定方案目的的基礎。

根據方案目的，衍生特定的、可測量的目標，並設計為獲致這些目標的手段，即確定方案的程序、策略、與活動。

這兩個成分包括了評鑑的形成性（formative）或歷程（process）階段

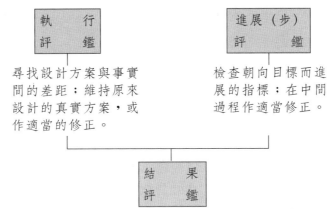

尋找設計方案與事實間的差距；維持原來設計的真實方案，或作適當的修正。

檢查朝向目標而進展的指標；在中間過程作適當修正。

這個步驟為評鑑的總結性（summative）或結果（product）階段；用以決定是否獲致目標。該階段通常包括分析方案的優點與缺點在內，並為未來的修正提供適當的建議。

根據前述，大致不難發現，教育評鑑係以提供政策分析以及政治決策為導向。至於教育評鑑的發展趨勢，約有如下各項可尋：

1.教育評鑑蔚為社會大眾關注教育成敗的一部分，並紛紛以講求績效責任（accountability）的角度，來運用評鑑，檢視教育的成果。

2.教育評鑑已由單項的決策研究，轉向以更有價值的長期且延續性方案為主要的處理對象。

3.教育評鑑的範圍擴大，早期的評鑑模式重點放在受評方案的目標，現在則擴充至環繞該方案有關的問題、事務以及決策的研究。亦即不僅評鑑圓滿達成目標的

方法，也評定此等目標是否有價值，以及何人提出此等構想。

　　4.教育評鑑活動利弊兼具已獲得體認。就利方面言，可協助受評者竭盡所能發揮本身能力，認清自己執行方案的目標，檢討成效，作爲進一步調整方向的參考。但是亦可能產生流弊，一項好的方案，可能由於評鑑者的判斷錯誤，致被擱置，無法發揮效能；一項有潛力的方案，可能由於評鑑結果的不當，無法繼續獲得基金支持；又評鑑帶來一切活動，可能耗盡足以支持好的發展方案所需的資源。儘管如此，如何協調利、弊，使其弊減到最低程度，目前尚無良方，唯有寄望於評鑑者審愼且有計畫進行評鑑活動，並仔細衡量各個可能的活動順序。

肆、研究與發展（R & D）

　　教育研究在於發展新知、考驗理論或解答特定的實際問題。研究與發展的主要目標與之不同，係以發展能在學校有效使用的產品（products）爲其目標。由研究與發展而完成的產品包括：教科書、教學用影片、師資培育材料、行爲目標組、管理系統、教學方法等程序。產品係以迎合特定需要，依照詳細說明書而設計，俟其完成之後，須經實地測試，並加修正，務期達到預定成效才行，因此研究與發展是一項耗資甚鉅的歷程，對產品品質的要求極其嚴格。學校人員乃是研究與發展成果的消費者，最先了解其價值者。

　　研究與發展循環的主要步驟如下：

　　1. **蒐集研究與資訊，以執行需求評估，並確立發展的成果目標**：包括文獻探討、班級教室觀察結果等。

　　2. **計畫達成目標所需的特定知能**：包括界定技能、敘述目標、決定順序，以及小規模地測試可行性。

　　3. **發展產品的初步形式**：包括準備教材、手冊以及評量工具。

　　4. **初步產品的實地測試，執行形成性評鑑**：產品宜以一至三校，6～12個受試者爲對象，實施預試。透過晤談、觀察與問卷蒐集所需資料分析之。

　　5. **主要產品的修正**：根據初步實地測試結果，修正產品。

　　6. **主要的實在測試**：以五至十五所學校，30～100位受試者執行之。蒐集受試者在使用該成品前、後的表現資料，依產品目標評定其結果，如果必要時，得採用控制組的資料，藉供比較。

　　7. **運作產品的修正**：根據主要的實地測試結果，作爲修正產品的建議。

　　8. **運作的實地測試**：以十至三十所學校的40～200位受試者爲對象執行之。並以晤談、觀察，與問卷蒐集所需資料予以分析。

　　9. **最後的產品修正，以完成總結性評鑑**：根據運作的實地測試結果，修正產品。

　　10. **散布與分配**：在專業性會議與雜誌報導該產品，並透過出版商分配之。

（Borg, 1981; Gall et al., 2010）

伍、行動研究

自1930年代末期以來，教育學家及社會心理學家，已對「行動研究」發生濃厚的興趣。在教育方面，此一研究活動的目標，在於促使研究專家、教師或行政人員投入研究的工作，且把研究方法應用於特定學校或教室情境中的教育問題（Mertler, 2016）。以改進學校的實務，以及把研究的功能與教師的工作結合，藉以提升教師的素質，改進教師的研究技巧、思維習慣，促使教師與他人和睦相處，並強化教師的專業精神。

行動研究的焦點，不強調理論的發展，也不著重普遍的應用，而是注重即時的應用，故針對此時此地情境中的問題而為，其研究發現，可按適合地方的情形，施予評鑑。

若大多數從事班級教學的教師，準備投入研究活動，其目標想要改進教育或班級實務（Ebbutt, 1985）；此種研究活動，即可能屬於行動研究的領域，且須與教和學有關之實務、須在研究者所能掌握的範圍、須是研究者所專注的對象並願意去尋求變革者（蔡美華譯，2008；Mills, 2014）。試就學校中適用行動研究的領域舉隅如下：

1. 「課程」的研究發展：如資賦優異班教師面臨教材不足時，著手為學生設計的一套創造性活動研究屬之。

2. 教學方法：如以發展教學法替代傳統教學法屬之。

3. 學習策略：如採用統整的學習策略是否優於單一科目的教學屬之。

4. 「態度與價值」範圍：如矯正學生與生活層面有關的價值系統，藉以鼓勵他們對工作採取較積極的態度屬之。

5. 教師個人的「專業發展」：如改進教學技巧、發展新的學習方法、增進分析能力、或提升自我覺察能力。

6. 管理與控制：如逐漸導入行為改變技術屬之。

7. 行政：如提升學校行政效能的具體作法屬之。

8. 評鑑程序：精進個人的持續評量方法（Cohen et al., 2012, p.344）。

就行動研究的特徵而言，約有如下各項：

1.就與工作環境中直接有關的與實際的部分，予以研究。是以班級的學生、教職員以及有關人員便成為研究的對象。此種行動研究聚焦於採取改變或改進教育實務的行動。

2.為解決問題以及新的發展，提供井然有序的架構，比起予人深刻印象的、片段的研究方式來得理想。就某種意義而言，它也是仰賴真正的觀察結果以及行為的資料而進行的研究，屬於實證的研究，不是主觀的研究，亦非根據過去經驗為基礎的市井之言。

3.具有彈性與適應性，在嘗試期間，允許改變，同時也會放棄控制措施，以利

反應和現場的實驗及創新。由於在行動研究的各個階段涉及批判性反思和系統性計畫程序，所以會關聯到好幾波的資料蒐集、反思與行動的階段。

4.雖然行動研究嘗試達成有系統的作法，由於它的內在效度與外在效度（internal and external validity）（有關內在效度與外在效度的界說，參閱第六節）顯得脆弱，而不符科學上的嚴謹要求。它的目標以情境為限，它的樣本是有限制的且不具代表性，它對自變項的控制成分少，因此，它的研究發現，在實際的情境範圍內，雖然有用，但是對於一般的教育知識體系，並無直接的貢獻。

5.對實用顯著性（practical significance）的興趣，高於對統計顯著性（statistical significance），只要採用無母數統計檢定（詳見第19章）即可分析結果；或許是這樣的緣故，雖然有人（Hitchcock & Hughes, 1995）將行動研究列為可採量的和／或質的研究方式進行探究，但多數的學者主張宜採質的研究方式從事。

6.行動研究涉及研究者與參與者間的合作，形成研究團隊，方易達成預期效果並予以應用。

7.行動研究提出的報告須與社區、學校人員共同分享。

基於上述的特徵分析，有不少的觀察者，並不贊成把行動研究，當作真正的研究活動，充其量只能視同常識或管理的應用，但是，它能否稱得上「研究」，似宜視它是否應用科學的思考與方法，從事實際問題的探討；以及它能否改變教師採用主觀判斷與決定的作法等而定。

如作深一層的分析，行動研究被列入「研究」，招致非議，其與正式的研究（指基本與應用研究）有別，似亦為關鍵所在。並以表1-2說明於後（Borg, 1963）；亦可參考第18章表18-2對二者所作的比較。

表1-2

正式的教育研究與行動研究的差異

範　圍	正式的教育研究	行動研究
1.需要的訓練	在測量、統計學和研究方法方面需接受廣泛的訓練。教育領域所作的許多科學的研究，由於缺乏受過這些方面訓練的研究者，以致稍嫌脆弱。	通常不需嚴格的設計和分析，所需統計學和研究法的訓練有限。研究者在教育測量方面所接受的訓練較教師擁有的為多。即使教師的研究技巧欠佳，好的行動研究可藉著諮詢者的協助下進行。
2.目的	獲致的知識，可普遍應用於大的母群體；發展與考驗理論。	獲致的知識，能直接應用於當地的教室情境；以及給參與研究的教師實施在職訓練。

表1-2 正式的教育研究與行動研究的差異（續前頁）

範　圍	正式的教育研究	行動研究
3.研 究 問 題 的探求	藉著各種方法認定問題。研究者必須了解問題，但通常不直接涉入其中。	認定的問題是學校情境中，足以引起研究者困擾的、或干擾其教學效率的部分。
4.假設	發展極特定的假設，可運用操作定義界定之，且可付諸考驗。	問題的特別說明常被視同假設。理想而言，行動研究假設必須接近正式研究所要求的嚴謹程度。
5.文 獻 閱 覽（ 文 獻 探 討 或 文 獻概覽）	通常須就直接資料作廣泛的閱覽，並賦予研究者充分了解該研究領域現有的知識狀況。這麼做，他能建立他人累積而得的知識。	給教師閱覽可用的間接資料，俾對被研究的領域有一般性的了解。幾乎不曾對直接資料，作完整而無遺漏的探討。
6.抽樣	研究工作者試圖從研究的母群體中獲取隨機的或不偏的樣本，但通常無法圓滿達成。	班級的教師或作研究的教師，通常以該班可用的學生，作受試者。
7.實施設計	於展開研究之前，進行詳細、有計畫的設計。注意重點在於維持供比較用的條件，並減低錯誤與偏見。控制無關的變項至為重要。	在開始研究以前，依一般的方式設計程序。在研究期間，施予變化，以了解這些變化是否可改進教學情境。很少關注實驗條件的控制或錯誤的防範。由於參與的教師自我投入研究情境，通常會顯現偏見。
8.測量	努力選取最有效的測量工具。徹底評鑑可用的評量工具，並在進行研究之前，將這些測量工具作預試工作。	較諸科學的研究，對於測量工具的評鑑，顯得較不嚴謹。參與者缺乏使用與評鑑教育評量工具的訓練，但可透過諮詢者的協助，進行令人滿意的工作。
9.資料分析	經常要求複雜的分析。由於將結果概括是研究的目的之一，通常強調統計的顯著性。	通常簡單的分析就夠用。強調實用的顯著性，而非統計的顯著性。參與教師的主觀意見經常賦予較重的分量。
10.結果應用	結果可普遍應用，但許多有用的發現無法應用於教育實際。研究者與教師之間的訓練與經驗的差異，發生嚴重的溝通問題。	發現可立即應用於參與教師的班級，並經常可導致持久性的改良。結果的應用很少超過參與教師的範圍。

第五節　依方法區分的教育研究類別

試圖把教育研究方法的類型，作一分類，可說是一個難題。因為每一本教育研究法所提出的分類體系，互有差異，迄無一種可為大家普遍接受的分類形式。

儘管如此，為了有系統陳述研究方法，試作一種能夠包含各種方法在內的基本架構，固然有點武斷和冒險，但仍屬需要而且值得。惟須注意的是，分類系統本身並不重要，但藉著該項分類，使研究的歷程，較易讓大眾了解，未嘗不是一件好事。

揆諸當前方法的分類，依程序（procedures）或研究設計（research design）而分者有之，以蒐集資訊（collecting information）方式而分者有之，另以資訊的有無量化觀點而分者亦有之，茲分析於後。

壹、依程序或研究設計的分類

依研究設計而分，係指蒐集資訊的程序或計畫而言，旨在說明研究確立的方式以及蒐集資訊的結構，詳言之，研究設計在於描述在什麼時間、從何人、在什麼條件之下，可以蒐集得到資料。如是的分類，可將研究方法分成實驗研究（experimental research）與非實驗研究（nonexperimental research）兩類。前者，研究者藉著主動控制行為的因，以探究因—果關係；後者，由於研究者無法控制因，無從探求因—果關係。

以下依程序或研究設計所作的六種分類，除了第三種是實驗研究之外，其餘二種均屬非實驗研究。

1. **歷史研究**（historical research）：旨在描述過去的事件（what was）。歷史研究的歷程係將過去發生的事件，進行研究、記載、分析或解釋，冀求有所發現，根據發現，不但有助於對過去的了解，而且可以了解現在，甚至在某種有限度的範圍內，預測未來事件的發展。如「促成個別化教學發展與成長的因素」、「台灣教育改革的背景分析」、「福祿貝爾教育思想之研究」都是典型的歷史研究。

2. **敘述研究**（descriptive research）：旨在描述與解釋現在或過去的情況（what is or what was），敘述研究的歷程，涉及對現在的狀況或過去（個人、情境、條件、或事件）的狀況而作的敘述、記載、分析和解釋。為了發現目前未作操縱控制之諸變項間的關係，可能採某種比較的及對比的方式行之。敘述研究法主要的有以下各種，其中有些屬於量的敘述研究；而有些為質的敘述研究：

(1) **個案研究**（case studies）：為深入了解某一社會單位，即個人、團體、制度，或社區的背景，目前狀況以及與環境的互動關係，而採取的研究方法。「智商中等以上重度學習障礙的兒童」、「十二至十六歲男性少年犯輔導效果研究」、

「北市郊區某社區的社會經濟特徵」都是個案研究取材的好方向。

(2) 趨勢研究（trends studies）：即在探查在某期間內，成長以及變化的模式和順序。如「200個兒童由六個月大至成人生長的縱貫式研究」、「根據過去經驗以及最近建築的推估情勢，預測某社區未來成長與教育需求的趨勢研究」均可採用此一方法。

(3) 文獻或內容分析（documentary analysis or content analysis）：依文獻資料進行的研究，涉及將資訊、論點或事件予以綜合，衍生其間的關係或影響，通常要充分利用圖書館始可進行，加之其資料均為已寫成的或印刷物，且要充分運用演繹、歸納的邏輯方法，故常有人把歷史研究、哲學研究、法學研究、或語言學研究列入其中，如「杜威與皮亞傑思想的比較」、「以文法結構分析語言」等皆屬之。

(4) 調查研究（survey research）：一般而言，調查研究在於發現教育的、心理的與社會的變項的影響、分布以及關係（Kerlinger & Lee, 2000）。由此可見事後回溯研究與調查研究之間的界限不清。有些調查限於決定現狀（the status quo），即在於處理是什麼而非為什麼的問題。採調查研究通常需要編製適當的工具，此種工具大抵是以問卷的形式居多。又Ary等（2014）視調查研究為敘述研究，係就其探討的現在情況而言，二者似不宜等同視之。

(5) 相關研究（correlational research）：相關研究試圖決定兩個或多個可量化變項之間是否有關係存在及其存有的相關程度，或進而依據此等相關作預測之用。如「智力與創造力的關係」、「焦慮與成就的關係」、「影響國中學生學業成就的家庭因素」等屬之。

(6) 因果—比較研究（causal-comparative research）或事後回溯研究（ex post facto research）：即在探索可能的因—果關係，和實驗研究的目標一致，只是本研究不像實驗研究控制自變項，僅藉著觀察某種存在結果，予以分析，找出可能的原因。如「性別對代數成績的影響」、「就讀幼兒園對一年級學生成績的影響」等屬之。

(7) 人種誌研究（ethnographic research）：人種誌（ethnography，亦稱為「民族誌」或「俗民誌」），係就特定的文化情境作深度的、分析的描述。將之納入教育的脈絡中，可將人種誌研究界定為：在教育系統、歷程與現象的特定脈絡內，提供科學性描述的過程。無論人種誌研究是研究哪些現象，均非常依賴觀察（observation）、描述（description），以及質的判斷或詮釋（qualitative judgments or interpretations），以自然的環境為場所，過程為焦點，俾獲致整體的印象。在執行人種誌研究之前，通常不需強而有力的理論基礎以及確定的些許假設，理論與假設乃隨研究的進行而衍生。假定以國中科學教學性質為研究對象，研究的問題是「這所學校的科學教學像什麼？」。為了回答該問題，需在科學教室中執行長時間的觀察，觀察者且應與學生和教師進行密集式的訪談，並作成田野札記，然後根據這些結果，對該校的科學教學，提供準確的描述與詮釋。

(8) 敘事研究（narrative research）：旨在了解在（教育）情境中，一個或多個個體（如：教師、學生、教育工作人員）經驗世界的方式，嘗試透過訪談策略，運用重新說故事（restorying）、口述歷史、檢查相片及人工製品、寫信、撰寫傳記或自傳技術，來增進對教與學之中心意義的掌握，以了解那些經驗對個體的過去、現在和未來所具有的意義。

(9) 紮根理論研究（grounded theory research）：研究者以從田野蒐集的資料為基礎，發展出詮釋社會現象的理論。從蒐集得來的資料著手歸納分析，以建構概念，再提出諸項概念間的合理關係之解說，是以該理論係紮根於資料而來。

(10) 現象學研究（phenomenological studies）：本研究假定多元實體源自於接受研究對象的觀點，是以每個人的經驗具有不同的意義，透過無結構性訪談，研究者探索研究對象的思維與感受，以引發個別經驗的特質。「初任教師與指導教授間的關係如何？」「此種經驗對初任教師而言，有何意義？」可視為現象學研究的問題。

3. 實驗研究（experimental research）：旨在描述將會發生的事件（what will be），是「一種科學的探究方法，研究者操縱一個或多個自變項，並觀察依變項依隨操縱自變項而發生的變化情形。」如「編序教學與傳統教學對計算能力之培育的比較」是典型的實驗研究，其中自變項（或因）為教學的方式（編序與傳統）；依變項（或果）為計算能力。兩組（最好是隨機形成的）均接受相同的經驗，惟教學方法有所差別，經過一段期間之後，其計算能力便可比較。

在這些研究方法中，無法確定何者最優，或較符合科學精神。教育研究要採用哪一種方法，端視問題的性質以及所需的資料類別而定。甚至在研究過程中，採用的研究類型，有邏輯順序可循，如剛開始時可採用歷史研究，以確認過去的研究結果；接著採用調查研究、相關研究等，以獲致教育問題現狀的資料；據此等基礎，研究者可能開始採用實驗研究，決定其他研究所指涉之有關變項間的關係程度。

晚近有人把教育研究的觀點／取向（approach）分成質的研究與量的研究兩種。再把後者分成實驗研究與非實驗研究；但誠如本節的歸類，列在非實驗研究中的人種誌研究、個案研究、文獻或內容研究、敘事研究亦有人將之歸入質的研究；惟作者認為在區分上或許可以作如是安排，但實際上應用時，通常採用混合法（mixed methods）來描述研究結果，是以除非明顯需要，否則似無必要非採其中之一不可（Creswell, 2014; Creswell & Plano Clark, 2011）。如個案研究、文獻或內容分析，既可採質的觀點，亦有使用量的取向進行研究者。

貳、依蒐集資料觀點的分類

本著量的與質的研究觀點／取向而來，依蒐集資料技術區分的研究類別，旨在探討研究者如何獲致資料？基本上來說，可區分為根據邏輯實證論／後實證論（logical positivism/postpositivism）而來的量的研究觀點（quantitative research approach與根據詮釋學／建構論（interpretive/constructivist）而來的質的研究觀點 qualitative research approach）（McMillan, 2008），以邏輯實證論爲基礎的科學方法，以爲對人的研究可採用相同的方法來進行；同時，也有一套被大家所接納、使用的執行研究程序，和提出報告的規則可循。至於後來的後實證論，則考慮到限制、脈絡因素，以及採用多元理論，來詮釋研究發現。而詮釋／建構的研究者，使用的是系統程序，但維持多元的建構實體（不像後實證論假定單一實體）的觀點。至於質與量二者的基本差異在於後者以數描述現象，前者則採敘述性描述。二者的類型與取向，如表1-3。

表1-3
蒐集資料的觀點

量　的　觀　點	質　的　觀　點
取向：	
(一)有關世界的假定 　　單一實體，經由工具測量而得	多元實體，如針對社會的情境，可訪談校長、教師和學生而得
(二)研究目標 　　在於建立所測量諸變項之間的關係	從參與者的觀點，了解社會的情境
(三)研究方法與過程 　　在研究開始進行之前，建立程序（有序可循的步驟）	彈性的、變化的策略；隨著資料蒐集的進行，而作緊接著的設計
(四)典型的研究（最清楚的例子） 　　使用實驗設計，以減少誤差和偏見	使用「受過學科訓練主體性」的人種誌
(五)研究者角色 　　與使用的工具切割	準備就緒的個人浸淫於社會情境
(六)脈絡的重要性 　　目標在於普遍上不受脈絡限制的概括性	目標在於詳細、且受脈絡限制的摘要性描述
類型： 　結構性觀察、標準化訪談、紙筆測驗、問卷、替代性評量	參與觀察、田野觀察、深度訪談、文獻與人工製品、補充的技術

*註：部分取自*Research in education* (7th ed.) (p.12) by J. H. McMillan & S. Schumacher, Pearson. Copyright 2010 by Pearson.

一、量的研究觀點

量的研究觀點，主要採用的研究類型，可分成以下五種：

1. **結構性觀察**（structured observations）**研究**：係指研究者直接以視覺或聽覺觀察某現象，然後把觀察結果作為系統的記錄。觀察者事先決定將要記錄的特定行為類別，即其將要觀察的，在執行研究之前即已決定。

2. **標準化訪談**（standardized interviews）：訪談者與受訪者直接以口頭交互作用的技術稱之，其使用的題目在訪談實施前準備妥善。題目以結構性和半結構性的居多，不論問題形式如何，作答的轉錄、列表與摘述，均以數表之。

3. **問卷**（questionnaires）：用以引出填答者的反應、信念或態度；研究者選用或自編一套合適題目，供受試者作答，是教育研究中使用相當普遍的一種資料蒐集技術。

4. **紙筆測驗**（paper and pencil tests）：係指以測驗分數作為資料，根據受試者在標準化題目上的結果核予數值，題型包括選擇、配合、是非和填充在內，是用來描述或測量受試者特徵的工具。

5. **替代性評量**（alternative assessment）：係要求受試者創作、操作或呈現出作品，然後根據展現的技能或熟練表現予以評定，該技術主要包括實作本位與個人檔案評量兩種。（詳見本書第5章第一節壹之六）

二、質的研究觀點

質的研究因名稱不一問題，深受困擾，如自然的研究（naturalistic research）、參與觀察（participant observation）、個案研究、人種誌均可與質的研究交互使用。此外，質的研究是從人類學、社會學、心理學等不同學科脫胎而來，也是困擾的根源之一。惟不論如何，簡單言之，質的研究係指對觀察的結果，不採量的方式表達。但並非意味著絕對不使用數字量數，只是描述工具有別罷了。

質的研究通常採用蒐集所需資料的類型，有如下五種：

1. **參與觀察**（participant observation）：是一種互動性的參與技術，由研究者在自然情境現象一段時間，且撰寫田野札記以描述所發生的一切。研究者蒐集的資料，並不為了回答特定的假設，而是想根據札記，予以歸納而提出解釋。多數的田野工作者與資訊提供者維持一種相互尊重的距離，即培養同理心而非同情心、和諧而非友誼、熟識但非融入成為其社會一分子的關係。

2. **田野（現場）觀察**（field observation）：以田野札記的形式，將每天社會的行動與場景，提出直接、目擊者的解說，即要詳細描述在場景中的事件、人、行動與物件，是屬於互動性的資料蒐集方式之一，在參與觀察和深度訪談中予以運用之。

3. **深度訪談**（in-depth interview）：以無結構性訪談為特徵，訪談者使用一般的訪談指引（interview guide）或博多稿（protocol），而非對每一個接受訪談者，

採用一套特定的、有精確文字描述的相同問題；因此接受訪談者把焦點置於重要的或感到興趣的主題，而形成訪談的內容，此種訪談，常鼓勵個人暢所欲言，研究者將內容錄製起來，據以謄成文稿，再作分析。

4. **文獻與人工製品**（document and artifacts）：文獻即是寫成或印成的過去事件的紀錄。研究者據之以解釋過去和釐清當前實務與問題的教育意義。人工製品是指當前或過去事件和團體、個人或組織使用的物體與符號象徵，這些物件是用來顯示社會過程、意義與價值的可接觸性實體，如校徽、文憑、論文等，質的研究者對該人工製品代表的意義和生產人工製品的社會過程較感興趣。

5. **補充的技術**（supplementary techniques）：質的研究者運用各種補充技術來提供可信的發現。所謂補充的技術包括視覺技術、影片人種誌、使用錄影機、相片與影片，可用來捕捉接受研究團體的日常生活，進而協助解釋、思索或驗證取自參與觀察、深度訪談、文獻與人工製品所獲得的資料。

量的研究與質的研究觀點二者的區分不是絕對的，只是強調的重點有別，須視研究變項的性質與考慮的目標如何而定。就教育研究的一貫傳統而言，強調的是量的研究方法。有不少的研究者認為質的研究尚不足以形成教育研究的主流。但是觀察研究如能同時採用兩種途徑，則可收相互補充之效。

第六節　教育研究的相關概念

壹、教育研究的設計效度

不問量的教育研究的形式、設計或導向如何，期待其具有效度（validity）的願望則一。研究的設計效度同時含有四種概念：一為內在效度（internal validity），另一為外在效度（external validity），三為統計結論效度（statistical conclusion validity），四為構念效度（construct validity），本節先行分析前兩種效度，後面兩種效度留至第11章第五節再敘。

一、內在效度

指基本上採取最少量的控制、測量、分析，以及必要的程序，而使研究的結果能被準確解釋的程度，或被研究者操縱的因素確能對覺察的結果造成有意義差異，或特定影響的程度；因此它所處理的事項在於能夠了解資料，並從中攝取結論。

假定研究者請三所國中的三位教師，分別採用一種教材對二年級學生施予為期九週的科學課程教學，俟九週結束之後，學生接受原任教的教師編製的科學成就測驗，以觀其效果。三位教師中的兩位各教四班，另一位教三班。三所學校中只有一校依能力編班，學生能力較高，其餘兩校均採混合編班，整個研究的架構如圖1-3。

圖1-3

缺乏內在效度的假設性研究架構

甲校	A老師	4班	由A老師自編的測驗
	ㄅ教材	異質編班	（科學成就測驗）
乙校	B老師	3班	由B老師自編的測驗
	ㄆ教材	異質編班	（科學成就測驗）
丙校	C老師	4班	由C老師自編的測驗
	ㄇ教材	高能力班	（科學成就測驗）

◀─────── 為期9週的教學 ───────▶

仿自 Research methods in education: An introduction (9th ed.)(p.6) by W. Wiersma & S. G. Jurs, Allyn & Bacon. Copyright 2009 by Allyn & Bacon.

　　研究者就使用每種教材學生的平均成績算出，根據該三種教材的相關效能，可能獲致什麼結論？答案可能是否定的。假定丙校學生的平均分數最高，其原因究竟是學生能力高或C老師較為優秀？或C老師使用的測驗比其他老師使用的簡單？或ㄇ教材比其他教材更為有效？不論結果的形式如何，沒有一種方法可以有效地解釋這些結果。因為不能漠視尚有許多可用來解釋的理由，職此之故，該研究缺乏內在效度，不能解釋結果。

　　在質的研究，相當於量的研究中的內在效度概念，稱為可信賴性（credibility）。另Ary等（2019）認為質的研究的準確度（accuracy），係指類似於量的研究中的內在效度在內的信實度（trustworthiness）。信實度含括可信賴性、可確認性（conformability）、可靠性（dependability）和可遷移性（transferability）。有關於提升信實度的方法，詳見第14章第四節。

　　二、外在效度

　　指研究的結果可以概括母群體或條件的程度，或指被操縱的因素與結果之間的關係，可以概括其他不屬於該情境的程度。如果研究的結果無從解釋，便不可能概括。是以內在效度是外在效度的必要條件，惟內在效度未必能確保外在效度。如有項研究在於探討視覺展露的時間長度對回憶無意義符號的影響。研究者從修讀研究法的大學生母群體中找到10個志願者，兩個一組接受展露的不同時間。每個志願者參與研究時，見到20個無意義的符號；在每次展露之後，志願者就要回憶說出；整個表現的得分，依其能準確說出的符號數為準，如圖1-4所示。

圖1-4

假定缺乏外在效度的研究架構

展露時間：1秒	志願者1	志願者2	整個表現分數
展露時間：2秒	志願者3	志願者4	
展露時間：3秒	志願者5	志願者6	
展露時間：4秒	志願者7	志願者8	
展露時間：5秒	志願者9	志願者10	

←——————— 展露20個符號 ———————→

仿自 *Research methods in education: An introduction* (9th ed.)(p.8) by W. Wiersma & S. G. Jurs, Allyn & Bacon. Copyright 2009 by Allyn & Bacon.

　　假定研究結果顯示，表現分數通常係依展露長度的增加而增多。但是此種結果能概括於什麼母群體與條件？可以概括於中、小學生對有意義材料的學習嗎？可以概括於成人所處的高度結構化情境中的有意義任務的處理嗎？恐怕無法如此。該項（回憶無意義符號的）結果只能概括於該大學生母群體；加上參與研究者為志願者，嚴格地說該項結果僅能概括於回憶無意義符號的10個志願者，是以本研究缺乏外在效度。

　　在質的研究中，將相當於量的研究中的外在效度概念，以可遷移性（transferability）稱之，泛指質的研究發現，能被應用或概括於其他脈絡或其他群體的程度。

　　研究的效度只是程度問題，在一項研究中，欲求達到完全的內在效度與外在效度，恐無可能。想要提升一項研究設計的內在效度，將會減少外在效度，反之亦然。

貳、教育研究的信度

　　與效度有關的另一個概念為信度（reliability）。信度係指研究的方法、條件和結果的一致性（consistency）以及該研究可以複製（replication）的程度，通常有內在信度（internal reliability）與外在信度（external reliability）之分。

　　內在信度指的是針對在相同條件之下，資料的蒐集、分析與解釋一致的程度。如使用多位蒐集資料者來進行研究，內在信度的問題為：「諸位蒐集資料者蒐集得到的資料具有一致性嗎？」如要研究教師的表現，以教室觀察量表蒐集資料時，內在信度的問題可能為：「當由兩個或多個觀察者登錄相同的表現成果時，是否一致？」這種情形亦可謂之「觀察者一致」（observer agreement）的程度。若缺乏內在的信度，資料成為蒐集者的函數，而非實際發生之事件的函數。Bogdan和Biklen

（2013）對質的研究信度的描述，即是針對質的研究的內在信度而言，他們指出：「在質的研究，研究者關注的是他們所蒐集得來的資料的準確性和綜合性。質的研究者傾向於將信度視為他們記載的資料與接受研究情境所真正發生的情形之間的適合性，而非指著跨不同觀察的刻板的一致性。……兩位研究者研究單一情境，可能提供不同資料與產生不同發現；該兩項研究可能是可信的。假如它們產出矛盾的或不相容的結果，吾人始質疑其中一項或兩項研究的信度。」（p.40）

外在信度處理獨立的研究者在相同的或類似的情境中，能否複製研究的問題。研究者如能複製研究，結果會一致嗎？若研究它是可信的（具有信度的），研究者使用與前一項研究相同的方法、條件等，會獲致相同的結果。

信度為效度的必要特徵，亦即一項研究不能有效度而缺乏信度。若某項研究是有信度的，吾人難將其結果概括於其他的母群體或條件。基本上說，信度與效度確立研究的可靠性。信度以可複製性（replicability）為焦點，效度以準確性（accuracy）以及發現的可概括性（generalizability）為焦點。

參、變項的種類

所謂變項（variables），粗略地說即是會變動的東西；較精確的說是：變項是分派數字或值（numerals or values）的符號（Kerlinger & Lee, 2000）。如變項X可代表在特定智力測驗上所得的數值或屬性（attributes），這些數值或屬性可由高排到低，是以數值或屬性極多。有時候變項X僅有兩個值或屬性0與1，如1代表一種性別，0便代表另一種性別，有些變項能作如是的二分，但仍有些變項是屬於多分的，如宗教信仰變項可有佛教、天主教、基督教、道教等。理論上說，多數的變項為連續變項，但在行為科學的研究需要上，可將之轉換為二分或多分變項。如智力本為連續變項，可分成高智力與低智力，或高智力、普通智力，與低智力。是以變項是相關的值或屬性的集合體，但變項與屬性均代表社會的概念（concepts）。

變項的種類很多，分類方式不一，常視需要而定。本節試分就自變項（independent variables）與依變項（dependent variables）、主動變項（active variables）與屬性變項（attribute variables）、連續變項（continuous variables）與類別變項（categorical variables）、中介變項（intervening variables）、控制變項（control variables）、居中變項（moderator variables）。茲將前三組變項（Kerlinger & Lee, 2000）分別說明，其餘四種則列入其他變項種類中敘述。

一、自變項與依變項

變項最有用的分類方式，是將之分成自變項與依變項。自變項是依變項此種「假定」的果的「假定」的因；自變項是前項，依變項是以必然的果。如說：若A則B，A即是自變項，B為依變項。

在實驗研究中，自變項是由實驗者操縱的變項，如研究者研究不同教學法的效

果時，所操縱的教學方法屬之。在非實驗研究中，不可能操縱變項，自變項是「合理上」會對依變項產生某些效果的變項，如研究吸菸與罹患肺癌的關係時，吸菸乃為自變項。

依變項是一種被預測的變項，依隨著自變項的變化而改變，是毋須被操縱的變項。在教育上最常用的依變項有成就或「學習結果」。為了解釋依變項，可以選用許多的自變項。如研究智力與學業成就的關係時，智力是自變項，成就為依變項；但仍有其他的自變項可用來研究與依變項的關係，社會階級、教學法、人格類型、獎懲、對學校的態度、班級氣氛等皆是。

某變項在一個研究為自變項，但在另一個研究可能為依變項。如焦慮可視為自變項，研究其對依變項——學業成就——的影響；焦慮在「教學方式對減低焦慮的成效」這個研究中，就變為依變項。因此自變項與依變項的分類，是依據變項的「用途」而非依據變項的「種類」所作的區分。

二、主動變項與屬性變項

在研究設計與執行研究過程中，區分主動變項與屬性變項二者，有其重要性。

任何可由研究者操縱的變項，謂之主動變項。如研究者對某一群體的一種行為施予正增強，對另一群體施予某種作為；或兩組接受不同的教學方法，即所謂的「操縱」。如研究者使用不同的教學法，或獎賞一組而懲罰另一組，或透過教學製造焦慮，則該研究者主動操縱了方法、增強與焦慮等變項。

研究者無法操縱，只能加以測量（measured）的變項謂之屬性變項，有關人的特徵的所有變項，如智力、性向、性別、社經地位、場地獨立、態度、成就需欲等均是。

主動變項與屬性變項之間的區分亦非絕對。因為有些變項在本質上就是屬性變項，但是有些屬性變項也可能是主動變項。如研究者測量受試者的焦慮，焦慮屬於屬性變項。又如研究者為操縱不同程度的焦慮而告訴一實驗組的受試者說題目很難，將來成就與此次測得的分數有關，又對另一實驗組的受試者說放鬆心情盡力而為，結果如何不太重要，對於未來也無影響。這種操縱的（主動）焦慮與測量而得的（屬性）焦慮固有不同，但廣義言之，二者皆為焦慮。

三、連續變項與類別變項

在研究設計與分析資料時，區分連續變項與類別變項格外顯得有用。

連續變項係指在某一範圍內能呈現順序的數值者。其涵義有三：第一、連續變項的數值至少可反映出等級順序，變項的數值愈大比愈小者具有問題中的更多特徵，如以量尺測得依賴性的數值，表示依賴性由高、中至低區分，顯示不同的量。第二、連續量數實際運用時，包含一定的範圍，每個受試者獲得的「分數」不能逾越該範圍，如測量依賴性量尺的範圍由1到7。第三、在範圍內的數值，理論上說是

無限的，如某人的分數可能是4.972，而不只是4或5。

類別變項是屬於測量中的類別量尺，依有無具備所界定的特徵作爲分類的依據。最簡單的例子爲二分類別變項（dichotomous categorical variables），如男—女、公立—私立即是。二種以上的變項區分則爲多元變項（polytomies），如宗教信仰、國籍、職業、教育程度等皆是。所有歸屬於同一類別者，其名稱必須相同，所分派的數值也須相同。如以教育程度爲類別變項，所有大學畢業者（數值爲1）是相同的，所有中學畢業者（數值爲2）是相同的，所有其他畢業生（數值爲3）是相同的。如某甲是高中畢業，他就會被分派到所有中學畢業者此一類別，以及分派予該類別的數值2。

四、其他變項

在任何的研究中，有不少因素會影響研究的結果，這些因素通常以變項視之，且賦予名稱，在文獻中這些名稱亦屢見不鮮。當然這些變項與前述三組變項之間仍有重疊之處，爲了讓讀者了解，仍有分析的必要。

1. **中介變項**：位於自變項與依變項之間的屬性或特徵，是除了自變項之外，會影響依變項的因素，卻是研究者無法操縱或測量的，但可從推論中得知其存在的變項，中介變項的出現，會混淆了對其他變項效應所作的解釋。在行爲科學的實驗研究中，自變項與依變項之間的關係，非單純的刺激—反應的關係，其中尚有若干不能直接且相當難以觀察、控制或測量的變項，但是這些變項可能對成果產生重要影響，如焦慮、疲勞、動機等均爲此類中介變項。本書第11、12兩章提及的「無關變項」（extraneous variables）與中介變項，同屬混淆變項（confounding variables），係指在研究中，可能對依變項產生影響的那些部分或樣本而言，與其這些影響可能和自變項產生的效應混淆在一起。基本上言，混淆變項是一種特質或條件，會對研究結果產生影響，包括：天賦的特質，如動機、智力；持久性的生理特質，如弱視、聽障、協調欠佳；自然發生的暫時狀態，如疲倦、分心、興奮、生病、焦慮等），只是無關變項比中介變項較易被觀察、控制或測量，但是無關變項係指未被控制的那些變項（即未被實驗者操弄的變項），但會對研究結果產生重大影響，許多研究結論受到質疑，多出自於此。

2. **控制變項**：是指由研究者決定會影響結果的另一種類型的自變項。由於它可能影響依變項，而被考慮控制或「抵銷」。典型的控制變項——爲個人人口的屬性或特徵，如性別、社經地位、族群、智力等。又如在一項研究中，決定男女之間的差異會對依變項產生影響，則個別的性別是控制變項，亦爲機體變項。

3. **居中變項**：居中變項是可能與上述變項產生重疊的變項之一，通常爲有層次之分的變項，係當研究者採取一個變項和另一個變項同時結合起來，對依變項產生的影響力時，所建構出來的新概念。假定某項研究在探討三種閱讀方案（甲、乙、丙方案）對小學四年級學生閱讀成就的影響；如學生之間存在著先前的閱讀成

績有著懸殊的差異（可分成高成績、中等成績和低成績三個層次），且高、中、低三個層次的學生，均能在甲、乙種閱讀方案得到很好的成效，只有先前有高的閱讀成績者，在丙種閱讀方案上表現很好的成效。在該案例中，先前的閱讀成就可能是一種居中變項。此即說明了方案的學習效果，隨著居中變項的不同程度而異，亦即學習不同方案的成效，受到先前閱讀成績層次的節制，若居中變項未受到控制，就其本質上言，應是中介變項。若居中變項受到控制——即其效果已經被決定時，就成為控制變項。在本案例中，如無決定先前閱讀成績（層次）時，它就成了中介變項；如可確定先前的閱讀成績（層次）時，它即為控制變項。

從中介變項、控制變項與居中變項所舉的例子中可知：它們並非彼此互斥，且在研究中，經常被視為自變項的類型。任何研究並無限定單一的自變項、控制變項、中介變項或依變項；假定以同一學區五所小學四年級學生所進行的三種閱讀方案效果研究為例。將學生閱讀成就依照先前表現，分成高、中、低成就組，同時區分男生和女生二組；又該項研究，稍後也擴充至對科學成就的影響，所有變項摘述如圖1-5所示。

圖1-5(1)

在小學五年級成就研究中運作的不同變項類型

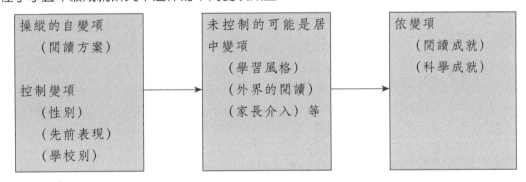

仿自同圖1-3註，p.36。

圖1-5(2)

在小學五年級成就研究中運作不同類型變項，另一種出現居中變項，或稱為調節變項（moderator）的呈現方式

作　業

一、選擇題

1. 根據有系統的蒐集與分析而獲致知識的過程是：（①哲學　②個人的經驗　③研究　④權威）。

2. 以研究為基礎的知識是：（①以客觀方法執行　②限於以測量與統計方法處理　③由單一研究決定　④以絕對為其特徵）。

3. 最普遍性與抽象的知識源自：（①對實務進行的評鑑研究　②對某領域執行的應用研究　③對自然科學、行為科學與社會科學進行的基本研究　④教育研究）。

4. 歷史研究是：（①基本研究　②應用研究　③文獻分析研究　④事後回溯研究）。

5. 下列何者不是非實驗研究所要做的？（①從樣本推論母群體　②描述現狀　③確立因果關係　④從某現象預測另一現象）。

6. 在相關研究中，研究者研究：（①描述性的現況　②因果關係　③同一事件的兩端　④兩種現象之間的關係程度）。

7. 觀察研究可列入下列哪一類別中？（①應用研究　②敘述研究　③評鑑研究　④以上皆非）。

8. 人種誌研究的特徵為：（①熱誠的一對一的關係　②明確界定的假設　③長篇的田野札記　④非強制性觀察）。

9. 教育的研究與發展（R & D）的基本目標為：（①透過行動研究發現新知　②根據研究結果發展產品　③考驗教材　④改良現有的教育產品）。

10.教育被視為一門落後的科學，主因在於：（①教育是藝術而非科學　②教育法則不存在是事實，因為每位兒童均有獨特性　③教育的變項比較複雜　④教育人員缺乏研究精神）。

11.下列何者不是科學的方法？（①以專家意見驗證假設　②以特定名詞界定問題　③分析資料　④建立假設）。

12.教育的行動研究大都涉及：（①教室中立即產生的問題　②實驗研究　③相關研究　④實驗室的問題）。

13.評鑑研究的基本目標為：（①考驗判斷的假設　②改進作決定　③考驗資料的概括性　④估計基本研究的效度）。

14.教育評鑑與教育研究二者：（①目標相同，方法論不同　②目標相同，執行研究的背景不同　③目標不同，方法論相同　④方法論相同，但控制實驗程度有別）。

15. 質的與量的研究在哪方面相似？（①研究者角色　②原型的研究　③有關世界的假定　④強調實證的資料）。

16. 某研究者欲了解婚姻狀況，從以下類別著手，即已婚、未婚、離婚、分居、鰥寡等，則這些類別為：（①變項　②屬性　③變項類別　④分析的單位）。

17. 實證論者的信念：（①有獨立於觀察者而存在的客觀實體　②人的環境由環境的參與者所建構　③漠視自己偏見對研究發現的可能影響　④強調科學研究的目標是探究）。

二、試指出下列各題，係使用①演繹推理、②歸納推理、③科學方法而來：

1. 拉瓦澤（A. L. Lavoisier）在廣泛觀察反應以後，下結論說：燃燒是正在燒的物質與氧結合的歷程。他的著作對古老的燃素理論（phlogiston theory）構成致命的打擊。

2. 道爾頓（J. Dolton）經由多次思索之後，下結論說，物質係由原子組成。這些假定構成原子理論的基礎。

3. 以後的科學家採用道爾頓的假定，從中推衍，並蒐集資料，肯定這些假定，因而支持原子理論。

4. 某國中教師研讀增強理論之後，假設編序學習技術可使數學科有優異的成就。於是他設計一項以三年級的兩個班採用編序教材，另兩個班採用傳統教材的研究。

三、下列各項敘述，指出最缺乏哪種效度（①內在效度或②外在效度）：

1. 實驗者發現，有四種同等效力的說法，可以解釋結果。

2. 一位六年級的教師發現，他在該班所做的學習實驗結果無法應用於六年級的學生。

3. 一位研究者研究三種不同的教學法對科學成就的影響；每班應用一種方法，而各班的能力層次確有不同。

四、試指出下列的敘述，各為①基本研究、②應用研究、或③評鑑研究的功能？

1. 考驗或發現理論，以及解釋自然科學、行為科學與社會科學中的關係。

2. 評估某場所的特定實務的價值或優點。

3. 考驗科學理論的效用，以及探究共同領域之間的實用關係。

4. 建立可被接受的科學知識體系。

5. 改變某場所的實務。

五、試就下列的敘述，指明採用的方法為：①歷史研究、②實驗研究、③事後回溯研究、④相關研究、⑤個案研究、⑥人種誌研究、⑦調查研究。

1. 閔先生對近五十年來的教學策略的演變頗感興趣，研讀文獻，終於發現這種概念產生的方式與時間。

2. 大學生的觀點與理想教授的評定。

3. 席先生研究節食與學業成就之間的關係。

4. 季老師想深入研究所任教班級多數學生的情緒問題。

5. 麻老師要求兩位同事協助決定，教導學生寫字以甲方法或乙方法較為有效。

6. 公立學校教室中的物質文化。

7. 焦慮與成就的關係。

六、試各舉一例說明基本研究、應用研究、行動研究、評鑑研究的問題。

七、對於下列各題的敘述，你是否同意？理由如何？

1. 應用研究對人類福祉的貢獻，較基本研究重要。

2. 自然科學與社會科學二者必然發生衝突。

3. 在教育研究中，理論毫無用途。

4. 實驗研究是最科學的研究方法。

5. 一項完全缺乏內在效度的研究，也缺乏外在效度。

八、試分辨(1)基本研究與應用研究、(2)內在效度與外在效度、(3)實驗研究與非實驗研究、(4)歷史研究與人種誌研究、(5)中介變項與居中變項、(6)連續變項與類別變項、(7)質的研究觀點與量的研究觀點。

九、一項「決定三種不同教材對小學閱讀成就之影響」的研究，以兩所小學四、五年級的男、女學生為對象，每校每年級各選三班進行實驗教學，每班所使用的教材不同。試指出何者為控制變項以及其他可能的變項。

十、請列舉五個變項及其涵蓋的屬性。

十一、行動研究的特徵為何？

答案：

一、1.③；　2.①；　3.③；　4.③；　5.③；　6.④；　7.②；8.③；9.②；10.③；
　　11.①；12.①；13.②；14.③；15.④；16.②；17.①。

二、1.②；　2.①；　3.①；　4.③。

三、1.①；　2.②；　3.①。

四、1.①；　2.③；　3.①；　4.①；　5.③。

五、1.①；　2.⑦；　3.③；　4.⑤；　5.②；　6.⑥；　7.④。

六～八、略。

九、學生性別為一個變項，若閱讀分數男女分開計算，性別也可當作控制變項。學校別與年級別可視同控制變項。在學校內，班級與方法無法分開，故在學校內班級是中介變項。如果每位教師僅用一種方法，則教師也是中介變項。

十、如性別→男、女；社會階級→上、中、下；職業→律師、教師……。

十一、略。

第一篇

研究計畫的準備及撰擬

撰擬研究計畫為執行研究的一個重要步驟。惟計畫的撰擬根源於問題，因此須先決定研究的問題，方可著手其他。再則，計畫中可能涉及文獻探討、樣本及測量工具的問題，是以如何探討文獻、選擇適當的樣本以及合適的測量工具，便居於關鍵的地位。除了這些部分之外，在研究計畫中涉及的細節及對研究計畫的評鑑，專列一章予以探討，是以本篇主要包括：研究問題的選擇，有關文獻的探討，樣本的選擇方法，測量工具的選用與編製，以及研究計畫的撰擬與評鑑。又研究依蒐集資料的技術區分，有量的技術與質的技術之別，是以本篇亦針對量的研究計畫與質的研究計畫之撰擬或評鑑，分別探討。

第 **2** 章

研究問題的選擇

　　對於即將撰寫研究論文、碩士學位論文（thesis）或博士學位論文（dissertation）的研究生而言，選擇研究的問題，是一項很重要的步驟，也是最困難的階段之一。如剛開始尋找研究問題的研究生，容易選擇範圍太廣的問題，以致無法順利完成。究其原因，可能是他對研究的本質與系統解決問題的活動，缺乏了解；也可能是想法過分天真，想立即解決重要的問題。

　　較富有研究經驗者了解，追求真理以及解決重要的問題，需花費大量的時間和金錢，並須應用邏輯的思考。

　　欲求研究發現，發揮貢獻，通常須由具有良好基礎的研究者，應用技巧，認定問題的重要性，全力以赴，始易達成；甚至這種輝煌的成就，極少由個人獨撐，須由多人組成團隊，依不同方式觸及問題，經過一段長時間努力工作，累積而得。

　　研究者應是專家，而非通才；他們分析的僅是問題中的部分；他們運用的是專精的技能，而不是概括性的原理。但是，研究的活動，若集中於與建立通用理論甚少關聯的零碎部分，卻是危險的作法。在複雜的情境中，分析少數孤立因素間的關係，固較易進行，惟此類研究，對於知識體系的貢獻，可說微乎其微。研究工作須運用細密的觀察、嚴謹的邏輯分析，以推論假設的影響。

　　研究是一種「考驗」（testing）而不是「證明」（proving）的歷程，因此，當研究者發現一種可能「不是」真實的原理時，似乎不必引以為沮喪，只求其客觀即可，毋須為了滿足自己立下的結論，而一味求其吻合。

　　無論撰寫學位論文或學期報告，希望研究者從中習得撰寫報告的方法與技巧，而不應以他們對教育的貢獻、知識體系的建立為主要的目標。

第一節　研究問題的來源

前面提及選擇適當的問題，並非容易。研究者致力於研究需耗大量時間與精力的重要學術問題，所代表的正是一種神聖的使命，不容掉以輕心，合適的研究題目，大抵可以考量以下三種標準：(1)研究問題是否能補足過去的研究缺口或是推翻現有研究文獻；(2)研究問題提供研究結果較佳的情境，或是研究母群的延展性；(3)研究結果是否有助益於實務的發展。至於哪些是最合適的問題的來源？提供如下建議，藉供參考（Ary et al., 2019; Best & Kahn, 2006; McMillan & Schumacher, 2010）：

壹、根據個人的經驗

個人在實驗的工作環境中，經常發現若干因素之間的關係，尚乏令人滿意的解釋；依據權威或傳統而來的例行性工作，並未發現足以令人信服的證據；創新與科技的變遷所帶來的影響，有賴進一步的檢證；諸如此類的問題，都是吾人在日常工作中，可能遭遇到的，有待解決，但在文獻中，卻不易找到答案，確有研究的必要。惟此等問題，須進一步明確化，才能稱得上有價值的題目。

如有某位小學教師根據平日教學經驗所得，對資優兒童深感興趣，想以「國民小學資優兒童的社會能力之發展」為題，著手研究，但是此一題目不免失諸廣泛，尚待予以界定才行，該題目可以縮小成如下的各個題目：

1. 小學六年級資優學生的智力與社經地位的關係。
2. 小學四至六年級資優學生對藝術興趣的發展。
3. 小學五年級資優班學生與普通班學生的社會活動之比較。
4. 小學中年級資優學生的社會適應狀況。

貳、衍自學理（理論）

從學理（理論）推衍，可以提供研究的題目。學理常可當作一般的原理原則（或通則），應用於探索迄未經實證考驗的特定性教育目標。主要的理由是任何一項通則，乃在敘述兩個或更多事件之間的關係，用來預測事件，並非難事。比如說個別教導可增進學業成就為一項通則，並假定其為真，便可預測施予某生個別教導，將可揭示其在學業上的成就。舉凡組織理論、學習理論、人格理論、社會學理論、政治理論等，均可取其通則，而在教育情境中驗證以理論解釋教育實際的效用。

又描述事件使用的構念（constructs），在科學的研究中，亦經常予以運用，如動機、成就、學習能力、智力、價值等構念，在教育研究中更是屢見不鮮。惟此

等構念在實際研究中，爲了迎合測量的需求，須作操作性的界定，如「智力」構念可界定爲：在中華智力測驗量表上測得的分數（有關操作性定義的界說，請見本書第7章第一節之壹）。

美國學者賽蒙（M. A. Simon）的作決定理論，在近代行政學研究中，有其貢獻與價值，惟其是否可應用於教育行政領域，便有待進一步的研究，吳清基的博士學位論文「**賽蒙行政決定理論及其在教育行政上的應用**」（台灣師範大學教育研究所，1985）即依據賽蒙作決定理論的通則，探討其在我國各級教育行政機關應用的可行性，可作爲衍自理論以選擇研究題目的例子。

衍自理論的教育研究，有其優點。第一、有了理論的導引，可以確定研究的方向。第二、理論可爲研究的結果提供合理的詮釋。第三、好的理論可供研究者擴大對情境解釋的範圍。衍自理論的教育研究，係依理論而確定假設，然後在有關的教育情境中，付諸考驗。

參、複製（研究）曾被研究過的題目

複製（研究）（replication）係用來證實或挑戰以前研究已獲致結論的重要方法。

採行複製（研究）的理由有如下各點：

一、查核重要的研究發現

如有某一研究報告獲致新奇且驚人的證據，其發現與以前的研究有明顯的衝突，或對於普遍被接受的理論，提出挑戰性的看法。此時，進行複製（研究）頗有用處，藉以肯定或排斥新證據的效度，經由複製（研究）而獲得支持的研究結果，可爲研究工作開拓視野，也可能爲教育實務產生重大影響。

文崇一與張曉春的「**職業聲望及職業對於社會的實用性**」（中央研究院台灣人力資源會議論文初稿，1979）一文，發現我國九十四種職業的職業聲望如分成五級，大學教授屬第一級，中小學教師則列第二級的較高等級，因此「一般人認爲中小學教師社會地位低落的說法，是不正確的，也是一種錯誤的估計和臆測」。

林清江的「**教師職業聲望與專業形象之調查研究**」（台灣師範大學教育研究所集刊第23輯，1981）的目的之一，可視爲檢核教師職業聲望的複製研究，該項研究將我國四十種職業的職業聲望分成六個層次，無論台北市或台灣省的樣本，大致將大學校長及教授的職業聲望列在第一層次，中小學校長及中學教師被列在第二層次，小學教師則被列在第三層次，證實了十幾年來，我國台灣地區教師職業聲望仍然相當高的結論。

二、查核橫跨不同母群體研究發現的效度

教育的典型研究係從單一母群體中選取代表性的小樣本執行之，若不進行複製

研究，難以決定出自此種研究的發現，是否可應用於其他的母群體。如費誼及其同僚（C. Fisher et al.）曾研究特定的教師行為與小學二、五年級學生的數學及閱讀成就的相關，發現教師採用小老師制的方法與學生的閱讀成就呈負相關，卻與數學成就呈正相關。他們亦發現好幾種教學行為與五年級學生的成就呈正相關，卻與二年級學生的成就呈負相關。如是橫跨年級或科目，研究有效教學技術的發現，未經複製研究，欲將之類化於其他的母群體，恐有不當，且失諸冒險。

三、查核過去一段期間的趨勢或變遷

許多行為科學的研究結果，部分係依賴當時環境而定。是以二十年前對性教育態度的研究發現，時至今日可能已有改變。透過複製研究，可以查核早期發現的穩定性而確認發展的變化趨勢。

四、以不同的研究方法查核重要的發現

任一項研究計畫所要探討的關係，其所採用的研究方法多由研究者決定，具有人為的成分，循此獲得的諸現象間的關係，未必為真。蓋任何真正的關係，不論所採用的測量方式為何，結果當會相同或近似。是以相當有用的複製研究格式之一，即在於運用不同的研究方法，重複進行重要的研究。如在不同時間與不同情境重複進行實驗，獲得類似的結果，其研究效度即受到肯定。

肆、在實際情境遭遇的問題

在教室、學校或社區遭遇的問題，對於剛從事研究的人而言，顯得較為「熟悉」且「實際」。如以哪一種教學方法揭示學習材料較優？社區人士對師生關係的影響如何？都是俯首可得的問題。因此教師如肯仔細觀察，將不難發現充滿研究問題的場所，毋須捨近求遠，以免徒費時間和精力。

時至今日，由於科技變遷與課程發展，常會在日常教學環境中帶來新的問題，值得選為研究的題目，如科技融入教學等項革新的作法，能否滿足學生的要求，其價值如何，有必要透過研究歷程，作一番仔細的評鑑。又如課程的發展有的倡導目標模式，有的側重歷程模式，究竟何者為優，或二者有待統合，統合策略如何，均有待深入研討。

又研究者在教室內專心聽人講演，或參與班級討論、或閱讀研究會的報告，甚至在課外與同儕、教授交換觀念或是線上同步或是非同步的教學及討論，將發現有許多待解決的問題，激發他從事研究的意願。

伍、查閱有關的文獻

從有關文獻中，可發現值得研究的問題，或採取複製研究之，或將之稍予變異，另行尋找合適的研究題目。

　　比較專門性的教育文獻，以英文方面來說，**教育索引**（*Education Index*）、**現代教育期刊索引**（*Current Index to Journals in Education*）、**教育資源**（*Resources in Education [RIE]*）、**國際博士論文摘要**（*Dissertation Abstracts International*）、**心理資訊摘要**（*Psych Info*）、**JCR**（*Journal Citation Reports*）的**SSCI**（*Social Science Citation Index*）之**教育研究領域**（*Educational Research*）皆有可能找到較佳之研究方向及論文來源。以中文方面來說，各期刊雜誌彙編的**篇名索引**、**臺灣博碩士論文知識加值系統**、**教育論文全文索引資料庫**、**中華民國期刊論文索引**、**三十年來我國特殊教育圖書摘要與論文索引**、**全國報紙資訊系統**、**中華民國期刊論文索引**、**中文期刊人文暨社會科學論文分類索引**、**行政院國家科學委員會（已改為行政院科技部）研究計畫或研究論文摘要**、**臺灣人文及社會科學引文索引資料庫（TSSCI）**、**台灣全文資料庫**等，亦可發現值得繼續進一步研究的題目。

　　有關教育文獻的查閱，在英文資料方面較有系統可循，第3章將作深入的介紹。

陸、向教授、專家請益

　　對於想從事研究工作的人來說，如能向較有經驗的教授、專家請教，是件相當有助益的事。向教授或專家請益的目的，乃在於協助自己釐清思路，掌握重點並將一個複雜模糊的問題，發展成可供研究處理的主題。

　　下列提供的一份清單（參考Best & Kahn, 2006），揭示教育研究領域的廣度，對於從事教育研究工作者而言，或有參考價值，可從中找到需要研究的問題：

1. 班級中的多元文化主義。
2. 遠距教學。
3. 彈性課表。
4. 協同教學；差異化教學；精進教學；合作學習。
5. 學習風格（方式）。
6. 學習評量；向家長提出報告。
7. 學生規章／控制；霸凌。
8. 同儕教學。
9. 家庭作業的政策與實施。
10. 實地參觀旅行。
11. 學校建築與設施；照明；空間；安全。
12. 課外活動計畫。
13. 學生的校外活動：業務；娛樂；文化活動；閱讀；看電視。
14. 教師的校外活動：業務；政治活動；娛樂。
15. 使用網際網路教學。
16. 以英語作為第二種語言方案。

17.生物、化學、物理的新式研究方法。

18.語言實驗：外語；閱讀。

19.一綱多本教科書的選用。

20.獨立學習計畫。

21.班級大小（人數）。

22.數位學習。

23.社交測量法。

24.健康服務。

25.輔導—諮商計畫。

26.教師士氣：倦怠與滿意。

27.教師福利：薪資；考評；申訴；退休；永任。

28.教育的組織：院轄市、縣（市）、中央。

29.市區學校；文化不利；提早開始；向上跳級；家庭教師。

30.教師的職前教育：實習生教學。

31.教師對各種議題（如回歸主流運動、融合教育）的態度。

32.教師的在職教育計畫。

33.私立學校的問題。

34.提早畢業者的追蹤。

35.學校教育券。

36.受贊助的非學校性社會組織或社團。

37.學區的重新安排（社區高中；完全中學）。

38.社區對學校的壓力：學術自由；爭議性的問題。

39.學校教師的法律義務、權利與教師的補充。

40.教學實習。

41.性教育。

42.能力分組：加速；延緩或提前升級的技術。

43.特殊教育：語言治療；診斷的服務；社會的服務；課程安排；特殊需求學生納入普通教育的效應。

44.高等教育的問題：入學管道多元化；甄選入學；成就的預測；研究生方案。

45.工讀計畫。

46.成功與失敗的歸因。

47.兩種教學方法或程序的成效比較。

48.新住民所生子女的教育問題。

49.學生的生涯規劃目標。

50.某制度、方案或組織的歷史。

51.與選擇教學、護理、社會工作為生計有關的因素。

52.個案研究。

53.社會經濟地位與學業成就。

54.行政領導的知覺。

55.強調學業成就的效果。

56.畢業或升級的最基本能力測驗。

57.學生、教師的人口側面圖；人口出生率下降對教育的影響。

58.教師評鑑。

59.行政人員──局長、督察、校長、主任──的角色。

60.理論：認知發展、道德發展、學習、資訊處理、創造力、團體動力學等。

61.教育測量：工具的發展及其信度、效度。

　　近年來，由於科技融入以及素養導向教學的趨勢；有關科技使用，人工智慧發展在教育應用之相關論文題目，亦逐漸增加。

第二節　研究問題的敘述

壹、問題的敘述

　　研究問題選擇出來之後，為了使研究工作得以順利進行，需要再加修整問題，使其以適合於研究的形式呈現。問題的敘述宜明確化，以凸顯真正要進行研究的內容。

　　研究問題可採陳述句或描述句的方式，或問句的形式敘述之。多數研究者較偏好採問句的形式敘述，實則二者都可採行；問題的敘述最重要的特徵，在於它能為研究提供適宜的焦點和方向。為了讓讀者了解哪些問題的敘述是合適的或不合適的，舉隅解說頗有助益；如以「國民小學的課程」作為所敘述的問題，顯然流於廣泛，沒有方向，亦難掌握其焦點，嚴格言之，不算是可做研究的問題。如略予修整如下，當較能符合要求：「小學課程的實施對彰化縣四年級學生閱讀成就的影響」，或「小學課程的實施對彰化縣四年級學生閱讀成就有何影響？」茲再舉原先的問題敘述，經過修整較符合要求的問題敘述數則如下，以供參考：

原先敘述的問題：成就與教學技術。

重新敘述的問題：三種教學技術對國民中學學生科學成就的影響之研究。

以問句敘述的問題：三種不同教學技術對國民中學學生科學成就產生差異的影響嗎？

　　　　──本研究問題屬於差異問題（difference questions）的一種

原先敘述的問題：高中輔導諮商人員的角色。

重新敘述的問題：台中市高中輔導諮商人員的工作調查。

以問句敘述的問題：可以以下四個問句解說所認定的子問題：

(1)輔導諮商人員從事非輔導活動工作的內容是什麼？

(2)學生覺察輔導諮商人員工作的主要優點是什麼？

(3)學生覺察輔導諮商人員工作的主要缺點是什麼？

(4)輔導諮商人員覺察輔導學生選擇大學院校的最有效工作是什麼？

——本問題屬於「描述性研究問題」（descriptive research questions）的一種

原先敘述的問題：小學生的創造力。

重新敘述的問題：小學五、六年級學生的身心特徵與聚斂思考分數的相關研究。

以問句敘述的問題：小學五、六年級學生在聚斂思考測驗上的分數與在(1)普通智力測驗、(2)閱讀成就測驗、以及(3)四肢靈活測驗上的分數之間有什麼關係？

——本問題是屬於關係問題（relationship question）的一種

　　研究問題除了上述三類，即差異問題、描述性問題和關係問題之外，尚有比較問題（comparison questions），通常在實驗研究使用，乃在於發現兩個或更多團體在一個或多個成果變項上差異情形如何？（Creswell, 2014）。如「比較高中資優班學生與普通班學生在自我概念上的差異情形如何？」屬之。

　　上述這些問題確認研究的變項和母群體，屬於量的研究的問題敘述形式。

　　問題的敘述須指陳研究計畫的關鍵因素，如上面的第三個例子，「關係」含蘊著若干的程序；「五、六年級」限定以及界定研究的母群體，「聚斂思考測驗分數」比「創造力」明確。

　　至於質的研究問題（敘述）標示研究的「一般性」目標；質的問題係以確立研究者所想要了解的一般性題目或領域著手，此題目偶而被稱為「探究的焦點」（focus of inquiry），由於該題目寬闊，便於在研究進行中予以改變。即隨著研究者蒐集的資料增加及發現新的意義，得以將問題窄化。是以量的研究者總是敘述問題於蒐集資料之前；而質的研究者則在蒐集資料之後，才確定問題。

　　由於不同的質的研究問題會決定研究設計，是以研究問題的選擇，便居於重要地位。Maxwell（2005）曾將質的研究問題分成六類，可供參考：第一、特別化問題（particularizing questions），在於發問有關特定脈絡的問題：如：在該所特別學校發生什麼事？該類問題較少關注概括化，聚焦於發展豐富的描述和詮釋。典型上，個案研究的對象，為特別化問題。第二、一般性問題（generic questions），涉及如量的研究一般，要使用從較廣泛母群體中抽取代表性樣本，俾將研究結

果予以概括，通常在多場域研究（multisite studies）要探究的是一般性問題。第三、過程問題（process questions），在於檢查事情如何發生——即要探究現象發生的過程：發問有關過程導向之意義、影響和脈絡的問題。第四、變異問題（variance questions），涉及有關差異或差異程度的問題，較適合透過量的研究來回答。第五、工具問題（instrumentalist questions），此類問題根據可觀察的、可透過工具測量而得的資料來形成，在量的研究中算是典型的類別。第六、實在的問題（realist questions），處理無法觀察的現象（如感受、信念、意向等實在的現象），在質的研究中，這些問題是常見的。

至於研究問題是否要以問句的形式呈現，大致是視研究者本人的偏好而定，如以問句的形式呈現較佳，則宜予採用。事實上，敘述問題採哪種形式，較不重要，重要的是敘述宜力求準確和固定，方不致在研究中產生混淆不清的情況。

貳、假設的特徵

問題既經決定，接著在開始閱覽有關文獻之前，須提出用以引導研究工作進行的暫時性假設（hypothesis）。因為研究問題的敘述，僅為研究提供一般的方向，未涵蓋所有特定資訊在內。為了使研究工作的進行，更趨於特定，以及有方向可循，進一步發展假設確有必要。

所謂假設是對已經發生或將要發生的若干行為、現象或事件，提出的暫時性解釋。假設可能直接衍自敘述的問題，可說是最特定的問題敘述；可能根據研究文獻而來；可能出自於蒐集並予分析的資料，人種誌研究的部分假設，即脫胎於此。假設的形式雖然不一，但是應比敘述的問題更具有操作性，以求研究的結構趨於特定，且在一個假設之下，通常會含有好幾個子假設。

好的假設，約具有以下的基本特徵（Ary et al., 2019; Best & Kahn, 2006; Gall et al., 2007; McMillan, 2016; McMillan & Schumacher, 2010; Travers, 1978）：

1.假設必須盡可能清楚、簡潔、合理、精確地陳述。
2.假設必須與已知的事實或理論一致。
3.假設必須敘述變項彼此之間的關係，並可付諸考驗（檢定）。
4.假設必須限定範圍，切忌含糊籠統。
5.假設必須以最簡單的名詞敘述。
6.假設須依循研究問題而來。

就第三項特徵而言，有待進一步陳述的必要。假設是對問題所提供的暫時性的答案：是對變項之間可能存在差異、關係，提供的一種預感，或一種教育性的臆測，尚待證實或否定，根據蒐集而得的資料，採取邏輯的分析，予以肯定或否定假設，並可進一步推論它的影響。

欲建立好的假設，有豐富的知識與想像力為重要關鍵。想像力的獲致，當然要開拓視野，效果方易彰顯，這可從其他學科中攝取，如心理學、社會學、經濟學及

人類學等均屬之。例如：最近有關學校系統與班級體系的研究，許多概念是從人類學借用來的研究步驟，而引發有用的新知，以爲假設的建立，提供了新穎的見解。

參、假設的類型

假設依其衍生的方式而分，有歸納假設（inductive hypotheses）與演繹假設（deductive hypotheses）兩種（Ary et al., 2019）：

1. **歸納假設**：是研究者根據觀察結果所形成的概括（generalization），亦即他觀察行爲，注意其趨勢，或可能存有的關係，然後對此種觀察的行爲，所提出的假設，實際從事班級教學的教師認爲歸納程序是假設最豐碩的來源，即教師根據在學校環境獲得的經驗與了解，便以歸納程序，形成用來解釋觀察所得之關係。這種解釋的效度如何，即形成科學研究所使用的假設。此種由歸納衍生的假設頗有用途，但是在科學上的價值有限，由於這些假設大都出自當地特定的問題，因而產生的結果，是否適宜推論至較大研究體系，需再進一步驗證。

如有位教師觀察得知：班級測驗引起的高度焦慮可能對學生的表現，產生不利的影響。同時教師也注意到，讓學生在客觀性題目寫下評論時，他們的表現似有進步。教師因而推論，這種允許學生作評論的自由，有時候可用以減低焦慮，進而使他們得到較高的成績。此一觀察提示以下的假設：「獲允在答案紙上寫下對測驗題目評論的學生，比沒有機會作評論的學生，將獲得較高的成績。」接著，教師開始設計考驗該假設效度的實驗。此時須注意的有兩點：第一、該假設乃在於表示教師對兩個變項（評論測驗題目與在測驗上的表現）之關係的信念；第二、「焦慮」變項僅是獲致假設之演繹鏈中的一部分，而非最後假設的一部分。是以本研究的結果僅在於提供有關寫評論與測驗表現之間的關係，至於焦慮和寫評論、焦慮與測驗表現之間的關係，須待後續的假設，予以考驗。通常原先對一系列關係的想法，無法直接進行觀察，爲了把各種關係修正成爲可直接觀察的對象，須重新修改問題才行。

2. **演繹假設**：是由理論衍生的假設，這些假設藉著提供證據，以支持、擴充或反對既定的理論，或提示未來的研究，而對科學教育頗有貢獻。在設計有關由理論衍生的研究時，將理論與假設之間的任何瑕疵都要嚴予防範，以免滋生問題，因此研究者必須查核該假設是否合乎邏輯程序地衍自理論。若非，則研究者便難以對該理論的適當性與否，獲得有效的結論。若假設非經由嚴謹程序地衍自理論，即使該假設獲得支持，研究者亦不能說，研究發現增加了理論的可信性。反之，若資料並未支持假設，由假設所導出的理論，未必就缺乏可信性。

如皮亞傑（J. Piaget）主張，具體運思期的兒童（約七至十一歲），認知發展的特徵之一，是由依賴知覺過渡至運用邏輯的運思能力。研究者可以此一理論爲起點，提出以下的假設：九歲兒童能正確回答「小弘比小宇高，小宇比小錞高；誰最高？」這個遞移性問題的比例，大於六歲兒童能正確回答的比例。

　　此外，假設亦可依其陳述的方式，分成一種研究假設（research hypothsis）和兩種統計假設（statistical hypotheses）。研究假設又可分成方向假設或非方向假設（directional or nondirectional hypotheses）；至於統計假設可分成虛無假設（null hypotheses）和對立假設（alternative hypotheses）：

　　1. **方向或非方向假設：** 方向假設乃在陳述研究者期望接受研究的變項之間呈現的關係，或諸項實驗處理之間呈現的差異，如：「接受電腦輔助教學的中學生的數學成就顯著高於僅接受普通教學的中學生」、「中學運動員的學業成就顯著高於非運動員」為方向假設的例子。非方向假設以沒有確定方向或期望發現的性質之方式，陳述存在的關係或差異。如：「早熟與晚熟青少年的自我概念有差異」是屬於非方向假設。通常所稱的「研究假設」乃包括方向與非方向假設二者而言。文獻探討為陳述方向或非方向假設，提供參考的基礎。

　　2. **虛無假設：** 係以統計術語呈現，在推論統計的脈絡中，通常敘述在研究之下測量母群體的一個或多個母數；因此虛無假設經常含蘊數量的術語，如：「接受A方法教學的小學三年級學生群體的閱讀成就平均數與接受B方法教學的學生群體相等」，此一虛無假設即為以虛無形式呈現的假設（可以符號H_0表之），與其敘述變項間「沒有差異」、「沒有影響」、或「沒有關係」。當以推論統計考驗統計假設時，即為考驗虛無假設。

　　虛無假設所敘述的，與實驗者預測的或期待的，恰好相反；研究者可能期待，經由實驗處理之後，兩個母群體之間的平均數有差異，但是虛無假設敘述的則為母群體間的平均數沒有差異。是以無論是虛無假設或前面所提的方向假設所指各變項間的差異，均指母群體的差異，而不是樣本的假設。

　　3. **對立假設：** 就任何虛無假設來說，都有用來表示其餘可能成立的假設，謂之對立假設（以符號H_1表之）。上述閱讀成就一例的對立假設為：「接受A方法與B方法教學的小學三年級學生群體的閱讀成就平均數不等。」若原先的假設為：「小學三年級學生群體接受A方法教學的閱讀成就平均數高於接受B方法教學的學生群體的閱讀成就平均數。」其對立假設則為：「小學三年級學生群體接受A方法教學的閱讀成就平均數低於或等於接受B方法教學的學生群體的閱讀成就平均數。」虛無假設及其對立假設涵蓋兩個量數之間所有的可能結果。

　　為了考驗方向或非方向假設與虛無假設而採取適用統計程序，以決定觀察所得的關係是為機率的關係（chance relationship）或為真正的關係（true relationship）。虛無假設的缺點在於極少表達研究者對研究結果的真正的期待。如果研究者提出的證據與虛無假設不一致，便可將虛無假設予以拒絕，正如在法庭之前，被告被假定是無罪的，直到無罪的假定被懷疑或拒絕，始能確定犯罪一樣；因此，就某種意義而言，無罪的假定，可與虛無假設相比擬。研究者實不宜一開始即確定變項間存有密切的關係，正如法院不能事前就假定被告有罪一樣；因為即使是一種肯定的假設，經研究獲得確定，但仍不能因而證明其為真；即使說支持了變項

間存有密切的關係，但如何確定其真實關係的程度，便容易發生困難。是以研究者普遍認定虛無假設是為拒絕虛無的或否定的假設，提供一種比肯定正面假設更為強而有力的邏輯考驗或檢定。

方向或非方向假設也可如同虛無假設一樣加以考驗，方向假設採單側顯著性檢定（one-tailed test of significance），非方向或虛無假設則需雙側檢定（two-tailed test）（有關單側與雙側檢定，請見第20章）。

如何處理方向假設、非方向假設與虛無假設敘述的問題，大抵有兩條解決的途徑：其一、陳述的方向假設在於傳達研究者真正的期待，非方向假設則沒有確定的期待方向；而統計的虛無假設在允許作精確的統計檢定。其二、敘述採行方向或非方向假設，分析採用虛無假設的資料，然後根據對虛無假設的檢定，推論方向或非方向假設。因此，Ary等（2019）指出：量的研究以研究假設開始陳述，但唯有虛無假設才能直接接受統計程序的考驗。Ary等以為假設從未獲得「證明」為真，或被提出反證，充其量只在於考驗假設是否獲得「支持」。因為在本質上說，假設涉及的是「機率」。根據實證的證據所獲得的結論是：這種解說可能是真實的，或接受該假設是合理的，而不是在給假設提供證明。

有些研究者以問題的形式（即所謂待答問題）陳述研究的問題，而不用假設。對於缺乏研究經驗者以問題的形式陳述是最容易的方法，因為這個經由特別敘述的問題，乃是研究工作所要回答者。在撰寫研究結果時，研究者須將研究報告組織好，以便回答自己已提出的問題。前面提到的假設之一改成待答問題形式，便成為：「中學運動員的學業成就顯著高於非運動員嗎？」

在教育領域中執行的某些研究，特別是敘述研究，適合列舉目的及其對應的待答問題即可，而不宜列出假設。如某項調查研究旨在決定大學不同領域教授待遇的差異情形，宜寫為：「本研究的目的在於(1)研究不同領域各等級大學教師的待遇，以及(2)如果其間有差異存在，擬確認造成此等差異的因素。」而不宜寫成「各大學不同領域各等級教師的平均待遇沒有顯著差異」。

第三節　研究問題的評鑑

研究的問題須先提出多個，然後一一予以評鑑，何者較為適當，選作研究的主題。但如何評鑑其適當與否，往往決定研究工作的成效。職此之故，提出用來評鑑問題的若干準則，則是相當重要的（Ary et al., 2019; Best & Kahn, 2006）。

一、該問題經由研究的歷程，可獲得有效的解決嗎？為了考驗理論或尋找考慮中的問題所需的答案，可蒐集而得有關的資料嗎？

二、該問題重要嗎？其中涉及重要的原理嗎？如果答案是否定的，似乎應該放棄目前已進行的研究問題，另外去尋找較重要的研究問題。

三、該問題是新的嗎？其答案唾手可得嗎？如果漠視了以前做過的研究，可能讓學生把時間浪費在早已被他人研究過的問題之上。研究須考慮新奇或獨創的問題，固爲研究者所強調的取向，但是，這並不意味著被研究過的問題，就毫無價值。有時候，對於過去他人研究獲得的結論表示懷疑，宜重複進行研究；另外，亦將過去研究的結論之效度，延伸至不同的情境，亦值得複製。因此，此項評鑑的原則，不宜視爲絕對。

四、該問題可行嗎？雖然研究的問題，是一個好問題，但是對研究者而言，它是一個好問題嗎？研究者能經由研究，求得有效的結論嗎？爲了決定問題的可行與否，下列的一些問題，須一併提出考慮：

1.研究者能夠計畫並執行這類的研究嗎？有關該領域的知識，研究者知之甚稔，並能用它來解釋研究的發現嗎？研究者對於發展、實施及解釋必要資料的工具與程序，能夠勝任嗎？有關研究設計及統計的技能，研究者有良好的基礎嗎？

2.容易取得有關的資料嗎？能取得有效的、可靠的工具嗎？學校當局允許研究者和學生接觸、實施必要的實驗或測驗、和教師晤談、或取得重要的累積記錄嗎？研究者必須能獲得學校的支持，否則，其研究工作，將遭到阻礙。

3.有足夠的經費支援，以執行研究工作嗎？先就投在資料蒐集工具、印刷、試驗材料、旅費等方面所需的費用，作一預估，衡量是否爲研究者個人所能負荷，如否，似宜作進一步的考慮，或爭取基金會，或教育行政機關的支援，否則，貿然從事，恐將功虧一簣。

4.有充裕的時間，來完成該項方案嗎？將從事研究程序設計開始，以至於蒐集資料工具的選取、資料的蒐集與分析、研究報告的撰寫等，均需時間。加上，多數學術性的研究專案，都有期限，是以時間因素，不能不考慮。

5.能不計困難，有勇氣進行該項研究嗎？當資料蒐集發生困難時，當他人不願合作或協助該項研究時，研究者仍能積極進行嗎？事實上，對於剛著手研究的工作者而言，似乎不太適合於撰擬向有爭議的研究題目，如性教育的實施、公民與道德教育實驗等，宜儘量避免。

五、該問題的研究符合倫理規範嗎？由於教育研究以人爲其對象，涉及當事人的感受、敏銳性以及權利，均須顧及倫理的要求。在研究進行之前，至少要徵得受試者同意、保護他們免受身心上的傷害，尤其要保障研究對象的隱私權，如設計量表的題目涉及向研究對象發問性經驗、宗教信仰或其他敏感性問題時，應採匿名填答方式，不應要求填答者在量表上署名，本書第12、14和18章對研究倫理問題，有作進一步的討論。

另在評鑑用於回答質的研究問題方面，所採用的效標，依照Ary et al.（2019）的觀點，除了前項所述倫理的考量之外，尚須考慮以下三項效標：

1. **資訊的適宜性**：即指研究問題，能讓研究者盡最大可能去對情境，做最透徹和準確地了解嗎？

2. **有效率**：係指研究問題，能以節省成本和有效運用時間的方式，來蒐集適當的資料嗎？

3. **研究者技能**：研究者是否具備足夠的研究內容知識、研究資料分析技巧，如科技工具應用、統計能力或是文字分析軟體使用技能等？

作 業

一、選擇題

1. 一般研究問題的敘述，提供：（①研究的教育脈絡 ②結果報告的架構 ③研究範圍 ④以上三者皆是）。

2. 研究問題乃在於標示：（①對現狀的描述研究 ②預測一個或多個變項與另一個變項之間關係的相關研究 ③兩個或更多變項間的比較研究 ④以上三者皆是）。

3. 研究問題的邏輯在於問題：（①含蘊著實證研究的可能性 ②以研究目標予以敘述 ③以研究問題予以敘述 ④以研究假設予以敘述）。

4. 下列的敘述，何者適合作研究問題？本研究的目標在於決定：（①升級政策是否要改變 ②在我國需要鼓勵公平競爭的命題是否真實 ③學生克服考試焦慮的方法 ④以A方法教導的學生群體的閱讀平均成績與以B方法教導的學生群體的閱讀平均成績是否有差異）。

5. 期待存在兩個或多個變項之間之關係的一種預測性陳述叫：（①概念 ②假設 ③定義 ④構念）。

6. 關於研究假設，下列的敘述何者為非？假設：（①得到支持或未獲支持 ②涉及可被測量、操縱或歸類的變項之間的關係 ③比問題的敘述更為特定 ④與統計假設相同）。

7. 如實驗者對於兩個變項之間的關係，合理地懷有高度的期望，則敘述假設時，適用哪種形式？（①方向式 ②疑問式 ③虛無式 ④目標式）。

8. 「高焦慮與低焦慮學生，在成就測驗上的得分沒有顯著差異」的假設屬於：（①方向式 ②疑問式 ③虛無式 ④目標式）。

9. 下列的假設與括弧內的特徵何者相去最遠？
   假設：接受試探性職業教育方案的學生比未接受該方案的學生對社會較有貢獻。（①假設必須敘述變項間的關係 ②假設必須與事實或理論一致 ③假設必須限制範圍 ④假設必須以操作方式敘述）。

二、試就本章第一節所列教育研究領域的清單，選擇其中之一，界定研究問題，並以符合研究的形式，把該問題予以敘述。

三、下列各研究問題的敘述不當，請重加敘述，使其符合研究所需的特定問題：

1. 焦慮與學業成就。

2. 文化不利兒童的態度。

3. 諮商與低成就者。

4. 合作與競爭教學對學習態度的影響。

5. 家庭特徵與上學。

四、方向假設、非方向假設與虛無假設之間的差異如何？

五、歸納假設與演繹假設的不同何在？

六、根據「青少年的成熟速率與其自我概念的關係如何？」此一研究問題，寫出方向假設、虛無假設以及適合該問題的目標。

七、試依下列的研究問題，敘述假設：「不同教材對小學四、五年級學生閱讀成就的影響之研究」。

八、試說明研究人員常以虛無方式敘述假設的理由。

九、試從一篇刊登在期刊的量的研究報告中，回答以下的問題：1.該研究探究的是什麼問題？2.假設有哪些？3.自變項與依變項為何？4.問題與假設呈現在報告的何處？5.問題與假設的陳述清楚嗎？

十、試從一篇刊登在期刊的質的研究報告中，找出以下各項：1.問題、2.方法、3.發現、4.結論。

答案：

一、1.④；2.④；3.①；4.④；5.②；6.④；7.①；8.③；9.④。

二、略。

三、1. 參考答案（以下同）：中學生的學業技能測驗〔仿自美國的史坦福學業技能測驗（Stanford Test of Academic Skills）〕分數與顯著焦慮測驗（Manifest Anxiety Scales）分數有關係嗎？

2. 對學校持積極態度的文化不利兒童比持消極態度的文化不利兒童得到較高的等第嗎？

3. 諮商方案影響中學低成就者對學校的態度如何？

4. 中學生對學習的態度會因其所接受的合作教學和競爭教學而有所差異嗎？

5. 家長的教育程度以及兄弟姊妹人數與學生平均上學天數有關係嗎？

四、略。

五、略。

六、方向假設：成熟速率較快的青少年比成熟速率較慢的青少年較能表現積極的自我概念。虛無假設：成熟速率較快與成熟速率較慢的青少年的自我觀念沒有差異。目標：本研究旨在決定青少年的成熟速率與其自我概念是否有關係。

七、方向假設：小學五年級學生的閱讀成就高於四年級學生的閱讀成就。虛無假設：小學四年級學生與五年級學生的閱讀成就相等（或沒有差異）。

八、虛無假設係用來執行統計顯著性考驗。

九、略。

十、略。

第 **3** 章

文獻探討

文獻探討（literature review or review of the literature，亦譯「文獻概覽」、「文獻回顧」）或「有關文獻概覽（探討）」（review of related literature），係繼選定研究題目之後，研究者必然要採取的行動之一。此一行動如果進行順利，有助於了解所選擇的問題，反之，如欠缺文獻探討，恐難確立被吾人接納的知識體系。本章首先分析文獻探討的性質，進而提出文獻探討的步驟、尋找文獻有關的細節，最後提出處理文獻的具體作法。

第一節　文獻探討的性質

文獻探討是將與研究問題有關的文獻，作有系統的評論、安排與分析；更貼切地說是把與研究問題有關的文獻，予以探討或評述（review）、綜合（synthesis）與摘述（summary）。這些文獻主要包括：期刊、摘要、評論、圖書、雜誌、以及其他研究報告。

壹、文獻探討的功能

文獻探討的過程集中於三個問題，即：(1)在哪裡可以找到需要的資訊？(2)資訊找到之後，需做什麼？(3)資訊是由什麼組成的？

研究所需的資訊或文獻大部分可在圖書館找到，通常是透過查閱如索引之類的參考工具書，或透過電腦檢索取得所需的資訊，有關後者，本章第三節將有進一步的分析。前段所提的第二個問題所涉及資訊的蒐集與摘述的問題，若所發現報告的內容與正在進行研究的問題有關，資訊需以可用的方式予以處理。至於第三個問題比前兩個問題顯得抽象。為了回答前兩個問題，研究者只要尋找資訊，以及確立取得資訊的程序即可。欲回答第三個問題時，研究者需就在研究報告中的資訊，予以判斷，哪些部分與研究問題有關？研究執行的情況多好？是以回答第三個問題時，

需要就探討的報告，稍作批判性分析，然後再將得自有關報告的資訊結合起來。

由此可知，在一項研究計畫之中，尋找相關的文獻，宜在眞正開始執行研究以前完成，是以文獻探討此一階段，負有若干重要的功能（Ary et al., 2019; Mcmillan & Schumacher, 2010）：

1.研究者得以認知有關的研究，進而界定擬進行研究之領域的範圍所在。

2.研究者藉著完備閱覽有關的理論與研究，得能掌握研究問題的觀點。

3.研究者透過閱覽有關文獻，可以限定問題，以免失之廣泛，且有助於釐清與界定研究涉及的概念。

4.研究者運用批判性閱覽有關的文獻，經常會就某領域中產生的矛盾結果，提出合理的解釋。

5.研究者經由研讀有關研究，得知哪些方法論已被證實有用，哪些方法論似較值得斟酌。

6.研究者完整地尋找有關研究，可以避免無意的與不必要的複製以前的研究。

7.研究者藉著研讀相關的文獻，可以站在較有利的位置，解釋自己研究結果的重要性。

爲了達成上述七項功能，研究者尋找有關文獻時，宜注意以下各點：

1.尋找的是已被研究過，且已寫成報告的問題；或與要進行研究的有密切關聯的問題。

2.注意研究的設計，包括使用的步驟，以及用以蒐集資料的工具。

3.確定研究的母群體以及抽樣的方法。

4.找出影響研究發現的變項以及無關變項。

5.留意研究中應可避免卻造成疏忽的錯誤。

6.細讀進一步研究的建議。

有關文獻探討的內容，須同時包含一致的與不一致的發現兩個部分，否則，以偏概全，有欠妥當。

當研究完成撰擬報告時，熟悉以前的研究，有助於對研究結果的解釋，如果自己研究所得的結果與以前的研究有出入，這些差異須作描述，以爲解釋不一致性提供基礎。若自己的研究與其他的發現一致，報告中須提出進一步研究的建議；如二者不一致，報告中須提出解決爭議之道。

剛著手研究者常有一種共同的錯誤觀念，以爲所研究之問題的價值，爲該主題可使用的文獻數量的函數。事實不然，因有許多新而重要的研究領域，可用的文獻相當少，如正規的學前閱讀教學即屬於此一領域，此類研究的缺乏，正益增其研究的價值；反觀某一問題領域，雖有成千篇的研究報告，但非意謂著在該領域已無進一步研究的需要。

貳、文獻探討的步驟

文獻探討有步驟可循，茲分析如下：

1. **分析問題敘述與確認關鍵詞**（keywords）：問題敘述包含概念或變項，這些概念或變項是文獻探求的項目或關鍵詞（字），如身心障礙兒童、閱讀教學、行政人員評鑑等。

2. **閱讀初級與次級文獻**：所謂次級文獻是以前的學理與實證文獻的綜合體，如百科全書與雜誌是將最先的研究摘述，可用以評估某一主題的知識狀態，即為次要資料；教科書結合許多初級文獻（primary sources）以納入單一統整的架構內，亦屬次要資料，由於次級文獻可為某主題的研究發展，提供迅速瀏覽之需，並協助研究者以較精確的術語界定研究問題，至有裨益。至於使用何種資源，可和專業研究人員或教授諮詢。

3. **使用學術圖書館蒐集資料**：透過學術資料圖書館的學術研究資源，實體文獻或是線上資料庫，有助於掌握重要文獻來源。

4. **轉換問題敘述為研究語言且執行探尋**：分析問題的敘述，並交叉使用參考辭典或索引中的概念或變項，俾利於在資料庫中能確保運用這些術語找到所期望的文獻。這些關鍵字叫做「標示項」（descriptors）或術語（terms），可用作手工或電腦查尋時的語言。

5. **評論有關的主要文獻**：文獻探討者把與研究問題有關的每件主要資料作簡要分析，俾將之納入文獻。

6. **將這些選出的文獻作合理的組織編排**：實證性的研究可採好幾種方式加以歸類，如依變項別、母群體別、歷史的順序、類似的結果、或設計與方法加以歸類。

7. **撰寫文獻探討**：文獻探討僅引用與問題敘述有關的研究、理論與實務，但是在撰寫方式上，會因研究類別，如基本應用或評鑑研究，假設考證或探索性研究，或者質的或量的研究等而略有不同（Mcmillan & Schumacher, 2010），至於寫成的文獻探討，旨在提供讀者了解問題以及作該項研究上的需要。

上述5、6、7三個步驟涉及的細節，有待進一步分析，茲再細述如下：

研究者提出的文獻探討，不是以孤立方式，各自提出即可，而要作有系統的統整才行。惟對於一個初學者而言，不易以系統方式，作好文獻統整的工作，僅提供如下值得採取的作法，供初學者參考：

1.從探討和自己研究領域有關的最近研究文獻開始，然後，由近及遠，追溯到較早期的文獻。如是行之，至少有兩個優點：第一、把以前研究所持的觀點與研究發現納入，並作比較，可修正早期不正確的見解與不佳的方法。第二、由於這些研究包括早期的著作在內，可指引研究者找到不易在他處獲得的資源，惟須注意的是，此種觀點，乃在讓有關文獻提供服務，不在使它們支配研究的工作。

2.首先閱讀報告的摘要，以了解或決定該報告，是否與自己研究的問題有關。如是處理，可避免浪費時間，去閱讀毫無助益的文獻。

3.開始作筆記以前，須迅速瀏覽報告，以發現該報告中的哪（些）段落與自己研究的問題攸關。此亦是節省時間的另一作法。

4.將資料直接存放在電腦資料夾的適當欄位中存檔備用，俾便於以後的組織與分類，千萬不要寫在筆記簿上，以免造成日後查考的困難。

5.把每篇（本）著作中重要參考文獻，記載下來，如能將文獻原來存放登錄的號碼記下，更有助於以後的查考工作。

6.為了便於以後的歸類和組織，電腦的每一欄位只記錄一種參考資料。

7.明確標示記錄的資料中，哪些部分係直接引用，哪些部分是出自自己的構想。以免被誤為剽竊，並可因而將原作者與研究者的觀點，作明確的區分。

8.搜尋線上資料庫，宜記下在檔案上的資訊，以供後續檢索資訊之需。

此外，尚須將文獻探討時，容易發生的錯誤，予以指陳，藉供讀者參考（Borg, 1963）：

1.研究者擬定計畫時，閱覽文獻過分匆促，以致忽略了以前他人的研究中，有助於修正計畫的部分。

2.過分依賴間接資料。

3.閱讀研究報告時，專注研究發現的部分，忽視方法、工具等有價值的資料。

4.專注教育研究的期刊，忽略經常報導教育論題的其他來源，諸如報紙或通俗性的雜誌。

5.未能界定滿意的題目，以限定文獻探討的範圍。題目太廣，易使學生感到沮喪，有如大海撈針之不易；題目太狹，可能易使學生忽視與其研究有關的論題，而這些論題，可能有助於他設計較佳研究時的參考。

6.抄錄的參考書目資料不正確，以致以後無從找到所需的參考資料。

7.每個資料夾抄錄的資料太多，常反映出學生未充分了解研究的主題，不能區分重要的與不重要的資料。

第二節　資料的來源

壹、中文部分

圖書館是尋找研究文獻的最理想場所，從中可以找得與教育有關的研究報告，這些報告有的已付印成為專書、專門報告、學術論文，或刊於學術刊物；此外亦可透過圖書館的資訊檢索系統查到所需的資料。本節先就國內主要文獻來源作一敘述；然後再針對教育研究常用的國外資料來源予以分析。

先就國內尋找研究文獻的主要來源言之，不外有以下各種：

1. 全國博碩士論文資訊網（全文）。自2010年7月1日起改為**臺灣博碩士論文知識加值系統**。
2. **教育論文全文索引資料庫**。
3. **教育論文線上資料庫**（*Ed. D. Online*, 1957～，全文）。
4. **三十年來我國特殊教育圖書摘要與論文索引**。
5. **全國報紙資訊系統**。
6. **中文期刊篇目索引**。
7. **中文期刊人文暨社會科學論文分類索引**。
8. **行政院國家科學委員會（已改稱「行政院科技部」）研究計畫或研究論文摘要**。
9. **教育與心理論文索引彙編**。
10. 各期刊與雜誌彙整的各期篇名索引。
11. **政府研究資訊系統**（http://www.grb.gov.tw/index.htm）。
12. **臺灣社會科學引文索引**（*TSSCI*）。
13. **臺灣人文及社會科學引文索引資料庫**（國家圖書館建置並於2013年9月13日啓用）。
14. **臺灣全文資料庫**（www.hyread.com.tw）。

貳、英文部分

西文方面比較重要的文獻，有如下幾種，讀者可就個人與專長領域，從圖書館中查得所需的資料。其中屬於索引和摘要的參考文獻，旨在協助研究者確認研究文獻以及其他直接資料之所在，謂之初步資料（preliminary sources）。（註：查閱或使用外文文獻時，請以外文名稱處理之）。

一、教育索引

教育索引（*Education Index*）自1929年刊行迄今。是蒐羅期刊範圍最廣的期刊索引之一，涵蓋的教育期刊多達478種以上，舉凡與教育有關的期刊、年刊、年鑑、學報、專文，以及官方資料皆納入，且依主題、作者與篇名的英文字母順序排列。**教育索引**僅提供文獻資料，不刊載摘要或綜論，除了7、8兩個月外，每個月均發行一期，月刊並會彙集成為季刊、年刊發行。由於使用教育索引的程序與以下將敘述的各種索引無殊，在此先作詳細說明：

1. 從某一期的索引開始著手，找尋已被認定的關鍵詞（字），如curriculum development，便可在該關鍵字底下部分，進行查尋。
2. 在該關鍵字底下，可以找到一系列按英文字母順序排列的篇名參考文獻，或者另有標示，指引讀者另查其他的關鍵字。如查1988年出版的**索引**（Vol.60, No.4,

p.95）時，在*curriculum development*主題之下的子標題*special schools and classes*中，可以發現以下的內容（僅列舉部分）：

　　Gifted and talented education: a team approach. H. Suundberg & D. Lewis.il *Thrust* 18: 43-4 S'88.

　　Instructional design, cognitive psychology and the development of computer-mediated learning materials for communication impaired children. D. F. Sewell. *Educ Media Int* 25: 110-12 Je'88.

　　The Multiple menu model for developing differentiated curriculum for the gifted and talented. J. S. Renzulli. bibl *Gifted Child* Q 32: 298-309 Fall'88.

　　3.決定每個參考文獻是否與自己的問題有關。如假定問題與資優教育的課程模式有關，則上述的第一篇可能有關，也可能無關；第二篇可能無關；第三篇可能有關。

　　4.將參考文獻與研究問題有關的部分，全部抄錄或拷貝下來。

　　5.讀者若不了解**教育索引**所使用的縮寫字，可查看各冊前面所附的說明；欲寫下參考文獻時，宜將縮寫字改成完整的形式，如Je是June的縮寫，又如Educ Media Int是Educational Media International的縮寫。

　　由於**教育索引**沒有摘要，耗時找得認為可能有關的文獻，看了全文之後始知毫無效用，價值大減，但Education Index的出版商H. W. Wilson自1994年起，建置電子資料庫*Wilson Education Abstracts Full Text*，提供在*Education Index*中論文的摘要，以及150種期刊論文的全文。另一種與其目標類似的**現代教育期刊索引**（*Current Index to Journals in Education, CIJE*）在這一方面可補其不足，較為優越；可是**現代教育期刊索引**自1969年才開始出版，因此從1929年至1969年教育期刊的最佳來源，仍推**教育索引**莫屬。

　　二、國際博士論文摘要

　　國際博士論文摘要（*Dissertation Abstracts International, DAI*）係自1969年開始由**博士論文摘要**（*Dissertation Abstracts*）易名而來，蒐集北美及歐洲四百五十所以上大學及機構頒授之博士學位論文輯成，且分成人文社會科學類（A）及自然科學類（B）兩類，有時候也有第三部分，即歐洲摘要（European Abstracts）類，其中教育被歸A類，共分成三十八個主題；各類的編排亦按題目、作者以及學校機構處理，該摘要每月出版，每年一冊索引。

　　使用**國際博士論文摘要**的程序與使用**教育索引**的程序類似；如果讀者讀過某篇摘要，想要取得完整的論文複本，可依該論文摘要所附的訂購號碼，逕向國際微縮膠片大學（University Microfilms International, Ann Arbor MI）購得。

三、心理學摘要

心理學摘要（*Psychological Abstracts*）自1929年以來，即爲心理學的研究結果提供完備的摘要，每期分成十二個部分，涵蓋十二個心理學領域，其中發展心理學以及教育心理學兩個部分，對從事教育研究者，最爲有用。12月份那一期有全年的作者索引與主題索引。

使用*心理學摘要*的程序，類似於使用*教育索引*的順序。惟是否可在*心理學摘要*找到所需的資訊，端視題目的性質而定，若非屬學理性問題，恐會空手而回；如果問題涉及某理論，較易找到有用的文獻，理想的作法，是同時查閱*心理學摘要與教育索引*，以防有所疏漏。由於*心理學摘要*提供摘要，有助於決定某參考資料的關聯性，因此在查閱*教育索引*之前，宜先查閱*心理學摘要*。

另一種類似的資訊來源爲*心理學年報*（*Annual Review of Psychology*），涵蓋與教育研究有關的心理學研究，該年報自1950年刊行至今。許多較爲特殊領域的期刊摘要，亦有參考價值，請見本節之貳、七所載。

又由美國心理學會（APA）所贊助的PsycINFO資料庫，蒐羅包括心理學、教育、企業、經濟學、語言學、社會工作、健康照護等在內的期刊論文、專書、技術報告及博士論文，且每月更新一次，其資料可溯至1887年，有關資訊，可在www.psycinfo.com取得。

四、教育資源資訊中心

教育資源資訊中心（Education Resources Information Center, ERIC）於1964年5月15日由美國聯邦教育署所設置，並交由美國教育部教育科學研究所（Institute of Education Sciences, IES）支持運作；其主要目標在於蒐集以及傳播現代教育研究、評鑑與發展活動的報告。許多教育工作者未充分了解教育資源資訊中心網提供的服務範圍；雖然在教育資源資訊中心、*教育索引*，以及*心理學摘要*所包括的參考資料，有某些重疊，但是教育資源資訊中心所包含摘要及參考資料較多，通常未納入其他來源的研究報告（如在專業性會議提出的論文以及在學區執行的研究），教育資源資訊中心都會將之編成索引與摘要。對教育資源資訊中心另一有利的因素，是在文獻蒐集及其散播之間的時距較短，因此呈現在教育資源資訊中心之部分文件比印行在專業性雜誌中的爲快，是以甚爲流行的主題，無法在其他來源找得時，教育資源資訊中心，大致可以提供。

教育資源資訊中心由一個總部（設於華盛頓的國立教育研究所）以及分散在全美國的十六個整理資料中心（Cleaninghouses）所組成，每一整理資料中心負責一個領域，如生涯教育、兒童早年教育、身心障礙與資優教育、閱讀與溝通技巧、以及師資教育等，專就該室負責的專門領域文件的蒐集、摘要、儲存與散播工作。

自2003年12月19日隨著美國教育部的重組，關閉了ERIC的整理中心，此後RIE和CIJE索引便不復存在。改由電腦科學公司（Computer Sciences Corporation;

CSC）創設並維護一套新型的電子化ERIC系統，建立檢索ERIC資料庫和連結購買全文文件的網站，網址為：http://www.eric.ed.gov，此外，使用EBSCO或Wilson Web界面，First Search或CSA Illumina（Cambridge Scientific Abstracts）伺服器，亦可觸接資料庫。經檢索而得的資料，大致如圖3-1的內容。從中可找得ERIC登錄碼、文件摘要、作者、篇名、出版日期、標示項等。

當吾人搜尋ERIC的文件時，可以發現標示ED或EJ類別的名稱。ED一般用於表示未經出版的文件，如報告、研究、課程計畫等；標示ED的文獻通常可以透過學術型圖書館線上取得全文。標示EJ的文獻是在專業性期刊出版的論文，可在學術性圖書館的ERIC資料庫取得全文。

五、教育研究雜誌

教育研究雜誌（*Review of Educational Research, RER*）係由美國教育研究協會（American Education Research Association）刊行的季刊，針對既定主題，評論與簡述許多相關的研究報告。例如：第五十五卷涵蓋評論直接觀察班級學生行為、大學生的流失率等研究。*教育研究雜誌*為間接資料，但每篇文章均列有相當周延的參考文獻為其特色。讀者閱讀該雜誌的文章，使用其參考文獻，易於找到重要的直接資料。

*教育研究雜誌*的用法簡單，只要查對每期的目次即可。若雜誌的文章與研究的問題有關，可閱讀該雜誌，並記錄特別感興趣的研究；最後利用參考文獻，便可取得與所選研究有關的完整文獻。

六、專書

在教育及與教育有關領域的研究專書，可在圖書館的書目卡或館藏資料庫中利用電腦檢索而找得，若研究的問題與該等專書相近，可從中找得極有價值的文獻，其中最值得介紹的且與教育研究者有關的專書有以下幾種：

1. *教育研究百科全書*：出版*教育研究百科全書*（*Encyclopedia of Educational Research, EER*）是美國教育研究協會一項計畫，自1941年初版以來，經1950、1960、1969，至1982、1992年刊行第六版共四冊，除了摘述教育主題的研究外，也包括批判性的評述。論其性質，與*教育研究評論*（*RER*）相似，在每一主題之後，列有詳細的參考文獻，可從中找到有關的直接資料。

2. *教學研究手冊*：出版*教學研究手冊*（*Handbook of Research on Teaching*）也是美國教育研究協會的計畫之一，第一版由蓋吉（N. L. Gage）主編，於1963年出版；第二版由崔雷佛（R. M. W. Travers）編輯，於1973年問世；第三版於1985年出版，由魏楚羅克（M. C. Wittrock）主編。第四版於2001年問世，由V. Richardson主編。第五版由D. H. Gitomer和C. A. Bell主編，並於2016年問世。

圖3-1

取自網路ERIC#EJ的樣張

ERIC #: EJ796745

Title: Twice-Exceptional Students' Use of Metacognitive Skills on a Comprehension Monitoring Task

Authors: Hannah. C. Lynne; Shore, Bruce M.

Descriptors: Reading Comprehension; Vocabulary; Prior Learning; Metacognition; Learning Disabilities; Academically Gifted; Grade 5; Grade 6; Grade 11; Grade 12; Age Differences; Difficulty Level; Thinking Skills

Source: Gifted Child Quarterly, v52 n1 p3-18 2008

Peer-Reviewed: Yes

Publisher: SAGE Publications. 2455 Teller Road, Thousand Oaks, CA 91320. Tel: 800-818-7243; Tel: 805-499-9774; Fax: 800-583-2663; e-mail: journals@sagepub.com; Web site: http://sagepub.com

Publication Date: 2008-00-00

Pages: 16

Pub Types: Journal Articles; Reports - Research

Abstract: Boys identified as learning-disabled gifted or twice exceptional, at two different grade levels (5th or 6th grades, and 11th or 12th grades), were asked to read a history text with unknown vocabulary words, internal inconsistencies, and prior knowledge violations inserted to make immediate comprehension difficult. The students were asked to read one sentence at a time and report their thoughts verbally. Their verbalizations were analyzed for evidence of how they used metacognitive skills. The older students actively monitored and evaluated their comprehension as they tried to make sense of the text but were more willing to accept problematic text. The younger students were not as active in monitoring their comprehension, but they were less likely to accept the prior knowledge violations. (Contains 2 tables.)

Abstractor: Author

Reference Count: 73

Note: N/A

Identifiers: West Virginia

Record Type: Journal

Level: N/A

Institutions: N/A

Sponsors: N/A

ISBN: N/A

ISSN: ISSN-0016-9862

Audiences: N/A

Languages: English

Education Level: Grade 11; Grade 12; Grade 5; Grade 6

除此之外，與教育領域有關的手冊及其出版年份，列舉於後，藉供參考。*Handbook of Educational Psychology* (2016)，*Handbook of Qualitative Research in Education* (2012)，*Handbook of Reading Research* (2002)，*Handbook of Research on Curriculum* (1996)，*Handbook of Research on Educational Administration* (2009)，*Handbook of Research on Multicultural Education* (2004)，*Handbook of Research on School Supervision* (1998)，*Handbook of Research on Teacher Education* (1996)'，*Handbook of Research on the Education of Young Children* (2014)，*Handbook of Research on Science Teaching and Learning* (1994)，*Handbook of Special and Remedial Education: Research and Practice* (1995)，*Handbook of Sport Psychology* (2001)，*The Second Handbook on Parent Education* (1989)，*International Handbook of Bilingualism and Bilingual Education* (1988)，*International Handbook of Early Chidhood Education* (2018)。

3. **教育研究評論**：**教育研究評論**（*Review of Research in Education*）是美國教育研究協會的出版品，以批判及綜合論文的方法，概覽教育上的學術性探究報告。由作者就選取的每篇實證研究論文，予以評價、評量以及批判。該評論自1973年出版第一冊以來，每年均出版一冊，探索教育領域中的不同主題，涵蓋的主題遠較其他刊物爲多。

前面提到的**教育研究雜誌**（*RER*）在1970年以前，以單一的教育主題或子題組織論文，每個主題三年循環一次，每一循環所閱覽的論文較前一循環爲多；但自1970年以後，每期則涵蓋四個或更多主題的論文，其在1970年以前所具有的特色已不復存在，改由**教育研究評論**取代，以填補所遺留下來的空隙。

教育研究評論的意圖，在於提供彰顯教育研究之優點與弱點的資訊，且爲未來的研究提供方向。

4. **國際教育評鑑百科全書**（*International Encyclopedia of Educational Evaluation*）：1990年出版，分成八個領域：評鑑研究、課程評鑑、評量理論、評量應用、測驗與考試類型、研究方法、以及教育政策與計畫。

5. **特殊教育年鑑**（*Yearbook of Special Education*）：1976年以後出版。

6. **美國國家教育研究學會年鑑**（*NSSE Yearbooks*）：每年出刊一卷，含兩冊，每冊探討不同的教育論題。

7. **心理測量年鑑**（*Mental Measurements Yearbooks*）：自1938年以來定期印行的刊物。

8. **第八冊心理測量年鑑**（*Eighth Mental Measurements Yearbook, 1978*）。

9. **成人與繼續教育年鑑**（*Yearbook of Adult and Continuing Education, 1976年迄今*）。

七、其他

1. **社會學摘要**（*Sociological Abstracts, 1953～*）。

2. **有關兒童的研究**（*Research Related to Children, 1950～*）。

3. **職業教育資源**（*Resources in Vocational Education, 1967～*）。

4. **商業教育索引**（*Business Education Index, 1940～*）。

5. **衛生、體育與娛樂研究**（*Completed Research in Health, Physical Education and Recreation Including International Sources, 1959～*）。

6. **體育索引**（*Physical Education Index, 1970～*）為體育的各個層面，提供綜合的資料庫。

7. **付梓中的書**（Books in Print）。

8. **兒童發展摘要與參考書目**（*Child Development Abstracts and Bibliography, 1927～*）為年刊，以作者一主題方式，提供嬰幼兒、臨床醫學與公共衛生，以及發展、比較和實驗心理學領域的論文。

9. **特殊兒童教育資源**（*Exceptioal Child Education Resources, ECCER, 1966～*）。

10. **教育行政摘要**（*Educational Administration Abstracts, 1966～*）依作者一主題方式，提供教育行政領域的專門性期刊。

11. **高等教育摘要**（*Higher Education Abstracts, 1965～*）由與大學生和學生服務有關期刊、會議實錄、研究報告的摘要輯成，含括諮商與住宿、經費補助，以及測驗與評量等主題。

12. **教育社會學摘要**（*Sociology of Education Abstracts, 1965～*）。

第三節　運用線上資料庫查尋資料

有許多資料庫（databases）蒐羅教育研究資訊，在教育方面，經常使用的為教育資源資訊中心資料庫（ERIC database, 1966～），此外，可供電腦查尋資料之需的資料庫，西文主要的尚有：

Academic Search Primier（www.epnet.com/academic/acasearchprem. asp）.

Education Abstracts Full Text（http://hwwi1sonweb.com）.

Education Complete（全文）.

Exceptional Child Education Resources（1966～）：包括特殊與資優教育資源的摘要，它使用的標示項thesaurus、編索引與作摘要的規則，和ERIC的作法相同。

JSTOR（www.jstor.org）：它儲存橫跨人文、社會科學和自然科學之期刊檔案。

Professional development collection（www.ebsco.com）

Psyc INFO [Psychological Abstracts]（1887～）（http://www.psycinfo.com）.

Resources in Vocational Education（1978～）.

Sport Database（1949～）.

Bilingual Education Database（1978～）.

Social SCISEARCH and Backfiles [Social Science Citation Indexs]（1972～）.

Books in Print（1979～）.

Dissertation Abstracts Online（1861～）.

PQDD（Pro Quest Digital Dissertation）（http://www.i1.proquest.com/proquest）.

GPO Monthly Catalogue [Monthly Catalogue of U. S. Government Documents]（1976～）.

Family Resources Database [NCFR]（1970～）.

National Institute of Mental Health Database [MCMH]（1969～）.

National Rehabilitation Information Center [NRIC]（1950～）.

Public Affairs Information Service [PAIS]（1972～）.

Legal Resources Index [LAWS]（1980～）.

Ageline [AARP]（1978～）.

Socilogical Abstracts（1963～）.

National Newspaper Index（1979～）.

EBSCOhost（http://www.ebsco.com/home）：它提供*Child Development Abstracts & Bibliography* 1927～2001年的每一個議題。最近亦納入當代教育主題。它也提供觸接Teacher Reference Center（包括280種教師和行政人員期刊雜誌）之摘要與索引的機會。

Career and Technical Education（全文）.

Google Scholar（http://scholar.google.com）：它涵蓋主題廣，包括全文期刊論文、技術報告、預告出版品、（碩士）論文、書籍及其他文件。

Scopus：是近年來被重視的資料庫，蒐集的文獻量相當齊全。

Word Cat（www.wordcat.org）

在台灣地區，想使用電腦查尋資料，中文的部分以國家圖書館的「中文書目資料庫」最具代表性，包括：中華民國出版圖書目錄、中華民國期刊論文索引、中華民國政府出版品目錄、中華民國政府公報索引、中華民國博碩士論文等。而且也因國家圖書館與世界重要國家的圖書館或研究機構均可經由網際網路（Internet）與台灣學術網路（TANet）的連接，而查到對方資料（曾濟群，1994）。

目前國內任何人均可經由授權去接觸圖書館的資料庫，並著手查詢的工作。通常授權的範圍及於所有在籍的學生，許多資料庫皆可使用，有些需透過館際協助，有些則限於某機構使用。由於大學圖書館和其他機構圖書館擁有的資料庫不同，使用它們的系統亦異，執行搜尋的特定程序和指令，也略有差別。然而各圖書館都訂有搜尋硬拷貝或電子形式材料的規則，供學生遵循。

利用電腦查尋需遵循若干步驟（McMillan & Schumacher, 2010; Mills & Gay,

2016; Wiersma & Jurs, 2009）：

壹、選擇主題和關鍵術語

　　文獻探討的首要步驟，在於持有某些感興趣的主題（topic）或題目（subject）的觀念。這種觀念可為一般性的或較為具體性的。前者如：有些什麼教學方法最適合於聽覺障礙者。後者如本書第2章所指的研究問題與假設。首先，確定研究問題最重要的術語，然後想想其他有密切關聯的術語。在尋找文獻時，常要使用這些在電腦化資料庫中使用的術語。如研究者對student motivation感到興趣時，聰明的作法，是使用如effort、engagement、intrinsic motivation、persistence、self-efficacy等相關聯的術語。術語一旦確定，研究者就會迫不及待地透過電腦化資料庫，以發現所需要的文獻；或想開始在搜尋過程中，使用精確的術語。對多數要搜尋教育文獻的研究者來說，最好是使用一種特別的辭典（thesaurus），幫忙選取最適當的關鍵術語（key terms），研究者可以使用*ERIC Thesaurus*或*Thesaurus of Psychological Index Terms*，但以前者較適用於搜尋教育文獻時使用。ERIC是教育有關資源的數位圖書館，雖然*Thesaurus of ERIC Descriptors*的硬拷貝（hard copy）也可使用，但是最近持續更新的版本是線上的（http://www.eric.ed.gov）。

　　ERIC有一種叫做標示項（descriptors）術語的「控制字彙」（controlled vocabulary），係用來依主題組織資料庫材料的索引；每一種記錄（record）分派有多個標示項。**辭典**也使用**關鍵字**（keywords）。雖然標示項所載的紀錄，並沒有包括特定的關鍵字；但是，可在作為指引的紀錄中，找到與關鍵字匹配的字。即若研究者使用關鍵字進行搜尋，將可找到更多的紀錄。

　　研究者搜尋ERIC Thesaurus時，可藉著輸入特定的術語、按字母順序或類別瀏覽，以決定**辭典**界定術語與研究者使用術語方式之間的匹配情形。又當研究者開始搜尋時，最好是使用一般性的術語（如類別），而非特定性術語（如關鍵字）。假定有研究者對於「Administrator attitudes toward social studies curriculum」的資料感到興趣，在該研究問題中，關鍵字有administrator attitudes和social studies curriculum，於是研究者便去選擇最適合每個字的標示項，選取廣泛性相關術語（broad related term）進行廣泛性搜尋，或以縮小術語（narrow term）方式從事相當特定性搜尋。*Thesaurus of ERIC Descriptors*無social studies curriculum該標示項，但是social studies是一個縮小術語，為標示項curriculum的一個子類。Social studies標示項又分成縮小術語civics以及廣泛術語curriculum和social science。研究者為了取得社會研究課程文獻，便須選擇一系列可供查詢的廣泛標示項或選取縮小術語，進行查詢所需資料。

　　除了使用關鍵字搜尋ERIC之外，PsycINFO也是使用關鍵字進行搜尋可得，另外可以搜尋較傳統的圖書館卡片目錄、或寬廣範圍的圖書、或網際網路，以聚焦於研究問題和關鍵術語。

貳、確認資料庫和接觸軟體

可以被接觸的資料庫有好幾種，最常被使用於教育研究的資料庫聚焦於一組關鍵術語的ERIC和PsycINFO，基本上，ERIC是網站本位的圖書館，讓研究者可以接觸歷史上的和當前的資源。接觸ERIC有幾種不同的方式，每一種方式使用不同的軟體，最直接是進入ERIC網站；此外，使用者也可使用如EBSCOhost, FirstSearch, Cambridge Scientific Abstracts（CSA Illumina）等伺服器，進入ERIC資料庫。有趣的是，即使僅有一種ERIC資料庫，不同的伺服器也可能提供給使用者稍有不同的搜尋結果，所以，可嘗試使用多部伺服器。大學圖書館較便於接觸的是所提供的資料庫不侷限於一種。使用者可以在家或直接上ERIC網站，就可以接觸到圖書館的資源和資料庫。至於PsycINFO資料庫包括文件、文章、博士論文以及心理學和教育學等相關學科在內的書籍，可從線上接觸得到。幾乎所有大學圖書館都能使用。個人使用時，則視使用時間和記錄的數量，決定費用。

有一類獨特的資料庫為**社會科學引文索引**（*Social Science Citation Index*，簡稱SSCI），創刊於1956年，可提供研究者決定社會、行為及相關科學領域關鍵研究或理論被引用的類次，以了解該篇論文作者對其他作者和研究者的影響力。SSCI確認一年間，包括教育在內的社會科學當中，已經被引用的作者有哪些，以及在各領域已經撰寫完成的著作。它也包括引用作者以及被引用作者必要的參考文獻的訊息。此外，也有**科學引文索引**（*Science Citation Index*；簡稱SCI）和藝術與人文引文索引（*Arts and Humanities Citation Indes*; A & HCI，創刊於1976年）可供參考查詢。

參、執行搜尋

可供研究者使用搜尋的資料庫有多種。試僅以ERIC資料庫的搜尋為例說明。搜尋ERIC使用的程序，依伺服器而有特定性，試以使用http://www.eric.ed.gov網站為例說明。一開始，研究者只要在搜尋盒內，鍵入描述主題的字詞。然後可進入「Advanced Search」作為搜尋的螢幕，如圖3-2所示，當中有許多選項可供做改進搜尋的決定。使用Advanced Search螢幕的第一項決定為，研究者是否要限制作者、題目、ERIC編號、標示項、期刊名稱、或（所有領域的）關鍵字詞。第二項決定與出版形式有關，其中任何出版形式是包羅所有記錄在內，使用者可以選擇特定的文件形式，以免呈現太長或太多的文件量；如要搜尋主要資料，以勾選期刊／文章以及報告／研究項目為佳；如只要選用次要資料，可勾選書籍／成果評論項目為宜。至於測驗／問卷的選項，是用來搜尋特別評量工具使用。

圖3-2

取自ERIC的Advanced Search螢幕

PUBLICATION DATE	
In 2014	0
Since 2013	0
Since 2010 (last 5 years)	1
Since 2005 (last 10 years)	2
Since 1995 (last 20 years)	3

DESCRIPTOR	
Academically Gifted	3
Metacognition	3
Academic Achievement	1
Achievement Tests	1
Action Research	1
Altruism	1
American Indians	1
Goal Orientation	1
History Instruction	1
Individual Differences	1
More ▼	

SOURCE	
Journal for the Education of...	2
Journal of Advanced Academics	1

AUTHOR	
Geake, John	1
Housand, Angela	1
Kanevsky, Lannie	1
Panter, Thomas	1
Reis, Sally M.	1
Terry, Alice W.	1

PUBLICATION TYPE	
Reports - Research	3
Journal Articles	2

Collection \ **Thesaurus**

academically gifted and metacognitio[**Search** Advanced Search Tips

☑ Peer reviewed only ☑ Full text available on ERIC

Showing all 3 results

Students Make Sure the Cherokees Are Not Removed...Again: A Study of Service-Learning and Artful Learning in Teaching History

Terry, Alice W.; Panter, Thomas – Journal for the Education of the Gifted, 2011

Bringing history alive in one Southern, suburban middle school, this application of community-action service-learning and Artful Learning is chronicled from inception to conclusion. This qualitative participatory action research study explored the effects of this program on 8th-grade gifted students. The purpose of the study was to examine one...

☑ Peer reviewed
🔒 Download full text
🔗 Direct link

Descriptors: Altruism, Academically Gifted, Action Research, Self Efficacy

Inside The Zone of Proximal Development: Validating A Multifactor Model Of Learning Potential With Gifted Students And Their Peers

Kanevsky, Lannie; Geake, John – Journal for the Education of the Gifted, 2004

Kanevsky (1995b) proposed a model of learning potential based on Vygotsky?s notions of "good learning" and the zone of proximal development. This study investigated the contributions of general knowledge, information processing efficiency, and metacognition to differences in the learning potential of 5 gifted nongifted students. Traditional...

☑ Peer reviewed
🔒 Download full text
🔗 Direct link

Descriptors: Social Environment, Metacognition, Information Processing, Achievement Tests

Self-Regulated Learning in Reading: Gifted Pedagogy and Instructional Settings

Housand, Angela; Reis, Sally M. – Journal of Advanced Academics, 2008

Personal processes, the environment, and individual behaviors of both teachers and students are factors that facilitate students' use of self-regulation learning strategies in reading. Some environmental conditions, such as organization of materials and clear expectations, support the development and use of self-regulation learning (SRL)...

☑ Peer reviewed
🔒 Download full text
🔗 Direct link

Descriptors: Academically Gifted, Learning Strategies, Goal Orientation, Reading Instruction

　　多數學生需要搜尋與其研究問題密切關聯的資料，達到一理想數量的程度，常使用連結搜尋操作項（boolean operators）and, or，以及not。使用or操作項搜尋，可以增加更多紀錄；使用and和not操作項，則會減少紀錄的數量。所有選項選擇完成或填寫結束後，即可著手搜尋。

肆、確認主要或次要資料

　　將資料區分成主要的或次要的資料，有助於資訊的組織工作。使用次要資料可爲該領域的作品、歷史的脈絡和其他研究者發現的摘要，提供概覽。對研究做出良好的評論，是考量主要研究細節的重要起點；研究者多聚焦於評論主要資料的內容，且文獻探討也將主要資料列爲第一優先納入考慮。

伍、評鑑與分析資料

　　這是一項艱困的任務。須決定要使用哪些資料，以及使用到什麼程度；這些資料要放在緒論這一章或置於文獻探討那一章。以下提供三項可協助使用者做決定的指引：

第一、可信賴性（credibility）。研究客觀、鮮有或沒有研究者的偏見存在嗎？結論合理、研究方法適當嗎？研究得到外界基金的支持嗎？是研究者多年來一系列研究的一部分嗎？

第二、資料的聲譽。期刊文章是經過審查機制嗎？期刊公開發行嗎？被接受刊登的比例如何？

第三、關聯性（relevance）。確認文獻與主題是否相關？文獻的研究對象與地點或是社會脈絡是否相關？所取得資源的可及性（accessibility）是否相關？

第四節　　文獻探討的呈現

　　研究者就查尋得到的資訊，披閱報告、論文等之後，需加以綜合，在文獻探討（review of the literature，或稱「文獻概覽」）中予以陳述。

　　文獻探討的長度，依所要提出之研究報告的形式而定。如在專業性雜誌中呈現的論文，其文獻探討部分不宜超過一頁的範圍，所包含的書目／文獻也以六至七種爲宜，或少些亦可。但這樣的呈現方式，並非意味著研究者閱覽的報告，僅限於這些，只是這些與研究問題較有關聯。至於博士學位論文或報告，可能需包含五十種以上的書目／文獻較佳，其頁數以30至40頁爲宜（McMillan & Schumacher, 2010）。至於研究計畫的文獻探討部分，其分量比照專業性雜誌的要求即可。

　　不論文獻探討的長度如何，宜盡可能蒐集最近的資料。此種考慮並非指著較舊的資料無關，而是強調文獻探討應趕上時代，新近性爲重要因素之一。

　　先就量的研究中的文獻探討言之，宜分成前言（introduction）、批判性探討（critical review）以及摘要（summary）三部分（McMillan & Schumacher, 2010）。前言陳述探討的目標或範圍。為了敘述問題或發展研究計畫，目標可能是作初步的探討（preliminary review），或可能為了分析和批判與該主題有關的研究所得的知識，而作窮盡的探討（exhaustive review）。

　　文獻探討的本質在於評述文獻。研究者須就與研究問題有關的文獻，作合乎邏輯的組織。將研究報告對知識有無貢獻的方式，予以分類、比較與對比，包括對獲得那些知識的設計與方法所作的評述在內。

　　文獻探討的摘要，在於陳述該論題的知識現況，以及確認其中的缺失。究其原因可能是由於方法論上的困難、缺乏對該問題的研究，或對該問題的研究未獲致最後的結果。因此摘要部分可為特定的研究敘述、問題或假設提供學理的基礎。

　　文獻探討中的評述，旨在解說、討論與研究問題有關知識的優點與限制，文獻探討通常以最普通的文獻，或與研究問題關聯性最少的文獻，開始著手，而以討論最有關聯的文獻結尾。

　　在文獻中導入的每項主題或觀念，研究者須加以解釋其與該項研究的相關性。如果研究者無法說明特殊研究或理論與其研究的關係，則該類文獻宜捨棄，與其無法對主題提供進一步的了解，或無法為該研究提供學理的基礎。

　　再就質的研究的文獻探討言之，首先要進行的是初步的文獻探討，以為敘述預示的問題（foreshadowed problems）提供概念架構。質的研究者在蒐集資料時，仍須持續廣泛閱讀文獻。至於文獻的提出有兩種方式，一是與研究內容的分析分開討論，將文獻探討先在緒論中呈現，以解釋該項研究在擴增知識體系的重要性，並試圖將之與後續的研究分析結合；另一是採用解說性的附註，並求與文本統合，但不將文獻統整在文本之中（王文科、王智弘，2002）；可是學位論文的寫法，習慣上還是將之比照量的研究的陳述方式，作成一章來處理的居多。

作　業

一、選擇題

1. 若有本教科書的作者在書中報導自己的實驗結果，該部分內容可視為：（①探討資料　②直接資料　③間接資料　④初步資料）。

2. 閱覽英文文獻的第一步為：（①列出與研究有關的關鍵字　②將研究論文摘記　③查對初步獲得的資料　④閱讀輿論的文章）。

3. *Education Index*與*Psychological Abstracts*皆為：（①初步資料　②直接資料　③參考書目資料　④間接資料）。

4. 下列何者為文獻探討的歷程不與焉？（①協助避免不必要的複製研究　②確認影響問題的變項　③確認可用的程序與工具　④提供研究設計）。

5. 下列各項是用以決定資料是否可能與問題有關，何者最有效？（①關鍵字或標示項　②註釋　③摘要　④資料庫）。

6. 試就下列各例與電腦查尋的步驟匹配起來，選項為：（①界定研究問題　②敘述電腦查尋的特定目標　③選擇資料庫　④選擇標示項）。

　　6-1　自我概念、自尊、矯治教育、矯治教學、小學兒童、矯治方案。

　　6-2　*Psychological Abstracts*。

　　6-3　閱覽過去十年有關的研究論文。

　　6-4　參與矯治方案的小學生的學術性自我概念。

7. 在一篇完整的量的研究中，文獻探討的部分「不」包括下列何者在內？（①由研究者所閱讀的全部參考文獻　②提供對設計與方法論的評述，藉以發展研究問題的知識　③表露對研究問題的知識現況的理解　④為研究的問題或假設形成實證的或和理論的基礎）。

8. 試將下列的標示項敘述與其來源（①百科全書、手冊、年刊　②以上皆非）匹配起來：

　　8-1　以後研究引文的索引。

　　8-2　政府機構的統計資料。

　　8-3　選擇出來的論題的知識狀態。

二、試說明在一項研究方案中有關文獻所負有的重要功能。

三、試說明Education Index的優點。

四、假定有位教師對於西歐國家與美國為八至十歲學生安排的數學方案的內容，感到興趣。若他運用ERIC系統，可能需使用哪些標示項？

五、假定某位研究者利用電腦查尋以閱覽下列研究問題的文獻：A study of relationship

between teacher classroom behavior and student achievement in science grades 6-12.

試問：

1. 如使用ERIC資料庫，在查尋時須確認哪些標示項？

2. 哪些標示項將擴大查尋範圍？哪些標示項將縮小查尋範圍？請以連結標示項的情況述之。

六、找尋SSCI（《社會科學引文索引》）的目標安在？從中除了可獲取文章引文記錄的資訊之外，尚可從中攝取有關作者與期刊的哪些結論？

七、試界定初步資料、主要資料、次要資料。

八、ProQuest（www.proquest.com/connect）線上資料庫蒐集那些資料？在使用上有無限制？

答案：

一、1.②；2.①；3.①；4.④；5.③；6-1.④；6-2.③；6-3.②；6-4.①；7.①；
8-1.②；8-2.②；8-3.①。

二、略

三、Education Index提供1929年至今已刊行的論文的出處，且容易取得所刊列的論文。

四、使用的主要標示項有：Instruction Curriculum，和Education，更確切一點，則使用Mathematics Curriculum（子標題為Arithmetic Curriculum and Elementary School Math）、Education Programs（International Program），以及Comparative Education（International Education）。

五、1. teacher behavior, teacher performance, teacher competency, science, science achievement.

2. 就擴大查尋範圍言，假定查得teacher behavior and science achievement的結果，得到很少的書目；則teacher behavior or teacher performance or teacher competency與science achievement可以使用。就縮小查尋範圍言，可使用high school and science achievement。請注意連結字and一般是用來縮小查尋範圍，or則用來擴大範圍。

六、SSCI在於提供吾人了解某篇特別的文章發表之後，接續的研究情況如何的一種途徑。藉著某作者被引用的頻次，以了解該作者的影響力。亦可從一群重要期刊的名稱被引用的次數，了解該等期刊在該領域的影響力。

七、略。

八、該線上資料庫包括研究論文、會議論文和碩博士論文，讀者可從資料庫取得全文或購置紙本使用。讀者在下載文件和訂購紙本前，宜先預覽摘要或博、碩士論文樣張後，再作決定。使用該資料庫的限制，是需透過圖書館的網址才可觸及該類資料。

第**4**章

選擇樣本的方法

第一節　抽樣與母群體

壹、抽樣的意義和目標

　　抽樣（sampling）是指基於研究的需要，選取許多人的歷程，經由此方式選取的個人用以代表他們原屬的較大群體。經選取的個人為樣本（sample）或受試者（subjects）或參與者（participants），原屬的較大群體為母群體（population）。

　　抽樣的目標乃在於獲取有關母群體的資訊，因為執行研究時，很少而且很難將整個母群體列為研究的對象或受試者，抽樣便有其必要，尤其當母群體大至無法處理或分布極為零散時，如無足夠的時間、充裕的經費與無比的努力，恐難達成，因此抽樣研究便廣被採用。進而言之，選取的樣本如果適當，據之獲致的研究結果，亦可概括所屬的母群體，樣本代表母群體的程度，即以該樣本獲致的研究結果可應用於其他群體的程度，由此可見樣本的代表性至為重要。

貳、抽樣的步驟與母群體

　　抽樣的首要步驟是確認研究所呈現的母群體，若研究者對台灣中小學教師的學習感到興趣，則在中小學執教的所有教師，構成標的母群體（target population or universe），是研究者想要概括研究結果的母群體。惟整個標的母群體通常不可能完全處理，因此抽樣的第二個步驟是研究者須就標的母群體中可以接近的部分，予以確定，可供研究者接近處理的母群體，謂之可接近母群體（accessible population）或稱可取得母群體（available population），研究者係從可接近母群體中，選取研究所需的樣本。可接近母群體的性質受到研究者的時間與資源的影響。是以中小學教師的學習研究，研究者可以台灣中區中小學的所有教師為可接近母群

體，然後從這個特殊的群體中抽取樣本。若樣本確能代表可接近母群體，從中獲致的發現便可概括該母群體。然而若要進一步將可接近母群體概括標的母群體，難免有較大的冒險性，這要看可接近母群體與標的母群體的相似性如何而定。如果研究者能夠解說可接近母群體與標的母群體，在一些與研究最有關聯的變項上，具有可供比較的密切性，則他在建立母群體效度（population validity）；即他已確立可接近母群體具有代表標的母群體的合理性。如果研究者想比較接受兩種不同閱讀方案的一年級學生的成就，從台灣中區小學一年級可接近母群體中，隨機選取樣本；且能解說中區一年級學生接受測驗的資料顯示，在閱讀準備度、語文智商、生理年齡、社經地位等重要變項上，與全台灣一年級學生的常模沒有顯著差異，則他已確立母群體效度，亦即從可接近母群體獲致的結果，可以相當具有信心地概括標的母群體。惟上述的研究，如能以台灣多幾個區的教師為可接近母群體，總比單以中區教師為可接近母群體，所達成的結果，更能概括標的母群體。

上述的諸個步驟，可以下圖示之：

抽樣的程序，可分成機率抽樣（probability sampling）與非機率抽樣（nonprobability sampling）兩種主要型態。機率抽樣以機遇程序抽取樣本，樣本中的每個成員被抽取的機率，可以算出；此種經由同等機率選取方法（equal probability of selection method, EPSEM）而得的樣本，謂之EPSEM樣本（Babbie, 2002, 2004）。非機率抽樣非以機遇程序抽取樣本，無法估計樣本中的各個成員被抽取的機率。當機率抽樣不可行時，才使用方便且經濟的非機率抽樣。

本章所載抽樣的方法，係針對量的研究為主；至於質的抽樣方法，除在本章已列舉外，請另詳見本書第14章第三節。

第二節　機率抽樣的方法

機率抽樣的方法包括隨機抽樣（random sampling）、系統抽樣（systematic sampling）、分層隨機抽樣（stratified random sampling）、區域或叢集抽樣（或譯「聚類抽樣」）（area or cluster sampling）等。

壹、隨機抽樣

隨機抽樣是指在母群體中的所有個體，有同等且獨立之機會，被選為樣本的取樣過程。易言之，每一個體被選為樣本的機率相同，而且某個人被選取為樣本，不致影響他人被選取為樣本的機會。

隨機抽樣是獲致代表性樣本的唯一最佳方法。隨機抽樣可分成簡單隨機抽樣（simple random sampling）與亂數表抽樣（table of random numbers）兩種方法。

一、簡單隨機抽樣

簡單隨機抽樣的步驟為：(1)界定母群體；(2)將母群體的所有成員列表；(3)運用純機會程序，決定表列中的哪些成員可被抽取為樣本。如吾人想從本校700位學生的母群體中，抽取50名樣本，當作觀察對象，便可將該700個姓名或代號置入容器，一次抽取一名，直到抽滿50名止，由於這種程序，稍嫌麻煩，樣本如需太多，不宜採用這種方法抽樣。

二、亂數表抽樣

為選擇隨機樣本，或分派受試者至實驗組與控制組，使兩組趨於相等時，較簡便的方式之一，即採用亂數表抽樣。許多此類的表，已由電子計算機產生的隨機數字順序製成。經常使用的是蘭德公司的百萬個隨機數字（the Million Random Digits with 10000 Normal Deviates of the Rand Corporation）以及費雪與耶茲（R. A. Fisher & F. Yates）的生物、農業和醫學研究統計表（Statistical tables for biological, agricultural and medical research）；此外，許多電腦套裝軟體亦能製造出亂數表（亂數表請見附錄壹）。

抽樣過程中，除了謹慎之外，界定欲從中推論的母群體，也是極為重要的。現在已不存在的美國文學文摘社（Literary Digest）為了預測1936年美國總統的選舉，抽取樣本時，係從電話號碼簿及汽車擁有人名冊中選取的；當時預測蘭敦（Alfred Landon）會勝過羅斯福（Franklin D. Roosevelt）而當選總統，但開票結果證實預測錯誤。經選後的分析顯示：用來當預測的母群體與抽樣的母群體，並不相同。有選票的多數人在當時，既無汽車，也沒有電話，因此無法納入被調查的樣本中。

貳、系統抽樣

在教育的研究中，使用系統抽樣，是相當普通的事，尤其是當母群體很多，且依英文字母順序或中文筆劃排列成員時，更是如此。系統抽樣是從一列名單中，每隔n個選出一個當樣本的抽樣；換句話說，該種抽樣須視n多少而定，如果n = 10，則每隔10個選出一個，如n = 15，則每隔15個選出一個，依此類推。真正的n代表多少，端視所列出的名單的大小，以及所需的樣本的大小決定。系統抽樣與隨機抽

樣或其他抽樣方法的不同，在於母群體中的所有成員，被選作樣本的機會，並非獨立的，與其只要第一個樣本被選出，包括在樣本之內的所有其他成員，即告決定。

即使如是的選擇不具獨立性，但是，只要列在母群體名單中的所有成員是按隨機順序排列，系統抽樣而出的樣本，仍可視為隨機樣本。可是母群體中的名單很少依隨機方式排列，因此系統抽樣難以像隨機抽樣那麼理想。

系統抽樣的步驟如下：

1.確認以及界定母群體。

2.決定所需樣本的大小。

3.取得一份母群體的名單。

4.以母群體數除以所需的樣本數，決定n。

5.從名單中的前面n個成員中，隨機選取一個，當作第一個樣本。

6.從第一個樣本開始，在名單上每隔n個取一個，直到所需的樣本數全部取足為止。

7.如果直到名單的最後一位，仍未取足所需樣本數，則需回到名單的第一個成員開始，延續其間距繼續處理，至取足所需樣本。

參、分層隨機抽樣

分層隨機抽樣需先認定各個子群在母群體中所占的比例，然後按此比例，隨機選取各子群在樣本中所占有之成員的抽樣過程。其原因乃在於母群體中的各子群或各階層的成員，接受研究的特徵可能有所不同，運用分層隨機抽樣，才能取得較準確的代表性樣本。提供分層的基準，可能是地理的特徵，或母群體本身具有的特徵，如收入、職業、性別、年齡、教育程度，或服務學校層級等。

分層隨機抽樣的優點有二：其一可以改進代表性的問題；其二使研究者能夠研究可能存在於母群體中的各子群間的差異。這種抽樣方法可採取兩種形式，一是從每個子群（階層）中選取相等樣本數（equal-size samples），以做各子群（階層）間的比較。另一是依母群體的各子群（階層）的大小，按比例選取樣本，謂之比例分層抽樣（proportional stratified sampling）。

假定研究者欲比較不同智力層次（如高智力、中智力、低智力）學生，接受兩種不同的數學教學法所獲致的成效。僅隨機選取樣本以及隨機分派半數，接受每一種方法的教學，則無法保證接受每種方法教學的學生，屬同等智力層次的人數相等，且均有代表性。事實上，正因機遇因素，分派在每一種方法中的學生未必每個智力層次的皆有。然而，如能從每個層次中隨機選取學生，然後隨機分派半數分別接受兩種方法的教學，將可確保接受每種方法的各智力層次學生有相等的代表性，此乃分層隨機抽樣所要達成確保相關子群所需之代表性的目標，亦即是相等樣本數抽樣的方法。又如為了調查社區中薪資階級的所得情況，真正的樣本，需從整個社區中每一社會經濟階層的人數，抽取接近於相同比例的數目進行調查，即是比例分

層抽樣的方法。

分層隨機抽樣的步驟如下：

1.確認以及界定母群體。

2.決定所需樣本的大小。

3.為了確定適當的代表性（比例的代表性或相等的代表性），確認變項與子群（階層）。

4.把母群體的所有成員歸成某一確認之子群的成員。

5.從每個子群中隨機選取（可使用亂數表隨機抽樣）「適當的」個人。所謂「適當的」意指比例人數或相等人數。

其中樣本是從子群中隨機選取，如經隨機選取之樣本尚須分派於各處理組時，亦需按隨機方式處理。

肆、區域抽樣或叢集（聚類）抽樣

當不可能或難以列出標的母群體的所有成員，俾從中選取樣本時，可能要轉向區域抽樣或叢集（聚類）抽樣。所謂叢集抽樣是以團體或組群，而不以個人為隨機選取樣本的方法，被選取的團體或組群的全部成員具有類似的特徵；易言之，叢集抽樣涉及從較大組群母群體（larger population of clusters）中，隨機選取組群（clusters），被選出的組群的所有成員，皆為樣本。

叢集抽樣與分層隨機抽樣的不同，在於前者隨機選取的不是個人，而是團體或組群；另外，分層隨機抽樣各個子群（或階層）事先可知欲隨機選取的人數；而叢集抽樣須至樣本選出之後，方知正確的樣本數，理由是組群的大小不等，樣本的大小取決於隨機選出的那些組群；惟組群大小有點近似，若研究者事先決定樣本的大小，須預估組群的數目方可。

任何具有類似特徵的完整團體（intact group）可視為一個組群，如班級、學校、醫院、百貨公司、地理區等。欲從母群體中選取個別成員不可行或所費不貲時，可採用本方法，與其較為省時、經濟，且較為方便。

叢集抽樣的步驟如下（括弧內為舉例說明的文字）：

1.確認以及界定母群體（如5,000位教師）。

2.決定所需樣本的大小（如500位教師）。

3.確認以及決定合理的組群（如學校）。

4.列出所有屬於母群體的組群（如有100所學校）。

5.估計每個組群平均的母群體數（雖然各校教師數不一，但如每校平均為50人）。

6.藉著所需樣本數（500位教師）除以預估每一組群的人數（50人），以決定組群數（$500 \div 50 = 10$）。

7.隨機選取所需的組群數（以亂數表選出，如從100校中隨機選出10校）。

8.將被選取的每一組群中的所有母群體的成員納入研究的對象（即10校中的每位教師皆為樣本，每校約有50人，則樣本數接近於所需的數目）。

叢集抽樣的一個變型為多階段叢集抽樣（multistage cluster sampling），係指列舉的名單和抽樣分成兩個以上的循環或階段進行。例如先從美國的50州，隨機抽取20個州當樣本；再將20個州的全部縣分列出，隨機選取80個縣分為樣本；再把80個縣分的全部學區列出，從中隨機選擇30個學區做樣本；該30個學區的所有小學教師即為研究的樣本。如是經過三個階段，做起來並不困難。惟運用多階段叢集抽樣抽取所要訪談樣本時，如以30個學區的全體教師為對象，恐不易達成且所費不貲。通常是第二階段開始，即就各個叢集，依隨機方式抽取若干為樣本，如每個學區抽取2人，則30個學區便只有60人，而非整個學區的全體教師。如是結合叢集隨機抽樣與個別隨機抽樣的方式，謂之二階段隨機抽樣（two-stage random sampling）。

叢集抽樣固然有其適用的時機及優點，但仍有其缺點：

1.選出的樣本，在某方面未具備足以代表母群體特徵的機會頗大，加之所選出的組群容易造成大小不一的情形，恐有抽樣誤差（sampling error）之虞。

2.不適宜以推論統計分析叢集抽樣所得研究對象的資料。因為推論統計一般適用於分析隨機抽樣所得之對象的資料。單憑隨機分派處理於現有的組（群）尚不足夠，現有的組（群）須隨機組成才行，否則各組（群）間的差異難以明顯反映。研究者在選擇抽樣方法之前，需仔細衡量其優、缺點。

第三節　　非機率抽樣的方法

有些非機率抽樣程序，與其被選出之樣本的機率無法獲知，可能導致樣本不足以代表母群體，以致無法準確反映母群體的特徵；這類樣本會造成不當的概括（generalizations），因此除非隨機抽樣不可得，否則以不用此等技術為宜（Bailey, 1987）。

非機率抽樣的方法，主要的有方便抽樣（convenience sampling）、配額抽樣（quota sampling）、合目標（立意）抽樣（purposive sampling）、雪球式抽樣（snowball sampling）等。

壹、方便抽樣

方便抽樣有時候亦稱臨時抽樣（accidental sampling），係指研究者以最接近的個人選作研究對象，且將這種作法持續進行下去，直到取足所需的樣本數為止。本著方便抽樣而來的參與者，雖然人數足夠，但準確性可能因而盡失。

貳、配額抽樣

　　配額抽樣是類似於分層隨機抽樣的非機率抽樣，只是每一階層的樣本數占母群體的比例均屬相同。採用配額抽樣的第一個步驟為，決定與將執行之研究有關的階層（如要研究美國民主黨與共和黨員的投票行為）；接著，研究者根據每個階層代表整個母群體的比例，定下配額。如在某個城市中合格的選舉人有60%是民主黨員，另40%為共和黨員，則研究者想要進行投票偏好研究時，便不能完全以民主黨員或共和黨員為對象。研究者將選取足以反映相同比例的樣本。第三個步驟為，配額抽樣僅在找出具有必要特徵的人選。在選舉人偏好研究中，全部有400名樣本，即表示240人是民主黨員，只有160名是共和黨員。雖然此舉，不足以說明民主黨員或共和黨員的代表，是從母群體中隨機抽取；但至少兩組樣本的比例是與整個母群體一致。配額抽樣既是非機率抽樣，研究者必須採取防範措施，以免造成選樣偏差，致使樣本不能有代表性與概括性。此種抽樣偏差，出自研究者採取可能遭遇阻力最少的途徑進行而造成的，如排斥家有惡犬，或態度不友善的對象，不願上山或爬樓梯去訪談，或只以鄰居或朋友為研究對象屬之。

參、合目標（立意）抽樣

　　合目標抽樣有人譯為「立意抽樣」，或稱「判斷抽樣」（judgmental sampling）。採用合目標抽樣的研究者，是研究者訴諸自己的判斷，但要選擇哪些當研究樣本，端視選出的樣本，是否最能符合研究的目標而定；因而判斷從母群體中選出的樣本為「典型的」或具有「代表性的」，是以其目標不在於獲致大量的樣本，而在於選擇能提供最豐富、詳細資訊的人士、地方或實務，以協助回答研究的問題。Patton（2002）稱之為：合目標抽樣的邏輯和力量，存在於選擇作深度研究的資訊豐富個案。有關合目標抽樣的類別，請詳見本書第14章第三節的分析。

　　合目標抽樣的關鍵問題，在於哪種判斷可靠且可獲致代表性的樣本。惟吾人沒有理由可以假定被判斷具有代表母群體特徵的單位，在未來的期間，仍繼續具有代表性。因此，使用合目標抽樣而獲得的研究結果，可能會產生誤導。

　　由於使用合目標抽樣所耗經費不多，而且方便可行，在態度及意見調查方面，頗為適用，但使用者需了解其限制，小心運用才是（Ary et al., 2019）。

肆、雪球式抽樣

　　雪球式抽樣係由滾雪球類推而來，開始很小，然後愈滾愈大，適用於觀察研究與社區研究。雪球抽樣的第一階段是確認具有某些特徵的人，與之晤談。然後以這些人當作報告者，來推薦符合樣本特徵的人士，第二階段與那些人士晤談，俾使他們能在第三階段推薦更多的人接受晤談，依此類推，參與者愈來愈多。研究者若想讓雪球式抽樣具有機率性特徵，在每階段的樣本宜隨機選出。若只要非機率樣本，

在每個階段，可採用如配額抽樣的方法。

　　綜合第二、三節所述可知，抽樣方法固然有多種，但由於以隨機選樣分派在實驗組和控制組，易受到行政上的限制，因此教育研究者經常以班級爲樣本。據此樣本進行研究時，其概括作用只限於類似的母群體；如某心理學教授以選修普通心理學的班級學生作研究的對象，欲將研究結果予以概括，較保險的作法，僅適用於類似班級的學生。

　　樣本若由自願參與者組成的，可能是一種偏差樣本（biased sample），只能代表自願參與者這個母群體。因此填答問卷並寄回給研究者的人，稱得上是自願者，卻無法代表所有接到問卷者的特徵。可採取的補救措施，乃是再度寄送該類問卷的複本，給未送回問卷者，請求他們的參與（Best & Kahn, 2006）。

　　就上述中的隨機抽樣（含簡單隨機抽樣、亂數表抽樣）、系統抽樣、分層隨機抽樣、叢集抽樣和非機率抽樣中的配額抽樣等方法有關的優缺點，列如表4-1，以見其一斑。

表4-1
五種基本抽樣方法相關的優缺點

方　法	優　點	缺　點
隨機抽樣	1.學理上最準確。 2.僅受機會影響。	有時候欲將整個母群體列出不易實施，或基於實際考慮，妨礙隨機抽樣的進行。
系統抽樣	1.與隨機抽樣類似。 2.常比前者容易實施。	系統有時候可能成爲偏差。
分層隨機抽樣	1.能將大樣本，按重要變項予以劃分。 2.樣本太大無法列出時，需使用該技術。 3.可與其他技術結合使用。	若各階層的加權錯誤，可能導致偏差。
叢集抽樣	容易蒐集被研究者的資料。	若組群的數目小，易致偏差。
配額抽樣	1.不能採隨機抽樣時行之。 2.容易實施。	缺少控制，易致偏差。

第四節　樣本數的大小與抽樣誤差的防範

壹、樣本數大小的決定

樣本數的大小，似無絕對的標準可循，端視研究的形式、研究假設、經費的限制、研究結果的重要性、研究變項的數目、蒐集資料的方法、需要的準確度、母群體的大小而定（McMillan & Schumacher, 2010）。茲分析如下：

1. **研究的類型**：一般而言，調查研究比實驗研究需要較多的樣本數，與其前者使用問卷工具，填答者有些未能回答特定問題；或答卷時過分匆促，遺漏部分未填；或認為某些題目侵犯隱私而拒答，影響問卷的可用率；但因研究類型的不同，究竟需有多少樣本數，仍有如下的分歧看法，提供參考：

(1)Mills和Gay（2016）指出：敘述研究的樣本，須占母群體的10%；如母群體少（如少於500人），樣本至少須占20%（亦有人主張至少須占30%，如Neuman, 2012）；如母群體在100人以下，則宜全部施測；相關研究為了確立有無關係存在，至少需30名受試者；因果－比較研究以及許多的實驗研究各組至少需有30人，但實驗研究如有嚴密的實驗控制每組至少需15人方才有效；權威人士咸認每組至少30人最為理想，萬一取樣有困難，15人應是最起碼的人數，勉強要達到30人，未免過分理想。

(2)Gall et al.（2007）指出：相關研究至少需30個受試者；因果比較以及實驗研究為了便於比較每組至少需15人較為理想；後者的說法與Gay, Mills和Airasian的觀點接近。Gall等又引用Seymour Sudman的建議，指出調查研究為了便於分析樣本需加細分，藉供比較時，每個較大子群（major subgroup）至少需有100個受試者，每個較小子群（minor subgroup）至少需有20～50個受試者。

(3)Williamson et al.（1982）建議，對大多數研究來說，至少需樣本35～40人，但以100人或更多樣本數為適宜。

(4)Harrison（1979）主張，大多數研究使用的樣本為30人或更多人，但分組的樣本每組至少需20人。

(5)Creswell（2014）認為，調查研究約需350人，但仍須視若干因素決定。

(6)Lodico et al.（2010）進一步指出：如母群體少於200人，則應將整個母群體當做調查樣本；如母群體在400人左右，適當的樣本數應占40%；若母群體超過1,000人，適當樣本數需有20%；5,000人或以上的大母群體，樣本數在350至500人即可。

2. **需達到高的統計顯著性或統計力時**：所謂統計力（statistical power），係指為了拒絕錯誤的虛無假設，而用特別的統計顯著性考驗的機率。此種統計力分析和

統計考驗的顯著水準、假設的方向性、效果值與樣本數密切相關。因此，少數樣本在.05水準比在.01水準容易拒絕虛無假設。探究性研究經常以小樣本進行，研究者常把顯著水準（α）訂在.10。至於統計力，因係指經由統計考驗，拒絕錯誤虛無假設的機率，通常需要大樣本；或使用單側檢定。至於效果值請參見第19章第四節之貳。

3. **經費的限制**：執行研究所需的費用會限制樣本的數量，因此在開始研究之前，最好把經費作一估算。

4. **結果的重要性**：在探索性的研究方面，研究者可以忍受研究結果中較大的誤差，故可接受較小的樣本數。但在研究兒童安置方案方面，研究者需以較大的樣本數，俾將誤差減至最低程度為宜。

5. **研究的變項數**：有許多自變項或依變項的研究，或有許多無法控制之變項的研究，均需較大的樣本數。

6. **資料分析的方法**：若蒐集資料的方法未具有高度的準確性或一致性時，需有較大樣本數以抵銷在資料蒐集過程中所造成的誤差。

7. **所需的準確性**：一般言之，樣本愈多，研究結果的準確性就愈會提高，但樣本所從出的母群體的同質性高時，只要小樣本便具有足夠的代表性；反之，母群體的異質性變大時，便需較大的樣本數，方可減少誤差，提升結果的準確性。

8. **母群體的大小**：隨著母群體數的增加，研究者需以漸進方式從中選取較多的樣本數。

若純就質的研究而言，其樣本數決定的指針如下：(1)人種誌研究可研究一個文化共享的團體；(2)個案研究可檢查3至5個個案；(3)紮根理論研究可訪談20至25人（Ary et al., 2019）；現象學研究所採取的深度訪談對象則以5至25人為原則（Creswell, 2014）；另Mills和Gay（2016）則認為質的研究之參與者，少則1人，多則60～70人，但通常超過20人的情形並不多見。McMillan和Schamacher（2010）則以為質的研究樣本數可從1人至40人以上；取擇標準在於隨著以下指引而異：研究目標、研究焦點、主要蒐集資料策略、可接觸到的資訊提供者、資料的多寡，以及研究者要送給同儕評審的樣本數。

有關樣本大小之決定，除了上述八種考量因素外，另有以統計方法決定者，請分別詳見第8章第二節之四，與第11章第一節。

貳、抽樣偏差的來源與防範

使用最佳的方法選取樣本，未必能確保這些樣本足以代表母群體，即已知的樣本比例與未知的母群體值之間的落差，因而可能產生非研究者所能控制的抽樣誤差（sampling error）。樣本的組成當然無法與母群體的成分完全一致，如樣本中的男性比例可能較母群體少，高智商者的比例可能較母群體多屬之。如果抽樣合宜且樣本過大，樣本在這些變項上與母群體相似的機會，就會增加。然而，有時候，也因

機會的因素，使得樣本與母群體在某些主要變項上，有顯著的差異。如有未具代表性的變項，會影響研究的結果，研究者宜將該變項作分層處理，而不宜任由機會因素產生影響。

抽樣偏差（sampling bias）不是出自於樣本與母群體間隨機、機會差異的結果，而是有系統的出自於研究者的過失。若研究者得知偏差的來源，便能盡一切可能設法避免。揆諸事實，單憑樣本數大小無法保證是否具有代表性，第二節提及文學文摘社預測美國總統選舉的錯誤，乃導源於偏差樣本（biased sample，不具代表性樣本），已如前述。影響所及，現代民意測驗專家有此認知之後，愈加小心，務求樣本在有關變項如社會經濟地位上，能夠代表所有的選民母群體。

偏差的重要來源之一為使用自願者。志願者與非志願者是有不同。如志願者較有強烈動機，對特定研究較感興趣；由於母群體是由志願者與非志願者組成，根據志願者研究所得的結果，無法概括母群體，僅能概括其他的志願者已如第三節所述。

另一個偏差的來源是使用可取得的團體（available groups），理由是「就地取材」。如某研究者欲研究家庭作業對國中三年級學生數學成就的影響時，恰有位在國中教三年級兩班數學的朋友，徵求他的協助，以其任教的兩班執行研究。接著，研究者告知這位朋友，一班繼續分派家庭作業，另一班則取消家庭作業。至學期結束，將兩班的成就取來比較，結果分派家庭作業組的成績顯著高於未分派家庭作業組。如此一來，研究者可下結論說有家庭作業組有效嗎？未必盡然。在研究者的研究中，家庭作業是對一班來說有效，但因為該班非選自較大的群體，便無法確認該班足以代表其他的任何班級。因此，研究者便不能保證研究結果可以概括於其他國中三年級任何班級的數學成就。

在研究的過程中，欲邀約學生參與，須事先徵得行政單位或主管的同意，但這種作法，往往不十分順利或容易。影響所及，研究者常使用所能取得的研究對象，以及在行政上方便的情況，進行研究，因而獲允接受研究的班級常是出自於行政單位或主管的安排。研究須徵得行政單位的合作固屬可行，但未必是一項好的研究，與其不是依研究者的想法或方式進行。如果所執行的研究未能依研究者的方式進行，只是一味考慮行政單位的配合，如是的研究對象未必合適，或許需暫予放棄，另外尋求合適的對象執行研究。蓋執行一項研究，需耗費大量的時間與精力，將時間與精力耗在鮮有概括性的研究之上，殊無必要。

研究者了解抽樣偏差的可能來源之後，務必竭盡所能予以避免。如確定無法避免，研究者必須決定如此的偏差是否會嚴重地威脅研究的結果。如該項研究決定繼續進行，研究者宜對之有充分的了解，並在最後提出的研究報告中，充分且完整地描述清楚。

參、抽樣比例的標準誤

根據抽取樣本的比例（proportions），能算出其變異數及抽樣比例標準誤（standard error of the sampling proportions），其計算公式如下：

$$SE（標準誤）= \sqrt{\frac{V_{ar}（變異數）}{n（樣本數）}}$$

$$= \sqrt{\frac{p（同意的比例）q（不同意比例，1-p）}{n}}$$

若要調查某縣市家長對實施12年國民基本教育繳交學費採取排富政策的意見時，若有899人填妥問卷，其中答「是」的（p）占63%，答「否」（q[1-p]）的有37%，代入上述公式：

$$SE = \sqrt{\frac{pq}{n}} = \sqrt{\frac{(.63)(.37)}{899}} = \sqrt{.000259} = .0161$$

依據機率論，在95%信賴水準，樣本統計量是位在母群體1.96的標準誤內。於是得到.0161×1.96 = .0316或3%的邊際誤差（margin of error），信賴區間為63±3。即在95%信賴水準，母群體支持排富的百分比在60%與66%之間（Ary et al., 2019）。一般言之，可接受的邊際誤差為3%或5%（Ary et al., 2019; Creswell, 2014）。

作 業

一、選擇題

1. 研究中的偏差（bias）是：（①回答研究問題　②提供控制無關變項　③影響結果的誤差　④總會受到控制）。

2. 下列何者與樣本的敘述不符？（①研究者選取的團體　②當作研究對象的團體　③研究者想要概括結果的團體　④從母群體選取的團體）。

3. 隨機樣本：（①必須盡可能求其大　②是每個受試者被選取機會相等的樣本　③與隨機化相同　④選項2與3皆是）。

4. 抽樣的第一個步驟是：（①界定樣本所從屬的母群體　②決定樣本是否需分層　③決定樣本的大小　④確定樣本的特徵）。

5. 若研究者以狹義方式界定母群體，其研究結果將是：（①無用　②可概括於限制的母群體　③可概括於廣泛的母群體　④無學理價值）。

6. 使用隨機抽樣方法選取樣本的主要理由在於：（①包括正確的樣本數　②可以分層　③產生可概括的研究資料　④產生具有統計上顯著性的研究發現）。

7. 不使用簡單隨機抽樣而採用系統抽樣的時機是：（①母群體按隨機次序排列　②樣本小　③母群體是異質的　④期待的差異小）。

8. 叢集（區域或聚類）抽樣的抽樣單位是：（①個人　②母群體　③自然存在的個別群體　④將與研究無關的特徵予以區分的子群所形成的母群體）。

9. 與簡單隨機抽樣相較，叢集（區域或聚類）抽樣的主要優點在於：（①隨機的程度　②抽樣的準確性　③導致的研究發現的信度　④省時與省錢）。

10. 使用大樣本的時機為：（①呈現無法控制的變項很少　②期待小的差異　③無法執行子群的分析　④母群體的同質性高）。

11. 在下列何種情況，抽樣誤差會減少？（①樣本數增加　②樣本數減少　③使用志願樣本　④不使用隨機抽樣）。

12. 如樣本不少於多少人，便稱為大樣本？（①10人　②15人　③25人　④30人）。

13. 由於下列何種因素，吾人建議研究樣本盡可能愈大愈好？（①工具相當可信　②母群體相當大　③自變項數目多　④探索性研究）。

14. 就一所大學的母群而論，下列何者不是偏差的樣本？（①週五晚上上圖書館學生的隨機樣本　②註冊入學的學生之隨機樣本　③購買音樂會門票學生的隨機樣本　④以上皆是）。

二、有份全國性雜誌約有一百萬個訂戶。該雜誌的主編想了解讀者喜歡哪些版面？不喜

歡哪些版面？主編決定採用個別訪談以獲取所需的資料。基於實用與經濟的考慮，將從四個城市選取500個人，進行訪談。試問哪些是？

(1)標的母群體；(2)可接近母群體；(3)樣本。

三、試比較分層隨機抽樣與配額抽樣；標的母群體與可接近母群體。

四、欲從40所大學院校的320班大一學生中，選取樣本來作大一學生的生活適應狀況研究，請問如何取樣？

五、假定研究者以839位成員為母群體進行研究，想採亂數表的抽樣方法，抽取50人當樣本，請問如何處理？

六、試討論分層隨機抽樣與叢集抽樣的隨機抽樣條件在階層、組群以及階層數和組群數方面的不同。

七、有個母群體分成四個階層。四個階層的母群體數為：(1)830；(2)660；(3)480；(4)1,030。請依比例分層抽樣抽取樣本450人，請問各階層分配的樣本數有多少？

八、有位健康教育的研究者想要調查某都市30,000個成人維持身體健康的習慣，採用一份問卷，想以200人為樣本進行研究。其中的一種研究方法為郵寄問卷。試問：(1)以郵寄問卷的方式，如何選取樣本？(2)假定不採郵寄問卷方式，研究者想到當地的一個診所，分送給到該診所就診的前200個成人病患填答，如是的抽樣方法有無錯誤？其可能造成偏差的來源是什麼？

九、試就下列的描述，指出四種可能造成抽樣偏差的程序？有位研究者（F）在某所國立大學教三班大一英文矯正班，其另一位同事則教三班正規的大一英文。F已設計出一套教拼音規則的計畫，為時20小時。F先給自己任教的班級與同事任教的班級同時實施拼字測驗。接著將得分在50分以下的學生，從其任教的班級選出63人，同事任教的班級選出36人。F把自己的計畫告知所任教班級的學生，並要求被選出的63人，參加每天安排1小時的特殊教學時間，為期4週。其中有51人同意參加。同事任教班級所選取的36人當作控制組，不施予特殊處理，4週結束後，F的學生中有26人完成了拼字計畫的處理。其餘的缺課的時間由1小時至18小時不等。F對26個處理組的受試者以及36個控制組施予拼字後測，並將其成績與前測成績比較。

十、何謂統計力？請條列說明增加統計力的因素至少三項。

十一、在哪些研究情境需要相當大的樣本數？

十二、就下列三組樣本數，計算在95%信賴區間，母群體比例的邊際誤差：(1)100；(2)1,000；(3)10,000。（Ary et al., 2014）

十三、試解說以下的報告內容：「從台中市有子女接受幼兒園教育的家長中，隨機抽取100人，其中有80%支持全日制，從此次調查的抽樣誤差為3%，信賴水準為95%。」

十四、某大學教務處想估計大一新生主修電腦科學的興趣，惟受限經費，無法對全部5,000位新生調查，只能隨機抽樣500人，結果發現有100個學生對主修電腦科學感興趣。試問：1.本調查的邊際誤差多少？2.最能用來估計對電腦科學感興趣的新

生人數為何？（仿自Ary et al., 2019）

答案：

一、1.③；　2.③；　3.②；　4.①；　5.②；　6.③；　7.①；　8.③；　9.④；10.②；
　　11.①；12.④；13.③；14.②。

二、(1)該雜誌的全部訂戶；(2)四個城市中的訂戶；(3)接受訪談的500人。

三、分層隨機抽樣中的每一個階層的樣本經隨機化抽取，配額抽樣取自各階層的樣本係
　　出自判斷。標的母群體是研究者想把自己的研究結果類推（概括）的母群體；可接
　　近母群體，則是研究者所要抽取之樣本所屬的母群體。

四、略。

五、略。

六、分層隨機抽樣的各個階層在樣本中皆有代表，且依某種比例從各階層隨機選取樣
　　本，是以隨機選取的樣本是個人，而非階層。叢集抽樣抽取的組群是隨機取自組群
　　母群體，但某一組群一旦被抽取，它的所有成員皆包括在樣本之中。

七、抽樣比例為3/20或.15。各階層的樣本數為：(1)124.5(2)99(3)72(4)154.5。其中(1)與
　　(4)研究者應決定(1)為125或(4)為155。

八、(2)如是的作法，前200位成人病患可能是偏差樣本，與其僅涵蓋有某種健康問題的
　　人士，因此並無代表性。

九、(1)研究者把志願者安排在處理組；(2)處理組的受試者有相當高的流失率，完成計畫
　　的受試者可能有高度的動機；控制組的受試者未見流失，因為他們未應要求做任何
　　事；(3)所採用的受試者都是可利用的團體，而非從任何母群體中隨機抽取；(4)受
　　試者非抽自相同的受試者群體，即處理組取自矯正班，控制組取自正規班，因為受
　　試者取自不同母群體，與研究有關的因素可能有所差別。

十、增加統計力的因素有：增加樣本數、提升顯著水準（如從.01至.05）、陳述方向假
　　定、增加預期的效應大小（即在研究中獲致的關係或差異量）。

十一、(1)出現無法控制的變項太多；(2)期待比較組在依變項上的差異小；(3)研究設計
　　需將樣本再分組；(4)在研究變項上的母群體高度異質性；(5)無法取得可信量數；
　　(6)預期有高度耗損；(7)需要高統計顯著水準。

十二、(1)SE = .0960或.10；(2).03；(3).01。樣本數增加，區間寬度縮小。隨著樣本數的
　　增加，樣本誤差減小，因而影響區間的大小。

十三、在95%信賴區間支持全日制教育家長的比例在72～88%之間。

十四、1.邊際誤差 = 1.96×.0179 = 0.35或±3.5%。2.在16.5和23.5%之間，或825和1,175
　　位新生之間。

第 **5** 章

工具的選用與編製(一)

本章以探討心理測驗和量表以及有關概念為主,其他的工具的選用與編製則留至第6章討論。

第一節　心理測驗的種類及良好測驗的品質

教育研究為了蒐集所需資料,常須借重各種工具,心理測驗即為其中最有效的一種,與其能為教育領域的實驗研究及敘述研究,提供大部分的資料。

心理測驗旨在描述或測量人類行為中具有代表性的若干部分,可用以比較二個(含)以上的人在特定時間的行為表現;或用以比較一個(含)以上的人,在不同時間的行為表現;藉著心理測驗,可用量化的數值將人的行為,作客觀的且標準化的描述。在理想的條件之下,成就或性向測驗(achievement or aptitude tests)測量受試者可能執行的最佳表現;而量表(inventories)在理想的條件之下,試圖評量典型的行為。大致說來,測驗或量表常被用來:(1)描述狀態或在某特定時間一種流行的條件;(2)測量因素改變而導致狀態的變化情形;(3)根據現在的表現預測未來的行為。

一項成就測驗測得受試者之作業表現的全距(range),有其重要性,儘管研究者設計的測驗,在於讓研究對象充分表現其能力水準,而不在於限制其能力水準亦然。至於有關測驗效應有兩種類型。一是天花板效應(ceiling effect),發生於許多測量而得的分數,達到或接近於可能得到的最高分數;反之,得分在全距的較低分部分,謂之地板效應(floor effect)。前者的題目可能過於容易;後者的題目可能偏難致之。

壹、心理測驗的種類

心理測驗的分類有許多種方式,茲分述如下:

一、依測驗的材料分

作業測驗（performance tests）與紙筆測驗（paper-pencil tests）。

作業測驗通常是個別施測，受試者需要操作物體或機械設備，俾供考評者得以觀察其行動，並作成記錄，適用於幼童、文盲或語言不同的受試者，因其不用文字呈現，故亦稱為非文字測驗（nonverbal tests）。

紙筆測驗通常是以團體作為施測對象，受試者只需在一張備妥的答案紙上，依照測驗指導語的規定，寫下他的反應即可。研究者再依據答案，按計分的標準，給予分數。此種測驗適用於較高教育程度者，這種測驗通常以文字描述其內容，故亦可稱為文字測驗（verbal tests）。

二、依測驗的時間分

能力測驗（power tests）與限時測驗（timed tests）或速度測驗（speed tests）。

接受能力測驗的受試者，沒有時間的限制，只要求他按部就班去處理較困難的工作，直到他無法繼續進行為止。

限時測驗或速度測驗通常與受試者的能力有關，但除此之外，另訂有時間，限定受試者須在若干時間內完成所付予的任務。

三、依標準化的程度分

「非標準化」教師自編測驗（nonstandardized, teacher-made tests）與「標準化」測驗（standardized tests）。

教師自編的測驗，雖然是以教師所能要求達成的最佳邏輯與技巧為基礎，且經常為特殊團體的學生而「特製的」，但是比起專業人員所編製的測驗，在設計的技巧上，似乎也遜色得多。

比較上來說，標準化測驗是較普遍使用的測驗，不僅測驗的內容已經標準化，而且施測及計分也訂有一套模式，以便於以後接受測驗的那些人，能在相似的情況下進行，結果的解釋也盡可能趨於標準化。就教育研究領域所使用的標準化測驗，約有如下四項特徵：

1. **客觀性**：即指測驗不會受到施測者個人的信念或偏見的影響；但這種說法也不是絕對的，可能會因測驗種類的不同而稍有差別，如投射測驗的客觀性恐怕比不上多項選擇測驗。

2. **施測條件力求一致**：如施測時間，是否允許猜答，是否可重複說明，回答學生疑問的方式等都有明確規定。經由一致施測條件而獲得的研究成果，他人可以複製。

3. **有根據百分等級編製而成的常模**：通常發展（編製）標準化測驗者均審慎選擇樣本，就個別受試者所得的分數與團體表現的關係，編製成測驗常模表，且都

將原始分數與百分等級對照使用。惟需注意的是，此種百分等級無法在統計上使用，須將之轉換成標準分數，才可做統計分析處理。

4. **有信度與效度**：信度與效度留在本章第二、三兩節分別討論。

四、依解釋測驗分數的方式分

常模參照測驗（norm-referenced tests; NRT）與標準參照測驗（criterion-referenced tests; CRT）。

無論常模參照測驗或標準參照測驗，典型上都屬於標準化測驗。常模參照測驗將學生的得分依相對的地位予以解釋或評分，亦即某一學生成績的高低須與常模組（即依某一地理單位——如全縣、全省、全國——內某年齡或年級學生代表的成績）作比較，方可確定，如缺乏常模組，則該生測驗得分（原始分數）便無意義可言。標準參照測驗，在解釋學生成績時，不需與常模組比較，即不問其在團體中的相對地位如何，而是關注學生的成績是否達到具體的教學目標或精熟標準，予以評斷。惟無論哪一種測驗，其內容效度占有絕對的重要性。

目前一般教師大都採用常模參照測驗評量學生成績，並解釋其在團體中的地位，惟單依此測驗會因強調好分數、著重競賽，造成教育上的不良效果；無法指出學生真正成就；因常模組不同而有差異等限制，而使教育學者亦同時強調應使用標準參照測驗。

表5-1分別依據各種屬性，比較說明常模參照測驗與標準參照測驗的不同性與類似性，不乏參考價值。

表5-1

常模參照測驗與標準參照測驗屬性之比較

屬性	常模參照測驗（NRT）。	標準參照測驗（CRT）。
效用	一般的目標；期限長。	特定的情境；期限短。
內容效度與範圍	根據特定的內容領域，取樣適當，每個目標的項目較少；常是一般的與廣泛的。	根據特定的內容領域，取樣適當，每個目標的項目較多；常是特定的與狹隘的。
分數的解釋	以特定的常模組來解釋（如百分等級等）。	以特定的精熟標準來解釋（如精熟的百分比）。
項（題）目編製	主要考慮兩項：內容效度與項目鑑別。	主要考慮一項：內容效度。
標準化	是。	常常。
對教學的敏銳性	容易降低，傾向於適中，因為它的目標是具有一般性的。	容易提高，尤其當它與特殊教學情境配合時是會如此的。
信度	高。	可能高，但有時候不易建立。

表5-1　常模參照測驗與標準參照測驗屬性之比較（續前頁）

| 應用 | 評估某種教學處理在達成一般教學目標方面的效能。 | 評估某種教學處理在達成特定教學目標方面的效能。 |

*註：取自 *Handbook in research and evalution* (2nd ed.) (p.110), by S. Isaac & W. B. Michael, Edits Publishers. Copyright 1981 by Edits Publishers.

五、依測驗所描述與測量的心理特質分

成就測驗（achievement tests）、性向測驗（aptitude tests）、興趣量表（interest inventories）、人格測驗（personality measures）、投射測驗、創造力測驗（tests of creative thinking）等。

1. **成就測驗**：從成就測驗的結果，可以顯現受試者現在的表現水準，以了解他已學到的是什麼。學校使用的測驗，多數屬於成就測驗。利用成就測驗決定個人或團體學業學習的狀態方面，特別有幫助。此外，成就測驗亦可用來作為提供獎學金，頒授學位，評鑑學習課程、教學方法、教育實務等成效之用。

2. **性向測驗**：性向測驗在於預測參與特別活動者被期待可能獲得成就的程度。就某種程度而言，性向測驗評量過去的學習，類似於成就測驗。實際上，性向或潛能不能直接測量，僅能根據現有的表現推論而得。

性向測驗雖是一種推論而非直接測量之用的測驗，但在預測受試者未來的成就方面，被證明是有用的。這種類型的測驗已普遍用於推論受試者機械與操作方面的技巧、音樂與藝術的潛能等。

性向測驗的功用有：(1)基於教學需求把比較同質的學生編在一起；(2)鑑定接受獎學金補助的學生；(3)為了特別教育方案的需要，選拔學生；(4)引導學生邁向最容易達到成功的領域。

3. **興趣量表**：興趣量表旨在測量個人傾向於喜歡選擇的活動組型，可用以比較受試者的興趣組型與在許多職業中獲得成功的從業者的興趣組型。根據研究發現，每一種職業有其明顯的組型可循，因而可以假定：某人所從事的工作，若與自己測得的興趣平面圖最類似，將是最快樂的且最容易成功的。

興趣填充或量表（interest blanks or inventories）是自陳工具，個人就自己喜歡的及不喜歡的記錄下來。這些自陳的工具是可供標準化的訪談之用，受訪者經由內省表示的感受，可依已知的興趣組型解釋。

4. **人格測驗**：常用的人格測驗是自陳的工具。個人對於若干的問題或敘述句，標記個人的反應，根據這些工具評定的分數，可以顯示若干的人格特質或傾向。

由於個人不易、不能或不願準確或客觀報告自己的反應，因此由這些工具測得的反應，其價值便受到限制，究其原因，可能在於編製此等人格測驗時，所憑依的

人格理論不當，惟其結果可供進一步分析的需要。

有關描述與測量人格之工具的發展，乃是最近的事情，如在這個重要領域繼續研究，將可發展出描述人格的較佳理論與測量人格的較好工具。

填答人格測驗者常有拒絕困窘的答案與表達為社會所可接受之答案的傾向、把個人的情緒投入自己作答的問題、缺乏洞察力等流弊。有些心理學家認為，或許投射式的工具，可以突破上述的流弊，揭示受試者企圖隱藏的目標，使他們無法了解怎麼樣的作答，才是最佳的方式，便不易隱瞞。

最常用的投射測驗，係要求受試者對各種標準化的墨漬圖片或圖畫情境所具有的意義，提出解釋。

5. **投射測驗**：投射測驗在使受試者把內在的感受、態度、需要、價值，或對外界物體的願望，投射出來。因此當受試者對外界物體有所反應時，即無意識地揭露了自己。投射測驗最大的價值，即在於抵制受試者想以最佳方式表現，傾向於被期待反應。

為使受試者把自己的感受、態度、願望等投射出來，可藉用許多的技術達成，如：

(1) 聯想（association）：當受試者看了圖畫、卡通、墨漬、字詞、成語時，要他說出見到的、感受到的，或想到的是什麼。如主題統覺測驗（the Thematic Apperception Tests）、羅夏克墨漬測驗（the Rorschach Ink Blot Tests），以及各種字聯想測驗等都是屬於該類的技術。

(2) 完成語句（completion）：要求受試者完成一項未完全的語句或工作，完成語句的工具，有如以下的各個題目：

> 我最大的抱負是
> 我最懼怕的是
> 我最樂於從事的是
> 我夢見許多的
> 若我能做任何事，我想做的事是

(3) 角色扮演（role-playing）：要求受試者臨時設計或編造一個情境，各個受試者在這種情境中分派不同的角色；研究者可從中觀察如敵意、挫折、駕馭、同情、不安全、偏見，或心不在焉等特質。

(4) 創造性或建構性技術（creative or constructive）：允許受試者塑造黏土模型、用手指著色、玩布偶、玩玩具等。根據顏色、形式、字的選擇、順序感，及其他的反應，可供推論深藝於受試者內心的感情。

6. **創造力測驗**：教育研究者將創造性才能的認定與培育，視為重要對象；因而發展出許多的創造力測驗，其主要的目標，乃在於評估有助於創造性成就的性向

與人格特質，而不在於直接測量創造力成就。在這方面最主要的貢獻者之一是基爾福（J. P. Guilford），還有陶蘭斯〔（E. P. Torrance）──（亦有譯成托浪斯、拓弄思）〕和阮祖里（J. S. Renzulli）。

除此之外，測驗尚有診斷測驗（diagnostic tests）、自我概念量表、職業興趣量表、認知發展測驗等。

六、依替代性評量類別分

傳統上講究客觀的文字測驗題目，固然有其價值，但近年來採取評量學生表現與成就的方式，日趨多元化，在「眞實的」脈絡（authentic contexts）中實施者，即所謂替代性評量（alternative assessment）設計，基本上乃根據學生建構的反應加以評定。替代性評量的方式有多種，但在研究中常見的則有實作本位評量（performance-based assessment）與個人檔案評量（portfolio assessment）兩種。前者的重點在於透過直接觀察學生在眞實脈絡中，如何操作技能，以評量其在認知技能學習所達到的熟練程度。例如：要求學生寫求職信、綜合訪談與書面文件完成一件口述歷史的計畫等屬之。至於個人檔案是將學生作品，採用合目標的、有系統的蒐集及評鑑，藉以記載他們導向切合學習目標的進步情形。個人檔案在建築、藝術與新聞領域已使用有年，作為評量學習成就的基本方法；近年來在教育領域，採個人檔案的頻次漸多，特別是在評量閱讀與寫作技巧方面，備受重視。

實作本位評量的優點有：

1.可直接、整體的評量原在紙筆測驗中只能間接評量的思考技巧。

2.能評量如在校外眞實脈絡中遭遇到的技能實作情形。

3.是屬於標準參照評量，不像紙筆測驗有不切實際的、武斷的時間限制。

4.可與教學緊密結合。

但本類評量亦有缺失：

1.依賴教師主觀評定與觀察，會降低信度。

2.發展、實施這類評量以及計分相當費時，且僅能評量單一學生或小的學生團體。

至於個人檔案評量，能提供學生一段期間以來作品樣例，從中評量其成長或改變的情形，是其優點。但從心理測量的觀點，其信度相當低，計分流於主觀，評分標準流於廣泛性以及評分者未受過良好訓練而難以取得評定者間高的信度、效度，亦有待商榷。

貳、良好測驗的品質

基於研究需要，選擇良好測驗應予關注。一般說來，一種好的測驗，至少要具備七項品質，即效度（validity）、信度（reliability）、客觀（objectivity）、經濟（economy）、實施、計分與解釋簡單（simplicity）、常模（normative data）、有

趣（interest）（Best & Kahn, 2003; Gall et al., 2007）。前兩項品質將另列專節（第二、三兩節）討論，其他各項品質則略述於此。

就第三項品質——客觀——言之。任何一種測驗，如能根據填答的結果，賦予明確的數值，不因評分者的不同，而評定不同的分數，即算符合客觀的要求。一般而言，投射測驗施測與計分時，容易造成偏差，較不客觀；選擇式測驗，有計分鑰可供評閱依據，被認為是客觀的測驗。

就第四項品質——經濟——言之。通常指的是時間上的經濟，蓋一種測驗能在短時間內施測完畢，較易贏得受試者的合作，同時也可因而撙節開支。

就第五項品質——實施、計分與解釋簡單——言之。如果測驗對象很多，實施測試、評分或解釋結果時，專門人員便不敷分派充任，因此在該方面力求簡易，確有必要。當然此等資料均應在測驗手冊中有著詳細的說明。

就第六項品質——常模——言之。測驗標準化的歷程中，重要的部分是蒐集常模所需資料。一般來說編製測驗的人將測驗付諸實施時，需審慎選取樣本並蒐集原始分數，並就個別分數與整個團體的表現製成測驗常模。最常用的常模之一為百分等級（percentile ranks）；原始分數須轉換成標準分數，方可比較個人在常態化樣本中的相對地位。

就第七項品質——有趣——言之。有趣且令人感到愉快的經驗，易獲得受試者的合作；令受試者感到索然的那些測驗，可能招致受試者的反對或敷衍，如此一來，測驗便不易獲得有用的結果。

選用測驗，如能滿足上述七種品質當然最好，但吾人仍須認定下列事實：即對所有受試者或對所有表現水準來說，一種良好的測驗，未必能完全具備這些可欲的品質。某項測驗可能適用於某年齡組距、成熟度或能力的受試者，但對其他的人來說，可能無法適用，另需較適當的測驗，因此如何選擇所需測驗，便顯得格外重要；其最簡便的方法，是先要仔細研究測驗手冊刊載的標準化資料以及對該測驗的評鑑分析資料，然後再著手選擇。

第二節　測驗的信度

一種測驗工具的信度，即在於顯示不論在什麼時候測量，所得結果前後的一致性程度。此種品質在任何一種測量中，均具有重要性。如有位母親量度病童的體溫，首次得攝氏四十度，兩分鐘後再量度一次如得三十七度，可說這支溫度計（量尺）是不可信的；如前後兩次均得四十度，便可說這是一支可信的溫度計。

一種測驗的信度係數愈高，測驗誤差便會被減到最低程度。一種可信賴的測驗，無論測量什麼，一再施測而得的分數可供比較；一項不值得信賴的測驗，猶如一支皮尺，可以任意展開，每次伸展的量度均為不同。

本節將分成四部分，分別探討一種測驗沒有信度的可能原因、增進信度的可行方法、估量信度的統計程序、測量的標準誤等。

壹、測驗缺乏信度的原因

為了增加測量工具的信度，最佳的途徑，乃在於找出造成沒有信度的癥結，並設法杜絕這些原因，在蒐集資料的工具出現。下列各項是形成測驗沒有信度的主要來源（Ary et al., 2019; Vockell, 1983）：

1. **有缺點的題目**：測驗題目如屬於模稜兩可、有詐騙性質的，受試者在上頭所作的反應，很難說具有可信性。即題目有了瑕疵，受試者的填答，可能出自猜測；即使作第二次測試時，猜測答案仍可能與首度猜測的有別。題目一旦有了缺失，受試者無法了解期望於他的究竟是什麼，如此一來，要求他的答案具有可信性，無異緣木求魚。

2. **太難的題目**：如果測驗題目太難，受試者可能猜測作答，造成的問題與第一個原因相同。有些題目的形式比其他題目的形式，更容易使受試者對難題採猜測方式作答，如是非題太難，因其答對的機率仍占50%，受試者便不輕易放棄猜測機會；要是採用簡答題，則盲目猜測作答，獲得正確的可能性，便大大降低。

3. **太容易的題目**：如向受試者發問的題目，過於容易，便無從了解受試者真正了解的是什麼，問了等於沒問。當向受試者施測後的問題中，容易的占多數，卻根據總分來處理，信度便大有問題，當然這又涉及測驗長度的問題，留待下一個來源說明。

4. **不當的題目數**：測量工具的題目愈少，造成機遇機會的可能性愈大，就愈可能沒有信度。與其其中的題目可能不具代表性，影響更大，如受試者對某教材了解得相當透徹，但只測量十題，其中一題受試者無法作答，似乎會令受試者感到知之有限。一題有缺點的題目，會在題目少的測驗上，產生大的影響，且其影響力不遜於在較多題目測驗上的好題目；雖然在較長測驗上，作答者也可能會作正確或不當的猜測，但是一旦有此傾向，會嚴重影響題目較少的測驗的信度。

5. **不類似的題目**：一份測驗若要統計受試者的總分，且全部題目均用來測量相同的特徵，則其信度會較高；反之，所有題目若用以測量不同的特徵，其信度則會大幅降低。

若某份英語測驗共有二十五題，其中五題為拼音、五題為改錯、五題為拼字、五題為翻譯、五題為閱讀測驗，則此份測驗在於測量數種不同能力，因而信度不高；若這二十五題都在測量一個主題，比方說是字彙，則其信度較高。

6. **應答者的特徵**：受試者若均處於正常的狀態，填答測驗，其信度高於受試者臨時事故而造成不同反應的結果。這些臨時事故可能包括受試者不專心、情緒不穩。

7. **工具施測時有瑕疵**：主試者施測時的場所太熱，或易使受試者分心，主試

者施測時對不同班級採不同的態度；如此而得到的結果，便不可信賴，供比較的價值便相對降低。

8. **計分程序有缺點**：若評分者把正確的答案評為不對，則此種計分便有偏差。尤其是論文式測驗，同樣的答案可能評定的分數有相當大的出入；此外記錄分數時，如有缺點，也可能造成不一致。

貳、增加測驗信度的方法

針對上述造成測驗缺乏信度的原因，力求避免，應為增加信度的可行途徑。專業性的測驗編製者期望以「信度係數」（coefficient of reliability）的統計程序，來判斷信度的高低，係數愈大，信度則愈高。有關信度係數的運用，將在本節的下一個部分探討。惟即使不計算信度係數，亦應盡一切可能途徑，增進測驗的信度。

1. **採用正確的、不含糊的題目**：測驗使用的題目，務期受試者填寫的答案，係出自他真正想要填答者。改進題目品質的簡單作法，為把測驗工具讓他人檢核一遍，或測試一次。

2. **把實施程序標準化**：根據標準化程序施測，可提升測驗的一致性。作答說明或指導語力求標準化，施測者除非是要成為測驗工具的一部分，否則不宜將自己介入測驗情境。

3. **把計分程序標準化**：即在計分程序採取系統一致的策略，這在本就客觀的是非或選擇題上，容易做到，但對於開放式的或論文式的題目，比較困難。因此，命題似宜多採用是非或選擇題。

4. **避免應答者處於不正常的情況下測試**：如果在應答者情緒不穩，或生病、焦慮下測試，其表現結果，便不具有代表性。因此，測驗的目的若在測量學生的正常表現，必須在他們處於正常的情境下測試；若測驗的目的，在於測量學生的最大表現，應使他們在接受測試時，能竭盡所能去作答。

5. **務使測驗足夠容納好的題目**：測驗須能把足以評量受試者之穩定性表現的全部題目蒐羅在內，否則題目太少，難免會受到機遇因素的影響。

6. **測驗上的每個題目確能測量相同的成果**：為達成測驗具有可信性與有意義的目的，測驗上的每個題目均能測出相同的成果。如果要達成數個成果，須設計有足夠長度的分測驗。

7. **編製具有適當難度的題目**：每個測驗為求能測出受試者真正了解的，而不是出自於猜測的，確實重要。題目過於容易，即使測驗內容再多，亦無價值，因此題目具有適當難度確有必要。

參、信度的類型

信度係數是用來估量一種測驗一致性的統計程序。下列各種信度為計算信度係數的基本類型：

一、再測信度（test-retest reliability）

再測信度是估量一種測驗信度最明顯的方法。即對同一組受試者在兩個不同時間測得的分數後，求其相關，藉此種程序求得的相關係數，謂之再測信度係數（test-retest reliability coefficient）。惟此種測試兩次相隔時間不能太久，且皆屬相同受試者方可；該兩次測試結果的相關係數高，即表示應答者在兩次測驗上的表現相同，反之，即表示他們的表現不一致。

常有人把這種信度概念誤用於前測—教導—後測的處理，然後以前後測結果計算信度係數，實質上，依此算得的係數與信度無關，因此視該兩組分數須有關聯，乃無必要；蓋前測以後實施的教導過程，如果有效，便沒有理由足以說明一個人的前測分數須與後測分數類似。

再測信度係數乃在標示受試者不同時間得分的一致性，因此有時候亦稱穩定係數（coefficient of stability）。此種信度的優點，可以說明兩次時間測驗所造成的誤差，且只需一種測驗即可，不必要複本測驗；惟其缺點，乃在於易受練習與記憶的影響，以及兩次間隔時間中，其他偶發因素可能造成影響。

由於再測信度有上述的缺點，通常不適用於認知領域的測驗，只限於測量體能與運動技能方面。

二、複本信度（equivalent-forms reliability）

為了計算這種信度，須把同一測驗的甲式對某組施測，然後在同一時間把同一測驗的乙式對同一組測試。兩次得分的相關係數高，表示受試者在兩種測驗的表現相同；亦即測驗的樣式如是相等的，即是一致的表徵。

測驗者如欲決定教學的效能，利用某測驗的甲式作前測工具，乙式作後測工具時，這種信度特別顯得有用。

利用複本技術來計算信度有優點，即可避免因回憶或練習帶來的影響，最適用於估量受試者的學業與心理量數的信度。

三、再測與複本信度（test-retest with equivalent forms reliability）

為了計算此種係數，施測者可把同一測驗的甲式對某團體施測，過些時間，再把同一測驗的乙式對該團體測試之。測得相關係數若高，即表示該測驗甲乙兩式均極穩定測得某些特徵。此種技術即是結合前兩種而得。

四、折半信度（split-half reliability）

折半信度係指將測驗對一組受試者施測，然後把題目分成兩半計分，依每個人在兩半所得的分數，算出相關係數即為折半信度。若每個受試者在兩半上的得分，極為相似，則該測驗的信度高，反之則低。此種方法僅需一種測驗的形式，不會涉及施測時間的先後問題。

　　將測驗題分成兩半的方法有二：其一是依隨機抽樣方式將題目分成兩半；其二是計算單數與偶數題目分數的相關。如果題目係依難度順序排列，第二種不失為理想的處理方法。

　　計算兩半題目的相關係數，因只提供半個測驗信度，常會比估量整個測驗的信度為低。即就一百題中單數五十題與偶數五十題間的相關，所估量的只是五十題測驗而非一百題測驗的信度。因此在其他條件相等的情況下，愈長的測驗比短的測驗，更具有信度，由此觀之，折半信度常比對原測驗所估量的信度為低，為了估量整個測驗的信度，須將折半相關轉換，所採用的公式為史布公式（Spearman-Brown prophecy formula）：

$$r_{XX} = \frac{2r_{\frac{1}{2}\frac{1}{2}}}{1 + r_{\frac{1}{2}\frac{1}{2}}}$$

r_{XX}　：整個測驗估量的信度

$r_{\frac{1}{2}\frac{1}{2}}$：兩半測驗題目間的r相關

　　如某份測驗兩半的相關係數為.65，估量整個測驗的信度，便可採用史布公式算出：

$$r_{XX} = \frac{(2)(.65)}{1 + .65} = .79$$

　　史布公式係基於兩半題目相同的假定而來，但事實上這個假定的正確性不高，利用史布公式算得的整個測驗的信度，常高於利用再測或複本測得的信度。儘管如此，為了避免估量信度所需的時間太長，或當測驗太長時，計算折半信度仍不失其價值。但要是測驗題目較少，利用再測或複本的程序，當較妥當。

　　由於折半信度係數，係用以估量同一測驗內兩部分等量題目的一致程度用的，故亦稱內部一致性係數（coefficient of internal consistency）。

五、庫李信度（Kuder-Richardson reliability）

　　庫李信度在原理上與折半信度類似，只是他不需把測驗折半，其算出整個測驗的信度，仍屬測量內部一致性而採用的，因此係數高時，即表示測驗上所有題目測量的，大致是相同的東西。基於技術上的原因，庫李係數僅適用於採對——錯或是 —— 非計分的測驗；至於由極同意至極不同意的五點量尺，則以α係數（coefficient Alpha）算之。

　　庫李公式有二十與二十一之分，最方便的為庫李公式二十一，與其省時之故，庫李公式二十一如下：

$$r = \frac{K\sigma^2 - \overline{X}(K - \overline{X})}{\sigma^2(K-1)}$$

r ：整個測驗的信度

K ：測驗的總題數

σ^2：測驗總分的變異數

$\overline{X}$：測驗總分的平均數

　　如張老師在任教班級施測五十題的測驗，並求出平均數為40，標準差為6，則信度為：

$$r = \frac{(50)6^2 - 40(50-10)}{6^2(50-1)} = \frac{1,800 - 400}{1,764} = .79$$

　　由於庫李公式強調測驗中所有題目的相等性，較適用於測量單一特質。如一種測驗旨在測量好幾種特質，則利用庫李公式算出的係數，通常比利用相關公式求得的為低。

　　至於如李克特式五點態度量表或論文式測驗，不只計算對錯分數的題目，就其信度的計算，則需採用α係數，亦稱克朗巴赫α（Cronbach's α）係數即：

$$\alpha = \left[\frac{k}{k-1}\right]\left[\frac{S_X^2 - \Sigma S_i^2}{S_X^2}\right]$$

α ：估量的信度

K ：測驗的總題數

S_X^2：測驗總分的變異數

S_i^2：每個題目分數的變異數

　　α係數係作為信度的指標之用。如果測驗題目屬異質性，即在測量一種以上的特質或屬性，則信度指標將會降低。Nunndy（1978）指出：可被接受的克朗巴赫α（Cronloach's α）係數為0.7，但是在文獻中也可發現較低的數值。

六、交互評分者信度（interscorer reliability）

　　使用本項程序時，係將相同測驗交予兩個不同的人評分，再將兩項分數進行比較。如果相關係數高，表示兩個人對該測驗評定的分數類似；如果相關係數低，表示兩個人對該測驗評定的結果有差異，造成差異的原因不在於受試者真正的差異，而是二者計分方式有出入。

　　在教育測驗方面，有時候交互評分者信度無甚重要性；尤其在採用選擇題或是非題的測驗，答案固定，評分不會有顯著出入。但是屬於比較主觀的測驗，如論文

式測驗或人格特徵的評定量表，評鑑計分過程的一致性，便顯得格外重要。

七、交互觀察者一致（interobserver agreement）

此種估量信度的程序與上述的各種有別，它是求百分比而不求相關。當評定者想要觀察某人是否表現某種行為時用之，此時亦有另一位評定者同時觀察該人的行為，根據觀察結果，決定交互觀察者信度（interobserver reliability）。此後，又繼續在若干場合進行，然後求得百分比，以決定兩個評定者一致的程度如何。

如有兩個觀察者分別觀察某位小學生離座的行為十次，其中每隔二秒觀察一次，一次觀察十五秒，並把他被觀察期間，在座、離座的次數，依據預定標準，記錄下來。然後計算兩人一致的百分比。十次中，他們評定結果一致的若有七次，交互觀察者信度即為70%。如果測驗中包括對兒童的觀察，以決定他是否表現某種預定的行為時，交互觀察者信度便顯得相當重要。

綜上所述這七種計算信度係數的基本類型之目標、使用程序與量數，簡如表5-2所示。

表5-2
估量信度的統計方法

	目　　標	程　　序	量　數
再測信度	確定穩定性；將同一工具施測相同的對象，排除因施測方式不同而可能造成的廣泛變化。	將同一測驗隔一段期間先後對同一團體，施測兩次；然後求其相關。	相關係數
複本信度	求得某測驗的兩種形式確實相等。	將同一測驗的兩種形式連續施測同一團體，求得相關。	相關係數
再測與複本信度	同時求得穩定性與相等性（結合前面兩種方法而成）。	先施測甲式，隔一段時間，再施測乙式，求其相關。	相關係數
折半信度	用來決定同一測驗內題目測量同一特徵的程度（以求得內部一致性）。	僅施測一次；各半分別計分；計算兩半之間的相關；可應用史布校正公式。	相關係數
庫李信度	決定同一測驗上各題目評量同一特徵的程度（確保內部一致性）。	僅施測一次；應用庫李公式。	庫李係數
交互評分者信度	決定結果的客觀程度；即不問評分者為誰，對同一測驗評定結果將會相同。	施測一次；交由兩人評分；計算兩項分數間的相關。	相關係數

表5-2　估量信度的統計方法（續前頁）

目　標		程　序	量　數
交互觀察者一致	由不同觀察者決定某事件是否發生的一致程度。	讓兩位觀察者在指定的時間間距，注意觀察某事件的發生情形；以求出他們看法一致部分的百分比。	一致百分比

*註：取自*Educational research* (p.37), by E. L. Vockell, Macmillan. Copyright 1983 by E. L. Vockell.

又任何測驗可接受的信度係數，係依測驗類別而異，但只要係數超過 .90，對任何測驗來說，都是可以被接受的。目前眞正的問題所在是構成可接受的最低水準是什麼？就成就測驗與性向測驗而言，選用的測驗之信度至少宜達.90。至於人格量表，根據一般報告，高信度者不多，但至少宜達.80～.89才算相當滿意，達.70～.79才可接受；交互評分者或觀察者的信度，宜達.85～.90。

若一個測驗又分成好幾個分測驗，則不僅要評定整個測驗的信度，每個分測驗的信度亦需評定。因爲信度是測驗長度的函數，任一分測驗的信度典型上都比整個測驗的信度稍低。若要以一個或多個分測驗而不用整個測驗來做研究時，檢核分測驗的信度格外顯得重要。研究者所使用的某測驗手冊時，須加留意，如該手冊稱：「整個測驗信度爲.90，各個分測驗的信度令人滿意」，你應持懷疑的態度；蓋各個分測驗的信度如是「令人滿意」，何以不呈現出來。多數好的測驗的分測驗均載有信度，因此，分測驗如未標示信度，研究者有責任去了解省略的原因，並要求進一步的資料。

肆、測量標準誤

研究者爲了執行某一研究方案，想要比較各種測驗，以供運用的依據時，可就各種測驗的信度來作估量；但若要解釋測驗的分數時，測量標準誤（standard error of measurement）則爲較有用的工具。測量標準誤乃就同一事物，重複測量，可能造成的變異範圍，而作的估量。如某人重複接受一種測驗，由於機率，可能得到各種不同分數，這些分數可算出平均數及標準差，平均數是與眞正分數最接近的分數，標準差則用來標示各分數的變異情形。由於該標準差是測量誤差的標準差，故亦稱測量標準誤。測量標準誤係呈常態分配，故據之可估量發生某種量之誤差的可能性（Ary et al., 2019）。

由於在許多的情境中，有時候不易重複測量；但是可利用信度係數求得估量的測量標準誤，公式如下：

$$S_M = S_X \sqrt{1 - r_{XX}}$$

S_M：測量標準誤

S_X：測量分數的標準差

r_{XX}：信度係數

若某種性向測驗的信度係數爲.96，標準差爲15，則測量標準誤（$S_M = 15\sqrt{1 - .96}$）爲3（$S_M = 15\sqrt{.04} = 3$）。對測量標準誤的解釋，與對其他標準差量數的解釋相同。若發生在性向測驗上的得分爲110，而該測驗的測量標準誤爲3。由於從一般初等統計學教本中可知，所有測驗分數，將有68.26%落在他們眞正分數正負一個測量標準誤內，約有95.44%落在正負兩個測量標準誤內。因此，就這個例子來說，該生眞正得分有68.26%的機會落在113與107之間（110±3）；或有95.44%的機會落在116與104之間（110±6）。

從該公式不難發現，測量標準誤量的大小恰與信度係數成相反的關係，即信度係數愈大，誤差愈小。職此之故，測驗的信度如果低，其誤差則大。

測量標準誤可讓吾人了解，我們在教育測驗上的得分，僅是一種「估量」，可能與個人「眞正分數」有顯著的不同，如在智力測驗上得97與102的兩個學生，可能沒有差異。此外，測量標準誤也可供作考慮測驗的信度指數。揆諸事實，從信度係數與測驗分數的標準差，可直接求得測量標準誤，但測量標準誤不像信度係數一樣，它不能用以比較不同測驗的信度（Gall et al., 2007）。

伍、標準參照測驗的信度

欲發展令人感到滿意的方法，以評估標準參照測驗，顯得有點困難。傳統上求信度的程序（K-R20以及相關）是依其計數受試者的變異性而來，但標準參照測驗實施以前，受試者須繼續接受訓練直至精熟技巧爲止，是以在該類測驗上的得分，一般而言不是沒有變異性，就是變異性小，因此傳統上求信度的程序並不適用於估量標準參照測驗的信度。即使測驗的內部一致性及穩定性高，但由於分數的低變異性或分散，將導致信度的估計值低或接近於零。

常被用來估量標準參照測驗的程序，約有以下三種（取自Ary et al., 2019）：

第一、一致係數（agreement coefficient, ρ）。係指短期內，以兩種等式或複本標準參照測驗，或在兩個場合施測同一標準參照測驗，以求取在兩式測驗上所得精熟或未精熟人數的百分比，評估結果的一致性，一致性的百分比愈高，估量的信度就愈可靠。

如以標準參照測驗A式和B式二式施測15名國中生，結果在該二式測驗同時被歸類爲精熟的有7人，另有4人被歸納未精熟。其計算公式：$\rho = \dfrac{b+c}{N}$（ρ = 一致係數；b = 在二式測驗同時被歸類精熟人數；c = 在二式測驗同時被歸類爲未精熟

人數：N = 受試總人數）。將人數代入公式 $\rho = \dfrac{7+4}{15} = .73$，即被歸類一致的受試者達.73，即該測驗的一致係數爲.73。若接受該二式測驗所有受試者被歸類爲精熟或未精熟者具有一致性，則一致係數爲1，是爲最大值。又即使將學生採隨機方式分類，在二式測驗被歸類爲精熟或未精熟的某種一致性，僅能視爲期待的機會。有些受試者被期望落在(a)格和(d)格一樣。

表5-3
根據在A式和B式標準化測驗作成的決定

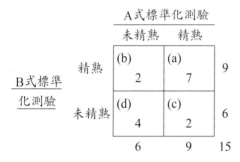

第二、J. Cohen於1960年提出的Kappa係數（K）。指觀察而得的一致性分類比例「高於」單憑機會的期待的比例。計算該係數的第一步驟爲，計算期待的機會一致（expected chance agreement, P_c）比例，公式爲$P_c = (a + b)(a + c) + (c + d)(b + d)/N^2$。第二步驟爲由觀察得到的一致性比例（observed agreement, P_o）減去期待的一致性比例，即在機會一致之範圍，取得實際的增加量，最後該增加量除以$1 - P_o - P_c$而得K係數，即$K = \dfrac{P_o - P_c}{1 - P_c}$。則表5-3數字代入各公式即得：

$$P_c = \frac{(9)(9) + (6)(6)}{15^2} = \frac{117}{225} = .52$$

$$K = \frac{.73 - .52}{1 - .52} = .44$$

從上述結果可知：Kappa係數，將期待的機會一致性係數作了調整，而提供較低於一致係數（.73）的估量分數信度。由於Kappa係數以觀察一致性開始，然後作調整，以迎合期待的機會一致性，不受機會一致性影響而產生膨脹，被視爲比一致性係數爲佳的信度指標。

第三、爲phi(ϕ)係數。該係數與Kappa係數類似，不受機會的一致性影響而產生膨脹，是以phi係數與Kappa係數類似，當所有分數均爲1或0時適用之，其計算方式參見本書第10章第三節貳之五。

陸、信度係數的解釋

在解釋信度係數時,需考慮以下的數個因素:

1.一個團體的異質性愈多,以其為對象測量的特質,其信度愈高。

2.工具中的題目愈多,信度愈高。

3.分數的全距愈大,信度愈高。

4.難度中等的成就測驗,比難的或容易的成就測驗測得的結果,其信度較高。

5.信度與效度一樣,通常根據常模組建立,嚴格言之,信度僅以特徵和常模組類似的那些受試者,來予以說明。

6.愈能分辨高成就者與低成就者的題目,信度愈高。

7.在其他條件相等時,信度與參與者的人數成正相關(McMillan & Schumacher, 2010)。

第三節 測驗的效度

壹、測驗效度係指根據測驗分數作為推論、詮釋與行動的適當性之證據基礎的程度

傳統上把效度定義為:一種測量工具是否能真正測量出所要測量的內容。但是,到了2014年的**教育與心理測驗標準**(*Standards for Educational and Psychological Testing*)則把測驗效度不僅聚焦於測驗工具本身,且及於根據測驗工具測得個人的分數,所作的推論、詮釋,是否適當、有意義和用處,並能使研究者就樣本所得之結論,可應用於母群體的程度,作為判斷測驗效度有無的參照。而這麼多種不同類型的證據,就性質上言,是以統計量數表示,而且是一種特定情境(situation-specific)的概念;評量而得的效度,需視實施該次測量的目標母群體、和環境的特徵而定。是以在某一情境的測驗結果有效,在另一個情境可能無效。

教育研究與推論測驗效度有關的類型有二(McMillan & Schumacher, 2010):其一,推論評量成就,這種推論需視某一種測驗或其他評量工具的內容,代表較大範圍的內容或任務的程度,因為這種推論係以該項評量內容為本位的證據,來作為支持所作成的推論。其二,推論比清楚界定的內容還要抽象的構念如智力、創造力、自我概念等;如評量範圍過於狹隘,以至於未能充分掌握該構念的重要部分,謂之低代表性構念(construct under representation)如自我概念量數未納入社交和學業領域的題目,則它所測量的便少於自我概念的應有內容;如所測量的材料或因素與涉及的構念無關,謂之無關的變異構念(construct irrelevant variance),因而使測驗得分受到無關因素的影響,如以故事問題測量數學推理能力屬之(Ary, Cheser Jacobs, Sorensen Irvine, & Walker, 2019)。

　　不論教育研究的推論涉及內容或構念程度如何，效度的證據通常涉及「測驗內容」（test content）、「對照組」（contrasted group）、「反應過程」（response processes）、「內在結構」（internal structure）以及「與其他變項的相關」等五項因素（Mcmillan & Schumacher, 2010, pp.175-179）：

　　1. **以測驗內容為本位的證據**：即測量的題目或內容，是否適度代表所要測量構念之內容或任務領域的程度，這要仰賴專家檢查工具內容或工具內各部分的相關重要性或各占百分比的適當性；這種證據在測量成就測驗上，特別重要。該證據類似表面效度（係指受測者相信測驗工具是用以測量設定它所要測量之內容的程度），只是內容效度的證據建立在實證的關係之上。

　　2. **以對照組為本位的證據**：即在於了解不同組別間的差異反應，是否如預期的情形，例如：年度傑出教師的教學效能量數應高於教學平常的教師。

　　3. **以反應過程為本位的證據**：聚焦於分析、檢查接受測驗者對特定任務採取的表現策略或反應，是否與預期要測量的或解釋的相一致。例如：當給學生一項數學推理的作業，可能要向他們發問的是有關於他們的思考與解決問題之間的關係，以確認他們使用的是推理，而不是應用所記憶的算法。類似的情形是：要求觀察者或評判者提出所使用的判斷規準，以確認該規準是否適當。

　　4. **以內在結構為本位的證據**：涉及評量工具各題目間的相關，以及同一工具各部分間的相關。此即傳統上所謂的「構念效度」。當工具的各題目間和各部分間的相關性，在實證上與理論或分數預期用途一致時，即具有此一證據。用以檢查題目內在結構的有用技術，即為因素分析（factor analysis），俾了解題目所代表的究竟有多少個向度或因素。

　　5. **以與其他變項間相關為本位的證據**：即在揭示從某一測驗得到的分數與類似的或不同之特質相關的情形，此即傳統所指涉的「效標關聯效度」。若在某一測量工具的得分與測量同一特質的另一種工具的得分呈高度相關，即具有聚斂性證據（convergent evidence）。當在某測量工具上的得分與測量不同東西的分數不具高度相關，即呈區辨性證據（discriminant evidence）。有關本項證據亦可用來說明測量分數預測在某一效標上的表現程度（即測驗與效標的關係），計包括同時與預測的證據兩種（詳後預測與同時效度）。

貳、測驗工具缺乏效度的原因

　　一種測驗工具缺乏效度，可能有如下的原因：

一、結果變項的操作性定義不當

　　測量工具欲求其有效度，其結果變項的操作定義，須符合邏輯才行。如有位研究者想編製一種智力測驗，將智力界定為「以受試者同意我的意見的程度，決定其智力的高低。」於是研究者便列出一百條自己的意見，要求受試者表明是否對這些

意見表示同意，如果同意的意見達九十五條，便被視為比僅同意九十條的智力為佳等。此種對智力測量的方式，顯然是無效的，因為任何一位心理學家從未對智力下過如是的定義。

二、設計的任務未與操作性定義配合

所有的無效度測驗不易一眼看穿。例如：目前教育心理學界最熱門的一項爭論是有關智力測驗真正要測量的是什麼東西的問題，這整個問題便涉及效度。其中有人主張智力可視為解決一般問題的能力，而作了如下的操作性定義：「以受試者解決所面臨的新問題的程度，決定其智力的高低。」於是呈現給受試者一系列的問題，並計算他能解決的題數。能解決大量問題的受試者，被視為比能解決少數問題的受試者，有著較高的智力。反對者認為類似的測驗沒有效度，以為此種測驗不足以測量出解決一般問題能力的特質，充其量只能用來測量「適應中層階段文化的能力」。類似有關智力測驗之效度的爭議，猶層出不窮，仍待解決。

三、測驗工具的可信賴性低

如研究者向受試者發問的是「一個」與有效的操作定義直接相關的問題，但因為這種測驗過短，似乎其可信賴度不足，從而獲得的結果，顯然也是不可信賴，因為即使受試者的答案百分之百正確，但其中不能排除機遇的關係。

根據上述的簡述，似乎可以發現，測量工具的效度乃取決於三個主要的因素，即(1)操作性定義具有邏輯上的適當性；(2)工具上的任務與操作性定義配合；(3)工具本身須具有信度，缺一不可，可以下圖示之：

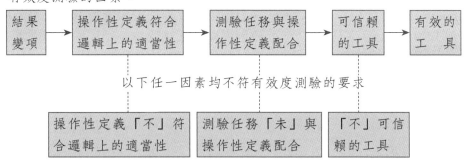

有效度測驗的因素：

| 結果變項 | 操作性定義符合邏輯上的適當性 | 測驗任務與操作性定義配合 | 可信賴的工具 | 有效的工具 |

以下任一因素均不符有效度測驗的要求

| 操作性定義「不」符合邏輯上的適當性 | 測驗任務「未」與操作性定義配合 | 「不」可信賴的工具 |

四、其他

根據效度推論或詮釋的證據基礎而言，測驗工具缺乏效度的理由，除了上述三項之外，參與者疲倦、受到壓力、以及誤解工具中的問題；從測得分數無法作成有用的預測、問題或變項量數設計不當；以及資訊鮮予應用或運用，均會影響效度（Crewell, 2014）。

信度與效度同為一種良好測驗所需具備的品質之一，根據上述測驗具有效度的第三個因素觀之，可知一項測驗如要有效度，須先具備有信度才行；但是有信度的測驗，如不符合具有效度的第一、二個因素，仍不能視為具有效度。信度與效度的這種關係，可以打靶的圖形如圖5-1示之。

圖5-1
信度與效度的關係

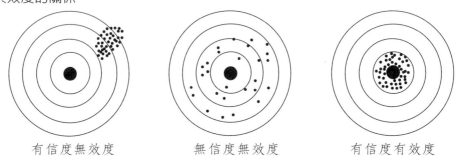

有信度無效度　　　　　無信度無效度　　　　　有信度有效度

資料來源：*The practice of social research* (p.145), by E. Babbie, Wadsworth. Copyright 2004 by Wadsworth.

參、APA效度的類型

參閱任何測驗手冊可以發現測驗效度，約有三種基本的類型，美國心理學會（American Psychological Association）曾就該三種類型予以界定，這三種類型即內容效度（content validity）、效標關聯效度（criterion related validity）與構念效度（construct validity）。該三種效度的區分，對於實際在班級進行教學且每天編製測驗的教師來說，並非特別有用。但對於選擇標準化測驗施測學生的教師來說，確有其重要性。有關該三種類型，簡述於後。這裡所探討的效度類型，可與本節之壹、所指效度涉及的五項因素相參照。與其在較早的研究報告和測量的書籍可以找到這些傳統的術語；而前列「教育與心理測驗標準」則使用不同的術語，來解說採不同方法而蒐集得到的有關效度的證據。

一、內容效度

內容效度係指一種測驗使用的題目足以代表課程內容或行為層面的程度；又內容效度包括聚焦於題目廣度的抽樣效度（sampling validity）和著重於題目深度的項目效度（item validity），這兩種效度均交由專家檢查決定。在三種效度的類型中，內容效度與班級教師關係最為密切。如果某國中英文教師為期中考命題時，範圍僅集中於考前二週所教的內容，而把學期開始至第六週的內容完全不予命題，則此一測驗便沒有內容效度。同理，自我概念測驗的所有題目若集中於學校情境有關

的部分，漠視家庭或其他校外因素對自我概念的影響，顯然此種測驗仍缺乏內容效度。由此可知，一種測驗的內容效度乃在檢查有關工具的目標、內容的領域及題目的難度。測驗所欲測量的特質，如果愈具有代表性，就愈具有良好的內容或效度。因此為了要確保測驗具有內容效度，須先將教材範圍或行為領域，作邏輯分析，俾使選入的題目足以代表所包括的教材或內容，故內容效度亦稱邏輯效度（logical validity）。一般教師在班級實施的測驗，由於使用的題目限於記憶與理解層次（較易回答的題目），而忽略了較重要的高層次題目，如應用與創造等較難作答的題目。

　　成就測驗或技能測驗格外重視內容效度，惟內容效度與其他的效度不同，它不以數目如相關係數（或稱效度係數）表示，而是根據仔細分析教科書、教材大綱、教學目標，或教材專家判斷而得的結果為基礎，然後再交由該領域的一組專家來判定它的適當性。

二、效標關聯效度

　　效標關聯效度為一較為廣泛的名詞，用以說明在某種測量工具上所得的分數與外在自變項（效標）之間的關係。如吾人要研究學業性向測驗的分數與大學入學考試成績間的關係，則大學入學考試成績即成為學業性向測驗分數的效標。大致說來，如在測量工具上的得分與外在效標有密切關係，即表示效標關聯效度高，反之則否。效標關聯效度又有預測效度（predictive validity）與同時效度（concurrent validity）之分。

　　預測效度係指測驗所作的預測與受試者後來行為的表現一致的程度。如美國大學採用研究所考試成績（Graduate Record Exam, GRE）作為許可申請者進入研究所就讀的效標，對於研究所考試成績的預測效度，便有知曉的必要，這可以相關係數求之。如研究所考試成績佳者，在研究所表現亦非凡；研究所考試成績低者，在研究所表現亦差；則二者的係數即高。反之，研究所考試成績表現與在研究所成就鮮有關係，其相關係數便低。

　　同時效度係指根據測驗與目前某種效標相關的程度，用以「預測」現在。其與預測效度區別，在於決定效標量數是否在施測標準測驗的同時即已獲得而定，如是即為同時效度；如否，需隔數個月期間後才可獲致，則為預測效度。同時效度有兩項重要用途：(1)同時效度為預測效度的基礎，同時效度有時可代替預測效度。若研究所考試成績並不與目前功成名就的人的成就成相關，則無須再耗時間，從事預測效度研究；(2)同時效度能使吾人決定採用的是某種工具，而非另一種工具。至於同時效度的求法，仍與預測效度相同，以相關係數表之。

三、構念效度

　　研究者如要了解某種測驗真正要測量的是什麼？即表示他正在探求測驗的構念

效度。構念效度係指測驗能夠測量某特定素質或構念的程度；若以測驗評估個人的某些心理素質或能力時，構念效度為一不可或缺的要件，所謂構念，有如焦慮、智力、動機、自信、推理能力、態度、批判性思考、各種性向、自我概念等。測驗的構念效度，即指受試者在測驗上的表現，可用上述那些構念解釋的程度。惟這些構念都無法直接觀察得到，只能從可觀察行為的結果推論而得。

　　建立構念效度是件極複雜的過程，簡言之，即研究者發展一種足以說明受試者在測量有關構念測驗上表現的理論，然後蒐集資料，以便了解此種表現是否真的發生。

　　最常用來研究構念效度的方法有如下各項：

　　1. **和其他工具求相關**：若某測驗與其他完善的工具有高度相關，則該測驗可視為有效度的概念工具。如一種新編智力測驗可與編製完善的智力測驗（如比西量表、魏氏兒童智力測驗等）求相關，相關程度高，即可假定新編智力測驗和已建立完妥的測驗，測驗相同的構念（智力）。

　　2. **實驗研究**：研究者可假設：若干實驗處理導入實驗環境時，測驗分數會發生變化。研究者如欲建立焦慮量表的構念效度，可假設如下：把個體安置在激發焦慮的情境時，他們在量表上的得分，將發生改變；在控制的實驗中，把焦慮當作操縱變項處理，結果受試者在焦慮量表得分的變化與原先的預料一致，便可確定該量表確可用於測量焦慮。

　　3. **比較已經確定各組的分數**：即研究者事先已獲知某些組確有差別，然後假設在某種待探討的工具上所得的分數，能夠使各組彼此區分出來。效度研究時，可供比較用的不同組別，有如年齡組、性別組與構念有關的某種訓練分量不同的組、正常組與異常組等。若預測測驗得分的差異獲得證實，該測驗的建構效度即可得到支持。

　　4. **測驗內部分析**：此種分析可用來檢查測驗的本身，並且蒐集與測驗內容、反應測驗題目的歷程、測驗各題的相關等資料。研究測驗內容效度而獲得的資料，可為其建構效度提供有關的資訊。

　　研究者亦可採用非統計程序來詮釋（賦予測驗分數意義）和使用（應用測驗分數）構念效度，如：(1)以價值來檢查詮釋測驗分數的結果（如當學生得分標示「高度壓抑」時，其意義代表壓抑是正常的、異常的、正向的、負向的？）；(2)檢查測驗分數的關聯性與用途（如：學生在「壓抑」上的得分，具有篩選的功用嗎？對處於危險中的學生比正常的成就者有用嗎？）；(3)檢查使用測驗分數的影響（如測驗分數對學校決策有用嗎？對教師而言呢？）（Creswell, 2018）。

　　智力或學業性向測驗大都採用效標關聯效度；成就測驗優先要考慮的是內容效度，也可能顧及效標關聯效度或構念效度；人格量表因須加解釋，故要講求構念效度，有時也須顧及效標關聯效度；興趣測驗須顧及效標關聯效度，以及內容及構念效度。儘管如此，該三種效度是適用於所有種類的測驗的，只是各有所偏！

第四節　測驗編製的方法

　　測驗的編製可能涉及測驗的形式與目標，因此用以編製測驗的程序或步驟，便可能有所差別，此地所論者，偏向成就測驗部分。其編製之步驟約有：(1)設計測驗；(2)編製測驗題目；(3)預試與分析題目；(4)正式編製題目。

壹、設計測驗

　　想要編製測驗首先要了解測驗研究所要測量的材料。因為不同的測驗，在設計的過程中，可能會有差別，例如：甄選測驗（screening tests）顯然有別於成就測驗。

　　由布魯畝等（B. S. Bloom et al.）編纂完成，且於1956年出版的**教育目標分類法**（*Taxonomy of Educational Objectives*）第一冊**認知領域**（*Cognitive Domain*）所提教育目標的六個層次，即知識、理解、應用、分析、綜合與評鑑（至2001年該六個層次已修正為：記憶、了解、應用、分析、評鑑、和創造），常被用來設計成就測驗時的參考。

　　雖然大多數測驗均界定測驗所要測量的目標，並未與上述的分類，有著緊密的配合，但是在設計測驗時，能建立雙向細目表（two way table of specifications）乃有助益（Aiken, 1985, pp.37-38）。將測驗所要測量的行為目標列在橫列，而把內容（教材主題）目標排在縱行；然後在該表的適當細格內，記下某題目所位在適當行列的數目。雙向細目表須就能期待於受試者表現的知能，公正顯示出來，但不能過分強調某項特定的目標。表5-4係就心理測驗與評量一科的施測內容包括測驗預備、測驗編製、實施、計分與項目分析等五個主題的細目表，將每個測驗主題題目占總數的百分比，配合各行為目標列在各主題之下的空格內。

表5-4

預備與實施測驗的雙向細目表

行為目標	內容（主題）				
	測驗的預備 （16%）	測驗的編製 （26%）	實施 （14%）	計分 （22%）	項目分析 （22%）
記憶名詞	3	5	2	3	3
了解特定的事實	2	4	3	3	3
理解	2	0	0	1	1
應用	1	4	2	4	4
合計	8	13	7	11	11

*註：修正自*Psychological testing and assessment* (7th ed.) (p.41), by L. R. Aiken, Allyn & Bacon. Copyright 1991 by Allyn & Bacon.

　　細目表猶如編製測驗的藍圖，敘述測驗的題數及性質；若編製細目表時，非常謹慎；所要達成之行為目標，也有明確敘述，則編製測驗者只要依細目表撰擬題目，便可編出一份很好的測驗。

　　惟編製測驗時，尚須留意的是，某些形式的測驗題目可能比其他形式的，更能測量出特定的目標。例如：簡答題與填充題，較易測量「記憶名詞」的部分，可是較不易測量高層次的認知技能。職此之故，設計測驗時，為了決定測驗題的類別、題數，利用細目表確有必要。

貳、編製測驗題目

　　設計好測驗的細目表之後，接著便要編製測驗題目。測驗題目依類型的不同，而有不同的原則，茲就論文式測驗題目、客觀式測驗題目（包括簡答題、是非題、配合題、選擇題）編擬的原則分別說明於後。

　　論文式測驗題的編製，應遵循如下的基本原則：

　　1.題目的敘述與要求受試者解答的任務，須作清晰的描述。如「試比較論文式測驗題目與客觀式測驗題目的優點與缺點」、「試解釋編製測驗要作項目分析的理由」，而不用較含糊的字眼，如「討論」替代「比較」或「解釋」。

　　2.採用的題目不宜太多，俾使所有的受測者皆能試著去作答。

　　3.針對問題，可以確定某個答案比另一個答案為佳。

　　簡答題指的是只要簡要回答即可完成的問題或填充題而言。如「浮生六記的作者是（　　）」、「哪部書對我國歷史文化的影響深廣，成為人人必讀的經典？（　　）」。

　　編製簡答題時，可遵循下列的原則：

　　1.儘量以「直接問句」的形式編擬題目，而不以「不完全敘述句」編擬題目。

　　2.若以「不完全敘述句」編擬題目，空格以位在最末為宜。

　　3.在同一個題目內，避免留有太多的「空格」，以免受測者不易清楚被要求完成的任務。

　　編製是非題是最簡單的任務，但受試者運用猜測方式作答的可能性也高。編製此類題目時，宜遵守下列原則：

　　1.敘述要儘量簡短，且是或非明確。

　　2.避免使用否定的敘述，尤其是雙重否定、含糊不清或不易處理的題目更要避免。

　　3.涉及意見的問題，須註明出處，或引自權威的單位或人士的觀點。

　　4.是、非題目的敘述，其長度力求相同，是、非的題目數力求接近相等。

　　如「國中男女生第二性徵逐漸出現，是受到內分泌刺激的影響」、「朱熹把大學、中庸、論語和孟子合稱為四書」、「社區是人為形成的法定行政單位」等都是良好的是非題。

配合題是將題目分成兩組，一組為刺激項，一組為反應項，受試者就刺激組中的各題，分別從反應組中選出合適的答案。但無論刺激組或反應組各方的內容應力求同質。編擬此類題目時，宜遵循下列原則：

1.刺激項與反應項以清晰方式，並依邏輯次序排列，題目如橫排時，反應項是置於右方；如縱排則置於下方。

2.選項以六至十五題為宜，但反應項宜比刺激項多出二或三個以上。

3.明確說明配合題的作答方式。

4.所有的題目應安排在同一頁。

下列一題即是配合題的例子：

說明：試就正確作者姓名前的代號，寫在各書名前面的括弧裡：

( ) 1.水滸傳　　　　　　甲、蒲松齡
( ) 2.紅樓夢　　　　　　乙、吳敬梓
( ) 3.聊齋誌異　　　　　丙、李時珍
( ) 4.西遊記　　　　　　丁、施耐庵
( ) 5.鏡花緣　　　　　　戊、羅貫中
( ) 6.三國演義　　　　　己、曹雪芹
　　　　　　　　　　　庚、吳承恩
　　　　　　　　　　　辛、李汝珍

客觀式測驗中形式最具有變化的是選擇題。既可用以測驗簡單與複雜的學習目標，且不易受到猜測作答或形成計分有失客觀的現象。惟其缺陷為編製此等題目不甚容易。下列原則，可供編擬選擇題時的參考：

1.問題或不完整的敘述可作為選擇題的題幹，敘述該題幹時，應力求清晰明確。

2.盡可能把各選項共同會重複的字，擺在題幹中。

3.選擇題的選項數以四至五個為宜，但好的題目也可僅列二或三個選項。

4.所有選項的長度宜接近相同，且與題幹關係，沒有語法上的錯誤。

5.若選項有著自然順序（如日期或年齡）存在，宜依該順序列出；否則可依隨機方式排列。

6.須使不知正確答案的受試者認為各個選項皆為真，但事實上只有一個答案是正確的。

選擇題可舉隅如下：

「彭佳妮接受測驗的年齡為八歲四個月，測得的心理年齡是九歲五個月，試問她的智商是多少？①88②90③113④120。」

「下列何種物質分解時，可產生含氮廢物如尿素等？①澱粉②脂肪③蛋白質④葡萄糖。」

參、預試與分析題目

編擬好的測驗題目，經歸併之後，須行預試（tryout）工作。預試樣本須選自擬實施測驗的母群體。預試實施的程序與將來正式實施的程序，應求相同。

繼預試之後，即要進行題目分析的工作。分析題目主要在於考驗其難度與鑑別度。

一、難度分析

分析任一個題目的難度，係根據一組受試者在該題目得分的結果，予以計算而得，主要的計算方式有二：

1.以全體受試者通過或答對某題人數的百分比求得，題目愈容易，通過的百分比愈高，反之則低。公式如下：

$$P = \frac{R}{N} \times 100\%$$

P：題目的難度
R：答對該題人數
N：全體受試人數

如「某學科測驗，預試取樣400人，在第三題答對的人數有360人，未答或答錯的人數有20人」，則該題之難度為：

$$\frac{360}{400} \times 100\% \text{（或.90）}$$

2.依受試者得分分成三組，得分最前面的27%為高分組，得分位於最末的27%為低分組，中間組則占46%，運用下列公式可求得某題目的難度指數（item difficulty index）：

$$P = \frac{U_P + L_P}{U + L}$$

P ：難度指數
U_P：高分組受試者通過某一題目的人數
L_P：低分組受試者通過某一題目的人數
U ：高分組總人數

L　：低分組總人數

如有50人接受測驗，高分組與低分組各14人，其中高分組有12人，低分組有7人，答對了某一個題目，則該題的難度指數（p = (12 + 7)/28）爲.86。測驗題目的難度指數的範圍位於.00至1.00之間，某一題目的難度指數若爲.00，表示沒有一個受試者答對該題；若爲1.00，表示全部受試者答對該題。難度指數以在.50左右，最具有鑑別力，惟基於動機上的目標與若干統計上的理由，測驗中的題目之p值的範圍，位於.20至.80爲宜，在此範圍之外的題目，通常要重加修改或廢棄。

又高分組與低分組所取之人數爲占總人數的27%，因此預試樣本通常爲370人，其高、低分組恰好各爲100人。

二、鑑別度分析

測驗題目鑑別度分析的目的，在於了解各個題目區辨高分組與低分組受試者能力高下的程度。鑑別度分析可採兩種方法，一爲內部一致性分析（internal consistency），一爲題目（項目）效度分析（item validity）。

內部一致性分析乃在於確定各個測驗題目是否與整個測驗的作用一致。其中高分組答對的比例若高於低分組，則該題的作用，即視爲與總分的作用一致，其計算公式如下：

$$D = \frac{U_P - L_P}{U}$$ 〔D爲某題目的鑑別度指數（item discrimination index），其餘符號的意義與前一公式同〕

就以前項難度指數的例子爲例，該題的鑑別度指數 $\left(D = \frac{(12 - 7)}{14} \right)$ 爲.36。若D爲1.00表示所有高分組的受試者均答對，而低分組無人答對。然而D等於1.00的可能性極微，一般來說，D只要達.30或較高一點，即可被接受（Ailken, 1985, p.66）。

題目（項目）效度分析通常是在於分析題目與外在效標的關係，與內部一致性所強調的每個題目與整個測驗分數的關係不同；但是有內部一致性的測驗，未必與外在效標有高度的相關。爲了編製與外在效標有高度相關的測驗，但相互相關低的題目，專業的測驗編製者通常採用點二系列係數（point biserial coefficient）來決定題目（項目）效度，公式如下：

註：本公式與統計相關的點二系列相關，符號標示不盡相同，其計算方式則相同，參見第10章第三節。

$$r_{pb} = \frac{(\overline{Y}_1 - \overline{Y})}{s} \sqrt{\frac{n_1 n}{(n - n_1)(n - 1)}}$$

　　n　：受試者總人數

　　n_1：受試者答對該題的人數

　　$\overline{Y}_1$：答對該題受試者的效標分數的平均數

　　$\overline{Y}$：所有效標分數的平均數

　　s　：所有效標分數的標準差

　　效標當然可能是該測驗本身的總分。為了說明點二系列係數的計算，試舉一例說明之，假定有30個受試者接受測驗，整體的平均數為75，標準差為10。且答對第一題的有17個受試者，他們測驗的平均數為80。應用上述公式可得：

$$r_{pb} = \frac{(80-75)}{10} \sqrt{\frac{17 \times 30}{(30-17)(30-1)}} = .58$$

　　一個題目的效度指數（題目—效標相關）愈高，用來預測效標的用途愈大。一個題目將予保留或廢棄，端視效度指數而定。雖然題目的效度指數低至.20，也可用來預測效標，但是高效度指數的題目較受歡迎。若效度指數接近.00或負數的題目，須作修正或捨棄。題目在預測效標方面的用途不僅視其效度指數而定，而且也仰賴其與測驗中的其他題目的相關而定。有高效度指數但與其他題目低相關的題目最佳，與其更能對效標預測發揮獨立的貢獻（Aiken, 1985, p.64）。

　　編製測驗者究竟要採哪一種程序分析題目的鑑別力，須視所持目標如何而定。如欲求取內部一致性，則宜採用題目鑑別度指數；如需求最有效的預測外在效標，則宜運用題目—效標相關。但有時候可兩種程序同時運用，即編製一種綜合性的測驗，各分測驗間彼此相關低，但與外在效標有實質上的相關；同時各分測驗內部的各個題目，有高度的交互相關（Aiken, 1985, p.67）。

　　再就題目的難度與鑑別度的關係而言。通常是當題目難度愈接近.50時，該題目的鑑別度愈大；當難度為0或1.00時，鑑別度可能最小。

肆、正式編製題目

　　測驗編製者有了足夠的題目之後，欲正式彙編在一起時，須考慮如下的問題：

　　1. **測驗的長度**：即在有限時間內，該測驗的長度是否適當，須予考慮。原則上以中等學校（含）以上程度的測驗，選擇式或簡答式測驗，一題作答時間以一分鐘為原則；是非題的測驗以一分鐘兩題為原則，以這些長度來說，大致有80%以上的學生能答畢；至於對小學生施測的標準可能須再降低（Aiken, 1985, p.45）。

　　2. **題目的編排**：題目的編排依測驗類型的不同而有差異，但如下的基本原則可供參考：(1)將測量相同學習結果的試題編排在一起；(2)盡可能將同一類型的題目組合在一起；(3)題目的排列要由易而難（陳英豪、吳裕益，1982）。

　　3. **作答的說明**：作答說明即在告訴受試者，期望他們做的是什麼，他們可花

多少時間進行。更具體地說，作答說明係以比較簡單文字說明：(1)測驗的目的；(2)測驗的時限；(3)作答的方法；(4)計分的方式；(5)無法確定答案時，是否要猜測作答。

作業

一、選擇題

1. 一種測驗測量所要測量的程度為：（①效度 ②信度 ③準確性 ④穩定性）。

2. 一種測驗能被用來判斷樣本知識領域的適當程度，乃其具有：（①同時效度 ②預測效度 ③表面效度 ④內容效度）。

3. 用來標示某個人具有成功潛能的測驗需具有：（①同時效度 ②預測效度 ③內在效度 ④內容效度）。

4. 測驗的信度乃在於估量：（①一致性 ②概括性 ③測驗中存在的誤差類別 ④第1個與第3個答案皆是）。

5. 研究者為了計算一種工具的內部一致性，須：（①對不同的個人實施不同的測驗兩次 ②隔一段時間施測相同測驗兩次 ③對相同的個人同時實施不同的測驗 ④對一個團體實施一種測驗）。

6. 一種測驗測量某一假設的構念的程度反映出該測驗的：（①內容效度 ②內在效度 ③理性效度 ④構念效度）。

7. 包括字義、數學解題、一般知識、短期記憶的數字等任務的作業，是典型的＿＿測驗？（①成就 ②特殊性向 ③智力 ④創造力）。

8. 旨在預測學生未來在特殊技能上表現的測驗謂之：（①投射測驗 ②成就測驗 ③性向測驗 ④自我概念測驗）。

9. 與成就測驗類似，但能提供個人更多資料的測驗謂之：（①診斷測驗 ②人格測驗 ③量表測驗 ④投射測驗）。

10. 人格測驗最嚴重的缺點在於：（①昂貴 ②難以計分 ③難以施測 ④根據自陳資料）。

11. 內容本位的證據最適用於哪類測驗？（①性向測驗 ②預測測驗 ③成就測驗 ④1、3答案皆是）。

12. 查核實作測驗與紙筆測驗，或長篇測驗與短篇測驗的效度，是屬於下列何者的例子？（①內容證據 ②同時證據 ③預測證據 ④構念證據）。

二、試以下列三項比較信度與效度？

1. 每一概念的意義。

2. 每一概念的相對重要性。

3. 彼此依賴的程度。

三、下列各情境標示的是三種基本效度中的哪一種？

1. 比較中途輟學以及繼續學業的大學生，在中學的語文熟練測驗分數，以決定該測驗資料是否與受試者的大學地位有關。

2. 有一種新的智力測驗問世。作者主張該測驗所需的心智歷程與智力的Z理論一致。進而言之，他指出該測驗的平均分數會隨年齡而增加。

3. 某位教師仔細檢核某一標準化成就測驗，俾了解它是否涵蓋在該班傳授且予以強調的知能。

四、標準參照測驗與常模參照測驗有何不同？

五、試就下列的描述指出哪一題是有信度的、沒有信度的、未提供有關信度資料的，並請說明理由。

1. 張曉惠接受三年級的閱讀能力測驗得到C，但在四年級的閱讀能力測驗得到B。

2. 林老師評定許常清的論文式測驗的成績為乙等，而吳老師評定其為丁等。

3. 鄭老師班上的學生必須學習1,000個生字。他編製兩份各有50字的分測驗，測量學生的學習成效。結果兩次測得的平均分數約在85左右。

4. 許穎華對於什麼叫做信度，完全不知，當他接受一項測驗時，便任加猜測，第一次答對六題；他未再學習的情況下，再受測一次，結果猜中三題。

六、試說明如下各條所述的是哪一種信度？

1. 葉鼎珍是位負責視導職業教育的官員，他設計一種評定量表交給每位學生填答，俾了解他們決定於畢業之後，如何去尋找工作的方法。他也計畫讓每位教師運用該種工具，並期求得到的分數，反映的是學生的潛能，而非教師的偏好。

2. 某團體的各個成員接受相同的測驗之後，計算所得分數，發現奇數題與偶數題的相關係數為.90。

3. 中部某國中三年級甲班學生接受兩次相同的測驗，結果發現該兩次測驗分數的相關係數為.85。

4. 以題目數、變異數和平均數來估量信度。

七、下列各種測驗類型，應最講究哪一種效度？

1. 用來指認潛在輟學的工具。

2. 用來測量成就動機的工具。

3. 班級實施的譯國字測驗。

八、某測驗的標準差為16，信度係數$r_{xx} = .84$，試計算其測量標準誤；如何解釋該測驗標準誤？

九、有75人接受一項測驗，高分組（整個測驗中得高分的前27%）中有18人，低分組（整個測驗中得低分的27%）中有12人，答對某個題目，試問該題目的難度與鑑別度指數各多少？（高、低分組各有20人）又該題目是否在可接受的範圍？

十、當題目容易指數（p）等於.50時，題目鑑別度指數（D）為最大值，試證明之。

十一、試指出評估以下測驗類型最有關聯的證據來源：

1.團體智力測驗；2.閱讀準備度測驗；3.班級歷史科測驗；4.測量成就動機的工具
（測驗）；5.用來確認潛在輟學的量數。

十二、試依下列的每種情境，指出對測驗分數擬作的詮釋，所能提供支持的證據來源：

1. 有一種新的學業性向測驗與一直用來預測大學生成就的（舊有的）學業性向測
   驗的相關達.93。

2. 某位教師細心檢查標準化成就測驗，試圖了解它是否涵蓋班上所強調的知能。

3. 由一組教師判斷數學測驗是否適當以及是否為整體測驗題的代表性樣本。

4. 比較大學輟學生與在學生的中學語文精熟測驗分數，以決定測驗分數是否與受
   試者的大學生身分相關。

5. 一種新式智力測驗已經開發出來。編製者強調測驗所需求的心智過程與智力的
   Z理論符合。進而言之，他揭示：受測兒童的平均測驗分數隨著年齡而逐年增
   加。

6. 兩種現有工具之間有高度相關。

答案：

一、1.①；2.④；3.②；4.①；5.④；6.④；7.③；8.③；9.①；10.④；
   11.③；12.②。

二、效度係指一種工具能測量出它所要測量之東西的程度。信度是指一種工具測驗而得
   結果的一致性。效度被認為比信度重要，因為缺乏效度便無意義可言，惟一種工具
   一開始若不可信，便是無效的。

三、1.效標關聯效度；2.構念效度；3.內容效度。

四、略。

五、1. 未提供信度資料，因在整個學年中間學生的表現會有變化，無理由期望兩個年級
   都相同。

   2. 沒有信度，若二者評定許生的能力一致，分數應相一致，這就像父母量了子女的
      體溫之後，父親說孩子生病了，而母親說他安然無恙。

   3. 有信度（有一致性）。

   4. 沒有信度，兩次測驗證明他同樣無知，胡亂猜測是招致「客觀」測驗不具信度的
      原因之一。

六、1.交互評分者信度；2.折半信度；3.再測信度；4.庫李信度。

七、1.內容；2.構念；3.效標關聯。

八、$\sigma_M = 6.4$。吾人把測量標準誤當作標準差來解釋，是以吾人可說從觀察分數中，個人
   真正的分數有三分之二的機會落在真正分數±6.4分的範圍內。

九、因為 $.27 \times 75 = 20.25$，有20人位於高分組，另有20人位於低分組。所以 $P = (18 + 12)/40 = .75$，而 $D = (18 - 12)/20 = .30$，該題目同時在P與D的可接受範圍內。

十、$D = (U_p - L_p)/U$，且當 $U_p = U$ 以及 $L_p = 0$ 時，D的最大值 = 1.00，因此當 $D = 1.00$ 時，它的最大值 $P = (U_p + L_p)/(U + L) = U/(U + U) = .50$。

十一、1.以測驗的內在結構及其與適當規準的關係為本位的證據；2.以測驗的內在結構及其與閱讀成就的適當規準之關係為本位的證據；3.以內容為本位的證據；4.以測驗的內在結構，與成就動機其他規準和對照組表現的相關為本位的證據；5.以與某規準的關係為本位的證據。

十二、1.以與其他變項相關為本位的證據（聚斂性證據）；2.以內容為本位的證據；3.以內容為本位的證據；4.以與其他變項相關為本位的證據；5.以反應過程為本位的證據；6.預測的證據。

第**6**章

工具的選用與編製(二)

　　蒐集資料的工具，有測驗、量表、問卷等，其中測驗工具及其涉及的觀念，已在第5章分析，本章將針對量表以及其他的測量工具加以探討，至於問卷、觀察技術等的運用，將併入調查法、觀察法等專章中討論。

第一節　態度量表

　　量表（scales or inventories）與測驗（tests）不同。後者如成就測驗係用來測量個人的最佳或最大的表現，前者如態度量表則用於測量典型的表現（typical performance）。大致說來，量表乃是分派於受試者、物體或行為的數值，旨在測量其素質，並予以量化，它不在標示成敗或優劣，只在評量個人擁有其感興趣之特徵的程度，如接納或拒絕，或喜歡或不喜歡。但是個人感受的密度並非截然劃分，而是位於兩極端之間形成一種連續體，測量個人的態度，乃設法將個人的態度擺在該連續體上的位置。

　　吾人所感受的或是所相信的，即形成所秉持的態度，對於這些態度，欲作描述或測量，並非易事。研究者常需依賴他人說出的信念或感受，進行研究。惟這些信念或感受，只能視為意見，然後再從意見中推論或估量其態度——他「真正」相信的是什麼。

　　從他人表達的意見，推論態度的歷程，常遭到若干限制：其一、人們真正的態度可能深藏不露，所表達的僅是能為社會接受的意見；其二、人們可能未真正了解自己對社會問題的感受，或從未認真考慮這個問題；其三、人們可能不曾採抽象方式說明其對情境的態度，甚至人們直至遭遇實際的情境，也無法預測自己可能採取的反應或行為。

　　甚至行為本身亦非態度的真正指標，如政治家抱、吻嬰兒，並不代表他對嬰孩

流露眞正的感情。社會習俗或爲社會認可的願望，常使許多公開表露的行爲流於形式，與個人內在的感受完全無關。因之，欲找到描述及測量眞正態度的方法並非易事。有關意見的描述與測量，可能與人們眞正的態度有關，亦即常可從測量意見的結果中，發現人們的態度。

態度固然無法直接測得，即使測得了，是否表露出眞正的態度，在鑑定上確有困難。儘管如此，在教育研究領域，仍經常採用適當工具來測量態度，乃在於態度本身不失具有預測的價值，如評量學生對學校的態度，可用以預測學生高輟學率的原因之所在。

心理學家、社會學家或教育學家了解上述的限制與價值之後，嘗試根據個人表現的意見，蒐集所需的資料，以探討研究的有趣領域，他們採用的方法有：

1.直接向人們發問其對某主題的感受。此種技術可採開放式或封閉式表格或問卷實施之；或使用訪談，由應答者以口頭直接表示意見。

2.要求人們就一系列的陳述中，圈選同意的部分。

3.要求人們對於一系列有爭議的陳述，表示同意或不同意的程度。

4.從人們對投射測驗的反應，推論態度。經由該項測驗，人們可能無意地顯露其態度（按投射測驗是一種蒐集資料的工具，目標隱而不露，因此受試者無法猜測採哪種反應方式最佳，故得以顯現眞正的特徵）（Best & Kahn, 2003）。

至此，應可了解態度無法直接測得，而是從受試者表示的意見或信念中推測出來。態度一詞包括三個成分：(1)情感成分，指個人對事物的感受而言；(2)認知成分，指個人對事物秉持的信念或知識而言；(3)行爲成分，指個人對事物展露特殊表現的傾向（Travers, 1978）。

態度量表的編製，主要的有四類：(1)塞斯通式量表（Thurstone-type scales），即等距量表（equal-appearing interval scales）；(2)李克特式量表（Likert-type scales），即總和評定量表（summated rating scales）；(3)戈特曼式量表（Guttman-type scales），即累積量表（cumulative scales）；(4)語意區分量表（semantic differential scales）。

壹、塞斯通式量表：等距量表

評量態度的方法之一，是由塞斯通（L. L. Thurstone）和謝夫（E. J. Chave）所寫且由美國芝加哥大學出版部出版的**態度測量**（*The Measurement of Attitude*, 1929）一書，揭示塞斯通量表值技術（Thurstone technique of scaled values）。係塞斯通把用以代表對團體、制度、觀念或實際等特殊問題的喜愛（贊成、同意）或不喜愛（不贊成、不同意）程度的題目，分配特定量表值的方法。

編製塞斯通式量表的程序如下：

一、確定態度變項

界定態度變項，即把所要測量的變項限定於特定的連續體或向度，通常以能用「較（愈）多」或「較（愈）少」名義描述者爲宜。如「對兒童自由的態度」即爲一個態度變項。喜愛兒童享有大量而充分自由的人，其觀念便被安排在該連續體的最右邊或積極面的一邊。認爲應對兒童自由予較多限制者的觀點，可能被安置在該連續體的左邊或消極面的一邊。根據特定人群對兒童自由的態度，便可顯示態度的次數分配。

二、蒐集與彙整項目（題目）

藉著閱覽與態度變項有關的文獻，研究者可以蒐集與態度變項有關的陳述句爲項目（題目）。

各個項目的敘述，預期使秉持中性態度人士，僅贊成中性項目；秉持極端態度人士，僅贊成位於態度連續體兩極端的項目。易言之，撰擬項目的最重要標準，乃在於使看到陳述句者，依他們同意或不同意的態度，表示認可或拒絕。

原先準備的項目，有些可能重複或模稜兩可，至修改時，應予刪除；留下來的項目，盡可能以最佳字詞描述之；但這些項目應沿著整個連續體描述，不偏向任一端，方符所需。因此，當研究者彙整項目時，務使保留著的項目，爲滿布量表範圍中的最佳者。

三、把項目送給評定者

經修改後保留下來的項目，通常約在80～100題之間。將之印在打有號碼的卡片中，或是經由線上表單，如Google表單、Survey Cake等，送給50～100個評定者評定。各個評定者均獨立作業，將各個陳述句依代表極端肯定至極端否定的意見，分成十一個級距（類、堆或組），其中擺在第一類的，表示他最不喜歡的陳述句，擺在第二類的次之，依此類推，第六類代表中性的位置，第十一類代表他最喜歡的陳述句。一般言之，各類標記由左至右以A至K表示，而不用1至11表示，但這種安排並非絕對，以A～K表示時，A代表最不喜歡（不贊成、不同意）的態度，K代表最喜歡（贊成、同意）的態度，F則代表中性的態度（Bailey, 1987）。當然作答說明須在項目中詳加載明，評定者則根據自己的意見，依著連續性，按項目的積極面、消極面或中性的程度，予以歸類。

$$A \quad B \quad C \quad D \quad E \quad F \quad G \quad H \quad I \quad J \quad K$$
$$1 \quad 2 \quad 3 \quad 4 \quad 5 \quad 6 \quad 7 \quad 8 \quad 9 \quad 10 \quad 11$$

不喜歡　　　　　中性　　　　　喜歡

四、計算每個項目的量表值

研究者根據評定者歸類的情形，計算每個項目的兩個值，即中數（median）與Q值。每個項目的中數量表值用以表示該項目在正面─負面連續體上所居之位置，是為該項目的量表值（scaled value，或稱S值）；為了表明各評定者間一致的程度，也要算出每一題的變異數指數，變異數以Q值（即四分差）表之，係指位於Q_1（25%）與Q_3（75%）量尺距離之間的分數（其算法詳見第19章第三節）。Q值不受極端分數的影響，故較標準差受到偏愛，從Q值中可了解評定者評定之分數的變異情形。某項目的Q值如果愈小，即可判定位在中間50%量數散布的範圍小，易言之，各評定者對該項目的評定較為一致；若某項目的Q值愈大，各顯示評定者間評定的結果欠缺一致性，即表示該陳述句的用語含糊或可能有誤（Edwards & Kenney, 1946）。

通常量表值（S值）是最後選擇項目的主要規準。若有部分項目的量表值接近相等，須作取捨時，通常選取Q值最小的那一個項目（Bailey, 1987）。

五、選取量表的項目

陳述句模糊的程度，可從該項目高Q值顯現。如前一程序所述，各項目的量表值接近相等時，Q值的大小即為決定應否廢除不合適陳述句的一項客觀標準，在其他條件相等的情況之下，Q值較高的陳述句，應從量表中除去。

接著研究者須決定修正後量表所需的項目數。如就一種很「普遍的」變項來說，可多選至30個項目；如就一種「特殊的」變項而言，因其範圍相當狹隘，供選項目至少也要有10個；而且各變項所選用的項目，均須涵蓋整個變項連續性的範圍。如研究者最後選定修正量表的項目共有22個時，可能要從代表十一個類別中的每一個類別，選取2個項目為宜。

六、計分

每個項目之間的數值都是等距，乃根據最初評定者評定的結果而來，這些初評者原來評定所分成的十一個類別，顯然是出自主觀的評定。雖然該連續體的那一端被計為高分，似無關緊要，但是通常表示積極態度的那一端被評定為高分的。

填答量表者，不必評定各個項目在量表上應得的分數，只要就最後定稿的量表所列的項目表示同意（喜愛、贊成）或不同意（不喜愛、不贊成）；或選出與其觀點最接近的三個陳述句。因此各個陳述句應隨機排列，切忌排成題組的模式。填答者得到的分數為其所同意那些陳述句量表值的平均數或中數，一般言之，得高分的填答者大部分是認定高或中間分數的項目，得低分的受試者必然大部分是認定低或中間分數的項目。高或低值的項目，如換另一相反的群體填答，其結果常是相反。

七、信度與效度

研究者為了決定量表的信度，可採同形式的量表施測，或採用重測法，求得相關係數，但塞斯通量表不適用內部一致性的信度指數考驗。佛格森（L. W. Ferguson）曾引用塞斯通的報告指出，塞斯通主持編製的等距量表，其「信度超過.8，大部分也都超過.9」，但未指明是20個或40個項目的信度；佛格森在自己所做的研究發現：20個項目的塞斯通式量表的信度由.52～.80；40個項目的信度由.68～.89（Edwards & Kenney, 1946）。

塞斯通式量表係由許多評定者評鑑項目後，經取捨編製而成，因此可能都具有固定的效度。其他的考驗方法有如把填答量表群體的量數與另一已知群體填答現有某種工具所得的量數比較，求得相關亦可。

由於塞斯通與謝夫早在1929年即詳述測量態度的等距法，因此該步驟在編製量表時，即使不是最重要的，也是主要的方式，但是時至今日該式量表仍鮮被研究者採用，主要理由有如下三點（Babbie, 2004）：

1.評定者與應答者有無先入為主的偏見，會影響量表的編製。

2.評定陳述句耗費許多精力；加上評定結果的品質與評定者的經驗及其具有評定變項的知識有關，如無專業研究者參與，不可貿然從事。

3.針對各個陳述句的加權計分，可能要依隨時間的更迭而有所變更，否則難免失之毫釐，差之千里。因此依此方法而編製的量表，須定期修正，方有效用。

塞斯通式量表也受墨斐和李克特（G. Murphy & R. Likert, 1937－引自 Edwards & Kenney, 1946）強烈批評，主要是本諸總和評定法的角度而發，以為前者不如後者，這些觀點是否過分主觀，留待分述李克特式量表後，自可決定。他們批評塞斯通式量表，不如李克特式量表，乃在於：

1.李克特式量表不必遭遇將量表交由評定者評定的困難。

2.用總和法編製的量表比先由評定者把陳述句歸類，然後計算量表值的方式顯得較為容易。

3.李克特式量表即使採用少數項目，仍有可信度。

4.李克特式量表的結果可與塞斯通式量表的結果比較。

貳、李克特式量表：總和評定量表

李克特式量表係由李克特（Rensis Likert）於1932年所倡用，至於「總和評定法」（method of summated ratings）一詞，則首次出現在1940年波爾德（C. Bird）出版的*社會心理學*（*Social Psychology*）一書。

李克特式總和評定量表不需經評定小組評定即可實施，且由此測得的分數與由塞斯通量表測得的分數類似。根據一項研究報告指出，該兩種量表的相關係數高達.92（Edwards & Kenney, 1946）。加上，編製李克特式量表所耗時間較少，從事意

見或態度研究者，較喜歡此類量表。是以李克特式量表可說是當前的意見或態度調查中，最常使用的一種樣式。基本上，應答者只需就量表所載，對某事件的正面或反面態度的陳述句，選出自己認為極同意（SA）、同意（A）、未定（U）、不同意（D）、極不同意（SD）的答案即可，應答者的分數，即為分配在他所填答答案之數值的總和。

編製李克特式量表，可採取如下步驟：

一、界定態度變項

界定所要研究的態度變項，以限定對該變項測量的範圍，應為編製該類量表的第一個步驟。

有關該態度變項的陳述，可採「較多」或「較少」的名義陳述；且能讓作答者認為態度變項的陳述，具有客觀的而非主觀的意義。

二、蒐集與彙整項目

蒐集量表題目的來源有：研究者本人、朋友、文獻或其他類似的量表。蒐集題目似宜遵守下列各項重要的規準：

1.每個題目的陳述，應具備能使持有不同觀點的人，都能填答為特徵。

2.李克特技術需有許多單調的、缺少變化的題目，其特徵為個人對所要測量的特定態度的題目，表示愈不喜愛，期望於他在該題所得的分數就愈低；反之得分愈高，表示他展現愈積極的態度。

3.各個題目，以期望的行為，而不以事實來陳述，因此持喜愛與不喜愛態度的人，所填答案方式不會相同。陳述期望行為的基礎，乃在於處理受試者現在的態度，而不是過去的態度，因此各題的文字中常使用「（必）須……」或「應（該）……」等字詞。

4.題目以簡單與清晰的文字陳述，每個題目只涉及一個觀念，避免使用雙重否定以及含糊不清的問題。

5.題目應具有極端性，避免使用中性的題目。

6.避免各題目的答案流於刻板；其中半數宜為積極的、正面的反應，另半數為反面的、消極的反應。

7.各題答案從多中選一，不同答案所涉及的態度變項只能一個，而不能數個。

接著把蒐集而得的題目予以彙整，刪除重複的與含糊的題目。

三、編製量表

李克特式量表最後初稿定案時的題數，究竟要多少，實無一定而絕對的標準。惟就一般情形而論，若該分量表以測量一種「普遍的」或多重向度的變項，其題數只要20～22或25題，即已足夠；若要測量的是特定的變項，以7～10題為宜。若

依某變項編製而成的量表將被細分成為分量表時，每個分量表也宜使用3～7題即可。

量表初稿定案後，接著要實施試驗性測試，試驗性測試的對象應從研究者將來採該工具所要評量之母群體中，選出的代表性樣本。樣本數至少要有100人，較能滿足統計上的要求目標。

基於計分與列表的需要，各個題目所有可能的變通反應，均須賦予一個數值。採五點量表者可能採用如下五類的反應：即極同意、同意、未定、不同意，以及極不同意，依序可能分配的數值為1～5分，其中3分代表未定的反應類別；而1分與5分，則分別指著連續體中相反兩端的得分。如以一個特殊觀點出發，所有問題若對某立場持贊同意見時，就以如下方式計分：極同意—5分；同意—4分；未定—3分；不同意—2分；極不同意—1分。若從反對觀點來陳述問題時，各題則按相逆順序計分：即極同意—1分；同意—2分；未定—3分；不同意—4分；極不同意—5分。又該五點量尺中的中性反應（即未定）在某些環境固然可以接受，但在需供決定的調查，則建議不宜採用（Lodico et al., 2006）。

惟此種因觀點不同而採相逆的計分方式，須予注意的是，計分的標準是按態度的贊成（喜愛、同意）性而來，而不是取決於反應類別本身。如「明星高中必須廢除。」此一問題，到底哪個答案要怎麼計分，須視問卷編製者的觀點而定。若編製問卷者贊成保留明星高中，則該題選答「極不同意」的給5分，選答「極同意」的給1分。若問卷編製者主張廢除明星高中，則選答「極同意」的給5分；填答「極不同意」的只給1分。

研究者編製的李克特式量表，經試驗性測試後決定要取用哪些題目，係依其是否與整個分數呈高度相關而定，因為該量表的題目將測量相同的態度，非有內在一致不可。至於其作法不外是進行項目分析（item analysis），即：

1.求每個題目的分數與總分的相關。這種算法計算的結果，如果是負相關，即表示分配各個答案類別的數值不確切，兩端分配1或5分的次序應顛置。若為零相關或低相關，即可確定該題目不明確，應予刪除；但每個題目與總分的相關至少達.25方可採用（Ary et al., 2019）。最後把各題按相關的高低排列，俾選取與總分呈高相關的題目。

2.研究者把應答者按所得總分高低分成四等，找出得最高分的27%為高分組（以下同），以及得最低分的27%為低分組（以下同），計算他們在各題得分的中數，若某（些）題目，高分組與低分組的中數相同，則該（等）問題須從量表中刪除；只把高分組與低分組顯示出不同中數的問題保留（Bailey, 1987, p.346）。

3.求每個題目與高、低分組間具有鑑別力的其他題目的相關，相關低者，從量表中刪除（Bailey, 1987, p.346）。

4.計算高分組與低分組各受試者在各個題目上平均得分的差異，如果二者的差異值愈大，則該題為好題目；若二者的差異值愈小，則該題為不好的題目。若同時

有數個差異值相等的題目，又非從中捨棄一些不可時，則須計算其臨界比（亦譯決斷值，critical ratio, CR），臨界比大者為「好」題目，反之則應捨棄，其計算公式如下（楊國樞、文崇一、吳聰賢、李亦園，1978）：

$$CR = \frac{\overline{X}_{H27\%} - \overline{X}_{L27\%}}{\sqrt{\dfrac{S^2_H + S^2_L}{n-1}}}$$

$\overline{X}_{H27\%}$：某一題前27%組的平均數

$\overline{X}_{L27\%}$：某一題後27%組的平均數

$S^2_H(S^2_L)$：高（低）分組的變異數

5.若有甲、乙兩人分別在量表上得到很高與很低的分數，則可比較他們對所有問題作答的結果，若答案均屬相同的題目，則未具鑑別力，應予刪除（Bailey, 1987, p.346）。

國內研究者在項目分析選題，多以臨界比（決斷值以t值方式呈現）以及個別題目與總題目分數的相關並行決定；即刪除臨界比（決斷值）未達統計顯著水準，及相關在.25～.30以下的題目。

四、計分

在李克特式量表上，每個應答者的分數，是各題所得分數的總和。如該量表有25題，每一題最低給1分，最高給5分，則最高的分數為125分，最低的分數為25分。

固然如前所述，李克特式量表採五點量表，但比較為吾人願意採用的有同意、未定、不同意三類，亦有採極同意、同意、不同意、極不同意四類。

五、信度與效度

分析李克特式量表的信度，至少須從將來要測量的母群體中，抽取100名作代表性樣本，以求信度。評量李克特式量表的信度，至少有兩種方法可用：其一、求Cronbach's α係數（coefficient alpha）法，是求內部一致性的量數，該方法僅實施一次即可，其計算方法詳見第5章第二節參之五。其二、求再測信度法，以決定過去一段時間，測試兩次分數的一致程度，但所測試的團體兩次均屬相同，以求其相關。Ary等（2019）指出，根據研究顯示，若題目如前面所述，題目約在20～22或25題之間，即會有滿意的信度（常在.80以上）（p.80）。又研究所需之題目數部分，胥視態度目標（對象）的特定程度決定：如研究的目標（對象）愈抽象，就需要愈多的題目。

接著談及李克特式量表的效度。李克特式量表沒有固定的效度，因此，如有可

能，可檢核其預測效度（predictive validity）或同時效度（concurrent validity）與構念效度（construct validity）。預測（同時）效度，即根據目前測試個人或一群人的特徵，以預測其未來的行為；為了決定預測效度，可計算預測者當初測量學生的分數與後來在某些效標上所得分數間的相關，例如：高中成就測驗分數與以後在大學獲得的等第之相關，即為該項測驗的預測效度。構念效度，即指量表能夠測量到理論上的構念或特質的程度，是以構念效度，乃在探索該量表存有各因素間的關係；簡言之，根據測量的變項，以揭示某些已知群體在量表上得分的差異。

　　當量表的題目太多時，由於應答者懶惰或某種心理素質的影響，而使有些應答者容易採取某種方式來填答量表各個題目的傾向，即所謂發展反應心向（response set）的傾向。為了克服這種傾向，可修改若干題目的敘述方向，使其呈反逆的關係，只是這種處理，會使得計分變得更為複雜！又李克特式量表似乎是以等距量尺予以評分，且評定的分數似確有順序可循，但很難分辨其間差異關係是否單位相等；如「未定」與「同意」之間的差距為一分，這一分就如同「同意」與「極同意」之間所差距的分數。同樣是一分之差，但在感受上就很難說代表的是相同的差異。

參、戈特曼式量表：累積量表

　　戈特曼技術有時候亦稱戈特曼量表分析程序（Guttman Scale Analysis procedure）或量表圖（scalogram）分析法。該量表發展程序由戈特曼提出。西元1941至1945年，他曾任美國康奈爾大學（Cornell University）副教授及戰爭部門的顧問；並任以色列應用社會研究所（Israel Institute of Applied and Social Research）自然科學部主任以及耶路撒冷希伯來大學（Hebrew University, Jerusalem）社會與心理測量教授。

　　在論及編製該量表的大要之前，須先了解戈特曼對於量表所持的信念。簡言之，他的觀點是一種量表必須「僅」測量一個特定的變項。量表的陳述句（題目、項目）必然是毫無變化的（monotonic），因此量表本身乃是單向度的（unidimensional），即內容具有同質性。吾人觀察受試者在此類量表上的分數時，單從他的得分，即能預測受試者對所有陳述句的反應，即某人在同一組陳述句得分高於他人，則他在該組的每個陳述句的得分與他人相等或較高（Edwards, 1957, pp.172-176）。若兩個受試者在該量表上得到相同分數，便可確信他們採相同的反應方式。

　　戈特曼之所以創立該種量表，主要是針對塞斯通式以及李克特式量表遭到批判所致，後兩種量表被認為對物體所持的態度，涉及使用異質的陳述句，涵蓋各種不同的向度，因此在此等涉及太多向度的量表上，獲得的分數，不易作清晰的解釋。為了克服此一問題，戈特曼創立此種技術，即在決定被研究者的態度是否為單一向度，一個被視為單一向度量表的各個陳述句（題目、項目）彼此關聯，如受試者同意（贊成）第一題，他也會贊成第二題；若贊成第三題，也會贊成第一題與第二

題，依此類推。在該種量表中，贊同特定陳述句（題目）的人比不贊同該陳述句
（題目）的人，所得總分較高。

戈特曼量表編製步驟與總和評定量表或李克特式量表近似，茲分述如下：

一、界定變項

此種變項的定義必須是特定的或其使用之陳述句（項目、題目）在量表分析
中，不致產生過多的變異量才可。

二、陳述句（項目、題目）的蒐集與彙編

蒐集許多與變項有關的，且在性質上屬於單調性的陳述句，實質上，這些敘述
句是在複述相同的事情。至於蒐集這些陳述句的來源有：文獻、專家、同事、學
理、其他量表，以及如戈特曼所指的個人的經驗與直覺（Guttman, 1945）。然後研
究者以主觀的方式選取其中的少數陳述句，然後予以彙編，實際的題數，約在20題
左右。

就選出的20個陳述句或若干陳述句，每個配以兩個或多個變通的反應類別，如
是或否；或極同意、同意、未定、不同意、極不同意等。然後依加權建立計分鑰，
即標出量表上每個項目中為是的那些反應，或為否的那些反應，或編製者期望的任
何反應；惟就一般情形而論，計分鑰係用來評量每個受試者反應的結果。測試者係
將此等陳述句交給一個群體來實施，惟該群體係從能適用該評量工具中的母群體選
出來的代表性樣本，樣本數至少要有100人，如果受測者多於百人，只要從中隨機
選出100人即可。

三、項目分析

戈特曼量表中各個陳述句的項目分析，可循如下步驟行之：

1.就受試者接受測試後的得分，按高至低的等第予以排列。

2.把量表的陳述句列成縱行。

3.就受試者對量表是或否，極同意——極不同意等反應類別的作答情形，在各
該陳述句的反應類別之下，劃一「×」。

4.觀察受試者反應結果，以了解其反應組型是否能形成三角形。

如果能找到這種情形，接著便要計算複製係數（coefficient of
reproducibility）。如無法形成三角形，研究者須更換陳述句或把這些陳述句作不同
的組合，再行施測計分以及項目分析。這種量表圖得以確立量表的單向度性。

為了便於說明起見，茲引S. Udy, Jr.所撰〈組織中的科層體制元素：若干研究
發現〉（Bureaucratic Elements in Organizations: Some Research Findings, *American Sociological
Review 23*, August 1958, 415-418）一文述之。烏地以二十五個非工業的科層體制組織為
研究對象，應答者不是個人，而是舊式的組織公會，並根據韋伯（M. Weber）的科
層體制概念編製量表（Bailey, 1987, pp.347-348）。

　　科層體制是最適合累積式戈特曼組型的需要，與其完全不採科層體制的組織，將不具有這些陳述句或特徵；較具有科層體制的組織，將有一個陳述句；接著的是一個陳述句再加上一個陳述句，共兩個陳述句；接著的是兩個陳述句再加上一個陳述句，共三個陳述句，依此類推；最符合科層體制的，則包括所有陳述句。不論每個組織的情形如何，將根據四種特徵予以量表化：(1)補償式獎賞（compensatory rewards）──由較高到較低的權威，施予補償；(2)專門化（specialization）──同時執行三種（含）以上操作；(3)強調表現（performance emphasis）──按完成工作的比例，給予獎賞；(4)部分參與（segmental participation）──明載於契約中表示同意。此地的問題不在要求應答者是否同意任一個陳述句，而只在於了解他們是否擁有這些陳述句或特徵。表6-1顯示二十五個組織及其具有特徵。從中可以發現，三毛亞漁業組織不符累積組型；因為它雖擁有第二個特徵（陳述句），卻未具第一個特徵（陳述句）；至於其他的二十四個組織，則完全符合戈特曼式組型。每個組織若具有一個特徵，則擁有第一個特徵；如具有兩個，則擁有第一與第二個特徵；若具有三個，則擁有第一、第二與第三特徵。吾人只要了解某個組織的分數（三毛亞例外），就可了解該組織的全部特徵。此等特徵（項目或稱陳述句）在編製量表歷程開始，毋須按適當次序排列，但經證實處理之後，便要排出適當次序。此外就每個特徵來說，當其類別加權由1轉到0的分界，此分界謂之分割點（cutting points），在分割點以上均答「是」或「同意」，在分割點以下均答「否」或「不同意」，便是一個完全的戈特曼量表，反之則否。依戈特曼的說法，決定分割點有兩個規則可循：第一、分割點擺在誤差最少之處，即在分割點以下，出現不同反應的類別最少；第二、某個類別的反應在分割點以上，正確（相同）的比誤差（不相同）的多（Edwards, 1957, p.182）。分割點通常擺放的位置是，受試者由反應最多類別轉移到另一反應類別之處。每一反應類別誤差次數的計數，列在表格的底部。如表6-1，第二個陳述句第一類別的反應中，有一個組織列在分割點之下，按理論上說應在分割點之上，因此便造成一個誤差，於是要在表格底部「e」這一行記下「1」；其他陳述句的各反應類別沒有這種情形，可以「0」表之。為了作更明確的表示，試再以表6-2供作參考。

四、計算複製係數

　　如果如表6-1所載各個組織的反應沒有任何誤差（事實上，三毛亞組織是有誤差的），吾人只要知道分數，就能複製每個組織完整的特徵組型；反之，若誤差很多，就無法從量表分數中複製特定的反應組型，也無法信任該組陳述句（題目）真能形成單向度量表。戈特曼發明複製係數作為評判吾人能否複製分數的技術，如果該量數值愈高，表示吾人能複製分數的比例愈高。

表6-1
二十五個非工業生產組織的科層體制特徵

號碼	組織	變項（陳述句）								分數
		(1) 補償式獎賞		(2) 專門化		(3) 強調表現		(4) 部分參與		
		1	0	1	0	1	0	1	0	
1	那瓦荷第一狩獵	×		×		×		×		4
2	那瓦荷第二狩獵	×		×		×		×		4
3	派烏特狩獵	×		×		×		×		4
4	珊波爾狩獵	×		×		×		×		4
5	羅比第一建設	×		×		×		×		4
6	凱布爾第一建設	×		×		×			×	3
7	貝西略農業	×		×			×		×	2
8	海珊農業	×		×			×		×	2
9	羅比狩獵	×		×			×		×	2
10	凱布爾第二建設	×		×			×		×	2
11	所羅門愛蘭德建設	×		×			×		×	2
12	班突（東南）第一農業	×			×		×		×	1
13	伯姆巴第一農業	×			×		×		×	1
14	伯姆巴第二農業	×			×		×		×	1
15	達荷美農業	×			×		×		×	1
16	紅皮農業	×			×		×		×	1
17	愛羅奎斯農業	×			×		×		×	1
18	慕翁漁業	×			×		×		×	1
19	王冠建設	×			×		×		×	1
20	奇庫屋建設	×			×		×		×	1
21	羅比第二建設	×			×		×		×	1
22	班突（東南）第二農業		×		×		×		×	0
23	提貝坦農業		×		×		×		×	0
24	巴速脫狩獵		×		×		×		×	0
25	三毛亞漁業		×	×			×		×	1

表6-1 二十五個非工業生產組織的科層體制特徵（續前頁）

號碼	組　織	變項（陳述句）								分數
		(1) 補償式 獎　賞		(2) 專門化		(3) 強調 表現		(4) 部分 參與		
		1	0	1	0	1	0	1	0	
f		21	4	12	13	6	19	5	20	
p與q		.84	.16	.48	.52	.24	.76	.20	.80	
e		0	0	1	0	0	0	0	0	$\Sigma e = 1$

※具有該變項（敘述句）的以「1」示之，並在「1」處作「×」，無變項的以「0」示之，並在「0」處作「×」。

*註：修正自 *Methods of social research* (p.349), by K. D. Bailey, The Free Press. Copyright 1987 by The Free Press.

表6-2
由二十個受試者填答四個陳述句的分析

受試者	陳　　述　　句　　（特　徵）								分　數
	1		2		3		4		
	1	0	1	0	1	0	1	0	
1	×		×		×		×		4
2	×			×	×		×		3
3	×		×			×	×		3
4	×		×			×	×		3
5	×			×	×		×		3
6	×			×		×	×		3
7				×	×		×		
8	×			×	×		×		3
9	×			×		×	×		2
10		×	×			×	×		2
11	×			×		×	×		2
12	×			×		×	×		2
13		×	×			×	×		2

表6-2　由二十個受試者填答四個陳述句的分析（續前頁）

受試者	陳述句（特徵） 1		2		3		4		分數
	1	0	1	0	1	0	1	0	
14		×		×	×		×		2
15		×	×			×		×	1
16		×		×		×	×		1
17	×			×		×		×	1
18		×		×	×			×	1
19		×		×		×	×		1
20		×		×		×		×	0
f	12	8	6	14	8	12	16	4	
p與q	.6	.4	.3	.7	.4	.6	.8	.2	
e	1	1	3	1	2	2	2	0	Σe = 12

*註：取自 *Techniques of attitudes scale construction* (p.183), by A. L. Edwards, Appleton-Century-Crofts. Copyright 1957 by Appleton-Century-Crofts.

　　複製係數係由百分之百（所有的反應）減去錯誤反應比例即得。反應比例的計算甚為容易，即以已知錯誤數（依表6-1為例，錯誤數為1）除以整個反應數的結果。所謂整個反應數是陳述句（題目）數乘以每個陳述句（題目）所能回答的類別數。以等式表之：

$$CR = 1.00 - 錯誤數 / 〔（項目數）（回答類別數）〕$$

以表6-1為例：

$$CR = 1.00 - (1)[(25) \times (4)]$$
$$= 1.00 - 1/100$$
$$= 1.00 - .01$$
$$= 0.99$$

以表6-2為例：

$$CR = 1.00 - (12)/[(20) \times (4)] = .85$$

五、依據複製係數評量量表

戈特曼以為一個量表的複製係數必須達.90或更高，才符合單向度的要求。如複製係數在.80～.89之間，可稱為準量表（quasi-scale）；如編製的為準量表須加以修正，自「項目分析」步驟開始，循序處理。

惟Edwards（1957, p.190）指出：複製係數達.90或以上，並非編製一組單向量表的「充分」條件。簡單的理由是，任何一個陳述句的可複製性（reproducibility），從不少於在眾多類別（modalcategory──即反應最多的類別）出現的次數。例如：有一個僅含兩項反應類別的陳述句，同時100名受試者中.90選了其中一項類別，便可說該陳述句最小的可複製性為90%。是以有一組含有十個陳述句的量表，每個陳述句包括兩項反應類別，其中一項有高的眾多次數，而且這些陳述句將會──必然會──產生很高的複製係數。

Edwards進一步指出，若每個陳述句僅含兩項反應類別（同意、不同意），此等陳述句的反應次數分成.50與.50，以避免複製係數因人為因素而變成過高來說，是有價值的。同樣的論點亦可應用於說明反應類別多於兩項以上的陳述句：各項類別的次數分配愈均衡，得到高的複製係數的可能性就愈少。但為了得到差距的分數，也需要並非齊一分配次數的陳述句。如要有一種完美的量表，且所有陳述句平分，各占.50，只能出現在兩種分數的場合。一組陳述句中，如果已知每項反應類別的次數，便可獲得最小的複製係數。如只找出每個陳述句眾多類別反應的比例，然後把這些數值加起來，除以陳述句的總數，求得的數值，即為該組陳述句的最小邊際複製性（minimal marginal reproducibility），簡稱MMR，公式如下：

$$MMR = \sum_{i=1}^{N} \frac{在眾多類別反應的比例（\%）}{N}$$

N = 陳述句總數

試計算表6-1的最小邊際複製性。在該表的四個陳述句中，每個只有兩種可能反應類別（1或0）。第一個陳述句眾多的反應是1的共有二十一個，因為二十五個組織中有二十一個反應是屬於該類別，是以眾多類別的反應比例為21/25；第二個陳述句眾多的反應是0的共有十三個，比例為13/25；第三個陳述句有十九個0，比例為19/25；第五個陳述句有二十個0，比例為20/25，是以就表6-1而言：

$$MMR = \frac{\left(\frac{21}{25} + \frac{13}{25} + \frac{19}{25} + \frac{20}{25}\right)}{4} = \frac{2.92}{4} = .73$$

同理就表6-2而言：

$$MMR = \frac{\left(\dfrac{12}{20} + \dfrac{14}{20} + \dfrac{12}{20} + \dfrac{16}{20}\right)}{4} = \frac{2.7}{4} = .675$$

從表6-1中，根據相同資料求得CR = .99，MMR = .73。由此可見在複製性方面CR比MMR有顯著的進步，亦可用以說明該量表的適用性。同理，表6-2中，CR = .85，MMR = .675，可知從整體分數來作預測顯然較有進步。

其次，值得再作進一步說明的是，上述決定誤差數的方法，基本上有兩種，一種叫康奈爾技術（Cornell technique），另一種叫古殷納夫技術（Goodenough technique）。M. McConaghy曾有所解釋：

> 原來的康奈爾方法把誤差視為為了產生正確反應組型，需要反應改變的最小數量……古殷納夫的方法是把每一個預測不確定的項目反應當作誤差。
> （引自Bailey, 1987, p.350）

前面計算表6-1、6-2的複製係數，分別使用的是康奈爾技術、古殷納夫技術。表6-1唯一的誤差來自三毛亞漁業，與其應為「0000」而非「0100」。表6-2的誤差數顯得多而複雜。無論持用兩種方法中的任何一種，三毛亞漁業組織的特徵只有一個，僅擁有一個特徵才可能正確；如以康奈爾技術處理時，它僅有一個誤差，與其只要把特徵2的1移到0即可得到正確的反應。然而使用古殷納夫技術時，便有兩個誤差，因為在第一個特徵應為1而不是0，便有1個誤差；在第二個特徵應為0而不是1，又有1個誤差。

依照McConaghy的說法，使用康奈爾計分法計算最小邊際複製性會產生誤導的低值，但使用古殷納夫計分法時，會產生誤導的高值。為避免此種誤導，他以康奈爾計分法，設計一種根據邊際次數（marginal frequencies）而來的最小誤差公式，該公式相當複雜，超出本書範圍，讀者如有興趣，請逕參考其著作（McConaghy, 1975）。

六、信度與效度

該量表的信度可使用重測法算出或採用相等樣式的敘述句測出。惟不宜使用內部一致性的量數，與其(1)各個陳述句沒有邏輯上的一致性；(2)量表的陳述句不夠多，通常只有6～10題。至於效度可與測量相同態度的量表求得相關。

許多人認為編製戈特曼量表難以滿足複製性的標準，因此其具有的是學理上的而非實用上的顯著性；加上該項技術未提示準備或選擇項目的方法，僅在項目選出之後，才判斷它們的複製性，未免太晚。

就總和評定量表、等距量表與累積量表比較而言之。最簡易的應推總和評定量表，其重點擺在受試者以及他們在量表上的位置。等距量表則集中在陳述句以及此

等陳述句在量表上的位置。儘管如此，但是運用總和評定量表與等距量表所獲得的結果，往往是相同的。累積量表集中於陳述句組可編成量表的可能性，以及個體在量表上的位置；就三者來說，累積量表比較少用，且較不普遍。

肆、語意區分量表

語意區分（Semantic Differential, SD）是一種用來量度概念之意義的技術，於1950年代中葉，由歐斯古（C. E. Osgood）及其同僚蘇西（G. J. Suci）、譚能堡（P. H. Tannenbaum）所倡用。語意區分技術之基礎，乃在於如下數個假定：

1.人類行為由事件的意義決定的成分，大於由事件內在屬性決定的成分。

2.意義是多元向度的，任何既定的概念，其意義有許多的成分。

3.由於事物與觀念的特徵，大部分由形容詞傳遞；其意義也可作如是的描述。

語意區分是測量概念之內涵意義（connotive meaning）的方法。所謂內涵意義恰與外延意義（dennotative meaning）相對，前者指的是吾人針對考慮中的概念，賦予個別的或主觀的評鑑的態度；後者則指普遍被接受的定義或客觀的描述而言。此地所指的概念，可能是一種結構（building）、觀念（idea）或人（person）等；無論指的是哪一種概念，皆可採用許多規準（量尺）評定，每一種量尺以意義對立的成對形容詞描述。依據研究目標及歐斯古的經驗，研究者選取對立的成對形容詞，然後按一系列七點量尺排列，如以學校概念為例，可以語意區分量尺載明如下：

學　校

（量尺）

		1	2	3	4	5	6	7	
（E）	好	:	:	:	:	:	:		壞
（A）	慢	:	:	:	:	:	:		快
（P）	大	:	:	:	:	:	:		小
（E）	醜	:	:	:	:	:	:		美
（A）	主動	:	:	:	:	:	:		被動
（P）	輕	:	:	:	:	:	:		重
（E）	乾淨	:	:	:	:	:	:		髒亂
（P）	弱	:	:	:	:	:	:		強
（A）	銳利	:	:	:	:	:	:		遲鈍
（P）	柔和	:	:	:	:	:	:		粗糙
（E）	暗	:	:	:	:	:	:		亮
（A）	圓	:	:	:	:	:	:		稜角

*註：E—評量向度，P—效能向度，A—行動向度。

　　語意區分反應類別，根據前表可知，係由一極端到另一極端共包括七個類別，中間的類別代表中性，這種安排猶如李克特式量表由極不同意到極同意的反應類別，只是語意區分技術只在兩端的反應類別冠以名稱！中間的類別留著空間，或有時候加上數字。此外，語意區分兩端的反應類別不是極同意—極不同意，而是一對相反的形容詞，用以表示受試者對某概念的感受。

一、三個向度

　　歐斯古等為了客觀測量字與概念的語意屬性，利用因素分析法分析七十六對意義相反的形容詞，發現語意區分聚集而成三個主要的組群，依其顯著的次序而分，有評量、效能與行動向度（evaluative, potency, and activity dimensions），這些發現尚可複製（Osgood, Suci, & Tannenbaum, 1957）：

　　1. **評量向度**：評量向度與對立形容詞連結的量尺有如：好—壞、美—醜、助益—無助。位在該向度正面（好）這一邊的概念有如：醫生、家庭、上帝、教會、和平、成功、真理、美與音樂。趨向該向度反面（壞）這一邊的概念有如：墮胎、罪惡、不和諧、恨、疾病、戰爭、仇敵與失敗。

　　2. **效能向度**：用以界定效能向度的量尺有如：強—弱、硬—軟、大—小、重—輕、厚—薄等。傾向於正（有力量）的這一端的概念如：戰爭、軍隊、勇猛、山、引擎、責任、法律、鋼鐵、權力、拘捕、科學等。傾向於負（無力量）的這一端的概念如：女孩、嬰兒、妻子、羽毛、小貓、愛、吻、藝術等。

　　3. **行動向度**：用以指明行動向度的量尺如：主動—被動、興奮—遲鈍、快—慢、熱—冷、活—死、吵—靜、年輕—老邁等。行動高的概念如：危險、生氣、攻擊、城市、引擎、火、箭、旋風、戰爭、贏、兒童與宴會等。傾向行動向度負的這一端的有：平靜、蝸牛、死亡、蛋、休息、石頭，與睡眠。

　　根據發現，效能向度與行動向度實質上呈正相關。至於三個向度量數間的平均相關，約從.30至.50。

二、工具的編製

　　有關語意區分量表的編製，可採如下步驟（Issac & Michael, 1983, pp.145-146）：

　　1.選取概念或其他有待評定的刺激：選擇概念的主要規準，乃在於此等概念須符合研究的目標或需求。同時，受試者須熟識概念特徵，以引發有效的反應。

　　2.選擇量尺。可依下列步驟行之：

　　(1)選取各種可放在兩個末端（極端）的成對相反的形容詞，作為評定量尺之用。

　　(2)此等形容詞須詳加界定，且能為被研究的母群體了解。

　　(3)在量尺上兩端形容詞的意義相反且與評定之概念有關。當然量尺與概念關聯性有時候難以決定，但是在許多的情況中，成對形容詞若與某既定概念無關，便

可明顯看出。

　　3.成對形容詞選定後在量表上的位置，不論是向度或量尺採隨機方式排列，避免形成反應組型的習性。

　　其次，對於量尺與概念間的交互作用關係，宜保持適度的關注。量尺的意義有時候依所評定之概念而定，例如：「有皺紋」對男士而言可能是正面的評量，但對女士則非如此，即相同的量尺用來處理不同的概念，可能會造成不同的結果。為了避免發生此種現象，可作如下的處理：

　　1.在一項研究處理的所有概念宜來自相同領域（即四隻腳動物、社會制度或人，而不是包括上述三種的混合）。

　　2.為了深入探討研究的概念，須進行因素分析。

　　接著提及問題的體例，可分成下列幾項說明：

　　1. **概念的提出**：可採以下任一種：(1)一個概念後接著涉及它的所有成對形容詞量尺：(2)一個概念後接著的只有一個成對形容詞量尺：(3)一個成對形容詞量尺以及所有依該量尺而評定的概念。但習慣上以第(1)種最常用。

　　2. **概念的順序**：有人認為若採用第(1)種體例（一個概念後接著涉及它的所有成對形容詞量尺），所有概念的順序並不重要，與其不致影響結果。例如：有人發現「政客」這個概念接受評定時，不論它是否位在「守衛」、「清潔隊員」、「農夫」，或「政治家」、「學者」、「科學家」之前，被評定的結果，仍舊相同。

　　3. **效能、評鑑與行動量尺的順序**：前面已提及三種量尺應加混合編排，以預防反應組的出現。

　　4. **量尺數**：在多數研究的量尺數，一般供評定的概念以不超過五十題為原則：但也有人（Ary et al., 2019）以為語意區分量表之編製，比李克特式量表省時且容易。與其後者約需20題陳述句：前者只需選用4至8對形容詞，也讓參與者節省不少閱讀的時間。

　　5. **作答說明（指導語）**：作答說明應述明語意區分的目標，乃在於「發現人們對事務的感受，所以填答者須依其感受方式評定之」。同時另以清晰且易作答的為例說明，如旋風便是。亦有人建議應告知受試者不要想出正確的答案，而只記下自己的第一印象即可。至於受試者作答時，是否要求迅速作答，根據分析，即使要受試者慢慢作答，但不久後即開始迅速填答，二者所得結果近乎相同。

三、量尺資料的分析與評估

　　運用語意區分技術而得的資料很多，可能有多種的分析方式。其中每個量尺分數分配的最簡單方式為1至7；如在好一壞量尺中，選答在左邊第一個與第二個冒號之間線上的是6分，在不同冒號間線上作答的分數，則有差別。但也可以以+3，+2，+1，0，−1，−2，−3表示之，此種方式0在中央，惟其不便之處是需處理負數。

好 　 7 ： 6 ： 5 ： 4 ： 3 ： 2 ： 1 　 壞

　　以變異數言之，變異數有三種主要的來源：即概念（concepts）、量尺（scales）以及受試者（subjects）。職此之故，可就概念間、量尺間、受試者間，或有關的組合間的分數差異，進行分析。其中可供資料分析的方法有（Isaac & Michael, 1981, p.146）：

　　1.運用t考驗或中數考驗，以計算群體平均數之間的差異顯著性；或者個別量尺或所有量尺總和中數之間的差異顯著性。如有個受試者就A（教學）、B（訓導）、C（學習）、D（研究）、E（控制）等五個概念，評定六個量尺的得分如表6-3。從中可以區分成兩組，即教學、學習、研究爲一組，與其分數較高；訓導、控制爲一組，與其分數較低。在這個例子中，或許我們是對五個概念平均數間的差異，或兩個群集平均數間的差異感到興趣，此種分析固然至爲明瞭，但是似乎要了解歐斯古所強調的分析方式爲宜，這將在第二種分析方法中述之。

表6-3
某受試者在五種概念、六個量尺上的語意區分資料

量尺	概		念		
	A（教學）	B（訓導）	C（學習）	D（研究）	E（控制）
1　（有價值—無價值）	6	2	6	5	3
2　（愉快—不愉快）	5	2	5	5	2
3　（明亮—暗淡）	6	1	4	6	2
4　（好—壞）	7	1	5	6	3
5　（誠實—作假）	5	3	5	7	1
6　（親切—可怕）	6	2	7	7	2
平均數：	5.83	1.83	5.33	6.11	2.17

*註：取自 *Foundations of behavioral research* (p.573), by F. N. Kerlinger, Holt, Rinehart & Winston, Copyright 1973 by Holt, Rinehart & Winston.

　　2.運用語意空間距離群集分析（Distance cluster analysis of semantic space）。若有兩種在語意空間上接近的概念，個人或群體對此兩概念的意義所作的判斷，應是相近的；否則便是分開的。爲了判斷概念間的語意是否接近，便需有統計量數表之，一般採積差相關係數（product-movement correlation coefficients）作爲表示兩種概念間的關係量數，與其不考慮絕對距離，歐斯古及其同僚稱爲D統計量（D statistic），即D是指任何兩種概念間的直線距離。

$$D_{ij} = \sqrt{\sum d_{ij}^2}$$

　　i、j和d是在相同向度（評量、效能或行動）上，統合i與j之間的代數差。其算法係就某概念分配值與另一概念分配值之差平方值總和的平方根，即：

$$D_{ij} = \sqrt{\sum (X_i - X_j)^2}$$

　　以表6-3為例，求A（教學）與B（訓導）概念分配值之差的平方值之總和為：

$$(6 - 2)^2 + (5 - 2)^2 + (6 - 1)^2 + (7 - 1)^2 + (5 - 3)^2 + (6 - 2)^2 = 106$$
$$故　D_{AB} = \sqrt{106} = 10.30$$

　　不論哪種矩陣，D統計量的數目有n(n − 1)/2個，n是概念數目，就上述例子，其D統計量的數目有5(5 − 1)/2 = 10，計算該十個D統計量，組成平衡的矩陣（在矩陣交叉兩邊的值相等）。表6-3資料的D矩陣如表6-4中的Ⅰ類（另列Ⅱ類與Ⅰ類相似，係根據另一位評定者的語意空間製成）。

表6-4
兩個語意空間類似之受試者的D矩陣

			Ⅰ類						Ⅱ類		
	A	B	C	D	E		A	B	C	D	E
A		10.30	3.00	2.65	9.06	A		8.49	3.32	3.32	9.11
B	10.30		8.89	10.44	3.16	B	8.49		7.42	7.07	2.45
C	3.00	8.89		3.16	8.19	C	3.32	7.42		4.12	8.19
D	2.65	10.44	3.16		9.95	D	3.32	7.07	4.12		7.87
E	9.06	3.16	8.19	9.95		E	9.11	2.45	8.19	7.87	

*註：資料來源同表6-3，p.575。

　　吾人可以二或三種方式分析D矩陣，然而各種分析的基礎皆屬相同，即在於尋找群集在一起的概念。兩種概念的D愈小，它們的意義就愈接近；反之，D愈大，兩種概念意義的差異就愈大。以表6-5簡單D矩陣所載，可從中找得連續成對的小D，以說明概念的群集情形。試看Ⅰ類中的A列，AC與AD是小的，分別為3.00與2.65。A、C與D或可能形成「接近組群」；再查看C列，C與D之間的D統計量亦小，為3.16。由於AC、AD、CD之間的距離均小，形成一個組群。接著再查次一未被考慮的概念B，B與E為3.16，是一個小的D值，所以B與E在D值方面是相接近，

而其他的D值則較大，即AB = 10.30，AE = 9.06，BC = 8.89等。因此可分成兩個組群2，即A、C、D與B、E。Ⅱ類亦顯示相同的概念組群，吾人可進而下結論說兩個受試者（群體）有類似的語意空間，他們對概念的覺察相似（Kerlinger, 1973）。

　　假設另有第三位受試者的語意區分資料，製成D矩陣如表6-5。分析該矩陣顯示概念聚類為A、B、E以及C、D。前兩位受試者覺察教學、學習、研究三者緊接一起，但與訓練、控制分開，後二者則緊接一起。第三位受試者的資料，也可分成兩種聚類：(1)教學、訓練、控制以及(2)學習、研究，稍可見到兩組知覺是相當不同的。

　　吾人若要比較兩個或更多矩陣，可計算矩陣中每對的D值的相關係數。如為了發現表6-4所列矩陣Ⅰ與Ⅱ語意結構的相似性，採用的次序配對為：（10.30, 8.49）（3.00, 3.32）……（9.95, 7.87）等，然後算出十對D值間的r，在該例中r = .93，一致性相當高；表6-4 Ⅰ矩陣與表6-5矩陣間的相關r = 0.6。

表6-5

第三位受試者的D矩陣

	A	B	C	D	E
A		2.00	8.06	8.17	3.46
B	2.00		7.94	9.17	2.83
C	8.06	7.94		2.65	6.86
D	9.17	9.17	2.65		7.75
E	3.46	2.83	6.86	7.75	

*註：資料來源同表6-3，p.575。

　　3.運用符號檢定（sign test）進行側面圖分析（profile analysis）。在一組量尺上，就比較組之間反應組型的平均數（或中數）的側面圖繪出，便可在側面圖中了解其類似性或差異性；如次頁甲圖提供既定群體對概念評定的資料，頗易了解。若某一群體的平均數比另一組大，且呈現一致性（即它們的側面圖分開）時，此種差異的一致性，可參考二項式機率表（Binomial Probability Table），採統計機率檢定之。試以國中二年級成就者與無成就者對「學校」概念反應平均數比較，繪製側面圖如乙圖。

　　成就者組所有反應平均數一致落在非成就者組所有反應平均數的一邊，呈現的機率為P = .001；十個量尺中呈現九個的機率為P = .011；十個量尺中呈現八個的機率為P = .055，凡此可從次頁表中獲得證實。該表為單側機率值，各欄中的數值加倍，即為雙側檢定。

甲　圖

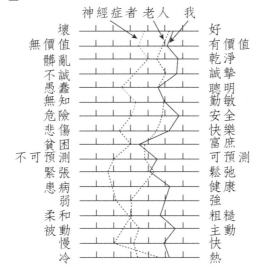

乙　圖

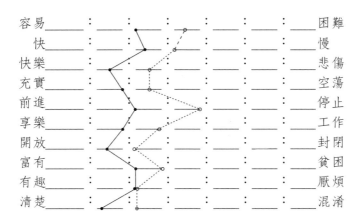

●——— 成就者

○·······○ 無成就者

x / N	0	1	2	3	4	5	6	7	8	9	10	11	12	13	14	15
5	031	188	500	812	969	*										
6	016	109	344	656	891	984	*									
7	008	062	227	500	773	938	992	*								
8	004	035	145	363	637	855	965	966	*							
9	002	020	090	254	500	746	910	980	998	*						
10	001	011	055	172	377	623	828	945	989	999	*					
11		006	033	113	274	500	726	887	967	994	*	*				
12		003	019	073	194	387	613	806	927	981	997	*	*			
13		002	011	046	133	291	500	709	867	954	989	998	*	*		
14		001	006	029	090	212	395	605	788	910	971	994	999	*	*	
15			004	018	059	151	304	500	696	849	941	982	996	*	*	*
16			002	011	038	105	227	402	598	773	895	962	989	998	*	*
17			001	006	025	072	166	315	500	685	834	928	975	994	999	*
18			001	004	015	048	119	240	407	593	760	881	952	985	996	999
19				002	010	032	084	180	324	500	676	820	916	968	990	998
20				001	006	021	058	132	252	412	588	748	868	942	979	994
21				001	004	013	039	095	192	332	500	668	808	905	961	987
22					002	008	026	067	143	262	416	584	738	857	933	974
23					001	005	017	047	105	202	339	500	661	798	895	953
24					001	003	011	032	076	154	271	419	581	729	846	924
25						002	007	022	054	115	212	345	500	655	788	885

*1.0 or approximately 1.0

N＝觀察數　{如在十二個量尺中（N＝12），有十個為某群}
x＝例外數　{人喜歡，但有兩個不被歡迎，則x＝2}

四、語意區分技術之應用

　　語意區分的缺點在於有集中傾向、慷慨誤差；以及可能使用與考量之概念無關的量尺。惟其仍有不可忽視的優點：

　　1.語意區分為取得興趣或態度方面的資料，提供了有效、彈性與簡單的方法。

　　2.語意區分提供受試者第一印象，可減少受到先入為主價值反應的影響。

　　3.語意區分提供的反應，可為填答者提供較多的選擇自由，避免刻板的回答。

　　行為科學與教育已將語意區分應用於態度方面的評估工作，主要的有：

　　1. 心理治療：用以了解對自我意義以及人類環境所秉持之態度或賦予之意義的改變情形。

2. **發展心理學**：採取意義是習得的觀點，評估概念的意義，以預測隨著年齡增加而改變的傾向。

3. **學習理論**：揭示與效能有關（如一個受試者反應需要花多少時間？）以及評定極端的研究。結果顯示，若受試者評定某概念趨向極端位置（如1、2或6、7），他作決定時，通常比評定中間量尺者迅速。

4. **態度**：公眾對社會問題、商品的態度。

5. **教育領域**：在許多方面採用語意區分。如學生─就業者的參照格式，可供申請學校或擬就業者參考之用。

第二節　社交測量法與猜人技術

壹、社交測量法

社交測量法（sociometry）係為描述某一團體中，人與人之間所存在的社會關係，而採用的一種技術。以採間接方式，向處在各種情境中的人發問，他們所選擇的或拒絕的人是誰，以描述人與人之間的吸引力或不被接受的情形。可要求在同一班級的學童，根據某一特定標準，就其喜愛的第一、第二或第三順序指定某位兒童或數位兒童的姓名（通常為二或三位），一起邀請他們出席宴會，或坐在他們的鄰座，或與他們交朋友，或共同設計班級活動，即可從中了解彼此之間的社會關係。

社交測量法適用於幼兒園以至大學院校的班級團體、共同利益團體或聯誼團體、學校住宿生、活動營隊、工廠或公司職員、軍事作戰單位，以及整個社區。如美國空軍單位曾使用社交測量法研究領導在各種情境中的性質。如下列的問題係對轟炸機飛行員進行社交測量研究而採用的：「若您駕駛的飛機迫降在偏僻地區，不問階級，您將選擇誰當最有能力的領導者？試依您的喜愛，列出三個人的姓名。」

雖然有些研究者反對社交測量法，但仍以反面詞句發問問題，也是常見的。如「若你將與班上的另一位同學共同做一件工作時，你較『不』喜歡和誰在一起？」

一、社交測量的計分

在社交測量法計分方面，普遍採用的一個程序是，計算某一個人被選的次數，但不問他被選擇的次序如何。該程序所以普遍被採用，乃在於它是最簡單的方法。惟其仍受到反對，主要是該種程序未就第一選擇與第三選擇之間作一區分，致被視為敏感性不夠。

第二種程序是，被作第一選擇的給三分，作第二選擇的給二分，作第三選擇的給一分。這種計分方法的缺點在於被作第三選擇與不被選擇間的差異，與被作第三與第二選擇間、被作第二與第一選擇間的差異，是否完全相同。此種假定很難自我

辯護。

　　第三種程序是依標準分數的常態分配曲線的概念而來，惟該程序比較複雜，採用的人很少。

　　群體中的每一個人的分數可與智力分數或由測驗中評定的其他特性，或如性別、社經地位、出生順序、家庭大小、教師判斷等類別，求得相關。

二、社交關係圖

　　社交測量上的選擇，可在圖上繪製、表出，即成為所謂的社交關係圖（sociogram）。其類型有多種，惟有些觀察研究可說明社交關係圖的性質。

　　繪製社交關係圖時，尚無一致的標準符號可供遵循，但通常以三角形代表男孩，女孩則以圓形表之。單向選擇以單一箭頭表之，相互選擇以互為相反的雙向箭頭表示。被選的次數最多者是為明星，那些從不被人選出的，謂之孤獨者。由彼此選出的個人所組成的團體，即是幫派（clinques）。

　　男孩或女孩的符號（三角形或圓形）中間配有各人的姓名或代號。被選次數最多的那些人的代號，安置在圖的最中心位置，然後把被選次數減少的那些人，依序漸向外移，從未被選的那些人，則擺在外圍，詳見圖6-1。惟須注意的是：團體中人與人之間的關係，隨時可變。兒童所作的選擇總是暫時的，隨著年齡的增長，而日趨穩定。

圖6-1
三年級十五個學生作第一次與第二次選擇繪成的社交關係圖

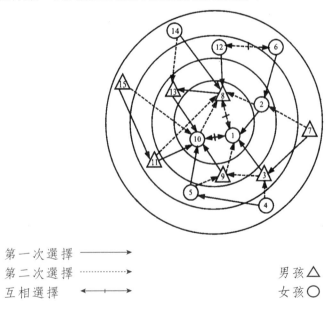

第一次選擇 ——————▶
第二次選擇 ------------▶
互相選擇 ◀——————▶

男孩 △
女孩 ○

取自 *Research in education* (p.341), by J. W. Best & J. W. Kahn, Allyn & Bacon, Copyright 2006 by Allyn & Bacon.

　　研究團體關係的學者或各班級的任課教師，應就某段期間的情形，分別編製許多社交關係圖，以評量努力把孤獨者與團體關係拉近，或試圖把幫派扭轉成較爲普通團體的成效變化。社會化或塑造地位使用程序的效能，也可從社交關係圖上的變化測得。由於社交測量法係交由同輩評定，而不由上級評定，無形當中增加了對群體成員另一個向度的了解。

貳、猜人技術與社會距離量表

一、猜人技術

　　另一種與社交測量法有密切關係的描述程序爲「猜人」技術（Guess Who technique），係由Hugh Hartshorne, Mark A. May和J. B. Maller所創，程序是向一群兒童陳示有關他們所扮演的各種角色，要求他們說出或寫出符合該項描述的兒童姓名。如（Best & Kahn, 1989）：

> 這個人總是快樂的
> 這個人總喜歡批判別人
> 這個人常常憂慮的
> 這個人從不喜歡做任何事
> 這個人常常幫助你

　　這種技術後來經美國教育研究所（Institute of Educational Research）及C. M. Tryon等研究，成爲兩種不同的方式（程法泌，1968）：

> 其一、把與某特性有關的各種行為寫成問題的形式，印在一張表上，發給學生，要求他們把最符合該行為描述的人的姓名，填寫在下面的空格內。如昆瑟市青年發展計畫為測量青年人的領導能力所採用的問題，即屬於該種方式：
> 1.誰能擬訂良好的計畫？　　　　＿＿＿　＿＿＿　＿＿＿
> 2.誰是優良的領袖？　　　　　　＿＿＿　＿＿＿　＿＿＿
> 3.誰最能理解各種事物的意義？　＿＿＿　＿＿＿　＿＿＿
> 4.誰總替班級、小組或玩伴謀福利？＿＿＿　＿＿＿　＿＿＿
> 5.誰是聲譽最好的青年？　　　　＿＿＿　＿＿＿　＿＿＿
> 6.誰在校內外處理事務確有主見？＿＿＿　＿＿＿　＿＿＿
> 收回表格，計算得票最多的幾位，即是最符合該項要件的人，即最具有領導的能力。
> 其二、把若干組正、反性質的陳述句，印在一張表格裡，如下列兩條就是

與「友善」有關的正反面的陳述句：

1. 某人非常友善，擁有很多朋友，
   對任何人都很和藹。　　　＿＿＿　＿＿＿　＿＿＿
2. 某人不善交朋友，羞答答地，沒
   有幾個朋友。　　　　　　　＿＿＿　＿＿＿　＿＿＿

主試者鼓勵受試者，在每條陳述句之後，填上在日常行為表現與每條極相似的同學姓名。每個人的分數，係以在正面陳述句上的得分（以正分數表示）加上在反面陳述句上的得分（以負分數表示），即得其在每項特質上的分數。

這些形式的問題，通常由同輩判斷，受試者（填寫同輩姓名的兒童）可以不要寫出自己的姓名。

二、社會距離量表

描述與測量社會關係的另一種方式為社會距離量表（social-distance scale），由美國南加州大學E. S. Bogardus所創用，用來測量某個人或某個團體為另一個人或另一個團體接受或拒絕的程度。

該量表所列各種量尺的情境，從接受到拒絕之間，列有數值。個人選擇量表上的某一點，標示他所在的位置。如判斷對不同少數團體的接受情形，可就下列這些極端之間，作一取擇：

完全接受　我不反對藉著婚姻的關係，使該團體中的某一分子成為我家庭
　　　　　中的一員
部分接受　我坐車時，坐在該團體中某一個成員的鄰座，並不介意
拒　　絕　我不認為該團體中的成員必須是屬於我們的國民

此種量表若應用於教室情境，個人選擇的距離可能存在於這些極端之間：

完全接受　我喜歡把他當作我最好的朋友
部分接受　我不介意坐在他鄰座
拒　　絕　我不希望他在我的班上

當然真正的社會距離量表有較多等量間隔的量尺位置（通常為七個），如此來進行測量接受或拒絕的情形，較為準確。上述的題目只是便於說明而提供的樣例。

作 業

一、戈特曼量表如與塞斯通式量表或李克特式量表比較，何以會被視為單向度的量表？

二、使用語意區分量表的主要目的在於測量什麼？

三、試編製一份李克特式的五點量表，以測量教師對於在小學實施外語教學的態度。

四、李克特式量表比塞斯通式量表為優的理由是什麼？

五、某位研究者為了研究國中學生對他們的教師的態度，需編製一份語意區分量表來測量此等態度，請代為編製。

六、李克特式量表與語意區分量表二者在以下兩方面作比較有何同或異？

　　1.個人反應的方式。

　　2.計分程序。

七、下列資料代表在塞斯通式量表編製程序中由200位評判者對某一項目分派的評定結果，試問分派在該項目的量表值是多少？

級距：	11	10	9	8	7	6	5	4	3	2	1
評判者人數：	0	0	0	30	50	60	34	16	10	0	0

　　　　　　　　　　　　　　　　　　　　　　　　（200）

八、下列的資料是由甲、乙二生在塞斯通式量表的五個項目所評定的量表值：

　　1.試問他們的態度分數是多少？

　　2.就喜愛的情形解釋這些分數並明確界定其態度。

　　　甲生：5.5，4.6，4.1，3.8，3.1

　　　乙生：10.5，8.2，7.1，3.9，2.8

九、下列各種蒐集資料的技術最適用什麼形式的問題以及什麼情境？

　　1.猜人測驗。

　　2.戈特曼量表。

　　3.李克特式量表。

答案：

一、塞斯通式與李克特式量表使用的陳述句涵蓋所研究之態度的各個向度。戈特曼量表發問的問題限於對單一主題的反應程度，故被稱為單向度的，因此該量表為累積式的；亦即某人同意該量表上的某一項目，便可預測他會同意在該量表該項目以下的所有項目。

二、語意區分量表在於測量某人對某一概念所賦予的內涵意義。

三、略。

四、1.李克特式量表較易編製；2.如有相同項目數，李克特式量表比較可信。

五、略。

六、李克特式量表是使用個別項目的量尺；通常包含4～5點，各點間距被認為相等，應答者對個別項目反應。語意區分量表包含一系列意義對立的成對術語（通常是形容詞）；每一對位在量尺（連續性量尺）的尾端，通常有七或九個間距。填答者應要求就（代表某一概念的）字或成語，作一判斷。

七、5.17。

八、甲生的平均數為4.2，中數為4.1，表示中度的喜愛態度，他的選擇呈現的量表值彼此接近，顯示一致性。乙生的平均數為6.5，中數為7.1，表示持稍不喜愛的位置；量表值的擴散，表示態度未趨明確。

九、略。

第 7 章

研究計畫的撰擬與評鑑

在研究的過程中，一開始就準備一份研究計畫（research proposal or research plan），似乎是一個重要又不能免掉的步驟。蓋在許多機構，在認可任何方案以前，需要審查研究計畫。研究生撰寫學位論文，在徵得指導教授認可以前，仍先得陳示研究計畫。這份研究計畫，是提供評鑑方案的基礎；亦是指導教授在指導論文撰寫時間，提供可能協助的依據；它也為研究者應遵循的程序與採取的步驟，提供有系統的安排。

研究計畫好比藍圖，藍圖是建築師為工程開標與施工前準備的。研究計畫，最初由學生撰寫，並經指導教授、或口試委員分析、修正後方可告定案。對於一個研究生而言，撰寫研究計畫，可能是他面臨考驗與發揮才智的開始，一般說來，研究生的研究計畫，常要經過數度易稿，才告定案，其較妥當的作法，不外先將研究計畫分送同學、該領域的專長教授、指導教授，請他們作毫無保留的批判，最後依據此等意見，在指導教授明智的指引下，修正定稿，這種作法雖仍難達到無懈可擊的境界，至少應是較為完備、缺漏較少的，也正是訓練研究者接受合理意見之雅量的難得機會。但是這樣完成的研究計畫，仍然是暫時性的，因為在研究計畫中出現的文獻探討，是尚未完備的，須在研究工作進行中，不斷予以充實。

第一節　量的研究計畫大綱

一份（量的）研究計畫，究竟應包括哪些內容，迄今尚乏一致的看法，但如能包含如圖7-1所示各項，應是較完備的大綱。

從圖7-1所示可知，任何研究計畫應有封面頁，從封面頁得知該項研究的初步訊息，包括擬提出的研究題目名稱、研究者的姓名、執行的單位或機構、或獎（資）助單位或機構的名稱。研究人員的簡歷包括研究人員的經驗、教育程度、著作，及參與研究計畫所要擔負的工作。封面頁、預算和研究人員簡歷雖非研究計畫

的主體，但仍有其重要性，封面頁一定不可缺，其餘二者則視是否申請外界資助以決定有無必要列入，如未申請資助，自無列入必要。如圖7-1虛線間的部分屬於研究計畫主體。本書將預算併入，而把各章節逐項說明於後。除此之外，有關研究計畫的一般大綱，在國內通常包括論文的前三章，即緒論、文獻探討與研究方法。

圖7-1

量的研究計畫的一般大綱

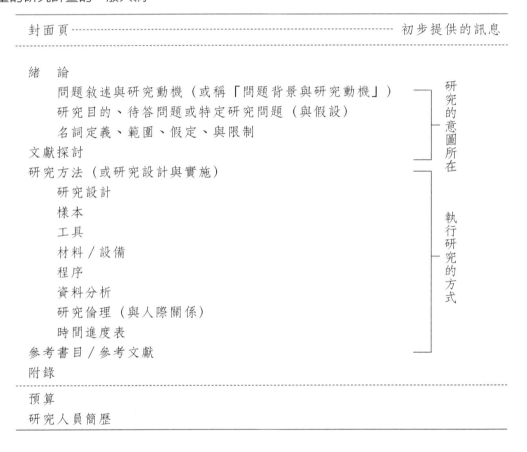

壹、緒論

緒論一章包括問題敘述（或稱「問題背景」）與研究動機，問題的重要性，名詞定義、假定、限制與範圍，（有關）文獻（的）探討，假設等。

一、問題敘述與研究動機（或稱「問題背景與研究動機」）

此一部分詳細分析，主要包括研究問題的背景敘述，揭示欲研究在此背景下所要探究的存在問題，而激發研究的動機。是以問題背景的闡述是進入待解的問題的

起點，從而引發研究者解決問題的動機，其間段落宜求分明，層次井然有序，不宜鬆散。

總括來說，本項至少應具有如下四項特徵：

1.撰寫本段落的文字應避免艱澀，力求清晰、通俗爲妥。

2.問題的範圍應與研究報告，或學位論文有關。

3.問題須與現有理論或相關研究有關爲限，避免妄作假定，或敘述未經支持的主張或觀點。

4.敘述的問題應與以後的假設，有邏輯上的關聯。

二、研究目的、待答問題或特定研究問題（與假設）

研究通常爲了解決問題，而揭示研究的目的，但是目的比較抽象；是以爲了達成研究目的，須繼續針對所提出的各項目的，提出對應的研究問題或待答問題。

研究的問題如以須採實證研究的問題來說，值得研究的問題至少須具備如下四個特徵（Cf. Tuckman, 1999）：

1.必須涉及兩個或更多變項間的關係。

2.必須是清晰而非含糊的陳述。

3.必須能以實證方法考驗，亦即被問起的問題，可藉蒐集得到的資料，加以解決。一般而言，研究問題隨研究目的而來。

4.必須不是代表一種道德的或倫理的觀點。

研究問題多採陳述式的敘述，但也常採待答問題（questions to be answered）或特定研究問題（specific research questions），要求的問題式的敘述。這些敘述既是根據研究目的而來，即在爲研究過程提供方向、限制範圍，終而達成可能的結論。有關研究問題或待答問題的提出，會在大的敘述（major statements）之後，視需要再接著寫出小的敘述（minor statements）。

問題暗示具體的答案或結論，通常存有意見的爭論或差異；如涉及因果關係可能以學理或以前的研究發現爲基礎；又個別的觀察與經驗可能成爲問題的基礎。有關研究或待答問題敘述，如以待答問題敘述的一些例子如下：

1.上過幼兒園的兒童比沒有上過幼兒園的兒童在小學一年級表現較佳的學業成績嗎？

2.參與中學競爭性運動會影響學業成就嗎？

3.獲知參與實驗會影響參與者的閱讀成就嗎？

這些待答問題的敘述不僅涉及資料的蒐集，也暗示了答案或結論，並爲研究活動揭示了焦點。

在上述的待答問題敘述之後，尚可據以提出小的敘述的待答問題，且經常以具體的待答問題呈現，如前引1.，可提出以下更具體的問題：

1.幼兒園兒童接受寫字訓練的情形如何？

2.上過幼兒園兒童比沒有上過幼兒園兒童，在哪些科目的學業成就，有較佳的表現？

敘述研究只要研究目的之後，接上待答問題或研究問題即可，但實驗研究和相關研究則須再列出假設，以求一貫；Gall, Gall和Borg（2010）以為基本研究的主要目的，在於透過發展良好理論，以深化對現象的理解，而主張基本研究要比應用研究常使用假設。有人主張假設宜置於緒論一章中的研究目的、待答問題之後敘述，但亦有人主張假設宜在文獻探討之後、或在研究方法一章中（Creswell, 2014）呈現。

每項假設代表對某些行為、現象，或事件提出的合理的解說，這些假設須能明確、簡要敘述研究中有關變項之間的期待的關係或差異，涉及的變項通常以操作性，可測量名詞界定之，有關這個部分即通稱名詞的操作性定義，各變項的操作性定義通常併入「名詞定義」內界定，或置於本節一併介紹均可。此外，每項假設，須在一段合理期間內可以考驗者為妥。

此處，試就問題的敘述、假設的陳述、名詞的操作定義，以至有關變項的確認，提出舉隅式的說明，以增進讀者的了解。

問 題 敘 述：材料形式、年齡、性別以及問題的複雜性對概念獲致任務之表現的效果研究。

假　　　設：

1.使用圖形材料與語文材料個人在概念獲致任務上的平均表現沒有差異。

2.年齡組距在二十至二十五歲與二十六至三十歲個人在概念獲致任務上的平均表現沒有差異。

3.男性與女性在概念獲致任務上的平均表現沒有差異。

4.包括兩個與三個關聯向度的概念獲致問題，難度相等。

操作性定義：由於概念獲致任務相當具體，毋須細述，但執行本研究所需的部分程序，須作描述。

1.材料形式：圖形材料是含蘊著概念的3×3圖形卡；語文材料係指與圖形卡對應的3×3語文描述卡。

2.關聯向度：與解釋概念的所有卡片共有的特徵（向度可能指的是硬的邊）。

3.表現：獲致概念所需的時間，以分為單位計算。

4.問題的複雜性：概念中關聯向度的數目；數目愈大，問題愈複雜。（年齡與性別已在假設中以操作性方式界定）

由此可知，操作性定義涉及的名詞涵蓋問題敘述、待答問題，以及假設敘述中

的名詞在內，這些名詞界定，固可留在此敘述，但多納入緒論的「名詞定義」部分
界定，但它必須緊跟在研究目的、待答問題或假設之後。

自變項	依變項
材料形式	獲致概念所需的時間（分）
年齡（機體變項）	
性別（機體變項）	
問題的複雜性	

可能的控制變項	可能的中介變項
性別	個人的普通智力（機體變項）
年齡	個人的空間關係技巧（機體變項）
	實驗者施測任務的效率與準確性

三、名詞定義、範圍、假定、與限制

撰寫研究計畫（或研究報告）時，須將有關的名詞作明確的界定，此類名詞，
大抵限於研究題目、研究問題、待答問題或假設中出現的為限；否則，勢必難以將
所有名詞一一包括在內。名詞有了明確的定義，研究者所欲傳遞給讀者的字、詞，
始不致遭到誤會或歪曲。

研究者對於名詞定義（definition of terms），皆不逾現有的用法與知識為度，
一方面能使這些名詞真正能顯示出研究者所欲表達的意義；另一方面正確的名詞定
義也負有將該意義傳遞給讀者的功能。每個研究的領域皆含有許多經過界定的名
詞，但是所有的物體、概念等的定義之界定，卻有難易之別；有的比較簡單，如要
傳遞黃顏色的意義讓人知悉，只要提示一件黃顏色的物體，即可達到目的；有的卻
是相當困難，如要傳遞焦慮的意義，便是如此，焦慮是指處於某種條件之下的有機
體，所可能承受的特徵，並由行為而非由物理特徵中，顯現而出。

有些東西，經由重複使用與共同經驗，自然可按其性質界定。直接經驗得到的
許多東西毋須界定，因為東西本身的名稱即是表達了正確的意義。此外，其他的物
體與概念，可能是須作合適界定的名詞。物體可按其具有的、可供觀察的特徵界
定。例如響尾蛇即是可以觀察的特徵界定，如：其尾部具有會發出嘎聲的發音器
官、蛇皮的顏色組型等特徵皆是。

當然，所有須作界定的對象，不一定具有可供觀察的物理特徵，來加以列舉與
確定。例如抽象概念的界定，便須同時使用抽象的名詞和操作的方式，予以處理。
前者即是此一概念的概念性定義（conceptual definition）。

概念性定義亦稱結構界定構念（consitutively defined construct）、結構性定義

（constitutive definition），係指較正式的定義而言，即用其他的名詞來界定某一個名詞。如智力被界定爲抽象思考的能力，認知被界定爲涉及知曉或覺察的歷程。這種類型的定義，用以傳遞爲研究者所感興趣之現象的一般性質，以及用以揭示其與使用類似概念的其他研究和理論的關係。結構性定義在於闡明所描述的名詞，並可協助吾人深入了解該名詞所描述的現象。然而，若吾人欲執行一項研究，勢必要把這些概念或名詞，轉譯成爲可觀察的事件。

把概念或名詞轉譯成可觀察的事件此種定義的形式，是謂操作性定義（operational definition），這種定義在研究過程中，極爲重要。因爲科學家或許可站在理論的層次，處理像學習、動機、焦慮，或成就此等概念，但要著手實證研究以前，務須決定以某些可供觀察的事件，來代表那些概念，方可進行。科學家以操作方式界定某一概念時，須選用可用以分辨的事件，作爲抽象概念的指標，並且設計操作，俾取得與概念有關的資料。職此之故，操作性定義因而與操作有關，研究者藉著操作，以測量概念。例如智商（intelligence quotient）可操作界定爲：在某種智力測驗上的得分。自我適應（self-adjustment）可界定爲：以郭爲藩所編「自我態度問卷」施測之得分高低，表示自我適應狀況的優劣。創造力可界定爲：在明尼蘇達創造力測驗（Minnesota Test of Creativity）上的得分等。

範圍（delimitations）是指該研究的疆界。一項對少數民族態度的研究可能僅涉及中階層的五年級學生，因此其結論便不應延伸至樣本所屬的母群體之外。

假定（assumptions）係指研究者相信可能是事實但無從證實的敘述。如研究者可能敘述如下的假定：參與觀察者在教室三天之後，將與學生建立和睦關係，而且不會對有待觀察的行爲產生反應性的作用。

限制（limitations）係指研究的對象如取自有限的樣本，其結論只適用於這些樣本所屬的母群體，而無法超越非樣本所屬的其他母群體。根據某情境獲得的研究結果，亦不可妄以推衍至其他情境，凡此均有必要在研究計畫中，提出明確的說明。

有的學者認爲本項只取名詞定義即可，其他的假定、限制可以省略，範圍則留至方法一節中敘述。

貳、文獻探討

文獻探討或稱相關文獻探討（Review of related literature），須爲研究者擬提出的假設，提供合理的基礎。最後須就文獻部分提供簡略的提要及其涵義。有關文獻探討的各個細節，已見諸本書第3章，茲不重述，請自行參閱。

參、研究方法

研究方法在國內亦有人稱之爲「研究設計與實施」。任何研究的特定方法或研究設計將影響這一部分的格式與內容。如果實驗研究的方法，需要描述實驗設計

（experimental design），如為敘述研究的方法，可將設計與程序併而為一。惟就一般通例，研究方法一章包括描述研究設計、樣本、測量工具、程序等在內。

一、研究設計

研究設計是研究者對其所選用之設計而作的描述，如敘述研究、因果—比較研究、相關研究、實驗研究、個案研究、行動研究等設計。必要時可將研究架構圖納入，以標示該研究所要探究之諸變項間的關係。

若採用的是屬於量的研究設計，須提及影響該項研究的內在、外在效度的因素，以及研究者如何防範或減弱這些影響因素的力量，如以某一實驗研究為例，說明如下：

本研究採隨機化僅為後測控制組設計（randomized post test-only control group design）（如圖7-2）。本研究設計可以控制多項影響內在效度的因素，且盡可能隨機分派受試者於各組。為了檢核各組在接受處理之前是否相等，早在今年春季已測得史坦福成就測驗分數，可供採用，毋須另實施前測。惟影響本研究設計的主要潛在因素為中途亡失，此一影響因素，將隨著研究期間各組人數維持固定，而不致發生問題。至於影響外在效度而言，由於本研究採自某一市立國中的隨機樣本，至少可概括該市轄屬的其他國中，以及具有類似特徵的其他縣市所轄屬的國中。

圖7-2
隨機化僅為後測控制組設計

組別	分派方式	人數	處理	後測
1	隨機	25	家長控制看電視時間	史坦福成就測驗
2	隨機	25	學生控制看電視時間	史坦福成就測驗

若研究設計在性質上屬於質的研究，研究者則要提及用以評判影響研究結果可信性和可概括性的規準。如無可用於判斷的規準時，亦須加以註明。

二、樣本

對於參與研究的個體，通用的稱呼為樣本或稱受試者（subjects）、研究對象，或參與者（participants）；近年來使用參與者一詞的情形，愈來愈普遍；但在實驗研究中，長久以來則多稱為受試者或樣本。此一段落包括界定母群體（標的母群體）、較大群體（可接近母群體），以及從中選取的樣本。對母群體的描述涉及母群體的大小與主要特徵。選取樣本的方法（參見第4章）也需作描述。

三、工具

測量工具包括取自現成的或由研究者自編的兩種，如在一項研究中同時包括現

成的與自編的測量工具，宜分開且作詳細敘述。無論自編的或現成的工具有兩種以上時，均需各自分列。

對現成的工具的描述須提出選用的依據、工具的效度與信度資料。如：「史坦福成就測驗Stanford Achievement Test：以算術測驗（7.0～9.9等級）作為蒐集資料工具。其折半信度係數依報告指出為.86～.93；評述者同意它具有高的內容效度……。」惟工具屬於自編，只須描述發展該工具的方法、所要測量的內容、在真正運用前欲評鑑其信度與效度的方法。

四、材料／設備

如有待發展特殊的材料（如小冊子、訓練手冊、編序單元或電腦程式），應在研究計畫中詳細提出說明。若在研究中需運用特殊的設備（如電腦終端機），亦應加以描述。研究者若將使用電腦終端機，應予以描述。

五、程序

程序部分係指依序描述執行研究過程中，自始至終所遵循的全部步驟；程序部分一開始在於描述選擇研究樣本的技術（或方法）。通常所使用的母群體數以及隨機分派至各組的人數，也需有所說明。這些內容有時候已在樣本部分敘述，此處就宜予以省略。

如果設計包括前測，接著要描述實施前測的程序，即包括施測時間及方式在內。對於實施後測的程序亦同。

程序部分亦可包括假定與限制在內，如要將假定與限制在此列入，則前面的「假定、限制」可以省略。

程序部分宜盡可能細述，如有新的名詞導入，宜予界定。茲將程序的敘說舉隅如下：

在1989至1990學年開始編班以前，從小學二年級的152名學生中隨機選取50人，隨機分派於兩組，每組各25人，自成一班。隨機選取其中一班，要求其家長控制看電視的時間。原二年級的6位教師，有兩位的教育程度與教學經驗相近，選來教導該二班學生。以擲幣方式決定其中一位教師執教實驗組，另一位教導控制組。

開學的第一週，發出「同意參與實驗函」予實驗組學生的家長，函中簡述研究的性質、對家長的期待，以及家長支持與合作的重要性，並請家長於十日內擲回同意函。9月的第一週邀請實驗組學生家長參加一個小時的講習會，且每位學生至少有其家長（或監護人）一人出席。由於沒有辦法找到家長都能參加的方便時間，因此該講習會舉辦兩次，一在星期五晚上，另一在週六上午。兩次講習會的形式與內容盡可能求其相似。本研究的目

標與性質宜向家長解釋，並要求他們限制子女看電視的時間，每天不逾二小時，每週最多十小時。對控制組學生家長則不作如是的處理或安排。

在本學年度，兩班被視同同一班處理，所有學生接受相同的課程，分派相同量與形式的家庭作業，接受閱讀指導的方式，宜力求相同。

4月的第三週，對全校學生實施史坦福成就測驗。接著，發函給兩組學生的家長，請他們估計其子女在過去七個月期間，平均每週看電視的時間，用以決定實驗組學生耗在看電視的時間是否減少……

六、資料分析

資料分析亦稱統計分析（statistical analysis），即針對用來分析研究資料的統計技術，予以描述。一些敘述研究的資料分析，可能簡單列表，提出結果而已！但多數的研究，可能需要運用多種的統計方法，因此事先確認合適的分析技術，便顯得格外重要。一般而言，研究的假設決定研究的設計，設計接著決定統計分析，即資料的統計分析，須針對每個研究問題、待答問題或假設，分別提出統計處理的技術，以為呼應。惟哪種分析技術可選來分析資料，需視許多因素而定，諸如分組的方式（隨機分派、配對或運用現有的組）、有多少不同的處理組、有多少自變項，以及資料的類別（等距、等比資料）。

七、研究倫理（與人際關係）

該項研究是否有風險，如有，研究者有無告知受試者？又研究者採取哪些步驟來減弱這些影響因素，須予以註明。又該項研究有無經過相關單位的認可或同意後實施，如有，宜將此一認可過程加以描述。（另須提及研究者如何獲允進入研究場所以及如何徵得研究參與者的支持與合作。）一般在教育研究領域倡導的研究倫理，亦宜以重視，如：研究者的專業能力是否足夠？研究者是否誠實、公正，並尊重參與者著手研究？研究者是否尊重參與者的權利、尊嚴和多元性？研究者是否須善盡責任把科學研究成果公開？國內目前有許多大學或研究機構如國立彰化師範大學、中國醫學大學等已經取得政府認證，可以辦理倫理審查。研究者可以將研究計畫提送這些倫理審查機構，依研究所需的倫理需求規範，進行不同程度的審查，一般而言，可以分成完全審查、簡易審查及免於審查三種層次。

八、時間進度表

時間進度表的擬訂，在於促使研究者估計他完成研究所需的時間：一則顧慮研究者本身的能力；二則可督促研究者將自然的拖延，減至最低程度；三則可協助研究設計趨向系統化，掌握完成每一部分任務所需的時間。

由於學術的研究設計常涉及時間的限制，須如期提出完整的研究報告，因此這

種預先規劃的進度表，列有固定的期限，非常重要。指導教授常要求研究生列出一份明細的研究進度報告表，這份表可視同一項刺激，以協助研究生朝向有系統的目標前進。

時間進度表主要包括兩項：一為列出擬進行研究的主要活動，二為與期望完成每項活動所需的相對時間。編繪該圖常使用甘特圖法（Gantt chart method，亦譯甘梯梅圖法）。甘特圖將有待完成的活動列在一頁的左邊，由上而下排列，把整個計畫涵蓋的時間置於該頁上端橫列，採用棒狀圖標示每項活動起始至結束的日期，如圖7-3所示。

圖7-3
甘特圖示擬進行的研究時間進度表

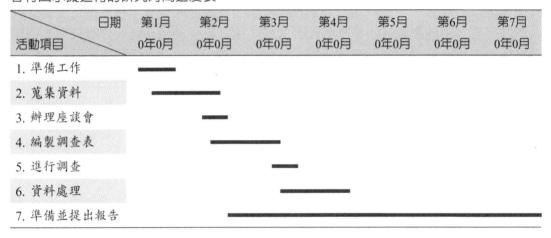

肆、參考書目或參考文獻

參考書目或參考文獻之寫法與格式，請參考第21章。

伍、附錄

通常包括研究者發展的工具（初稿）、複雜的圖表、獲得原設計者同意複印的工具（或樣張）、樣本、信函、文件、儀器設備一覽等資料。但如無使用此等資料時，附錄可省去。

陸、預算

送交政府或私人基金機構的研究計畫，希望徵得經費的支援，通常都要列有一份暫時性的預算表。預算表的細目依補助單位的規定而有出入，惟大都包括人事費、文書費、旅運費、郵資電話費、設備費、行政管理費、雜支等，如圖7-4所示。

圖7-4

擬進行研究的預算舉隅

直接費用	金額
人事費支出	
主持人（○個月，每個月○元）	……
研究助理（○個月，每個月○元／人）	……
秘書（○個月，每個月○元）	……
	小計……
其他支出	
旅運費	……
教材印製費	……
文具紙張費	……
郵電費	……
影印費	……
圖書購置費	……
電腦處理費	……
	小計……
總計：直接費用	……
雜　支（直接費用的8%）	……
總經費	……

第二節　質的研究計畫大綱

壹、一般質的研究計畫

　　質的研究計畫（qualitative research proposal）具有的獨特性程度，端視初步工作（獲允進入場所或訪談個人，以及預覽檔案庫）如何而定。質的研究計畫可能比量的研究計畫更為暫時性，並容許緊接著的設計。

　　質的研究計畫一般的體例，大致包括以下各項：

1.緒論

　(1)一般的問題敘述。

　(2)初步的文獻探討。

　(3)預示的問題。

(4)擬提出之研究的重要性。

2.設計與方法

　(1)場所或社會網絡的選擇。

　(2)研究者角色。

　(3)合目標抽樣策略。

　(4)資料蒐集策略。

　(5)資料管理與分析。

　(6)設計的限制。

3.參考文獻。

4.附錄。

為了了解本類研究計畫的撰擬，僅簡述如下：

一、緒論

依前面格式所述可知，本部分可再細分成四項：

1. **一般的問題敘述**（general problem statement）：對研究問題以簡潔、清晰方式陳述，俾使讀者能夠認定該問題的重要性及其在教育領域中的位置。一般的問題敘述緊接在問題的背景之後。典型上，一般的問題敘述在發現取向中，「描述與分析」進行中的事件或過程。

2. **初步的文獻探討**（preliminary literature review）：說明在提出所描述預示的問題時，「可能」使用的概念架構，以及需確認我們的知識或以前的研究中需待研究的缺失之處。文獻探討雖無法周全，但是初步的文獻探討可使研究一開始的觀察與訪談，有著初步的聚焦。

3. **預示的問題**（foreshadowed problems）：是以廣泛的、期待的方式，敘述研究問題，但該問題尚待在田野中重新形成。這些問題是根據研究者所知，在場景或訪談伊始就可能發生之事件的一般性、初步的資訊而來。

4. **本研究可能的重要性**：描述研究可能在增進知識與理論的發展、提供進一步研究與改善教育實際方面有所貢獻。大多數質的研究計畫建議進一步研究的可能性。

二、設計與方法

1. **場所或社會網絡的選擇**：場所選擇係以解說研究現象的適當性的名義來予以描述。重要的是要對場景的特徵加以描述，例如：公立或私立機構、典型的活動與過程、參與者的類別等。選擇的社會網絡要加以描述，乃在於認定團體成員容易被告知預示的問題是合理的，透過與成員個別接觸所引發出來的可能資訊和預示的問題之間，有著邏輯關係存在。

2. **研究者角色**：研究者在此時描述資料蒐集時的角色，為參與者的觀察、觀

察者的參與或為訪談者。由於研究者角色影響交互作用資料蒐集的關係，因此角色一項在資料蒐集期間，應盡可能以期望的社會關係或角色組描述之。進而言之，研究角色須適合於預示的問題。

3. **合目標抽樣策略**：合目標抽樣的意向或稱為立意抽樣（purposive sampling），在於獲取資訊豐碩的小樣本、社會情境或過程的個案。在研究計畫中經常指定的例子是綜合取樣、最大變異抽樣、網狀抽樣以及聲望個案選樣。其他的抽樣策略如極端個案、典型個案、獨特性個案以及關鍵個案，通常均在田野中運用，以配合演化的研究焦點，有關該部分請詳參第14章第三節。

4. **資料蒐集策略**：雖然在田野顯現特定的資料蒐集策略，但是使用多種方法的意向須能表示出來，以確證資料。研究蒐集資料將可採用的策略有：參與觀察、人種誌訪談的形式、期待在田野蒐集得到的人工製品。有些人種誌者在預示的問題中，為每個研究焦點，確定了若干資料蒐集的策略。研究者也陳述預期駐守田野的期限，有待觀察之事件的天然疆界。人種誌者也會提到記載資料的方式，如田野札記、摘要觀察，以及訪談記錄、草稿與細節。由於蒐集得到的「豐」、「厚」資料可以歸成資訊「堆」，是以人種誌者有時候要敘述歸類、儲存和檢索資料的方式。

5. **資料管理與分析**：包括描述在田野以暫時性分析、編碼和發展類別、以及組型匹配技術，來助長發現的策略。有時候，也要描述資料管理的軟體程式。

6. **設計限制**：此時要確認的限制包括：研究範圍、方法與設計。方法與限制涉及設定之研究者角色、執行合目標抽樣、以及執行觀察與訪談可能遭遇的困難。雖然得自一個個案研究設計的發現，是不能概括化的；但是沒有個案研究設計，其他的研究目標可能無法完成。研究者討論他們所想要用來減弱影響效度的因素、研究者偏見，以及結果的推廣應用之策略。

三、參考書目或文獻

參考文獻或書目的寫法與量的研究的寫法相似。

四、附錄

質的研究計畫中的附錄可包括如下各項：

1.獲允進入場所的同意函。

2.關鍵參與者獲知受試者權益的同意權。

3.在社會網絡獲取告知同意的協議書。

4.有關田野札記與訪談記錄的簡要假設性例子。

5.從試驗性研究中取得幾頁編碼的草稿或田野札記。

6.透過社會網路或從現場，取得已知可用的記錄與人工製品一覽表。

7.提出完成該研究的時間進度表。（王文科、王智弘，2002；McMillan & Schumacher, 2010; Mills & Gay, 2016）

貳、歷史研究計畫

歷史研究的計畫的一般格式與其他的計畫，除了因將焦點置於過去事件，使用檔案蒐集文獻，而在方法上略有變異外，其他各項大抵類似。歷史研究的計畫所包含的要素如下：

1.緒論
    (1)一般的問題敘述。
    (2)初步的文獻探討。
    (3)專門研究歷史的問題。
    (4)擬提出之研究的重要性。

2.設計與方法
    (1)個案研究設計。
    (2)資料來源：查尋、選擇與鑑定。
    (3)歸納資料分析。
    (4)設計的限制。

3.參考書目或參考文獻。

4.附錄。

茲將歷史研究計畫的要素，簡述如下：

一、緒論

1. **一般的問題敘述**：清晰而精確的陳述研究問題，俾使讀者能夠認定問題的重要性及其涉及的教育領域。問題的直接陳述，宜置於描述問題的背景之後。歷史研究的問題敘述，通常要涉及期間（如八年抗戰、第二次世界大戰以後等）、地點（如中國大陸、某省、市或縣）、人物、運動或組織（如蔡元培、晏陽初、平民教育運動）。問題的敘述針對過去的現象，反映出一種發現取向。

2. **初步的文獻探討**：提出至目前普遍被知悉的問題，以作為該項研究的理論基礎。由於歷史研究為發現取向的，因此文獻探討可能無法廣博。在相同的歷史期間，以前對其他主題的研究、在另一個期間以前對類似問題的研究，或使用其他的檔案蒐集而對類似問題所作研究，皆可提供歷史研究計畫的理論基礎。文獻探討也討論一項運動的歷史根源。

3. **專門研究歷史的問題**：敘述專門研究的歷史的問題之後，須對主要的概念或名詞，加以界定。因為歷史的問題常依概念予以描述，因而對這些概念，須作進一步的界定。有時候在研究計畫中，僅作問題的敘述，而專門研究的問題則出自文獻分析而得。

4. **擬提出之研究的重要性**：從(1)發展知識，以及(2)進一步研究與教育實際啟示的名義，提及本研究的重要。研究者討論分析結果，何以能增進我們對歷史的期

間、人物或組織的了解。對教育實際的啓示以一般的術語予以解釋，引述對過去的了解如何影響教育的實際工作者以及決策者。

二、設計與方法

歷史的設計與方法包括：查尋、選擇，和資料的鑑定、歸納資料分析，以及提出事實與概括性和設計限制。

1. **個案研究設計**：由於史學者了解方法論，「個案研究設計」可能僅包含在問題的敘述、專門研究歷史的問題，以及設計限制之中。

2. **資料來源**：查尋、選擇與鑑定：研究計畫的方法部分，雖然描述經過計畫的查尋、選擇以及鑑定資料，乃是重點之所在；惟在撰寫研究計畫時，僅敘述查尋的架構以及資料的選擇即可。

歷史研究者在撰擬計畫期間如果已將資料查尋妥善，通常要列出主要史料，當然這些史料並非周全，在研究過程中，他仍須繼續探索，以趨完備。

所有的主要史料，未必與研究問題有關，因此明確陳述具體的歷史的問題，便蘊含著所選取的主要史料與其相關的程度。有些研究者願意在研究計畫中，公開此種選擇的過程，有些研究者則願意在做研究時，始公開這些決定，然後在眞正的報告中，描述該選擇的過程。

多數的史學研究者希望能使用內在與外在的鑑定技術，以期同時獲得有關的資料，以及從這些資料中攝取有效的事實內容。

3. **歸納分析**：由於歸納分析是建立在對文獻採取初步分析的基礎之上，而且是一種循環的過程，因此研究者在計畫中無法敘述的很具體，但是他可以計畫以一般分析方式，提出暫時性敘述。擬議中的一般分析方式宜與研究目標有關，如原始資料的編排、提供描述性的敘述、採解釋性分析、採比較分析均屬之。

4. **設計的限制**：（或在問題的敘述與資料的選擇中蘊含的限制）如果公開陳述設計的限制，大致包括：研究的範圍、設計與方法。如果將特定的歷史問題加以敘述，即蘊含範圍的限制。爲了探查經過仔細描述的問題，須要了解設計，即使是個案研究亦然。此外，方法的使用不當，也可能構成限制，以致無法蒐集有關的檔案資料或安置已獲致之資料。惟有的研究者認爲這些限制，在撰擬研究計畫時，常無法獲知，只能等到實際進行研究時，方可提出。

三、參考書目或文獻

參考書目係指研究者在撰擬計畫時，眞正使用的所有來源：主要史料、次要史料，以及提供背景的史料。至於參考書目的寫法雖然有的也採用APA（美國心理學會）出版手冊的格式，但是多數的學者比較偏好*芝加哥格式手冊*（*The Chicago Manual of Style*, 17th ed., 2017, Chicago: The University of Chicago Press）或哈佛法律評論學會（Harvard Law Review Association）的*The Bluebook: A Uniform System* *of Citation*（[20th ed], 2015, Cambridge, MA）。

四、附錄

大致包括：

1.獲允使用檔案庫資料的函件。

2.檔案庫資料之內容的描述。

3.擬完成該研究的時間表。

參、混合法研究計畫

混合法研究計畫的體例與量的和質的研究的邏輯以及角色一致，其大綱如下：

1.緒論

　　(1)一般的問題敘述。

　　(2)文獻探討。

　　(3)研究問題。

　　(4)重要性。

2.設計與方法

　　(1)邏輯。

　　(2)參與者與抽樣策略。

　　(3)研究場景或脈絡。

　　(4)資料蒐集。

　　(5)程序。

　　(6)資料分析與結果。

　　(7)限制。

3.參考文獻

4.附錄

茲將混合法研究計畫涉及的要素簡述如下：

一、緒論

須有一般問題的敘述、文獻探討、與（包括特定的問題和一般性的預示問題在內的）研究問題。研究的重要性，經常以基於方法上的需求和問題探討的需求而提出，亦即有需要確認使用混合法研究的合理性，與其有比單獨使用量的或質的研究設計為佳的理由。

二、設計與方法

本章重要的起點，在於解說採取探索性、解釋性、或三角交叉設計的邏輯。一旦邏輯清楚，接著所要提出的參與者，適當的抽樣、策略、工具、程序與資料分析

等，須與研究設計的性質一致。問題也要做適當的區分並安排在方法一節中。研究強調的重點要先提出，接著才提出研究的其他面向。每一種主要的研究方法包括的資訊，詳見已列在本章量的和質的研究計畫所採方法部分所摘述的內容。其間的差異在於：沒有像量的或質的研究計畫寫得那麼詳細。

擬提出來的資料分析與研究結果和研究設計性質的順序相同，重點是研究問題要和分析配合，以便能清楚了解問題如何得到回答。通常最佳的作法是把所有的每一種（質的或量的）研究方法均加以處理，而不只是同時描述這兩種的抽樣、資料蒐集、程序與分析。

限制應在研究的每一個階段加註，導源於同時使用量的和質的研究方法所造成的限制，也要另做考量。

三、參考文獻

同時納入質的和量的研究文獻，不要區隔開來。

四、附錄

附錄的排序，要配合材料在設計中出現的順序。

第三節　研究計畫的評鑑

壹、評鑑的規準

評鑑研究計畫的規準，除了另有特殊者如預算的合理性以及符合相關論文發展的規準，如APA格式之外，大致集中於兩項特徵：一為擬提出之研究的重要性，二為擬提出之研究的品質。在評鑑研究計畫時，涉及該兩項特徵的各種有待考慮的問題類別，分述於下：

一、擬提出之研究的重要性方面，待考慮的問題

1.對與解決教育問題有關的基本知識的貢獻。
2.對教育理論的貢獻。
3.對發展教育實際或研究的方法論的貢獻。
4.對解決長期或短期教育問題的貢獻。
5.期待的結果可能的概括性。
6.期待的結果對改進教育實務與應用的可能性。

二、擬提出之研究的品質方面，待考慮的問題

1.研究者顯示對以前有關研究的知識，透徹了解的程度。

2.以前的研究與擬提之研究的關聯程度。

3.研究設計的完整性與適當性。

4.工具與方法（論）適當性。

5.期待使用的分析的適當性。

6.擬提研究成功達成的可能性。（Wiersma & Jurs, 2005, 2009）

貳、評鑑的程序

評鑑研究計畫同時採用正式的程序與非正式的程序兩種，後者涉及對計畫的評述與批判，前者涉及的初步的試驗性研究（pilot study，註）中進行實地的測試（field tested）。

一、非正式的評鑑程序可採用如下的具體作法

1.撰擬計畫本人，在完成計畫數日之後，重讀該計畫，常會突然發現至為明顯的瑕疵或缺點，可以及時修正。

2.將撰擬完成的研究計畫初稿，送請有技巧的研究者以及計畫涉及之領域的專家，至少各一人，懇請他們就問題的確認，以及研究方法的改進方面，提供建議。亦可參考「壹、評鑑的規準」所列細目作非正式的評鑑。

二、正式的評鑑程序可採用如下的具體作法

此處所述內容，亦在說明試驗研究的性質。

1.以量的研究計畫而論，依照研究計畫涉及的方法與資料分析程序，採大規模的實地試驗研究，逐一付諸執行，剛開始作研究者可從中獲得有價值的經驗。通常試驗研究的範圍愈大，與「真正」要進行的研究愈相似，愈容易掌握與確認可能存在的問題，如未經控制的變項以及資料處理過程不當等。

2.以量的研究計畫而論，採小規模的實地試驗性研究，以小樣本為對象所得之結果，可用以修正工具施測、計分流程以及分析技術的運用等。

量的研究計畫常依據試驗性研究結果予以修正、假設、觀點、統計或分析程序，或可以減少處理誤差、根據試驗替代技術選擇其中最佳者；甚至有些計畫須作徹底翻修才行。除了基於時間限制的考慮之外，大規模試驗性研究，常因缺乏樣本而無法進行。至於質的研究計畫的評鑑，除了試驗一項外，大抵與評鑑量的研究計畫的方式相似。又試驗性研究通常在研究計畫為學位論文考試委員會認可後執行。

註：為了寫好研究計畫，在撰擬計畫之前，須將研究技術進行初步測試以確定其可行性、工具是否適當，並盡可能將之擴充為試驗性研究（pilot study）。在試驗性研究中，整個研究程序，包括：分析蒐集得到的資料，遵循所要研究的程序進行。試驗性研究的樣本數較少，如正式研究樣本為20人以上，無論

是質的或量的試驗性研究的樣本2至3人便已足夠；但如要發展成就測驗或態度量表的工具，為了達到符合測量的特性，可能需要好幾百位參與者。Gall, Gall和Borg（2007）指出：執行一項研究，典型上要包括以下的步驟，從中當可了解試驗性研究的地位：確認重要的研究問題、撰擬研究計畫、執行試驗性研究、執行主體研究、準備提出論文（報告）。另J. H. McMillan（personal communication, December 15, 2009）認為：不論何種研究類型，於發展地方性工具時，採行的題目、問卷等，須先經過預試（pretest），修改完成之後，才著手試驗性測試，以試驗所有程序和對工具體例作「最後定案」。

作 業

一、選擇題

1. 質的與量的研究計畫二者的相同點在於：（①對特定的研究而言具有獨特性 ②具有緒論、設計與方法、參考書目或文獻，以及必要時有附錄 ③包括相似 的文獻探討形式 ④包括相似的設計與方法一節）。

2. 質的與量的研究計畫的不同在於：（①研究設計的特定程度 ②文獻探討的性 質 ③資料分析一節 ④以上三者皆是）。

3. 質的與量的研究計畫須反映：（①演繹的方法或邏輯的推理 ②歸納的方法 或邏輯的推理 ③適合於研究計畫的推理方式 ④非理性的、直覺的推理方 式）。

4. 準備研究計畫涉及：（①使用獨特的格式與形式 ②讓打字員決定格式與編排 形式 ③在寫作時使用第一人稱 ④小心使用所需的格式與形式）。

5. 研究計畫的典型弱點為：（①問題有界限 ②擬提研究設計的問題太廣泛 ③擬提研究揭示對知識發展的可能貢獻 ④擬提研究計畫的方法詳細描述）。

二、請選擇一篇博士或碩士學位論文的研究計畫，分就本章第三節之壹所引兩項特徵涉 及的待考慮問題，予以評鑑。

三、在不參閱教科書的內容的條件之下，請依序列舉在研究計畫中所包括的步驟。

四、撰擬詳盡的研究計畫有何優點？試據以說服不主張撰擬研究計畫者的觀點。

五、有位研究生認為在為撰寫學位論文而執行實驗之前，毋須進行試驗研究，他的理由 是所做的實驗主要是複製以前已出版的研究而得，只稍作修正即可。處於這些情 況，你有無足夠的理由說明，做試驗研究仍有其必要性？

六、試驗性研究（pilot study）進行的時機如何？其目標與程序如何？試一併述之。

七、有哪些方法可用來找尋適當的研究問題？

答案：

一、1.②；2.④；3.③；4.④；5.②。

二、略。

三、略。

四、1. 寫成研究計畫容易讓專家學者提供修正的建議意見。

　　2. 研究者可能忘記執行方案的重要步驟，如預先寫有研究計畫，可避免這種情形。

五、1. 可協助該研究生發展待考驗的新假設。

　　2. 可協助該研究生發現以前的研究報告未提及的問題。

　　3. 可協助該研究生發現比以前研究考驗所使用的更有效的新程序。

　　4. 可考驗該研究對以前研究所增加的修正。

六、在研究計畫剛撰擬完成之時，可接著嘗試以準備要進行的程序，選擇一些受試者施測。其目標在於：(1)協助研究者決定該項研究是否可行，有無繼續下去的價值。(2)可用來評估用以蒐集資料的工具是否適當，有無實用性。(3)可對假設進行初步考驗，以確定是否須作進一步修正等（程序略）。博士論文研究計畫的試驗性研究，通常在研究計畫爲博士論文考試委員會認可通過後執行。

七、略。

第二篇

主要的研究方法

根據本書第1章第五節的分析得知，各家對於研究方法的分類及涵蓋的界限，未趨一致，本篇力求周全，分就調查研究法、觀察研究法、相關研究法、實驗研究法、事後回溯研究法、現象學研究法、紮根理論研究法、人種誌研究法、個案研究法、敘事研究法、內容分析研究法、混合法、評鑑研究法、行動研究法等，分別針對其定義、性質、步驟、優缺點等予以陳述，其中實驗研究法分成兩章，現象學研究和紮根理論研究與人種誌研究併成一章，敘事研究法與個案研究法合為一章，混合法、評鑑研究法與行動研究法列在同一章探討外，其餘各研究法專列一章分析。

第 **8** 章

調查研究法

調查研究的意義與類別

調查研究（survey research）的意義，各家說法不一，但多大同小異，茲綜合各家的見解（如Kerlinger & Lee, 2000; McMillan & Schumacher, 2010; Mills & Gay, 2016; Wiersma & Jurs, 2005, 2009），敘述如下：

調查研究是研究者採用問卷（questionnaire）、訪談（interview）或觀察（observation）等技術，從母群體成員中，蒐集所需的資料，以決定母群體在一個或多個社會學變項或心理學變項上的現況，或諸變項之間的關係。

調查研究目前在政治學、社會學、經濟學、心理學、公共衛生學、教育學或政府部門中，普遍被採用。

至於調查研究的類別，亦依性質、對象、期間等的不同，而有不同的種類，本書試從調查研究的目標、範圍（scopes）、材料（subject matters）、蒐集資料（data-gathering）方式、涉及的時間（time）等，分述如下：

壹、依目標區分的調查研究

調查研究依其目標而分有兩大類：

一、描述性調查（descriptive surveys）

基本上在於探究現狀（status quo），試圖測量存在的事物，但不質疑其所以存在的理由。典型的描述性調查所要探究的問題有如：教師用於準備上課的平均時間長度是多少？小學四年級學生的科學態度如何？國人平均每人每年購買多少本書？

二、解釋性調查（explanatory surveys）

為事後回溯研究（ex post facto research，詳第13章）的一種，此種調查不僅止於蒐集有關變項的資料，還要進一步解釋這些變項之間所存在的關係。解釋性調查是以在某時間蒐集的資料為基礎，解釋態度以及行為。如「教師對學科的態度與學

生對班級的滿意二者之間有關係嗎？」為探索變項間關係的例子；又如「某些在甲校的學生比類似程度而在乙校的學生，有較佳的成就之理由安在？」則為側重解釋變項的例子。

貳、依範圍與材料區分的調查研究

調查研究依範圍區分可分成以下兩類：

1. **普查**（censuses）：即對於感到興趣的整個母群體進行的調查。

2. **樣本調查**（sample surveys）：即對於母群體中的一部分進行的調查。

無論普查或樣本調查，其中有些可能限於把真實事物列成圖表，即告完成，如有多少國中生騎腳踏車上學？國中每班平均人數多少？但有些調查或普查可能用以測量態度、意見、價值、成就，或心理學或社會學的構念（或變項）。

又依調查的材料區分，有實物（tangibles）普查與非實物（intangibles）普查兩類。

如綜合普查與樣本調查以及實物調查與非實物調查，可得以下四類調查：

一、實物普查（census of tangibles）

亦稱具體變項普查（census of concrete variables）：當研究者想要尋找小的母群體如單一學校的有關資訊，以及選定的內容為具體變項之時，而進行的調查，即為實物普查，依此調查而獲得的結論，鮮有人提出質疑。如某國中校長想了解全校有多少張桌子？有多少學生騎腳踏車上學？有多少教師得有碩士學位？簡單統計，即可獲得資料，由於此種研究涵蓋整個母群體，只要所要測量的變項界定清楚，計算確實，不致有可疑之處。這種調查的優點是無法反駁；缺點是它係針對某一時間對單一有限的母群體，進行研究，因此此類調查提供的資訊，對有限制的團體，可能具有立即的重要性，但對教育的一般知識體系的增加，卻鮮有作用。

二、非實物普查（census of intangibles）

亦稱構念普查（census of construct）：假定某研究者想獲知某所學校全體學生的成就或抱負、教師的士氣，或家長對學校的態度，恐非容易；與其處理的構念無法直接觀察，只能從間接的量數中推論。非實物普查的價值，在於使用的工具，能否真正測出所要測量之構念的程度。有的測量工具固然可以測量許多領域的態度或成就，但是有些構念則難以測量。因此執行非實物普查或樣本調查的研究者，在工作中遭遇到的最大困難，乃在於選擇或發展最適合於所涉及之構念的工具一項；尤其對於教育上難有明確定義的構念，更是備感困擾。

三、實物樣本調查（sample survey of tangibles）

當研究者想找尋大團體的資料，欲執行普查時，常因所需費用過昂，而裹足不

前。面臨此種情況，使用抽樣，從樣本中蒐集所需資訊，以推論整個母群體，便成為可行之道。如果抽樣程序合適、蒐集資料方法準確、獲得之資料與研究該領域的重要問題相關，實物樣本調查，不失其價值。

四、非實物樣本調查（sample survey of intangibles）

旨在測量大團體的心理學構念或社會學構念。此種研究不僅涉及抽樣技術，且需確認或建構適當的量表，並根據這些量表分數陳述涉及的構念的意義。

有的調查研究，可能同時調查實物與非實物。為了評估實物普查的信度，只需關注例行的文書作業有無問題，即確認所做的評量是否確實？是否將母群體的全部成員納入？在評估實物樣本調查的信度方面，需樣本足以代表母群體，抽樣程序與推論力求嚴謹方可。至於非實物普查或樣本調查方面，須關注測量工具能測量構念的完善程度。

參、依蒐集資料方法區分的調查研究

在教育研究中，依蒐集資料方法而區分的調查可分成三類：

1. **個人訪談**（personal interview）：個人訪談可採面對面方式、電話或是線上訪談進行。

2. **文字問卷**（written questionnaires）：文字問卷與訪談使用的題目，通常採問題式提出，要求受訪者反應。

3. **控制觀察**（controlled observation）：其最簡單的形式是從學校紀錄中取得所需的資料，也包括利用測量工具如成就測驗、態度量表等蒐集而得的資料在內。

依據測量的團體與資料蒐集的方法兩種規準，予以結合可得3×2的調查分類系統，只要根據此二種規準而來的調查，將屬於圖8-1中的任一細格。

圖8-1

3×2調查分類系統

		資料蒐集		
		控制觀察	訪談	問卷
測量的團體	樣 本			
	母群體			

肆、依蒐集資料時間長度區分的調查研究

依據研究者蒐集資料所涵蓋的時間長度，可將調查研究分成以下兩種

（Babbie, 2004; Wiersma & Jurs, 2009）：

一、橫斷式調查（cross-section survey）

橫斷式調查係指在某一時間，從選取的樣本蒐集所需的資料，用以描述「當時」某種較大母群體的狀況。類此調查，不僅基於描述的目標而爲，且可用以決定研究當時諸變項之間的關係。

由於橫斷式調查對象的個人，僅接受一次調查，所以無法測量個人的變化情形，然而橫斷式調查中，仍可以發現，被界定的各團體之間的差異，代表著被界定的較大母群體的變化，這可從下例中觀之。

假定有位研究者在某城市或某地區執行高中學生的數學成就調查。所謂數學成就的操作定義爲在綜合性標準化數學測驗上的表現（此爲控制觀察的例子）。從高一、高二、高三學生中分層或隨機抽取所需樣本，施予測驗，從中蒐集資料。

因爲資料是同時蒐集而得的，故可以用來代表高中數學成就的形式；同時，各年級間的差異，亦可從三個年級在數學成就的分數上反映出來。這種安排不使用同一班級的學生，逐年進行三次的縱貫式測量，而同時一次對三個不同年級進行研究。

對相同的研究問題，同時從兩種或更多母群體中選取樣本而執行的研究，謂之平行樣本設計（parallel-samples designs），這種設計經常在橫斷式調查中採用。如要研究對教師專業公會的態度，可同時分從教師、學校行政人員、教育行政人員的母群體中選取樣本，請他們對類似（如非相同）的態度量表或問卷反應，如是從不同樣本中取得的結果，可作比較。

二、縱貫式調查（longitudinal survey）

縱貫式調查乃在於蒐集被研究群體一段長時間，以及該段時間內若干特定點的資料。有些縱貫式調查延續的時間很短，有的較長，甚至有的延續好幾年。採縱貫式調查任何事件的資料，在該研究期間內，至少須在二次或多次特定點蒐集而得。然後以描述或解釋方式報導其變化的情形。縱貫式調查的主要類別有如下三項：

1. **趨勢研究**（trend studies）：趨勢研究係對一般母群體（general population）執行一段期間的縱貫式研究。若以抽樣選取研究對象，通常是在不同時間隨機抽樣。在不同時間選取的樣本雖然不同，但是這些樣本足以代表一般母群體。趨勢研究常被用來研究在一段期間的態度。如研究某一社區對學校態度的改變情形，一般母群體即是該社區中的成員。每次（可能每一年）測量態度時，需從一般母群體中隨機抽取樣本；每個人被抽取當樣本的機會可能不止一次。

美國蓋洛普組織自1969年以來每年執行一次的美國人對公立學校態度的民意測驗（Gallup poll of public's attitudes toward the public schools），便是趨勢研究的範例。

2. **同期群研究或世代研究**（cohort study）：趨勢研究在於描述一般母群體在一段期間的變化情形，但是該母群體的成員並非固定，而是有所改變。因為在第一次接受調查的人士，在實施第二次調查時，可能已經作古；而在第一次調查時未出生者，在第二次調查時，可能已是代表性的樣本。如調查國立彰化師範大學學生對學校態度的趨勢研究，每次調查的學生母群體是不相同的。但是同期群研究每次的對象，不是一般母群體，而是相同的特定母群體（same specific population），當然每次從相同的特定母群體隨機抽取的樣本，可能有所不同。如某研究者想從國立彰化師範大學63級畢業生抽取樣本，調查他們對工作的態度，五年後，研究者可能從同級畢業生中抽取另一批樣本進行研究，雖然每次的樣本可能不同，但是所描述的均為63級畢業生（如果第二次的調查為68級的畢業生，則為畢業生的趨勢研究，而非63級的同期群研究）。

同期群研究有不同的變型，如某研究者在研究期間內的某特定點從全國二十歲的母群體中選取樣本；十年後，他再從所有三十歲的人士中選取樣本，依此類推，將可構成某年齡組合的同期群研究（cohort study of a given age group）。

3. **小組研究**（panel studies）：即在一段期間內對相同的（反應者）樣本，蒐集資料。此種研究的樣本謂之小組（the panel），這些樣本是研究一開始即隨機選取。小組研究鮮將整個母群體涵蓋其中，事實上，*趨勢研究與同期群研究也很少將整個母群體納入*。

小組研究有其優點，亦有其缺點（Wiersma & Jurs, 2005, 2009），其優點為：

(1)小組研究以相同的樣本進行研究，故研究者不僅可以測量淨變化（net change）；而且也能以正在改變中的特定個人的情形，確認變化的來源。

(2)小組研究可依變項的時間順序，提供資訊：若研究者試圖確立因果關係，此種資訊顯得格外重要，因為果總不會先於因發生。

小組研究的缺失有：

(1)趨勢研究以及同期群研究，可把以前蒐集得到的資料，以次層次分析（secondary analysis，詳見第16章第五節）處理，但小組研究則無法如此，影響所及小組研究流於耗費不貲及費時之弊。

(2)小組人數易於耗損（panel attrition），即在接受首次調查訪談者中，有些人不願在以後繼續接受訪談。影響所及，小組研究與其他的縱貫式調查類型相較，持續的時間便短些。

(3)由於小組研究的成員需接受追蹤研究，因此該小組成員所從出的母群體的流動性與變化性不可太大，否則最初選出的小組，在稍後不同時間蒐集資料時，無法代表當時的母群體。是以小組研究最適用於靜態母群體。

(4)小組成員被若干變項制約，因而較易回憶或特別精熟反應；也因受到制約，而使得小組成員易於疲倦、粗心或厭煩。

縱貫式調查旨在研究一段期間的變化或狀態，究竟採取哪一種類型，所延續的

時間長度以及蒐集資料的次數，均攸關研究的客觀性。以抽樣來說，趨勢研究是從一般母群體中，在不同的時間隨機抽取不同的樣本；同期群研究則從特定的母群體，在不同的時間隨機抽取不同的樣本；至於小組研究，則在不同的時間測量隨機抽取的單一樣本。

第二節　執行調查的步驟

執行調查研究，約有如下幾個步驟可循，其中的第五～六個步驟，對於採問pq的調查方式，格外顯得重要：

一、界定研究的目的與目標

在該步驟中須將有待蒐集的資訊，作一般的敘述以及具體的目標作詳細說明；亦須決定根據研究目標的需要，該項研究究竟要採用縱貫式或橫斷式的調查方法。

二、選取資源與標的母群體

在設計蒐集資料的方法之前，須決定可供運用的時間、經費、人員的總數。如自編問卷可能最好，但受經費限制，可能以改採已有信度和效度的現成工具為宜。經費狀況也將影響樣本的大小；如經費有限，原訂研究目標也需重加修正，如此一來，小型研究可能比大規模研究可行。此外，研究者亦需界定研究結果所要概括的母群體或標的群體，惟作此安排時，需考慮到研究的外在效度。

三、選用以及發展蒐集資料的工具

蒐集資料最常用的工具為問卷與個別訪談，這些工具宜力求標準化，如非選用現成的，即可自行編製。

四、抽樣

多數調查研究在進行抽樣時，為求樣本具有代表性，通常採用機率抽樣方法，尤其以分層隨機抽樣最為常見，常被用來分層的變項如：性別、年級、能力層次、社會經濟地位等。

調查研究（及第10章相關研究）所需的樣本數之決定，本書第4章第四節所提的若干考慮可供參考。

吾人了解抽樣誤差會隨著樣本數的增加而減小，且可接受的百分比**邊際誤差**一旦決定；吾人就可利用以下公式，計算達到該百分比邊際誤差（margin of error）需要的樣本數（引自 Ary et al., 2019）：

$$n = \left(\frac{1}{\frac{E}{\sqrt{pq}}} \right)^2 (z)^2$$

　　　n：所需樣本數

　　　E：期望之邊際誤差（請見第4章第四節之參）

　　　pq：假定的比例變異數

　　　z：信賴水準的z分數

　　若在.95信賴水準(z = 1.96)，邊際誤差在3%之間，且p, q = .5，則所需樣本數爲1,068 (1067.1131)，如期望的邊際誤差訂在10%，則n = 97 (96.04)即可。

　　爲了計算研究所需樣本數，使用p = .50，是一種典型、安全的方式，因爲當p、q二者等於.50，pq = .25時，pq位於可能的最大值。

五、傳達的信函

　　如以郵寄問卷或是線上問卷爲工具，能隨著問卷附上一封簡要且能徵得塡答者信任的信函，常爲決定問卷回收率的重要關鍵。這封關鍵性信函所要傳達的訊息包括：研究者的姓名與身分、研究的目標與意向、研究對塡答者與專業的重要性、塡答者對本研究的重要性、對塡答者身分與資料保密的承諾、規定塡答期限（不宜過長也不宜太短，通常是一週左右）、支持研究的單位（如無可省）、請求合作並據實塡答、研究發現摘要將提送塡答者一份以及向塡答者表示謝忱。有關這些訊息的傳達，有的問卷不另附函，只將此等訊息逕印在問卷上頭，詳如圖8-2所示。

六、送出問卷、適值的禮品與追蹤

　　接到問卷的人，常不會急於寄回塡妥的問卷。爲了增加回收率，給予適宜的禮品或貨幣誘因，或需有一套有效的追蹤手續。如附上一張帶有禮貌的信函或一份小禮物，將提醒收件人及早寄出已塡妥的問卷之責任。此種作法對於尙未塡答或忘了塡答，或忘了寄出問卷的應答者來說，均屬有效。對於極端的個案，若採發電子郵件、撥電話，或私人拜訪方式，予以催促，可能會收到回音。當然研究者也需在送回問卷的信封上，貼妥回郵及印妥或寫上收件人的住址與姓名，以茲配合，否則即使再三催促，想回收問卷，希望可說相當渺茫。美國教育協會研究部（the Research Division of the National Education Association）報告指出，問卷的回收率與追蹤催促的次數有關，詳如圖8-3。又報告的客觀性與回收問卷的比例有關，因此問卷的回收率須在報告中載明，好讓閱讀報告者有所了解。

七、處理資料

　　包括把執行調查所得的資料予以登錄、使用電腦處理、解釋結果，以及提出發現報告。

　　至於調查研究用以蒐集資料的工具主要的有如前所述：問卷、訪談以及觀察三大類，本章接著的兩節分述問卷與訪談兩種調查研究，至於觀察部分，另見觀察研究法一章（第9章）。又得爾慧技術（Delphi technique——意指得自您貢獻的智

慧，另有人譯成「德懷術」）在教育研究領域，晚近為人提出並運用者頗多，將在本章第六節特別加以析述。

圖8-2

問卷傳達予填答者的訊息

國民小學國語教學調查問卷

國小國語教學包括注音符號、讀書、說話、作文、寫字等項，在小學課程中占有極重要的地位。國語教學不但是激發各種知識領域和文化寶藏的鑰匙，尚且能養成倫理觀念，陶融思想情感，培育民主風度，激發愛國思想，宏揚民族文化。本問卷旨在深入了解國民小學國語教學的實際問題，希望這份問卷，發現國小國語教學的實際困難，以作為將來改進國語教學的參考〔每個問題的各項答案無所謂對或錯，調查結果僅供研究分析之依據，個人填答資料絕對保密〕，請據實惠予填答，謝謝您的合作。

台灣省政府教育廳　委託
國立台灣師範大學教育研究所
國立台灣師範大學教育學系　編製

*註：取自《國民小學國語文教學績效之調查研究》，1978年6月。

**說明欄內〔　〕部分，係作者加註，為原問卷所無。

圖8-3

問卷回收率與追蹤次數的關係

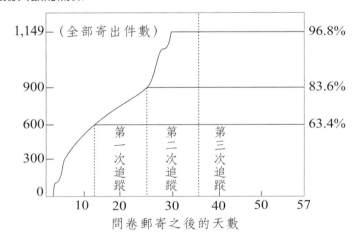

問卷郵寄之後的天數

第三節　問卷調查法

壹、使用郵寄問卷的優點與缺點

　　問卷通常是郵寄給應答者（respondent）或直接遞交給他，並在未接受研究者或訪談者的協助之下，予以填答者。由個人對個別團體，實施問卷調查，頗有益處，如由於個人親自主持測試，得有機會與應答者建立和諧的關係、解釋研究的目標，以及解釋可能意義不清的題目；加上應答者同在一個場所接受調查，時間與費用較爲經濟，由此而填寫的答案之可用比例也較高。但是，想獲得資料的研究者總不可能不耗費大量時間及經費，即可取得所需，因此，爲了達成比親自施測經濟的作法，採郵寄問卷的方式，不失爲一個可行的方法。總括而言，郵寄問卷有如下的優點：

　　1.節省大量的經費，至少比個人外出施測所需的費用，節省很多。

　　2.節省時間。

　　3.應答者較能採匿名方式作答，更能充分表達自己的觀點，而無所顧忌。

　　4.應答者可依自己方便的時間填答問卷，較不受固定時間的約束。

　　5.用字遣詞標準化，不致產生誤解。

　　6.不會有訪談者的偏見夾雜其中。

　　7.應答者可以參考自己的紀錄，或與同僚商議後填答，資料較爲詳實可靠。

　　8.調查所及地區較爲遼闊，取得資料較能周全。（Bailey, 1987, pp. 148-149）

　　惟郵寄問卷可能有如下的缺失，值得注意：

　　1.缺乏彈性，應答者如有誤解題意，無法更正。

　　2.問卷回收率偏低，特別容易發生在題目冗長、格式安排不當、主題不重要、用字遣詞含混不清的情況，有時候回收率常低於10%，有人認爲如能回收50%就適當可用了，當然回收率愈高愈好；Babbie（2004, p.261）的說法可作參考：「我覺得基於分析與撰寫報告的需要，回收率至少要50%，才是『適當』；回收率至少達60%，才算『好』；回收率達70%以上，則算『很好』。讀者必須銘記於心的是：這些僅是概略的指針，並無統計上的基礎；而且沒有偏見的反應比高回收率重要。」

　　3.只用文字填答，不易了解應答者眞正的背景。

　　4.對於應答者填答時的情境無法控制。

　　5.無法要求應答者按題目順序填答，應答者常在看完全部問卷題目後，再行填答，因而產生跳題作答，或不按序作答的現象，以致無法達成原先題目按序編排乃在消弭應答偏見的目的。

6.許多題目可能留著未作答，尤其對於敏感的問題，應答者常不予作答，據估計即使問卷回收率達50%，回答敏感問題的比例，約只有10%。

7.不易得到自然填寫的答案，可能有些須思索良久後才作答的。

8.不易區分沒有擲回問卷的應答者究竟是拒絕作答，或因住址有誤而未接到問卷。

9.無法控制應答者回答的日期，有些問卷問及的問題有時間性，如應答者未即時掌握時效，延擱過久，會因印象模糊，而無法作準確的回答。

10.問卷體例不可流於複雜，否則易生誤解，或不易了解而無從回答。

11.可能會造成樣本有偏差的現象，因其中有些沒有寄回問卷，以致形成回收的問卷可能有偏差，涉及代表性的問題；惟就一般情形而論，應答者肯不肯填卷，端視問卷內問題的性質，與其對這些問題的反應而定，即使問題相同，因發問方式的不同，也會有不同的答案。（Bailey, 1982, pp.157-159）

問卷調查除了郵寄問卷之外，尚可透過電子郵件的傳送的調查、網際網路的調查、直接施測問卷等項做法。這些調查方式，各自的優、缺點，和使用郵寄問卷的優缺點，可說大同小異，只是透過網路實施的調查，比較迅速獲得結果。

至於應答樣本的選擇，可能視需要不同而定。若作最後分析時，須將不同類樣本的資料組合，則選自各類樣本的受試者，須依原母群體中各類樣本數的比例抽取，如國小教師母群體中，女性占78%，男性占22%，則按性別分層抽取樣本時，男女教師，須符合各占22%、78%比例的規定；若男、女樣本的答案，係供作比較而非組合之用，則不必按比例抽取。

就一般情形而論，除非問卷的應答者對研究中的問題興趣盎然，認識送出問卷者，或和贊助機構或組織有某種共同的關係，否則，不會予以支持。是以問卷回收率低常是預料中的事，這種情形會削弱據之所建立的概括性原則。為了克服問卷低回收率的障礙，當問卷題目夠多，可接近母群體亦大時，偶而可使用矩陣抽樣（matrix sampling），即隨機選取填寫問卷者，當中的每個人只須填寫從整套題目中隨機抽取的其中之一子集合問題，於是會相對縮短作答時間，而可提高回收率。

貳、問卷題目的形式

問卷使用的問題，依其待答方式的不同，可分成封閉式問題（close-ended questions）或開放式問題（open-ended questions）。前者亦稱固定選項問題（fixed-alternative questions），應答者只要從這些題目中，作「是」或「否」的標記、簡短的反應，或從所提供的一列答案中，選出一個正確的答案，與其填答是受既定答案的限制，只能從中進行選擇，故又稱限制式問題。開放式問題又稱非限制式問題，各題要求應答者按自己的語辭，做自由的反應。

茲舉一例說明封閉式的問題：

您何以選擇在這所大學進行研究工作？

（請就下列各項理由按重要性之順序列出：1.代表最重要的理由，2.代表第二重要的理由，3.代表第三重要的理由。）

a.交通方便＿＿＿＿＿＿＿＿

b.朋友忠告＿＿＿＿＿＿＿＿

c.該校聲譽＿＿＿＿＿＿＿＿

d.經費因素＿＿＿＿＿＿＿＿

e.有獎助金＿＿＿＿＿＿＿＿

f.其他（請列舉）＿＿＿＿＿＿＿

　　即使使用封閉式題目，亦可設法取得非預期性的反應；如前例提供「其他」（請列舉）一類便是，因該類答案係允許應答者寫出他認為的最重要理由，而該理由即是編製問卷者所無法預期的。

　　問卷採封閉式題目的主要優點有：

　　1.有標準答案，便於比較每個人的觀點。

　　2.答案較易登錄與分析，省時省錢，尤其是題目與受試者很多的情況之下，更是如此。

　　3.應答者可從答案中，確定題目的意義，不致在填答時遭遇挫折，而增加回收率，因應答者在某個問題上受挫時，可能會放棄填答。

　　4.提供的答案類別比較完備，無關的回答會減至最低程度。

　　5.處理敏感性的變項，封閉式題目不失其價值，如問應答者去年的總收入有多少？可能會遭到拒答；但是若列出幾個級距的數額，如十萬至十五萬、十六萬至二十萬、二十一萬至二十五萬；雖非準確，但級距的分法，較易取得應答者的合作。

　　6.對封閉式題目，應答者只須從各類答案中取捨較易，不似開放式題目，須自擬答案那麼困難。

　　惟封閉式題目，仍有若干缺陷：

　　1.易使不知問題答案或無意見的應答者，隨意猜答。

　　2.若提供的答案類別，應答者均感不妥，容易因而受到挫折；同時亦無讓應答者釐清其答案的機會。

　　3.就應答者填寫的不同答案中，不易真正探索其間觀點的差異。

　　4.圈選答案時，容易發生筆誤。如應答者本來要圈選第二個答案，可能圈選第三個答案，致生錯誤。

　　5.不同應答者可能填寫的各種答案，由於題目採強迫選答，而無從表露。

　　開放式題目與前面封閉式題目所想要找尋的資料，大致相同，只是作答的方式有別而已！如前面所列舉的封閉式題目，修正如下，便成為開放式的問題：

您何以選擇在這所大學進行研究工作？

開放式問題的優點有如下各項：

1.研究者不知道所有可能的答案類別或想了解應答者認為適當的答案類別時，可採用開放式問題。如：「目前師資培育機構學生面臨的主要難題是什麼？」則所獲致的答案，除了有些是研究者事前預料的之外，可能有些答案，非研究者預料所及。

2.可允許應答者，針對題意，暢所欲言，俾能釐清自己的答案及其品質。

3.問題所需答案甚多，無法盡列在問卷的各類答案時，為收鉅細靡遺之效，適合採用開放式問題。

4.問題過分複雜，無法濃縮成一些小問題時，可採行開放式問題。

5.可讓應答者發揮創造力或給予自我表現的機會。

至於開放式問題的限制，約有如下各項：

1.蒐集得到的資料，可能沒有價值或與題意無關。

2.應答者填答之資料，常無法標準化，欲作比較或統計分析，有其困難。

3.記錄資料不易，且易流於主觀，造成交互記錄的資料未盡一致，降低其信度。

4.開放式問題須交由具有撰寫技巧的應答者，才能順利表達自己的感受，一般較適用於較高教育程度者填答。

5.開放式問題為了探索題目有關的所有層面，通常較屬一般性，正因如此，應答者不易了解題目的真正意義，又需仰賴其他技術的協助，方能達成預期的目標。

6.開放式問題使得應答者須耗費較多的時間與精力填寫，容易遭到拒答。

7.開放式問題需要較多的篇幅供應答者填寫，容易造成問卷過於冗長的情形，可能給不願花費太多時間填寫長篇大論題目的人，帶來困擾。

封閉式與開放式的問題優劣互見，通常編製問卷者都是同時採用兩種題目，只是視所需資料的性質，取捨以何者為主而已！不過，封閉式問題所要處理的答案類別應是間斷的、明顯的、且數目較少的；所處理的變項為類別的（如性別、職業別）、順序的（如教育程度）居多。但要是答案的數目很多，且是具有連續性的，則不宜採用封閉式問題，因此等距的與等比的變項則不應採用封閉式題目來測量。加上，封閉式問題的答案類別，必須搜羅殆盡，不容有所遺漏，且每題的各個選項之間應是互斥的，答案只有一個。封閉式題目比起開放式題目容易作答，指導語不多，應有盡有，一目了然，適用於教育程度較低的樣本，且被認為較適合於郵寄、自我填答的問卷。另開放式題目適用於不是簡單的少數答案所能處理的問題，而是用來探討須要詳細討論的複雜問題。欲了解應答者的獨特觀點、哲學或目的時，可採用之。研究者在未了解某現象的有關特徵是哪些之前，可利用此類問題，從中尋得所需的答案；另為封閉式題目所無法評定的等距或等比量尺變項，可採行開放式

問題。

又調查使用的問題類型有：(1)知識問題，在學校實施的測驗，如在於決定填答者對特定學科的認知有多少，即屬之。(2)態度問題，在本書第6章第一節各量表所使用的問題均屬之。(3)人口學問題，如：調查性別、年齡、教育程度等皆是。(4)行為問題，在於探尋個人在群體中展現的行為資訊，如「於評量學生學業成就時，您使用多元評量技術的頻次如何？」屬之。

參、問卷的貼切性

問卷只是一種工具，有其所欲達成之標的，其間涉及的影響因素須予考慮。至少設計問卷者須能肯定題目所想要評定的與學理上的概念並無差異，應答者的選取亦稱妥當。此地所指的問卷的貼切性，將分成三個不同的角度說明：即研究目標的貼切性，與研究目標有關的問題的貼切性，以及問題與個別應答者的貼切性（Bailey, 1987, pp.107-110）。

一、研究目標的貼切性

採用問卷工具進行研究的首要步驟，即在於列出該問卷所要達成的詳細目標，已如第二節所述。而這整體的目標，須予說明，讓應答者了解；尤其對該研究目標的關聯性、價值性與合法性，不容省略，應答者了解目標，認定其目標貼切之後方肯填答，如果他們認為該研究目標毫無價值又不符合科學精神，便不願耗時費力填答，即使提供報酬亦然。研究目標在研究開始即予確定，除了可讓應答者了解其價值，而樂於合作之外，對於應答者樣本的選擇、問卷的編製、資料分析方法的決定，均有助益。

二、問題與研究目標的貼切性

應答者在肯定研究目標的關聯性之後，亦要肯定問卷中的所有問題（題目）須與研究目標有關，才肯填答；否則他會覺得把時間投在無意義的問題上，殊無必要。

三、問題與個別應答者的貼切性

當應答者涉及兩個以上的母群體（如男性與女性，或教師與學生），而只使用一種相同的問卷時，每個問題是否切合特殊應答者的需要，便成為嚴重的問題。因此編製問卷時，應避免有這種現象發生，為了確保應答者填寫的問題能切合其需要，通常可採三種方式行之：(1)使用兩種以上的問卷，以迎合不同母群體之需（如男性適用問卷、女性適用問卷）；(2)使用多種詞彙，讓應答者能選用適合他的語詞（如：您〔尊夫人、令媛〕有抽菸的習慣嗎？）；(3)跳題作答或有附帶條件的題目供填答之用（如：您如圈選「有」這個答案，請跳至第四十題作答）。所

有這三種方式中最常用的是第三種,當然三種也可以同時使用。其中第一種成本最貴;第二種容易混淆,造成錯誤;但第三種的跳題作答題目如果太多,又沒有明確的指導語時,也會帶來困惑。

肆、問卷編製的原則

剛開始從事研究工作的人,常無法了解自己想要知道的是什麼,於是採用霰彈槍式的研究方式,試圖廣泛地包括全部的領域,希望某些反應能為他們正在探索的問題,提供答案。除非研究者確能了解自己所需要的是什麼資料,否則,所發問的問題不易趨於正確,或不易將之做適當的安排。

研究者除了對正確認知自己想要發問的問題,感到困難之外,想把問卷題目用的字詞做明晰的安排,也非容易。因為即使同樣的字詞,對不同的人而言,可能指的是不同的東西;問卷編製者有自己的解說,應答者可能也有分歧的見解。在訪談或交談中,藉著複述問題時音調的變化、暗示或其他的安排,可以釐清誤解,可是一旦寫成問題之後,同樣的內容,可能也會因應答者不同的感受,而有不同的反應。

如下列各例,可用以說明音調的不同,可能造成的影響。每次唸該句子時,請格外加重劃線的字;請注意,即使同樣的句子,因音調的變化,可能會使意義發生改變:

昨夜您<u>是</u>在那兒嗎?
昨夜<u>您</u>是在那兒嗎?
昨夜您是在<u>那</u>兒嗎?
<u>昨</u>夜您是在那兒嗎?
昨<u>夜</u>您是在那兒嗎?

問卷編製者在定稿後,須使用文字把題目寫出來,因此在措辭方面,務須謹慎,講求清晰而不含糊。迄今尚無可用以編製安全可靠之問題的若干方法,但是為了使編製的問題,趨於準確,仍有若干的原則可茲遵循。此地僅提供一些編製問卷的可行原則,並舉例說明,以供初學者參考。

一、清楚且簡單地敘述問題中的名詞,以免造成誤解

如:「您的房子有多少價值?」

這個問題中的「價值」一詞,意義含糊。因其可能有著如下的意義:課稅時評估的價值、在目前市場上的售價、您願意出讓的價值、您購置時的價值。這些意義之間,存有很大的差異。如改成:「您的房子依目前的市價,價值有多少?」應是較清楚的問題。像「年齡」這麼簡單的名詞,也常遭到誤解。一個人說自己三十七

歲,是在什麼時候?多數人會說在他三十七歲生日當天至翌日三十八歲開始以前,即爲三十七歲。保險公司認定的三十七歲,是從三十六歲六個月至三十七歲六個月。由此可見,觀點的不同,會產生差異的答案。如改成出生年月,當較明朗。

含糊不清的名詞,不勝枚舉,如仔細分析下列的名詞,即可了解:「課程」、「民主」、「國民教育」、「輔導」。即使像「有多少」、「現在」這麼簡單的字詞,也不例外。如問起:「您現在在哪裡服務?」的問題,應答者可能巴不得回答:「誰來爲您填寫這麼含糊不清的問卷?」

二、以明確字詞來替代意義不一致的描述性形容詞與副詞

這種情形經常在評定量表或問卷中發現。「經常」(frequently)、「偶而」(occassionally),和「極少」(rarely)等,對不同的人來說,意義並不相同(Hakel, 1968)。某位應答者的「偶而」,可能就是另一個人的「很少」。或許以次數——每週、每月的次數——來描述,就可把這種分類弄得較精確。如「過去四週來,貴校校長到貴班查堂的次數有多少?」的題目選項定爲「1.從未來過、2.一次、3.二~三次、4.四次以上」,總比定爲「1.從未、2.偶而、3.很少」來得恰當。

三、避免採用雙重否定的問題

即使非採用雙重否定的問題不可時,最好在否定字詞底下或旁邊劃線,或以不同字體標示,以求明朗。如:「您反對學生在上完體育課後,不需要淋浴嗎?」「對於各個族群、信仰不同的人施予不相等教育的那些縣市,中央政府不應該予以補助嗎?」如果將之改爲肯定的敘述,也許較爲清晰,應答者也較易回答,即改爲:「您贊成學生在上完體育課後淋浴嗎?」、「中央政府對於因族群、信仰不同而實施差別教育各縣市的補助,應該予以取消。」

四、設法避免不當或無法周延的答案

如:「您的婚姻狀況如何? □已婚 □未婚」

該問題究竟指的是現在的或以前的婚姻狀況?一個鰥寡、分居或離婚的人,如何填答?此即犯了答案未周延的毛病。

又如:「您允許貴子弟晚上看電視到多晚?」

即使同一個家庭,可能沒有一種確定的政策。如有,對不同年齡兒童的處理方式可能有所不同。上學日的晚上及週末、週日的晚上,允許兒童看電視的時間長度,當有差異,尤其在週末、週日的晚上,到深夜仍看電視影片,較易獲得通融。

五、避免採用含有雙重目的的問題或包含兩個觀念以上的問題

如:「基於教學的目標,您認爲資賦優異學生必須安置在特殊班級及分配在特殊學校就讀嗎?」

　　基於教學的目標，吾人可能同意設置特殊班級的建議，但是卻極力反對把資優學生分配在特殊學校。如照題目的敘述，則無從回答這包含雙重目的的問題。

六、在特別需要強調的字詞旁邊（或底下）劃線

　　如：「不得告訴家長有關他的子弟的智力商數。」
　　　　「所有國民中學須從三年級開始實施選修的課程嗎？」

七、當要求評定等級或比較時，需有一個參照點

　　如：「您評定這個實習教師，在教室中的教學表現如何？　□優　□中等　□中等以下」

　　該位實習教師究竟取來和誰──有經驗的教師、以前的實習教師，或與實習教師被期待能做的事的規準作比較？

八、避免不當的假定

　　如：「您對去年的加薪感到滿意嗎？」
　　對於該問題，如果應答者圈選否定的答案，可能指著自己未獲加薪；或應答者雖獲加薪，但未感滿意。
　　又如：「您覺得被當作小孩看待，而遭受體罰有益處嗎？」
　　此一問題，若填寫「否定」的答案，可能意味著體罰對應答者而言，並無助益；也可能代表著應答者雙親不曾施予體罰。
　　該兩個問題顯得拙劣，乃肇因於假定不當所致；與「您停止打您的妻子嗎？」一樣的不可思議。

九、敘述的問題適合於所有的應答者

　　如：「您教書工作支領的月薪有多少？」
　　以美國來說，有些教師一年只領九個月的薪資，有些支領十一個月，有些按十二個月支領。應答者面對該問題，便有難於下筆之感。或許需採用下列三個問題行之：

　　「您每個月的薪資有多少？＿＿＿＿＿＿＿＿」
　　「您每學期支領多少個月薪資？＿＿＿＿＿＿＿＿」
　　「您每年支領的薪資有多少？＿＿＿＿＿＿＿＿」

十、設計可得到完整答案的問題

　　如：「您看○○○報嗎？　□看　□不看」
　　「看」或「不看」的答案，無法顯示出有關應答者看報習慣的許多資料。最好

在該問題之後，緊接著增加一個如圖8-4所示的問題。

圖8-4

獲致完整答案的問卷格式

「如果您的答案是『看』，請就您所看○○○報的『那些版面』以及看的『頻次』，在所屬的方格內打√。」

版　面	總　是	經　常	很　少	從　未
國內與國際新聞				
地方新聞				
社論				
體育新聞				
綜藝新聞				
社會新聞				
廣告				
特寫				
副刊				
其他（請列舉）				

十一、準備將答案作有系統的量化處理

問題的形式如在要求應答者從一列答案中，選出許多的項目，很難作綜合處理，尤其當所有應答者所選出的項目的數目不相同時，更是如此。解決之道，即在要求應答者按自己偏愛的順序，評定特定數目之答案的等級。

如：「您喜愛的電視節目是什麼？按您喜愛的順序，評定第一、第二、第三、第四、與第五等級。」

就應答者填寫的答案，依相反的順序，加權列出：

選作第一等級的　5點
選作第二等級的　4點
選作第三等級的　3點
選作第四等級的　2點
選作第五等級的　1點

比較受歡迎的電視節目，可以組合全部的加權分數來予以描述，最受歡迎的節目，整個點數即是最大的。

十二、該考慮的是研究者自己可能採取歸類答案的方式，而不是應答者選擇的答案類別

如要求學生就下列的職業類別中，選出其父親所從事的一種職業，則其結果可能很難令人感到滿意。

□非技術工人
□技術工人
□文書作業員
□經理人員
□專業人員
□經營人員

與其這麼做，不如問學生一至二個有關其父親的工作的問題，然後加以分類，較易準確。

「你的父親在什麼地方工作？」
「他做哪一類的工作？」

十三、描述問題的字詞應顧及應答者的教育程度

如果問題的字詞太深，超過應答者所能了解的程度，可能無從作答或容易造成誤解，以致所選答案非出自個人真正的本意。而且問卷中各題亦不宜太長，因若如此，除了應答者可能認為耗時太多，而不願合作之外，也可能因而無法前後顧及，增加他無法真正了解題意的可能性。此外，問題中的字詞應避免使用俚語或專有名詞，不使用俚語乃在避免不同地區或不同年齡組合的母群體，無法獲得一致性的觀點；不使用專有名詞，以防遭到誤解。

十四、避免採用具有導引性的問題

任何一個問題須以其最具有中性的形式發問，以避免導引應答者受到暗示，無形中導引他選取特定的答案。

如採用「您贊成抽菸嗎？」，而不採用「多數醫生認為抽菸對人體有害，您同意嗎？」

又如採用「您贊成國中採取學科能力分班嗎？」，而不採用「教育部根據多數

學者專家的意見，將在國中實施學科能力分班，您贊成嗎？」

十五、避免發問敏感性或具有威脅性的問題

所謂敏感性或具有威脅性的問題，指的是可能容易觸及規範的答案的部分，所謂的規範即在告訴我們什麼事情可做，什麼事情不能爲的部分。

如：「您曾經有偷竊他人東西的記錄嗎？　□有　□沒有」

便是屬於此類的問題。如何處理涉及敏感性或威脅性的問題，避免使應答者根據社會規範來作答，發問的問題，大致有三種途徑可循：

1.如果應答者確曾做出違背社會規範不允許的行爲，需迫使他自己承認不諱；如果不曾有過，則可以讓他否認；而不要讓應答者即使做了違背社會規範的行爲，也要斷然否認。

如：「您經常賭博嗎？　□一週一次　□一個月一次　□每天一次　□從不」

2.問題的用字遣詞力求表示在社會規範方面尚無一致的意見。如：「有些學者認爲採用能力編班對學生有害，而有些學者認爲能力編班有其益處，您認爲呢？」

3.即使問題所提的行爲可能違背規範，但須標出該行爲不是偏畸的，而是普遍有人採行的。

如：「多數的人曾有考試作弊的經驗，您有嗎？」

十六、僅發問重要的問題

應答者不喜歡長篇的問卷，也對於發問太多不重要問題的問卷興趣索然。

十七、一般性問題宜擺在特定問題之前

同一問卷內若需同時包括一般性與有關的特定問題時，最好先問一般性問題。因爲若先問特定問題，後問一般性問題，容易使一般性問題的範圍流於狹隘，也容易使應答者對一般性問題的反應，發生改變。

十八、各個問題答案間要互斥而不要互相包含

如：「您是屬於下列哪一種人？　□美國人　□印第安人　□黑人　□白人　□外國留學生」

此一問題不妥，與其答案內容互相包含。如改爲如下的問題則可：

「您是屬於下列哪一種人？　□美國黑人　□美國印第安人　□外國留學生　□其他（請列舉）」

研究者務須記住，此等用來建構問卷問題的原則，只供作參考。由於編問卷是一件困難的工作，似無一條易行的途徑，惟有仰賴研究者本人認眞用功、發揮想像力與獨創性方可達成。

伍、問卷中附帶條件問題與矩陣問題

一、附帶條件問題

在同一份問卷中，常可發現有若干問題與某些應答者有關，但與其他的應答者無涉。主要是應答者的樣本經常是異質性的，諸如年齡、性別、婚姻狀況等不同，加上分歧的意見與態度也包括在內。前面論及「問題與應答者的貼切性」時指出，編製問題時，應使應答者填寫的問題能切合其需要，但我們卻無法保證每個問題均能切合每個應答者，因此需要採用過濾與附帶條件問題（filter and contingency questions），或者跳過某些問題作答；通常是當您問僅與若干人有關的某一主題的一系列問題時，才會涉及之。在一系列問題中，接在第一個問題之後的那些問題，即是所謂過濾問題或附帶條件問題。在問卷中採用附帶條件問題，可使應答者在填寫問卷時，不必因其中有些問題與其無關，而感到無從下筆的困難。

附帶條件的問題可分成數種體例（Babbie, 2004）：

第一種體例如圖8-5所示的，可能是最清晰且最有效的。在該例中，只有選擇「是」的應答者，才填寫箭頭所指的附帶條件問題；非選擇「是」的應答者，則跳過附帶條件問題，毋須作答。

第二種體例如圖8-6所示，是屬於比較複雜的附帶條件問題組。此種體例的問題組如果太長，可能要連續數頁，並且清楚標示，以提醒應答者，此等問題不是每一個人都要作答的。

第三種體例如圖8-7所示，應答者所選某一答案後面的括弧內載有指導語，告訴他是否繼續回答或跳過附帶條件問題。如能在接著而來的，且僅有附帶條件問題的各頁上頭加註指導語，如「本頁僅供曾投票選舉中央、省（市）、縣（市）民意代表者填答之用。」則可使未參與投票者不必花費時間去看這些問題；同時也可使與此等問題有關的應答者注意，而充分作答。

儘管附帶條件的問題，有這些體例可供採用；惟在實際操作時，大抵以採用如圖8-7所示的，採取指導跳題作答的體例居多。

圖8-5

附帶條件問題的樣式

20.您在近兩學年內曾參加在職進修嗎？

　　　□是
　　　□否

　　　　　　　若是：您大約參加多少次在職進修？
　　　　　　　　　　　□一次
　　　　　　　　　　　□二至五次
　　　　　　　　　　　□六至十次
　　　　　　　　　　　□十一次至二十次
　　　　　　　　　　　□二十次以上

圖8-6

複雜的附帶條件問題

25.您知道國民教育階段實施的課程綱要總綱中的有關規定嗎？

　　　□是
　　　□否

　　　　　　　若答是：
　　　　　　　(1)一般來說您贊同或不同意國民教育階段實施的課程
　　　　　　　　　綱要總綱中的哪些規定？
　　　　　　　　　□同意
　　　　　　　　　□不同意
　　　　　　　　　□無意見
　　　　　　　　　(2)您曾參加國民教育階段實施的課程綱要總綱中有關
　　　　　　　　　　規定的講習會嗎？
　　　　　　　　　　□是
　　　　　　　　　　□否

　　　　　　　　　　　　若答是：您上次參加講習會是在什麼時間？

　　　　　　　　　　　　_____

圖8-7

指導跳題填答

30.您曾投票選舉中央、省（市）、或縣（市）民意代表嗎？

　　□是（請接著填答31～40題）

　　□否（請跳過31～40題，直接翻到第6頁回答第41題）

二、矩陣問題

　　研究者發問的好幾個問題，常有相同的答案組備供選擇，這種情形與李克特式使用的答案類別相似。在此類問題中，可能把題目與答案建構成矩陣，如圖8-8所示：

圖8-8

矩陣問題的體例

31.請就以下的每個陳述句，表示您是否極度同意（SA），同意（A），未定（U），不同意（D），或極度不同意（SD）。

	SA	A	U	D	SD
a、本國需要更多的法律與更好的秩序。…	〔〕	〔〕	〔〕	〔〕	〔〕
b、警察不可放棄武裝。………………	〔〕	〔〕	〔〕	〔〕	〔〕
c、搶劫、暴動者處以極刑。…………	〔〕	〔〕	〔〕	〔〕	〔〕

仿自 *The practice of social research* (p.253), by E. R. Babbie. Wadsworth. Copyright 2004 by Wadsworth.

　　此種體例的優點有：

1.把空間作最經濟的使用。

2.填答者可以迅速地填寫這些題目。

3.可以比較不同問題之答案。

　　但是此種體例，容易使填答者認為所有陳述句代表相同的取向，容易迅速瀏覽即過，致生誤認，而提供錯誤的答案，是其弊端。惟如能在提供的陳述句，交互代表不同的取向，且力求簡短、清晰，或可避免此種缺失的發生。

陸、反應（答案）類別的體例與數目

一、擬訂反應類別的原則與體例

　　擬訂反應類別的基本原則，乃是針對題意，盡可能清晰地把所有的答案，全部

列出。回答問題的方式，或打勾（√）或圈選（○），亦須明確標示。如：

1.性別：（男＿＿√＿）（女＿＿＿）〔打「√」用〕或是：
1.性別：男……（＿＿√＿）　女……（＿＿＿）〔打「√」用〕
1.性別：☑男　□女　〔打「√」用〕
1.性別：男①　女2　〔圈選用〕

採用此種反應類別時，供打勾或圈選用的標記（空格或代碼），不能離開反應類別太遠，或各個反應類別排列過於接近，以致分辨不清。為了避免可能發生分辨不清的流弊，反應類別通常採用的體例，有如下幾種：

1.您看 *Educational Leadership* 這份刊物的情況如何？（請選其一打√）

常常看……□　　　　　□經常看
偶而看……□　　　　　□偶而看
很少看……□　或→　　□很少看
從不看……□　　　　　□從不看

2.您申報綜合所得稅時，依規定要填列下表有關扶養子女的姓名、年齡、性別的資料，並標示他們是否在學。請從最小的子女開始列起。（有關性別、在學紀錄部分，請就正確空格欄中的代號圈選）

子女姓名	年齡	性別		在學紀錄	
		男	女	在學	未在學
		1	2	1	2
		1	2	1	2
		1	2	1	2
		1	2	1	2
		1	2	1	2

3.如一系列問題的答案體例均屬相同，可採如下方式處理之：

	優	良	可	劣
(1)您對校長領導能力評定的等級如何？	□	□	□	□
(2)您對教師休息室內的設施評定的等級如何？	□	□	□	□

二、反應類別的數目

類別變項反應類別，需要列出多少數目，通常研究者是知之甚稔，無庸猶豫的。最容易評量的變項，有如概念清晰的男、女類別，與其數目少，且為大眾所熟悉；但是有的類別必須是完全互斥（每個應答者只能選出一個正確的反應類別），且列舉窮盡。固然要列舉全部的答案有其可能，但是卻相當困難；當面臨此種情況，可任擇如下兩種途徑之一處理之：

1.把所有的變通答案（可能的各個答案）列在一張卡片上（非印在問卷上），然後揭示給應答者，他才將所選中的一個答案，寫在問卷上。

2.僅把最共同的或最重要的類別印在問卷上，另加「其他」一項，以使答案能包括全部類別在內。凡非屬已標出類別的應答者，即歸入「其他」類別，該類別雖然提供的資料有限，但可讓每個人都能回答。

三、順序變項

多數問卷的題目是屬於意見或態度的問題，因此其答案是順序變項或類似順序變項，此種反應類別作答時很像類別變項，由應答者從答案中選出正確的即可，只是類別變項的反應類別係由實證決定，而順序變項的反應類別比較主觀，須由研究者加以界定。

如有個問及大學生有關所就讀學校教學品質的問題，便可按由最差至最佳的量尺排列。此時，研究者須決定在最高與最低品質之間要有多少類別，通常採用的反應量尺有如下六種：

1.極同意／同意／無意見／不同意／極不同意／無法回答。

2.極適當／適當／勉強適當／不適當／極不適當／無法回答。

3.優／良／可／差／劣／無法回答。

4.經常／偶而／從不。

5.總為真／常為真／少為真／從來不真／不知道。

6.很重要／重要／有點重要／不重要／不知道。

列舉順序問題之反應類別的另一種樣式，是把反應類別當作一個連續體，只標出兩極部分，然後由應答者從中取擇，猶如溫度計的刻度，故亦稱「溫度計」式反應類別。如：

7.您認為大學生應修的科目內容，若要採取學生的主張，應符合怎樣的程度？

```
學生享有最後決定／  ／  ／  ／  ／  ／  ／科目內容應完
科目內容        1  2  3  4  5  6  7 全由各系決定
```

8.有些人喜歡常常見到他們的朋友，但是有些人很不喜歡見到朋友。比較來

說，您喜歡常見朋友或認爲少見朋友？（把正確的號碼圈選起來）

依此類「溫度計」式的答案類別，一般來說是每題重複出現一次，而不是只印在該頁的右上角。另一種變通的「溫度計」式反應類別，是在其中間加上一個零類別，該類別的左邊爲負點，其右邊爲正點，如下所示：

此種設計的優點是應答者對該題目常可表示絕對中性的觀點，亦即沒有意見。「無意見」反應乃在於顯示應答者對該問題，尚未想出成熟的意見，或覺得尚無表示強烈意見的必要；或者，有人可能有意見，只是不在極同意或極不同意的類別。若某題目計分是由0至10，沒有意見的人可能無從知道，他們究竟要在4與5之間或5與6之間予以標示。

至於反應類別的數目需要多少，應由研究者決定，不過，就上述所舉溫度計式各題，當可了解最少的有六、七個，最多爲九個。非溫度計式的順序變項，除去「無法回答」不計，從某一極端到另一極端，以分配四至五個反應類別爲多。

採順序變項作爲反應類別的另一種體例爲：提出一系列主題的答案，令應答者按等級順序排列。如：

9.當前國小教師必須面臨的下列諸項問題，請按重要性的順序，從1（最重要）至5（最不重要）予以列出。

　　班級管理_____
　　學校行政_____
　　與家長關係_____
　　參加進修_____
　　婚　　姻_____

這種體例的反應類別，原有排列順序容易影響應答者的取擇，如原排在第一個的，容易被填上「1」，依此類推。預防之策不外將原有答案類別作隨機排列，或依筆畫多少爲序排列亦可。

四、等距變項

等距量尺的變項一般被界定為連續性的，而非間斷性的，因而反應類別的數目很多，經常會因太多，而無法包括在封閉式問題內。惟研究者有時候並不對一切可能的正確值，感到興趣，只要應答者能在近似值內填答即可。即僅採用若干所得級距或年齡組合，而不採正確的年齡或所得，作為反應類別。這麼做，主要是避免讓應答者對正確的年齡或所得，有所顧慮，不肯作答，但是他們通常願意在若干級距的近似年齡或所得反應類別內填答。年齡的分類，依照人口學家的作法，是以五年或十年為一組，以求減少組數，並使每個反應類別不致太廣泛，每個年齡組合最後一個數字，通常是以0開始，最末一個數字以4（以五年為組距）或9（以十年為組距）結尾。如：0～4／5～9／10～14／15～19；或0～9／10～19／20～29。所有年齡組合除了第一年外，大抵採同樣大小的組距（如五年）。研究死亡率時，0～1歲組常另列處理，與其在這個年齡，死亡率偏高所致；最大年齡組也是另一個例外，通常採開放性敘述，如六十五歲以上。至於所得組合，研究者不將各個組距固定，而是視該組合人員平均所得予以變化。如：

您的父親每月的收入約有多少元？
□5,000元以下
□5,000元～7,499元
□7,500～9,999元
□10,000～14,999元
□15,000～19,999元
□20,000元～24,999元
□25,000元以上

在教育研究中，量的研究者經常結合使用順序與等距變項，但其中等距變項提供的反應變異最大，且會達到較具有強度的統計分析。一般的原則是，若研究者事先不知要使用哪種統計分析，則採等距變項編訂量表，但反之不必然（Tuckman, 1999）。

柒、好問卷的特徵

問卷的好壞，影響作答者的情緒，進而對其答案的品質產生作用，一份好的問卷，宜具備以下各項特徵：

1.問卷應告知應答者，旨在處理重要的問題，使他認定問卷的重要性，而願意作答。至於該份問卷的重要性，應明載於問卷上或另附信函傳達。

2.問卷調查之對象，以無法從學校出版的刊物，或有關調查統計報告等來源獲得的資料為限。

　　3.問卷主要目的乃在蒐集研究者所需之重要資料，因此簡短者較受歡迎，冗長的問卷易被丟棄或是不願意填答。

　　4.問卷外表能夠吸引人，且須編排整齊、或印刷清楚，題目與答案宜分行排列。

　　5.指導語或填答說明清楚而完備，界定重要名詞，每個問題只處理單一的觀念，所有問題的用字遣詞盡可能求其簡單而清楚。填答說明，除了有特殊的需要，加註在各問題之末外，通常一開始都有概括性的解說，並舉例說明。茲參考台灣省政府教育廳委託國立台灣師範大學教研所及教育系從事的**國民小學國語文教學績效之調查研究**（1978年6月出版）中所附「國民小學教學問題改進意見調查問卷」的填答說明略加修正後附於下面，供作參考：

※填答說明

1.本問卷共有十七大題，每一大題之下列有若干備選的答案，請依據您的
　看法，選出一個您認為較為可行的解決途徑，在每一題號前之橫線上打
　一個「√」記號。

2.如果備選答案以外，還有更可行的途徑，請您在「其他」欄後面的橫線
　上，將您的意見表達出來。

3.請您務必每一大題都填答。

4.請於問卷收到後三日填妥寄回本所。

　〔例〕：目前台灣地區縱貫鐵路交通運輸量過小，車禍頻傳，旅客甚感不
　　　　　便，您認為應如何改進？

＿＿＿(1)將交通安全常識列入學校課程。

＿＿＿(2)增加高速鐵路運量，減輕縱貫鐵路負擔。

＿＿＿(3)建築立體交流道。

＿＿＿(4)開闢海運，以疏減縱貫鐵路負載量。

　說明：此例題之下列有四個解決途徑，如果您認為「……增加高速鐵路
　　　　　運量……」是最好最可行的解決途徑，則請在其前之橫線上打一個
　　　　　√。不管您選擇何者，每一大題，只能選一個。

　　6.問題是客觀的，不帶有導引性建議，以求符合期望中的反應；在問卷上有導引性問題，正如法庭上採誘導性訊問一樣，均不適當。

　　7.問題的順序，如能完全依照或視情況需要採行下列原則排列，尤其理想（Bailey, 1987, pp.131-135）：

(1)把敏感性問題與開放式問題，擺在最後才出現。

(2)最先發問的是容易回答的問題。

(3)需要發問以取得進一步資料的問題，應緊接著前一題之後出現。

(4)把問題按邏輯順序放置，如有時間先後順序的問題，不宜倒置。

(5)避免使應答者採用一種特定的反應組或參照架構來回答問題。

(6)把要查核信度用的配對問題分開擺置。配對問題中之一以正面描述，另一以反面描述，藉供查核信度之用。

(7)依所需的反應安置量尺項目，如將需選答同意或不同意這一組的題目可安放在一起，以免每題均要重述反應類別。

(8)依問題的長度與體例變換位置，以維持應答者的興趣，惟也因此而使應答者覺得難以回答。

(9)決定是否應用漏斗技術。有些社會的研究者主張排列問題時，應採用漏斗技術。即把廣泛的、一般的問題先問，然後再像漏斗一樣匯聚至較特定的問題，向應答者提出。此種技術可使應答者毫無顧慮地回答首先發問的非威脅性問題。漏斗技術如與「過濾」問題結合在一起使用，研究者可以決定特定的問題是否可應用於應答者，因而可避免發問不適用的問題。

8.問卷便於列表與解釋之用。到最後決定問題的形式以前，宜先將題目列在紙條，然後再依分析與解釋調查結果之需，把問題作一適當的歸類，防止至最後分析資料時，產生困擾。

若要使用電子計算機處理問卷所得的資料，應將所有可能的答案類別轉換成譯碼數字，以便處理。

捌、準備與施測問卷

1.為了對問卷的設計與編製有所助益，研究者務須先研讀其他有關的問卷，並把自己編妥後的問卷送請有編製問卷經驗的人士，請求他們就問卷中使用的字詞、問題排列順序、題目是否過於冗長、有無缺漏的問題、反應類別有無不當、不確、冗長、混淆等缺失、供開放式作答的空間是否足夠等，予以評判（即本書第7章章末附「註」內所稱的pretest）。

2.在設計探究形式（問卷或意見調查問卷）的過程，似可把每個問題分別寫在一張卡片或細長的小紙片上。因為一種工具所發展出的問題，在未成為完整的工具以前，可能被較佳的題目所潤飾、修正或取代。這種程序，使得該工具最後轉印為定型的問卷以前，能把問題按最適當的順序安排。

3.把徵得有經驗且對該類研究有充分認識的人士批判後的問卷，加以修正，進而安排試驗性測試（pilot-testing）的工作（Ary et al., 2019; Bailey, 1987; Best & Kahn, 2006; Gall, et al., 2007; Wiersma & Jurs, 2005, 2009）：

(1)試驗性測試樣本數不必多且毋須為隨機的樣本，惟須就該問卷將來預定要抽取填答之樣本所屬的母群體中，選取試驗性測試的樣本；並考量這些樣本熟悉研究的變項並能對各題項作成有效的判斷；McMillan和Schumacher（2010）建議，該類樣本數應在20人以上；但是即使只有10人當樣本，總比不作試驗性測試為佳。

Colton和Covert（2007）認為問卷調查的樣本數如有成千或上百，試驗性測試樣本應在20至50人或更多。Ary等亦具體指出，試驗性測試樣本，應占樣本的10%，惟這些樣本在將來正式測試時，應不能再使用。

(2)試驗性測試問卷各題應留有空間，供應答者評述該份問卷之需。

(3)應答者表示難以回答，或不解意義的問題須加以修正，並一再測試，直到所有或多數樣本，能夠了解題旨為止。

(4)實施試驗性測試的程序與技術，力求與將來實施真正測試時要作的完全一致。

(5)試驗性測試樣本所填問卷至少需回收75%，方始合理。

(6)研究者閱讀試驗性測試應答者對問卷的評述，以供改良問題的參考。如發現有一、兩個以上的應答者把某問題標記為「無聊」，或他們對某問題顯示高度防衛傾向時，便須將該問題修正，或廢棄不用；當然研究者毋須一定全盤接受應答者的建議，但是這種安排，總不失其價值。

(7)研究者宜逐題檢查答案，若發現某些問題空白未填，或答案與預測不符，則該題可能須加修正。

(8)將試驗性測試結果作簡略分析，決定此種量化與蒐集資料的工具，是否令人滿意，以提供是否另需增加問卷的問題。如應答者對某特定問題的反應為不同意，便可另增編問題，進一步了解他們不同意的原委。因此可能因而再作第二次試驗性測試，並根據結果，繼續修正。

如是處理試驗性測試耗時固多，但是這種努力卻頗值得。蓋從試驗性測試中顯示的缺失，可在最後定案付梓及交寄前，得到修正；否則問卷一旦寄出，才發現缺失而想設法補救，恐怕為時已晚矣！

4.審慎選擇應答者。送出問卷前一項重要的考慮，是把問卷寄給確能從他們那兒獲得資料的人士填寫，這些人士也可能對該問卷感到興趣，而憑良心作客觀的填答。若干研究權威建議似乎可設計一種預告卡，事先徵求個人是否願意參與擬議中的研究；這種作法，不失為一種禮貌的途徑，且可預期哪些參與者能採合作方式，提供所需的資料，頗具實用價值。

在一項問卷回收率的研究中，Harold W. See（1957）發現，最初請求一個機關的行政首長協助轉交問卷給部屬作答，比直接寄給預期能提供資料的人士填寫，有著更高的問卷回收率。因由上司轉交部屬填答，即是賦有一種義務感，暗示著非填寫不可。

5.由於學校行政主管擔心教師或學生上課時間被研究者所利用，以致影響課業的進度，而反對學生或教師填寫與學校教育目標無關的問卷。因此，若填寫問卷的對象為學校教師或學生時，研究者應事先徵求該校校長的認可並同意後，方可實施，甚至有時候，仍得徵求該校所屬行政機關的同意後才進行為妥。

6.若期待中的資料，在本質上是屬於敏感性的或個別性的，盡可能考慮作答

時，不必具名。不必具名的工具，最容易得到客觀性的反應。然而有時候，基於分類的目標，有必要填寫應答者的姓名或身分。若需應答者署名時，應向他提供保證，所作反應按極機密處理，他的反應絕不致危害其現有的地位與安全，方易獲得真實的資料。

7.設法取得有關人士或單位的贊助。若有行政管理的人或組織，或機關贊助研究者的計畫，接到問卷的人，比較願意回答。惟贊助應由贊助者主動清楚表出，否則研究者一味要求贊助，乃是不合乎道德的。

玖、問卷的信度與效度

設計與使用（實施）問卷的人，意圖處理所採工具的信度或效度的情形，並不多見，或許此乃是許多問卷欠缺此一品質的理由。然而問卷與心理測驗或量表不同，前者目標相當有限，即問卷是在極短時間內，對有限的母群體施測，以蒐集所需資料的一種工具，儘管如此，在本書第5章所提各種信度、效度的類型，有若干足以用來改進問卷的信度與效度的作法，值得細加思索。

問卷能否測量所要測量的東西，顯然是指著內容效度。為了評定問卷有無內容效度，宜將問卷交給熟悉該項調查目標的某些能勝任判定工作的人士，由他們檢查各個題目能否適當地測量所要測量的內容，以及這些題目能否代表所要探究的行為領域或構念（即內容有關證據的效度）；或者決定應答者在其他測量相同構念或內容的量表上是否表達相似的意見（聚斂性證據的效度）。當然問卷內各個題目的描述是否不含糊、清晰，仍甚重要，與其為決定問卷有無效度的基礎。唯此類型的判斷僅為個人意見表達，因此又被稱為「表面效度」（face validity），可再進行更進一步的資料蒐集，透過預試資料的分析，獲得進一步實證的效度資訊。

此外，問卷中若有專有名詞（專門術語）須先加以界定，俾使所有應答者對它們的認定，不致產生疑義，亦對問卷效度的增加，有所助益。

至於評核問卷信度的作法，為在測量工具中多增加些題目，亦即相同主題的題目在問卷中增加題項，藉以查核內部的一致性之用。

此外，將同一份施測某些人的問卷，隔一段期間之後，再對他們施測；或對相同的人士施測問卷的兩式，如是得到的結果，可求得重測信度（test-retest reliability）。惟此等程序常因耗時且所費不貲；有時亦會顯得不切實際，與其不易找到願意接受兩次測試相同問卷者，對受測者對某些問題所持的答案；尤其與行為有關的部分，常會隨時間的改變，更欠缺穩定性。

第四節　訪談調查法

訪談就某種意義言之，是一種口頭問卷。受訪者不用填寫答案，而是與訪談者面對面，按自己的方式，用口頭回答被問及的問題，以提供所需的資料，就其功能

言，與郵寄問卷相近，同為蒐集態度的與知覺的資料，而採行的一種方便的方法。

計畫與執行訪談調查的步驟，也和著手問卷調查相似。主要的步驟依序為：敘述訪談目標、閱覽有關文獻、選取樣本、設計訪談結構、發展訪談題目、選擇與訓練訪談者（訪員）、執行試驗性測試訪談、實施訪談、把訪談資料編碼與列表、分析與解釋結果。

壹、訪談調查的優點與限制

訪談是經常運用的調查法，由於本方法涉及訪談者與受訪者之間口頭的直接交互作用，因而衍生其優點與缺點，值得重視。就運用訪談調查進行研究，所具有的優點有：

1. **容易取得較完整的資料**：一位受過訓練的訪談者，由於具有特殊的技巧，其所進行的訪談，通常比運用其他蒐集資料的工具優越。理由之一是吾人經常比較願意說，卻不願寫。尤其當訪談者與受訪者建立關係或友誼關係之後，受訪者不願意寫出來的若干機密內容，可從訪談中全盤說出；加上訪談技術的運用，較具有彈性、答題比率高，資料當較完整。

2. **較易深入了解問題的核心**：訪談者與被訪者之間欲建立和睦的關係，需要專門的技能與敏銳的眼光，堪稱是一種藝術；訪談者在於取得受訪者的信任與合作之後，訪談者可以伺機激發受訪者，深入了解自己的經驗，且可試探原先在研究計畫中，未期望得到的重要資料。特別是受訪者自我的負面觀點或對他人的負面情感方面，本較難啟齒，亦不願在問卷上顯現出來，唯有賴訪談者善用技術，使其感覺舒適，不致有威脅感受時，才肯透露出來，也較易從中發現問題的癥結所在，而作深入的探討。

3. **可以揭示明確的目標**：訪談者能對受訪者明確說明研究的目標，解釋清楚想要獲得的資訊。特別是當受試者誤解問題時，訪談者能接著採用另一個清晰的問題。

4. **可評鑑答案的真實性**：訪談者由於和受訪者直接接觸，訪談者可評鑑受訪者的誠摯性與見識，在各個訪談階段中，採不同方式行之，也可能找尋得到相同的資料，如此一來，可藉之以查核答案的真實性與一致性。

5. **可適用於特殊的對象**：對於幼童、文盲、有語文障礙者、智能障礙者，使用訪談方法，遠比採用問卷方法，來得易行，且較易獲得所需的資料，如要對小學一年級學生探索他們所希望於教師的是什麼，安排訪談，可能是獲致答案的唯一可行方法。

6. **可以控制環境**：訪談者能將訪談情境標準化，如可在隱密、沒有噪音的情境之下，進行訪談，不像郵寄問卷係寄交不同的人在不同情境之下作答，條件極不一致。

7. **可以掌握問題的次序**：因而確保受訪者不致脫離問題次序回答，或以其他

方式破壞問題的結構。

訪談調查固然有上述的優點，但以一項蒐集資料的工具而論，它仍有若干的限制，主要的限制約有如下各項：

1.由於採訪談調查來向受訪者發問，較之實施測驗或執行觀察易行，因此常被誤用，以為訪談方法較之其他方法蒐集得來的量化資料準確，如此誤用可能帶來禍害。

2.訪談方法具有彈性、適應性，並得與受訪者交互作用，固有其價值；但是訪談者的主觀見解與偏見，可能構成採用該項方法的弱點。或由於受訪者一味迎合訪談者的期望，或訪談者與受訪者間造成的對立，或訪談者竭盡所能尋求支持先入為主答案的觀念甚為積極等因素，都可能造成偏差，此等因素即構成所謂反應效應（response effect）。為了避免造成這種不良的效應，解決之道，似可從如下幾項著手改進：

(1)研究者宜事前仔細研究母群體，找出其特質，然後仔細設計該項研究，以使該種效應減至最小程度。

(2)研究者須審慎選用訪談者，並施予完整的訓練，以達成訪談所需的特質。

(3)有妥善的研究程序。

3.採用訪談調查，有時需投下大筆經費，並要耗費大量的時間，方可達成任務，堪稱所費不貲。一項須在短期內完成，或經費有限的研究，不宜輕易採用訪談方法。

4.採用訪談調查與郵寄問卷工具比較，受訪者通常沒有檢查紀錄，與家人和朋友磋商有關事宜，或思索自己答案的機會。

5.訪談者基於欲探索較多的資料，以不同方式向不同受訪者發問相同的問題，甚至向不同受訪者問不同的問題，固是具有彈性的特性，惟缺乏標準化的題目用語，研究者想比較不同受訪者的答案，顯然會遭到困難。

6.訪談無法保證受訪者不致曝光；訪談者通常知道受訪者的姓名、住址或電話號碼。因此受訪者被詢及受窘、敏感性問題，常會拒絕作答，如何贏得受訪者信任，減低對他（們）構成的威脅，便是一大難題。

貳、依結構區分訪談的類型

為了增加訪談調查獲得之結果的可信性，講求客觀，常為採用該項方法努力追尋的方向，其客觀的程度，又隨訪談結構的不同，而有差異，若依訪談結構而分，訪談調查約可分成三種：

一、無結構性訪談（Unstructured Interview）

又稱非標準化訪談（unstandardized interview），臨床心理學及精神病學採用的案主中心探討途徑（client-centered approach）即是屬於此種的範例。實施無結構

性訪談具有彈性；且很少限制回答者的答案，有時候鼓勵受訪者自由表達自己的觀點，僅會以少許問題來導引談論的方向，因此受訪者常在不知不覺的情況下接受訪談，全盤托出自己的想法，不致有所顧慮，而隱瞞自己的觀點。因此，對於心理上深受壓力的個人，以及不易表達爲訪談者所需資料的人，實施無結構性訪談，似爲一種較爲可行的途徑。惟欲將此等累積而得的品質方面的資料量化，則有困難；與其在蒐集資料過程中，缺乏一致性的程序，不如就各次訪談所得資料，進行比較，以求取可普遍應用的概括原則，因此欲考驗或證實假設時，不適宜採用無結構性訪談；但由於無結構性訪談，可深入探索人的動機，並使受訪者與訪談者得以產生社會的交互作用，因而可以從中找到豐碩的假設，自不失其價值。另由於無結構性訪談可能失諸高度主觀以及費時，如無充分的經驗或接受專門的訓練者，似不宜貿然採行。

二、結構性訪談（Structured Interview）

又稱標準化訪談（standardized interview），採用此種訪談的程序嚴格要求標準化與正式化，即按相同方式與順序向受訪談者提出相同的問題，其答案只有是、否，或從一組變通答案中選擇其一；甚至訪談開始與結束的用語，也作了嚴格的規定。這種結構性訪談比非結構性訪談，在本質上言較符合科學要求，可根據研究結果，建立科學上的概括原則；惟仍有其限制，與其對所有受訪者蒐集資料的方式齊一化，而無法對其答案作進一步的深入分析。是以就其適用的順序言，較適用於研究的後期，與較適用於研究前期以建立假設的非結構性訪談，成相輔相成的作用，在考驗非結構性訪談而建立的假設，以求建立概括原則言，結構性訪談有其價值（Mouly, 1978）。

三、半結構性或部分結構性訪談（Semi-or partially structured Interview）

在教育研究的領域中，訪談者爲求客觀，可能採用高度結構化問題，進行訪談，可是鑑於結構性問題無法深入了解問題的癥結所在，因而有著採用半結構性或部分結構性訪談方式的趨勢。即訪談者最初向受訪者發問一系列結構性問題，然後爲作深入探究起見，採用開放性問題，務期獲致更完整的資料。唯有在半結構訪談中，研究者可以改變問題的順序、省略某（些）問題、或改變問題的用字、或增列其他問題。假設訪談者想要了解學生在高中的學習經驗與其在大學的成就二者的關係時，訪談者可先向受訪者發問一些結構性問題，如原就讀高中的大小、位置，以及其在校的成績等第、參加課外活動、選修科目等有關的題目；然後發問如下的開放性問題，如：「你認爲自己在高中的學習經驗，對於升入大學的預備，有多大的幫助？」「如果你能再回到高中就讀，你想要學習與現在在大學所學習的無關的哪些科目？」從中，訪談者更能深入了解高中學習經驗與大學成就的關係。半結構性或部分結構性訪談的優點，從上述不難發現，乃在於具備合理的客觀性，並允許受

訪者充分反映己見，因此在教育研究領域，格外適用，可獲得較有價值的資料，當然為避免訪談者的偏見及真正能探求重要的觀點，訪談者宜接受更多的訓練，以習得訪談所需的高度技巧。

又訪談進行時，接受訪談者人數的多寡，可分個別訪談與團體訪談（individual and group interviews）兩種。

先就個別訪談與團體訪談言之，大多數的訪談都是在較隱蔽的環境中，一次向一個人進行，這樣一來，受訪者較能自由自在的、坦誠地抒發己見，此謂個別訪談，但由於只有一人充分發表意見可能會失之偏頗。因此，在某些問題的探索上，採團體訪談方式，更能獲取較有用的資料，尤其當受訪者來自各種不同的背景時，對同一問題的探討，較能從各個不同角度進行之，獲得的結論較能周全，以收集思廣益之效，甚至團體受訪可協助彼此回憶、證實或修正對問題所持的見解。

參、採用訪談調查面臨的問題

一、如何接近受訪者？

訪談者進行訪談時，須與受訪者形成面對面的接觸，難免會使受訪者感到威脅，而採取排斥，如何讓他悅納且願意接受訪談，確為一件艱鉅的任務，1969年美國密西根大學（University of Michigan）出版的**訪談者手冊**（*Interviewer's Manual*）中，提示訪談者應做好如下的準備工作（Bailey, 1987, pp.185-186）：

1.告訴受訪者訪談者是誰以及他（受訪者）代表誰，必要時訪談者可出示身分證明。

2.告知受訪者有關訪談者要做的工作。包括告知受訪者該研究的目的，保證以機密處理其答案或住址。

3.告訴受訪者何以他被選作訪談對象，並非故意要令他受窘，而是從母群體中按某種抽樣方法選出的。

4.選定受訪對象後，可事先以函件告知受訪者；此外，尚可將過去所作訪談的結果或摘要，剪輯起來，供其參考，並進而強調本研究的重要性，以及通知將來結果的出版方式。

5.訪談者宜採用正面的方式，徵得受訪者的願意接受訪談，如可說：「我想進來和您商談有關這方面的問題。」而不說：「我可以進來嗎？」或「您現在有時間嗎？」易言之，不要讓受訪者有說「不」而拒絕訪談的機會。一般言之，訪談者必須具備有應變能力，給人親切的感覺、保持適度的敏感性，則遭受拒絕受訪的難題當可迎刃而解，亦因接近受訪者，而順利完成訪談的工作。

二、如何執行訪談？

以結構性訪談為例，訪談之進行，可採以下方式：

1. **發問的問題猶如文字問卷**：用訪談進行研究雖有彈性，允許例外，但一般均採標準化問題，向每個受訪者問相同的問題。如此而得的答案，才容易分析、比較。即使受訪者要求再問一次時，儘量「照本宣科」，以免造成誤解。

2. **發問的問題有次序可循**：每一個問題皆要循序發問，即使受訪者拒絕回答某題，只要作下記錄，便可繼續發問次一題。

3. **避免採用導引性的問題**：無論採封閉式或開放式題目，應避免採用導引性的問題。與其在無形中指涉著特定答案（Richardson et al., 1965），造成受訪者認定其中可欲的答案只有一個，甚至使有的受試者覺得有必要獲知訪談者對該特定問題的意見，為了迎合訪談者的歡心，設法尋求與訪談者感受有關的線索。如「您認為聯合國已無法執行維護世界和平的功能嗎？」可能是一個言過其實的例子，容易得到一致性答案，實是不妥。如改成「您覺得聯合國在維護和平功能方面的具體成效如何？」或許較合理想，因為這樣的題目本身，是中性的，沒有暗示特定的答案，像此類的問題，比較妥當的安排，是在該題之後，發問如下的問題：「您能解釋何以獲得該種結論嗎？」此外，訪談者亦可在鏡前作試驗性訪談工作，以預先發現自己任何無意識的面部表情，或身體語言（如點頭、皺眉、聳肩等），以免給受訪者帶來導引的暗示作用。

三、如何訓練訪談者？

為求利用訪談技術蒐集得到的資料，值得信賴與具有客觀性，即使是高度結構性訪談，其訪談者必須接受訓練，所需接受訓練的分量端視欲增加訪談深度與減少結構性的程度而定。惟就一般情況而論，施予訪談者的訓練，通常包括兩個階段（cf. Gall et al., 2007）：

1. **第一階段**：受訓者在研究主持人指導下須研讀訪談手冊，以及熟習訪談目標及條件、預備東西、必要的控制與防衛、待研究的變項、訪談的內容和類似資料等，俾使訪談者於實行訪談前熟知手冊內容，不致臨場猶豫不決、慌亂，或重讀手冊。研究者本人的期望不必和訪談者商討，以防止扭曲訪談者的知覺。

2. **第二階段**：根據研究訪談者訓練而提出的報告建議，接受訓練者應做訪談練習，隨時接受回饋式的矯正，以求其表現臻於標準化，並符合期望的客觀性與可信賴的水準。受訓者做訪談練習的過程，可以用錄放影機錄製起來，然後重播數次，予以討論、研究，發現其在程序上所犯的錯誤，及時矯正，以求得較佳程序。

為了便利訪談工作的進行，編擬問題時，宜遵守下列原則：

1.擬訂問題所使用的語言，可確保訪談者與受訪談者間達成有效的溝通，避免一切模稜兩可的詞句。

2.確可使受訪者認可被問每個問題的目標，避免引起疑慮或抗拒。

3.從母群體中選取的受訪者確能提供訪談所需的資料。

4.避免使用導引性問題，已如前面的二之3所述。

5.每個問題的參照架構清晰，每個應答者以同樣方式聽問題，避免產生誤解。

6.擬訂訪談程序，並作試驗性研究測試（Isaac & Michael, 1983, p.139）。

7.避免使用含有雙重目的的問題以及具混淆性的問題。Malone（2011）甚至認為，若有5位三年級學生無法以相同方式，解釋相同的問題，該問題就須重新修改。

訪談是一項高度主觀的方法，若想藉它獲取合理、客觀且無偏見的資料，須竭盡一切所能，做好控制與防衛措施，其最佳作法，不外是審慎進行試驗性研究，以評定手冊與訪談程序的妥善性。教育上所採試驗性訪談研究的樣本大抵以10至20人即已足夠，訪談者根據前面幾次的試驗性訪談，可以決定自己採行的訪談程序是否需要修正。

即使試驗性研究的進行，須根據詳細目標而來。訪談者須能決定從試驗性研究計畫的程序，是否能真正取得所需的資料。

使用試驗性研究，可以找出具有威脅性的問題，所謂威脅性的問題係指多數人極不容易談論者。根據Bradburn和Sudman（1981）及其同事的界定，只要受訪者中有20%的人認為該題極不易談論，即屬於威脅性的題目，此類題目宜予刪除或修正。惟此類題目若是在研究中不可或缺者，Bradburn等建議，即使予以採用，宜使反應效應減至最低程度。

試驗性研究可試用各種訪談方式，以求其完美。若受訪者不願意採合作態度，一般言之，即是反映出採用該種方式，無法激發受訪者的動機，進而與他們建立和睦的關係。此外，試驗性研究亦提供訪談者評鑑其記錄訪談資料方法是否完備、決定記錄資料是否妥善、記錄方法是否打斷訪談的進行、報告的結構是否需要改良等機會。

在試驗性研究期間，研究者也要仔細評核自己設計用來量化與分析訪談資料的方法，是否得體。若試驗研究得到的資料既無法量化，或悖離期待的範圍，那麼訪談的程序應立刻修正，直到能滿足需求為止。

試驗性訪談研究使用錄音筆或手機，格外重要，即使在將來正式訪談程序中不採用，也需如此，從重放的錄音筆或手機中，訪談者能深入了解自己處理問題的方法，以求修正。事實上，使用錄音筆或手機錄下訪談內容，不僅在試驗研究中需要，在實際訪談研究中，仍不失其價值。與其方便且不必立即作記錄，如立即記錄對訪談者或受訪者而言，均易分散其注意力。錄音的訪談內容，在稍後，為了進行完整與客觀的分析，常有必要重放，此時除了訪談的內容外，回答時的音調與情緒都同時保留在錄音筆或手機中。使用錄音筆或手機錄音固有上述的優點，但在訪談進行中，如有數人同時說話，則錄音內容便有難以了解之虞，因此錄音應與做記錄同時進行，以供核對之用。

此外，使用續拍相機、智慧型手機及其他科技產品，對於受訪者軀體語言與臉部表情等的掌握，有很大的作用。

四、如何作探測性處理？

採開放式題目發問，可深入了解受訪者，惟欲達到此一目標，尚須在發問某種問題之後，作深入的探測性處理（probe）才行，探測性處理所使用的問題，或稱追蹤問題（follow-up question）。或當受訪者提出的答案隱晦不清或屬一般性者、全然無作答，或表示不解題意時，也適用探測性問題。

作深入的探測性處理，大致而言，具有兩項功能（Bailey, 1987, pp.189-190）：

1.促使受訪者提出較完備與準確的答案，或提出的答案符合可接受的起碼要求。為了達成此項功能，探測性處理應屬於普遍性與中性的作法，中性的探測性作法包括：

(1) 重複發問題目：受訪者不解題意或對某問題感到舉棋不定時，可以重複發問。題目若太長，在受訪者回答之前，常要重複發問二至三次，俾使受訪者能記得題目，提出解答。

(2) 複述答案：訪談者未能確切了解受訪者的答案時，可以採取複述答案的探測方式。複述答案可矯正錯誤，並肯定訪談者記載受訪者的答案，正確無誤。複述答案尚可供受訪者進一步考慮所提答案的機會。

(3) 表示理解與興趣：訪談者提出探測性問題，表示他已聽到受訪者的答案並證實正確，可因而激發繼續回答的作用。

(4) 停止片刻：若受訪者的答案顯然不周全，訪談者可暫停片刻，不置一詞。即在表示訪談者知道受訪者的答案，但不完備，正等他繼續完成。

(5) 提出中性問題或評論：如「您提出那個答案的意義如何？」「請告訴我多一點。」等即表示受訪者的答案，朝著正確的軌道運作，但是仍需更進一步的資料。

茲舉探討性問題說明之。例如：

您認為今日美國最重要的難題是什麼？(1)＿，(2)＿，(3)＿，(4)＿，(5)＿
若有如下的答案，則針對答案，提出探測性處理的作法：

1.答案：「稅太重。」該答案或許適當但不完全（因須指出五個難題）。
　　探測性處理：停止片刻，等候受訪者繼續回答，或表示理解的說：「對。」或重複發問，強調重要問題不只一個。若這些安排，仍無法引出更多的答案，第三種變通的探測性處理是：「有沒有更多的問題？」或「那一個只是五個中的一個，我還需要四個。」

2.答案：「政府的問題。」答案過於隱晦不清。
　　探測性處理：「我無法了解您的意思。哪些類別的政府問題？您能講得更具體嗎？」

3.答案：「有許多重要的問題。」

探測性處理：「請列舉五個最重要的。」
4.答案：「比過去的問題多，甚至比將來的問題多。」
　探測性處理：「請列舉現在最重要的五個。」
5.答案：「事情一直在惡化中。」
　探測性處理：「列舉目前最惡化的五件事情。」

2.將受訪者的答案予以固定，並將對訪談者感到興趣的題目盡收在內，無關資料減少。對於特殊問題的探測性處理亦有不同，如下列的問題：

請仔細考慮：「有關一個家庭人口數多少較合宜，在不同時代的人，有不同的觀點。在美國平均每個家庭的正確的兒童數是多少？」
答案：「是否有兩個兒童或稍少。」接著再問道：「為什麼這個家庭的人口數較少，而不要較多的人口數？」（探測所有的理由）

像類似探測性問題，即在設法將一切可能的理由，全部列出。受訪者提出第一個理由之後，訪談者利用中性的探測性處理方式，諸如停止片刻，或表示理解。當受訪者停頓不說時，訪談者可採如下的探測性處理：「好，次一個理由是什麼？」或者在每個理由提出後，訪談者可運用此種探測性處理，以引出接著而來的理由。然後，他可採用下列的探測性問題行之：「您能想到更多可能的理由嗎？」

無論採結構性、無結構性或半結構性訪談，均宜作探測性處理，尤以無結構性與半結構性訪談，最易進行探測性處理。但訪談採用的訪談表格式如何，值得了解。試以結構性訪談格式為例，如圖8-9所示。在訪談期間，訪談者盡可能少作記錄，只傾聽受訪者說話，記下適當的答案，像這類的訪談，不需耗費太長的時間，此地所列舉的格式是一份共計有十九頁的訪談表的一部分，據統計完成這份訪談表所需的時間，係按是否養有寵物而有差別，養有寵物者須耗費二十至四十分鐘完成；未養有寵物者利用這份訪談表，只需五分鐘即告完成（Vockell, 1983, p.89）。

肆、電話訪談、電子郵件訪談與網路調查

研究者採用電話進行訪談，以美國而論，開始於1980年代；國內採電話訪談結果偶而在報章雜誌揭露，由於只限於局部地區，以及訪談內容的效度，尚有待進一步的發展與改善。

利用電話訪談，以求取得有價值的資料的作法，何以近年來有逐漸受到歡迎的程度，乃在於電話訪談，具有如下各項優點：

1. 速度快：對於目前的某事件，執行民意測驗調查，利用電話訪談可能比利用問卷調查或私人訪談的速度為快。尤其對於偶發事件的處理，當天即可以利用電話同時訪談許多人，但惟恐樣本不當，因此採這種訪談經常要分散地區舉行。

2. **成本低**：電話訪談與私人訪談相較，採用前者的訪談比後者所花的成本爲低，根據美國的資料顯示，電話訪談的成本約爲私人訪談的一半，且研究者只要在辦公場所，利用電話即可進行，不必外出旅行。

3. **隱蔽性高**：受訪者在電話中接受訪談，比接受私人面對面的訪談，較具有隱蔽性，不致因而構成威脅。

4. **區域分散**：電話訪談不必在地理區作叢集（或聚類）抽樣，可利用分散區域的作法，進行研究。

此外，電話訪談仍有如下的限制，運用時應予重視：

1.研究者對採電話訪談的意願不高。因爲訪談者無權要求受訪者繼續接受訪談，加上受訪者在任何時間都可能中止正在接受的訪談；又受訪者對於訪談者的身分，未能充分了解，不便寄予信任，其效果當然值得懷疑。

2.受訪者的情境不一，無法標準化，可能影響受訪的結果。

3.電話普及率影響採電話訪談的可信性。都市或鄉村，如電話不普及，從電話號碼簿中抽取的樣本，便缺乏代表性，以沒有代表性樣本進行訪談，往往會造成很大的誤差。

4.許多人雖有電話，但卻未登錄在電話號碼簿；甚至，有的電話號碼在電話號碼簿上出現不只一次，增加被抽取機會；另有些人士爲避免外界干擾，不在電話號碼簿中登錄其姓名，便失去被抽取訪談機會，凡此都會影響電話訪談的效度。（cf. Fowler, 1988）

近年由於行動電話普及，亦可透過電話公司或是民意調查機構協助，隨機抽取行動電話號碼，達成訪談目標。

圖8-9

結構性訪談格式舉隅

第二部分：在這一部分，我要發問一系列有關寵物的問題

1.您養育像狗、貓、兔、鼠、鳥，或魚這類的寵物嗎？

| 有……1 | （發問甲與丙） | 沒有……2 | （發問乙） |

甲、您養育什麼動物？　　　　　乙、過去三年間，您養育任何的寵物嗎？

您養育其他什麼動物？　　　　　有__ 沒有__ （接下一部分繼續訪談）

把提出的所有動物記錄下來：　**若答有，問他：爲什麼您不再養育這些

接著針對每一種問道：　　　　　　寵物？

您養育的_1_有多少隻？　　　　把反應逐字不漏地記錄：

記錄動物（代號）的數目　　　　_____

狗：1①2345678　　　　　　_____

貓：212345678　　　　　　　_____

圖8-9　結構性訪談格式舉隅（續前頁）

兔：312345678　　　　　　　把全部的答案用符號表示出來：

鼠：412345678　　　　　　　養育成本太高　　　　　　　　　　1

鳥：512345678　　　　　　　寵物所需的照料比預期的為多　　　2

蛇：612345678　　　　　　　寵物易吵雜、會有破壞性　　　　　3

魚：712345678　　　　　　　寵物會攻擊人（會咬人，對兒童構成危險）4

其他（請列舉）　　　　　　　寵物容易生病　　　　　　　　　　5

　　：812345678　　　　　　寵物已老了　　　　　　　　　　　6

　　　　　　　　　　　　　　沒有足夠空間可以養育　　　　　　7

　　　　　　　　　　　　　　寵物死亡　　　　　　　　　　　　8

丙、過去三年間曾有養過但不再養的其他（請列舉）＿＿＿＿＿＿＿9

　動物嗎？

　有＿＿＿沒有＿✕＿

　（若沒有，請轉到**處）

2.本卡列舉養育寵物與小動物的一些理由。在本卡上列舉的，哪些與您養育寵物的
　理由最接近？

指導深入探測。

在A欄，代號「1」代表所提及的理由，代號「2」表示沒有提及的理由。接著，
若提及的理由不只一個，就這些理由中，最／較重要的，換成在B欄的代號表示出
來。（若在A欄所提出的理由不只一個，問道：「對您而言，所說的這些理由，哪
一個最重要？請將代號寫下來。」）

		A	B	
		是	否	最重要
簽註卡	a、伴侶＿＿＿＿＿	①	2＿＿＿＿＿	1
	b、娛樂（運動、打獵？）＿＿＿	1	②＿＿＿＿＿	1
	c、保護＿＿＿＿＿	1	②＿＿＿＿＿	1
	d、提供兒童教育＿＿＿	①	2＿＿＿＿＿	1
	e、享樂動物＿＿＿	①	2＿＿＿＿＿	①
	f、沒有特別理由＿＿＿	1	②＿＿＿＿＿	1
	g、其他（請列舉）＿＿＿	1	②＿＿＿＿＿	1

註：取自 *Educational research* (p.89), by E. L. Vockell. Macmillan, New York: Macmillan,
　　Copyright 1983 by E. L. Vockell.

另一種更進步的電話訪談為電腦輔助電話訪談（computer-assisted telephone interviewing, CATI），係在電腦終端機顯示調查問卷予受訪者，訪談者直接把受訪者的答案輸入電腦。如此的作法當然需預先設計好程式，於是以前需由調查訪談者控制的許多歷程悉交由電腦處理。此舉可以協助電話訪談時需作控制訪談以及訪談者—應答者交互作用的歷程。

電子郵件訪談（e-mail interviews）係指使用電腦與透過網址或網際網路，從訪談個人中取得開放性資料。如可取得電子郵件名冊或網址，即可迅速取得大量且豐厚的資料；可促成研究者與受訪者的對話，增進對議題或研究對象的了解。惟須事先徵得研究對象的同意，並保護其隱私。

自21世紀以來，隨著網際網路的普及，網路調查（web survey）在社會與行為科學領域的研究，愈來愈多透過網路作為取得受訪者個人資料的媒介，完成資料的蒐集、分析的工作，以達成調查的目的。即透過分享網址、社群網站與即時通訊軟體，傳送訊息、發送電子問卷或雲端文件共用等方式進行，相較於傳統紙本問卷或電話訪談，網路調查具有的優點和前面所述利用電話訪談的優點近似。

目前有許多公司提供免費網路問卷平台的服務，如：Google表單、Dosurvey、SurveyMonkey、Mysurvey等，部分公司亦提供付費選項，讓研究者可以升級享有進階的功能。以Google表單為例，只要擁有Google帳號，即可登入使用，操作介面容易上手，表單完成後僅需分享網址，即可供受訪者填答，蒐集資料，受訪者完成提交後，問卷之答覆會直接傳送給設計者，並儲存在雲端硬碟中，且可直接做簡單的資料分析。

網路調查固然方便，但其仍有與上述電話訪談相似的缺點：如樣本的代表性不足、調查之效度欠佳等。如：欲調查教師工作壓力之來源，發送網路問卷，但回答的人可能並非全部都是教師；抑或部分填答者為了獲取作答的獎勵而重複填答，以致影響結果的效度。又如調查國小學生對使用網路繳交作業之滿意度，卻忽略其家中無網路可用，也可能導致調查結果的誤差。隨著網路之普及，如能克服上述缺點並發揮其優點，網路調查之方便性與樣本的可取得性，將可提升研究的品質。

伍、訪談的信度與效度

訪談者能否在訪談過程中，和受訪者建立和睦的氣氛，往往成為該項訪談有無成效的主要關鍵。此種訪談技巧，是具有不易捉摸的品質，可能與訪談者的人格品質和發展的能力有關。不少的研究者為探討訪談者的地位，對於自己有無此種信心的影響，於是執行許多的研究，要求不同地位的訪談者對相同的受訪者訪談。惟不論受訪者願意透露的有多少，或所欲表示的態度之性質如何，所得到的答案，經常是有顯著的不同。

與自己出身有關的因素，是另一可以決定訪談者、受訪者間能否建立和睦關係的因素。同鄉相見，較易建立關係，若彼此毫無關係存在，不免會存有猜忌，甚至

招致憤怒。同樣的情況，也會發生在下個例子中：訪談者的衣著，也對結果產生制約；年輕的訪談者似乎較中年或老年的訪談者容易與受訪者建立和睦的氣氛。女性訪談者似亦較男性訪談者容易取得坦誠的答案。當然經驗的有無，對於訪談技巧的改善，仍有影響。

訪談的進行如係根據審慎設計的結構而來，或確可引出重要的資料，其效度就較大。在這種探究的領域中，專家所持的批判性判斷，對於選取達成研究目標所需的問題，可能有所助益。

訪談的信度，即指回答的一致性而言，其評量的方式有：(1)在訪談的稍後片刻，將問題的形式稍作更易，重複發問，再根據其結果決定之；(2)在另一個時間，重複訪談，可為估量答案一致性的另一種作法；(3)由多人進行訪談，也可獲得較高的信度；(4)將訪談所得答案錄音下來，由兩位評分者對於相同錄音內容，分別評分，然後計算其相關。或由評定者對某一特定題目評定一致的次數除以同意與不同意的次數，若一致性未達80%以上，則該訪談題目勢必修正或更易。

訪談方法如運用得當，將可收到本節壹所述各項優點；反之，亦可能遭遇前項所述諸項限制。惟不論如何，訪談者的態度是否客觀、眼光是否敏銳，以及有無真知灼見，仍是不容忽視的條件。至於訪談程序，乃具有專門性，非缺乏經驗的研究者所堪勝任。訪談者若未具上述條件，無法按序實施訪談，對其信度與效度，當有影響。

第五節　得爾慧技術的運用

得爾慧技術或翻譯為德懷術，早在1950年代，即由Olaf Helmer和Norman Dalkey在蘭德公司（Rand Corporation）倡用。該技術之運用，係針對某一主題，交由一組專家（a panel of experts或稱得爾慧小組──Delphi panel）表達意見，然後予以蒐集、組織，務期獲致團體一致的看法。該組專家毋須面對面對質或辯論，他們僅需就某單一主題編製成多項問題的一系列（實施三～四輪）問卷調查，透過郵件、傳真或電子郵件來交換資訊，參與者係根據個人的知覺與認知，表達看法或予以判斷，進而達成共識，因而作成的決定是主觀的，而非知識本位的（Knowledge-based）。

得爾慧技術適用於處理社會問題的一種變型為政策得爾慧（Policy Delphi），它與傳統的得爾慧技術略有不同，並不要求該組受調查的專家達成一致的觀點，而是想就當前的或期待中的政策問題，界定某一定範圍的答案或對該問題涉及的諸替代方案看法，了解其分布範圍。由於政策得爾慧技術除了處理資料與事實之外，尚包括觀點在內，因此想藉著實施三～四輪問卷調查，即達成共識，乃不切實際，如能把諸專家的不同意見或分歧觀點，作一番釐清與界定的工作，就成為值得努力方

向。如此而來，運用得爾慧技術的結果，雖不必一定取得共識，但匯聚眾多具有「效度」的判斷，深信比任一個人判斷的功效爲大。另有一種與政策得爾慧類似的技術，叫做對抗得爾慧（adversary Delphi），它應用於對抗情境中，因此彼此無法尋求共識的前提下，根據大多數人的意見，來作成決定（Helmer, 1994）。另有一種執行得爾慧研究的方式，叫做電子化得爾慧（e-Delphi）或即時得爾慧（Real-time Delphi），這不是一種紙筆作答的方式，而是利用網際網路而進行的問卷編製與小組成員溝通的途徑，這種電子化的得爾慧，可提升效率。

不論採傳統的得爾慧技術、政策得爾慧技術，或電子化得爾慧技術進行調查，其步驟如下：

一、選定一組專家或得爾慧小組接受實施調查

由於在探究或作決定歷程期間，該組成員不會聚集在一起，因此他們彼此相隔的空間可能甚遠，表達意見的時間亦有相當的不同，且各人擔任的工作亦有別，可是彼此的地位相等，意見同受重視。惟有關此等成員取擇的標準及其社會職位宜予列出。

二、編製供三～四輪調查使用的問卷，寄予得爾慧小組成員反應意見

1. **第一輪調查問卷**：採開放式問卷，請成員表示意見，如「您認爲資優教育上最重要的關鍵問題有哪些？」、「專家所界定的資優有哪些意義？」

2. **第二輪調查問卷**：係將第一輪調查蒐集而得的資料，予以處理後，摘成重要的若干題目，按隨機方式排列，其中每題分成若干選項或依五點量表方式編成本輪調查問卷，再交由原調查對象填寫或評定等級。

3. **第三輪調查問卷**：分析第二輪問卷調查所得資料，就每一題選項之等級平均數或中數，或就每題5點量表各選項（如極重要、重要、不重要、極不重要）加權平均數及整題的加權平均數和標準差列在第三輪調查問卷中，以顯示初步調查結果，再分寄予原調查對象，俾使其了解自己在第二輪調查問卷上的反應與團體調查結果之不同所在，然後再對第三輪調查問卷重新評定，以表達自己新的觀點，如應答者對每一題（或各題每一選項）看法仍有實質差異時，需提出簡要解釋。有的研究只將該輪調查問卷採加權平均數、標準差或卡方檢定作比較或採肯氏和諧係數分析其一致性而提出報告，有的則尚針對上述作法，將調查結果及受調者對各題（選項）所持與團體不一致的意見列成一覽表。

4. **第四輪調查問卷**：爲最後一次之評定結果，可提出最後一次團體反映出的一致性陳述，或如同第三輪調查問卷的分析方法，加以析釋，以獲致結論。

得爾慧小組的成員人數，並沒有硬性的規準可循，惟就一般情形而言，至少要有10人，如果成員同質性高，則須有10至15人；但至多以20至25人爲度（Wiersma & Jurs, 2005, 2009）。

　　運用得爾慧技術研究，獲得之結果的品質，完全取決於該小組成員所做的決定以及個別成員「專門知能」的水準，因此如何選擇具有資格的小組成員便攸關本技術運用的成效。因此這些專家的看法往往會塑造成爲團體的意見，專家也可能放棄公開表示立場的機會，凡此均爲本技術運用時容易滋生的流弊。此外，小組成員耗損也會帶來問題，如果有任一成員在某一輪問卷調查中缺席，就不允將他納入小組成員之列，是以研究者宜事先告知成員有關該份任務的分量及需耗費的期間；同時身爲小組的一員，應專注、全力以赴，協助研究的進行，終而達成任務。

作 業

一、選擇題

1. 某位研究者想評估台灣省兒童的閱讀技能，於是抽取1,000位兒童當樣本，施予閱讀測驗，這種研究可歸入：（①實物普查 ②實物樣本調查 ③非實物普查 ④非實物樣本調查）。

2. 執行問卷調查的第一個步驟是：（①選擇樣本 ②界定母群體，俾決定樣本之所自 ③列舉問卷將要達成的具體目標 ④編製問卷題目）。

3. 調查研究使用蒐集資料工具的目的在於：（①取得樣本中所有受試者的標準化資料 ②盡可能在最短期間內蒐集最多資料 ③僅蒐集將被證明為重要的資料 ④蒐集非量化資料）。

4. 調查研究最常用來蒐集資料的工具是：（①問卷與標準化測驗 ②問卷與個別訪談 ③個別訪談與情境測驗 ④標準化測驗與態度量表）。

5. 問卷調查法在選擇受試者時最基本的考慮為：（①樣本的大小 ②確定具有可獲得期望之資料的群體 ③界定蒐集資料的方法 ④確定資料分析技術）。

6. 附在郵寄問卷中的傳達性信函的內容：（①避免將研究計畫與專業機構連結在一起 ②請求在某限期內擲回問卷 ③避免訂下收回問卷的時間期限 ④告知如問卷在限期內未寫回時，即將使用的追蹤技術）。

7. 訪談如與郵寄問卷比較，其主要優點為：（①成本低、適應性高 ②具有適應性以及搜得有深度資訊 ③客觀及容易施測 ④容易施測且搜得具有高信度的資訊）。

8. 訪談的缺失有：（①為了實施訪談須要大規模訓練訪談人員 ②是耗時、耗錢的技術 ③易受訪談者偏見的支配 ④以上三個答案均正確）。

9. 好的訪談技術為：（①發問導引性的問題 ②在正式訪談開始之前避免進行事前的溝通 ③如受訪者有欺騙之虞，對他們採複核作業 ④確信受訪者讚許發問的每一個問題的目標）。

10. 撰寫問卷的陳述句或問題，下列何者不用考慮？（①避免具有偏見的題目 ②避免雙重否定的題目 ③使用含有雙重目的的問題 ④題目力求清晰 ⑤題目力求簡短）。

11. 封閉式問題最適用的理由是：（①容易把資訊歸類 ②最初的試驗性研究 ③大量表的研究 ④第1與第3皆是）。

12. 問卷需實施預試的理由是：（①以預試建立信度 ②可以注意到答案可能出現不充實的情況 ③可以作嘗試性的資料分析 ④以上皆是）。

13. 在訪談中使用半結構性問題，可以：（①對有限制的問題自由反應　②強迫對有限制的問題反應　③對廣泛問題自由反應　④強迫對廣泛問題反應）。

14. 調查的目標，下列何者不應包括在內？（①因果　②關係　③解釋　④描述）。

15. 一般言之，調查研究的信度與效度的強弱如何？（①強—強　②強—弱　③弱—強　④弱—弱）。

16. 2014年不同年級間，中學生閱讀成就調查屬於下列何種型式？（①橫斷式調查　②縱貫式趨勢研究　③縱貫式同期群研究　④縱貫式小組調查）。

二、調查研究用來蒐集資料的技術有哪些？

三、使用郵寄問卷而不採訪談進行調查，具有哪些優點？

四、使用訪談而不採郵寄問卷進行調查，具有哪些優點？

五、在什麼條件之下，研究者可採電話訪談蒐集資料？此種方法有何優、缺點？

六、以哪些方式處理，可以增加對回答問卷題目的準確性？

七、開放式問題與封閉式問題相較，具有哪些優、缺點？

八、普查與樣本調查有何不同？

九、試指出下列問卷題目的錯誤安在：

1. 你認為開放教育（open education）是什麼？

2. 請把以下的陳述句從最重要至最不重要排列等級。

3. 國中與高中教師需要接受激發學生動機方法的訓練。
　　□極同意　□同意　□不同意　□極不同意

4. 陳某某老師是一位好老師。
　　□極同意　□同意　□不同意　□極不同意

十、某大學文學院約有2,000個大學生，擬進行研究學生對通識教育課程的態度。研究者本人也對整個學院學生在求學生涯的態度變化感到興趣。其中的一種研究方法為採縱貫式調查，一開始以大一新生為對象，實施為期四年進行四次的樣本調查研究。另一種研究方法為採橫斷式調查，從四個年級母群體中，隨機選取樣本，一次調查完成，試據以討論這兩種調查的優、缺點。

十一、某家出版商執行為期5年的縱貫式調查，以了解教師對採用其出版物的意見。該項調查在大台北市舉行，以隨機抽樣選取老師當作一個小組，進行小組研究。每六個月從該小組蒐集資料。試問：

1. 以該小組研究作為縱貫式調查設計，可獲得什麼？

2. 這個小組研究有無缺點或潛在的困難？

十二、某校想採調查方法以了解學生家長對新的評分方式的意見，假定全校有350位學生，你建議學校採隨機抽樣或全面普查的方式進行研究？為什麼？

十三、假定你準備對應屆大學畢業生在今年6月畢業以後的計畫進行調查：

1. 為了引出期待中的資訊，請以選擇式寫下一題封閉式問卷題目，該題目至少包

括五個選項。

2.試擬一題開放式問卷題目，以引出期待中的資訊。

十四、某研究者以高中輔導教師為研究對象，隨機抽取所需樣本，發出問卷，不久收到問卷，統計其回收率為72%，對於那些沒有應答者（nonrespondents），研究者如何與之接觸，以促請他們送回填妥的問卷？請列舉三種方法。

十五、某研究者為了解某學區內家長對若干特定學校的滿意程度，擬進行一次訪談，在訪談手冊中，列有如下的問題：(1)您有多少位子女？(2)他們的年齡多少？(3)他們都在什麼性質的學校求學？(4)他們現在各唸幾年級？(5)您最喜歡貴子弟所唸的學校的哪些方面？(6)您最不喜歡貴子弟所唸的學校的哪些方面？(7)您和教導貴子弟的教師或其他教師，如何維持聯繫？

請問：

1.這些問題構成訪談調查中的哪種類型？

2.您認為研究者何以把問題按上述順序排列？

3.哪些問題需採開放式，俾供探測性處理？

十六、有位研究生撰寫學位論文時，將以問卷調查蒐集主要資料，他計畫把問卷以隨機抽樣方式寄交全國被抽取的教科書出版商，他寫了一份隨問卷送交出版商的信函如下，請指出該信函的內容，有待修改之處？該信函全文如下：

敬啟者：

　　　隨函檢送問卷壹份，該份問卷只需花您幾分鐘時間即可填妥。本問卷乃為本人在東海大學教育研究所修讀教育碩士學位撰寫論文蒐集所需資料之用。

　　　隨函附寄貼妥回郵之信封乙個。您若對本研究有任何的質疑，本人樂於為您解答，謝謝您的合作。祝

快樂

　　　　　　　　　　　　　　　　　　　　　　　　　　　　○○○敬上

十七、結構性訪談與無結構性訪談的優、缺點安在？

十八、試簡述傳統得爾慧與政策得爾慧技術的目標及其運用的步驟。

十九、為防範國中學生中途輟學，而想透過得爾慧技術進行有效防範策略研究。請問如何選擇得爾慧小組的成員？使用篩選的規準如何？宜由多少人組成該小組？

二十、某民意調查機構想預測總統選舉結果的誤差在3%範圍內。為了達成此一準確水準，若將信賴水準訂在95%，試問需要多大樣本數？（Ary et al., 2019）

二十一、是／否比例的答案，如何影響需要的樣本數？

答案：

一、1.④；　2.③；　3.①；　4.②；　5.②；　6.②；　7.②；　8.④；　9.④；10.③；

　　11.④；12.④；13.①；14.①；15.②；16.①。

二～八、略。

九、1.「開放教育」一詞意義含混。

　　2.未提供如何排列等級的資料，最重要的為1或10？

　　3.同時提及國中與高中教師形成含混，僅能問及國中教師或高中教師，不能二者同時兼顧。

　　4.缺乏參照點。

十、縱貫式調查的一個優點是隨著選取年級的升級而得以研究變化情形，但約需耗費四年左右時間方可完成；橫斷式調查在較短時間內即可完成，只需一次即可蒐集所需資料。

十一、小組研究允許在不同時間從相同的教師組蒐集資料，如此一來，特定教師在一段時間內的改變情形可以發現。小組研究能否在長達五年內維持一完整的小組，不致流失，易招懷疑。況且小組留下來的成員在過一段時間之後，恐已不足以代表教師母群體。是以大台北市教師母群體的穩定性影響該小組的效能。

十二、就學校與社區維持正向關係的利益考慮，須對整個家長母群體進行普查為佳。

十三、1.您今年6月大學畢業之後有何計畫？就下列的活動，選出所期望做的，並標出該活動起訖的期間：

　　　　_____①就業　　　　　　　_____④出國深造

　　　　_____②讀研究所　　　　　_____⑤旅遊

　　　　_____③服兵役　　　　　　_____⑥其他（請列舉）

　　　2.今年6月畢業之後，您有何計畫？請將期望做的一切重要活動列舉出來。

十四、1.寄送一封追蹤信函，隨函再附上一份問卷以及貼妥郵票的回函信封。並以掛號信交寄。

　　　2.打電話予未應答者聯繫，請其擲回填妥之問卷。

　　　3.發電子郵件或傳真予未應答者，請其擲回填妥之問卷。

十五、1.半結構性訪談。

　　　2.在半結構性訪談中，可以需要以事實回答的結構性問題開始。

　　　3.(5)(6)(7)。

十六、1.描述研究的目標；2.描述研究的重要性；3.請求在規定期間內擲回問卷；4.宜請求應答者就其專業權威或專業感予以填答；5.將要提送研究發現的摘要予填答者。

十七～十九、略。

二十、假定 p = q = .50

$$n=\left(\frac{\frac{1}{E}}{\sqrt{pq}}\right)^2(1.96)^2=\left(\frac{\frac{1}{.03}}{\sqrt{(.5)(.5)}}\right)^2\times(1.96)^2$$

$$=(277.78)(3.8416)$$

$$=1,067$$

二十一、是／否答案比例愈接近 .50/.50，需要的樣本數就愈大。

第**9**章

觀察研究法

從蒐集資料的角度而論研究方法，前面已談過標準化測驗（第5章）、問卷調查（第8章）以及訪談調查（第8章），這些方法有一個共同點，即均依賴當事人自陳（self-report）作為資料的來源，但是如果當事人提供有偏見的資訊，無法準確回憶事件，或所提供的資訊非研究者感興趣的部分，可能產生誤導，而造成錯誤的判斷。於是就有人認為，為了克服自陳法的限制，如果能妥善使用觀察法，不失為一種有效的補救之道。儘管如此，亦有人提出使用觀察法可能遭遇到的限制，以提醒研究者，不要視之為萬靈丹藥，而陷入自欺欺人而不自知的境界，他們提出觀察法的限制，主要的有：(1)觀察研究大都偏限於可客觀觀察及記錄的行為為對象，惟這些行為可能僅為所要研究的複雜行為中的一小部分，二者的關聯程度如何，須加注意；(2)觀察研究需決定，因觀察者的介入或出現，對正接受觀察的情境，可能造成的影響程度如何？(3)觀察研究耗時甚多，所費不貲，難對較大樣本進行充分的觀察，以取得可靠的資料。

由上述可知觀察法仍有限制，惟其所以受到偏好，主要是基於以下的考慮，即研究者若要在某特定的情境或制度（機構），深入而徹底地研究其間發生的行為，恐非藉助觀察研究法不可，這是藉著「觀察」（observing）而不是透過「發問」（asking）以決定某種現象之狀態的方法。

第一節　觀察研究的類別

觀察研究的類別，依分類規準的不同而有出入，但各種分類之間，難免有重疊之處。

壹、依場所與結構區分的觀察研究

觀察研究的類型，按場所而分，有自然情境（natural settings）的觀察與人為

實驗情境（artificial laboratory settings）的觀察兩種。另依結構而分，有結構性觀察（structured observation）與非結構性觀察（unstructured observation）兩種，二者界限較不明顯，只能作相對的、而非絕對的區分。所謂結構性觀察，係指依據進行研究前確定的目的，在一定程序之下，使用結構觀察工具（如本節稍後提及的等級量表），觀察與研究目的有關的行為。至於非結構性觀察，即指在比較沒有明確研究目的、程序與工具之下，採行的一種較有彈性的觀察，其中以人類學和社會學使用的田野研究（field study）最具有代表性。

　　自然情境與人為實驗情境以及結構性觀察與非結構性觀察，可配合應用，形成四種觀察類型（Bailey, 1987），如圖9-1所示，即完全非結構性田野研究（completely unstructured field study）、非結構性實驗分析（unstructured laboratory analysis）、結構性田野研究（structured field study）、完全結構實驗觀察（completely structured laboratory observation）。

　　至於研究者在此等觀察類型中扮演的角色，以田野研究為例，約可分成如下五種（Ary et al., 2019; Gold, 1969, pp.33-37）：其中，前四種為Gold所提出：

　　1. **完全參與者**（complete participant）：完全參與者真正的身分及目的，被觀察者並不知曉。他盡可能地與被觀察者自然地交互作用。是以在任何事件中，他必須提醒自己的基本角色是觀察者，但留給被觀察者的印象，卻是一個十足的參與者，是以在參與活動中他都扮演著裝作角色（role-pretense）。但是扮演這樣的角色並非容易，因此田野工作者通常在完全參與期間或之後，需有一段冷卻期間才能發現屬於真正的自己，而能冷靜地且符合社會學要求地回溯自己的田野行為。

圖9-1

依場所與結構區分的觀察研究類型

觀察者加之於情境的結構程度	觀察情境的結構程度	
	自然情境	人為實驗情境
非結構性	完全非結構性田野研究 1	非結構性實驗分析 2
結構性	結構性田野研究 3	完全結構性實驗觀察 4

取自 *Methods of social research* (p.244), by K. D. Bailey. The Free Press. Copyright 1987 by The Free Press.

2. **完全觀察者**（complete observer）：與完全參與者比較，完全觀察者的角色屬於另一極端，他是一個完全與提供資訊者隔離的田野工作者，被觀察者因而不易覺察他們正在接受觀察，也因完全觀察者隔絕了與被觀察者之間的交互作用，於是可能有誤解觀察事件的危險，甚至陷入我族中心主義（ethnocentrism）而不自覺。

3. **參與者的觀察**（participant-as-observer）：由於擔任完全參與者不讓被觀察者獲悉，後者不免有受騙的感覺，堪稱嚴重違背倫理的信條，加之，完全參與者不論有無作為，難免會對被觀察事件產生影響。因此，研究者經常選取一種不同於完全參與者的角色，以Gold的用語稱之，即為參與者的觀察。在這種角色中，研究者是完全參與接受研究的團體，但亦能深切體認自己正在執行一項研究。惟此種角色亦可能招來危險：其一、被研究的對象可能把他們注意力轉移到與整個研究計畫有關的部分，而不專注於自然的社會歷程，因此被觀察的可能不是典型的歷程。其二、研究者可能比較側重觀察者的興趣與觀點，以致喪失科學上所要求的客觀性。

4. **觀察者的參與**（observer-as-participant）：此種角色常運用於一人訪談式的晤談（one-visit interviews），與任何形式的參與或非正式的觀察比較，顯得是相當正式的觀察。因此承負此種角色者雖確認自己是一個研究者，在社會歷程中與其他參與者交互作用，也不隱瞞自己是參與者的身分，但是他與提供資料者的接觸簡短，且有流於表面之虞，與完全參與者或參與者的觀察相較，他較易誤解提供資料者的看法，反之亦然。

5. **合作伙伴**（collaborative partner）：在行動研究與女性研究所界定的研究過程，研究者與參與者之間是立於同等地位的伙伴關係。

上述前面四種角色，從完全參與者至完全觀察者的連續體觀之，可如圖9-2所示。

貳、依方法區分的觀察研究

依方法區分的觀察研究有非參與觀察（nonparticipant observation）、參與觀察（participant observation）以及人種誌（ethnography）三種。非參與觀察包括自然觀察（naturalistic observation）、模擬觀察（simulation observation）、個案研究（case studies）、內容分析（content analysis）以及後設分析（meta-analysis）。這些分類是教育研究中採用最廣的分類方式。雖然觀察研究法常被列入質的研究方法論中討論，但其中涉及量的研究的成分亦濃，故在本章討論；其餘的人種誌、個案研究、內容分析與質的研究關係較為密切，且基於篇幅的考量，將另列專章討論。至於後設分析，請參見第19章第四節。

圖9-2

在質的研究中觀察者的角色

（觀察得到觀察者投入情境的依序減少程度）

取自 *How to design and evaluate research in education* (p.384), by J. R. Fraenkel & N. E. Wallen. McGraw-Hill Inc. Copyright 1993 by McGraw-Hill Inc.

一、非參與觀察

非參與觀察係指觀察者不直接涉入被觀察的情境，渠以局外人的角度看情境，不與接受觀察的對象互動或施予影響。

1. 自然觀察：有些行為僅能在自然發生的情境，接受觀察。在此等情境中，觀察者毋須控制或操縱任何條件，甚至即使想要予以控制或操縱，也無法達成。如班級中教師的行為、學生的行為以及師生間互動的行為，透過自然觀察應是最佳的研究方法。經由自然觀察而獲得的領悟結果，甚至可提供該領域作更進一步控制研究的基礎。如J. Piaget（1896～1980）對兒童採自然觀察研究而完成的著作，為教育領域從事研究兒童概念發展者提供了架構，激發更深入探討的動力，終而有許多重要的發現。

2. 模擬觀察：在模擬觀察進行前，研究者創設有待觀察的情境，然後告訴被觀察者所要進行的活動。此一技術適用於研究者無法或不常在自然情境觀察得到的行為。如透過人格測驗或其他紙筆測驗，仍無法確定與成功教學或成功行政行為有關的因素時，透過模擬的觀察，便可鉅細靡遺地研究全部行為組型，進而易於洞察執行成功的複雜行為所需的特徵。此種類型的觀察，主要的缺失當然是不自然，被觀察者展現的行為非在自然情境發生的行為。被觀察者表現的是他們認為應表現的而非真正表現的行為。但是仍有其優點，如研究者可將該情境作適當控制，甚至可達到像自然情境的程度，這種控制自如的安排，可讓研究者把觀察行為的焦點，置於該領域的臨界點，為了觀察自然情境中的臨界行為，往往要耗費觀察者數週甚至數個月，作模擬觀察，庶幾乎可以克服之。模擬觀察的另一個優點是可供訓練觀察者之用。

模擬觀察運用於教育上的類型有許多種，比較重要的有個人角色扮演（individual role playing）和小組角色扮演（team role playing）。

(1) 個人角色扮演：在該項觀察中，雖然有多人參與情境活動，但研究者對某特定的個人的行為感到興趣。將該人置於某情境中，賦予某一角色，欲其解決某一問題；然後觀察者就該人對問題的解決方法以及執行方式，作成紀錄，並予以評

鑑。如某研究者為了發展評量小學校長效能的規準而進行研究，在該項研究中，每個受試者扮演校長的角色，面臨不同的情境設法予以處理即是。

(2) 小組角色扮演：即提供一個小組有待解決問題的情境，由該小組研究解決之，觀察者則將他們的解決方式予以記錄並加以評鑑。如學校學生在學校公共場所打架情事有增無減，學校委派六人小組負責研究，提供可能有效的解決途徑屬之。

非參與觀察的另外兩類：個案研究與內容分析請參見第15、16章。

二、參與觀察

在參與觀察中，觀察者參與被觀察的情境，成為其中的一員。參與觀察的理論基礎存在於許多的案例中，在內看與由外向內看，獲得的觀點有所不同。當然參與觀察的參與程度有別，觀察也可能是外顯的或內隱的進行。如研究者為了研究校長與教師的互動，而獲允參加某高中校務會議，這種觀察較趨向外顯的色彩。若研究者設法想被聘為教師，但在無人知曉此種觀察正在進行的情況下，研究校長與教師的互動，參與程度愈深，觀察便成為內隱的。從該兩種途徑獲致的結論，當有差異。內隱的觀察或可獲致較有效的發現，但是仍有缺點，即未獲得別人同意即進行觀察，恐有悖倫理規範；又觀察者參與被觀察的情境可能產生影響，即觀察者不參與和觀察者參與的情境，可能有點差別；再則參與程度愈深，愈可能滋生偏見，有違客觀的要求，如上例，觀察者易認同教師角色，對校長與教師互動的觀察與解釋，便易受這種角色認定的影響。

參與觀察研究也隨著探究的結構程度而變化。參與觀察研究之設計可能用來考驗假設、衍生假設，或同時兼具考驗與衍生假設的作用。以考驗假設為取向的參與觀察研究較有結構性，且把焦點置於有待觀察和記錄的行為之上。惟揆諸事實，更典型的參與觀察研究是置於衍生假設之上，是以參與觀察便以蒐集大量難以分析的資料為其特徵。職此之故，參與觀察的好消息是蒐集大量可能有用的資料；參與觀察的壞消息則在於，面對著這偌大的資料，如何攝取令人心服的結論，恐非易事。

參、依記錄區分的觀察研究

觀察者可能記錄三種不同的觀察：描述性觀察（descriptive observation）、推論性觀察（inferential observation）與評鑑性觀察（evaluative observation）（Cates, 1985, p.99）。

一、描述性觀察

觀察者只需將他實際觀察得到的行為，以文字描述或以劃記方式提出報告，此外不必記錄其他事項，更毋須從中推論或作任何的判斷。此種形式的觀察，一般而言，易於量化；觀察者所做的記錄也相當可靠。

二、推論性觀察

觀察者需考慮被觀察的每一種行為標示的意義，然後將之記錄在特定的分類中。這類型的觀察需有一種歸類記錄系統，俾供觀察者將觀察所得的每一種行為分派在適當的類目之中。此種歸類分派的安排，顯然比簡單的描述性觀察不可靠，但卻能提供較詳細、具有價值的資料。藉著完整的訓練，觀察者或可習得作成一致性、可靠性、推論性的觀察記錄。

三、評鑑性觀察

觀察者必須判斷行為的品質，然後按等級予以判斷，作成記錄。由於觀察者的評鑑性判斷常有不同，因此評鑑性觀察通常是最困難的工作。某個人被評為「佳」，也可能被另一個人評為「中等」。為了補救此一缺失，常需將欲從事評鑑性觀察者，施予全盤的訓練，以求取一致可靠的觀察。一般而言，供觀察者評定的等級愈細，評鑑性觀察的信度就愈低，因此在設計等級類別時，宜力求少而明確為妥。

研究者如作質的觀察，須在觀察期間把資料作成記錄而成為田野札記（fieldnotes），其中包括地點、觀察者、觀察者角色、時間及其長度、在不同時間觀察而得的觀察客體的描述，及與其相對的反省札記。

第二節　　觀察研究法的特徵、優點與限制

採用觀察作為蒐集資料的一種方法，需結合科學研究的精神，下列要求達到的六項標準，可視為觀察者及其所進行觀察的特徵（Best & Kahn, 2006）：

1.觀察須經仔細規劃、有系統的進行，並維持敏銳性。觀察者知悉自己正在尋找的是什麼，情境中的哪些是無關的，且不會因戲劇性的表現或壯觀的場面而分散注意。

2.觀察者了解被觀察之事件的完整性。他雖然格外留意事件的重要細節，但仍了解全體通常大於部分的總和。

3.觀察者是客觀的，他們承認自己可能持有偏見，並努力設法消弭之，使偏見對他們見聞及撰擬報告的影響，減至最低程度。

4.觀察者須將事實與對事實的解釋二者，區分開來。觀察事實在先，稍後再作解釋。

5.觀察而得的結果，可供查核與證實。如有可能，得複製進行：把該次觀察結果取來和其他稱職觀察者的觀察結果，進行比較。

6.觀察結果須審慎作成專門性記錄。即觀察者利用適當的工具，將觀察而得的結果，作成有系統的、量化的記載，以便保存下來。

為了符合上述的特徵與要求，觀察方法的運用，應顧及如次九項步驟：

1.決定研究目標。

2.決定被觀察對象的團體。

3.獲允進入該團體。

4.取得被研究對象的信任，進而建立和睦的關係。

5.以週、月、甚至年為時間單位，進行觀察研究，並作成記錄。

6.化解可能遭到誤解（如誤認研究者為間諜）的危機。

7.離開觀察研究的情境。

8.分析資料。

9.撰擬報告，提出研究發現。（Bailey, 1987, p.245）

採觀察方法，進行研究，具有如下優點：

1.觀察者能探索正在進行中的行為，並將其特徵作成記錄或錄影，不似調查、文件分析等不易發覺被研究者有無隱瞞的行為或偏見，完全依據文字作成膚淺的判斷。

2.觀察方法多運用於研究自然情境中的行為，比起其他蒐集資料用的方法，較少發生反作用。

3.觀察者在自然情境中研究，可觀察行為的期間，較運用其他方法為長，可從中發現趨向，並指陳機遇發生的事件與經常發生的事件間，存在的差異。

惟採觀察方法從事研究，可能有如下的限制：

1.自然情境優於人為實驗情境，固是觀察方法的優點，但如同一物的兩面，在自然環境中進行觀察的限制之一，乃在於研究者無法針對可能影響資料的無關變項，作有效的控制。

2.採觀察方法的研究所作的測量，多係根據觀察者非量化的知覺而來，欲加量化，頗有困難。

3.採觀察方法進行研究的樣本，通常比調查法為小；比實驗研究略大，是屬於小樣本的研究，因樣本若太大，不但耗時甚多，所費也不貲。

4.觀察方法多在自然情境下進行實地研究，觀察者在觀察同時，立刻作成記錄，很難取得被觀察者的認可與接受。

5.觀察研究的對象之身分暴露無遺，對於敏感的問題，尤其涉及個人隱私的部分，不易觀察。

第三節　觀察行為的類別與策略

採觀察方法從事研究的觀察者，須注視被觀察者的行為，並根據某種方式，加以判斷，再將這種判斷記錄下來。其在實際應用時，可採行的策略有二：第一、觀

察者只須留意某種指定的行為是否發生；第二、觀察者評定被觀察者表現行為品質的等級（Vockell, 1983）。

壹、觀察行為發生與否的記錄

觀察方法可採行的第一種策略，即觀察某種行為是否發生，此種策略的運用，在當前顯得相當重要，原因是最近教育領域，格外重視行為改變（behavior modification）與資料本位教學（data-based instruction）。即使教師未採行為改變方案教學，行為觀察方法在教學上，仍有其重要價值，可因而掌握全班動態。藉著此種策略，觀察者得指定某特定行為，在確定期限內，進行觀察，以發現該行為是否發生。

觀察者須將觀察結果作成記錄，關於記錄觀察資訊的程序，主要的有：持續時間記錄（duration recording）、計算次數記錄（frequency-count recording）、間距記錄（interval recording）、連續記錄（continuous recording）以及時間取樣（time sampling）（Gall et al., 2007; McMillan & Schumacher, 2010）：

一、持續時間記錄

這種觀察記錄，觀察者只需使用如計秒錶等計時儀器，便可測量標的行為（target behaviors）所經歷的時間。

有許多的研究，觀察者只記錄單獨一項行為經歷的時間，如某位學生離開自己座位的時間長度。然而，若研究者對時間持續性感到興趣，在該期間內，單一的被觀察者表現好幾項行為，但是這些行為並非同時發生時，單一的觀察者都能將之作成記錄，如觀察者能記錄某位學生在座位的時間長度以及離座的時間長度。此外，若有好幾位學生表現單一的行為，而且又不是同時一齊展現時，尤其一次僅有一位學生以口頭回答教師所提出的問題時，每位學生回答問題的時間量，都可以作成記錄。

持續時間記錄的信度，可將兩位觀察者記錄一群被觀察者的持續時間組數，求得相關係數。如有兩位獨立分開的觀察者觀察相同事件，即觀察一個小時的討論會中，記錄每個學生發表意見所花的秒數，研究者可將該兩組時間數以積差相關處理，所得之相關係數為持續時間資料的交互觀察者信度（inter-observer reliability）。若兩位觀察者觀察特定事件的時間量或累積時間量，可做比較；後者的作法通常以較短的時間量除以較長的時間量，如A觀察者報告某生離開座位的時間總數為82分，B觀察者報告的時間總數為96分，交互觀察者一致（Inter-observer agreement）為82/96或.85。交互觀察者信度係求相關；而交互觀察者一致，則求百分比，二者並不相同。因此研究者須確定他所計算的是什麼以及採用什麼方法才妥。

二、計算次數記錄

計算次數記錄是觀察者就標的行為每發生一次作一次記錄，通常使用劃記單或以計次器登錄。若標的行為發生的頻數很多，一個觀察者一次僅能記錄一種行為；若標的行為發生的次數少，訓練有素的觀察者仍能劃記中頻數至低頻數的行為。計算次數在記錄短時間的行為表現最為有用，但對於持續長時間的行為，則不顯得重要。如有位經過訓練的觀察者劃記與教室管理有關的十三種教師行為，如目標導向的提示、一致的贊許、警告的線索等。由於這些行為都是短期間的，且同一時間只能發生一種，交互觀察者信度尚令人滿意，分別由.71至.96。

此外，對於計算次數記錄的觀察，如進一步分辨所觀察的為間斷性行為或連續性行為，或許更佳。

所謂間斷性行為，是指能被計數的行為。例如：班上某兒童舉手發問的次數。這種行為可在某期限內，作一計數，以求出單位時間的表現情形。如可說某兒童每個小時，平均舉手3.1次。間斷的行為容易觀察，只要將要觀察的行為，先作明確的界定，然後計數該行為發生的次數即得。

所謂連續性行為，指著單靠計數，仍無法作成有意義記錄的行為。如出席上課行為、從事任務行為以及離開座位行為均屬連續性行為，計算這些行為發生的情況，並無實質意義。如有位學童從上午八時十分到校上課，全神貫注至十二時放學，若我們僅計數該行為，可說他出席一次。惟若從另一方面觀之，我們觀察一個極易分心兒童到校上課，專心聽講的情況，作為計算其出席的次數，或許可計算出他出席90次。但這種計算行為發生與否的方式，需先決定每間隔若干時間計算一次，以觀察該兒童在間隔時間內，表現行為的百分比。圖9-3即在說明觀察連續性行為，如何作成紀錄的情形。

三、間距記錄

間距記錄係指在某時間間距觀察「標的受試者」（或稱被觀察者）的行為。如傅蘭德（Ned A. Flanders, 1970）為了分析教學情境中師生交互作用而設計的傅蘭德交互作用分析類別表（Flanders Interaction Analysis Categories）便適用於此種類別的行為記錄，該分析類別表把教室的行為分析成教師說的話與學生說的話兩種，兩種行為又予細分歸類，如表9-1所示。

表9-1的每一細類以一個數字代表，屬於教師說的話有七類，屬於學生說的話有三類。由一個受過訓練的觀察者依照教室原來發生之事件的前後次序，分別記錄，時間間距是每三秒鐘記載一次，每三秒鐘內的話都可歸入表9-1當中的一個類別。每次要以一對相連事件為單位，每對事件有兩個數字。每一對包括第一和第二個數字，第二對包括第二和第三個數字，依此類推，然後劃記在一個設計好的矩陣內（如表9-2），第一個數字表示矩陣的橫列，第二個數字表示矩陣的縱行。因此

圖9-3

觀察連續性行為記錄單舉隅

兒童姓名：林小明　　　　　　　　　日　期：2018年4月3日

開始時間：上午 10 時 10 分

結束時間：上午 10 時 20 分

指導語：

1.每次注意看兒童十秒鐘。

2.在接著的五秒鐘，看他是否離座，並作成紀錄。

3.重複地作此處理，至十分鐘結束止。

　　　　×在座　　　　　　　　　○＝離座

分				
1	×	×	×	○
2	○	○	○	○
3	○	○	×	×
4	×	×	○	○
5	×	○	×	○
6	×	×	×	×
7	×	×	○	○
8	○	○	○	○
9	×	×	×	×
10	×	×	○	○

全部間隔數：40　　　　　　　　在座百分比：53%

在座間隔數：21　　　　　　　　離座百分比：47%

離座間隔數：19

註：仿自 *Educational research* (p.91), by E. L. Vockell, Macmillan. Copyright 1983 by E. L. Vockell.

表9-1

傅蘭德的交互作用分析類別表（FIAC）

教師說的話		
反應	間接影響	1.*接納感受：本著不具威脅性的態度，接納並分析學生表現之態度或感受的語氣。學生感受的可能是積極的、也可能是消極的。預測或回想學生的感受亦包括在該類內。

表9-1 傅蘭德的交互作用分析類別表（FIAC）（續前頁）

		2.*贊許或鼓勵：贊許或鼓勵學生的行動。說笑話以減低緊張，但不因此而傷害別人。點頭或說：「嗯？」或「繼續下去」包括在這類內。
		3.*接受或利用學生的想法：釐清、確立，或發展學生提出的意見。教師把學生的想法擴展包括在該類內，但當教師表示自己較多的想法時，則要歸在第五類。
		4.*問題：以教師的想法以及學生將可能回答的意圖為基礎，發問有關內容或步驟的問題。
開始教導	直接影響	5.*講解：提供有關內容或步驟的事實或意見；表達自己的想法，並作解釋；或引述權威而不用學生的觀點。
		6.*給予指導：給予指導，下達命令或規定，期望學生遵從。
		7.*批評或辯護權威：做說明務期把學生行為由不可接受的模式改變為可接受的模式；責罵某人；說明他所做的事情的理由；極端的自我參照。

學生說的話

反應	8.*學生說話──反應：學生因反應教師說的話而說話。此種接觸是由教師開始教導的，誘導學生說話，或把情境建立起來。
自發主動	9.*學生說話──自發性：學生主動說話。他們表達自己的觀點；自動提出新主題；自由發展意見以及一系列的思想，喜歡發問有思想的問題；超越現存的結構。
安靜	10.*安靜或混亂：暫停，短暫的安靜，和定時的混亂，觀察者無法了解師生溝通的內容。

＊ 這些數字不包含量尺，每個數字只供分類用；用以表示特定的師生溝通事件。觀察期間記下這些數字是用來計數用的，而不是判斷在量尺上的位置。

前一對數字與後一對數字重疊。表9-2表示第一個三秒鐘教師問問題(4)，第二個三秒鐘學生反應(8)，第三個三秒鐘教師講解(5)，第四個三秒鐘教師繼續講解(5)，第五個三秒鐘教室安靜無聲(10)，而得觀察編碼為：4, 8, 5, 5, 5, 10。又因編碼開始和結束的類別數字必須相同，且傳統上都在開始和結束時加上10，是以把上述的編碼數字寫成：10, 4, 8, 5, 5, 10, 10，然後作配對劃記。故在第一個配對編碼為（10, 4），要劃記在第十列和第四行交會處：第二個配對編碼為（4, 8），要劃記在第四列和第八行的交會處；依此類推。

如此一來，每隔三秒就劃記一次，一分鐘就有二十個劃記，一個小時就有一千二百個劃記。通常二十分鐘，大約有四百個劃記，就可以得到一個推論師生語

言交互作用的矩陣（林清山，1978；Arockiasamy, n.d.）。根據這個矩陣，便可進行分析。

表9-2

傅蘭德交互作用分析類別觀察記錄表

類別	1	2	3	4	5	6	7	8	9	10		劃記總和
1												
2												
3												
4										/		
5				/				/				
6												
7												
8				/								
9												
10				/						/		
劃記總和												
%												
總和	教師說的話總和（%）							學生說的話總和（%）		安靜		

*註：取自「教學情境的社會互動分析」，載於台灣師大教育系所主編，教育學研究（527頁）。偉文圖書公司。偉文圖書公司持有1978年版之版權。

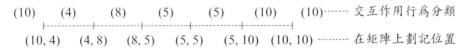

(10)　(4)　(8)　(5)　(5)　(10)　(10)------ 交互作用行為分類

(10, 4)　(4, 8)　(8, 5)　(5, 5)　(5, 10)　(10, 10) -------- 在矩陣上劃記位置

　　由上述的分析可知，人類行為極為複雜，如不事先界定觀察行為的特徵或重要特質，便難作直接觀察，因此須就觀察的行為，以精確的操作方式界定之。如要觀察學生對科目感到興趣的情況，便可操作界定為：「在某時間內，學生自願參與（以舉手方式示之）討論的次數。」在某期間內缺乏注意力，可以界定為：「在某期間內，學生東張西望，與另一學生說話，拿紙、書、筆亂揮，或從事其他分心活動的次數。」這些操作性定義，固未能盡令人感到滿意，但至少具體說明了可供直接觀察的行為類別。

至於此種交互作用類別矩陣，可從以下五方面予以解釋：

1.求出教師說的話的比率或教師說的話的百分比，以TT表之。將前七個類別的劃記數加總後，除以矩陣的全部劃記數。即TT = $C_1 + C_2 + C_3 + C_4 + C_5 + C_6 + C_7$ / N×100。

2.求出教師說的話直接影響的比率，以DDT表之，在於標示教師的行動限制學生參與的情況，該比率的求法，係將第五、六和七類劃記加總後，除以該矩陣全部劃記數，公式為：DTT = $C_5 + C_6 + C_7$ / N×100。

3.求出學生說的話的比率或學生說的話的百分比，以PT表之，在於標示學生使用口語對教師說的話產生的反應，以第八和第九類劃記數之和除以總劃記數。可以公式表之：PT = $C_8 + C_9$ / N×100。

4.求出安靜或混亂的比率，以SC表之，等於C_{10} /N×100。

5.求出間接影響與直接影響的比率，以I/D示之，公式如下：I/D = $C_1 + C_2 + C_3 + C_4$ / $C_5 + C_6 + C_7$×100。

又傅蘭德類別表較適用於整班教學、協同教學或微視教學：且可藉之測量班級之社會——情緒氛圍，以及比較不同年齡、性別和任教學科教師的行為等。惟其較不適用於個別或小組教學、較少關注學生說的話、未考慮學生間的互動等。加上通常要登錄師生的互動時，單靠精細的感覺從事觀察，常有未能準確之慮；於是常運用像量表、溫度計、聽力器、計秒表、雙眼望遠鏡、照相機、錄音筆及其他儀器的協助（Wragg, 1994）。

四、連續記錄

觀察者在每個觀察的期間，記錄標的受試者的所有行為。這種方法通常不集中在特定的行為組；典型上觀察者要寫成觀察博多稿（observational protocol，此處係採音譯與意譯兼顧，指的是這種記錄，又「博」又「多」，但只能視為草「稿」，尚待處理），它是把受試者在某種環境如教室、讀書小組、系務會議、數學課，所做的每件事，按時間先後順序作成簡要式的敘述。這種方法常在探索性研究（exploratory studies）中運用，以協助研究者確認採用其他任一記錄方法，作後續研究時所能探討的重要行為模式。由於欲記錄每件事件並不可能，因此當分析博多稿時，觀察者必須知覺敏銳地理解可能是重要的行為類型。研究者為了分析博多稿，必須先行閱讀，確立適用於該類資料內容的分析系統，然後再讀一遍，將觀察得到的行為列入他已發展完成的系統中。圖9-4所示的是由遠西教育研究與發展實驗室（Far West Laboratory for Educational Research and Development）於1975年研究教師行為之一部分時，根據執行二年級閱讀課程製成。從中可以發現觀察博多稿約包括：被觀察的對象（情境或個人）、觀察者、觀察者角色、時間、地點、觀察時間的長度、描述性札記，以及反思性札記等。

圖9-4

連續觀察的博多稿樣張

博多稿編號：06 觀察者姓名：Gail，觀察對象：
觀察者角色： 觀察地點： 觀察時間及持續長度： 觀察的描述性札記： 1.　開放教室第二年級，有兩位協同教師和另兩位成人， 2.　與Elizabeth一起做的觀察，我將做的工作是今天同時觀 3.　察兩個閱讀組，共包括9個兒童，9個兒童中有2個是女 4.　孩，7個是男孩。8：30時噪音水準為2，兒童們正在進 5.　教室，脫掉他們的外套以及在教室四周徘徊。有好幾 6.　位男孩在角落打架；而有些女孩坐在地板上拼圖。教師 7.　在教室的後面來回走著，但沒有學生伴隨著。噪音繼 8.　續維持，兒童們到處跑。教室內極度混亂。教師們站 9.　在桌子前面，相互交談。在8：35時，Tyler教師離開教 10.　室。另一位協同教師坐在教室後面她的桌子上。在8： 11.　40時Tyler教師走回教室。她走向遠在教室左手邊的桌 12.　子，這是一張圓桌，且坐在桌沿上。她說：「藍隊， 13.　把你們的冊子帶到前面來」。「綠隊，到這裡來。」 14.　噪音標準降至1，而且兒童開始照她的命令行事。她 15.　說：「哪一位丟了10元！」沒有人反應，她以帶著憤 16.　怒的聲調，重複該問題。她說：「我知道丟了10元的 17.　是誰，因為10元是在外套間發現的，看看你的口袋， 18.　有沒有發現。」沒有人說什麼。現在她站起來，從對 19.　面桌子拿起一堆作業簿。它們是＿＿＿閱讀作業簿。她 20.　翻開上面的一本說：「喔！丹尼爾！」她以尖銳的大 21.　叫聲說出。她繼續說：「你昨天的作業不至於太壞， 22.　但是你需作一些作業。事實俱在的是，仍有些字，你 23.　還不了解。」她翻他的作業中的其他部分。丹尼爾站 24.　在繞著她的圓圈之外，沒聽見她說些什麼。Tyler教師 25.　現在站起來，同時給綠隊指示。她告訴他們閱讀8至13 26.　頁間的兩篇故事，並在她準備發回去的作業簿上複習 27.　功課。她告訴他們，他們可坐在任何地方，但是不能

圖9-4 連續觀察的博多稿樣張（續前頁）

> 28. 坐在一起，她又説：「我不想見到發生任何粗野的事
> 29. 件。」現在她打開次一本作業簿，那是倪寇爾的。她
> 30. 告訴倪寇爾説，她與丹尼爾的問題相同，毋須進一步指
> 31. 明。倪寇爾帶著期待的眼光，注視著她的臉。接著她看
> 32. 第三本作業簿説：「米契爾，你有相同的問題。」她
> 33. 説：「Snatch的意義是grab，Beach的意義是什麼？」
> 34. 米契爾沒有回答，她將手指放在嘴內，看起來顯得焦慮
> 35. 的樣子。教師把作業簿合起來，並擲給米契爾。米契爾
> 36. 拿著，就和倪寇爾一起走開。教師接著打開次一本作業
> 37. 簿，然後説：「麥克，我不贊同所有這些圈。」她指著
>
> 反思性札記：
> （記載有關觀察者的經驗、預感、卓見、論題）

五、時間取樣

時間取樣係指可用來作觀察的全部時間，選出若干間距，然後僅觀察這些被選出的期間。這個程序可與前述四種技術中的任一種結合使用。時間間距的選取，可以隨機或有系統的方式進行。隨機選樣提供在整個觀察期間上的任一點所發生的代表性行為資料，如研究者能在每一天隨機選擇一個小時觀察教師所採用的問題，因為每天教師幾乎要有發問的行為。另一方面，若研究者對教師在固定期間向學生打招呼的方式感興趣，每天的前十分鐘或可選作觀察的時間。

貳、觀察行為品質的等級

其次，就觀察方法可採行的第二種策略——評定觀察得到之行為品質的等級——而言。評定行為品質等級通常採用等級量表（rating scale），其與上述觀察方法不同者，在於觀察者對於觀察而得的行為，賦予品質判斷的值，如圖9-5等級量表舉隅屬之，其中第一題是等級量表中最簡單的一種，評定者只須在每項行為前的空間上，寫下等級代號即可；第二題亦算簡易，評定者只要圈選其中一個號碼即可；第三題係採圖示方式，提出相同的問題。

等級量表係就某事的有限部分，或就人的屬性，作品質方面的描述，使用的術語，有如下列：

優等	中等以上	中等	中等以下	劣等
優異	良	中等	中等以下	低劣
總是	經常	偶而	很少	從未

圖9-5

等級量表中一題的四種說法

1. 就下述的每一種特徵，指出兒童表現的品質。請使用這個等級量表：

　　　　　　　5 = 優異
　　　　　　　4 = 中等以上
　　　　　　　3 = 中等
　　　　　　　2 = 中等以下
　　　　　　　1 = 完全不滿意

_____班級講演時，仔細聽講。
_____尊重別人的意見。

2. 就下述的每一種特徵，指出兒童表現的品質。請使用這個等級量表：

　　　　　　　5 = 優異
　　　　　　　4 = 中等以上
　　　　　　　3 = 中等
　　　　　　　2 = 中等以下
　　　　　　　1 = 完全不滿意

班級講演時，仔細聽講。

　　　1　2　3　4　5
尊重別人的意見。

　　　1　2　3　4　5

3. 就下述的每一種特徵，指出兒童表現的品質。把用得上的字詞圈選起來。

班級演講時，兒童仔細聽講的情形如何？

優異　　中等　　中等　　中等　　完全
　　　　以上　　　　　　以下　　不滿意

他注意尊重別人意見的情形如何？

優異　　中等　　中等　　中等　　完全
　　　　以上　　　　　　以下　　不滿意

4. 就下述的每一種特徵，指出兒童表現的品質。請在沿線任何地方作×，以示您的答案。

班級演講時，兒童仔細聽講的情形如何？

幾乎　　　　經常不在意　　　　幾乎
全神貫注　　有時心不在焉　　　從未注意

取自 *Educational research* (p.92), by E. L. Vockell, Macmillan. Copyright 1983 by E. L. Vockell.

至於等級量表的編製，要注意如下三點：

1.界定有待評定的變項或屬性。使該量表所欲評定的變項不致遭到誤解，好讓評定者作準確的評定。

2.準備題目。題目用字簡潔、精確；題目數量以不致使評定者感到厭煩為原則，一般說來，7～20題已足夠應用。

3.由於等級量表涉及一種連續體，評定連續性行為，其等級分配數，理想上以5～11為宜。

等級量表於實際運用時，容易發生如下的問題：

1.交予評定者的問題，難予確定是否所想要評定的品質。

2.欲評定的行為特徵或屬性，不易作清晰描述。

3.評定等級時，評定者評定結果容易造成月暈效應（halo effect）：即評定者根據對某人整個的印象，來評定其特定的屬性。

4.評定者評定的等級，可能有流於過分慷慨，過苛、或集中在中央的傾向，過分慷慨謂之慷慨誤差（generosity error），過苛謂之嚴格誤差（severity error），集中在中央謂之集中傾向誤差。

第四節　觀察者的訓練

壹、訓練的步驟

為準確蒐集所需資料，訓練觀察者，使其能善用觀察策略，非常重要，在訓練過程中，宜採取如下的步驟（cf. Gall et al., 2007）：

1.與觀察者討論觀察的格式、描述觀察行為的每一題目是否周全，以及作記錄方法。通常在格式中，須就待觀察的每種行為的定義，提出簡要而正確的陳述。接受訓練者進入次一層次的訓練之前，須能熟習觀察格式與行為的定義；為了了解受訓練者是否熟習這種基本資料，可採測驗方式行之。

2.將與類似於有待觀察的那些情境錄製下來，然後在訓練開始前，放映十至十五分鐘；每次要評定其中一種行為時，就停止放映，要求接受訓練者注意該行為，並探討該事件是否符合問題中所指行為的定義，如此模擬的歷程，可協助每個受訓者釐清有待觀察之行為的意義。

3.所有接受訓練的觀察者參加練習觀察。在練習觀察中仍可如前一步驟使用錄放影機，教導受訓練者如何在格式上把發生的每一種行為記錄下來。由於受訓練者各自坐在位子上，他們不能交互查看他人的格式，只能把自己已見到的，獨自記載下來，這可以查核他們之間觀察的結果是否正確，或此等觀察結果與研究者早先訂定的規準，是否一致。若彼此不一致或與規則不符，則重放影帶，每放畢一種行

為，即加以解釋須如何記載，以及作此記載的理由。這種練習與回饋的歷程，須就不同的行為重複進行，直到接受訓練者間的看法，達到期望一致的水準為止。觀察錄影帶訓練結束後，讓他們進一步在真正的情境如教室中，作觀察練習。當然練習觀察的情境不可能是將來作研究的班級，但可類似。在觀察練習的場合，如能利用錄影機作成紀錄，以供爾後重放、討論之所本，當屬更佳。

4.計算各練習觀察者間的信度係數（詳見第五節），以了解觀察所得的一致程度，並發展出一項觀察所需的共同標準。惟若其中某些觀察者對行為的解釋不同於大家，合理的作法是將這些人予以撤換，改由其他觀察者抵充。

貳、消除觀察者效應

觀察者在其使用的觀察表時，未能客觀記載觀察所得，此時研究的資料，只在反映觀察者的偏見與特徵，無法測得觀察所需的變項資料；甚至觀察者的出現會影響被觀察者的行為表現，影響所及，研究的資料反映的不是自然發生的行為，而可能是反常的行為，因此吾人在利用觀察技術設計研究時，須能了解這些非所願見到的觀察者效應（observer effect），或採取若干步驟將之消弭或減弱。至於這些觀察者效應，重要的有（Gall et al., 2007）：

1. **觀察者對被觀察者的影響**：除非觀察者未被發現，否則容易對被觀察者產生影響；尤其當研究者的意向為被觀察者所熟知時，問題會更加嚴重。如運用觀察方法研究美術課時的師生交互作用的次數與時間長度此項目的被觀察者知悉，則教師可能增加與學生交互作用的次數，如此而記載的觀察資料，不足以代表教師真正的行為，效度低或無效度可言。

2. **觀察者個人的偏見**：觀察者往昔的經驗對情境的知覺、強調的重點與所作的解釋，會有很大的出入。尤其要觀察者就觀察行為所得，作成結論或予以推論時，最容易顯現偏見的影響力。控制觀察者偏見的最佳方法，即在實施訓練觀察者期間，仔細比較所作觀察的資料，詳加查核，以求排除容易呈現偏見的觀察者；或對每個情境分派兩個觀察者從事觀察，然後組合其紀錄，以獲取較可靠的資料。

3. **評定誤差**：採用等級量表進行觀察，易發生四種評量偏差，即寬大誤差（error of leniency）、慷慨誤差、集中傾向誤差、嚴格誤差和月暈效應，均已見於第三節之貳（運用等級量表易發生的問題之4），此處不另贅述。

4. **觀察者混淆**：混淆的最通常來源是，觀察者知道被觀察者在研究中某一變項的表現，會影響其觀察另一變項的結果。觀察者的期望也是混淆的有力來源；觀察者的期望，會對他所見而作的記錄與解釋，產生重要的影響。

5. **觀察者遺漏**：即觀察者可能由於個人的偏誤、同時或快速出現多種待觀察的行為、或待觀察的行為出現頻次太高，以致觀察者無法記錄在觀察表上某一類別行為的發生次數。

6. **觀察者偏移**：指觀察者對觀察變項會因觀察時間太長，而未再作更新訓練

時，他（們）常逐漸對觀察變項重作界定，以致所蒐集的資料不再反應出受訓練期間所習得的定義。

7. 信度衰退：觀察者在觀察期間，如未能經常作查核工作，其作為難以達到令人滿意的水準，即可能造成信度衰退現象，即在晚期的觀察記錄資料比起早期蒐集的資料，有著較缺乏信度的趨向。

Rosenthal（1978）與A. E. Kazdin（1977）（亦可參考Gall et al., 2007）等閱覽二十項研究記錄的誤差之後指出，為了減弱觀察者偏見、評定誤差，與混淆等的作用，應採取如下的預防措施：

1. 盡可能建構非強制性觀察情境，供觀察者進行觀察。

2. 向觀察者解釋共同的評定誤差，並建構觀察時間表，以減少這些誤差。

3. 觀察時間表並非要求觀察以高速率作記錄或記錄大量資料，而是準確最為重要。

4. 盡可能使觀察的任務趨向客觀，避免要求觀察者作評鑑、解釋，或高層次的推論。

5. 有關研究者的假設、研究設計，與期望等資料，盡可能不讓觀察者知道。

6. 不需讓觀察者知道的被觀察者特徵的資料，不要透露，諸如其社經地位、智商，或實驗組與控制組的組成。

7. 訓練觀察者達到高度可信賴與客觀的層次，並查核其間可能造成的誤差，若有必要，須施予再訓練，以避免觀察者展現其意圖。

8. 隨機調派觀察者，以防範降低信度。

9. 仔細設計觀察用的格式，以減少記錄的誤差。

10. 訓練觀察者時，查核有無偏見發生；如有，即將有偏見的觀察結果剔除。

第五節　觀察者信度與效度

為使觀察結果的效度能令人滿意，須指認有待觀察行為中重要的變項；惟研究者能否如此，須視其是否具備足夠的知能而定；但是從前一部分提及的觀察者效應可知，若觀察者介入而造成反應性效應，也會威脅評定過程的效度；當研究者自任觀察者時，由於潛意識的作用，容易注視他們期望見到的部分，對於不符其期望的部分，可能視而不見；建立在他們過去經驗基礎之上且已根深柢固的價值、感情與態度，可能會困擾著他們所作的觀察。克服此種缺陷之道，亦已見諸前一部分，在此從略；惟在此另須補充說明的是，研究者如將自己的任務限定於解釋觀察結果，而將觀察任務委諸符合資格的其他人士擔任，亦不失一個克服缺陷的有效途徑。

為了能取得觀察的行為樣本，更具有代表性，所要觀察事件發生的時段，應以隨機選取者為宜，這種隨機選擇時間的觀察，對於提升觀察的信度與效度均屬有利。

另觀察時準備的題目應適中，否則題目太少，難免影響觀察的信度。

至於將觀察結果作成記錄時，其量表的信度，可利用交互評分法（interscorer method），即由兩個不同的人，利用相同量表評分，然後比較兩種分數，若二者相關係數高，表示兩人的評定極為相似，反之則否。其算法已見於第三節壹之一所述。依Barlow和Hersen（1984）所稱，在多數情境中交互觀察者一致達80%，可能就被認為滿意。惟若涉及一段長期間的觀察記錄次數太多，可能存在兩位觀察者同時不會記錄相同行為的情形。如其中一位觀察者在該期間的前半段記錄的分數偏低，但在後半段卻有偏高情事；另一位觀察者的結果恰好相反。如此一來，雖然他們的觀察不同，但是全部的結果卻相當一致。為了解決此一可能發生的問題，最合理的途徑是儘量作短時間的觀察，以及依對行為發生或不發生的評定結果的一致性或不一致性，計算信度。採用短時間的觀察，較易決定在同時間觀察者是否記錄相同的事件，但有時候同時要讓好幾位觀察者觀察相同的情境，似不可能，解決記錄有待觀察情境的一個方法，即使用錄影機或錄音機。

由於觀察者間的記錄可能有出入，因此如上所述合理的解決途徑之一，即為對行為發生或不發生所評定結果的一致性或不一致性計算信度係數，此種信度係數有二：一為整體信度（overall reliability），另一為發生信度（occurrence reliability）。

整體信度用以表示，對於相同事件，兩個觀察者作全部觀察，所得結果的一致性。試設定兩個觀察者在一分鐘內，分成10個間隔，觀察兒童從事任務工作的情形，如圖9-6。第一個觀察者在整個間隔的記錄是，除了第2與第8外，學生都從事任務工作；第二個觀察者記錄從事任務工作的間隔有8，另兩個間隔則被認為無從事任務。整體信度公式如下：

$$整體信度 = \frac{觀察者看法一致的次數}{一致次數 + 不一致次數}$$

由圖9-6得知，兩個觀察者看法一致的有8個間隔，但第5與第8間隔的看法，二者不一致，其整體信度為：8 / (8 + 2) = 8 / 10 = .80。整體信度常應用於行為觀察的研究，但若觀察對象，只限於兩、三項，則不免有過分誇張的缺陷；因此，即使觀察者對少見行為的觀察不一致，但整體信度仍可能很高。上述例子中，學生大部分時間均從事任務，每次觀察，兩個觀察者一致同意學生從事任務，信度當然增加。但是我們若對不從事任務的行為感到興趣，該行為亦可被觀察嗎？為了決定此件行為，則要採用發生信度，其公式如下：

$$發生信度 = \frac{兩個觀察者見到某一行為一致的次數}{兩個觀察者之一見到該行為的次數}$$

如圖9-6，從事任務行為的發生信度為7/9或.78，因其中一個或另一個觀察者確定從事任務的共有9個間隔，其中兩個觀察者評定一致的有7個間隔。至於不從事任務行為的發生信度僅有1/3或.33，因在3個不從事任務的間隔中，兩個觀察者均同意的只有一個。一般來說，觀察信度中，整體信度最起碼需達.80，而發生信度需達.70，才算合理（Slavin, 1992），由於本項不從事任務行為的發生信度偏低，因此需加強觀察者的訓練。如觀察的行為界定清楚，觀察者受過嚴格訓練，則觀察信度應以接近.90為佳。

圖9-6

計算兩個觀察者之間的信度舉隅

間　隔	第一個觀察者	第二個觀察者	匹　配
1	√	√	一致
2	×	×	一致
3	√	√	一致
4	√	√	一致
5	√	×	不一致
6	√	√	一致
7	√	√	一致
8	×	√	不一致
9	√	√	一致
10	√	√	一致

取自 *Research methods in edcation* (p.93), by R. E. Slavin. Allyn & Bacon. Copyright 1992 by Allyn & Bacon.

第六節　問卷調查法、訪談調查法與觀察研究法的比較

以問卷、訪談，或（直接）觀察方法蒐集資料時，因參與者獲悉正被注視或接受問題，多少具有受干擾或受感應的性質。另有一種非感應性（nonreactive）技術，謂之非強制性測量（unobtrusive measures），係指受試者平時未被要求作任何工作，因而不知被接受處理或事件改變的自然過程，其表現不致受影響的情況，研究者從而蒐集所需之資料。依Webb等的說法，受試者若得知他們參與研究，可能發生誤差，這些誤差的來源大約有四種類型；但藉非強制性測量，可將之控制：

1.受試者深覺自己像是接受實驗，而表現不同行為，造成結果的無效，謂之受實驗者效應（quinea pig effect）。

2.受試者基於角色選擇（role sellection）的需要，表現得像位於某職位者被期待的行為一樣。

3.測量即為一個變動的因素，其影響力猶如測驗對內在效度的影響。

4.測量的性質會影響受試者採取的反應方式。

至於非強制性測量，約有五種主要類型，即：

1.利用某些時代的遺跡，來了解擴建或毀損的變化。

2.以公家陸續發行之定期文件，來探求研究問題所需的資料。

3.利用軼事或私人檔案資料，來研究問題。

4.採取非限定的簡單觀察，此時觀察者未被察覺，情境也不變，受試者在未獲悉的情況下，進行研究。

5.進行限定性觀察，研究者採取有計畫的觀察研究（contrived observation），但受試者依然未知正接受觀察。惟這種安排在倫理道德上言，不無爭議。

另Babbie（2004）將非強制性測量方法分成三種，一為內容分析，所使用資料與上述1-3項同；其二為現有統計分析，就與內容分析所使用的資料涉及統計部分加以處理；其三為歷史／比較分析，可涵蓋上述1-5項資料。但非強制測量可以是質的或量的研究。

藉著追蹤觀察應答者現在或未來某時間的行為，可以估算一份問卷的預測效度。惟受試者真正的行為，是否會與其表現於外的態度或意見一致，則要考慮。

有些情境中，不用侵犯應答者的隱私權，即可觀察其外顯的行為。校園或社區選舉投票的資料與問卷反應的相關，可作為計算預測效度係數的基礎。

問卷的信度可從第一次與第二次施測工具獲得的反應結果，予以比較後推論而出。信度也可從比較問卷原本與複本的反應結果估量而得。根據研究，有人發現應答者在性別、婚姻狀況方面的填答，最具有信度；年齡次之，差距最大的是社會階級。

就上述三種方法或工具的目標與弱點，提供對照說明，如表9-3所示。

迄今本書已介紹多種蒐集資料的方法或工具，各種方法或工具所能蒐集得到的資料，各有不同的性質，因此須視所需資料的性質，選定不同的方法或工具。

表9-3
觀察、訪談與問卷方法的目標及其缺點

方　法	目　標	缺　點
觀察	焦點放在應答者實際的表現，而不放在應答者的內省或準確程度。	資料由觀察者記錄，觀察者等於增加了一項錯誤的來源；所記錄的侷限於外表的行為。
訪談	蒐集資料的人在場，促請應答者提供所需的資料。	訪談者在場經常增加了反應效應的可能性。
問卷	蒐集資料的人不必在場，就能讓應答者提供所需的資料。	比訪談沒有彈性；得仰賴應答者就他的感受或將從事的工作，做準確的敘述才行。

　　有不少的研究者堅稱採用訪談優於運用問卷；或認定心理測驗勝過訪談。美國威斯康辛大學已故的教師兼研究員Arvil S. Barr，想以發問如下的問題，來解決這個爭議，他問道：「鐵鎚或手鋸，哪一種較好？」事實上，它們就像放在木匠工具箱中的每件工具一樣，每一種各有其適用的對象，主要是看研究者如何選用，將最佳的工具，應用到最需解決的問題上。因此，沒有一種方法或工具，能適用於解決所有的問題；況且，每種蒐集資料的程序或步驟，各有獨特的缺點或偏失；所以同時運用多種方法或工具，截長補短，較能符合需要。從事研究的學生務須熟悉每一種工具，作靈活而妥善的運用。

第七節　觀察研究易犯的錯誤

　　觀察研究容易犯的錯誤，針對Gall et al.（2007）的分析，可加以綜合而得約有如下九項：

1. 研究者訓練觀察者不夠充分，因而透過觀察者獲致的資料並不完全可靠。
2. 採用的觀察表格，需由觀察者出主意的地方太多。
3. 缺乏事先的預防措施，無法避免觀察者干擾或改變所要觀察的情境。
4. 要求觀察者能準確分辨各種行為的要求，可能力有未逮。
5. 為了決定交互評定者信度，至少需有兩位觀察者的要求，恐不易做到。
6. 無法保證觀察者可各自獨立工作。
7. 容許資料蒐集時造成的混淆現象。
8. 未能掌握適當時機運用隨機抽樣技術。
9. 放任觀察者易降低信度。

作 業

一、選擇題

1. 完全觀察者：（①想成為被觀察對象群體中的一員　②是非強制性的　③與情境隔離　④被完全通知研究的性質）。

2. 下列何者無法控制觀察者偏見？（①細心選擇觀察者　②通知觀察者本研究的性質　③細心訓練觀察者　④每個情境運用兩個或更多的觀察者）。

3. 「非強制性」測量的非強制性係指：（①有偏見　②不可信　③非反應性　④非偏見）。

4. 下列何者，經常適用觀察法蒐集資料？（①研究者需要一種比自陳經濟的資料蒐集系統時　②受試者易提出有偏見的自陳時　③受試者能準確回憶事件時　④易發生霍桑效應時）。

5. 觀察研究法的主要缺點為：（①受試者容易持有偏見　②沒有標準化觀察工具可用　③觀察者的出現會改變情境　④僅能觀察最簡單的行為）。

6. 觀察者在哪種情況下，容易造成「月暈效應」？（①應要求評鑑抽象品質時　②應要求記錄特定行為時　③應要求記錄描述性變項時　④應要求從隱匿位置操作時）。

7. 觀察者混淆係指某人進行觀察某一變項的發生之先：（①未接受觀察該變項的訓練　②未了解需控制集中傾向誤差的需要　③未知可用來分析資料的統計技術　④認知受試者在其他變項上的表現）。

8. 在視導上評定等級最常發生的誤差是：（①集中傾向誤差　②月暈效應　③覺察觀察者偏見　④寬心藥效應）。

9. 觀察者能將研究情境作適當控制，以達到所要研究行為的臨界點的觀察方法是：（①自然觀察　②個案研究　③模擬觀察　④內容分析）。

10. 非強制性測量可以減少以下的哪個問題？（①研究者對被研究的對象之影響　②缺乏信度的測量　③生態的謬誤　④概念的操作定義造成無效）。

11. 要求相同的觀察者藉著檢查學生在校成績紀錄來記錄其等第，同時也觀察三班學生的離座行為，這種程序，最易受到何者的影響？（①觀察者偏移　②信度讓退　③觀察者遺漏　④觀察者混淆）。

12. 測驗焦慮是下列何者的例子？（①描述性觀察變項　②推論性觀察變項　③評鑑性觀察變項　④非強制性變項）。

二、有位研究者計畫訓練5位觀察者，以使用傅蘭德交互作用系統此種標準化觀察表。在一系列與觀察者的會議中，他運用的訓練步驟有：1.解釋觀察表格中10個類別；

2.解釋在每隔三秒鐘記錄教師或學生的行為於觀察表格的方式；3.要求觀察者根據三卷錄影帶評定班級互動的分數，並把每卷錄影帶的評分與研究者的標準評分比較；4.提交觀察者觀察班級的作業。試問從研究者的訓練計畫觀之，遺漏了什麼重要的步驟？

三、就下列各項敘述，請指明究竟應採用問卷、訪談或觀察中的哪一種方法來蒐集資料為宜？

　　1. 運用工具實測期間，能提供最大彈性。

　　2. 只需仰賴應答者感受的或將採行的敘述即可，毋須作探測性處理。

　　3. 只檢查應答者實際表現的行為，而不檢查他所感受或將作之事所提出的陳述。

　　4. 其結果最可能受到施測者的影響。

四、試設計一項需採觀察法進行的研究，以評估國小高年級教師使用開放式與封閉式發問技術的時間。又為了達成上述目標，你至少要選擇五所國小，每所4班，共20班進行之。此外，你另須請兩位專職觀察員。請就本項觀察所涉及的觀察之行為的定義、記錄的格式、信度的考驗，以及觀察時間表，提出說明。

五、試述採用等級量表，可能造成的偏見。

六、下列的情況，以問卷、訪談，或觀察方法蒐集資料最為適當，並請述明您的理由。

　　1. 國中一年級學生對回歸主流學生的態度。

　　2. 家長對學校課程的認知。

　　3. 學校校長的平均年齡與工作經驗。

　　4. 觀看暴力電視節目對攻擊行為的影響。

　　5. 學前兒童對他們父母的態度。

　　6. 教師對能力本位教學的態度。

七、何謂博多稿（protocol）？如何分析？

八、非強制性的測量方法有哪些？以下的敘述哪些是用來解說非強制性的測量？a.訪談大一新生，以了解他們選讀學系的理由；b.檢查大學垃圾筒中可樂瓶子的數量，以決定可樂消費的組型；c.為了解學生對行事曆改變的態度而實施問卷調查；d.檢查博物館地板的磁磚，以決定哪些展覽品是最受歡迎的。

答案：

一、1.③； 2.②； 3.③； 4.②； 5.③； 6.①； 7.④； 8.②； 9.③； 10.①；
11.④；12.②。

二、遺漏計算各練習觀察者間的信度係數，俾了解觀察所得的一致程度，並發展出一項觀察所需的共同參照標準。

三、1.訪談；2.問卷；3.觀察；4.訪談或觀察。

四、略。

五、略。

六、（參考答案，理由略）1.觀察；2.電話訪談；3.問卷；4.觀察；5.訪談；6.問卷或訪談。

七、略。

八、b, d。

第**10**章

相關研究法

第一節　相關研究的意義與歷程

壹、相關研究的意義

相關研究（correlational research）有時候被當作敘述研究（descriptive research）的一種，主要的理由是，相關研究也在於描述現況。但是相關研究所描述的現況，有別於典型的自陳或觀察研究所描述的現況，它以數量的術語描述諸變項的關係程度。易言之，相關研究係指蒐集資料，以決定兩個或多個可數量化的變項之間是否有關係存在，以及彼此之間的關係及於何種程度；關係程度以相關係數（coefficient of correlation）表之。並不含蘊著彼此之間有因果關係存在。如果諸變項間的關係不高，毋須作進一步的考慮，如果諸變項間的關係很高，可進一步以因果──比較研究或實際研究探討，以決定這些相關是否為因果的關係。

依據教師的觀察發現，高智商學生在數學測驗上常得高分，而那些低智商者容易得到低分，此種智力與數學測驗的成績，便是呈正相關。當數量大的某一變項與數量小的另一變項連結時，因當其中的一個變項的量增加，另一個便有減少的傾向，即呈現負相關。又當兩組變項間的關係呈純機會的關係時，二者便沒有相關存在，即：

-1.00	0	$+1.00$
某特質高	純機會	某特質高
另一特質低	相關	另一特質亦高

下列各對變項通常呈正相關，因為其中一個變項增加，另一個變項也有增加的傾向：

1.智力 　　　　　學業成就
2.身高 　　　　　鞋子尺寸
3.家庭收入 　　　住宅的價值

下列各對變項通常呈負相關，因其中之一增加時，另一變項可能減少：

1.葡萄總產量 　　　每公斤收購的價格
2.練習耗費的時間 　打錯的字數
3.汽車出廠的年代 　出售的價格

下列各組特質可能無相關：

1.鞋子的尺寸 　　月薪
2.體重 　　　　　智力
3.年齡 　　　　　知識

　　線性相關（linear correlation）的程度可以量化的相關係數表示：完全正相關為1.00；完全缺乏相關為0；完全負相關為−1.00；其中係數的符號標示關係的方向，數值標示其強度。

　　兩個變項之間的關係，可繪圖表示，此時成對的變項之數值，分別在X軸與Y軸上繪出（如圖10-1）。連續各點的直線或接近直線，是為最適合線（line of best fit）或迴歸直線（regression line）。所有的連接點離該直線的偏差量之總和最小；當係數接近0時，連接點離迴歸線最遠。當相關係數為+1.00或−1.00時，所有連接點皆落在迴歸線上，即標示：當r = +1.00時，在X軸上每增加一個單位，即在Y軸上按比例增加一個單位；當r = −1.00時，即標示：在X軸上每增加一個單位，即在Y軸上按比例減少一個單位，沒有例外。

貳、基本的相關研究歷程

　　相關研究可分成關係研究（relationship studies）以及預測研究（prediction studies）兩種，每一種皆有獨特性，但是它們的基本歷程相當類似，大抵分成問題的選擇、樣本與工具的選擇、設計與程序、資料的分析與解釋（Gay et al., 2009）。

圖10-1
相關係數分布圖

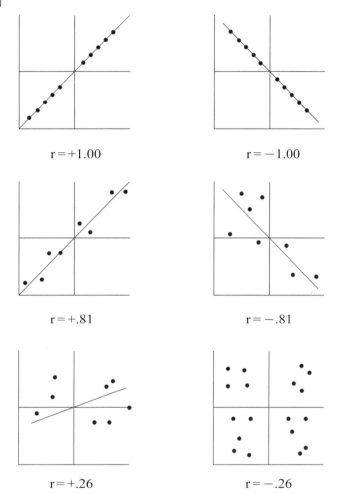

r＝＋1.00　　　　　　　　　　r＝－1.00

r＝＋.81　　　　　　　　　　r＝－.81

r＝＋.26　　　　　　　　　　r＝－.26

一、問題的選擇

　　相關研究用以決定一系列變項的關係，或考驗有關期望之關係的假設；所涉及的變項係依演繹或歸納的法則而得。易言之，有待研究的關係可能根據理論而得，或衍自經驗。

二、樣本與工具的選擇

　　相關研究通常採用可被接受的抽樣方法，採取所需的樣本數，一般認為可被接受的最小樣本人數為30個。

　　針對待研究變項，選擇或發展有效的、可信的測量工具，所得的量數，至為重要且可靠。因蒐集的資料若不適當，所得相關係數便無法代表準確的關係程度。

三、設計與程序

基本的相關設計並不複雜：從樣本的各個成員中取得的兩種或多種分數，其中一種分數為一個變項所有，另一種分數為另一個變項所有，如是的分數配對，即可求得相關。相關係數表示兩個變項之間關係的程度。不同的研究探究不同的變項數量，而且其中的某些研究運用複雜的統計程序，但是所有的相關研究的基本設計相似。

四、資料的分析與解釋

相關係數是位於.00與+1.00之間，或.00與−1.00之間的小數，用以表示兩個變項之間的關係，如果係數接近+1.00表示變項間呈正相關，即某人在一個變項上得高分，在另一個變項則易得高分，反之亦然。若係數接近於.00，表示變項之間沒有相關；如係數接近於−1.00，表示變項間呈負相關，即某人在一個變項上得高分，在另一個變項上則容易得低分，相關係數的平方，為諸變項的共同變異數，因此，共同變異數的百分比通常低於相關係數，如相關係數為.90，即標示共同變異數為.81[(.90^2)]或81%；相關係數.00的共同變異數為.00或00%；相關係數為1.00的共同變異數為1.00或100%，因此.50的相關係數最初可能被視為相當好，事實上它真正的意義是諸變項有25%的共同變異數。

相關係數的解釋視其用法而定。換句話說，相關係數需要多大才算有用，須依其目標決定。如果某項研究在於探索或考驗假設的關係，可以相關係數的統計顯著性予以解釋；如為預測研究，在作準確預測方面，統計顯著性便成為次要的，係數的值才是主要的。為了決定統計顯著性，研究者須查表（如附錄參），以決定在既定樣本數之條件，相關係數需多大才能達到某機率水準（或顯著水準）。就相同的機率水準（或顯著水準）而言，樣本數愈小，其相關係數須愈大；通常以100個受試者比以10個受試者所得的係數，較易獲得信賴。如在95%信賴水準，有10個受試者時，為了確定關係的存在，係數至少要達.6319，如受試者有102個時，所需係數僅需.1946。就一般的情形而論，樣本愈大，愈接近母體群，據以獲得的係數愈可能代表真正的關係。

另一值得注意的有關概念是，如樣本大小既經決定，相關係數須達顯著性的值，隨著信賴水準的增加而增加；又隨著信賴水準的增加，表中的p值愈小，95%信賴水準與p = .05對應，99%水準與p = .01對應。是以就15個受試者（df = 13）且p = .05來說，係數須達.5139；就15個受試者且p = .01來說，係數則須達.6411。易言之，研究者想要決定的顯著性愈值得信賴，其係數就須愈大。然而應了解的是顯著性易與相關的強度混淆，須加留意。不管係數多麼顯著，低的係數代表低的相關，顯著水準僅在標示某既定關係的機率是真實的，而不問它是否為弱的或強的相關。

預測研究則為另一回事，在該類研究中，相關係數的效用超過它的統計的顯

著性。如樣本數為102人，在p = .05的相關係數達.1946便是顯著的，此種關係在多數的預測研究上無多大價值。因為該關係是相當低的（共同變異數僅為[.1946]^2，或.0379，或3.8%），故得知某人在甲變項上的得分對於預測他在乙變項上的得分，幫助不大。如果相關係數低於.50，想藉以作團體預測或個別預測是無用的。想要作團體預測，相關係數須達.60～.69以及.70～.79才算適當，欲作個別預測，相關係數則需達.80～.89。

以相關係數估量測驗工具的信度或效度時，可接受的標準更高。如相關係數.40，在關係研究中即被視為有用；但在預測研究中，則無價值；若用之於信度研究則甚為可怕，相關係數.60，在預測研究中雖然有用，但是用以推估信度，則無法令人滿意；通常所有的信度在.90以上可被接受，但對某些量表來說，如人格量表低於.70仍可被接受。可接受的觀察者信度的標準與考驗信度的係數類似；觀察者信度在.90以上，研究者感到欣慰，對.80～.89感到滿意，可接受的最低限為.70～.79，因此對.50～.69則較不理想。

解釋相關係數時，須銘記於心的是在探討某種關係，而非因─果關係。一個顯著的相關係數可能暗示有因─果關係存在，但確未建立該種關係，欲建立因─果關係的唯一途徑為執行實驗。當吾人發現兩個變項之間有高度關係存在時，傾向於下結論說一個變項是產生另一個變項的「因」；事實上，任一個變項可能都不是產生另一個變項的「因」，而是有第三個變項成為這個變項的「因」。如以自我概念與成就之間存有正向關係指的是下列三種情況中的任一種：較高的自我概念導致較高的成就；較高的成就易於增進自我概念；或有一個變項使得較高的自我概念與較高的成就二者同時獲致。

第二節　關係研究與預測研究

壹、關係研究

執行關係研究在於試圖理解若干因素或變項與複雜的變項之間的關係：如學業成就、動機以及自我概念之間的關係，被發現無關係的變項，在作進一步探討時可能會被排除。確認有關的變項乃基於好幾個主要的目標而發：第一、此類研究為接著的因─果比較以及實驗研究，提供方向；因為實驗研究須採取多種方式進行，較不經濟；相關研究在消除無益之實驗研究以及提議具有潛力的實驗方面，不失為有效的方法。第二，因─果比較研究以及實驗研究二者除了要確定自變項之外，另須對有關的變項予以控制，易言之，執行該兩種研究的研究者宜先確認與依變項有關的諸變項，然後將之排除，俾避免與自變項混淆。關係研究可協助研究者確認這些變項，加以控制，以探究意圖變項的效果。如研究者為比較不同閱讀教學方法對小

學一年級學生的效能,最初可能要控制閱讀準備度的差異,為了進一步說明關係研究,試分別從資料蒐集以及資料分析與解釋兩方面分析。

一、資料蒐集

在關係研究中,研究者首先應採歸納或演繹方式,確認與正接受研究的複雜變項可能有關聯的諸變項。如研究者對與自我概念有關的因素感到興趣,他可能要確認如智力、過去的學業成就,以及社會經濟地位等變項。為了確認變項,有的採包羅萬象的途徑(the shotgun approach),即將所有可能有關的、可料想得到的變項,一一加以查核,這種方法效果不佳,且可能會有誤導。一次計算的相關係數愈多,可能獲致存有關係的錯誤結論的可能性就愈大。如果僅計算一個相關係數,所作決定符合自己興趣的可能性就愈大。另一方面,如果計算100個相關係數,且p = .05,由於與自己的興趣對立的機會增多,可能所做有關關係的結論會有錯誤。因此小心謹慎選擇較少數的變項,可能比粗枝大葉、漫不經心的選擇較多數的變項為佳。

蒐集資料的次一步驟為,確定合適的受試者母體群,俾從中抽取樣本。母群體須符合兩個條件:其一、可從中蒐集得到所確認之變項的資料;其二、其成員須是可接近的。

關係研究的優點是,所有資料可在相當短的期間內蒐集得到。

二、資料分析與解釋

在關係研究中,每個變項的分數須與有興趣的複雜變項的分數求相關。是以每個變項有一相關係數,每個係數代表某一特定變項與研究中的複雜變項之間的關係。如研究自我概念與有關因素的關係時,自我概念量數須與智力量數、過去成就量數、社經地位量數等求相關。

計算相關係數的方法有多種,須視每個變項資料的類別決定。如以等比或等距資料呈現的變項,最常採用的技術為積差相關係數(product movement correlation coefficient)通稱為皮爾遜r(Pearson r),係由英國統計學家皮爾遜(Karl Pearson)所倡。由於皮爾遜r求得的相關較為可信,因此即使有其他計算方法可用時,皮爾遜r還是較受到偏愛。

積差相關係數的算法,係原始分數轉換成z分數,然後求出它們交互乘積的平均值,公式如下:

$$r = \frac{\Sigma(z_x)(z_y)}{N}$$

如表10-1的資料,利用上述公式,可求得積差相關為+.82。

表10-1

計算兩組分數（X與Y）的皮爾遜r

(1) 受試者	(2) X-分數	(3) x	(4) x^2	(5) Y-分數	(6) y	(7) y^2	(8) z_x	(9) z_y	(10) $z_x z_y$
華斯馨	18	+3	9	28	4	16	+1.5	+1	+1.50
金若思	18	+3	9	30	6	36	+1.5	+1.5	+2.25
魏如松	17	+2	4	30	6	36	+1	+1.5	+1.50
陶誠美	17	+2	4	26	2	4	+1	+0.5	+0.50
姜篤初	16	+1	1	28	4	16	+0.5	+1	+0.05
戚登仕	16	+1	1	24	0	0	+0.5	0	0
謝凤興	15	0	0	22	−2	4	0	−0.5	0
鄒溫清	15	0	0	20	−4	16	0	−1	0
喻益詠	14	−1	1	26	2	4	−0.5	+0.5	−0.25
柏傳訓	14	−1	1	22	−2	4	−0.5	−0.5	+0.25
水連枝	13	−2	4	24	0	0	−1	0	0
竇箴規	13	−2	4	18	−6	36	−1	−1.5	+1.50
章仁慈	12	−3	9	20	−4	16	−1.5	−1	+1.50
雲情逸	12	−3	9	18	−6	36	−1.5	−1.5	+2.25
	$\overline{210}$		$\overline{56}$	$\overline{336}$		$\overline{224}$			$\overline{11.50}$

$$\overline{X} = \frac{\Sigma X}{N} = \frac{210}{14} = 15 \qquad \overline{Y} = \frac{\Sigma Y}{N} = \frac{336}{14} = 24$$

$$\sigma_x = \sqrt{\frac{\Sigma x^2}{N}} = \sqrt{\frac{56}{14}} = 2 \qquad \sigma_y = \sqrt{\frac{\Sigma y^2}{N}} = \sqrt{\frac{224}{14}} = 4$$

$$r = \frac{\Sigma(z_x)(z_y)}{N} = \frac{11.50}{14} = +.82 \, (p < .001)$$

　　實際計算相關係數時，可不經使用z分數法，與其須先把每個分數轉換成z分數，顯得較為複雜。利用原始分數，即可求得積差相關，公式如下：

$$r = \frac{N\Sigma XY - (\Sigma X)(\Sigma Y)}{\sqrt{N\Sigma X^2 - (\Sigma X)^2} \sqrt{N\Sigma Y^2 - (\Sigma Y)^2}}$$

　　以表10-2為例，說明計算過程如下：

表10-2
以原始分數計算積差相關係數

	(1) X-分數	(2) Y-分數	(3) X^2	(4) Y^2	(5) XY
①	18	28	324	784	504
②	18	30	324	900	540
③	17	30	289	900	510
④	17	26	289	676	442
⑤	16	28	256	784	448
⑥	16	24	256	576	384
⑦	15	22	225	484	330
⑧	15	20	225	400	300
⑨	14	26	196	676	364
⑩	14	22	196	489	308
⑪	13	24	169	576	312
⑫	13	18	169	324	234
⑬	12	20	144	400	240
⑭	12	18	144	324	216
	$\Sigma X = 210$	$\Sigma Y = 336$	$\Sigma X^2 = 3,206$	$\Sigma Y^2 = 8,288$	$\Sigma XY = 5,132$

$$r = \frac{14(5,132) - (210)(336)}{\sqrt{14(3,206) - (210)^2}\sqrt{14(8,288) - (336)^2}} = \frac{1,288}{1,568} = +.82(p < .001)$$

　　如成對的變項不以等距或等比資料，而以等級資料呈現時，最適用的相關係數
為等級相關係數（rank-difference correlation coefficient），通常指的是斯皮爾曼等
級相關（Spearman rho）。計算斯皮爾曼等級相關係數的公式如下：

$$\rho = 1 - \frac{6\Sigma D^2}{N(N^2 - 1)}$$

　　D　：配對等級間的差
　　ΣD^2：兩個等級間差數的平方和
　　N　：配對等級數

　　試以由俞老師和任老師評定參加演講比賽的10個學生的等級如表10-3所示，其

相關係數即標示他們評定之等級的一致性。+.83的相關係數，表示兩種評定間的一致性是高的。

表10-3

計算兩組等級的相關係數

學生	俞老師評定的等級	任老師評定的等級	D	D²
A	1	1	0	0
B	3	2	1	1
C	4	5	1	1
D	7	9	2	4
E	6	6	0	0
F	9	8	1	1
G	8	10	2	4
H	10	7	3	9
I	2	4	2	4
J	5	3	2	4
N10				$\Sigma D^2 = 28$

$$\rho = 1 - \frac{6 \times 28}{10(100 - 1)} = 1 - .17 = +.83$$

　　雖然皮爾遜r是比較精確，但是以小樣本（＜30人）為研究對象時，斯皮爾曼的等級相關較容易計算，求得的係數與皮爾遜r係數，也相當接近。然而如樣本數增大，安排等級的過程顯得更為費時，斯皮爾曼等級相關勝過皮爾遜r的唯一優點便不存在。因此有人認為若資料僅按等級處理，或配對變項多於9或少於30時適於求斯皮爾曼等級相關。

　　以上積差相關以及斯皮爾曼的等級相關均涉及分析兩個變項之間的關係，有時候稱為雙變項相關統計（bivariate correlational statistics），有關雙變項相關統計，除了上述兩種之外，尚有其他，請參見第三節雙變項相關統計。

　　計算相關係數，除了以整個樣本群體為對象外，有時候也可分別探究若干經界定的次級群體的關係。例如男性與女性、大學畢業生與非大學畢業生，或高能力學生與低能力學生各組兩種變項間關係屬之。當這些次級群體混在一起時，各次級團體間的差異關係，可能消失不見。

　　當研究者求兩個量數的相關，而得的相關係數，由於這些量數的不盡可信，而產生比真正的關係為低。這種由於量數的不可信性（unreliability），而降低相關的

係數，謂之減弱（attenuation）。在關係研究中，可應用減弱校正（correction for attenuation）來估量若量數完全可信時，變項之間的係數。如果使用此種校正，須銘記於心的是因而獲得的係數並不代表真正發現的係數。而且此種校正不適用於預測研究，因為作預測所依據的是現有的量數，而非假設的、完全可信的工具，所以所告訴吾人的是「可能是什麼」（what might be），而非「事實」（what is）。另一項可能低估兩個變項之間真正關係之係數的因素，為限制的分數級距（restricted range of scores）。每組分數的變異性愈大，係數可能會愈高，如以智商與成績的相關係數言之，隨著教育程度愈高，測得這些變項間的係數有減小的現象。是以大四學生在該兩個變項間的相關不比中學四年級學生高；理由是大四學生屬低智商的不多，低智商者不是進不了大學，就是早在大四以前即已輟學。換句話說，對大四學生而言，智商的級距是太小或嚴格限制的，因而據此等分數求得的相關係數便減低；針對這種情形，須應用級距限制的校正（correction for restriction in range），而獲得真正係數的估計值；惟使用該估計值時也須小心，與其並非真正的數值。此外須注意的是兩個變項的分數在整個級距中彼此應呈直線的關係，若彼此顯現曲線的關係，則不適用。

貳、預測研究

　　如有兩個呈高度關聯的變項，在某變項上得到的分數，可用以預測另一個變項的因素，例如中學成績可用來預測大學成績。其中以中學成績用來當預測變項（predictor），被預測的變項謂之效標變項（criterion）。預測研究用以協助個人作決定或選擇之需；或用以考驗學理的假設，如考驗可能被視為效標的預測變項，或決定個別評量工具的預測效度。如有好幾個預測變項中的每一個都與效標變項相關，則結合那些預測變項所作的預測總比依單一預測變項而作的預測準確。為了說明預測研究，仍分成資料蒐集以及資料分析與解釋兩項分析。

一、資料蒐集

　　預測研究與關係研究一樣，研究者宜本諸可以找到以及可以蒐集期望中的資料的原則，選取受試者；所選擇的工具亦能提供測量所需變項的有效量數。效標變項的量數應為有效量數。如果效標變項為「在工作上的成就」，所謂成就應以可量化的術語仔細界定，辦公桌的大小可能不是衡量成就的有效量數，但是升遷的機會或薪資的增加則有此可能。

　　預測研究與關係研究二者在蒐集資料的程度方面有重大的差異，在於後者各變項蒐集的是較短期間內的資料；前者的預測變項則須有測量效標變項以前的一段期間內測得。如在決定物理態度測驗的預測效度方面，物理的成就可能在課程結束時測得，而態度測驗則在課程剛開始以前的某段時間實施之。

二、資料分析與解釋

每個預測變項與效標變項宜有相關。由於結合諸變項而作的預測比僅依任一變項而作的預測準確，因此預測研究可獲得一複迴歸或稱為多元迴歸方程式（multiple regression equation）。複迴歸方程式運用所有變項對效標變項作個別的預測，因而結果較為準確。

預測研究運用的預測方程式與關係研究相似，既可獲致整個群體的預測方程式，亦可獲致各個次級群體的預測方程式。

複迴歸方程式具有一種有趣的現象特徵，即為縮減（shrinkage）。所謂縮減係指以不同的群體，即不是原先據以形成方程式的群體，預測方程式會產生較不準確的傾向，其理由是，由於機率的緣故而形成的最初的方程式在另一個受試者群體中，將不會再度出現。因此任一預測方程式，至少以三個以上群體來確立其效度，諸變項中如有發現不再與效標量數關聯者，應予剔除，此即所謂複核效度（cross-validation）的程序。

第三節　雙變項相關統計

關係研究的雙變項分析所涉及的變項可能以連續變項、等級變項、人為二分變項、真正二分變項以及類別變項等五種形式中的任一種表之，詳如表10-4。其中連續變項中的積差相關、等級變項中的等級相關二者已在第二節壹之二中提及，不再贅述，餘分述於後。

表10-4

適用不同變項形式的相關係數

技　術	符　號	第一個變項	第二個變項	備　註
積差相關（Product-move-ment Correlation）	r	連續變項	連續變項	最穩定的技術，即標準誤最小。
等級相關（Rank-difference Correlation [Rho]）	ρ(rho)	等級變項	等級變項	當案例在30以下時經常取代積差相關。
肯氏 τ 相關（Kendall's Tau）	τ(taf)	等級變項	連續變項	案例數在10以下以此代替等級相關。

表10-4　適用不同變項形式的相關係數（續前頁）

技　術	符　號	第一個變項	第二個變項	備　註
二系列相關 （Biserial Correlation）	r_{bis}	人爲二分變項	連續變項	有時候超過1—比r的標準誤大—通常在項目分析時採用。
廣布二系列相關 （Widespread biserial Correlation）	r_{wbis}	廣布人爲二分變項	連續變項	當研究者對於二分變項位於極端的人特別感興趣時使用之。
點二系列相關 （Pointbiserial Correlation）	r_{pbis}	眞正二分變項	連續變項	得到的相關比r_{bis}低。
四分相關 （Tetrachoric Correlation）	r_t	人爲二分變項	人爲二分變項	當兩個變項可在臨界點分割時使用之。
Phi相關 （Phi Coefficient）	ϕ(fee)	眞正二分變項	眞正二分變項	用於計算項目間相關。
列聯相關 （Contingency Coefficient）	C	兩個或更多類別變項	兩個或更多類別變項	在若干條件之下——與卡方密切相關——可與r_t比較。
相關比 （Correlation ratio）	η(eta)	連續變項	連續變項	用以分析非直線相關。

壹、等級分數相關

　　等級分數相關，除了前述的斯皮爾曼等級相關之外，尚有肯氏τ相關（Kendall's tau）。

　　肯氏τ相關係數是另一等級相關，在學理上，比斯皮爾曼等級相關的優點爲多。主要的優點爲：樣本在10人以下時，比斯皮爾曼相關更具有常態抽樣分配的特性；惟其計算方法比計算斯皮爾曼相關爲難，所得之相關係數也較低。從相同資料計算而得的rho極接近於皮爾遜r，不像肯氏τ相關易被誤解。

　　另有肯氏和諧係數（Kendall's coefficient of concordance, ω），用以分析多位（三位以上）評分者評分的一致性，常用於求取各評分者間的信度，其計算公式如下（以表10-5爲例說明）：

表10-5

評分者評定等級的肯氏和諧係數

評分者	作文編號（N＝9）								
（K＝5）	甲	乙	丙	丁	戊	己	庚	辛	壬
雷老師	4	3	1	2	5	6	7	8	9
賀老師	5	3	2	1	4	6	7	8	9
倪老師	4	1	2	3	5	6	7	8	9
湯老師	6	4	1	2	3	5	7	8	9
滕老師	5	3	2	1	4	6	7	8	9
R_1（合計）	24	14	8	9	21	29	35	40	45

$$\Sigma R_i = 24 + 14 + 8 + \cdots + 45 = 255$$

$$\Sigma R_i^2 = (24)^2 + (14)^2 + (8)^2 + \cdots + (45)^2 = 7,049$$

$$S = 7,049 - \frac{(255)^2}{9} = 1,424$$

$$\omega = \frac{1,424}{\frac{1}{12}(5)^2(9^3 - 9)} = 0.95$$

*註：取自陳英豪、吳裕益著，*測驗的編製與應用*（420頁），台北：偉文。偉文持有1982年版之版權。

$$\omega = \frac{S}{\frac{1}{12}k^2(N^3 - N)}$$

K：評分者人數

N：受評者人數或作品數

S：每一個R_i離開$\overline{R_i}$的離均差平方和

$$S : \Sigma \left(R_i - \frac{\Sigma R_i}{N} \right)^2 = \Sigma R_i^2 - \frac{(\Sigma R_i)^2}{n}$$

貳、二分分數相關

一、二系列相關（r_{bis}）

　　二系列相關適用於其中一個變項為連續分數的形式，另一個變項為人為二分的形式。如欲了解數學及格與否和數學性向測驗得分的關係時，即可運用二系列相關。在這個例子中，性向測驗得分為連續分數，而是否及格乃為人為的二分形式。一般來說，以二系列相關技術求得的相關係數比用積差相關技術求得的略高。

　　就理論上說，相關係數位於+1與-1之間，但若變項非呈常態分配時，二系列

相關係數可能大於1。此外，二系列相關技術求得的係數可能比積差相關的準確性差，有較大的標準誤。因此如有兩個連續變項時，宜採積差相關求之，但若有其中之一為非連續變項時，也就非用之不可；如年所得（以三十六萬元以上及以下分成兩個變項）與智力、測驗項目與總分關係均可適用。

二、廣布二系列相關（r_{wbis}）

在教育研究的領域，可就連續變項如智力與其他某種特徵的極端分數，求取相互的關係。比方說，要決定教學成效是否與若干人格特質有關時，由於測量教學成效並非易事，很難獲致滿意的量數，加上教學能力的評鑑常由兩人以上作成綜合性評定，因此評定者發現找到極端者（即群體中的較佳者與較劣者），比區辨一般教學能力教師的高下，容易得多。如有五個評定者要評鑑一百位教師時，將可發現，評定者大致在認定十位最佳教師與十位最差教師方面，較為接近；但要區辨接近一般能力的教師時，就顯得較不一致。許多的研究都有這種情況發生，而這種情況往往供評定者作為評鑑的基礎。

在二分變項中，只採用位於兩極端的那些人的分數時，此等極端的群體即廣布二分變項。廣布二系列相關即用來求取廣布二分變項與連續分數的相互關係。

三、點二系列相關（r_{pbis}）

點二系列相關適用於求其一個連續分數的變項與另一個真正二分的變項之相互關係。研究性別與各種連續變項（如智力、語言流利度、閱讀能力，或成就）之間的關係時，可採用此種相關，性別屬於真正的二分變項，而其他的量數提供了連續變項。

點二系列相關的計算步驟如下：

1.計算連續變項整個組之分數的標準差，以σ_t示之。

2.根據二分變項把資料分成兩組，計算各組之連續變項的平均數。高能力或表現的平均數以M_p示之，低能力或表現的平均數以M_q示之。

3.決定每個組占總數的比例。

4.求取點二系列相關。

點二系列相關的公式如下：

$$r_{pbis} = \frac{M_p - M_q}{\sigma_t}\sqrt{pq}$$

M_p：高分組平均數

M_q：低分組平均數

p　：高分組數除以兩組之總數

q　：$1.00 - p$

如要就某種測驗進行項目（題目）分析，可就該測驗題目對或錯反應組型與整個測驗上的表現分數，找出關係。假定在答對題目那些人的分數比答錯題目那個群體的總分為高。有關兩組的統計資料如下，便可從中求得點二系列相關係數：

如：$\sigma_t = 12.4$ 　　　　$M_p = 134.6$

　　$M_q = 125.8$ 　　　　$N_p = 29$

　　$N_q = 31$

則：

$$
\begin{aligned}
r_{pbis} &= \frac{M_p - M_q}{\sigma_t}\sqrt{pq} \\
&= \frac{134.6 - 125.8}{12.4}\sqrt{(.483)(.517)} \\
&= \frac{8.8}{12.4}\sqrt{.249711} \\
&= (.7097)(.4997) \\
&= .35
\end{aligned}
$$

通常在分析相同資料時，點二系列相關係數比二系列相關係數略低，然而與後者比較，則具有幾個優點：其一、不會造成比1.0大的相關；其二、容易算出它的標準誤；其三、用積差相關的顯著水準表即可決定統計的顯著性。

四、四分相關（r_t）

四分相關在教育研究領域適用於分析二者均為人為二分變項的相關。使用這種係數須符合如下的假定：即四分相關分析使用的二分變項須是連續的且呈常態分配的分數，又四分相關係數不如積差相關係數穩定；是以除非研究問題非用它不可，否則以少用為宜；四分相關的標準誤也難以計算。惟當使用的案例數量很多，以及二分變項的樣本接近等組時，四分相關統計數才是最穩定。

五、Phi相關（ϕ）

Phi相關用來求取兩個均為真正二分變項的相關。由於教育研究處理真正二分變項的不多，因此較少使用Phi相關。此項技術主要運用於項目分析，以決定某種測驗上兩個項目（題目）的相關。每個受試者在每個題目的反應可分成正確或錯誤，而提供兩個真正的二分（即所有得分為1或0）。

如有下列學生的成績及答對或答錯某題的資料：

學 生	分 數	答對（1代表）或答錯（0代表）
羅晚翠	43	0
殷淑姿	62	0
畢曦暉	73	1
郝修祐	35	0
鄔吉劭	46	1
安永綏	87	1
常陛階	53	0
樂金生	37	1
于麗水	15	0
時平章	83	0
傅問道	67	1
皮鳳鳴	75	1
卡效良	54	0
齊景行	78	1
康惟賢	91	1

設定分數超過60分者為及格，未滿60分者不及格，將前項資料歸類而成2×2列聯表（仿自陳英豪、吳裕益，1982）。

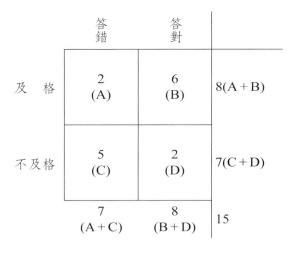

將上列資料代入下列公式即可求得 ϕ 值：

$$\phi = \frac{BC - AD}{\sqrt{(A+B)(C+D)(A+C)(B+D)}}$$

$$= \frac{(6 \times 5) - (2 \times 2)}{\sqrt{8 \times 7 \times 7 \times 8}}$$

$$= .464$$

若要考驗 ϕ 是否達到顯著水準，要先將之依下列公式轉換成 χ^2 值：即 $\chi^2 = N\phi^2$。

參、列聯相關（C）

列聯相關適用於兩個變項或其中一個變項的分類超過兩個以上類別時。雖然變項二分時可採用列聯相關，但在這些條件下仍以採Phi係數或四分相關為宜；又當兩個變項或其中一個變項的類別在兩個以上時，ϕ 或 r_t 均不可採用，列聯相關卻可用來測量關係的程度。

列聯相關與卡方統計數有關，且以列聯表算出，若已求得 χ^2 值，便可從中推衍而得列聯相關，反之亦然。若列聯相關的每個變項至少分成五個類別且樣本數大時，列聯相關係數可與積差相關比較，分析二者的相關。

列聯相關係數的計算方法之一如下：

$$C = \sqrt{\frac{\chi^2}{n + \chi^2}}$$

以表19-9為例，求得列聯相關係數如下，若要考驗C是否達到顯著水準，最簡便的方式就是檢定卡方的顯著性，如卡方顯著，列聯相關係數亦然。

$$C = \sqrt{\frac{6.908}{5,000 + 6.908}} = .037$$

肆、相關比（η）

圖10-1所示相關係數分布圖為直線相關，易言之以直線來描述兩個變項之間的關係最為適宜，然而有些變項之間的相關不一定呈直線關係，而是呈曲線關係。若關係呈曲線時，係指某一個變項增加，另一個變項至「某一點」也呈對應性的增加，過該點之後，前一個變項繼續增加，但另一個變項卻呈對應性的減少，反之亦然。如雨量影響稻米的產量即可能是非直線相關，而是曲線相關；就某點言之，雨量增加將帶來收穫量的增加，是正相關；但若超出該點，雨量太多將會發生負作用，造成作物腐爛，收成欠佳。類似曲線相關存在於人的年齡與力量的變項二者之間，在某一點，力量隨年齡增加而增加（正相關），但超出該點，力量便開始減弱。又如汽車的價值隨著年代增加而減少，但在若干年後，隨著年代增加，車子的價值又開始跟著增加，亦為曲線相關。

　　若某種研究資料的分布圖，要用以標示兩個變項爲非直線相關時，必須計算相關比（η）。當兩個變項間的關係爲明顯的曲線相關時，相關比較其他相關統計數，更能準確表出，是爲相關比的優點；蓋變項間呈曲線相關時，其他相關係數易低估相關的程度。相關比的缺點在於比較難計算，唯有了電腦統計程式後，此一缺點，當可消除。

第四節　多變項相關統計分析

　　前述相關技術可協助研究者測量兩個變項之間的相關程度，由於教育領域研究的問題，多數是涉及三個或更多的變項，須另行運用多變項統計技術（multivariate techniques），以協助研究者測量與研究三個以上變項形成各種組合之間的相關程度是謂多變項分析（multivariate analysis）。此地介紹的多變項統計技術不但可分析相關的資料，也可用於分析實驗結果的資料（Borg & Gall, 1989, pp.601-630）。

壹、複迴歸（多元迴歸）

　　研究者經常發現某一依變項常同時受到兩個或兩個以上自變項的影響，而複迴歸（multiple regression）分析即是提供分析這種情境的手段，它亦是教育研究中最常使用的一種統計技術，適用於分析因果比較、相關研究，或實驗研究的資料，舉凡等距、順序、類別資料均包括在內。複迴歸可以估量變項間之關係的統計顯著性與量，因之複迴歸可以界定爲：用以決定效標變項與結合兩種以上預測變項之間相關的多變項技術。

　　複迴歸適用於分析關係研究與預測研究。Lorrie Shepard（1979）曾用之來解說預測研究。Shepard的研究題目爲**加州入學程度測驗的構念與預測效度**（Construct and predictive validity of the California entry level test, *Educational and Psychological Measurement, 39*, pp.867-877），以該測驗（ELT）對加州每位一年級的學生施測，作爲入學時閱讀準備技巧的基準線量數；該測驗有以下幾個分測驗，各分測驗的名稱用以標示所要測量的變項：立即回憶、字母再認、聽力辨別、視覺辨別以及語言發展。Shepard據此以決定加州入學程度測驗的預測效度作爲他的研究目的之一。Shepard除了測出學生入學程度測驗分數之外，也運用其他有關學生背景特徵的資料，一爲社（會）經（濟）地位（socioeconomic status, SES），在該變項上得高分標示高社經地位：另一爲學生的家庭是否接受援助依賴兒童家庭計畫（Aid to Families with Dependent Children Program, AFDC）的支持；第三個背景變項爲學生是否能使用雙語。

　　Shepard研究的另一目的，在於決定上述四個量數，即入學程度測驗、社經地位、援助依賴兒童家庭計畫，以及雙語使用，預測1974至1975（二年級）以及

1975至1976（三年級）該生的閱讀成就。其中加州閱讀測驗（California Reading Test）分別在1975年5月以及1976年5月施測，以該等成績作為閱讀成就的效標量數。

　　學生在每個預測變項以及效標變項上的得分，為了學校等級複迴歸分析，而予以合計。如某特定學校學生的入學程度測驗分數予以合計，然後除以該校樣本數，而得入學程度測驗平均數，作為該校的分數。共取得數千所學校的每一所學校的入學程度測驗、社經地位、閱讀成就平均分數，以及接受援助依賴兒童家庭計畫和使用雙語學生的百分比，是以複迴歸是依相當大的樣本而來。

　　利用電腦程序算出的複迴歸分析，可得好幾個統計量數以及方程式，但是該份報告僅提供其中的一些。試從Shepard論文中摘取表10-6資料，俾供進一步說明複迴歸分析。

表10-6

小學二、三年級學生閱讀測驗的加權迴歸分析（1975～1976）

變　項	標準化分數迴歸係數（β）	相關係數（r）	逐步複相關（R）	逐步 R^2	R^2 增加量
二年級閱讀					
入學程度測驗（ELT）	.41	.76	.76	.58	
社會經濟地位指數（SES）	.27	.75	.81	.66	.08
AFDC百分比	−.19	−.65	.82	.67	.01
三年級閱讀					
入學程度測驗（ELT）	.36	.77	.77	.59	
AFDC百分比	−.25	−.67	.81	.65	.06
SES	.21	.74	.82	.67	.02
雙語百分比	−.13	−.59	.83	.68	.01

　　該表第一行列出複迴歸分析使用的變項，共進行兩種複迴歸分析。第一種分析：依據三個變項（ELT、SES，以及AFDC百分比）預測二年級學生閱讀成就的效標變項；另一種分析為：依據四個變項（ELT、AFDC百分比、SES，以及雙語學生百分比）預測三年級學生閱讀成就。

　　接著請看第三行，呈現預測變項與切合題意的效標變項之間的積差相關係數。如最上方的係數（r = .76）表示ELT與二年級學生閱讀成就的相關，由上而下的第四個係數（r = .77）代表ELT與三年級學生閱讀成就的相關。從該表中似可發現，

每一個背景變項都是閱讀成就良好的預測變項。

現在可開始考慮資料的複迴歸分析，請先注意二年級閱讀成就資料的分析（該表2～4列），然後再延伸至三年級資料的分析（6～9列）。複迴歸的第一個步驟通常是計算最好的預測變項與效標變項之間的相關，經由此一程序而得複相關係數（R，請見第4行）。由於ELT是最佳的預測變項（r = .76），而成為進入複迴歸的第一個預測變項，請留意相關係數（r = .76）與複相關係數（R = .76）相同。

除非研究者另有指定，否則電腦程式大致以最能對效標變項進行預測的變項開始進行複迴歸分析。然而也有的情況是研究者想以較無預測能力的變項開始分析。如預測變項可依時間先後順序排列，研究者首先以「最早的」預測變項開始進行複迴歸分析。當教育領域已確立一個預測變項，而另一個預測變項是新的時候，便屬於另一種情況；如智商已被確認為學校成就的預測變項，假設研究者已發展完成學業態度的新量數，便可藉著其與智商量數的關係，而考驗它的預測效度。如此使得智商分數首先進入複迴歸中，然後藉以了解新的量數在改進預測方面，究竟有多大作用。

假設研究者未特定預測變項進入複迴歸分析的次序，電腦程式在選取最佳預測變項之後，接著將探尋次一個用以預測效標變項的最佳變項。選取第二個預測變項非依其與效標的積差相關（r）而來，而是依其改良由第一個變項所達成預測的程度如何而定。第二個預測變項欲達成好的預測須具備哪些特質，簡要言之有如下兩項：

1.第二個預測變項與第一個預測變項的相關愈少愈好。若第二個預測變項與第一個進入複迴歸分析變項相關，其預測效標變項的變異數與第一個變項相同。如智商測驗與學業性向測驗常被用以預測五年級的閱讀成就。由於該兩種預測變項測量相同的因素，故彼此易有高度相關，若智商分數首先進入複迴歸，學業性向測驗代表著與智商測驗相同的因素，因而不易於改良預測。

2.第二個預測變項宜盡可能與效標變項有高度相關。簡言之，好的第二個預測變項宜盡可能與效標有高度相關。由表10-6中得知SES是進入複迴歸分析的第二個預測變項，兩個預測變項一起產生的複迴歸相關係數為.81，如此一來，比單由ELT預測變項所達成的預測（R = .76）稍有改良。就此而言，SES本身與效標的相關為.75，何以對預測的改良相當有限，此種現象的理由已如前述，即學生在ELT的得分與SES顯然有高度相關，由於這種重疊，SES便無機會改良首次由ELT進入複迴歸分析作成的預測。

為了進一步針對該點探討，請留意在三年級閱讀成就的複迴歸分析中，以AFDC百分比作為第二個進入的預測變項。由於AFDC的百分比與效標的相關（－.67）低於與SES的相關（r = .74）。就所有可能性予以考慮的情形之下，AFDC和SES相較，在預測三年級閱讀測驗方面，前者與ELT的重疊部分較少，因而進入複迴歸分析成為第二個預測變項。

　　進入複迴歸分析的第三個預測變項，係由它能否改良前兩個預測變項所作的預測決定。從表10-6中可知，AFDC百分比改良複相關係數略移至.82。此時如還有預測變項，電腦程式通常會繼續增加預測變項。每個新的預測變項對R總是低於前一個預測變項，惟在該例中，由於增加新的預測變項有迅速縮小的現象。此一原則或可用來解釋三年級閱讀成就有四個預測變項，而解釋二年級閱讀成就只有三個預測變項的理由。須予注意的是使用雙語百分比這個（第四個）變項對R的改良，由.82稍移至.83。同一預測變項對預測二年級閱讀成就並無充分的貢獻，而使得R達成如是的差異，故在表中呈現的結果中予以省略。

　　就此點而論，須進一步考慮R的意義。R即複相關係數（multiple correlation coefficient），係用以表示效標變項與預測變項（或某些預測變項的組合）之間關係的量數。R值依隨進入複迴歸分析的那些預測變項及其進入的順序而變化。二年級資料中.82的值代表從學生在ELT，SES上的得分，以及AFDC百分比中，預測二年級閱讀成績的最佳值。R值的全距由0.00至1.00，負值則不可能出現。R值愈大，所作的預測愈佳。

　　如將R平方即成為決定係數（coefficient of determination, R^2）表10-6第五行中的R^2係數，係與第四行中各R值對應。如最上端的R^2係數.58，係為對應R係數（.76）的平方。R^2表示從預測變項，或諸預測變項組合預測效標變項的變異數的量。

　　表10-6第六行所呈現的為複迴歸分析R^2的增加值（R^2 increment），係指以增加新的預測變項，用來解釋複迴歸分析中的效標變項所添增的變異數。如增加SES解釋複迴歸分析的效標變項，比單以ELT所能作的解釋，多了8%的變異數（.66 − .58 = .08）。在分析中增加AFDC百分比而得R^2的增加值為1%，意指AFDC百分比所預測的比結合ELT與SES所能預測的，多增加1%變異數。

　　複迴歸分析的統計顯著性考驗，通常使用的有兩種。其一在於決定所得的R值，是否與0有顯著差異；另一為決定R^2增加值，是否達統計上的顯著性。R^2增加值考驗，乃在決定加入複迴歸分析的新預測變項的，是否與沒有該預測變項時所作分析的R^2，有顯著差異。如可考驗在複迴歸分析中增加AFDC百分比所得的R^2值.67，是否與沒有使用AFDC百分比作預測變項所得的R^2值.66，有顯著差異。

　　複迴歸係以連結預測變項與效標變項的方程式表之。假設二年級的閱讀成就 = Y，ELT = X_1，SES = X_2，AFDC的百分比 = X_3，以C代表常數，則複迴歸方程式為：

$$Y = b_1X_1 + b_2X_2 + b_3X_3 + C$$

　　請留意Y表示其分數係由X_1、X_2與X_3預測而得；Y的預測值是由真正的Y偏離而出，因為X_1、X_2與X_3並非完備的預測變項。另須留意的是該方程式與適用雙變

項相關的直線方程式（Y = bX + a）相似。

複迴歸方程式中的每個b值為迴歸加權（regression weight），係由-1.00～+1.00，可從每個預測變項中算出各自的迴歸加權（有時亦稱b加權）。當每個學生的預測變項分數乘以各自迴歸加權，然後合計起來的總數，最能預測學生在效標變項上的得分。

有時候b加權會被轉換為貝他〔beta(β)〕加權。貝他加權是在複迴歸方程式中的迴歸加權，在方程式中的所有變項，皆以標準分數的形式呈現。由於貝他加權形成絕對量尺，所以有些研究者較為偏好。如貝他加權為+.40，在量方面，比貝他加權+.30為大，而與其結合的預測變項無關。恰成對比的是b加權的量，依賴與其結合的預測量數的量尺形式而定。貝他加權可轉換為b加權，反之亦然，可以公式之之：$b = \beta \left(\dfrac{S_y}{S_x} \right)$，$S_x$與$S_y$分別為X與Y變項的標準差。

從表10-6可知，研究者決定提出貝他加權，而非b加權作為預測變項。準此可設計複迴歸方程式如下：

$$\hat{Y} = .41X_1 + .27X_2 - .19X_3$$

其中每個變項皆採標準分數的形式（與其使用貝他加權）表之，易言之，若將ELT平均數乘以.41，SES平均數乘以.27，AFDC百分比乘以-.19，然後求其總和，便可預測該校平均的閱讀成就分數。在該複迴歸方程式中，X_1的貝他加權（+.41）較X_2的貝他加權（+.27）為大，X_2的貝他加權較X_3的貝他加權（-.19）為大。這些由大漸小的貝他加權，與進入方程式的預測變項的順序對應。如有第四個變項納入，其值須少於±.19。惟預測變項的貝他加權，不宜與其重要性混為一談。預測變項在學理上說是重要的，且與效標有高度相關，但貝他加權卻低。

複迴歸分析有好幾種變異：向上（stepup）、向下（stepdown）以及逐步（step-wise）。每種變異使用不同的程序選擇子預測變項組（subset of predictor variables），俾對效標變項作最佳的預測。在表10-6第5行，Shepard使用的是逐步迴歸程序。

研究者有時候會誤用複迴歸，一個共同的問題是將預測與解釋混為一談。若研究者的目標，在於充分地預測效標變項，程序上是比較可以直接達成的。如研究者持有某一理論，欲將之歸屬於與預測變項有因果意義，在此一情況，研究者不能將預測變項的因果意義，與在複迴歸方程式中其迴歸加權，或R^2增加值混淆。如研究者想以多變項相關資料，考驗因果理論，宜考慮採用路徑分析（path analysis，請見本節之肆），而不宜採用複迴歸分析。

另須注意的事項是樣本的大小以及預測變項數，宜維持合理的平衡。在極端的案例中，當樣本數等於預測變項數時，即使任一預測變項與效標沒有相關，R也會

等於1.00（完全預測），從這種分析而得的複迴歸方程式，對新樣本的預測能力很差。粗略地說，在複迴歸中每個變項的樣本數，至少要達15人；如依此計算，包含三個預測變項的複迴歸分析，至少要有45人當樣本。

貳、區辨分析

就求取兩個或更多預測變項與單一效標變項之間的相關而論，區辨分析（discriminant analysis）與複迴歸類似。只是區辨分析的效標變項可分成兩個或更多的類別；如男與女，高成就者與低成就者，工程師、醫生與物理學家。

區辨分析中的效標變項可以是間斷類別，但要是為連續變項時，則不用區辨分析，而用複迴歸分析之。

區辨分析的主要目的，乃在於根據某群體過去在預測變項與效標變項間存有的關係，從個人預測變項的資料，預測他未來所屬的類別，如可根據不同的職業興趣（vocational interests）預測個人未來從事之職業的類別；因此區辨分析適用於甄選人員。

區辨分析計算至為複雜，須有精熟的數學知識方易解釋其結果，因此計畫採用本技術從事分析時，宜與統計專家一起進行。

參、典型相關

以組合的數個預測變項預測組合的數個效標變項此一複相關技術，謂之典型相關（canonical correlation）。該技術與複迴歸（以組合的數個預測變項預測一個效標變項）類似，只是複迴歸預測的是單一的效標變項，而典型相關預測的效標是由兩個以上的變項組成。

若研究者要評估學生在一組預測變項上的分數，如學業性向、家庭社經地位、中學平均成績、職業興趣、內外向；亦取得學生在以後生活上測量效標變項的分數，如中學以後的受教年限、年薪、身心健康程度、對社區的貢獻等。欲了解諸預測變項與諸效標變項之間的關係的方法有二：其一是運用第三節所述的二變項相關技術（如積差相關），分別求得每一個預測變項與每一個效標變項之間的相關。另一種方法即針對下列問題而發：即哪一組預測變項最能預測哪一組效標變項？便要運用典型相關技術。

典型相關在計算過程與其結果的解釋方面，至為困難，但在研究文獻上運用該技術的有日益增加的趨勢。

肆、路徑分析

路徑分析（path analysis）係用來考驗涉及三個或更多變項因果關係之理論效度的技術。就涉及三個或更多變項間關係而言，路徑分析技術與上述各種多變項分析技術類似；它與前述各種技術的主要不同，在於目標一項。路徑分析旨在運用相

關資料考驗因果關係理論。

　　路徑分析的理論依據複雜，統計程序困難，但仍有了解它的必要，理由是：
(1)有了路徑分析技術的知識，可增進吾人對相關研究設計之運用和限制的了解；
(2)路徑分析較其他技術更能發現相關資料存有的因果關係。

　　為了解說路徑分析，可考慮由E. Bridges和M. Hallinan對學區教師缺席所作
的研究（Subunit size, work system interdependence, and employee absenteeism, *Educational
Administration Quarterly*, 14, 1978, pp.24-42）。他們對確認某些教師比其他教師工作不
易凸顯的因素感到興趣，指引他們探求解釋變項的基本理論為：教師缺席乃是暫時
從沒有獎賞的工作脈絡中解脫。

　　教師缺席的研究，乃在於統計整個學年教師在週一與週五缺席的天數，粗略予
以分析，也可測得下列的變項：

　　1.工作制度的相依性。要求教師評定在學校各種活動與他人交互作用的範圍，
然後予以測量之。

　　2.群體凝聚力。要求教師填妥最喜歡之同事的量表，然後予以測量之。

　　3.溝通。要求教師就某些主題與其他教師交談的次數作一估計予以測量之。

　　4.單位大小。以在校工作之專任教師數，予以測量之。

　　所有的變項，除了單位大小一項之外，都對在校的每位教師測量，然後予以平
均，求取單一分數，是以用來分析的單位是學校，共有56所小學參與該項研究。表
10-7揭示以上提及之所有變項的相關矩陣。這些結果如何解釋？

表10-7

教師缺席研究中所有變項的相關矩陣

	工作制度的相依性	溝　通	群體凝聚力	缺　席
單位大小	.00	.24*	−.14	.35*
工作制度的相依		.51*	.34*	−.24*
溝通			.28*	.10
團體凝聚力				−.32*
缺席				
（MF總數）				

*p < .05

　　由於該研究的目的，在於確認教師缺席的可能原因，研究者須查核其他各變
項預測教師缺席的程度如何。四個變項中有三個在預測教師缺席具有統計上的顯
著性，單位大小（r = .35）、工作制度的相依性（r = −.24），以及群體凝聚力（r
= −.32）。惟這些預測教師缺席的變項並不是缺席的「原因」。各預測變項彼此相

關的事實，也帶來相當實際的問題，如工作制度的相依性與群體凝聚力二者同時用以預測教師缺席，且彼此相關（r = .34）。群體凝聚力是否獨立於工作制度的相依性，自行影響缺席嗎？又溝通變項顯著與工作制度的相依性（r = .51）以及群體凝聚力（r = .28）相關的事實如何？由相關矩陣所揭示各變項之間的變異關係，欲予處理，路徑分析不失為較強而有力的方法。

路徑分析包括四個基本步驟：

1.建立連結諸變項關係的理論。如前述教師缺席研究可建立兩個理論：其一、以下列因果連結而把工作單位大小與教師缺席結合一起：「大單位造成教師間無法維持溝通；溝通的層次低會減弱團體凝聚力；低度的團體凝聚力造成教師高的缺席率。」其二、把工作制度相依性與教師缺席結合在一起：「學校工作制度相依性愈高，教師間的交互作用率（溝通）增加；交互作用增多對教師產生增強作用，因而增進團體凝聚力；團體凝聚力增加將減少教師的缺席。」

2.俟建立理論之後，須選擇或發展由該理論所指定之變項（有時候稱為「理論的構念」〔theoretical constructs〕）的量數。若量數無法有效的代表變項，則路徑分析將產生無效的結果，是以本步驟有其重要性。每個變項指定一個以上的量數乃是可欲的，重要教育變項的替代量數易於找得。

3.計算在理論上具有因果連結的各對變項間關係強度的統計數。

4.解釋統計數，以決定它們是支持或否定該理論。

為了解說路徑分析的程序，須再次以Bridges和Hallinan的教師缺席研究為例說明。他們的基本理論為：教師缺席的理由是嘗試暫時從沒有獎賞的工作脈絡中解說。說得更清楚些：單位大小與工作制度的相依性，透過它們對溝通以及群體凝聚力的影響，而和教師缺席連結起來，這些連結如圖10-2所示，該圖是代表路徑分析變項的標準圖示，理論中的每個變項皆可在圖中顯示，且每條直線箭頭依箭頭方向表示一種假設的因果關係，如單位大小影響溝通，溝通影響群體凝聚力等。

從圖10-2中，可發現路徑分析的其他特性：

1.所有的直線箭頭指向一個方向，如假設溝通影響群體凝聚力，但不假設群體凝聚力會影響溝通。若路徑分析呈現這種順序方式，可說係依遞歸模式（recursive model）而來，即遞歸模式僅止於考慮單向的因果關係，即假設A變項影響B變項，就不能假設B變項影響A變項。若擬考驗涉及配對變項之間交互的因果關係，則須使用非遞歸模式（nonrecursive model）。

2.另有雙箭頭的曲線兩條，由雙箭頭連結的兩個變項，研究者並未假設它們之間的因果關係如何。該圖標示兩位研究者在設計他們的路徑分析時，並未假設：單位大小與工作制度的相依性、溝通與缺席可能有因果關係存在。說得更具體些，曲線箭頭表示沒有假設因果關係，直線箭頭標示假設因果關係：假設能預測兩個變項間沒有相關、正相關或負相關。

圖10-2
單位大小與工作制度相依性對教師缺席的路徑分析

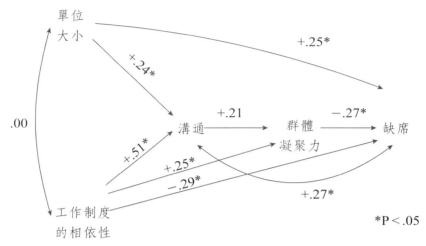

路徑分析通常要區分兩種變項：一為外因變項（exogenous variables），即在路徑分析模式中未假設有因果關係的變項，如未假設影響單位大小與工作制度的相依性的變項屬之；另一為內因變項（endogenous variables），即在路徑分析模式中至少有一個被假設為因果的變項，如群體凝聚力因被假設為受到溝通影響，故為內因變項。接著須測量在該模式中被確認的每一個變項，然後以箭頭表示研究者所確定的因果連結，接著執行統計分析以決定每組變項之間的連結強度，此種統計程序複雜，基本上是一種複迴歸的形式。

路徑分析中的統計分析產生每對變項的路徑係數（path coefficient），為一種標準化迴歸係數，用以標示在路徑分析中某一變項直接對另一變項的影響。由於路徑係數為一標準化的迴歸係數，因此與複迴歸計算而得的貝他係數（β coefficients）同義。

路徑係數的數值的意義如何？路徑係數可視為一種相關係數，其值由$-1.00 \sim +1.00$，值愈大代表兩個變項間的連結愈強。路徑係數雖依相關的兩個變項決定，但是意義有別。首先考慮在路徑分析模式中兩個相依但不依賴其他變項的變項，圖10-2中的單位大小以及工作制度的相依性即屬於此類的兩個變項，在該模式中，它們並沒有與其他變項有因果關係，是以在本例中路徑係數等於兩個變項的積差相關（r）。如參閱表10-7與圖10-2，將可見到單位大小以及工作制度的相依性二者的路徑係數與相關係數恰好相同（P＝r＝.00）。

在路徑分析模式中，當某一變項（A）被視為依賴單一因素（B變項）而定時，路徑係數也等於積差係數。如下圖的A變項被視為引發B變項的唯一因素，則路徑係數（P_{ab}）等於該等變項的積差相關係數。

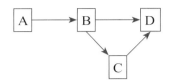

在路徑分析中，如有某一變項依賴一個以上的因，始可產生，但這些因彼此均為獨立的情況，則P也會與r相等。

路徑係數能滿足上述需求的不多，如圖10-2中，除了單位大小與工作制度的相依性可以滿足之外，其他的皆無法如此，因此針對這些情形須作進一步的分析。這些路徑係數類似，但並不完全相同，可能出自於兩個變項間連結的強度，剔除其他適當變項的影響而得。例如：單位大小與缺席之間的路徑係數為.25，代表二者之間的連結強度，剔除了溝通與群體凝聚力的變項影響。

相同變項的路徑係數（.25）比積差相關（r = .35，如表10-7）略小。意即單位大小對教師缺席的影響有部分是直接的，有部分是間接的。「間接」的影響係指單位大小對教師缺席的部分影響，是受到它對溝通的影響造成。某個變項的整體間接影響等於它與變項之間的r，減去對應的路徑係數而得。單位大小對教師缺席的影響，其直接影響為.25，間接影響為.10(.35－.25)。此一分析表示，單位大小對教師缺席的直接影響（.25），實際上比其間接影響（.10）更大。

路徑分析的最後一個步驟，在於決定結果是否支持吾人的理論。上引Bridges和Hallinan的研究，他們所下的結論為：由於單位大小與工作制度的相依性，對教師缺席的影響，並未完全經由溝通與群體凝聚力為媒介促成，因之他們的理論，未獲得支持。

總之，路徑分析的主要優點，在於可使研究者運用相關資料，考驗因果的理論：其他的多變項統計技術，如複迴歸與規準相關，不適合於達成此一目標，它們較適合於從一組預測變項，對一種或多種效標變項，作最佳的預測。

如研究者擬進行路徑分析，須仔細研究該方法，如有必要宜向統計專家請教。因為計算路徑係數以及考驗它們統計上的顯著性程序，是困難的。資料不但要滿足若干假定，若變項的測量不當，在理論模式中遺漏重要的因果變項，或樣本數不足與被考慮的變項數配合，則路徑分析的結果可能造成誤導。

在這些問題中，若確認的變項不足，可能是因果模式中，最嚴重的一種。Cook和Campbell（1979）曾舉例說明變項的確認不足，可能構成對路徑分析結果的困擾。他們指出接受及早開始計畫（Head Start program; HS）的學生比未接受該計畫的學生，在一年級成就分數（Ach）略低。職此之故，若HS→Ach確定一個完全的因果模式，則路徑係數將為負數（$\beta = -.19$），如圖10-3A所示，就可下結論及早開始對學生的學習有害。該因果模式的問題在於遺漏一年級成就的一個重要因素，該因素變項是通常以某種社（會）經（濟）地位指數測量的教育優勢

（Educational Advantages, EA），來自高社經地位家庭的學生一般而言，在學校有較佳的表現，故EA與Ach的相關是正向的（.49），如圖10-3B所示。高EA的學生接受及早開始計畫的較小，是以EA與HS呈負相關（−.70）。

現在檢查依圖10-3B的相關係數而作成在圖10-3C的路徑分析，從中可知HS→Ach連結的路徑係數是正的（β = .3），而在圖10-3A的路徑係數是負的。是以本例提供解說，依模式被確認的完整性會改變路徑係數符號的方式。確認不足的模式，須予避免，因為它們會對因果推論造成嚴重的錯誤。

圖10-3
確認不足以及確認周全的路徑分析

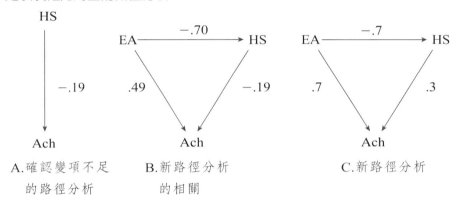

A.確認變項不足　　B.新路徑分析　　　　C.新路徑分析
  的路徑分析　　　　的相關

伍、因素分析

因素分析（factor analysis）是多變項研究常用的一種技術。研究者常在單一研究方案中，測量大量的變項，在這種情境，資料的分析與解釋，就變得龐大而難予處理。此時，對研究者來說，因素分析顯得格外有益，與其可使許多變項減至一些因素，以為發現諸變項值之間變異的組型，提供實證的基礎，這些因素可用來分析與解釋資料。

因素分析的第一個步驟為計算相關矩陣。這個程序，可以L. Schoenfeldt和D. Brush研究跨不同課程領域的大學成績組型資料為例說明。在樣本中的每個大學畢業生，分別算出各自在下列十二個領域中的平均等第（GPA）：美術、語文、人文、生物、物理、社會、農業、商業、教育、家政、新聞，以及體育。研究者也蒐集每位大學畢業生在中學平均等第（GPA）及中學學業性向測驗（SAT）的語文及數學成績。

表10-8所示的相關矩陣，係依橫列及直行列出所有的變項，由於Schoenfeldt和Brush的研究包括15個變項，故有15行與15列，每一行、列有特定的變項對應，如社會以6行6列的GPA代表。任二個變項間的相關，位於對應之行列的交界處。如人文GPA與教育GPA的相關為.44，即位於9行3列的交界處。

表10-8

12個課程領域GPA、中學GPA以及SATs交互相關

變　項	1	2	3	4	5	6	7	8	9	10	11	12	13	14	15
1.美術		.38	.47	.41	.36	.44	.39	.32	.40	.35	.29	.27	.34	.25	.17
2.語文			.50	.43	.49	.49	.19	.35	.32	.36	.29	.27	.44	.22	.21
3.人文				.59	.52	.69	.44	.50	.44	.53	.47	.34	.47	.43	.26
4.生物					.51	.63	.56	.48	.37	.45	.34	.34	.41	.30	.28
5.物理						.55	.45	.46	.41	.37	.32	.33	.43	.18	.31
6.社會							.39	.59	.47	.58	.44	.39	.45	.40	.28
7.農業								.22	.66	.33	.44	.38	.38	.19	.17
8.商業									.31	.23	.35	.28	.36	.23	.23
9.教育										.46	.36	.21	.37	.15	.14
10.家政											.36	.27	.34	.34	.20
11.新聞												.22	.33	.23	.13
12.體育													.31	.06	.09
13.中學等第														.20	.17
14.SAT—語文															.41
15.SAT—數學															

*註：取自 *Educational research: An introduction* (p.614), by W. R. Borg & M. D. Gall. Longman. Copyright 1983 by Longman Inc.

　　研究者製妥相關矩陣之後，便要進行因素分析以決定15個變項是否可以較少數的因素予以描述，經分析後被確認的因素如表10-9所示。

表10-9

12個課程領域GPAs、中學GPA以及SATs的負荷量

變　項	因　素		
	I 一般學業成就	II 與成就和性向無關的等第	III 測得的性向
1.美術	.42	.33	.20
2.語文	.63	.10	.16
3.人文	.64	.32	.39
4.生物	.56	.39	.27

表10-9　12個課程領域GPAs、中學GPA以及SATs的負荷量（續前頁）

變項	因素		
	I	II	III
	一般學業成就	與成就和性向無關的等第	測得的性向
5.物理	.62	.31	.13
6.社會	.73	.27	.36
7.農業	.18	.92	.09
8.商業	.60	.12	.19
9.教育	.33	.63	.10
10.家政	.43	.30	.33
11.新聞	.36	.36	.19
12.體育	.41	.27	-.01
13.中學等第	.52	.29	.12
14.SAT—語文	.11	.08	.84
15.SAT—數學	.20	.07	.42

　　基本上而言，因素分析涉及查尋彼此相關的所有變項群（clusters of variables），第一變項群被定為第一因素，代表諸變項間彼此交互相關最大者。因素以分數表之，係得自樣本的每個受試者。是以計算學生的因素分數及他們在納入因素分析的特定變項分數二者之間的相關係數。此等係數呈現在表10-9第I因素之下，個別的係數有時候稱為該因素上的每個變項的負荷量（loading）。

　　檢查第I因素的負荷量顯示除了農業GPA以及兩種SAT分數之外，所有變項與該因素有中度或高度相關。研究者將該因素標記為「一般學業成就」，以反映學生在不同課程領域的表現之間，呈現普遍正相關的事實。若讀者回到相關矩陣，將可發現農業GPA以及兩種SAT因素與其他變項的相關，一般說來，比起其他變項間的相關為低。

　　找到第一個基本因素之後，視存在交互關聯的其他變項群，以獲致另外的因素。表10-9所示在農業GPA（r = .92）與教育GPA（r = .63）上有高的負荷量，此一結果暗示農業以及教育的成就具有共同的事物，與其他課程領域僅有適度的共有或並無共有。表10-9所示的第III因素謂之測得的性向，因為兩個SAT變項與其有高度相關，而非GPA變項與其有高度相關。

　　該三種因素代表包含在較大相關矩陣中的許多資訊。每個因素被視為變項處理，每個學生在每個因素上都有分數，謂之因素分數（factor score），在以後的統計分析中需使用該等分數。如以t考驗決定男女學生在第一個因素上是否有顯著差

異時，便得使用因素分數。

　　在教育的研究方面，因素分析是一種有價值的工具，但運用時仍宜小心。由因素分析產生的因素，僅在當變項進入相關矩陣時，才有其用途和意義。因此，研究者須小心考量將進入因素分析的變項數目與類型。若各變項在概念上的共同性不多或幾乎沒有共同性時，使用因素分析則不適當。因此先需檢測資料中是否有共同因素存在，方能進行因素分析；如KMO值是否大於0.6等，作為資料是否有共同因素的來源判斷之標準。

陸、淨相關

　　吾人處理的情境涉及兩個以上變項時，也常使用淨相關（partial correlation）技術決定當將第三個變項移走或剔除時，兩個變項間相關如何。兩個變項之間所以有相關存在，乃由於二者與第三個變項有相關所致，淨相關便要控制該第三個變項之用。淨相關可用以剔除的變項不只一個，但由於解釋上困難的考慮，淨相關剔除一個以上變項的作法並不多見。

　　淨相關有$r_{12 \cdot 3}$, $r_{13 \cdot 2}$與$r_{23 \cdot 1}$之分，試就以下資料，配合公式說明淨相關的算法：

變項	X_1（＝身高）（英寸）	X_2（＝體重）（磅）	X_3（＝年齡）
平均數	$\overline{X}_1 = 62.38$	$\overline{X}_2 = 132.30$	$\overline{X}_3 = 15.22$
標準差	$\sigma_1 = 4.18$	$\sigma_2 = 23.26$	$\sigma_3 = 3.61$
相關係數	$r_{12} = .78$	$r_{13} = .852$	$r_{23} = .760$
N = 50			

　　利用上述資料除了可以計算淨相關之外，並可據以求得淨標準差（partial standard deviation），即$\sigma_{1 \cdot 23}, \sigma_{2 \cdot 23}, \sigma_{3 \cdot 12}$；淨迴歸係數（partial regression coefficients）；K常數。進而以下列複迴歸方程式作預測之用：

$$X_1' = b_{12 \cdot 3}X_2 + b_{13 \cdot 2}X_3 + K$$

一、淨相關

　　藉著淨相關可建立複迴歸方程式，在第三個變項的影響力保持恆定的情況之下，可用下列公式，求出兩個變項之間的相關，並以上述資料為例說明：

$$r_{12 \cdot 3} = \frac{r_{12} - r_{13}r_{23}}{\sqrt{(1 - r_{13}^2)(1 - r_{23}^2)}}$$
$$= \frac{.786 - .852(.760)}{\sqrt{(1 - .852^2)(1 - .760^2)}}$$

$$= \frac{.138}{\sqrt{.116}}$$
$$= .406$$

即在X_3（年齡）保持恆定之下，X_1（身高）與X_2（體重）的相關為.406

$$r_{13 \cdot 2} = \frac{r_{13} - r_{12}r_{23}}{\sqrt{(1 - r_{12}^2)(1 - r_{23}^2)}}$$
$$= \frac{.852 - .786(.760)}{\sqrt{(1 - .786^2)(1 - .760^2)}}$$
$$= \frac{.255}{\sqrt{.161}}$$
$$= .634$$

即X_2（體重）保持恆定之下，X_1（身高）與X_3（年齡）之間的相關為.634

$$r_{23 \cdot 1} = \frac{r_{23} - r_{12}r_{13}}{\sqrt{(1 - r_{12}^2)(1 - r_{13}^2)}}$$
$$= \frac{.760 - .786(.852)}{\sqrt{(1 - .786^2)(1 - .852^2)}}$$
$$= \frac{.090}{\sqrt{.105}}$$
$$= .278$$

即X_1（身高）保持恆定之下，X_2（體重）與X_3（年齡）之間的相關為.278

二、淨標準差

根據上述的值，利用下列公式可算出淨標準差：

$$\sigma_{1 \cdot 23} = \sigma_1 \sqrt{1 - r_{12}^2} \sqrt{1 - r_{13 \cdot 2}^2}$$
$$= 4.18 \sqrt{1 - .786^2} \sqrt{1 - .634^2}$$
$$= 1.996$$

即當體重與年齡的影響力除去後，身高的變異量為1.996英寸

$$\sigma_{2 \cdot 13} = \sigma_2 \sqrt{1 - r_{23}^2} \sqrt{1 - r_{12 \cdot 3}^2}$$
$$= 23.26 \sqrt{1 - .760^2} \sqrt{1 - .406^2}$$
$$= 13.818$$

即當身高與年齡的影響力除去後，體重的變異量為13.818磅

$$\sigma_{3 \cdot 12} = \sigma_3 \sqrt{1 - r_{23}^2} \sqrt{1 - r_{13 \cdot 2}^2}$$
$$= 3.61 \sqrt{1 - .760^2} \sqrt{1 - .634^2}$$
$$= 1.813$$

即當身高與體重的影響力除去後，年齡的變異量為1.813歲

三、淨迴歸係數

就前面所述有關數值代入下列公式，可求得淨迴歸係數（partial regression coefficient）：

$$b_{12 \cdot 3} = r_{12 \cdot 3} \frac{\sigma_{1 \cdot 23}}{\sigma_{2 \cdot 13}} = .406 \frac{1.996}{13.818} = 0.058$$

即當X_3（年齡）的影響力保持恆定下，X_2（體重）每增加一個單位，$X_1{}'$（預測身高）增加.058英寸

$$b_{13 \cdot 2} = r_{13 \cdot 2} \frac{\sigma_{1 \cdot 23}}{\sigma_{3 \cdot 12}} = .634 \frac{1.996}{1.813} = 0.697$$

即當X_2（體重）的影響力保持恆定下，X_3（年齡）每增加一個單位，$X_1{}'$（預測身高）增加.697英寸

四、K常數

K常數的計算公式如下，並引用上述有關數值演算：

$$K = \overline{X}_1 - b_{12 \cdot 3} \overline{X}_2 - b_{13 \cdot 2} \overline{X}_3$$
$$= 62.38 - 0.58(132.30) - .697(15.22)$$
$$= 62.38 - 18.28$$
$$= 44.10$$

根據前面各項的數值，如已知X_2與X_3分數，即可預測$X_1{}'$。

$$X_1{}' = b_{12 \cdot 3} X_2 + b_{13 \cdot 2} X_3 + k$$
$$= .58(+60) + .697(+16) + 44.10$$
$$= 64.53$$

為了進一步了解預測而得某受試者的分數與其實際所得的分數差異情形，宜計算其複估計標準誤（standard error of multiple estimate）。此處的複估計標準誤即

$\sigma_{est}X_1 = \sigma_{1 \cdot 23} = 1.996$，已見之前面。因此可說預測而得之受試者的身高之機會占三分之二，或說其身高位於 ± 1.996 之間。

至於複相關係數（multiple coefficient of correlation）的計算亦須加以分析。如欲知 X_1 與 X_2 及 X_3 結合後的相關程度，即可採如下公式計算：

$$R_{1 \cdot 23} = \sqrt{1 - \frac{\sigma_{1 \cdot 23}{}^2}{\sigma_1{}^2}}$$

$$= \sqrt{1 - \frac{(1.996)^2}{(4.18)^2}}$$

$$= \sqrt{.772}$$

$$= .879$$

前面已提及身高與體重的相關（$r_{12} = +.786$）以及身高與年齡的相關（$r_{13} = .852$），而此地所算得身高與體重及年齡結合後的相關（$R_{1 \cdot 23} = .879$）顯然比身高與任一預測變項間的相關為高。

柒、結構方程式模型

為了了解多變項之間的關係，新近有一種強而有力且漸受歡迎的分析技術，叫做結構方程式模型（structural equation modeling, SEM）。它係用來考驗變項之間因果關係理論的模型，屬於驗證性的因素分析。

結構方程式模型試圖從外顯變項（manifest variables）中，找尋內隱變項（latent variable or latent trait），進而由這些內隱變項來解釋外顯變項的變異量之程度，因此，它除了可以找出外顯變項與內隱變項之間的關係外，尚可從中進行因果的推論。

結構方程式模型與路徑分析有類似之處，諸如：二者皆用來考驗變項之間關係的因果理論；二者皆使用圖示來顯現各種變項之間的關係；二者皆使用特別的統計來計算每一配對變項之間關係的程度和方向。

目前結構方程式模型常使用的軟體有：LISREL, AMOS, EQS, LISCOMP, CALIS, RAMONA, SEPATH, MPLUS等等，但以LISREL的功能最大，也較被廣泛使用，讀者如欲進一步了解這些軟體，請參閱Byrne（1998）的著作。近年，網路上的免費軟體亦如雨後春筍增加，其中JASP為一功能強大的統計軟體，除了可以進行一般差異性及相關分析外，也提供了SEM的模組。

第五節　相關研究易犯的錯誤

依據Gall等（2007）的說法，執行相關研究時，有時候易犯如下的錯誤，值得研究者留意：

1.研究者假定相關的研究發現即在於證明因—果關係。

2.選擇相關研究的變項時，常仰賴「包羅萬象」途徑，而不借重理論或以前的研究發現。

3.預測研究或關係研究時，無法發展令人滿意的效標量數。

4.在需要使用淨相關以明確了解變項運作情形的情境，卻只使用簡單的相關技術。

5.使用不正確的雙變項相關係數；如須使用廣布二系列相關時，卻使用二系列相關。

6.在納入許多變項的研究中，為了釐清諸變項間的關係，不使用多變項統計數，卻使用雙變項相關係數，限制了分析的範圍。

7.在預測研究中為了擴大相關，不使用複迴歸。

8.在設計路徑分析時，無法確認重要的原因變項。

9.不執行複核效度研究，以決定在原先預測研究中取得的複迴歸係數的「縮減」。

10.在解釋相關係數的量時，將實用顯著性與統計顯著性混為一談。以關係研究而言，其主要目的在於接受研究的複雜技能或行為形式，作較深入的了解，因此低相關係數與高相關係數同樣有意義。預測研究涉及預估未來某些行為，因此其相關係數比關係研究求得的為高。在預測研究中，統計顯著性的重要性不大，因為相關通常須超過該點，方有實用價值，易言之，實用顯著性比統計顯著性（statistical significance）重要。實用顯著性（practical significance）可以透過預測變項對於標準變項的效果值而定。

作　業

一、選擇題

1. 在預測研究中，自變項的測量：（①發生在測量依變項之前　②與測量依變項同時發生　③由研究直接處理　④發生在測量依變項之後）。

2. 複相關研究：（①比較貝他加權與迴歸係數　②運用許多自變項　③運用許多依變項　④比較R與貝他加權）。

3. 如果相關_____，便是假的：（①太高　②不當的解釋　③太低　④高估或低估真正的關係）。

4. 相關不能用以推論因果關係，理由是：（①僅研究兩個變項　②它們未被控制好　③存有第三種未經測量的變項　④唯有推論統計才可用來推論因果關係）。

5. 下列哪個相關顯示最強的關係？（①0.50　②-0.75　③0.67　④-0.30）。

6. 以圖示相關的好理由在於為了發現：（①曲線關係　②正的關係　③負的關係　④第1個與第2個答案）。

7. 相關研究的主要優點在於，它可以：（①確立因—果關係　②同時研究許多變項間的關係　③使用許多實驗設計　④調整先前處理的量數）。

8. 兩個變項皆為連續分數，適用的相關技術為：（①積差相關　②等級相關　③二系列相關　④phi係數）。

9. 斯皮爾曼的rho與肯氏的tau用來求相關的是兩組：（①連續分數　②真正的二分變項　③人為的二分變項　④等級分數）。

10. 兩組分數間的相關係數由於量數缺乏信度而降低，謂之：（①減弱　②級距限制　③迴歸　④相關比）。

11. 將會影響效標行為組型的一個或多個變項剔除的歷程謂之：（①迴歸　②淨相關　③減弱校正　④變異數分析）。

12. 決定效標行為與結合預測量數之間相關的歷程謂之：（①簡單相關　②複迴歸　③區辨分析　④典型相關）。

13. 典型相關的目標在於決定下列何者的關係量？（①一組預測變項與一組效標變項　②一組預測變項與人群的成員　③兩個（含）以上因素分數　④兩種（含）以上的區辨功能）。

14. 有系統的表示在一項研究中所測得的一切變項之間相關的謂之：（①散布圖　②相關比　③圖表　④相關矩陣）。

15. 考驗因果假設，最有用的相關技術是：（①因素分析　②路徑分析　③區辨分

析 ④淨相關）。

16.在因素分析中，「因素」係指：（①積差相關 ②測驗分數 ③數學構念 ④迴歸方程式）。

17.在最初確立效度時，會發生縮減（shrinkage），是由於具有某些統計上顯著相關的變項：（①未被發現 ②被低估 ③由於機遇而獲致 ④由於測量偏見而產生）。

18.在一項預測研究中，分析資料的基本形式為：（①比較不同預測變項的變異數 ②求每個居中變項與效標變項的相關 ③求每個預測變項與效標變項的相關 ④共變數分析）。

19.在下列何種情況，路徑分析是合適的統計技術？（①效標變項是間斷的 ②效標是諸變項的組合 ③研究者想確定相關變項的群集 ④研究者想考驗一組變項間因果關係的理論）。

20.假定有位研究者想要繪製五個變項的相關矩陣，在該矩陣中有多少個相關係數？（①10 ②11 ③12 ④13）。

21.吾人若想檢查教育與所得之間的關係，在年齡保持恆定的情況，可採用的適宜技術為何？（①複迴歸 ②淨相關 ③因素分析 ④時間系列分析）。

22.以 $Y = b_0 + bX_1 + bX_2 + bX_3$ 的迴歸方程式言之，以下的敘述，何者為非？（①把b當自變項 ②有3個自變項 ③把Y當依變項 ④由X_s預測Y）。

23.因素分析試圖：（①分析好幾個變項之相互間的關係 ②把諸變項間的關係化約成為數個關鍵性向度 ③發現諸變項之間關係的基本組型 ④以上全部都是）。

24.就以下的模式中所見，下列的諸項結論，何者是「不正確的」？
（①C變項對D變項的影響最直接、最大 ②A變項對D變項沒有影響 ③B變項對D變項有直接影響 ④C變項是中介變項）。

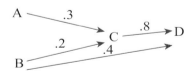

25.在以下哪種情況，適用路徑分析的統計技術？（①效標變項二分時 ②效標是變項的組合時 ③研究者想要考驗一組變項之間的因果關係理論時 ④研究者想要確認相關變項的組群時）。

26.結構方程式模式優於路徑分析的部分在於：（①易於計算 ②所須測量的變項較少 ③所產生的且供分析的變項較為可信和有效 ④可以用於處理某些或全部的二分變項）。

27.研究者想要減少所研究之變項數目的研究方法為：（①路徑分析 ②區辨分析

③典型相關　④因素分析）。

28. 預測類別變項之結果的多元迴歸為：（①路徑分析　②區辨分析　③典型相關　④因素分析）。

29. 計算一組包括4個預測變項和5個效標變項之相關的分析為：（①路徑分析　②區辨相關　③典型相關　④因素分析）。

30. 用來檢查因果關係的相關分析技術為：（①結構方程式模型　②區辨分析　③典型相關　④因素分析）。

31. 研究者若想決定多種自變項對單一依變項的影響，合宜的統計技術為：（①階層直線模式　②路徑分析　③複迴歸　④因素分析）。

32. 適合於解決以下問題的相關指數為何？「各有男、女士60人，在合格就業測驗上得到的分數相同時，性別和受僱與否的相關如何？」（①Pearson積差相關　②Spearman rho　③η^2　④phi係數）。

二、在一項動機與學習的研究中，某教師運用以下的研究策略：問學生，什麼策略最能引發動機。然後教師查看測驗分數，以探究測驗分數在比較能引發動機的課是否比不能引發動機的課高。該教師發現，當教師使用較能引發動機的技術時，學生的成績誠然會上升。根據該結果她決定時時刻刻運用可以引發動機的技術。她決定使用更能引發動機的技術正確嗎？為什麼？

三、某位研究者蒐集以大四學生為樣本的資料，求得許多量數的交互相關，發現(1)某生在大學求學期間所耗費於工作時間；與(2)該生在個人成熟度紙筆測驗上的相關為+.65。據此發現，對於以下的結論你的看法如何：

1. 大學為了增加學生的成熟度宜推行工讀計畫？並請說明理由。

2. 學生在大學期間工作時間愈長，他的個人成熟度量數愈高？請說明理由。

3. 在大學求學期間愈成熟的學生比較不成熟的同學，更能找到工作？請說明理由。

四、某位研究者蒐集大學生樣本的大量資料，包括：比西智力測驗分數、魏氏成人智力測驗分數、學業性向測驗分數、高中班級等第、焦慮量表分數，以及他們是否能順利完成大一的學業。以下各題是根據這些資料而作的統計分析：

1. 比西智力測驗與魏氏成人測驗的相關，須使用什麼統計技術？為什麼？

2. 研究者發現測試焦慮與大一等第平均數的效標變項顯著相關。學業性向測驗也與測試焦慮和效標顯著相關。在剔除學業性向測驗同時對測試焦慮與大學等第平均數兩個變項的影響之後，決定測試焦慮與大學等第平均數的相關，須運用什麼統計技術？為什麼？

3. 大一通過或不通過的二分變項與學業性向測驗分數的相關，應採用什麼統計技術？為什麼？

4. 當本研究中所使用的一切量數彼此之間有交互相關時，決定是否要測量一個共同的因素，應使用什麼統計技術？為什麼？

5. 在測試焦慮量表上的分數與高中班級等第之間的關係，欲決定它們是否呈非直線的相關，應使用什麼統計技術？為什麼？

五、某位研究者對一群進入醫學系就讀的學生施測20種不同測驗，他也蒐集他們在醫學系第一學年結束的等第平均分數。為了使該20種測驗作為最有效用的預測等第平均分數的變項，應使用什麼統計技術？為什麼？

六、有位研究者試圖了解影響國中學習理化成敗的因素，而測量與學習理化有關的20個預測變項與5個效標變項，如要了解以下各項，宜採用哪種相關技術？1.哪些預測變項的結合最能預測理化的平均分數；2.哪些預測變項的結合最能預測學生是否修習數學一科；3.資料是否支持某些預測變項與任一效標變項連結的理論模式；4.在20個預測變項中，基於有相同性的考量，是否可以減少若干變項？

七、某位研究者對即將進入特殊教育博士班就讀的研究生，施測包括15種人格特質的人格測驗。他亦決定他們在第一學年結束的平均成績。然後，他使用複迴歸來決定在該情境中，預測年級平均成績的最佳人格特質組合為何？其結果如下表：

人格變項	β	r	R	R^2	R增加量
順從	.35	.28	.28	.08	
獨立	.26	.15	.34	.12	.04
內向	.21	.11	.37	.14	.02

請問：1. 在第一行資料中，β加權提供的訊息為何？
2. 在第一行資料中，順從的β加權為.35而內向的β加權為.21，所提供的訊息為何？
3. 在第二行資料中，獨立的相關係數.15的意義為何？
4. 在第三行資料中，複迴歸係數為.37的意義如何？
5. 在第四行資料中，R^2值為.08的意義為何？
6. 在第五行資料中，R^2增加量為.02的意義為何？

答案：

一、1.①；2.②；3.④；4.③；5.②；6.①；7.②；8.①；9.④；10.①；11.②；12.②；13.①；14.④；15.②；16.③；17.③；18.③；19.④；20.①；21.②；22.①；23.④；24.②；25.③；26.③；27.④；28.②；29.③；30.①；31.③；32.④。

二、她的決定可能正確，但是她的推論該等技術成為引發成績進步的因是不正確的，因

爲在實施該等技術的同時也有其他事件發生，會引發較大的成就。本例係從相關推論因果關係。

三、1. 否，該結論假定在大學時工作與個人成熟度有因果關聯。從高度相關資料中，未必可作因果推論。

2. 是。相關達+.65係指兩個變項呈正相關，即工作量增加易與個人成熟分數的增加結合。

3. 否。如1.所示，此一結論所作的因果假定，係依本研究相關資料求得，理由並不得當。

四、1. 積差相關係數，因爲兩種量尺測得的是連續分數。

2. 淨相關。在剔除第三個變項對兩個變項的影響之後，決定兩個變項之間的關係程度。

3. 二系列相關，因爲SAT測得的是連續分數，而通過—不通過的效標是人爲二分。

4. 因素分析，因爲該技術在於決定進入相關矩陣的所有量數代表相同的基本行爲組型或特徵的程度。

5. 畫出散布圖（scattergram），以圖示代表兩個變項間的關係。如果相關是非直線的，算出相關比。有統計上的考驗可用來決定迴歸線是否與直線性顯著分離。

五、複迴歸，因爲這種統計技術求得的預測比單一測驗與效標變項（等第平均數）的相關，更準確。

六、1.複迴歸；2.區辨分析；3.路徑分析；4.因素分析。

七、1.表示每個人格變項在複迴歸方程式中的預測值。2.表示在複迴歸方程式中，順從變項比內向變項較具有預測值。3.表示獨立量數與年級平均成績的相關爲.15，亦即在獨立量數上得高分有著與高年級平均成績有些微相關。4.意指順從、獨立與內向量數的結合與年級平均成績之相關爲.37。5.表示順從量數用來解釋學生年級平均成績8%的變異數。6.意即在複迴歸方程式中增加內向的量數，可用來解釋學生年級平均成績另2%的變異數。

第11章

實驗研究法(一)

實驗研究法運用的實驗設計類型有團體實驗設計（group experimental designs）與單一受試者實驗設計（single-subject experimental designs）之分；前實驗設計（pre-experimental designs）、真正實驗設計（true experimental designs）、準實驗設計（quasi-experimental designs）、多因子設計（factorial designs）等為團體實驗設計。加上無論團體實驗設計或單一受試者實驗設計又可分成多種變型。為了顧及各章篇幅的平衡考慮，本章先介紹實驗研究法的有關概念、前實驗設計與真正的實驗設計。

第一節　實驗研究的意義、目標與抽樣

一、意義

實驗研究法是唯一能真正考驗有關因—果關係之假設的方法，也是解決教育上理論的與實際的問題，以及推動教育成為一門科學的最有效途徑。在實驗研究中，研究者至少操縱一個自變項，控制其他有關變項，以及觀察一個或多個變項的結果。

自變項也稱為實驗變項（experimental variable）、因（cause）或處理（treatment），是足以造成差異的活動或特徵。在教育研究中，自變項典型上操縱的包括：教學方法、增強方式、增強次數、學習環境的安排、學習材料的類別、學習團體的大小等。依變項也稱為標準變項（criterion variable）、果（effect）或後測（posttest），是研究的結果，係因操縱自變項而造成團體的變化或差異；所以被稱為依變項，乃因其「依賴」自變項的緣故。

實驗研究若執行得妥，能為假設的因—果關係提供最佳的證據。根據實驗研究的結果，可以作預測；而相關研究則無此特徵。依實驗發現為基礎的預測較有全面

性，可以下形式表之：「若您使用X方法會比使用Y方法，得到較佳的結果。」如實驗研究一再肯定有系統應用正增強可以改良行為。

實驗研究法最早運用在物理界的研究觀察，19世紀引入生物科學，在動物學、生理學與醫學發揮莫大的成效；19世紀末，將之應用於心理學，而有實驗心理學的開端；1890年代將之應用於教育情境問題的研究，1879年賴斯（J. M. Rice）研究小學生的拼字成就為其起點，1924年桑代克（E. L. Thorndike）等又繼續推廣使用該方法。

實驗研究法欲發揮最大的效用，應在實驗室中進行，但是目前該法已能有效地應用於如教育此種非實驗室的情境（Stanley, 1957）。在教室中，重要的變項仍可能被控制至某種程度，但無法像實驗室那麼精確，不過在教育情境進行的實驗研究仍有優點可尋：其一、在實驗室內無法執行長時間的實驗，況且人無法離群而索居，因此教育情境的實驗，確實較有價值。其二、在實際教育情境中進行的實驗研究，對於教育實際問題的處理，較有助益。迄今為止，由教育研究者採行的實驗，主要係涉及新教材以及新措施對於學生學習成效的考驗。因此，教育實驗的結果，可能對於學校採用之新教材和教學法，有深遠的影響。

二、目標

實驗研究的直接目標，在於預測實驗環境中的事件，探索操縱變項與觀察變項之間的關係。其最終目標，是把變項間的關係概括化，俾使此等關係能應用於實驗環境之外的母群體。

由上述的說明不難發現，實驗研究的特質之一是「控制」。因為除非把會影響效果的其他因素或條件控制，否則，無法對特殊條件或處理，可能造成的結果，作有效的評估。為了把其他的影響因素消除，研究者使用控制組（control group）或稱比較組（comparison group），控制組係指選擇一群在每一方面與介入組（intervention group）、處理組（treatment group）或實驗組（experimental group）經驗相同的受試者，只是他們不接受處理，沒有自變項而已，亦即一個實驗若涉及比較不同的處理或不處理的效果時，通常是採「實驗組」與「控制組」做比較。實驗組與控制組二者的受試者之條件，盡可能求其接近相等，繼則實驗組用來展示受考慮之下諸因素的影響，控制組則否，然後進行觀察，以決定二組出現的差異，或發生的變化安在。

然而實驗總以比較處理和不處理為特徵。實驗因素的各種型態、數量或程度，都可應用於許多的組別。如有項實驗，試驗某種特殊藥物的處理，在降低體溫方面的功效時，可能把最重的劑量供第一組服用；適中的劑量給第二組服用；最小的劑量供第三組服用。所有各組均接受藥物處理，是以在名詞的限定意義中，便沒有控制組這個名稱，但是實驗因素的控制以及它們的功效，乃為重要的因素。

三、樣本數的決定

實驗研究所需各組樣本數的決定，除了本書第4章第四節所提出的若干原則可供參探之外，統計力分析公式（power analysis formula）亦可供求出適當樣本數之需。有關統計力分析公式約有兩種可供取擇。

其一、係藉著考量統計顯著水準（α）、在研究中期望的統計力，和實驗效果值（effect size）三要素，決定可供團體比較的樣本數。根據該三要素，決定實驗研究樣本時，可使用Lipsey（1990）的統計表（詳見表11-1），其處理過程如下：

(1)設定比較組的統計顯著水準，典型上訂為p = .05或p = .01；(2)確定拒絕錯誤假設的統計力，典型上訂在.80；(3)決定效果值（可參閱本書第19章第四節之貳），通常以標準差來表示實驗組與控制組平均數的期望差異值，典型上都訂為.5；(4)根據上述這些參數，查表11-1，可統計出樣本的大小，並確認在實驗中每一組的樣本數。

表11-1

Lipsey的適當樣本數／每個實驗組（在α = .05達成各種統計力效標水準的效果值所需每個實驗組樣本數）

效果值	統計力效標		
	.80	.90	.95
.10	1,570	2,100	2,600
.20	395	525	650
.30	175	235	290
.40	100	130	165
.50	65	85	105
.60	45	60	75
.70	35	45	55
.80	25	35	45
.90	20	30	35
1.00	20	25	30

註：取自*Design sensitivity: Statistical power for experimental research* (p.137), by M. W. Lipsey, Sage Publications, 1990.

若吾人使用嚴格的統計力標準，如.80（當虛無假設錯誤，吾人拒絕它的次數為80%）而選擇.80這一行；接著看到效果值這一行，而選擇期待兩組間的平均數差異（以標準差為單位）為.50時，就統計力標準.80這一行與效果值.50這一列的交

又處，可發現兩組中的每一組所需的學生人數為65人。

　　其二、以下公式計算所需之各組樣本數，乃在於標示：讓研究者因特定效果值以及顯著水準拒絕虛無假設所需的樣本數。

$$N=\left(\frac{1}{\Delta}\right)^2(z\alpha+z\beta)^2\cdots\text{（引自 Ary et al., 2019）}$$

N = 所需的樣本數

Δ = 特定的效果值（$\dfrac{\text{實驗組平均數 – 控制組平均數}}{\text{控制組變異數}}$）

zα = 顯著水準（單側）的z分數

zβ = 預期拒絕虛無假設之機率的z分數

　　就教育研究而言，效果值達.33或.25標準差（本書第19章第四節之貳）才具有意義，又在單側α = .05的z分數約1.645（詳見本書附錄陸或圖20-4），單側90%機率（預期拒絕虛無假設的機率）之z分數約為1.28。則N = (1/.25)²(1.645 + 1.28)² = 16(8.56) = 136.96，則可得樣本數137人。

第二節　　無關變項的控制

　　與實驗研究有關的變項，大致有：機體變項、中介變項與無關變項（extraneous variables），其中前兩種變項已在本書第1章第六節探討，不再贅述，本節專論無關變項。事實上，無關變項應可視為混淆變項。這可從以下的敘述中得知。

　　無關變項係指那些可能與實驗處理無關，但因與實驗處理同時出現，且可能對依變項產生重大影響，卻未被控制好的自變項（即未被實驗者操縱的變項）。根據許多研究獲得的結論，由於受到這些無關變項的影響，而變成無效。如欲研究三種社會科教學法的成效時，其自變項是指教學方法，依變項是指成就，可以學生在標準化測驗上的得分評定之。此項研究如以整個班級為實驗對象，由於研究者不能隨機選擇或控制像教師的能力、熱忱、年齡、社經水準、或學生受試者的學業能力等，致影響結論的有效性，上述這些不能隨機選擇的或控制的因素，即是無關變項。

　　雖然欲消除所有無關變項，確有困難，特別是教室情境的研究，尤其如此；但是良好的實驗設計，能使研究者降低它們的影響。

　　與實證處理沒有直接關係的無關變項，研究者可採用數種方法移去，或削弱其影響，以為控制，其方法如下（Best & Kahn, 2006）：

一、排除變項（removing the variable）

把無關變項悉數消除，作為控制的一種方法。如為避免研究者在進行一項觀察時分心，可利用單面鏡隔絕方式，分開實驗者、實驗組與控制組。又如受試者間的某些變項，可採具有固定特徵，並經過選擇的個案，予以排除，僅使用女性當受試者，即是移去了性別變項。惟須記住的是，並非所有女性均具有同一的生理或心理特徵。

二、配對案例（matching cases）

選擇具有相同或接近相同特徵的個人，將其中一人分派在實驗組，另一人分派在控制組，這是另一種控制的方法。如果配對的變項超過一個以上，將因配對的困難，而使該種方法受到限制。因若有其中一位配對的受試者不適用，有些人將會被排除在實驗之外。除非各組的成員被隨機分派至處理組中，否則配對是無法令人滿意的。

三、平衡案例（balancing cases or group matching）

平衡案例係把受試者分派在實驗組與控制組，使得各組的平均數及變異數盡可能接近相等。因為不可能出現完全相同的平衡組，研究者必須決定在不使人失望的控制情況之下，可以忍受各組差異的程度有多大。這種方法的困難，類似於配對案例的情況。直言之，想把一個以上的特徵或變項作為基礎，把各組安排得相等，確是困難。

四、共變數分析（analysis of covariance, ANCOVA）

此種方法允許實驗組與控制組間的數個變項，使用統計方法，將它們最初的差異予以排除。這種根據前測的平均分數，作為共變量（covariates）的方法，對傳統的配對分組來說，算是較為可取的。

五、隨機化（randomization）

隨機化涉及純粹的機遇選擇，把有限、可用的受試者分派到實驗組與控制組。若涉及兩組，可利用擲幣方式，達成隨機化的目標。若出現某一面，即把某受試者分派在某一組；若出現另一面，則將之分派在另一組。如涉及的組數在兩個以上，使用骰子或亂數表予以分組皆可。

隨機化為消除傳統偏見與減弱無關變項之影響力的最有效因素。該原理係植基於如下的假定：即經由隨機的選擇與分派，至各組間的差異，係由機率或機會操作的結果，這些差異即是所謂抽樣誤差（sampling error）或誤差變異數（error variance），其大小可以估量。

在某項實驗中，依變項的差異，可歸之於自變項的影響。這些差異，即是所謂實驗變異數（experimental variance）。一項實驗的顯著性可從比較實驗變異數與誤

差變異數中，予以考驗，如實驗的結果指出，實驗組與控制組間的差異太大，便不能歸之於誤差變異數，而可設定是由於實驗變異數而造成的差異。

第三節 影響內在效度的因素

為了對知識的發展，發揮重要的貢獻，任何一項實驗研究設計須具有內在效度（internal validity）、外在效度（external validity）、統計結論效度（statistical conclusion validity）與構念效度（construct validity），本節先論內在效度的影響因素，至於其餘三種效度留至第五、六節分析。

所謂內在效度可界定為控制無關變項的程度，當研究的設計（受試者、工具與程序）能有效控制可能造成誤差的來源，那些來源不致與研究結果產生關聯時，便是屬於最強而有力的內在效度。易言之，內在效度務期在實驗情境中，被操縱的因素（自變項）確能對覺察的結果（依變項）造成有意義的差異，或特定影響的程度。內在效度是解釋實驗的最基本的要求，一項實驗不具內在效度，便不可解釋。揆諸事實，內在效度在於問以下的問題：即實驗處理，能在「此種特定的情境中」，造成差異嗎？而有關實驗的內在效度的高低，端視研究者對無關變項控制的程度而定，控制得愈好，實驗差異愈能以實驗處理造成的理由來解釋，反之則否。

在量的研究中，造成誤差的來源，被視為「威脅」（threats），與其每一種來源都可能造成研究發現失效。但由於「威脅」的意義，在中文用法方面，情緒成分濃厚，故以「影響」代之，而稱影響內在效度的因素，這些因素茲綜合各家（Gall, Gall, & Borg, 2007; Campbell & Stanley, 1963; Cook & Campbell, 1979）的見解分析如下：

一、成熟（maturation）：受試者身心發生變化的效應

指的是參與實驗者改變的歷程。由於實驗須延長一段時間，其中受試者可能在許多方面發生變化，這些變化，可能與考慮中的自變項的效果，發生混淆。亦即如果這些改變，是正常發展過程中的必然結果，顯然並非實驗處理的成效。為了消除其影響力，採用控制組與處理組並行，不失為一項有效的方法。

二、臨時事故（contemporary history）：時間的效應

由於實驗處理須耗費一段期間，使得在研究期間發生的意外或事件也會影響研究結果。例如：超出研究者控制範圍的特定外在事件，可能會對受試者的表現，產生刺激性的或困擾性的影響。

在教室內的某些實驗，其實驗組或控制組的受試者，可能會同時受到這些外在事件的影響，就不會顯得重要了。可是，由於臨時事故是特定事件，可能影響的只是某一群體，而不是另一群體，因此，這些非控制的外在事件的影響力，便無法排除，不容輕視。在實驗室內進行實驗，較能有效的控制無關變項的影響。

三、測驗（testing）：做測驗的學習

在多數的教育實驗中，常在實驗處理前，實施前測，接著施予後測。實驗開始時前測過程，可能使受試者發生變化；測驗使得個人變得敏感些，因為他們已較了解研究者所隱藏的目標，做為導致改變的刺激。此外，前測也可能產生較實用的效果，使得受試者在以後的測驗表現中，較為熟練。這種測驗效應通常在實驗一段短期間，即能對成就施予的測量結果中發現。測驗也會對態度或價值研究的內在效度產生影響。若以態度問卷做為前測，只要閱讀那些問題，就會激發受試者想到主題或改變態度。如研究者對評鑑一般學生對肢體殘障兒童態度改變的一系列影片的效果，感到興趣，於是先施予前測、放映影片，然後施予後測，以發現是否態度有變。惟任何觀察而得的改變，可能由前測引起，其問卷中的題目可能就足以改變態度。

四、不穩定的工具（unstable instrumentation）：測量工具的變化

使用不可靠的工具或技術，描述或測量行為的層面，會對一項實驗的效度構成威脅。若當作覺察工具的測驗不準確，可能嚴重地導入錯誤的成分。若人是觀察者，其所描述的受試者之行為的變化，可能由於觀察者本身的疲倦、領悟力增加，而造成描述採用的標準有所差別；或在過去一段期間內，用來判斷的標準發生改變，都會導致錯誤。

五、統計迴歸（statistical regression）：極端選樣

當研究者以在某特殊變項得極端分數為基礎，選擇各組成員時，容易發生統計迴歸的現象。如就一群接受智力測驗的學生中，只取分數最高的前三分之一以及最低的三分之一，來做實驗，而捨棄在分數位於中間的三分之一，不予處理。則高分組的學生在後測的得分，易傾向於平均數，而得到比前測為低的分數；低分組則傾向於平均數，而獲得比前測為高的分數。亦即在前測—後測的情境中，前測得分極端者，在後測時，有著趨向平均數的常態迴歸現象。因最初得最高分與最低分的受試者，不必是最高的及最低的成就者，他們可能僅在特別的前測場合上，得分是最高和最低的，為了避免這種現象的發生，即在處理時，不宜採用得分極端者為對象，而將得分近平均數者排除。McMillan和Schumacher（2010）提醒吾人考量統計迴歸時，須銘記以下六個條件或因素：(1)迴歸僅影響一群參與者，而非個人。(2)迴歸是相對的，即使整個團體在後測得到較高的分數，仍會發生迴歸現象。(3)迴歸與分數的信度直接有關，信度愈低，迴歸愈大，若沒有隨機的測量誤差，就不會有迴歸現象。(4)迴歸與團體分數及平均數的距離有關，愈極端的分數，迴歸愈大。(5)迴歸會同時影響高與低分數組。(6)統計程序可用來矯正或調整迴歸效應。

為了說明該概念，茲以圖11-1說明之。假定某班兩位學生接受同一測驗兩次的測試，全班之平均數為100，甲生第一次測驗得150分，乙生得40分，可以預期甲

生第二次的測驗分數會較第一次低，而乙生則會較第一次高，即使他們真正的能力相同亦然。

圖11-1
統計迴歸解說

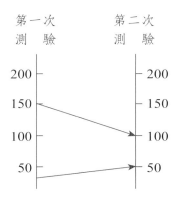

六、選樣不等（differential selection）：選樣偏差

選樣偏差係指實驗組與控制組不相等而言，制止該因素的最有效作法，是把受試者作隨機分派處理。應邀參與實驗的自願者，成為實驗組的成員時，容易發生選樣偏差。雖然他們可和同等條件的非自願者呈現，但是他們有著高度動機的此項特徵，可能因而造成偏差，無法做有效的合理比較。選樣偏差在整個班級成員被分派入實驗組與控制組時，可能會發生這種情形。

七、受試者流失（experimental mortality）

受試者在參與長期的實驗中，可能因為死亡或退出，而影響內在效度。即使實驗組與控制組的樣本係經隨機選擇而得，但是仍繼續接受實驗的樣本，可能因亡失，而與開始實驗時的不偏差樣本，有所出入。又實驗期間的全程參與者比起那些經常缺席者或輟學者，可能顯得較健康、聰穎，或具有較強的動機。避免此項因素之策，在於選擇合理、夠大的樣本，使其具有代表性；對於中途離開實驗過程的人，或起初不適的人，仍宜繼續作追蹤研究，備供參考。

八、選樣與成熟交互作用（selection-maturation interaction）

這個無關變項除了多加一個複雜的因素——成熟之外，其功能可說與選樣不等類似。如從某國中選取一年級學生參與一項實驗，控制組的成員則取自另一所學校的一年級學生。由於學校不同，控制組平均入學年齡比實驗組大六個月。現在假定結論是實驗組在學業成就上，顯著高於控制組，針對此項結論，究竟應作如何解釋？說是實驗處理達到效果嗎？或實驗處理對年輕者較有效，即受到成熟因素的影

響嗎？實則這種結論應是選樣與成熟交互作用而產生的結果。

九、強亨利效應（the John Henry effect）

此種效應常在教育研究中的情境中發現，係指實驗組採用新法或步驟取代控制的方法或步驟時，控制組的受試者為了不甘示弱，力圖與實驗組一較長短，則控制組的表現，常在一般的平均水準之上，此一現象亦稱補償性對抗（compensatory rivaliry），在教育研究中屢見不鮮。尤其當比較採用傳統教學法與新式教學法的效果時，容易顯現出來，蓋控制組的教師覺得備受新法威脅，逐竭盡所能，力求證明新法並不比舊法優異。教育研究所以會出現強亨利效應，部分的原因可能是受試者基於競爭好勝心理，試圖證實「我能做得和那些接受訓練的一樣好。」也可能是由於受試者知道身為控制組的一員，心理上覺得深受被視為第二等的威脅，而力爭上游。因此，在實驗處理上，如果發現實驗組與控制線組間有差異或沒有差異時，須注意是否由於控制組成員的不平常動機，而非由處理導致的效應。

十、實驗的處理擴散（experimental treatment diffusion）

若實驗的條件與控制的條件具有很密切的關係，則控制組的成員可能尋求接觸處理條件的機會；或若實驗組與控制組的受試者彼此很親近，實驗的處理擴散，尤其容易發生。如某國中的一些教師可能被分派使用革新版課程教學（處理組），同校的另一些教師仍被分派採舊版課程教學（控制組）。隨著實驗工作的繼續進行，控制組的某些教師可能和處理組的教師討論新的課程，即使前者被示意勿採新課程，但是他們仍有可能擷取若干新的材料與活動，在任教的班級實施。長此以往，實驗的處理在非正式的場合下，「擴散」到控制組。若實驗的處理擴散，後測所得的處理效應，將不免蒙上一層陰影。為了避免發生這個問題，研究者安排條件時，宜設法避免讓實驗組與控制組接觸。同時，研究者也可直截了當地告訴各組的成員，在實驗進行中，彼此不可互通信息。實驗完成之後，研究者宜與某些受試者晤談，了解是否發生實驗的處理擴散。

十一、實驗者偏見（experimenter bias）

實驗者偏見，或稱混淆（contamination），係指實驗者精心設計或無意處理，而對受試者產生的影響。當研究者對於參與實驗的受試者，在接受實驗處理以前，已有相當程度的認識時，容易被導入。這種對於受試者地位的認知，可能引起實驗者傳授受試者若干足以影響成果的反應，或可能影響實驗者作客觀的判斷。

在醫藥方面的研究，即使對於接受寬心藥或實驗藥物處理的受試者，均予保密，此種作法即在於做到一層「隱密」的工作。一層隱密雖可使受試者不知自己接受哪一種藥物，但是實驗者卻知情，如是處理，也可能造成偏見。因此，為了求進一步的保密，應由第三者而不由實驗者，予以處理，並記載哪些受試者接受藥物處理，哪些受試者接受寬心藥處理，如此一來，可提供多一層的安全保障，這種實際

的工作，即是所謂「雙層隱密」（double blind），可協助將混淆減至最低程度。

十二、控制組憤慨性的意志消沉（resentful demoralization）

控制組覺得實驗組接受可欲的處理，而其卻沒有，感到憤慨不平，而在後測的表現遜於平常，但實驗組則有較佳表現。

十三、補償式的同等處理（compensatory equalization of treatment）

若實驗組接受可得有財貨或勞務的處理，處於此種條件之下，施測者亦給控制組提供同等的財貨或勞務作補償，可能影響控制組後測的分數，甚至也會模糊實驗處理的效果。

強亨利效應、憤慨性意志消沉、影響外在效度的霍桑效應（Hawthorne effect）和新奇效應（novelty effect），共計四項對受試者的行為表現有所影響，而統稱為受試者效應（subject effects）。

第四節　影響外在效度的因素

外在效度係指結果的可概括性，即指被操縱因素（自變項）與結果（依變項）之間的關係，可以普遍應用於其他不屬於此一實驗情境的程度。外在效度在於發問如下的問題：即這種實驗的結果，可以「概括」、「推論」（或普遍應用於）什麼母群體、背景、處理變項與測量變項？由此可知，一項實驗研究若僅對於參與實驗的那些人有用，則其實用價值不高。

一項實驗研究欲同時達成內在與外在效度，並不容易。因為行為實驗不在實驗室進行，不易控制所有的無關變項，因此由此獲得的結果，欲求其完全達成內在效度，便有問題。又當實驗控制與內在效度緊繫在一起時，由於實驗情境流於人為化，與實際情境相去甚遠，便可能減低實驗的外在效度。因此難免會有顧此失彼的缺憾。

G. Bracht和G. V. Glass提出兩類外在效度：一為母群體效度（population validity），另一為生態的效度（ecological validity）。接受研究的對象有若干特徵，可以如年齡、性別與能力等變項，予以描述。嚴格地說，某項研究的結果，僅可概括於和接受實驗那些人具有相同，或至少相似特徵的人士。研究的結果可以被用來概括他人的程度，所要問的問題為：期待的母群體表現行為的方式，與樣本實驗的受試者相似？生態的效度涉及實驗的效果，概括於其他類似環境的條件與程度，所要問的問題是：在什麼條件（即情境、處理、實驗、依變項等）可期待得到的相同的結果。

一、母群體效度

研究者希望得自實驗組受試者的研究發現，可概括未接受研究的較大母群體。如某位研究者發現，新的閱讀教學法，對中學一年級的某些樣本，產生效果，就下結論說：該教學方法對中學的其他群體而言，亦屬有效。或許對全國中學一年級的學生而言，也是如此，為了使實驗的結果，能有效推論較大的母群體，研究者須確認研究的結果，可以概括的母群體。與該問題有關的細目，列舉如下：

1. **樣本的代表性**（sample typicality）：研究的樣本是否足以代表其所從出的母群體？

2. **實驗的可接近母群體**（experimentally accessible population）**與標的母群體**（target population）：實驗的可接近母群體是研究者研究時，可運用的受試者母群體。標的母群體是研究者想將得自發現的結論，所要應用的全部受試者母群體。前例中地方學區中學一年級全部學生為實驗的可接近母群體；標的母體群則指全國中學一年級的學生，因此研究的概括，可分成兩個階段：(1)由樣本概括實驗的可接近母群體，以及(2)由可接近母群體概括標的母群體。

若研究者使用的樣本，隨機取自實驗的可接近母群體，則將研究發現類化於該種較大群體，應無困難。但研究者想將可接近母群體概括標的母群體時，可能有點冒險，因而獲致的信任程度不如前者。如果可接近母群體與標的母群體愈近似，由前者概括後者，較易獲得信任。

3. **心理學變項**（psychological variables）**與處理效應的交互作用**：如兩組實驗的可接近母群體，無法代表相同的標的母群體，即使是類似的研究也可能導致完全不同的結果。亦即在處理與其中一組特徵之間發生的交互作用，不會發生在另一不同特徵的組。因此由一組獲得的發現，不可能概括另一組的發現。如在某項實驗中，僅有教師志願使用新教學法時，方有效果，原因在於他們易相信它，而不是該方法本來就較佳。這種發現無法概括對該新方法不表熱衷的教師母群體。

二、生態的效度

實驗者也要關注生態的外在效度，即他們能說，在其他實驗的條件之下，仍可獲得相同的發現；為了使實驗具有生態的效度，研究設計須能確定實驗的效應，不受特定實驗環境的約制。生態的效度須能考慮以下的因素：

1. **完整描述研究的運作與實驗情境**：唯有如此，讀者方可判斷研究結果可以概括其他情境的程度。情境的代表性是影響研究發現能被概括程度的因素。如吾人可問在一門課程領域實施有效的某種教學法，可否應用到其他的領域。除非在該項研究中，包括各種的教學情境或者選出的樣本與各種情境有關，否則恐無法如此。如在一項複製研究中，以鄉村學校而不以都市學校為對象，研究發現將會相同嗎？如以私立學校為對象，將有相同發現嗎？都是在探討生態的效度問題。

2. **多重處理的干擾**（multiple-treatment interference）：在相同的或不同的研究中，對相同的受試者，連續實施兩種（含）以上的處理，欲確定實驗結果的原因，或僅把結果概括在一種處理的情境，不但有困難，而且有時候也不可能。

3. **霍桑效應**（Hawthorne effect）：美國芝加哥的西方電力公司霍桑廠（the Hawthorne Plant of the Western Electric Company）曾進行一系列實驗研究，以分析若干工作條件與工人生產效率的關係，照明是其中的一個變項。據研究發現，隨著燈光強度的增加，工人的產出量也增加。當產出量達某一高峰之後，決定要了解減低照明強度的結果。令研究者感到驚訝的是，燈光強度雖按階段順序減弱，但工人的產出量仍繼續增加。研究者下結論：工人的注意力及其對參與實驗的覺察，顯然是引發動機的重要因素。這種由於受試者獲知參與實驗或受到特別照顧，而易於改進表現的效果，謂之霍桑效應。在教育研究中，一組教師採用舊的方法教學，另一組教師採用新方法教學，後者在執行時，接受協助與關注，易改變教師的表現，造成對學生有利的成就。又如有些地方實施新方法時，常採用為期一年的實驗，且對少數學生施行，類此實驗的結果，均易受到霍桑效應的影響。因為教師通常對新方法較有熱忱，學生也容易對之表現較高的學習動機與興趣。當然霍桑效應會隨著方法新奇性的消失而減低，因此此類實驗研究，似宜進行二或三年以後，方評鑑其效能，較為客觀。

霍桑效應與強亨利效應易混為一談，乃在於它們均會對實驗產生一些相反的影響。惟前者係就實驗處理部分對於實驗組表現，產生的影響；後者則指實驗中控制組的表現，所產生的作用，與其欲與實驗組較量，希望凌駕於實驗組之上而造成。

教育上的研究為了避免霍桑效應的影響，當比較傳統的教材與新式計畫時，實驗組與控制組的材料均被標記為「實驗材料」，或可減低如是反作用的效應。

4. **新奇性與破壞效應**（novelty and disruption effects）：實驗的結果有部分是由於處理具有新穎性，如有別於傳統的舊教學法，令受試者好奇所引發過度的熱衷造成，或實驗處理異於常規，受試者無從了解而造成破壞。若在實驗情境中，某種新計畫所造成的變化被認為習以為常；與在另一個實驗情境中所造成的變化被認為極為罕見，二者的效應會有相當大的差異。

5. **實驗者效應**（experimenter effect）：受試者的行為，無意中會受到實驗者的若干特徵或行為的影響。實驗者的期待，也會使處理的實施與對受試者行為的觀察，造成偏差。

6. **前測的敏感性**（pretest sensitization）：如實施前測，部分實驗的結果，會受到處理內容的影響。因而獲得的實驗結果，可能無法應用於未接受前測的群體。

7. **後測的敏感性**（posttest sensitization）：處理效應可能有潛伏性或有殘餘性，而在以後實施的實驗測驗中出現。

8. **臨時事故與處理效應的交互作用**（interaction of history and treatment effects）：由於在實驗期間發生的「無關的」事件，可能產生獨特性的結果。

9. **依變項的測量**（measurement of the dependent variable）：對測量依變項所得結果的概括性以及確認選用來測量這些依變項有關的工具。

10. **測量時間與處理效應的交互作用**（interaction of time of measurement and treatment effects）：在兩種不同的時間，測量依變項，可能產生不同的結果。在實施處理之後立即觀察得到的處理效應，與在稍後一段時間觀察所得的不同，反之亦然。

第五節　影響統計結論效度與構念效度的因素

壹、統計結論效度及其影響因素

統計結論效度係指透過統計考驗，來決定研究中的關係，是否適度地反映出自變項與依變項之間真正的因果關係，抑或出自於機會的因素。這種設計效度可以問題的形式表達，如「諸變項之間有關係存在嗎？」屬之。

Shadish等（2002）曾列出影響統計效度的九個因素；惟McMillan和Schumacher（2010）以及Ary等（2019）指出，其中僅有七個因素與教育研究有關：

1. **低統計力**：由於該設計沒有足夠的受試者，或欠缺夠強而有力的介入處理，以致不能偵測出諸項變項之間的相關或差異，而獲致沒有關係或沒有差異的不正確結論。

2. **違反統計考驗的假定**：如與母群體屬於常態分配和變異量相等的假定並未符合，以致支持或不支持研究假設的作法，均不正確，與其容易高估或低估變項之間的關係。

3. **「探求」**（fishing）**和誤差率問題**：為了達到統計顯著性差異，而對相同資料重複作多種的統計考驗，可能會膨脹統計顯著性，導致過高的型Ⅰ錯誤率（type I error rate）。

4. **量數不可信賴性**：由於出現測量誤差，難以獲致顯著性差異。

5. **全距的限制**：一組分數之間變異量或全距小，難以獲致顯著的關係。

6. **處理實施的不可依賴性**：對不同個人或群體實施非標準化的處理，可能會低估該種處理的效應。

7. **實驗情境中的無關變異量**：處理在不同的情境執行，該等情境的特性，可能擴大誤差率，而造成難以發現關係或差異的現象。

貳、構念效度及其影響因素

構念效度係指測量無法直接去觀察的抽象心理狀態或變項（如智力、動機、幸福等）以及實驗的介入、處理等之性質，所作的推論，能代表所假設之構念的程度。

Shadish等曾列舉14種影響構念效度的因素,其中有些在影響內在效度因素部分已提及;McMillan和Schumacher以及Ary等指出,就與教育研究有最大關聯性的影響因素,有如下六種:

1. **對構念的解釋不適當**:由於未作充分的描述,且未獲理論的支持,因此對該等構念所作的推論不正確且無效。

2. **單項操作的偏差**:當使用多種介入或依變項可以確保抽象的理論愈能得到支持時,研究者卻僅使用單項的或單一的介入或依變項,進行研究的結果,欲加以解釋時,便可能限制推論(例如:僅使用觀察測量幽默對注意力的影響)。

3. **單一方法的偏差**:使用單一方法實施介入和/或測量依變項(例如:幽默可以寫作或口頭表現;幽默可用紙筆問卷測量或使用觀察),會對據此方法而作的推論構成限制。

4. **構念的測量不當**:使用的測量不當(操作性定義不佳),以致無法準確測量該構念。

5. **對實驗情境的反應**:受試者對實驗情境的知覺,成為受測試之處理構念的一部分,霍桑效應即為一例。

6. **實驗者效應**:實驗者可能傳遞預期反應的期待,這些期待可能成為受測之處理構念的一部分。

Shadish等提出改進實驗之構念效度的方法如下:(1)開始時,清楚解說人、場景、處理和成果構念;(2)小心選擇與那些構念匹配的情況;(3)評估情況與構念間的匹配情形,以了解二者之間是否有任何的滑動;以及(4)據以修正對構念的描述。

第六節　前實驗設計

實驗設計研究(experimental design)是使研究者據以考驗假設,並就自變項與依變項間的關係獲致有效結論的程序藍圖。研究者依據實驗目標,選取特定的設計,決定操縱變項的類別、執行的條件,或限制的因素等。研究設計須處理如下的問題:(1)如何選取實驗組與控制組的受試者?(2)如何操縱與控制變項?(3)如何控制無關變項?(4)如何進行觀察?(5)解釋資料的關係時,應採哪種(些)統計分析方法?

在討論前實驗設計之前,須就本書使用的一些符號,提出說明:

R　表示隨機選擇受試者,並將之隨機分派到實驗組或控制組
X　表示由研究者操縱的實驗變項
C　表示由研究者控制的變項

O 表示觀察或測驗的結果，常以分數表之

目前很少採用前實驗設計，惟對於它的優點、缺點，如有進一步的認識，亦有價值。它是所有實驗設計中，效果最差的一種，其主要的特徵或限制是：缺乏控制組，或即使有兩組，但無法提供與實驗組等量的控制組。本節分成以下三種設計說明之：

壹、單組個案研究

單組個案研究（the one-shot case study）亦稱爲僅爲後測單組設計（single-group posttest-only design），研究者以一組爲對象，施予處理（X），然後觀察或予以後測（O），如下圖所示：

$$X \quad O$$

如某位國中教師在所授的歷史課班上，放映25分鐘有關種族統合的影片。俟看完影片後，實施一項測驗，學生的平均分數爲86分（高分表示對接納各種族群體，採取正面的態度）。該位教師相信，此次看過影片後的得分，比未看影片前爲高。因據他回憶所及，比起數年前在類似班級施測時的平均分數爲高，因此他下結論說：影片在減低種族偏見方面已收到效果。但他如何能把他認爲較佳的態度，歸之於是看影片的結果？類似社區中其他未見到影片者的得分又是如何？凡此均有待商榷。

本設計沒有前測以及沒有其他的處理可供比較，充其量僅能視爲暫時作成的因果結論。如沒有前測，難以下結論說行爲已完全改變。缺乏比較組或控制組也難以解說，在處理的當時，是否另有其他的因素產生，而對依變項發揮作用。雖然僅有六種影響內在效度的因素與本設計有關（詳如圖11-2，以下屬於前實驗設計類型皆列入，不另贅述）；但是上述的弱點相當嚴重，僅據本設計而獲得的研究結果，常難作解釋。除非研究者在作處理之前，相當了解受試者的知識層次、態度或技能，以及可以確信不會發生臨時事故，否則要以此唯一情境進行推論，則不甚合理。

本設計不宜與人種誌研究的「個案研究設計」（case study design）混爲一談，後者是針對一段期間，以一個人、團體事件或背景，著手的質的研究。

綜而言之，就內在效度考慮，此項設計的主要優、缺點如下：

1. **優點方面**：此項設計在行動研究中，用以試探可研究的問題，或發展觀念或工具，有其用處。但無法據此項研究結果，獲得可防衛的「結論」。

圖11-2

影響前實驗設計的内在與外在效度的因素

影響效度的因素		設　計 影響效度項目	單組個案 研　　究	單組前測— 後測設計	靜態組 比較設計
	内在效度因素	成熟	—	—	?
		臨時事故	—	—	?
		測驗	NA	—	NA
		（不穩定的）工具	?	—	—
		統計迴歸	—	—	?
		受試者亡失			
		選樣（不等）	—	?	
		選樣與成熟交互作用	—	—	—
		（實驗的）處理擴散	NA	NA	?
		實驗者偏見	?	?	?
		統計的結論	NA	?	?
	外在效度因素	選樣與實驗變項的交互作用	—	—	—
		前測與實驗變項的交互作用	NA	—	NA
		實驗程序的反作用（如霍桑效應）	?	?	NA
		多重處理的干擾	NA	NA	NA

説明：＋ ＝指受到控制的因素

　　　 — ＝未被控制的因素

　　NA＝不可應用於本設計的影響因素（甚至也可説不算是一項因素）

　　　? ＝可能是造成無效的有關來源

2. 缺點方面

(1)由於缺乏控制，無内在效度可言。這種「容易又速成」的研究，常被用做教育革新或更易的依據，完全是一種誤導。

(2)除了根據内涵的、直覺的與印象的判斷以外，沒有可供比較的對象。

(3)此種方法常涉及「誤置準確的錯誤」（error of misplaced precision）。即非常關心蒐集資料的工作，但據此而獲得的結論，只是在印象上的認定，不是正確的（Campbell & Stanley, 1963）。

(4)試圖以標準化測驗取代控制組，亦是錯誤。因為除了X之外，與其相對且可能造成差異的來源太多，致使標準組像控制組一樣的不可靠。

貳、單組前測—後測設計

單組前測—後測設計（single-group pretest-posttest design）與前項設計唯一的不同在於施予處理之前，增加一項觀察（前測），以下圖示之：

$$O_1XO_2$$
$$O_1 = 前測 \qquad O_2 = 後測$$

此項設計大致包括四項步驟：(1)實施前測以測量依變項；(2)施予受試者處理（X）；(3)實施後測以再一次測量依變項；(4)應用適當的統計考驗（檢定），決定其間的差異是否顯著。

如與前項設計相同背景的例子，某國中梁老師在放映影片以前，實施前測，並於學生看過影片後，實施後測。他計算前測與後測平均分數的差異，發現平均數由52增至80，增加了28分。明顯測出對種族統合的態度，已獲致暫時性、某種程度的改進。他做結論時指出：態度已獲得顯著性改善，乃是觀看影片的結果。但是前測題目的敏感性效應，可能使學生了解他們以前不曾考慮的問題嗎？若前測與後測施之於從未見過影片的另一班，結果又將如何呢？

影響本設計最嚴重的因素是臨時事故，因為缺乏控制組或比較組，研究者無法確定，在前測與後測之間，是否有其他事件介入，影響態度的改變。

選樣不致影響本設計的內在效度，因為僅以一組為對象，但是受試者的特徵可能與處理交互作用，而影響結果的外在效度。

若本設計之受試者的選取以極高或極低的分數為基礎，可能有統計迴歸的問題。

由於前測會改變後測的態度，因此測驗也會對研究構成威脅。

在前測與後測之間，受試者因特殊理由而流失，受試者亡失也是一個重要因素。

如本設計的依變項，因成熟的改變，而變為不穩定時，成熟是影響研究內在效度的因素，尤其當前測與後測間的時間間距增加時，成熟的影響力更大。

由於本設計僅有一項處理，處理擴散情況，不致發生。至於實驗者偏見以及統計的結論，都會對任何研究構成影響。

綜上所述，就本設計的內在效度而言，其優、缺點簡述如下：

1. **優點方面**：實施前測，可使同組的受試者在接受處理的「前」、「後」表現，得以比較。又若接受前、後測的受試者相同，也對於「選樣」與「受試者亡失」的變項，提供了控制的作用。

2. **缺點方面**

(1)不能確保處理是前測—後測差異的唯一或主要的因素。

(2)似乎言之成理的相對假設（「可能的錯誤」）有：

①臨時事故：如某些受試者在前、後測間的時距若稍長些，可能由於足以分心的事實，或其他無關因素的影響而產生變化。

②成熟：受試者長大了，或較疲倦了，或較沒熱忱了，或較不注意了。

③測驗效應：前測的經驗本身，可能會提升動機、改變態度、導入學習意向，或激發自我步調。

④工具改變的效應：測驗、計分、觀察或晤談技術等的改變，都可能造成前測與後測的差異。

⑤統計迴歸：當以極端程度的組，接受前、後測，比較測量結果時，免不了會產生此種效應。

⑥選樣偏差與流失：若相同的受試者在不同時間接受前、後測，其間的差異可能由造成此種差異有關的非控制因素促成的。

參、靜態組比較設計

靜態組比較設計（the static-group comparison design）或稱僅為後測不等組設計（nonequivalent groups posttest-only design），與前項設計不同在於採用兩組，僅其中一組接受處理，即在於比較已接受處理的一組與未接受處理的另一組間的差異情形。

開始從事研究者，在某國中放映25分鐘有關種族統合的影片，給教師觀看，接著，施測態度量表，並算出平均分數；另一所國中的教師，從未見過該影片，即接受態度量表的施測。比較二組的平均數顯示：看過影片者比未看過影片者，得到較高的平均數。於是他下結論，該影片為降低種族偏見的有效工具。

本設計可以下圖示之：

$$實驗組……XO_1$$
$$控制組……CO_2$$

本設計仍有不少缺失，與其既非隨機化；分派於實驗組或控制組的受試者，亦非作配對處理，因此在實驗處理前的兩組無法保證相等。

綜合上述，就內在效度而言，本項設計的優、缺點簡述如下：

1. **優點方面**：本項設計另增控制組，可供粗略比較之用。

2. **缺點方面**

(1)雖有實驗組與控制組之分，但是二組事先無法確定是等量的關係，即無法肯定兩組一開始時（如本項設計引用例子，無法判定其態度）等量。

(2)控制組與實驗組在缺乏等量之證據的情況下，把二組的差異，歸之於實驗變項的作用，頗不允當。

第七節　眞正的實驗設計或稱純實驗設計

　　眞正的實驗設計幾乎控制了所有影響內在效度與外在效度的因素。所有眞正的實驗設計具有爲其他設計所無的共同特徵，即隨機分派受試者於各組。理想上言，受試者須隨機抽樣與隨機分派，惟爲了量化，如眞正的實驗設計，至少須隨機分派。另須注意的是所有眞正的實驗設計有一個控制組。雖然隨機化僅爲後測的控制組設計（ramdomized posttest-only control group design），看起來像靜態組比較設計，但因有隨機分派，而使二者有所差別。另外有一類實驗研究法，稱爲準實驗研究（Quasi-Experiment Design），與純實驗設計主要差別在於實驗介入非使用隨機分派的方式（random assignment）；其原因除了某些研究需要外，有些情況則是隨機分派無法執行，如進行教學研究時，往往就需已經分配好的班級進行教學；在第12章有進一步的說明。本節分成以下各部分述之：

壹、隨機化前測─後測控制組設計

　　隨機化前測─後測控制組設計（randomized pretest-posttest control group design）亦稱前測─後測等組設計（pretest-posttest equivalent-group design），從兩方面觀之，它是單組前測─後測設計的延伸：(1)增加第二個組，可稱爲控制組或比較組；(2)受試者隨機分派於每一組。本設計圖示如下：

$$實驗組……RO_1XO_2$$
$$控制組……RO_3CO_4$$
$$X所得 = O_2 - O_1$$
$$C所得 = O_4 - O_3$$
$$O_1O_3前測分數$$
$$O_2O_4後測分數$$

　　本設計的第一個步驟是按隨機分派方式，把受試者分派到實驗組與控制組。第二個步驟是就依變項施予前測；其後僅對實驗組受試者進行處理，經一段期間後，兩組均以依變項實施後測。每組前測與後測間平均分數的差異（$O_2 \sim O_1$，$O_4 \sim O_3$），便可顯現出來；接著，爲了確定實驗處理產生的變化是否比控制情境爲大，須將這些平均分數的差異，進行比較。

　　本項實驗設計可以延伸到兩個（含）以上的自變項的控制研究，例如有兩種教導數學的方法供作選擇時，可以考慮。在這個例子中，可能獲得的結論，即使在「沒有」控制組的情況，亦可比較甲方法與乙方法產生的差異效果，然而，爲了獲

致較強而有力的結果，可將該兩種方法的結果與控制組作比較，這種設計亦稱隨機化前測—後測控制／比較組設計（randomized pretest-posttest control/comparison group design）。

第一個實驗組　　$RO_1X_1O_2$
第二個實驗組　　$RO_3X_2O_4$
控　制　組　　RO_5CO_6
$X_1 = $ 甲方法
$X_2 = $ 乙方法

就本項設計的內在效度而言，值得探討者有如下六點：

1.一般來說，本項設計具有內在效度，由於兩組接受處理時，均同樣受到無關變項同等的影響，是以其間的變異是獲得控制的。

2.然而實驗期間的變異，也可能導致其他的問題。當實驗組與控制組分開處理與測驗時，可能會有問題產生，例如：教室條件、教師人格，或教學用辭的不同，即可能如此。其解決之道爲，個別地測驗或處理受試者：或者把一個小團體的成員隨機分派到實驗組與控制組，二組處理的時間與地點亦依隨機分配方式行之。

3.爲了控制實驗處理期間工具造成的差異，有必要把機械工具、教師、觀察者及評量者分配至各個場合，或實驗處理只在單一場合實施。若觀察者或評判者參與該項工作，爲了避免因偏見影響觀察，理想上不讓他們知道哪一組爲實驗組或控制組。

4.利用隨機分派法，「選樣不等」因素可以控制，「成熟」與「前測」對各組的影響力相等；來自相同母群體的得分極端者如亦隨機分配至各組時，「統計迴歸」因素可獲得控制（當然統計迴歸會發生，但對各組而言機會相等），「受試者亡失」可基於非隨機的方式評量，視做抽樣偏差處理。

5.在某一組的受試者因與另一組受試者接近或易於溝通，得以獲知不讓他們知道或不欲施予處理的資訊，而構成實驗無效的根源。

6.實驗者偏見也是影響內在效度的另一因素，惟端視研究程序如何而定。若負責執行處理者知道該研究的目標與假設，他們可能對待每一組的方式有別，以致造成不同的結果。

就本項設計的外在效度言，值得探討者如下：

1.測驗（前測）與處理（X）交互作用——本項設計無法控制此種可能性。若前測會造成受試者的敏感，致對處理發生不同的反應，則因而獲致的結果，勢難避免影響其外在效度。

2.選樣偏差與處理的交互作用——若參與實驗的受試者在特定的方面，不同於所欲概括的人士，偏差發生，在所難免。

3.若受試者知道他們正參與實驗,則產生的反應,亦有差異。

4.若實驗處理與「臨時事故」等因素（如戰爭、憤慨、爭吵等）發生交互作用,受試者對實驗處理的反應,可能與正常情況有別（詳見圖11-6）。

本設計的統計分析,以採獨立樣本t考驗,比較後測平均數,如組數在兩組以上,須採變異數分析行之;另一種較準確的統計程序是以自變項後測分數與前測分數做為共變量,進行共變數分析（有關統計分析,詳見本書第20章）。

為了進一步說明該項設計,茲以「教導幾何概念不同時間長度對高三學生空間關係表現的影響之研究」為例說明。

在本問題敘述中,可見由研究者操縱的變項為教學的時間長度。

本研究使用空間關係測驗的複本兩種,其一用於前測,另一在後測使用。從已讀過幾何科目的高中生中隨機選取40名,隨機分派於四組,每組10人。實驗處理實施如下:

第一組（G_1）接受每次為時15分的三度空間的幾何概念教學一次

第二組（G_2）接受每次為時15分的三度空間的幾何概念教學兩次

第三組（G_3）接受每次為時15分的三度空間的幾何概念教學三次

第四組（G_4）未接受任何有關三度空間的幾何概念教學

G_1、G_2與G_3的學生在教學情境接受個別的教學,整個教學活動為期一週完成。每位學生在接受教學前,施予前測,教學活動結束後不久,施予後測,該實驗如圖11-3所示。

本實驗的依變項為前測與後測的分數;或以後測分數為依變項,而以前測為共變量進行共變數分析。使用本設計,研究者得以決定,在三度空間的幾何概念教學,是否因教學時間長度的不同,而影響學生在空間關係測驗上的得分;或者取之與控制組比較,以決定教學是否完全影響。

貳、隨機化僅為後測控制組設計

隨機化僅為後測控制組設計（ramdomized posttest-only control group design）,亦稱僅為後測等組設計（posttest-only, equivalent-group design）。

如前所述,隨機化的目標,乃在於使導入自變項以前的實驗組和控制組,在統計上趨於相等。如果在隨機化的安排之後,各組相等,有無必要施予前測?有些個案雖然經隨機化的處理,仍須使用前測;但是每組的受試者至少達十五名,則無此必要,即為了執行真正的實驗設計,實施前測並不是重要的。隨機化僅為後測控制組設計,除了無須就依變項施予前測外,與隨機化前測—後測控制組設計無異,其程序為:隨機選取受試者,隨機分派至各組;一組接受處理,另一組不接受處理或接受正常的處理;兩組均接受後測。僅為後測控制組設計如下圖所示:

$$實驗組……RXO_1$$
$$控制組……RCO_2$$

圖11-3

包括三個實驗組以及一個控制組的隨機化前測—後測控制組設計

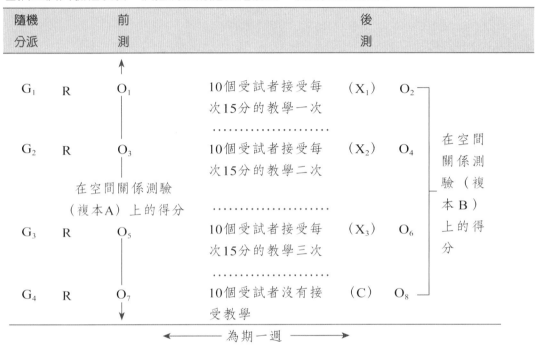

隨機分派	前測			後測
G_1　R	O_1	10個受試者接受每次15分的教學一次	(X_1)	O_2
G_2　R	O_3	10個受試者接受每次15分的教學二次	(X_2)	O_4
G_3　R	O_5	10個受試者接受每次15分的教學三次	(X_3)	O_6
G_4　R	O_7	10個受試者沒有接受教學	(C)	O_8

在空間關係測驗（複本A）上的得分

在空間關係測驗（複本B）上的得分

◄──── 為期一週 ────►

　　隨機化僅爲後測控制組設計適用的時機爲：(1)實施前測造成成本增加，或因前測而對處理產生影響，致使不便於實施前測或前測不可行之時；(2)受試者的身分須受保密之時。但隨機化僅爲後測控制組設計亦有四項缺失：(1)沒有前測，難以查核是否有差異存在，或難以控制可能發現存在的統計差異；(2)研究者無法根據前測分組，以觀察處理對不同次級組的影響；(3)研究者無法決定是否有差異的流失現象發生；(4)統計分析不精確，較不易像隨機化前測—後測設計一樣顯示實驗組與控制組間的差異。但如有以下的情況，宜採前測—後測設計：

　　1.在處理條件之間有些微差異。

　　2.可能有些許受試者亡失。

　　3.可採行次級組分析。

　　4.沒有必要匿名。

　　5.前測爲受試者的例行工作的一部分。

　　試舉一例說明隨機化僅為後測控制組設計。研究問題暫定為「不同補充教材對小學四年級學生閱讀表現的效果之研究」。補充教材有兩種，分交兩組使用；另一組接受傳統教材教學。每組隨機分派15名學生，共有45人參與實驗，在平常閱讀教學期間，每組使用補充教材的15名學生，各接受20分鐘此類教材的教學；控制組繼續接受傳統的教材。八週之後，學生接受閱讀測驗測試。在此測驗上的成績為依變項。如圖11-4所示。

　　最可能影響本設計之內在效度的因素為受試者亡失。最可能影響外在效度，須予以特別留意的因素有：實驗的可接近母群體與標的母群體，樣本與處理交互作用，實驗者效應，後測的敏感性，依變項的測量等。

　　本設計的統計分析，可採獨立樣本t考驗比較後測平均數；組數如在兩組以上，須運用變異數分析。

參、索羅門四組設計

　　由於隨機化前測—後測控制組（或等組）設計，易被懷疑前測與實驗處理的交互作用，會影響真正的結果；為了中和其影響力，有人主張，盡可能增加新組，而新增的組，不施予前測，索羅門（R. L. Solomon）即建議兩種設計，試圖克服隨機化前測—後測控制組設計的缺點，茲先簡述索羅門三組設計（Solomon three-group design），然後再分析索羅門四組設計（Solomon four-group design）。索羅門三組設計如圖11-4所示。

圖11-4

包括兩個實驗組與一個控制組的隨機化僅為後測的控制比較組設計

隨機分派			後測	
G_1	R	15個受試者使用其中一種補充教材（X_1）	O_1	在閱讀測驗（依
G_2	R	15個受試者使用第二種補充教材（X_2）	O_2	變項）上的成績
G_3	R	15個受試者接受傳統教材（C）	O_3	

←——— 八週的教學 ———→

　　該項設計把受試者隨機分派到三組。前兩組的設計與隨機化前測—後測控制組設計相同；此外，另增一個控制組，該組被標記為第二個控制組，它雖然沒有接受前測，但是要接受實驗處理，該組雖然接受實驗處理，但是其功能如控制組一般，是以被標記為控制組。該設計克服源自隨機化前測—後測控制組設計所遭遇到的困難，亦即避免前測與實驗處理產生交互作用的影響。

　　經由比較三組的後測分數（O_2、O_4、O_5），可評估交互作用的結果，但只是取其後測分數進行分析。雖然實驗組的後測平均成績（O_2）顯著高於第一個控制

組的分數,但卻不能肯定認為,這種差異係導因於實驗處理（X），其間可能是前測之後,受試者敏感度增加,此種敏感度且與實驗處理結合造成。然而,若第二個控制組的平均分數也顯著高過第一個控制組,則可設定,差異係因處理而非前測與處理交互作用結果;因為第二個控制組並未接受前測。第二個控制組雖然接受處理,但其功能是受到控制的,因之稱之為第二個控制組。

$$實驗組 \cdots\cdots\cdots RO_1XO_2$$
$$第1個控制組 \cdots\cdots RO_3CO_4$$
$$第2個控制組 \cdots\cdots R \quad XO_5$$

索羅門四組設計係結合隨機化前測—後測控制組設計以及僅為後測的控制組設計,比索羅門三組設計嚴謹,乃在於多增加一個控制組,形成兩個接受前測的組和兩個未接受前測的組,接受前測與未接受前測各組中有一組,接受實驗處理,然後全部四組都接受後測。該項設計如下圖所示:

$$實驗組 \cdots\cdots\cdots RO_1XO_2$$
$$第1個控制組 \cdots\cdots RO_3CO_4$$
$$第2個控制組 \cdots\cdots R \quad XO_5$$
$$第3個控制組 \cdots\cdots R \quad CO_6$$

本項設計的程序如次:(1)先將受試者隨機分派至四組;(2)一實驗組與一控制組接受前測,其他二組則無;(3)兩組學生接受實驗處理;(4)實驗處理之後,四組皆接受後測。

索羅門四組設計的優點為:可使研究者查核前測的可能效果,因為有些組接受前測,而有些組則無。前測影響後測分數或前測與實驗處理交互作用,亦有可能。即實驗處理的效應,在接受前測的組與未接受前測的組,並不相同。

茲舉例說明索羅門四組設計。如欲研究高中學生觀看人口控制的教育影片後,會不會改變他們對該社會問題的態度,可先從高中隨機取32個學生,作為研究對象,將他們隨機分派在四個不同的組。第一、二組學生接受「人口問題」態度量表的前測,其餘兩組則不接受測驗;接受前測的第一組與未接受前測的第三組學生都觀看一部描述控制人口教育的影片,但第二、四兩組則不讓受試者觀看;實驗後,四組均接受「人口問題」態度量表的測驗。詳如圖11-5。

本設計為了確定處理的效果,可作數項比較:

1.從後測平均數言,第一組（①）的後測平均數（O_2）顯著高於第二組（②）的後測平均數（O_4）;以及第三組（③）的後測平均數（O_5）顯著高於第四組（④）的後測平均數（O_6）,便有足夠證據足以支持實驗處理後的效果。

圖11-5
索羅門四組設計

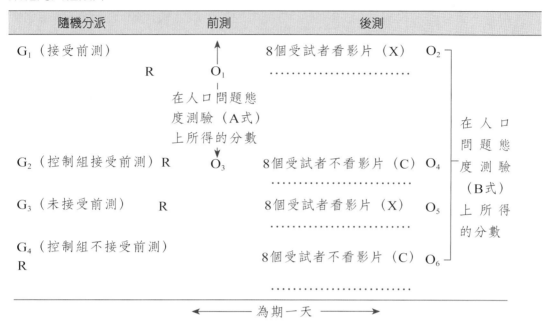

隨機分派	前測	後測

G₁（接受前測）

R　　　　O₁

在人口問題態
度測驗（A式）
上所得的分數

8個受試者看影片（X）　O₂

G₂（控制組接受前測）R　　O₃　　8個受試者不看影片（C）O₄

G₃（未接受前測）　　R　　　　8個受試者看影片（X）　O₅

G₄（控制組不接受前測）
R　　　　　　　　　8個受試者不看影片（C）O₆

在人口
問題態
度測驗
（B式）
上所得
的分數

◄─── 為期一天 ───►

　　2.若欲了解前測對於實驗效果的影響，可比較第一組與第二組的後測平均數
（O₂～O₄），或比較第一組與第二組的前、後測平均數（O₂～O₁, O₄～O₃）。

　　3.從實驗對未施予前測組的影響而言，可比較第三、四組的平均數
（O₅～O₆）。

　　從內在效度的觀點分析，本項設計融入多項設計的優點，而有獨特的貢獻：第
一組與第二組（前測—後測控制組設計），控制了如臨時事故與成熟等無關因素；
加上第三組（索羅門三組設計）將前測與處理（X）的交互作用影響，予以控制；
當加上第四組成為本項設計時，吾人足以控制前測與後測間可能發生的暫時性效
果。後兩組代表僅為後測控制組設計，因此本項設計可說是結合前測—後測控制組
設計與僅為後測控制組設計二者而成。本項設計可說真正執行兩種實驗的研究方
式，第一種是實施前測的，而另一種是沒有實施前測的。如果這兩種實驗的結果一
致，則研究者可以更有信心地承認這個發現。

　　本設計須特別留意可能影響外在效度的因素有：實驗的可接近母群體與標的母
群體、樣本與處理的交互作用、多重處理、後測的敏感性、依變項的測量等。

　　本項設計的主要缺點在於，實際的情境難以執行。因為為了同時執行該項設計
的兩種實驗，須耗較多的時間與力量；而且能否找到相同的受試者也是困難所在。
該項設計在研究生研究時，似乎應用的機會不大，通常它較適用於高層次的假設檢

定和研究的工作。

就統計分析言之，若後測平均數間的差異，即$O_4 \sim O_2$與$O_6 \sim O_5$，近乎相同，則實驗處理對於前、後測各組的影響，必可供比較。就此種比較而言，可以獨立樣本的t考驗檢定其間差異的顯著水準。但本設計最常用的分析是四組後測平均數的2×2多因子變異數分析。惟仍有人主張共變數分析，可能是較強而有力的統計工具。

第八節　多因子實驗設計

上述各種實驗設計，旨在探討兩組或多組之間的差異與單一自變項（實驗處理）的關係。即實驗者操縱一個自變項，以觀察其對依變項的影響。雖然單一變項的概念，在自然科學的某些領域有用，但在行為科學的研究，它不能為解決複雜的問題，提供良好而適當的方法。因為人類的事件，很少是出自單一的原因，而是由許多變項交互作用的結果，想要限制變項，而讓其中之一被獨立研究，以求成效，被認為是不可能的，因為一個變項單獨產生的影響，與該變項和另一個變項交互作用產生的影響，二者的結果不會相同，因此，以單一變項設計去尋求可欲的結果，意義不大。就教育研究言，某特定教育方法的效能，可能須仰賴許多變項，如學生智力、教師人格與教室氣氛等項因素交互作用，方可達成，否則再好的教學方法，如上述各項因素皆差，其效果便堪慮。

因此在研究過程中，研究者同時操縱兩個以上的變項，以發現每個自變項、依變項的影響，以及各個變項之間交互作用的影響者，叫做多因子實驗設計。此項設計方式可分成兩種說明：

1. **實驗時僅操縱（控制）其中的一個變項**：在這種情境中，實驗者在基本上只對單一變項的成效感到興趣，但仍考慮可能影響依變項的其他因素，這些其他因素即是本章第二節所指的屬性或無關變項，如性別、智力、社經地位成就、年齡等。這些屬性或無關變項顯然能影響依變項的結果，因此須將它們直接納入多因子實驗設計中。即實驗者可把一種或多種屬性或無關變項分成數個層次，以評估主要的自變項的影響。屬性或無關變項有層次之別，典型上係可在供選擇的受試者中發現。例如：一項研究以學習迅速及遲緩學生為對象，決定某種教學技術的效率時，將屬性變項納入多因子實驗設計中，不僅可增加實驗的準確性，也可增加其應用上的普遍性。

2. **實驗時操縱（控制）所有的自變項**：實驗者對於好幾個自變項感到興趣，並且願意評估它們個別的影響，以及彼此結合後的影響，係屬於此種多因子實驗設計。如有項實驗在於比較班級大小與導入編序教學對於學習數學概念的影響，此項研究要操縱的變項有班級（大與小），以及教學技術（採編序教學與傳統教學），

像此類研究，可分析兩個實驗變項以及處理之間交互作用的影響。

多因子實驗設計較之古典的單一變項實驗設計，具有如下優點（Isaac & Michael, 1983）：

1.多因子實驗設計可同時考驗數個假設，而不是只執行一系列單一變項實驗，以觀察其對另一變項的影響。

2.多因子實驗設計只執行一項實驗，即可立即回答數個複雜的問題。如當阮老師應用甲方法在資質乙等的學生，實施為時丙小時的班級教學時，其對學生學習成效的影響如何？

3.如有兩個以上的變項，同時「交互作用」影響，而產生的差異，可運用多因子實驗設計發現之。

4.當古典實驗設計無法或不能控制所有變項時，多因子實驗設計可以運用之。

圖11-6

影響真正的實驗設計的內在與外在效度的因素

影響效度項目		設計	隨機化前測—後測控制組設計	隨機化僅為後測控制組設計	索羅門三組設計	索羅門四組設計
影響效度的因素	內在效度因素	成熟	+	+	+	+
		臨時事故	?	?	?	?
		測驗	+	NA	+	+
		（不穩定的）工具	?	?	?	?
		統計迴歸	+	NA	+	+
		受試者亡失	?	?	?	?
		選樣（不等）	+	+	+	+
		選樣與成熟交互作用	+	+	+	+
		（實驗的）處理擴散	?	?	?	?
		實驗者偏見	?	?	?	?
		統計的結論	?	?	?	?
	外在效度因素	選樣與實驗變項的交互作用	?	?	?	?
		前測與實驗變項的交互作用	−	+	+	+
		實驗程序的反作用	?	?	?	?
		多重處理的干擾	NA	NA	NA	NA

說明：同圖11-2。

　　一項多因子設計，是否為真正的實驗設計，端視樣本的選取，是否隨機抽樣而定。

　　多因子實驗設計涉及各種複雜的層次關係，且以所包含的「細格」數描述，如「2×2」、「2×3」等，第一個數字代表第一個變項的變化數，第二個數字代表第二個變項的變化數。研究者使用多因子設計，最簡單的為2×2式，在此種實驗設計中，有兩個自變項，一個是被操縱的自變項，即實驗變項；另一個是被分成層次的自變項，即屬性或無關變項。兩個自變項中的每一個均有兩個值。如表11-2所示。（本節所引介各圖、表，均取自Ary et al., 2019）

表11-2
簡單的多因子實驗設計

屬性變項（X_2）	實驗變項（X_1）	
	A處理	B處理
第一層次	第1格	第3格
第二層次	第2格	第4格

　　為了說明上述的情形，試假定：實驗者要比較兩種編序教材——採用甲方法與乙方法——對於學生數學成就的影響；實驗者亦認為這兩種方法是否有效，會因學生智力層次的不同，而有影響。有鑑於此，實驗者便把母群體分成高、低智商兩個層次，從中隨機選取高智商學生60名，並分配各半接受甲、乙方法的教學，低智商層次學生亦作同樣的安排。教師也隨機分配到各組。在此項實驗研究中，有兩個實驗處理的因素，以及兩種智力層次。下表為2×2多因子實驗設計，用以測量兩種教學方法對學生學習的影響。須予注意的是2×2設計，須有四組受試者，在兩個不同智力層次的學生均須隨機分配至兩個處理組中。

　　表11-3(1)中的四格分數，代表受試者在依變項（數學成就測驗）上四種的平均分數。此外，尚有兩行兩列的平均分數，兩行平均數代表兩種方法或處理的平均分數，兩列平均數代表兩個智力層次的平均數。

表11-3(1)
多因子實驗設計舉隅

智商（X_2）	教學方法（X_1）		
	甲方法	乙方法	平均數
高智商	75.0	73.0	74
低智商	60.0	64.0	62
平均數	67.5	68.5	

　　從資料中，吾人可以決定兩個自變項的影響，若不考慮智商層次時，將可發現實驗處理的結果是：甲方法的平均數67.5分，乙方法的平均數68.5分；該兩種方法施教的結果造成的差異僅1分，因此不可輕率地下結論，以為乙方法比甲方法有效，因從中可以了解方法對依變項影響的效果可能不大。接著，須進一步了解X_2（智商）對成就分數的影響，即在不考慮任何處理的前提之下，兩種方法均以高智商者為對象的平均分數為74分，以低智商者為對象的平均分數為62分，兩者相差達12分，因而可以假定主要影響力量來自智商，即不論採取何種處理方法，高智商組平均分數顯著高於低智商組。

　　多因子實驗設計尚可使研究者評定兩個自變項之間的交互作用，即其中之一在另一個變項不同層次造成的不同影響。若其間有交互作用，則實驗處理對學習的影響，會因智商層次的不同而有差異。若兩個變項未發生交互作用，則實驗處理對兩個智力層次的影響，均為相同。從表11-3(1)中的平均數可以發現，對高智商學生而言，甲方法比乙方法有效，對低智商學生而言，乙方法比甲方法有效。因此，實驗處理與智商層次組合產生的交互作用，比其他的變項組合，收益較大。方法與智商交互作用的影響如圖11-7(1)所示，某方法在某智力層次上有效，在另一層次上恰相反。此種交互作用謂之無次序交互作用（disordinal interaction），與其甲方法或乙方法的成效，無法單一構成主要影響力，各自成效的好壞，尚受其他因素（如智力）的支配。

圖11-7(1)

方法與智商層次交互作用圖解

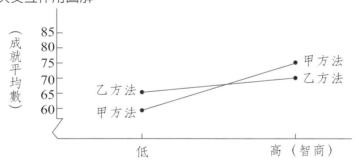

　　茲再看另一種假定2×2多因子實驗研究獲得的資料，如表11-3(2)。

　　從表11-3(2)中，可以見到兩種教學方法對於成就的影響。研究者期望各種方法產生的差異影響，會因智商的不同而有差別。如對兩種方法施教兩組結果觀之，甲方法平均數為45分，乙方法之平均數為53分，似乎乙方法比甲方法有效。如就兩個智力層次的平均數差異觀之，平均數差異為10分（54對44）。不管採哪一種實驗處理，高智商組表現優於低智商組。根據資料顯示處理與層次似無交互作用的關係。即不論智商層次如何，乙方法似乎比甲方法有效。易言之，處理與層次是各自

表11-3(2)

多因子實驗設計舉隅

智商（X_2）	教學方法（X_1）		
	甲方法	乙方法	平均數
高智商	50	58	54
低智商	40	48	44
平均數	45	53	

獨立的，這種缺乏交互作用的圖示，如圖11-7(2)所示，這種交互作用謂之有順序的交互作用（ordinal interaction），從中可發現乙方法，無論在高智商或低智商組，總比甲方法爲優。

圖11-7(2)

方法與智商層次未發生交互作用圖解

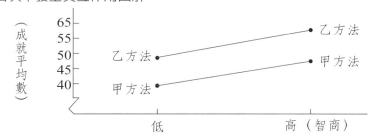

多因子實驗設計，經常應用的，較之簡單的模式爲多，如：

1. 2×3設計：有兩個自變項：一個分成兩種方式變化，另一個分成三種方式變化。如第一個變項爲性別時，有男、女之分；第二個變項爲教學方法時，有傳統方法、討論方法、欣賞方法三種之別。

2. 3×3×3設計：有三個自變項，每一個分成三種方式變化。如第一個變項爲智力時，分成110以上、90與110之間、90以下三個層次；第二個變項爲解決問題的方法時，分成個人、小組，與大團體三組；第三個變項爲時間分配時，分成2小時中間不中斷、2小時但一次1小時中間休息1小時、2小時但一次1小時隔天實施之等三種。

3. 2×2×2設計：有三個自變項，每個有兩種變化，如第一個變項爲年齡時，分12歲組與15歲組；第二個變項爲性別時，分成男、女性；第三個變項爲諮商氣氛時，分成指導性與非指導性兩種。

第三種設計須有八個處理（2×2×2 = 8），且能回答下列七個問題：即(1)X_1；(2)X_2；(3)X_3對於（比方說）數學成就的主要影響如何？(4)X_1與X_2；(5)X_1與

X_3：(6)X_2與X_3：以及(7)X_1、X_2與X_3交互作用對於數學成就分數的影響如何？

當然有的多因子實驗設計，遠比上述的複雜，只是教育研究者盡可能求其研究設計簡單化而已！至於多因子設計的優點有三：

1.把需要花兩次（含）以上的孤立研究，方可完成的，以一次實驗達成。

2.提供機會，研究教育過程中各因素的交互作用關係。

3.對假設提供較強而有力的考驗（檢定）。

爲了更進一步說明多因子設計，茲再舉例說明如下。某位教師爲了研究兩種不同教材對學習本國史的效果，而把研究問題訂爲「以圖表與語文呈現本國史教材對不同能力中學生學習成效的研究」。該研究共有120個學生，按其在學業性向測驗上的分數，大略將之分成高能力組、中能力組與低能力組，每組各40人，然後再將各組人數隨機分派於接受兩種教材，各20人。本研究預計教學一學期，最後依據他們在共同的本國史測驗上的分數決定之。本項設計如圖11-8。

圖11-8

2×3多因子設計舉隅

教材（M）			
	M_1	M_2	後　測
能力層次（A）　A_1	20個高能力受試者	20個高能力受試者	
A_2	20個中能力受試者	20個中能力受試者	在本國史測驗上的分數（依變項）
A_3	20個低能力受試者	20個低能力受試者	
	←―――― 實施一學期的教學 ――――→		

至於最可能影響內在設計的因素，視本設計的性質而定，如爲眞正的實驗設計則無，如爲準實驗設計（詳第12章說明，以下同），則可能包括選樣不等、選樣交互作用等項。此外，須特別留意可能影響外在效度的因素，亦視本設計的性質而定，如爲眞正的實驗設計，可能包括以下因素：實驗的可接近母群體與標的母群體、樣本與處理交互作用、多重處理、實驗者效應、前測敏感性、後測敏感性、依變項測量等。如爲準實驗設計，可能包括以下因素：母群體效度的三種形式（即樣本的代表性、實驗的可接近母群體與標的母群體、心理學變項與處理效應的交互作用）、多重處理、實驗者效應，前測敏感性、後測敏感性、依變項測量等。

多因子設計使用的統計分析有：

1.最常使用的爲多向變異數分析。

2.若研究者想控制剛開始實驗時，兩組或各組間存在的差異，可運用多重共變數分析。

3.各種多變項分析，如因素分析、區辨分析、類群分析（cluster analysis）亦可運用。

第九節　實驗結果的解釋

一項實驗設計如果妥善，研究者便能從存在的實施的結果中，攝取若干結論，分析實驗資料的方式，由本章各節對各項設計的統計分析的敘述，當可了解。但對資料的解釋，便須考慮到資料的的形式（設計中的O_s）以及這些形式標示的實驗處理究竟是什麼意義？爲了提供這方面的說明，茲舉例如下：

(一)有一項四組隨機化前測—後測控制組設計，使用三種不同的實驗處理（X_1、X_2與X_3），以及一種控制處理，各組均接受前測與後測，圖示如下：

$$G_1 \quad R \quad O_1 X_1 O_2$$
$$G_2 \quad R \quad O_3 X_2 O_4$$
$$G_3 \quad R \quad O_5 X_3 O_6$$
$$G_4 \quad R \quad O_7 C O_8$$

1.結果：$O_1 \neq O_2$，$O_3 \neq O_4$，$O_5 \neq O_6$，$O_2 = O_4$，但O_2、$O_4 \neq O_6$以及$O_1 = O_3 = O_5 = O_7 = O_8$。

   解釋：所有實驗處理皆有效應，X_1與X_2的效應相同，但是它們二者與X_3的效應不同。

2.結果：$O_1 = O_3 = O_4 = O_5 = O_6 = O_7 = O_8$，但是$O_1 \neq O_2$。

   解釋：X_2與X_3沒有效應，僅X_1有實驗效應。

3.結果：$O_1 = O_3 = O_5 = O_7$，且$O_2 = O_4 = O_6 = O_8$，但是O_1，O_3，O_5，$O_7 \neq O_2$，O_4，O_6，O_8。

   解釋：沒有實驗的處理效應，但可能有某因素如成熟效應，引發前測與後測之間的變化。

4.爲了決定在不受實驗處理的情況之下，受試者有無改變，須作什麼比較？

   比較：O_7與O_8，若$O_7 = O_8$，表示沒有變化；若$O_7 \neq O_8$表示有變化（亦可就O_1，O_3，O_5與O_8間作比較，因爲O_1，O_3，O_5與O_7，由於隨機分派受試者的關係，而被視爲相等）。

此外，另須注意的是本設計無法查核前測的效應，與其各組皆接受前測的緣故。本設計也無未接受前測的比較組。又當有兩種或更多種實驗處理（本例爲三種）時，須予以分辨，因爲它們各有不同的效應。

(二)某研究者使用三組設計，其中兩組為不同的實驗處理（X_1與X_2），另一組為控制處理。各組均不接受前測，但接受兩次後測，其中一次是在實驗處理完成之後不久實施，另一次則稍後施測，以觀察處理有無延宕效應。其設計如下圖所示：

$$G_1 \quad R \quad X_1\text{-}O_1\text{-}O_2$$
$$G_2 \quad R \quad X_2\text{-}O_3\text{-}O_4$$
$$G_3 \quad R \quad C\text{ -}O_5\text{-}O_6$$

1.結果：$O_1 = O_3$，且$O_1 \neq O_5$，$O_2 = O_4 = O_6$。
　解釋：有立即的實驗效應，且對X_1與X_2而言，效應相同；但是沒有長期的實驗效應。
2.結果：$O_1 \neq O_3$，且O_1、$O_3 \neq O_5$，$O_2 \neq O_4$，以及O_2、$O_4 \neq O_6$，但是$O_1 = O_2$，$O_3 = O_4$，$O_5 = O_6$。
　解釋：就短期與長期來說，皆有實驗效應；而且X_1與X_2的效應不同。惟其效應有一致性，即長期效應與短期效應相同。
3.結果：$O_1 = O_3 = O_5 = O_6$；但O_2、$O_4 \neq O_6$，$O_2 \neq O_4$。
　解釋：沒有短期的實驗效應。X_1與X_2有不同的長期效應。
4.結果：$O_1 = O_3$，但O_1、$O_3 \neq O_5$；且O_1、$O_3 \neq O_4$，但$O_2 = O_4$；O_1、$O_4 \neq O_6$。
　解釋：有短期的實驗效應，且X_1與X_2的效應相同；有長期的實驗效應，且對X_1與X_2而言，效應相同，但是與短期效應不同。
5.如為了決定有無長期效應，以及是否X_1與X_2的長期效應相同，須作何比較？
　比較：把O_2與O_4和O_6比較，若O_2、$O_4 \neq O_6$，則標示有長期的實驗效應；若$O_2 \neq O_4$，則X_1與X_2的效應不同。
6.為了查核隨著時間的消逝，對受試者的依變項的效應，應作什麼比較？
　比較：O_5與O_6，這些O_s得自沒有接受實驗處理的控制組，若$O_5 \neq O_6$，則由於時間的消逝，而產生某種效應；若$O_5 = O_6$，則時間沒有效應。
7.有方法可用來查核實驗開始前，三組的相等與否嗎？這是值得關注的事嗎？理由安在？
　答：由於沒有前測，沒有實驗前的O_s可以查核是否相等，但這不是值得關注的事，因為由於隨機分派（R）這些組被視為相等。

作 業

一、選擇題

1. 在實驗中的後測有時候亦稱：（①依變項　②實驗處理　③實驗變項　④處理變項）。

2. 若學生的後測分數移向平均數的趨向，就會發生：（①實驗者亡失　②統計迴歸　③成熟　④預測的反作用效應）。

3. 研究者常特別注意參與的教師和學生，此舉雖非實驗處理的部分，但可能因而招致改變，此種現象謂之：（①霍桑效應　②寬心藥效應　③多重處理干擾的效應　④實驗的反作用效應）。

4. 在下列哪一種情況，適用 $\begin{matrix} RXO_1 \\ RCO_2 \end{matrix}$ 設計？（①設定前測對實驗處理將有影響　②沒有配對組可用　③沒有控制組可用　④可用的屬大樣本）。

5. 使用多因子設計，乃為了：（①控制非隨機分派處理的效應　②蒐集能納入因素分析的資料　③控制統計迴歸　④考驗在同一實驗中好幾個變項的交互作用）。

6. $2 \times 2 \times 2 \times 2$ 多因子設計，係指該實驗包括：（①2個依變項　②4個依變項　③2個自變項　④4個自變項）。

7. 下列哪一種變項最能為實驗所操縱的？（①學生的能力　②學生年齡　③學校所在地的社區社經層次　④教學法）。

8. 在實驗中，前測對依變項的效應，能作最佳探究的設計是：（①索羅門四組設計　②對抗平衡設計　③性向─處理交互作用設計　④A─B─A設計）。

9. 前測與後測二者之分數的相關愈高，則：（①改變分數的可信度愈低　②改變分數的可信度愈高　③根據前測分數難以預測後測分數　④後測效應愈低）。

10. 量的研究設計中的內在效度在於評估：（①無關變項的控制情形　②結果的可概括性　③測驗工具所預期測量的完備程度　④測驗的準確性）。

11. 執行實驗之際，若發生沒有計畫的事件，以致影響結果，即會對結果的解釋，構成威脅，該因素謂之：（①成熟　②迴歸　③測驗　④臨時事故）。

12. 研究者隨機分派受試者於各組，主要是在於控制：（①選樣　②成熟　③迴歸　④受試者亡失）。

13. 量的研究的外在效度，係指：（①結果的可概括性　②研究執行的完備程度　③受試者的特徵　④研究結果僅運用於作實驗的環境之中）。

14. 在教育環境中的實驗研究的不利之點是：（①難以作因果推論　②內在效度弱

③欲進行時所費不貲 ④可概括性常受限制)。

15.下列何者的內在效度最弱?(①A—B—A—B單一受試者設計 ②時間系列設計 ③僅為後測單組設計 ④單組前、後測設計)。

16.真正的實驗設計,控制了下列哪些可能造成無內在效度的因素?(①選樣、測驗 ②選樣、成熟 ③迴歸、臨時事故 ④處理擴散、選樣)。

17.使用真正的實驗,最重要的優點與內在效度有關的是控制了:(①選樣 ②臨時事故 ③測驗 ④實驗者偏見)。

18.前實驗設計的結果常有許多似乎合理的競爭性假設,理由是:(①計畫不充分 ②缺乏隨機化 ③缺乏可概括性 ④僅使用一組)。

19.研究者欲評鑑母群體效應,須分析:(①界定標的母群體的人員清單 ②選取的樣本、可接近母群體和標的母群體 ③可接近母群體和標的母群體 ④選取的樣本和標的母群體)。

二、某研究者從某高中選修心理學導論的一群學生隨機選取60名,隨機分派30名在A組,接受傳統方法教學,另30名分派在B組,接受新方法教學,學期結束後,為比較兩組對心理學概念的理解情形,施予測驗。試問在該研究中的:(1)自變項;(2)依變項;(3)控制組;(4)實驗組;(5)運用控制兩組間差異的方法;(6)採用的研究設計各是什麼?

三、假定某研究者使用A_1與A_2兩種教學法,對兩組(B_1與B_2)成就動機水準的學生教學,研究結束,兩組在成就測驗上的平均數如下,試問如何予以解釋?

	A_1	A_2
B_1	35	15
B_2	15	35

四、試界定(1)一項實驗的內在效度與外在效度,又(2)何以說某些實驗欲增加其中的一種效度,易危及另一種效度?

五、試討論當由隨機化前測—後測控制組設計,進入索羅門四組設計時,在內在效度方面而言,可能增加哪些?

六、有位研究者採用下列的實驗設計,是比索羅門四組設計更為進步的設計,其中只有一種實驗處理X,試問:

RO_1XO_2
RO_3CO_4
$RO_5X—O_6$
$RO_7C—O_8$
$R\quad XO_9$

$$R \quad CO_{10}$$

1. 中間兩組的明顯所得是什麼？
2. 作什麼比較，可決定是否受到前測的影響？
3. 從下列的結果與比較，您得到什麼結論？
   (1)$O_2 = O_9$，$O_6 = O_8$；但O_2，$O_9 \neq O_6$，O_8
   (2)$O_2 = O_6 = O_9$，$O_4 = O_8 = O_{10}$；但O_2，O_6，$O_9 \neq O_4$，O_8，O_{10}
   (3)$O_1 = O_2 = O_3$；且$O_3 = O_4$
   (4)$O_2 = O_4 = O_9$；$O_6 \neq O_2$；且$O_6 \neq O_8$

七、有位研究者執行一項隨機化前測—後測控制組設計的數學教學實驗。實驗組前、後測平均數分別為35、65，控制組前測、後測平均數分別為45、55，為了分析這些資料，最可能採用哪一種統計技術？為什麼？

八、某位研究者執行一項實驗，在接受實驗學生參與新的個別化課程前後，施予數學測驗，滿分為100，最低為0分。研究者根據實驗分析發現，前測得分最低的四分之一（$\overline{X} = 15.5$），後測時有好的成績（$\overline{X} = 37.6$）；前測得最高分的四分之一（$\overline{X} = 85.6$），後測時稍有退步（$\overline{X} = 80.8$）。從得分的差異，他獲得新課程對低能力學生遠較對高能力學生有利的結論。試問有無其他理由可以解釋此一現象？

九、試評鑑下列的研究設計，如有必要，請提出改進意見：

1. 某研究者想要確認同質編班是否可以改進生物初階的學習。研究者指定一個小市鎮兩所國中之中的一所當實驗學校，另一所為控制學校。每校的學生人數約略相等。實驗學校學生依智商與科學成就測驗，實施同質編班，控制學校則採混合編班。學年結束，所有學生接受標準化生物測驗。統計考驗顯示，實驗組的測驗成績，優於控制組。研究者下結論說：同質編班，會使得生物的學習有較佳的成績。

2. 某位歷史教師關注學生缺乏國家政府與時事的知識，於是決定以某些新材料與新方法作實驗，以發現是否可予以改善。在甲、乙兩班她使用新材料與新方法。丙、丁兩班，她使用傳統方法。甲、乙兩班都接受前測與後測；丙、丁兩班僅接受後測，結果發現甲、乙兩班較為優異，他們的優異成績，即歸因於新材料與新方法的使用。

十、試說明下列各項敘述的理由？

1. 事後回溯研究不是實驗。
2. 隨機化為處理無關變項的最佳方法。
3. 在某項研究的自變項至另一研究變為依變項。
4. 高比率的受試者亡失嚴重影響實驗的效度。

十一、教育實驗如何應用雙層隱密的方法？

十二、分析隨機化前測—後測控制組設計以及隨機化僅為後測控制組設計的實驗資料

時，較適合採用哪種統計技術？

十三、就下列每一種敘述，指出影響其內在效度的因素為何？

　　1. 在過去的一段時間中，受試者內部的變化可能影響到依變項。

　　2. 在研究期間，無關的事件可能影響依變項。

　　3. 控制組覺察到它與實驗組進行競爭而加倍努力。

　　4. 從實驗組的成員中學得有關實驗事項，可能影響控制組在依變項量數上的表現。

　　5. 實驗組員由於知悉他們正參與一項實驗，而有較佳表現。

　　6. 受試者在接受實驗處理前，在依變項上的表現有所不同。

十四、請指出在下列的敘述中，影響外在效度的因素為何？

　　1. 某位教師閱讀有關一種新的教學法在普通班實施效果良好。但當他欲將之用來施教特殊班學生時，卻無法運作。

　　2. 某位教師閱讀一篇研究報告得知，使用一種特殊矯治閱讀方案的良好效果。他嘗試將之應用於任教的班級，但無法獲得相同的結果。

十五、隨機選樣與隨機分派有何差異？它們與內在、外在效度的關係如何？

答案：

一、1.①；2.②；3.①；4.①；5.④；6.④；7.④；8.①；9.①；10.①；11.④；12.①；13.①；14.④；15.③；16.②；17.①；18.②；19.②。

二、(1)教學方法；(2)測驗上的得分；(3)A組；(4)B組；(5)從母群體中隨機選取樣本，然後隨機分派於實驗組與控制組；(6)隨機化僅為後測的控制組設計（隨機化的受試者）。

三、從中呈現，成就動機與教學方法之間有交互作用存在。成就動機在B_1水準的學生，使用A_1法，成績較佳；而在B_2水準的，使用A_2法，成績較佳。交互作用的顯著性可以F考驗檢定之。動機或教學法沒有全面性的影響，如同A_1與A_2、B_1與B_2的平均數顯示的情形。

四、(2)內在效度藉著增加控制，而獲得提升，此舉將減少在情境中運作的因素數，因而危及外在效度；當實驗為真正情境的複製時（有高度外在效度），結果會相反，但是有許多因素運作時，欲解釋因、果乃是不可能的。

五、在內在效度中的初步所得可以查核前測的效應。前測與實驗處理之間可能存在的交互作用，也可以加以查核。

六、1. 研究者能決定在延長時間方面，X與比較組的可能效應。也能查核前測效應的可能減少情形。

　　2. 比較O_2與O_9；比較O_4與O_{10}。

　　3. (1)若存在實驗效應，則為時間的函數；沒有長期的實驗效應，實驗組短期的後測結果，似乎未呈現前測效應；(2)實驗效應未受到該設計不同後測時間的影響，長期與短期的實驗效應相同；(3)就短期來說，接受前測各組，並不因實驗處理而有變化；(4)就短期來說，既無實驗效應，也未受前測影響；就長期來看，前測各組受到實驗的效應。

七、(1)共變數分析；(2)二組的後測分數不能直接比較，因為二組在開始時的前測分數並不一致。

八、(1)可能發生迴歸至平均數的情況；(2)在最高四分之一的學生可能有實際收穫，但由於最高限效應（ceiling effect）而無法反映在後測中；即後測可能因關注某些特定變項，而無法測量所有可能的成就。

九、1. 因為研究者未能隨機分派學生於國中，有好幾個因素會影響內在效度。如在實驗學校的學生可能比控制學校的學生聰明，或有較多的科學知識背景。兩校生物教學品質的差異未加以控制。由於研究者僅以小市鎮的學校作研究，其結果無法概括於不同背景的其他國中。研究者可比較兩校學生剛開始時的科學成就與智商分數，以了解在處理之前，各組是否相等。如能以多所國中，每所隨機分派實驗條件於某些班級，將可控制某既定學生的特定因素。

　　2. 各班級非隨機分派可能不相等。前測可用來決定各組是否相等，但卻僅施於實驗組，可能使實驗各組敏感，而影響差異。如個別學生無法隨機分派於各班，則各班以能隨機分派處理為宜。

十、略。

十一、略。

十二、隨機化前測—後測控制組設計較適合採用變異數分析；隨機化僅為後測控制組設計則採用t檢定。

十三、1.成熟；2.臨時事故；3.強亨利效應；4.實驗的處理擴散；5.霍桑效應（或受試者效應）；6.選樣不等。

十四、1.選樣與處理交互作用；2.霍桑效應。

十五、隨機選樣使用機會程序，從母群體中抽取樣本，其探討的問題為，抽取之樣本所得之結果概括所屬之母群體的程度，為增進外在效度的策略。至於隨機分派係使用機會程序分派可利用的對象接受實驗處理，是一種增進內在效度的策略。

第**12**章

實驗研究法(二)

第一節　準實驗設計

前一章提及「眞正的」「純」實驗設計，具有隨機分派受試者於實驗處理（組）的特徵，是以可以達到等組的要求；但是執行教育研究時，總不可能隨機選取或分派受試者，有鑑於此，宜就現有情境，作最有效的控制。尤其在教育情境中的受試者，多數是自然形成的完整團體，如在教室的學生所形成的團體屬之。當在實驗中，運用完整的受試者團體，而非隨機將受試者分派於實驗處理的設計，謂之準實驗設計。此種設計能提出有價值的貢獻，但是研究者在作解釋與概括結果時，宜謹愼從事。

依庫克和坎貝爾（Cook & Campbell, 1979）的分析，準實驗設計有許多種，本節僅討論最常用的幾種。

壹、不等的前測─後測控制組／比較組設計

不等的前測─後測控制組／比較組設計（nonequivalent pretest-posttest control/comparison group design）亦稱不等組前測─後測設計（the pretest-posttest nonequivalent-groups design）、非隨機化控制組前後測設計（nonrandomized control group, pretest-posttest design）、或不等控制組設計（nonequivalent control-group design）。由於學校情境，不可能爲了應付實驗需要，更動功課表或重新編班。因此，從事實驗研究時，只能遷就既有的事實，應用現有班級，作實驗分組，因此，不等的前測─後測控制組／比較組設計是教育研究領域，相當流行與有用的設計。研究者採用完整的、已形成的受試者群體，先施予前測，爲其中一組安排處理條件，接著實驗後測；本設計與隨機化前測─後測控制組設計，唯一的差別，在於本設計的受試者未經隨機化取得，可以下圖示之：

$$實驗組\cdots\cdots O_1XO_2 \qquad O_1,O_3 = 前測分數$$
$$控制組\cdots\cdots O_3CO_4 \qquad O_2,O_4 = 後測分數$$

就內在效度而言，本設計的優、缺點如下：

1. **優點方面**：本設計分有實驗、控制兩組可供比較，並分別施以前、後測，可了解兩組的條件是否整齊；若兩組的前測分數一致，可說成熟、測驗與工具等主要的影響力已受到控制，實驗處理發生影響，即可以肯定。

2. **缺點方面**

(1)受試者無法隨機選取與分派，無關變項無法控制，或其中一組成熟速度較快，該等因素的交互作用，可能無法了解實驗、控制兩組間的差異，是否受實驗處理的影響。

(2)接受實驗的對象，如屬於志願參加者，且為展示實驗處理的目標，可是用以供作比較的控制組卻非志願參加者，則兩組間呈現的差異，不可歸因於實驗處理，受試者早先具有的特徵，可能是造成對研究結果的誤導。

(3)來自選樣與成熟、選樣與臨時事故，或選樣與測驗之間的交互作用，會影響內在效度。

(4)在研究期間，臨時事故與工具的不同，如不仔細查核，易造成混淆的來源。

(5)控制組無法確保不受臨時事故、前測、成熟與工具造成的錯誤影響。

(6)本設計未採隨機抽樣，易造成統計迴歸的現象，致誤將實驗組與控制組的差異，歸之於實驗處理。如在某項研究中，實驗組前測平均成績75分，低於母群體的平均數；控制組前測平均成績亦為77分，但略高於母群體平均數。後測時兩組平均數都會趨向母群體的平均數。即不論是否導入實驗處理，實驗組的後測平均成績升高，而控制組的成績下降。

就本項設計的外在效度而言，由於其以處理班級為對象，不致破壞學校的正常運作。但是，參與研究的班級牽涉至廣，來自不同的背景，欲達成高度的外在效度，恐非易事。因此須就以下各項可能影響外在效度的因素，格外留意：母群體效度的三種形式（樣本的代表性、可接近母群體與標的母群體、以及心理學變項與處理效應的交互作用）、實驗者效應、前測的敏感性、依變項的測量。

試舉一例說明之。如有項使用兩種新的閱讀計畫的教學實驗，旨在了解它們對小學四年級學生閱讀成就的影響。新的計畫是實驗處理，傳統的計畫是控制處理。某學區某校共有30班四年級學生參與該項實驗。各有10位教師同意使用兩種新的計畫與一種傳統的計畫，但是每位教師只能擇其中一種使用。學生接受閱讀成就測驗A式的前測，然後以18週期間使用這些計畫，俟計畫結束，再接受該閱讀成就測驗B式的後測。其設計如圖12-1。

就查核各組的相似性而言，使用前測分數有其助益，惟前測分數，並非唯一可

供查核的變項。由10位教師組成的每一組，若某些因素類似，這些因素可能影響閱讀成就嗎？又每個教師雖有差異，但通盤考慮每10人編成一組的情況，或許相當類似：尤其教師的教學經驗年資，是可供查核的一個因素，若經驗最豐富的教師編在同一組，各組間的差異即昭然若揭。

　　若30個班所在學校的社區，其社經地位有別，則某一計畫限用在某社經水準的學校，便因學校效應與閱讀計畫效應間，可能造成的混淆，而須審慎考慮。值得採取的安排，是就在同一社經水準的三所學校，每所各使用一種計畫，但有時候很難作如此處理。

　　圖12-1所示，雖有30班參與實驗，但是僅有三種前測O_s以及三種後測O_s。當吾人分析其結果時，最初是檢核各組的結果，但是若進一步比較，可得如下的結果：

圖12-1
以兩個實驗組與一個控制組執行的不等的前測一後測控制組／比較組設計

	完整的班級	前　測	實驗變項	後測（依變項）
G_1	第1班	O_1	新計畫1（X_1）	O_2
	⋮			
	第10班			
G_2	第11班	O_3	新計畫2（X_2）	O_4
	⋮			
	第20班			
G_3	第21班	O_5	傳統計畫（C）	O_6
	⋮			
	第30班			
		← 18週的教學 →		

　　1.若某一計畫（組）的各班前測分數類似，可比較10班的後測分數，以了解這些分數是接近或有很大的變異？若極接近，表示該計畫有一致性的效應；若有很大的變異，則表示使用該計畫各班的效應不一。

　　2.若各班的前測分數不一，該計畫內的各班，依前測分數，分成二或三類（高、中、低）。然後查核各類的後測分數，以決定同一計畫內各類間的所得是否一致，或同一類各計畫間的所得是否相同？

　　3.若各班前測分數類似，可逐行比較各計畫內的各班後測分數；如它們接近相同，像教師或學校等外在因素便有一致的效應；若它們不同，這些外在因素便有不同的效應。

如本例的結果爲$O_1 = O_3 = O_5$，但$O_2 \neq O_4$，以及O_2，$O_4 \neq O_6$，但$O_4 > O_2$，且$O_2 > O_6$。則可作如下的解釋：根據後測結果，各組最初的結果極爲相似，且顯示計畫有成效：即兩種新計畫比傳統計畫有效，而且以第二種新計畫最爲有效。

本設計由於難採隨機分組，研究之初，宜盡一切努力，謀求各組近乎相等。對於前測分數須作分析，以決定實驗組與控制組的平均數與標準差的差異，是否已達顯著，若該兩組前測分數不等，須採前測分數爲共變量，進行共變數分析。

貳、時間系列設計

在單組前測—後測設計中，是單組的受試者接受一次前測以及一次後測；若該組在接受處理之前和以後，重複接受測量，而非僅在處理前後各接受一次測量，此種設計謂之「時間系列設計」（time-series designs）。當對依變項作一段時間的觀察，在這期間，採取一種突然的或顯著性的處理時，特別適用時間系列設計。這些設計由於採行一系列的事前觀察與事後觀察，可較準確地評估穩定與變化的組型，因此較單組前測—後測設計，有顯著的改進。時間系列設計的類型有多種（Cook & Campbell, 1979），此地僅介紹較常用的兩種。

一、單組時間系列設計

單組時間系列設計（single-group〔interrupted〕time-series design）係針對單組在接受處理之前和以後，作多次的觀察或評量。在接受處理前的觀察，可視爲重複的前測；在處理之後的觀察，謂之重複的後測。本設計如下圖所示：

$$O_1 \quad O_2 \quad O_3 \quad O_4 \quad X \quad O_5 \quad O_6 \quad O_7 \quad O_8$$

處理前的觀察　　　　處理後的觀察

處理

從圖12-2中，可以獲知在時間系列研究中，導入處理或稱爲中斷介入活動（interupt activities），可能產生若干模式，該圖顯示，由O_1至O_6所作的系列評量結果，並在X點導入處理，藉著重複的評量，可以了解X影響的穩定性。從該圖中，可以發現除了D之外，各時間系列的O_4與O_5之間呈現的差異情況近似。儘管如此，干預的效應仍有相當大的變化，如A和B算是最大的，但F、G、H則無法完全予以證明，如C似乎源自成熟或類似的影響而致，G則反覆無常，似乎是由於無關因素運作的結果：至於H的變化如何，則無法從圖中窺見。

運用本設計的時機爲：

1.每次觀察的時間間距相等，並依相同程序進行時。

2.導入的處理須是明顯的、具有干擾性，對現有情況而言，它應是新穎的。

　　3.每次接受觀察的受試者，應都是相同的（即中途流失低），或者受試者的特徵鮮有改變。

　　本設計與單組前測—後測設計類似，均缺乏控制組，惟就教育研究言，本項設計較單組前測—後測設計具有若干特點，顯得較為優越；其一、本設計對於威脅內在效度的若干共通性，提供多次的測試與檢核；其二、O_4與O_5之間的變化，可為排除成熟、測驗與迴歸諸因素的有利說明，因為類似此種變化，在前一期的觀察中不曾發現；其三、在研究期間，採用的工具，如未改變，也可視為解釋O_4與O_5差異的原因。

　　本設計的主要缺點，是未能控制臨時事故，在實驗過程中，可能不是由處理，而由某種同時發生的事件，造成觀察結果的改變；另外，成熟、不穩定工具、測驗與受試者亡失等因素，也構成本設計的限制。至於須特別留意，可能影響外在效度的因素有：母群體效度的三種形式、前測的敏感性、後測的敏感性、依變項的測量等。

圖12-2
時間系列可能的結果模式

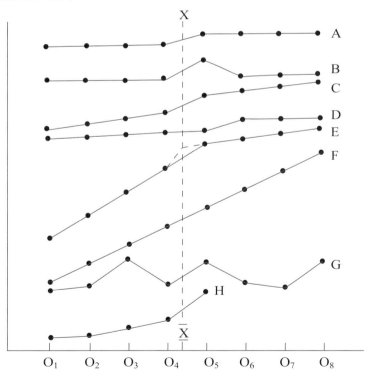

取自 *Experimental and quasi-experimental designs for research* (p.38), by D. T. Campbell & J. C. Stanley, Chicago: Rand McNally and Co. Copyright 1961. by the American Educational Research Association.

　　時間系列資料分析，如僅在於考驗O_4與O_5之間的平均數差異是否達到顯著水準，可採用t檢定。但t檢定無法了解其間的變化情形，是以一般說來，變異數分析或趨勢分析，較能決定時間系列資料的統計顯著性。因此研究者如欲使用時間系列資料，似宜向對高級統計有研究的專家請益。

二、控制組時間系列設計

　　控制組時間系列設計〔control group（interrupted）time series design〕乃延伸單組時間系列設計而來，增加一個控制組。控制組與實驗組均由一個完整班級組成，只是後者接受處理時，前者沒有接受處理，如下圖所示：

實 驗 組　　　$O_1O_2O_3O_4XO_5O_6O_7O_8$

控 制 組　　　$O_1O_2O_3O_4CO_5O_6O_7O_8$

　　本項設計克服了單組時間系列設計的缺點，即可以解決臨時事故的控制問題，由於有了控制組，使得比較成為可能。若實驗組由O_4至O_5獲得的部分，是在控制組所未發現的，則其成效應是由於處理的作用，而非出自於臨時事故，因控制組與實驗組二者同時受到臨時事故的影響。

　　基本的時間系列設計，有許多種變型，例如可以將處理移動，而不是增加處理；而且多種處理可使用一組或多組做比較，如圖12-3即在於標示變異的時間系列設計。在第一個情境，使用三組受試者，比較三種不同的處理結果；在第二個情境，僅使用一組受試者，進行兩種處理結果的比較；至於在第三個情境，係將兩組在不同的時間點，接受相同處理所得的結果予以比較。

　　為了說明多組時間系列設計，試舉例說明。某位教師教國中一年級三班學生的數學課，想研究「不同回饋形式對學生數學成績的影響」。在研究進行的學期中，教師給予學生五次間隔時間相等的測驗為時1小時。測驗的內容依教學進度而有不同，但是由教師編製的測驗題目難度力求相等。在第二次與第三次測驗之間，教師給予某班正向的回饋（X_1），給予另一班負向的回饋（X_2），但對第三班則沒有回饋（控制處理），如圖12-4所示。

圖12-3
基本時間系列設計的變異

第一個情境	G_1	$OOOOOX_1OOOOO$
	G_2	$OOOOOX_2OOOOO$
	G_3	$OOOOOX_3OOOOO$
第二個情境	G_1	$OOOOX_1OOOOX_2OOOO$
第三個情境	G_1	$OOOX_1OOOOOOO$
	G_2	$OOOOOOOX_2OOO$

圖12-4

兩個實驗組與一個控制組的多組時間系列設計

組別	完整班級	回饋形式（自變項）

回饋形式（自變項）下方有一向下箭頭

G_1　　第一班　　$O_1 - O_2 - X_1 - O_3 - O_4 - O_5$ ⎤

G_2　　第二班　　$O_6 - O_7 - X_2 - O_8 - O_9 - O_{10}$ ⎬ 在數學測驗上的分數（依變項）

G_3　　第三班　　$O_{11} - O_{12} - O_{13} - O_{14} - O_{15}$ ⎦

◄──── 一個學期的教學 ────►

　　本設計不但可供教師比較實驗組，也可將實驗組取來和控制組比較。其結果的形式與解釋分析如下：

　　第一種結果的形式：$O_1 = O_2 = O_5$；而且$O_3 = O_4$，但O_3，O_4比O_1，O_2，O_5略大；又$O_6 = O_7 = O_9 = O_{10}$，但是O_8少於O_7，以及$O_{11} = O_{12} = O_{13} = O_{14} = O_{15}$，且$O_1 = O_6 = O_{11}$。

　　解釋：正向回饋（X_1）增進學生的表現，其效果持續至O_4；負向回饋（X_2）減弱學生的表現，但它僅是立即的效應；因為第三組（G_3）表現極為一致，因此任何外在因素不可能引起表現的改變。

　　第二種結果的形式：$O_1 = O_2$，且$O_3 = O_4 = O_5$，但O_3，O_4，O_5，略大於O_1，O_2；$O_6 = O_7 = O_8$，且$O_9 = O_{10}$，但O_9，O_{10}略大於O_6，O_7，O_8；$O_{11} = O_{12} = O_{13}$，且$O_{14} = O_{15}$，但O_{14}，O_{15}略大於O_{11}，O_{12}，O_{13}；$O_1 = O_6 = O_{11}$，且$O_4 = O_9 = O_{14}$。

　　解釋：負向回饋（X_2）沒有效應，對G_2與G_3來說，其形式相同。正向回饋（X_1）增進表現，至少它呈現立即的效應。雖在第四次測驗時，各班表現均有增進，但難據以推論X_1有長期的效應。跨班的表現呈現一致性的增加，最可能是由於外在因素促成。

　　此外，在時間系列設計中，依插入處理情況的不同，又有如下兩種變型：

　　1.隨機、多重插入處理：G　　$O_1 - O_2 - X - O_3 - O_4 - O_5 - X - O_6 - O_7 - O_8$

　　2.持續插入處理：G　　$O_1 - O_2 - O_3 - X - O_4 - X - O_5 - X - O_6 - X - O_7 - X - O_8$

參、對抗平衡設計

　　對抗平衡設計（counterbalanced design）旨在讓所有受試者接受全部處理的條件之下，且要防範因於各組接受處理之次序而產生的解釋問題而提出的，是以該設計中的各個組，均接受所有的處理，只是以不同的順序進行。如表12-1雖然呈現四組與四項處理的設計，任一組皆要涉入，因此本設計可說是涉及一系列的複製。唯一的限制是組數與處理數須相等。各組接受各種處理的順序，是隨機決定的。

表12-1

對抗平衡設計

複 製	實	驗	處	理
	X_1	X_2	X_3	X_4
第1次	A組	B	C	D
第2次	C組	A	D	B
第3次	B組	D	A	C
第4次	D組	C	B	A
	行平均數	行平均數	行平均數	行平均數

*註：取自 *Introducation to research in education* (p.343). by Ary et al., Wadworth, Cengage Learning. Copyright 2014 by Wadsworth Group.

　　當有好幾種處理有待考驗，或者僅有兩種處理有待考驗時，常可使用本設計。

　　本設計的各行代表一次複製，每次複製，各組均要移動位置，是以A組最先體驗X_1，接著X_2、X_3，最後X_4。本設計的各細格內，包括各組在依變項上的平均數、處理以及複製的情形。每行平均數標示接受該行處理的四組的依變項成績。

　　某位小學教師為了比較兩種教學法對科學學習的成效，而採行對抗平衡研究。該位教師選擇兩班，以及在難度、長度等可供比較的兩個科學單元，該兩個單元涉及的概念的難度和複雜性須力求相等。在第一次複製期間，第一班採A方法教第一個單元，第二班以B方法教第一個單元。第一個單元結束，兩組施予成就測驗。接著，第一班以B方法教第二個單元，第二班以A方法教第二個單元，第二個單元結束，兩組均接受測驗。此種設計如表12-2。

表12-2

對抗平衡設計舉隅

複 製	實驗處理	
	A方法	B方法
（單元）1	1班	2班
（單元）2	2班	1班
	行平均數	行平均數

　　俟經研究之後，算出採用各行所標示之教學方法，所得兩組的平均成績。透過變異數分析比較各行平均數，便可獲知各種方法對科學成績的影響情形。

　　若受試者接受一個以上的處理，實驗處理的結果易與行政處理次序以及其他的

處理之關係發生混淆。行政處理次序對於依變項的影響謂之「次序效應」（order effect），如受試者參與多次實驗處理，致生疲勞，就會發生次序效應。他們接受的後測若與上次實施處理有關，表現可能略微遜色，原因不是該項處理較無效，而是對於上次實施的處理，感到厭倦。另外，受試者在每次處理期間，得有練習機會，也會產生次序效應。

至於本項設計的效度，值得而言之者如下：

1.本項設計內在效度極佳，與其控制了臨時事故、成熟、迴歸、選樣與受試者亡失等因素。

2.本項設計藉著對各組展示各種實驗處理，並輪流行之，同時控制次序效應，可避免因導入變項的差異，而誤認為處理的效果。如其中一組較其他組的受試者優異，應讓每種處理能從此種優異中，發揮效果；不只是讓某種處理受益，致影響成效的客觀性。

3.交互作用的影響，以及重複施測可能混淆結果，如某組在某次試驗時，表示倦怠（選樣與成熟的交互作用）；或如該項交互作用，在過去數次複製中的每一次，由於某理由而影響不同的組。

4.自某種處理獲致的結果，可能影響次一種處理，乃為本項設計的主要缺點。因此僅適用於展示的處理對於次一種處理沒有影響下為之，但是在教育研究的領域中不易滿足此項需求。進而言之，在各次複製時，學習所用的材料，宜力求相等，但是欲安排同等單元的教材，並非易事。

有關影響準實驗設計中各項設計的內在效度與外在效度的因素，詳如圖12-5。

第二節　單一受試者設計

前一章及本章至此，討論的前實驗設計、真正實驗設計、準實驗設計等，係傳統上以一群（組）受試者為觀察對象，研究獲得其行為表現的方式；主要目的，乃試圖將研究的結果，應用於團（群）體。但是在許多的情境中，以群體為研究對象若非不可能，就是據之而獲得的資料，亦無多大價值；如要了解個別學生接受教學策略的成效，即可能發生此種情形，在類似的情境中，經常不以團體，而改採單一受試者設計（single-subject designs/single case）為處理的方式。單一受試者設計的樣本只有一位，或基本的方式是先研究受試個體在不接受處理的情境，然後在接受處理情境，於依變項上測得的表現。單一受試者設計顯然不可能隨機分派受試者，或運用控制組；參與者同時擔負處理組與控制組的任務，基本上可說是準實驗的單組時間系列設計的延伸。

圖12-5

影響準實驗設計內在與外在效度的因素

	設 計	不等的前測—後測控制組/比較組設計	單組時間系列設計	控制組時間系列設計	相等時間樣本設計	相等材料前測—後測設計	對抗平衡設計
影響效度的因素	**內在效度因素**						
	成熟	−	+	+	+	+	+
	臨時事故	?	−	+	+	+	+
	測驗	+	?	+	+	+	+
	（不穩定的）工具	?	?	?	+	+	+
	統計迴歸	?	+	+	+	+	+
	受試者亡失	?	?	?	+	+	+
	選樣（不等）	−	?	?	+	+	+
	選樣與成熟交互作用	−	?	+	+	+	−
	（實驗的）處理擴散	?	NA	?	?	?	?
	實驗者偏見	?	+	?	?	?	?
	統計的結論	?	?	?	?	?	?
	外在效度因素						
	選樣與實驗變項的交互作用	?	?	−	−	−	?
	前測與實驗變項的交互作用	−	−	−	?	?	?
	實驗程序的反作用	?	?	?	−	?	?
	多重處理的干擾	NA	NA	NA	−	−	−

說明同圖12-2。

　　單一受試者設計不能與個案研究混為一談。二者固然均採用一個樣本從事研究，但是單一受試者設計為了從事合理的因果推論，達成控制無關變項的目標，靈活運用好幾種程序。單一受試者設計具有高內在效度的特徵，惟其與以團體設計所具有的內在效度特徵，稍有差別；值得而言者有如下五點（McMillan & Schumacher, 2010）：

　　1. **測量具有可信性**：該設計以行為的觀察為蒐集資料的技術，通常要實施許多次的觀察。對於觀察的條件如時間及地點，須符合標準化的要求；觀察員要受過良好的訓練，觀察者的信度與有無偏見，須加以查核；所要觀察的行為，亦得作操作性的界定。由於此種研究會由某一情境移轉至另一情境，因此測量的一致性，便顯得格外重要。由於單一受試者設計須作準確的測量，研究者方得據以提出各種資

料的報告，因此足以影響效度的任何因素，理應加以排除。

2. 反覆測量：本設計的一項顯著特徵，即在於針對行為的單一部分，測量多次，在整個研究中，均採此一方式進行，此種作法與許多團體研究僅在處理的前、後各測量一次的作法，迴然有別。利用反覆測量可以控制在短期間內預期產生的正常變異，而對該行為提供明晰、可信的描述。

3. **描述各種條件**：接受觀察的行為所處的一切條件，均作精確、詳盡的描述。如是的作法，不但具有內在效度，當將該研究結果應用於其他個體時，亦可強化外在效度。

4. **基準線與處理條件；持續時間一致而穩定**：每一條件通常運用的程序是持續的時間長度相同，涵蓋的觀察次數一致。因時間的長度或觀察次數一旦發生變異，會造成對結果的解釋趨於複雜化，而減弱內在效度。觀察行為所耗的時間須有足夠的長度，方可確立穩定的組型，亦有其重要性。如行為的變異幅度過大，便難以決定觀察所得的變化結果，究竟是出自於自然的變異或處理的影響。單一受試者研究的第一個階段時間，係在自然的條件之下，觀察目標行為，直至該行為趨於穩定時才停止。這個期間謂之「基準線階段」（the baseline）。至於處理階段，乃由研究者改變條件，且須維持足夠時間，以求獲致穩定性。

5. **單一變項規則**：單一受試者研究在處理階段期間，僅改變一個變項，且須作精確的描述。如果同時有兩個以上的變項發生變化，研究者便難以確立哪種（些）變化，引發了此等結果。

單一受試者設計，在研究教學問題時，特別適用。蓋教師發現與個別學生一起工作的必要性，正有增無減。教師若運用單一受試者設計，便可診斷學生的問題、設計解決該問題的策略，進而考驗該策略的效能。即使在諮商領域，也可採用單一受試者設計，因為諮商員對運用於某案主的特殊諮商策略的成效施予的評鑑感到興趣。加之，單一受試者設計允許諮商員同時承負諮商員與研究者的雙重功能。

壹、A—B設計

單一受試者設計中，最簡單的以及不需多作解釋的一種是A—B設計（A—B design）。其程序為觀察而得以一致、穩定速率發生的目標行為，並將此條件稱為基準線或A條件。俟基準線資料蒐集完備之後，在該環境中導入一種處理，此一條件標示為B條件，基本上，基準線與導入實驗處理所使用的時間量應該相同，以下各種設計類型亦同；有關該項設計可以下圖示之：

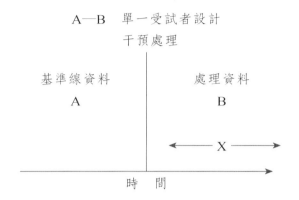

該等結果的解釋，須依如下的前提而來，即若未導入處理，行為會如同在基準線階段的記錄一樣，繼續下去。如在處理條件期間，行為發生改變，可歸因於研究者導入干預處理造成的。惟其他的因素，如測驗與臨時事故，無法在該項設計中排除，因此其內在的效度較為脆弱。

為了說明此A—B設計，茲舉例說明之：初任教職者對於教室管理感到困難，求助於一位經驗豐富的教師協助解決，該位有經驗的教師以四週時間，每週觀察初任教師兩次，將之記錄在教師表現觀察表中，這個期間謂之基準線期（A），其資料包括八次的觀察紀錄。初任教師在該四週內的教室表現相當穩定。

施予的實驗處理（B）為兩位教師間每次半個小時的商討，此時經驗豐富的教師討論初任教師在教室的表現，並試圖予以改變，以求符合教室管理的需要，此種商討共有九次，第一次是首次對B條件進行觀察之前實施，接著，每商討一次，即進行一次觀察。B條件與A條件一樣，為期四週：對B條件進行八次觀察的情況（相同班級、相同時間長度、每日的同一時間）與A條件的情況相對應，唯一不同的是實驗處理。使用教師表現觀察表所得的資料，如圖12-6所示。

圖12-6
單一受試者A—B設計的第一種結果形式

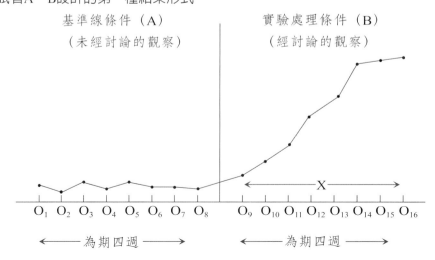

第一種可能結果的形式：觀察的O_1到O_8，可以發現穩定的狀態，且顯示該教師的行為，被認為能提升教室管理的很少。接著由O_9開始至O_{14}所作的觀察顯示，教師的行為逐漸能改進教室的管理，而且O_{14}到O_{16}呈現穩定狀態。根據此一結果的形式，可以解釋，實驗處理能達到期待的成果，教室管理的改進顯然有了成果，且達到穩定點。惟該等結果，也可以說是初任教師自然成熟的結果。

第二種可能結果的形式：即在O_1至O_5間呈現顯著的波動，但在O_5至O_8間則相當穩定。O_9至O_{16}間的波動情況如同O_1至O_5間的情況，只是根據觀察結果，前者在提升教室管理的行為略有進步。根據此一結果可作如下解釋：欲對之提出具有結論性的解釋，可說不切實際；雖然實驗處理似乎對初任教師的表現略有改進，但仍相當不穩，在四週期間，似未提升表現的穩定性。由此可見，另有其他變項，如教室的條件或教師的感受，凌駕在成果之上。

根據本研究的結果，其可概括性如何？如前一項結果——具有實驗的效應——言之，可以概括於與該位初任教師有類似特徵及執教條件相似的其他初任教師。欲作可概括性的處理，須先有詳細描述的資料當依據才可，但是，教師們試圖解決的多為立即呈現的地方性問題，可能與可概括性無涉。

貳、A─B─A設計

單一受試者研究中，較常用的設計為A─B─A設計（A-B-A design），亦稱為倒返或撤回設計（reversal or withdrawal design），係在處理之後，另加第二個基準線階段。該種設計，如下圖所示，研究者先確立一個基準線（A），然後導入處理（B），接著把處理移去，重建基準線條件（A）。

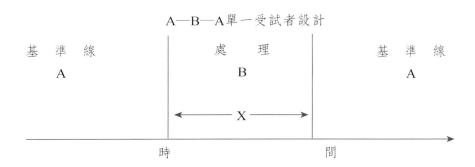

A─B─A單一受試者設計

倒返設計，有A─B─A，A─B─A─B，B─A─B，A─B─C─B之分，前二者用的較多，本書只介紹該兩種；其餘的兩種，讀者如有興趣，可參閱**單一個案實驗設計**一書（Barlow & Hersen, 1984, pp.166-173）。

　　如某位小學教師碰到班上有位表現持續性破壞行爲的學生。他就每週將該生引發的破壞情境，作成紀錄。該行爲在爲期三週的時間，呈現穩定狀態，稱爲基準線條件；接著他每週有兩次的時間，對該生實施個別諮商，持續三週，這些個別諮商可視爲實驗處理，每次半小時。三週之後，諮商不再實施，但教師繼續蒐集依變項（每週破壞情境的次數）資料，爲期三週，當諮商中斷時，學生的行爲又恢復至基準線條件。在三週間，班級、教材等仍維持相同，沒有顯著的變化，本研究如圖12-7所示。

圖12-7
單一受試者A—B—A設計的第一種結果形式

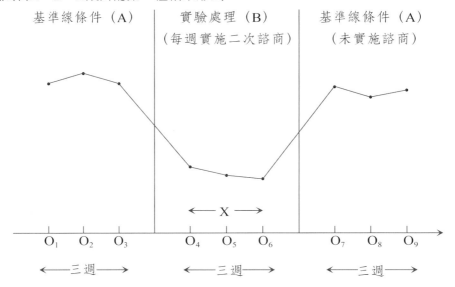

　　第一種可能結果的形式：$O_1 = O_2 = O_3 = O_7 = O_8 = O_9$；且$O_4 = O_5 = O_6$，但$O_1$，$O_2$，$O_3$，$O_7$，$O_8$，$O_9$，略大於$O_4$，$O_5$，$O_6$（請留意：依變項是由班上學生所引發的破壞情境的數目，所以分數低是較受歡迎的）。

　　解釋：諮商場合達到期望的效果，但僅是立即的效應。當諮商不再持續時，學生倒返到原有的行爲。

　　第二種可能結果的形式：$O_1 = O_2 = O_3$，$O_4 = O_5 = O_6$，$O_7 = O_8 = O_9$；但O_7，O_8，O_9略小於O_4，O_5，O_6，且O_4，O_5，O_6小於O_1，O_2，O_3。

　　解釋：此一形式提供各種替代性的解釋；因此，難就實驗的效應提出結論。此形式可能存有實驗的處理效應，如確有這種情形，則是立即的；而且也有促成長期效應的情況，只是難以理解罷了！與成熟結合的某種變項可能發揮作用，如果O_4到O_9呈固定的減少。而不單是在O_6與O_7之間減少，這種解釋更有可能。

　　當然尚有多種結果形式的可能。若O_4到O_9呈大幅度波動，便不可能獲得任何有關實驗效應的結論。實驗處理可能與無關變項產生交互作用，或者行爲可能會變

為不穩定，但這種情況不一定由實驗處理所引起。

參、A─B─A─B設計

若將A─B─A設計予以擴充，緊接著安排處理，而成為A─B─A─B；由於處理而引發的行為改變證據，即可獲致。A─B─A─B設計不僅在因果推論方面，比A─B─A設計更強而有力，同時隨著處理條件的終了，而對受試者產生較為有利的影響。如果獲得的結果的組型，無法支持該種處理的效果，則提出的解釋可能欠缺明晰。如果在處理期間的行為發生改變，但是處理一旦結束，卻無法恢復到基準線條件，則研究者無從了解是否除了處理以外，尚有其他因素會引發改變；或者是否由於該項處理的效能太大，無法移走，以致仍對行為產生影響。至於A─B─A─B設計，可以下例說明之。

延伸A─B─A設計的舉例而來，若教師決定在第二次基準線條件期完成之後，繼續對破壞情境的學生，進行第二次為期三週的諮商。

第一種可能結果的形式：如圖12-8所示。若$O_1 = O_2 = O_3$；$O_4 = O_5 = O_6$；$O_7 = O_8 = O_9$；$O_{10} = O_{11} = O_{12}$。又O_1，O_2，O_3比其他任一O_8為大；O_4，O_5，O_6小於O_7，O_8，O_9，但大於O_{10}，O_{11}，O_{12}。

解釋：從圖12-8中，可下結論說：實驗處理有正面的效應；當實驗處理中斷時，該學生有部分倒返到舊有行為；但當實驗處理再度開始時，又呈現正面的效應，在三週為期的條件內，行為表現穩定。

第二種可能結果的形式：$O_1 = O_2 = O_3 = O_7 = O_8 = O_9$；且$O_4$，$O_5$與$O_6$彼此不等，也不等於$O_1$與$O_{10}$；$O_{11}$與$O_{12}$彼此不等，也不等於$O_1$或$O_4$，$O_5$與$O_6$，如圖12-9。

解釋：在諮商處理期間，依變項呈現的不穩形式，幾乎無法獲致有關諮商所產生的正面或負面效應。兩次實驗處理期間的形式不同，因此若諮商的實施有效，但是卻不一致。吾人從圖12-9中，唯一可獲得的結論是諮商的實施，引發學生行為的變化或趨向不穩。這種情況可能是由於實驗處理與某種無關變項交互作用的結果；吾人亦須注意的是諮商沒有長期的效果，因為對兩種基準線期來說，其結果與穩定行為相同。

這些結果的可概括程度如何？教師可將之概括於展現相同破壞行為之素質與類似年齡的其他學生。但就邏輯的基礎來說，欲將之概括於其他教師、學生與行為的問題，恐尚有爭議。欲作此研究，須具備適用於此等情境中的諮商知識，以及預期可能產生的效應。由於本例屬於行動研究之一，教師可能不甚關注概括性。若呈現

圖12-8

單一受試者A—B—A—B設計的第一種結果形式

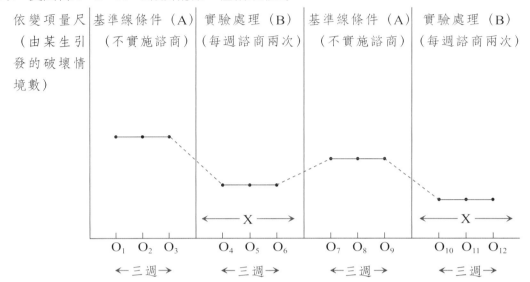

圖12-9

單一受試者A—B—A—B設計的第二種結果形式

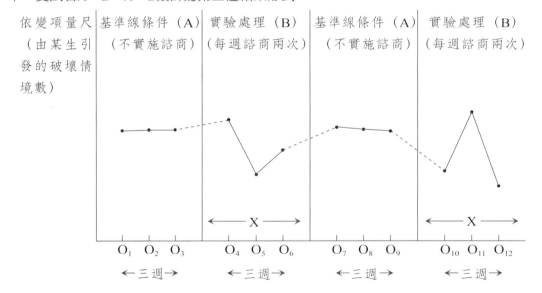

的是第一種結果的形式,教師將可解決問題;其他對這些結果感到興趣的教師,依據邏輯,可對他們自己的情況進行推論。

肆、多基準線設計

當欲將處理條件移去的作法,不可能發生,或不值得如此做時;或當處理的效

應伸展至第二個基準線階段時；運用多基準線設計（multiple-baseline designs）比採用A—B設計，更能獲致強而有力的因果推論。多基準線設計運用A—B設計的邏輯，但是不只使用一個受試者與一種目標行為，此時的研究者蒐集兩個以上的行動、受試者或情境的資料，或者將組合兩個以上行動、情境與受試者的資料予以搜羅備用。因此，多基準線設計可分成如下三種：

一、跨行為的多基準線設計

跨行為的多基準線設計（multiple-baseline across behavior）係針對一位受試者的兩種以上間斷的、獨立的行為，測得其基準線結果，並作成紀錄。俟受試者所有行為確立穩定的基準線後，首先處理其中一種行為，然後隔一定的時間間距，再將該種處理應用於第二種行為，依此類推，直到所有的行為均接受該種處理為止。

如果每種行為僅在導入處理後，其表現發生一致性的變化，則可對處理的效果，提出強而有力的因果推論。如要進行有意義的比較，便要對每一種行為施予次數不同的處理。如此的作法，係維持在基準線條件的行為，為接受處理條件提供控制的作用。本設計最感困擾的問題是，該兩種以上行為的類似性很高，以致首次導入的處理，均會對它們產生影響。因而產生處理的擴散現象，此一問題可能被認為對內在效度構成威脅。以下所舉的例子，係用來解說本設計：以擔任智能障礙同學小老師的一般兒童，使用增強作用對他們四種不同行為所產生的影響，進行評估。當處理付諸實施時，每種行為均發生顯著的改變，值得關注，如圖12-10所示。

為了控制在干預處理的第一個階段的效能，為每個參與者實施跨行為的多基準線設計。亦即基準線以及預先的干預處理探測，開啟了對延宕模仿的干預處理。當該行為已持續三日達80%以上水準時，開始處理合作性遊戲。然後，擴充至以「那很好！」的口語表示，以及最後以「謝謝您」的口語表示。當最後接受處理的一種行為已持續三日達100%時，便要對所有行為，同時開始第二階段的干預處理。第二階段結束之後，施以後三種探測；以它們評估維持與概括的情形。

二、跨情境的多基準線設計

跨情境的多基準線設計（multiple-baseline across situations）係用來解說某人的單一目標行為在兩種以上情境的變化情形。本設計與跨行為的多基準線設計，基本上是相同的，只是以情境來取代行為作為變化的條件而已（如在教室和雜貨店，或教室和咖啡廳的學習行為）！

如某位教師為在閱讀、數學與社會科領域的學習感到困難的某位學生，計畫使用個別化教學（實驗處理）。首先應用個別化教學於閱讀，為期兩週，接著依序應用於數學、社會科的學習。一旦該領域開始採用個別化教學，只要該研究持續下去，則不至於停止。因此本研究有三個依變項：學生在閱讀、數學與社會科的表現。每個變項每隔兩週實施一次觀察，共實施四次。各個自變項的操作定義為：達成教師所界定之教學目標的百分比。

圖12-10

跨行為的多基準線設計

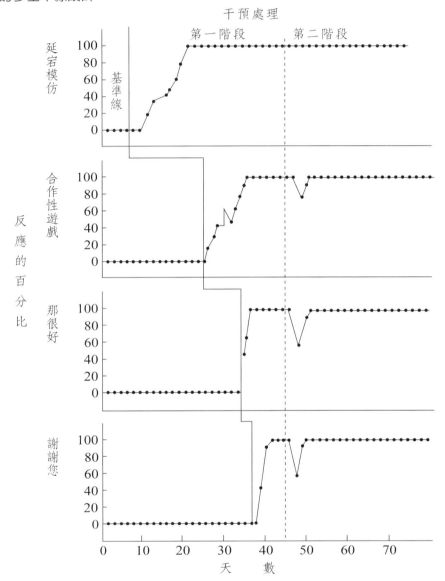

說明：在目標行為上獲得的資料（干預處理的第一階段）是中數斜率，亦即每一行為
　　　的圖示代表著受試者表現達到100%反應水準所需的中數天數。在基準線階段
　　　期間以及由100%的成就水準至第一階段終了期間，受試者的表現是相等的，
　　　在干預處理的第二個階段（每個受試者的長度相同）的點狀資料是三個受試者
　　　的平均數。

取自 "Normal children as tutors teach social response to withdrawn mentally reta-rded
schoolmates: Training, maintenance and generalization," by G. E. Lancioni, 1982, *Joural of
Applied Behavior Analysis*, 15, pp.17-40.

本設計結果的形式：由於有三個自變項，每個自變項共測量16次，因此受試者共得48個分數，其結果的可能形式有多種，其中一種如圖12-11所示。

　　解釋：從圖12-11可知，實驗處理（個別化教學）似乎有效果，但是跨情境（科目領域）的效果並不一致；以閱讀而言，顯示漸增的現象，有正向的效應；以數學而言，於導入實驗處理之後，形式有不穩定現象：O_{11}與O_{14}的增加，可能導因於外在變項；或許該科目在這些點上的目標易於達成，因此難提出以下的結論：哪些成績的增加是由於實驗處理的關係。就社會科而言，實驗處理似乎有立即的與持續的正向效應。總而言之，吾人可以下結論說：個別化教學對閱讀與社會科的表現有影響，且是正面的效應，但是對閱讀而言，較屬於漸進式的。對數學也有效應，促成表現的波動以及略有增進。

圖12-11
跨情境的多基準線設計的結果形式

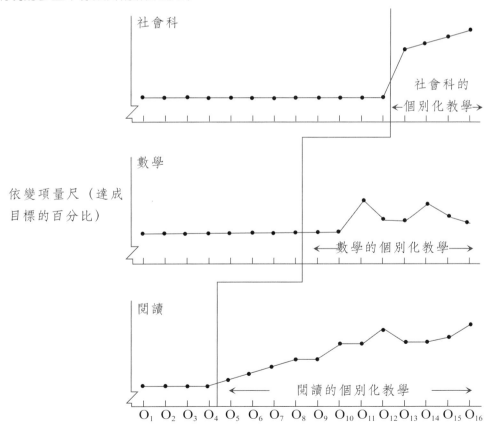

三、跨個人的多基準線設計

跨個人的多基準線設計（multiple-baseline across individuals）係在行為與情境維持恆定的條件之下，同時處理兩個以上的個人。在觀察某一受試者達到穩定的基準線之後，僅對該受試者導入處理。隔了一段時間間距之後，第二位受試者接受相同的處理，依此類推。只要各個涉入的受試者彼此不相互影響，該設計便有效能。因為只有其中之一的受試者接受處理。本設計又是一個可能發生處理擴散的例子。本設計的良好形式是要求教師在不同班級對個別學生採用相同的處理程序。

該三種多基準線設計，可能有多種的變型。讀者如欲深入了解單一受試者設計，請參閱Barlow和Hersen（1984）以及Kazdin（1982）的著作。即使A—B—A以及A—B—A—B樣式也能和多基準線設計結合起來。此等涉及移去、倒返或重新恢復處理的設計，一般來說與內在效度有密切的關聯；至於單一受試者設計的外在效度則受到相當的限制。某項研究結果的概括性，則會隨著複製其他受試者與不同的環境，而有所增進。

至於單一受試者設計的學理部分，讀者如欲進一步了解，可參考許天威（2003）、吳勝儒等譯（2003）之著作；有關單一受試者設計的統計部分，有主張採用原始資料及一些描述統計、視覺圖分析等來解說結果者，亦有認為應採用推論統計，如就相關平均數採多重t考驗、時間系列統計（time-series statistics）者，凡此可參考蔡美華等譯（1999）之譯作。

第三節　用人當實驗對象的倫理問題

醫學以及心理學上的實驗以人為對象，雖然冒險成分不大，但總是存在的，因而常被當作倫理問題討論。為了規範以人為實驗對象而作的任何規定，科學家以及其他社會人員的見解，常因不一致而屢生爭議。科學家認為限制過嚴，會影響研究的效能，以致許多重要的疑難無法獲得解決；一般社會人士則以為，若漫無限制，實驗處理可能給人類帶來傷害，嚴重地侵犯人權。

在民主自由的社會，有關此類的問題，或由科學家與哲學家的觀點，或由立法機關立法，或由專業組織的倫理信條，或由教育行政機關頒布的原則處理之。以美國而論，國會曾於1974年成立國家保護生物醫學與行為研究人類受試者委員會（The National Commission for the Protection of Human Subjects of Biomedical and Behavioral Research），為國家衛生研究所（National Institute of Health）以及國家心理衛生研究所（National Institute of Mental Health）訂定研究活動應遵循的指針，經過四年按月的仔細研討，終在1979年出版**貝爾蒙特報告書：保護研究人類受試者的道德原理與指針**（*Belmont Report: Ethical Principles and Guidelines for the Protection of Human Subjects of Research*）。多所大學也紛紛設置人類實驗批判委員

會，建議學術界的研究者，須採適當程序進行研究，以確保那些研究與其倫理的指針一致，避免造成無可彌補的傷害。1953年美國心理學會（American Psychological Association）首度訂定心理學家的倫理信條，並於1983年出版一套與教育研究最有關聯的倫理條件；又於2003年修訂心理學家倫理原理與行為信條。另於2010年6月1日採用取自心理學家倫理原理與行為信條的普通原理，為以下10類提供指引以及涵蓋特定倫理標準；這10項類別包括：(1)解決倫理議題；(2)能力；(3)人際關係；(4)隱私和守密；(5)廣告和其他公開的聲明；(6)記錄保存和費用；(7)教育與訓練；(8)研究與出版；(9)評量；以及(10)治療。有關APA相關的研究倫理指引欲知其全文可查看如下的網站：www. apa. org。美國教育研究學會（American Educational Research Association, AERA）於2003年訂有美國教育研究學會倫理標準；另於2011年2月AERA委員會認可新的倫理信條，列出研究者應為其研究實務，建立一套具有價值的大綱，該倫理信條包括5項原理、22條倫理標準，以指引研究人員在各種脈絡中的倫理行為。這5項原理包括：(1)專業能力；(2)誠實；(3)專業的、科學的和學者的責任；(4)尊重人權、尊嚴和多元；以及(5)社會的責任。至於22項標準陳述的教育研究人員倫理行為規則，雖未必周延，但也涵括教育研究者所面臨的多數情境。這22項標準列述如下：(1)科學的、學者的與專業的標準；(2)能力；(3)專門技能的使用與誤用；(4)造假、變造、抄襲或剽竊；(5)避免傷害；(6)無歧視；(7)無剝削；(8)折磨；(9)就業決定；(10)利益衝突；(11)公開溝通；(12)守密；(13)告知的同意；(14)研究計畫、實施與散布；(15)作者貢獻度；(16)出版過程；(17)審查者的責任；(18)教學、訓練和實施教育方案；(19)顧問指導；(20)視導；(21)契約保證的和諮詢的服務；(22)堅持AERA倫理標準。我國中央研究院醫學研究倫理委員會訂有用人體檢驗的相關規範，均在重視以人為研究對象可能涉及的倫理問題。在美國的多數大學內為了確保以人作為研究對象時，能符合倫理規範，而設有機構檢核委員會〔Institutional Review Board（IRB）〕或稱人受試者檢核委員會〔the Human Subjects Review Committee（HSRC）〕負責認可事宜。在未設IRB的中、小學或社區組織，則需找尋檢核計畫人士以及可供遵循之程序，以取得認可。

為了探討以人類為實驗對象，應秉持的倫理信念中，下列的指針，乃是值得深思的部分（APA, 2020）：

1. **通知受試者並徵得同意**：實驗時須補充志願參與者，事先宜讓他完全了解實驗的目標與性質、運用的程序、可能發生的危險，以及對參與者的需求，此即所謂告知的同意（informed consent），不同語言的告知的同意書，請上Indiana University Human Subjects Office網站查閱。若受試者尚未具備行為能力或智能有缺陷時，應通知其父母或監護人，並徵得同意後，方可進行實驗。

在實驗時涉及補充參與者的若干例子，可能產生倫理的問題，如：

(1)在牢獄服刑者，由於需要錢而自願參與實驗；或為了接受較有利的處理或提早假釋，而參與實驗。

(2)醫學系學生需要錢，參與實驗，藉以獲得經費的支持。

(3)缺乏作理性判斷能力，但被吸收的參與者，如年老者、文盲、情緒困擾者或低智力者。

(4)大學生為了迎合修課的需求，須參與的實驗。

2. **侵犯隱私權**：公開的行為，予以觀察或記錄，被認為是合理的；但是觀察或記載受試者有理由認定是隱私的親密行為，便是侵犯了隱私權。在未取得受試者的認知或允許，即僱用隱密的觀察者，採用照像機，或運用私人的通信，都算是侵犯隱私權，如果這些作法欲予採用，參與者想了解其間的理由時，應予解釋。

當然這種說法並非暗示，站在倫理立場，都不能觀察親密的行為。只要觀察者值得信任、該項研究有利於人類福祉，並讓受試者了解研究目標與運用程序之後，樂意參與即可。

3. **嚴守秘密（confidentiality）與匿名（anonymity）**：遵守倫理信條的研究者，將蒐集得到的受試者之資料，宜採極機密的方式處理，未經當事人的允許，不得洩漏，但是此舉的資料可能存有姓名，只是研究者不得將之個別公開，僅能以整體形式呈現資料而已。至於匿名，則是在資料上未存有個人的姓名，即不知填答者為誰，但其資料或可以公開。是以研究者提供的資料可能是匿名的，但非機密性的；反之亦然。

4. **避免讓受試者身心受到壓力、傷害**：使用處理可能會對受試者造成暫時性或永久性的影響，因此研究者須未雨綢繆，作好一切預防措施，藉以保障他們的福利。

5. **認知結果**：參與實驗者有權了解作該項實驗安排的理由，以及獲知研究的結果。研究者可以口頭、概要記錄，或發表在期刊的報告，解釋結果及此等結果的重要性。

有道德的研究者不僅要遵守這些倫理指針，而且要對投入研究計畫的共同實驗者、同僚、助理、技術人員、秘書與文書人員等人的行動，負起完全的責任，並要不斷修正他們的研究活動。此外，研究者應對他們的受試者、專業同僚及社會大眾負責；他們不放棄可用來修正對該研究解釋不利的資料。他們把可用資料讓專業同僑分享，藉以證實研究結果的準確性。他們對於參與研究者、協助研究者、參與分析資料者，或對撰寫報告有功人士，寄予適當的信任。他們把科學的客觀性置於個人利益之上，並認定他們對社會負有提升知識水準的義務。有關研究倫理的探究，量的研究（如實驗研究）與質的研究同等重視。欲作深入了解，請參閱廖世傑等（2012），以及本書第14章第十一節。

此處的討論，已探究行為研究的實驗法所受到的許多限度，可能令人感到此法無效。在其他的許多重要領域，人類的努力確是如此，因此研究者不要在理想條件下進行研究，他們最好在現存環境下作研究。然而他們將可發現，實驗法雖然有其限制，但是設計良好、執行良好的實驗，乃不失為考驗假設，以及判斷諸變項之間

關係之可能性的合理方法。

　　有些變項不能被操縱；若某些變項被操縱，會引起倫理問題，即在於暗示，此地適合於採用非實驗法，如「事後回溯法」（ex post facto research）屬之。研究者一開始即觀察依變項，且回溯觀察在未被控制的條件下以前，已發生的自變項。諸如此類的研究，「不是」實驗，因為研究者從未控制事件，因此等事件，在他們開始研究前即已存在。有關事後回溯研究的細節，請見第13章。

作　業

一、選擇題

1. 不等的前測—後測控制組／比較組設計，控制了下列影響效度因素中的哪一種？（①迴歸　②臨時事故　③測驗　④選樣）。

2. 時間系列設計的顯著特徵為：（①比較好幾項處理　②作了許多次前觀察與後觀察　③有效控制臨時事故　④受試者在不同時間隨機分派於各組）。

3. A—B單一受試者設計，特別容易受影響內在效度因素中的哪一些的威脅？（①處理擴散、選樣　②選樣、臨時事故　③處理擴散、迴歸　④工具、臨時事故）。

4. 下列何組的特徵，最足以分辨單一受試者設計與其他的實驗設計的差別？（①可概括性佳，使用基準線資料　②僅變化一個變項、使用多種方法　③使用比較組，使用隨機分派　④僅變化一個變項，使用隨機分派）。

5. 多基準線設計，特別適用於下列哪種形式的情境？（①當有兩個（含）以上受試者可用時　②當僅使用一個基準線不值得時　③當移去處理不可欲時　④當行為有兩種（含）以上形式可供研究時）。

6. 不等的前測—後測控制組／比較組設計的顯著特徵為：（①控制組不接受後測　②受試者未隨機分派於實驗組與控制組　③對實驗組而不對控制組作反覆測量④實驗處理有外在效度，但控制處理沒有）。

7. 不等的前測—後測控制組／比較組設計的處理組平均數間的差異，以什麼來考驗統計的顯著性？（①後測平均數的t考驗　②前測—後測分數間相關的t分配　③後測平均數的共變數分析　④實驗組與控制組前—後差異的t考驗）。

8. 對抗平衡設計對下列何者特別敏感？（①迴歸效應　②次序效應　③成熟效應　④霍桑效應）。

9. 下列何者能在受試者內部複製處理變項？（①A—B設計　②A—B—A設計　③A—B—A—B設計　④以上皆是）。

10. 下列何種情況使用多基準線設計，而不使用A—B—A設計？（①僅有一個受試者供作實驗時　②不可能恢復基準線條件時　③不可能恢復處理條件時　④以上皆是）。

11. 單一受試者實驗的資料，經常予以分析，以決定：（①由實驗的某階段至另一階段的平均表現水準的變化　②某階段最後資料點與次階段首項資料點間表現水準的變化　③由實驗的某階段至另一階段斜率的改變　④以上皆是）。

12. 設計單一受試者研究的重要考量是：（①如有可能，隨機分派受試者　②盡可能更換觀察者，以減少偏誤　③為達成預期效果，必要時改變多個變項　④基

準線期和處理期時間夠長，足以趨於穩定性）。

13. 下列何者為單一受試者設計最大的問題？（①內在效度 ②外在效度 ③測量誤差 ④處理的精確性）。

14. 下列何者對單一受試者設計的內在效度影響最小？（①工具 ②臨時事故 ③特定變項 ④流失）。

15. 與A—B設計有重要關係的是：（①內在效度 ②外在效度 ③測量誤差 ④混淆）。

16. 單一受試者資料分析，通常採用：（①視覺分析呈現資料的圖示 ②得分的統計分析 ③訪談受試者 ④跨行為的統計分析）。

17. 準實驗設計的內在效度，受到何者的影響最大？（①工具 ②成熟 ③臨時事故 ④選樣偏差）。

二、就下列各個個案，宜採用哪一種設計：

1. 某位研究者想考驗三種打字教學方法對國一學生的效果：於是找到願意合作的學校，且該校某位教師說研究者可在其任教的三班實施之。研究者先對所有學生實施前測，每班各接受一種不同的教學方法，為期兩週，然後研究者對所有學生實施後測。

2. 某教師為了控制學生的不當行為，對使用積點抵過制度感到興趣。他決定記錄兩個學生（一男一女）比其他學生易於表現不當行為的次數，教師記錄學生的不當行為為期兩週。至第二週結束時，教師開始對男生使用積點抵過制度，同時對女生的不當行為繼續記錄一週，至第三週結束時，才開始接受積點抵過處理。

3. 某位研究者計畫考驗自我學習與傳統學習對各種能力的男女學生的效能。全部有150位學生，其中男生60人，女生90人參與該計畫。每一組（男生組與女生組）的高、中、低能力的人數相等。請繪表說明本研究計畫的實驗設計，並呈現每個實驗組的學生人數，以及可用來分析的交互作用效應。

4. 某位教師以國小三年級一班學生做為研究閱讀成就的對象，使用兩種教學方法進行實驗，惟實施時間不同，學生每兩週接受一次測驗，特殊的教學法實施一次為期兩週。這兩種方法隨機分派在兩週為一期中實施，共實施十八週。

三、有兩班高三學生參與衛生教育研究，接受兩組的時間系列設計，依變項為對保持衛生習慣的態度，學習一開始以及全學期十八週中每隔三週即測量1次，所以每班各接受7次測量，實驗處理（X）包括放映一系列有關不良衛生習慣的醫療效應的影片，在第一個三週之後，即隨機放映給其中一組觀賞，其設計如下圖示：

G_1　$O_1\text{-}O_2\text{-}O_3\text{-}X\text{-}O_4\text{-}O_5\text{-}O_6\text{-}O_7$

G_2　$O_8\text{-}O_9\text{-}O_{10}$——$O_{11}\text{-}O_{12}\text{-}O_{13}\text{-}O_{14}$

試解釋以下各種可能結果的形式：

1. $O_1 = O_2 = O_3 = O_8 = O_9 = O_{10} = O_{11} = O_{12} = O_{13} = O_{14}$，且$O_4$略大於$O_3$，但$O_4$略少於

O_5，O_5略少於O_6，O_6略少於O_7，依變項分數愈來愈大，態度即愈屬正向。

2. $O_1 = O_8$，$O_2 = O_9$，$O_3 = O_{10}$，O_8至O_{14}均不等，此種形式從O_8至O_{14}的分數呈一致性的增加；O_4略大於O_3與O_{11}；O_5略大於O_{12}，$O_6 = O_{13}$，$O_7 = O_{14}$。

3. 欲檢核正常班的教學是否不受X的影響，應做哪些比較？

四、試就你感到興趣的領域，描述可應用單一受試者設計的情境。

五、試指出以下各種設計間的差別：(1)跨行為的多基準線設計；(2)跨個人的多基準線設計；(3)跨情境的多基準線設計。

六、試討論何種實驗情境適用對抗平衡設計？何以說多重處理對於對抗平衡設計的效度構成威脅？

七、下列各研究假設，須採(1)實驗研究或(2)事後回溯研究？

1. 肢體殘障兒童比非肢體殘障兒童具有較低下的自我概念。

2. 具有創造力的小學五年級學生比未具有創造力學生富有較高的成就動機。

3. 陌生人給兒童說故事不如自己父母講述故事所保留的時間長。

八、下列各研究題目，須採(1)實驗研究；(2)事後回溯研究；(3)調查研究；或(4)文獻分析？

1. 學生缺席情況與其學業成就的關係。

2. 父母離異對子女成就動機的影響。

3. 延長在家學習時間的增強策略對國中生主科成績的影響。

4. 子女心目中母親職分之比較。

5. 教育心理研究的統計考驗力分析。

九、個案研究與單一受試者實驗有何不同？

十、行動研究與準實驗研究、單一受試者設計的關係如何？

答案：

一、1.③；2.②；3.④；4.②；5.③；6.②；7.③；8.②；9.③；10.②；11.④；12.④；13.②；14.②；15.①；16.①；17.④。

二、1. 不等的前測—後測控制組／比較組設計，如下圖所示：

$O_1 X_1 O_2$

$O_3 X_2 O_4$

$O_5 X_3 O_6$

2. 跨個人的多基準線設計，如下圖所示：

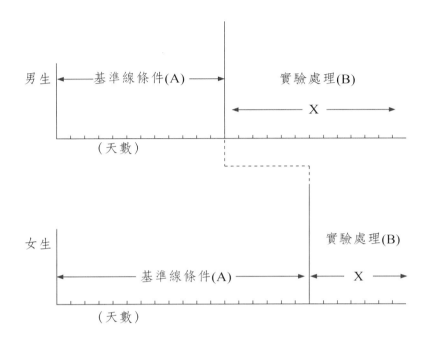

3. 多因子實驗設計

能力	自我學習		傳統學習	
	男	女	男	女
高	10	15	10	15
中	10	15	10	15
低	10	15	10	15

交互作用效應：A×B，A×C，B×C，A×B×C

A＝處理，B＝性別，C＝能力

4. 時間系列設計

三、1. 實驗處理有正面效應、立即效應以及持續一段時間的效應。

2. 實驗處理有短期效應，又繼續維持三週，其後便不見了。

3. 檢核第2組的O_8至O_{14}，若態度分數改變，表示正常教學有效應。

四、略。

五、主要的差別對1來說，我們有兩種（含）以上的行為；對2來說有兩個（含）以上的受試者；對3來說有兩個（含）以上的情境。

六、略。

七、1.②；2.②；3.①。

八、1.②；2.②；3.①；4.③；5.④。

九、單一受試者實驗的焦點在於單一的行為，或有限制數量的行為，研究者導入某一特定的處理，俾研究該項處理對受試者的影響。個案研究試圖描述個體在自然情境中發生的整體的行為，研究者觀察受試者這些行為與物質、社會與心理環境影響的關係。

十、行動研究聚焦於解決特定的問題，能兼採質的與量的研究技術，當實驗涉入行動研究時，在性質上言，較適用準實驗設計，與其接受實驗對象很少是隨機化的，只要研究對象具有某些特徵即可納入行動研究的樣本，不須透過隨機抽樣而得。又由於單一受試者設計，教師在班級中即可執行，亦多以解決此時此地的特定問題為主，在性質上亦可視為行動研究。

第13章

事後回溯研究法

第一節　事後回溯研究的意義

事後回溯研究（ex post facto research）又稱解釋觀察研究（explanatory observational studies）或因果比較研究（causal comparative research）。Kerlinger和 Lee（2000）曾就事後回溯研究提出如下的界定：

> 有系統的實證探究方法，其中科學家未直接控制自變項。因為它們如不是早已發生過的，就是自始即不能被操縱，只能從自變項與依變項的共存變異中，推論諸變項間存有的關係，而無法直接干預……

ex post facto一詞的意義為「自事情發生以後」，含蘊著某種後續行動的類型。以回溯方式探究變項，以找出可能的關係或效應。

事後回溯研究的自變項須事先確定，然後才進行蒐集資料的工作，這些變項也已經在情境中發生過。在事後回溯研究中，社會經濟水準便可能成為一個自變項；研究者無法將社會經濟水準隨機分派予各個人，他只能從社會經濟水準的類別中，隨機選取個人。

事後回溯研究法常被取來與實驗研究法（experimental approaches）比較，與其二者均將焦點置於發現或確立某些資料中諸變項之間的關係。即事後回溯研究和實驗研究有共同之處，能考驗自變項（x）與依變項（y）二者之間的關係。然而在確立諸變項間的因果或函數關係時，實驗研究獲得的證據，比事後回溯研究獲得的，更具有說服力。因為在實驗情境中，已將無關變項的效應，予以控制，只操縱自變項，以確定它對依變項的影響。反觀事後回溯研究，研究者無法操縱自變項，由於缺乏控制或操縱，貿然肯定自變項與依變項之間的唯一關係，可能是冒險的作法。

為了說明事後回溯研究以及實驗研究二者對同一研究問題的不同，茲以在成就測驗情境中，學生的焦慮對他們的考試表現的影響此一問題為例。事後回溯研究對

該問題的探究，可能是測量早已在考試時，就存在的焦慮層次，然後比較「高焦慮」學生與「低焦慮」學生的表現。此種處理的缺點為，吾人無法斷然下結論說，學生的焦慮會對成就測驗的表現造成差異；因為該兩組學生的分數，可能會受到第三因素，如智力的影響。普通智力或許是焦慮層次與成就測驗結果的重要原因。

從某一種意義來說，事後回溯研究可視為與實驗相逆的方法。不在事先取得等組，然後施以不同的處理；因此開始研究之時，兩組便不相同，就要試著決定此等差異的前項因素，但是這種處理方式，無法推論因果的必然關係。

儘管事後回溯研究無法像實驗研究一樣，確保因果關係，但是在行為科學的研究中，如運用實驗進行研究時，可能有些變項無法被操縱，或因操縱變項致生道德問題，而使實驗法受到限制，事後回溯研究這種非實驗的方法，便有採用的價值。如有項實驗旨在考驗攻擊為青少年罪犯的原因這個假設時，首先須選擇兩組學生，其中一組須花一段時間操縱足以引發他們攻擊行為的變項，另一組為控制組。如果假設無誤，則實驗結果將為實驗組比控制組學生更會表現攻擊行為而淪為青少年罪犯，但是這種作法乃是不道德，違背倫理規範的，不可貿然從事。同樣，我們也不能安排致命的汽車意外事件，俾研究其間的關係。職此之故，類似的問題只宜作事後回溯研究的設計。除此之外，以下的例子，也含蘊著因果關係，但是無法採實驗操縱進行，只有以事後回溯研究探討之：

1.單親對兒童成就的影響如何？
2.畢業於大學文學院的教師比畢業於大學教育學院的教師長壽嗎？
3.學生參與課外活動與其自我概念的關係如何？

事後回溯研究與其常從已發生的自變項中，探索與被觀察項間的關係，因此現成的資料，往往成為研究過程可供利用的來源。一般而言，現成而又可利用的資料有三：(1)統計紀錄（statistical records）；(2)個人的文件（personal documents）；(3)大眾傳播的報導（mass communication）。如為了探求造成意外事件高或低的成因，運用保險公司的紀錄，便不難發現。

事後回溯研究也易與相關研究混淆。因為二者均不需操縱變項，在解釋研究結果時，也遭受類似的限制。惟事後回溯研究嘗試確認因—果關係，但相關研究通常無此意圖。事後回溯研究欲作比較時，通常採用二組或多組，而相關研究通常使用一組，而對該組的每一個成員進行兩項或多項的觀察。

第二節　事後回溯研究的步驟

事後回溯研究，雖然無法操縱自變項和不可能隨機分派受試者於各組，但是有好幾個程序可用來設計事後回溯研究，以增進控制和限制似乎合理的競爭性假設。茲將執行事後回溯研究的步驟分述於後：

壹、確認研究問題

事後回溯研究的第一步驟，在於確認包括依變項可能的原因在內的研究問題。對可能的原因的選擇，係依據以前的研究，以及研究者解釋被研究現象的觀察結果而來。如研究者想研究班級大小對成就的影響，而要隨機分派學生於大小不一的班級，以執行真正的實驗，並不可行。研究者所以對該問題感到興趣，係依據相關研究顯示班級大小與成就呈負相關，以及觀察而得小班學生似乎表現較好而來。於是研究問題即可訂為班級大小對成就的影響為何？

貳、確立假設

事後回溯研究的第二個步驟，在於確認可用來解釋關係似乎合理的競爭性假設。如研究問題訂為「○○高級中學學生閱讀表現的相關因素研究」。研究者可得可能的原因有：性別、學生的年級（高一、高二、高三）、學生全部的平均分數、學生修讀的方案（普通方案或特定職業方案）。於是可據以建立假設如下：

1. 男女生的閱讀表現沒有顯著差異。
2. 學生的閱讀表現因年級而異，高三的表現較佳，而高一的表現較為遜色。
3. 學生的閱讀表現隨著學生平均成績的提升而有進步。
4. 學生修讀的方案類別與閱讀表現有關，修讀普通方案學生的表現最佳。

參、選取比較組

事後回溯研究的第三個步驟為找出或選取可供比較的組，即就自變項不同的兩組，比較其依變項。如圖13-1所示。研究者選取兩組受試者，分屬實驗組與控制組，或均稱比較組亦可。兩組的差別，在於其中一組持有某種特徵，另一組則無；或其中一組具有某種經驗，另一組則無（第一個個案）。或者兩組的差別僅在於程度方面，一組比另一組具有較多的特徵；或兩組的經驗類別不同（第二個個案）。如第一個個案分成兩組，其中一組為腦傷兒童；或兩組中的一組曾接受學前教育訓練。又如第二個個案，仍分成兩組，其中一組的學生具有高度的自我概念，另一組學生具有低度的自我概念；或者兩組中的一組經由編序學習，另一組透過電腦輔助教學，接受數學教育。兩個個案中的各組，依某一依變項結果，予以比較，研究者可能就依變項施予測驗以獲得資料，或蒐集早已由學校以標準化測驗測得的成績。

在事後回溯研究中，比較組的界定與選取，是相當重要的程序。各組不同的特徵或經驗，須以明確的操作定義界定；因為各組代表的母群體不同，透過對各組的界定，可決定研究結果的概括性。如研究者準備比較「家庭生活不穩定」的學生組與「家庭生活穩定」的學生組時，須針對「家庭生活不穩定」與「家庭生活穩定」二詞，提出操作性定義。若樣本準備從界定的母群體中抽取，一般來說，比較可行的方法是採隨機抽樣。事後回溯研究的目標和實驗研究相似，除了自變項之外，兩

圖13-1

基本的事後回溯研究設計

	組　別	自變項	依變項
第一個個案	(E)	(X)	O_1
	(C)		O_2

或

	組　別	自變項	依變項
第二個個案	(E)	(X_1)	O_3
	(C)	(X_3)	O_4

說明：(E) = 實驗組，（　　）表示沒有操縱

　　　(C) = 控制組

　　　(X) = 自變項

　　　O_1 = 依變項

組所有有關的變項，盡可能力求相近。為了決定兩組條件的同等性，有關背景變項以及現況許多變項的資料，應蒐集齊全；又為了提升二組間的相等性，或矯正已被認定的差異性，研究者可採取若干控制的程序。

肆、控制無關變項

　　事後回溯研究的第四個步驟，即為提升兩組間的相等性或矯正已被認定的差異性，而採取控制無關變項（extraneous variables）的方法（註：本部分之敘述，可和第11章第二節之內容相參照）。事後回溯研究不像實驗研究具有隨機化、操縱、控制等特徵，是其不利的根源。如為了使各組確保相等，隨機化可能是唯一最簡單的方式，但事後回溯研究卻無法達成，因其各組早已存在，甚至早已接受自變項或「處理」（treatment）。揆諸事實，各組不同，除了已確定的自變項之外，尚有其他可造成各組差異的變項。如某位研究者僅比較有無接受學前教育的兩組學生，獲得曾接受學前教育的一年級學生有較佳閱讀成績的結論。但是該項研究的地區內所有學前教育機構，收費至昂；職此之故，研究者真正觀察得到的結果，不只是學前教育一個變項造成，家庭是否富裕也是一個重要的因素，在富裕家庭中，父母為子女提供早期的非正式的閱讀教學；在非富裕家庭，則無法作如是的處理；因而很難評定學生成績的高低，僅受學前教育的影響。研究者若事先了解這種情況，只要研究富裕家庭的兒童，即可控制該變項，使得收入水準此一無關變項接近相等，兩組便可依是否在學前教育機構受教比較之，控制無關變項的方法有多種，適用於事後回溯研究的主要方法有如下各種：

一、配對

配對（matching）有時候也是實驗研究使用的一種控制。若研究者確定某變項與在依變項上的表現有關，可將受試者配對，以控制之。易言之，對某一組的每個受試者而言，研究者須在另一組找出在控制變項上的得分與其相同或相似的受試者。如果其中一組的某個受試者，在另一組無法找到與其合適的配對者，前者應予排除。因此，配對完成的各組，應是相等的，或在無關變項方面相當接近才可。如某研究者欲配對智商，便要將某組智商140的受試者與另一組智商剛好或接近140的受試者匹配。當研究同時要著手配對的變項在兩個（含）以上時，這個作法所面臨的問題可能備增複雜。

二、比較同質組或次級組

控制無關變項的另一個方法為，比較在該變項上具有同質的組。如是處理，在實驗研究中，也經常使用，如智商為無關變項時，研究者可將各組限定為僅包括智商在85～115之間的受試者，惟此種程序會減少接受研究的受試者人數，也限制研究發現的概括性。

但是較令人滿意的近似作法，是把每一組形成次級組，以代表控制變項的各個層次。如各組可分成高智商（116以上）組、中智商（85～115）組，以及低智商組（84以下）。每組中的各次級組（如高智商組與高智商組、中智商組與中智商組等）可供比較。運用該項方法，除了可以控制智商變項之外，尚可從中發現，自變項是否會因控制變項之層次的不同，對依變項產生不同的影響，為了了解這種情形，可採多因子變異數分析，以決定自變項與控制變項所個別產生的影響，以及它們結合之後所產生的結果。例如：在事後回溯研究兩種不同方法對學習成績的影響時，智商可能是控制變項，研究結果可能發現對抽象思考感到困難的低智商學生，讓他們操縱積木，效果可能更佳。

三、共變數分析

在實驗研究中，為了控制無關變項也使用共變數分析（ANCOVA）。基本上說來，共變數分析乃在調整依變項上最初得分的差異。如欲比較兩種學習方法的效能時，便可以智商為共變量與其在成就測驗上的分數作共變數分析。

伍、蒐集與分析資料

事後回溯研究的第五個步驟為蒐集與分析資料，其中包括構成競爭假設之因素的資料在內。由於事後回溯研究發生在事實產生之後，所需的多數資料早已蒐集妥當，但唯有合適來源的資料，方有價值。

事後回溯研究將所得資料欲作分析，可能涉及各種敘述統計與推論統計。其中敘述統計最常用的是平均數（在某變項量數，某群體的平均表現成績）、標準差

（標示一組分數的離中情形）、皮爾遜積差相關、列聯相關。推論統計最常用的是t考驗（兩組平均數間的顯著差異）、變異數分析（了解三組或三組以上平均數是否有顯著差異），以及卡方考驗（比較組的次數，以了解某事件發生在某一組的次數是否多於另一組）、曼－惠特尼U檢定（Mann-Whitney U test），以及魏克松配對組帶符號等級檢定（Wilcoxon signed-rank test）。有關該兩種檢定，請參見本書第20章第八節。

陸、發現的詮釋

事後回溯研究的第六個步驟為對研究發現的詮釋。由於事後回溯研究缺乏隨機化、操縱、控制等特徵，欲建立因－果關係，確有困難。因當研究者能控制處理（X），然後觀察得依變項（Y），可合理地說X影響Y；反之，若不能控制X，便可能導致不當的結論，因觀察而得的關係可能是一種「假結果」（spurious result），亦即此一關係是由於其他原因促成，而非X影響Y。假的關係的根源可能有如下三種，於詮釋發現時，宜審慎為要：

一、共同原因

採事後回溯研究時，須考慮自變項與依變項二者僅是由於第三個變項促成的兩種分割結果的可能性。

如在某城市，研究者發現近二十年來電耗量的增加，伴隨著心理病人的增加。此種對應是否意味著用電量的增加導致心理病的增加？經查核普查數字顯示：該城市的人口每年都在增加，用電量以及心理病人皆為人口成長的函數，而非用電量與心理病二者之間的因果關係。換句話說，兩個變項皆有共同原因。

事後回溯研究者必須考慮用以解說觀察得到之關係，存有共同原因的可能性。上述的例子，顯然可以確認自變項與依變項二者，有共同原因存在。惟事後回溯研究總不宜挑剔懷疑存有共同原因，而不思詮釋關係。

二、反逆因果

事後回溯研究在詮釋觀察得到的關係時，吾人必須考慮可確立的因果關係，可能與原先的假設相逆的可能性：即原假設的因，可能為果，反之亦然。

如吾人發現喝酒的大學生，比不喝酒的大學生所得學期成績的平均分數較低，不能下結論說，酒的消費壓低了學業上的表現，或許是由於成績不好，才驅使學生去喝酒；當然亦可能是由於許多共同原因，使學生喝酒以及得到低成績。又如育嬰方式的影響研究指出：經常受懲罰兒童較常表現攻擊的行為，如是的說法，是否意味著吾人可以下結論宣稱，家長的懲罰導致有攻擊行為的兒童？或有攻擊性的兒童易遭懲罰？

反逆因果的假設，比共同原因的假設，易於處理。因為以後者來說，每個案例

中，可用來解說可能產生假的關係的共同原因無數。使用反逆因果的每個案例，僅有一種可能性，即Y引起X，而不是X引發Y。

在任何情境中，當X總是發生在Y之前時，反逆因果的可能性，即被排除。如有許多研究指出，大學畢業生的年平均所得，高於大學未畢業生的年平均所得。由於畢業或未畢業在接著的年所得之前發生，所以可將反逆因素排除，但卻無法剔除各種可能的共同原因。

三、其他可能的自變項

在事後回溯研究中所考慮的，對Y變項產生影響的自變項，可能不只一個，亦即除了X₁變項之外，其他的如X₂與X₃變項，也可能是促成依變項變異的前項因素。

如在某次的縣長聯誼會議上，X縣長以該縣的低犯罪率感到自豪。另一個縣長指出X縣長的現有警力嚴重不足，所謂低犯罪率，僅表示有提出犯罪案例報告的資料太少所致。某公司總經理詢問人事主任何以不僱用較多某大學畢業生的理由時，堅稱該校畢業生升遷快得很多，顯然比他校畢業生能力強。該人事主任機智地指出，該現象不能以能力予以解釋，而應依事實來說，即總經理本人是該所大學畢業生，在決定人事升遷時，下意識中偏好的他的學弟校友。

由上所述，對研究者來說，顯然須作的第一件工作是盡可能把所有的替代性自變項列出，然後將其他變項，維持恆定，僅分別考驗每一個變項，以決定它是否與Y有關。如此便可將與Y無關的替代性自變項逐一消除，最後支持原先X與Y之間關係的假設。

晚近研究同年齡與混合年齡的學前班級對遊戲的影響，可稱得上是事後回溯研究的好例子，茲先引述如下，然後再作說明：

方　法

受試者。本研究觀察二班（N = 40）三歲兒童的班級、二班（N = 32）四歲兒童的班級，以及二班（N = 36）三歲與四歲混合年齡兒童的班級中，而得其遊戲的社會—認知方式（social-cognitive modes）以及同儕對它們的反應。在本研究開始時，混合年齡的班級，三歲兒童至少有40%，四歲兒童至少也有40%。三歲兒童係指二歲九個月至三歲八個月。四歲兒童從三歲九個月至四歲八個月。為了使參與同性別以及跨性別活動的機會相等，所有班級選取的兒童至少有40%是男生，至少有40%是女生。這種以混合年齡編班的規準與以前的那些研究相似（如Goldman, 1981; Roopnarine, 1984）。我們以類似年齡組兒童作為規準，為的是要與以前的研究發現（如Goldman, 1981）比較。

所有班級假定採兒童中心取向，且以環境布置、遊戲與教學材料，以及教

師—兒童比率（1：9）作比較。兒童係從依何林歇的社會地位四因素指數
（Hollingshead Four Factor Index Social Position）（Hollingshead，未載明
年代）評估的中收入背景中選出。初步分析顯示同年齡以及混合年齡班級
兒童之間的社會人口因素（sociodemographic factors）沒有顯著差異。此
外，在兩種入學安排的兒童以在混合年齡班中的兒童與以前的觀察相較，
在時間長度上最為相近（同年齡班級$\overline{X}$ = 六個月，混合年齡班級$\overline{X}$ = 五個
月）。（Mounts & Roopnarine, 1987）

　　該引文在於將同年齡的四班兒童的遊戲及社會性交互作用方式，與混合年齡兩
班兒童的情形作比較。研究者在第二段指出比較的方面，在於物質環境、教材、教
師—兒童比率、兒童的社經因素，以及兒童在班級的時間長度。為了排除這些似乎
合理的競爭性假設，這些假定的特徵須先予確定，然後再蒐集資料。兩組間除了同
年齡以及混合年齡變項可能影響成果之外，當然還有其他因素存在。如教師可能影
響遊戲以及社會交互作用的差異。

第三節　事後回溯研究的範例

　　為了說明事後回溯研究由於未作好控制，很難作因果敘述，在此提出安全帶研
究（seat belt research）以及芝麻街研究（Sesame Street studies）為例說明。

壹、安全帶研究

　　安全帶研究對汽車安全裝備發生重要的影響，如美國聯邦立法規定，所有在
1968年1月1日出售的新車，須有膝與肩的安全帶裝備。一家底特律的報紙報導，
引用了支持安全帶效能的研究證據：

現在美國出廠的汽車為駕駛者與乘客，裝置著錯綜複雜的帶子與器具，這
個是許多汽車買主被問起的問題：它們真的有用嗎？或它們的價值比不上
所帶來的麻煩嗎？
從最佳且可用的證據呈現的答案似乎是：新的裝備在降低意外事件的傷害
而言，可能是項重要的因素。
最大規模的研究是瑞典對28780件意外事故所作的調查，顯示使用或不使
用肩部安全帶對駕駛者與乘客的影響，調查的主要結果在1967年未公開。
富豪汽車製造商進行的調查結果為：使用一種連結肩—膝的安全帶，使得
腦部受傷的駕駛員與乘客分別降低69%與83%。駕駛員與乘客臉部受傷的
比率分別降低73%與83%。

美國汽車工業已接受聯邦政府的通告，在每部新車提供安全帶與器具共有16條皮帶。現在計畫進行的工作，是把它們做得雅觀點與容易使用些。

但批發商發現，許多買主對所有的皮帶，不表熱衷。有些批發商問道，他們能否應顧客要求，將皮帶除去。製造商的答案是不可以。若批發商這麼做，會觸犯法律。

一些行業人員也提出安全帶本身，在意外事件中是否會引起傷害的問題；迄今為止，在美國尚乏可用來支持此一見解的廣泛研究。然而根據瑞典的調查顯示：在28,780樁意外事件的研究中，安全帶引起駕駛員受傷的達34件，使前座乘客受傷的有25件，多數人是輕傷。

下列數字顯示在瑞典發生的28,780件交通意外事件的結果。其中有98%的汽車裝有膝—肩皮帶，但僅有25%的駕駛員與30%的前排乘客繫有帶子。結果如下（引自王文科譯，1981）：

	死　亡	重　傷	輕　傷
駕駛員			
使用安全帶的6,870人中	2	51	175
沒使用安全帶的21,910人中	37	263	835
前座乘客			
使用安全帶的2,699人中	1	22	109
未使用安全帶的6,032人中	12	160	430

根據此等統計的證據，在減低死亡或重傷方面，使用膝—肩的帶子較為有利；但是吾人可能想到，能審慎繫安全帶的駕駛者可能比未繫安全帶的那些駕駛者，在開車時，格外小心，因此前者遭到的傷害較小且不嚴重。

貳、芝麻街研究

Minton（1975）研究兒童電視節目「芝麻街」對幼兒園兒童閱讀準備度的影響，分成1968年、1969年以及1970年三個樣本組（詳見表13-1），其中只有1970年組看過該節目。以大都會閱讀準備度測驗（Metropolitan Reading Readiness Test）量表施測評定準備度，該量表共包括（字義、聽力、配合、字母再認、數，與抄寫教本等）六個分測驗。使用前測—後測設計，將1970年組平均數與1968年組及1969年組的平均數比較。

就總分觀之，三組在.05水準上沒有顯著差異。僅在分測驗中的「字母再認」一項，顯現有利於1970年組的顯著差異。若按兒童的社經地位區分，優勢者比不利地位者看該節目次數多，且得分較高。該研究假設：看「芝麻街」可以縮短優勢

與不利地位兒童之間的差距，並未獲得支持，其間差距反而增大。

　　Anderson和Lewin（1976）研究年齡對於觀看57分鐘「芝麻街」錄影帶節目的影響。該錄影帶分成41段，最短的時間長度為10秒，最長的是453秒。受試者分成6組，每組男、女孩各5人，年齡分別為12、18、24、30、36、42以及48個月。當他們看該節目時，父母在場，房間內也布置有玩具供作選擇觀看之用。研究的結果如下：

表13-1
閱讀準備度與「芝麻街」

樣本組	人　數	白　人	黑　人	講西班牙語人
1968	482	431	51	18
1969	495	434	61	9
1970	524	436	88	25

　　1.注意力長度隨年齡而增加。較年幼的兒童似乎對玩具較感興趣，並與其母親交互作用。

　　2.注意力長度隨著影帶各段增加的長度而減少。

　　3.注意力集中在動物的，從小的至24個月的，循序增加，但自此以後注意力又減弱。

　　4.兒童顯示對婦女、活潑音樂、木偶、特別的音調、重複的節奏，與動作較感興趣。

　　5.兒童對於成年男人、動物、不動狀態，及靜物缺乏興趣。

第四節　事後回溯研究的優點與限制

壹、優點

　　事後回溯研究法有其優缺點。茲先從優點述之，約有如下三項：

　　1.事後回溯研究適用於不可能使用實驗研究法的許多環境，諸如：

　　(1)為了直接研究因—果關係，但卻不能選擇、控制或操縱所需的變項時。

　　(2)當所有受控制的變項流於不切實際或高度人為化，以致妨礙諸變項間的正常交互作用時。

　　(3)當實驗控制研究的目標不切實際、成本過昂，或基於倫理道德的考慮時。

　　2.事後回溯研究可獲致關於某現象之性質的有用資料：在什麼條件之下，什麼因素以什麼順序與模式，跟隨什麼因素發生。

3.近年來，由於技術、統計方法以及部分控制設計的改進，使得這些研究的結果，較具有可防衛性。

貳、限制

由於事後回溯研究有上述的優點，因此已被廣泛且適度地運用於行為科學的研究。但是事後回溯研究法最嚴重的危機之一是容易陷入事後歸因的謬誤（post hoc fallacy）。由於此種研究常有兩個因素配合在一起，以致其中一個可能被視為因，另一個可能被當作果。但是即使二者存在著密切的關係，未必即是因—果關係。如受教育年限的高低可能與終生所得有高度的相關，但是教育程度未必就是影響個人終生所得的唯一因素，其他如其社經地位、智力、動機、住所等都可能是影響因素。詳言之，事後回溯研究法約有如下八個限制，值得關注：

1.事後回溯研究設計的主要缺點，在於缺乏對自變項的控制。研究者為獲致良好的結論，必須考慮一切可能影響結果的理由，或「似乎合理的競爭性假設」，惟如何證實其中的一種或多種理由較具有影響力，便非易事。

2.事後回溯研究難以確定有關的因素，是否包括在進行的研究之中，如否，則研究結論不免有偏失。

3.任何事件的發生，原因可能不只一個，而是由相當多的因素交互作用而成，且在某種情況下，方可發生該結果。

4.導致現象的原因不僅是多元的，而且在某情況是由某個原因促成，在另一個情況，是由另一個原因促成。

5.如能發現兩個變項的關係，但要決定何者為因，何者是果時，便發生困難。

6.兩個以上有關的因素，未必具有因—果關係。它們也可能與另外未被觀察或認定的因素有關。

7.基於比較的目標，把受試者硬分成兩組（如「成就者」與「非成就者」），常會帶來問題，因為像此種的分類是模糊的、可變的，且經常無法獲致有用的發現。

8.在自然情境中進行的事後回溯研究，不允控制樣本的選取；即受試者不能隨機分派到處理組。

總之，事後回溯研究考驗的假設應不只是一個，而且要把所有其他合理的變通假設，一一檢定。因此事後回溯研究法固不免有瑕疵，但如運用得當，將為知識的發展，繼續提供有用的方法論。

作　業

一、選擇題

1. 事後回溯研究的兩項特徵是：（①隨機化與比較組　②非操縱與非隨機化　③非隨機化與操縱自變項　④非操縱與隨機化）。

2. 在事後回溯研究，選擇適當的比較組是重要的，理由是：（①除了自變項外，各組在各方面必須力求相等　②各組涉及的依變項方面必須相同　③如果不作如是處理，則各組無法進行比較　④若選出的各組不正確，競爭性假設可能更近乎合理）。

3. 下列何種情境，研究者將採事後回溯研究，而不用實驗設計？（①不可能隨機抽樣時　②不可能作實驗操縱時　③不可能使用標準化測驗時　④以年輕兒童作研究對象時）。

4. 下列哪一項是事後回溯研究的主要限制之一？（①較其他研究方式昂貴　②無法研究控制組　③無法從研究資料攝取因—果概括　④不能考驗虛無假設）。

5. 對事後回溯的資料最常使用的統計分析，第一個步驟是計算：（①相關　②平均數與標準差　③全距　④變異數）。

6. 從事後回溯研究取得的資料，將以t考驗處理時，其假定之一是：（①在研究之下的母群體的分數變異數相等　②分數的平均數相等　③母群體平均數不同　④在研究之下的母群體的分數變異數不相等）。

7. 若研究者在兩組之間將受試者配對，適用t檢定，乃是t檢定適用於：（①自變項平均數　②相等的變異數　③相關的平均數　④不等的平均數）。

8. 若研究者執行事後回溯研究幾乎確定，假設方向的變化可以測出，則適用：（①雙側t考驗　②共變數分析　③單側t考驗　④相關係數）。

9. 對配對各組若干變項所作事後歸因的方法是：（①共變數分析　②複迴歸方程式　③相關平均數的t考驗　④自變項平均數的t考驗）。

10. 多變項的變異數分析，所要測出組在統計上達顯著差異的是：（①自變項的向量　②依變項的向量　③依變項間的相關　④自變項與依變項間的相關）。

11. 事後回溯與相關研究二者的相似處，在於：（①試圖探究因果關係　②缺少對變項的操弄　③涉及兩個或更多個變項和1個組　④涉及兩個或更多個組和1個自變項）。

12. 事後回溯與相關研究二者之差異，在於：（①前者試圖了解因果，但後者不思此圖　②前者使用2組，而後者僅使用1組　③前者涉及比較，後者涉及關係　④以上皆是）。

13. 事後回溯與實驗研究二者之相似點，在於：（①均不探究因果　②均研究在一

組中兩個以上變項的關係　③均探究因果　④均涉及組的比較）。

14.下列何者是在事後回溯研究中所不使用的控制程序？（①配對　②分組　③卡方檢定　④共變數分析）。

二、在哪些條件之下適用事後回溯研究？事後回溯研究的主要弱點安在？

三、試界定下列名詞，並各舉一例說明：1.共同原因；2.反逆原因；3.其他自變項。

四、配對的有利與不利之處是什麼？

五、何以研究者透過配對或使用其他平均數，仍無法控制有關的無關變項？

六、何以兩個變項之間的統計關係，為推論其間因—果關係的必要條件而非充分條件？

七、試提出在事後回溯研究中，防範事後歸因謬誤的步驟。

答案：

一、1.②；　2.④；　3.②；　4.③；　5.②；　6.①；　7.③；　8.③；　9.①；10.①；
11.②；12.④；13.④；14.③。

二、於研究開始以前，受試者擁有之自變項無法被操縱時。弱點是無法控制。因為不能隨機化，與不能控制自變項。

三、1. 意義：若A變項與B變項有關，可能彼此都不是引起對方的原因，二者可能都由第三個變項引發。

　　　舉例：若成就測驗得高分與學術作業得到高等第是有關的，可能二者皆是第三個因素——普通智力——所引發。

　　2. 意義：提議的假設的反逆可以解釋關係。

　　　舉例：吾人觀察而得失業與酗酒有關係，而假設喝酒過量引發工作失業。事實上可能是失業者易於喝酒過量。

　　3. 意義：不是觀察得到的那些變項，而是另有變項可用來說明某些相關。

　　　舉例：有些專科爭取改制學院被認為因校地太小、師資水準、教學設備未盡理想，以致無法如願。但這並不意味著這條件改善之後即可改制，可能有其他的變項，如國家的政策，環境的需要等變項的影響，而無法達成。

四、配對的組在接受處理以前的特定變項或一組變項力求相等。當配對組是出自不同的母群體時，統計迴歸可能會歪曲結果。配對也會減少可用的對象數。

五、研究者宜將有關的無關變項融入事後回溯設計，並使用變異數分析技術處理。此一過程需要分析主要的與交互作用的效應。

六、研究者為了報告X變項為Y變項的因，必須先揭示X、Y變項間的統計關係，但這個發現本身，不是建立因—果關係的充分條件。研究者欲揭示其間有因果關係存在，必須檢查時間（X必須發生在Y之前）以及沒有其他變項會引發Y。

七、詳第二節之肆。

第**14**章

質的研究概述與人種誌研究法

　　本章主要分成兩大部分，首先就質的研究的一般概念，予以陳述；以為後續各章分述各種質的研究的基礎。本章第二大部分詳述人種誌研究法，作為介紹質的研究方法的起始。

第一節　質的研究傳統與特徵

壹、質的研究傳統

　　質的研究（qualitative research）原本屬於人類學、社會學以及心理學的一個次級領域。如在人類學，為了描述與解釋文化，有各種不同的途徑。在教育領域，質的研究如同它在原來的學科領域一樣，需予以調適、擴充以及作新的綜合，其運用人種誌的進展，堪稱相當神速。

　　以美國而論，所謂質的研究傳統包括：人的行為學（human ethology）、生態心理學（ecological psychology）、整體人種誌（holistic ethnography）、溝通人種誌（ethnography of communication）、認知人類學（cognitive anthropology）、以及符號互動論（symbolic interactionism），其中除了生態心理學之外，其他各種研究傳統均強調行為的文化標準，及其影響一個團體面對面社會互動的形式，以及發展引導個別或集體行動所具有的「意義」。這些研究傳統所要研究的問題不同，焦點也不一，根據如下的引述，便可見其一斑（Jacob, 1987）：

　　1.師生在教室裡交談及其行為所具有語文的與非語文的特性（溝通人種誌）。

　　2.教育制度的各部分如何形成有系統的整體？如學生文化與教師文化的關係如何？或學校、學區或社區如何影響班級？或廣大的文化對教育過程有何貢獻？（整體人種誌）

　　3.在類似環境的制度中，各團體的心理文化（mentalistic culture），如校長與教師如何分類學生？或不同學生群體對在學校的成就如何定義？（認知人類學）

　　4.在組織中共享相同觀點的群體如何發展指引他們行動之「意義」的過程？如學生如何面對文化形式，如教師訂定的「規則」，以達成他們自己的目標（符號互動論）。

　　Patton（2002）亦針對質的研究，提出十六種學理上不同的觀點；有關這些觀點及其學科的根源，和所提出的問題，摘述如表14-1，可供參考。

表14-1
質的研究的各種學理傳統

觀　點	學科的根源	中心的問題
1.人種誌	人類學	這一群人的文化是什麼？
2.獨自人種誌（Autoethnography）	文學藝術	我自己體驗的這種文化如何與該文化的情境、事件，以及／或生活方式連結，並提供卓見？
3.實體考驗：實證與實在的觀點（Reality testing: Positivist and realist approaches）	哲學、社會科學與評鑑	在實在界真正在進行的是什麼？以某種程度的確實性，我們能樹立什麼？對可證實的組型，可採取的似合理的解說為何？我們能獲得真理至什麼樣的程度？我們如何研究現象，俾使我們的研究發現盡最大可能地與實在界對應？
4.建構主義（Constructionism／constructivism）	社會學	在該情境中的人士如何建構實體？他們報告的知覺、真理、解說、信念和世界觀是什麼？他們為其行為以及與他們互動的那些人建構所造成的影響如何？
5.現象學	哲學	對這個人或這群人來說，這種在生活上體驗的現象的意義、結構與本質為何？
6.啟發式探究（Heuristic inquiry）	人文主義心理學	我體驗到的這種現象以及也密集體驗到該現象的他人的主要經驗為何？
7.人種方法論（Ethnomethodoloy）	社會學	人們如何賦予其每日活動意義，以便表現能為社會接受的行為方式？
8.符號互動（Symbolic interation）	社會心理學	有什麼共同的符號與理解組合，可用來賦予人們互動的意義？
9.語意學（Semiotics）	語言學	在特別脈絡中，信號（文字、符號）如何攜帶和傳送意義？

表14-1　質的研究的各種學理傳統（續前頁）

觀　點	學科的根源	中心的問題
10.解釋學（Hermenutics）	語言學、哲學、文學批判、神學	人的行為在什麼條件下產生或所生產的產物能解釋它的意義？
11.敘事學／敘事式分析（Narratology/narrative analysis）	（解釋性的）社會科學：文學批判、文學性的非小說	這個敘述或故事顯示出自於它的個人和世界的為何？這個敘述如何被用來解釋，以了解和闡明創造它的生活和文化？
12.生態心理學（Ecological psychology）	生態學，心理學	在特定的環境中，個體如何試圖透過特定的行為，來達成他們的目標？
13.系統理論	跨學科的	這個系統如何以整體方式來執行功能？為什麼？
14.混沌理論／非直線動力學（Chaos theory / Non-linear dynamics）	理論物理學，自然科學	若存有任何紊亂的現象，其潛在的秩序是什麼？
15.紮根理論	社會科學，方法論	出自有系統比較分析以及紮根於田野工作，俾便於解說已經存在的以及接受觀察是什麼理論？
16.取向的：女性主義探究、批判理論、酷兒理論，其他	意識形態：政治的、文化的、與經濟的	觀點如何在該現象中展現出來？

*取自 *Qualitative evaluation and research methods* (pp.132-133), by M. Q. Patton. Sage Publication, 2002.

貳、質的研究特徵

McMillan和Schumacher（2010）以及Smith（1987）為質的研究列舉出九項特徵：

一、自然場景（natural setting）

研究在自然情況發生的行為，這個場景可能是一個班級、一所學校、一間診所、或一個鄰居。質的研究者相信，當行為在沒有外力限制或控制之下，才有可能進行最佳的了解。

二、脈絡敏銳度（context sensitivity）

情境脈絡是了解行為相當重要的因素，基本上質的研究假定，如在解說行為時，未納入對脈絡的解說，是不完全的，是以質的研究者須對情境具有敏銳度，充分考量情境的因素，如社會的、政治的、性別的、種族的、階級的、科技的等因素。

三、直接蒐集並分析資料

研究者耗費大量時間，直接從研究的情境、人工製品或文件等來源，蒐集得到資料，並予以分析，即Lincoln和Guba（1985）所稱，在質的研究中，研究者扮演著「人即工具」（human as instrument）的角色，負起蒐集和分析資料的獨特性任務。

四、豐富的敘事描述（narrative description）

敘事詳細、完整，才能提供對複雜的情境、行為，做深入且準確的了解。為了達成此等目標，研究可能須延長一段較長時間和密集式投入研究的場景。

五、過程取向（process orientation）

質的研究者須聚焦於行為發生的原因與方式，以作為解說結論的根據。

六、歸納資料分析（inductive data analysis）

強調歸納推理，即理論的發展，係紮根於基礎或由下而上，從綜合蒐集的特定細微資料，予以歸納概括達成，進而開拓新的理解方式，不致受限於預先決定的假設。

七、參與觀點（participant perspectives）

研究者聚焦於參與者的了解、描述、標記和意義，來重建實體，因而實體是多元的，反映出參與者的主觀意義。

八、緊接著設計（emergent design）

雖然質的研究者也要有一份執行研究所須的計畫，但當他們踏入研究場域時，可能發現對場域內的了解不足，須對原先的觀點做修正。是以質的研究設計，涉及發問的問題、觀察的場景以及概覽的文件，須隨著研究進行而演進和變化。

九、了解和解釋的複雜性

對世界的了解和解釋，因觀點的多元，無法單憑少數的見解，即足以解釋人的行為，因此對行為研究的方法和解說，就益趨於複雜。

第二節　質的資料蒐集方法

　　質的研究涉及的蒐集資料方法，約有歷史研究法、觀察法、訪談法、文獻分析法、個案研究法、敘事研究法、現象學研究（phenomenological study）、紮根理論（grounded theory）、批判研究（critical studies）和人種誌法（ethnography）。這些都是重要的蒐集資料方法，本書除了在第8章和第9章有約略提及與質的研究相關的觀察法和訪談法之外，在本節先就現象學研究、紮根理論、批判研究三者予以析述。至於其他各種方法，則分別在第15、16、17和18章討論。

壹、現象學研究

　　現象學（phenomenology）是歐洲社會科學傳統的一支，在於研究現象，強調詳盡描述和詮釋所有經驗領域的現象。現象學家假定，為了充分了解個人行為的意義，須先了解事件參與者對有關特定行為的主觀感受和想法。亦即由「參與者覺察」社會的與心理的經驗或觀點之本質所在。因為詮釋同一經驗的方式有多元，以及每位參與者體驗的意義是構成實體的根源，此與前面曾提及的參與觀點（participant perspective）性質相近。雖然所有質的研究都採用此種取向，但是現象學研究較聚焦於人的經驗意識（consciousness of human experiences）。典型上，現象學研究在於探尋參與者所賦予之意義的本質或不變的結構。研究者須把有關於該研究現象所引發的任何先入為主觀念，懸掛起來或「放入括弧」（bracket），以及對參與者賦予的意義有較佳了解。

　　現象學研究的研究問題，聚焦於闡明事件、插曲或互動之意義的本質；也聚焦於了解參與者的聲音，這可以採直接或較間接的方式敘述，前者如：學生和諮商員會商的性質為何？後者如：學校諮商員和學生的關係像什麼？

　　由於參與者的感受和想法，研究者無法直接觀察，為了蒐集這些資料，須以非強制方式，透過個別的、非結構性的深度訪談，傾聽個人觀點，因而涉及個人行為的主觀層面。而且此種訪談需時較久，每訪談一次可長達一至二小時，對每位參與者的訪談次數，常多於一次。依據D. E. Polkinghome的建議，訪談對象可來自所有在單一場所或不同地點，體驗該種現象的人是5至25人（引自Creswell, 2014, p.81）。由於本項研究方法過於依賴單一的資料蒐集技術，研究者必須非常擅長於訪談技巧才行，為了便於後續的分析，此種訪談需要錄音。

　　S. Wilson稱：採現象學研究人士主張，社會科學家如不了解研究對象解釋自己的想法、感受以及行動的架構，便無法了解人的行為。是以現象學家相信，行為的任一層面，具有各種意義；選擇解釋以及編碼行為的架構，係出自武斷。解釋行為的最重要架構，屬於參與者的架構。S. T. Bruyn稱：傳統的實證論者視自己（為一

個科學家）是知識的主要來源，信任自己的感受和邏輯，勝過於對研究對象的信任，另一方面，參與觀察者則以研究對象的解釋，爲最重要。簡言之，現象學主張，從參與者對其社會實體的觀點，來了解概念。

貳、紮根理論研究

紮根理論係由B. G. Glaser和L. L. Strauss所提出，它的意圖，相當具體、特定，乃在於發現或產生一種連結參與者知覺和社會科學的新概念或小型理論，據以解釋衍自資料的主要現象或實務。該理論本質上，是屬於與特定經驗、情境或場景有關的抽象概念、或一套命題。此種理論係從觀察接受研究現象的脈絡著手，獲得資料，提供紮根理論研究的基礎。就此以觀，理論是「紮根」於田野的資料，而非由先前的理論或從先入爲主的觀念演繹而來的抽象化概念，亦即該理論的發展是以由下而上方式，從許多不同片段資料，蒐集彼此交互關聯的證據而得。換句話說，這種研究提供的詮釋和結論，是以持續參照蒐集的資料歸納而得。紮根理論比現有的理論更能提供較佳的解釋，並可對理論的改變，提供建議。紮根理論也可用來描述和解釋個人或團體的行動。由此觀之，紮根理論的產生，並非容易，需要一再評閱所蒐集的資料，以及仰賴研究者的領悟力和理解力，始能達成。

Creswell（2018）指出紮根理論設計的類型有三種：系統設計（systematic design）、浮現設計（emerging design）與建構設計（constructivist design）。在教育領域廣泛使用的是系統設計。

系統設計，涉及使用一套嚴謹的程序和技術，基本上使用持續比較分析法（constant comparative method of analysis），將資料仔細編碼，但不使用預先存在的類別，而是經歷開放、主軸、和選擇編碼（open, axial, and selective coding）三個階段，將資料發展成邏輯的典範或產生理論的視覺圖像。開放編碼的目標在於把質的資料細分成可以處理的核心概念、類別和屬性，藉著發問什麼、何處、何時、如何、有多少等問題，將資料細分；然後把類似的事件，彙集在一起，而賦予相同的概念標記。被彙集在一起的概念，就形成類別。開放編碼和主軸編碼相較，後者猶如車輪的中心，前者則如輪子的輻條。主軸編碼係把在開放編碼細分開來的資料，一起放回去，重新整理以發展某類別與其子類別之間的關聯性，而非發展各自割離的、或不相關聯類別之間的關聯性，因此，其目標乃在於發展主類別和子類別之間的關聯性。至於選擇編碼，係在顯示諸割離類別、不相關聯類別之間的關聯性。爲了構築學理的架構，已發展出來的類別須統整起來，是以選擇編碼的目標，是把諸類別統整在一起，形成整體的理論（Ary et al., 2019）。

至於浮現設計認爲，理論是從資料中浮現出來，而不像主軸編碼使用的是特定的類別，它使用的編碼程序和類別，較沒有結構化和規約性。在過程和決定類別、論題及理論方面，比較富有彈性，不用以典範或圖像做爲參照。因爲Glasser（1992）認爲紮根理論相較於透過視覺呈現的具體編碼系統而言，應是屬於最抽

象的層次；而且理論是基於資料而來，而非要被分類的。好的紮根理論應是符合現狀（fit），並且有用（work），如果有用，該理論必定能有效解釋個人行為的變異性，亦即具備相關性（relevance），而不是直接將理論架構固定不變，一旦新資料進來，理論就要修正。

建構設計則聚焦於參與者的感受、觀點、價值觀、假定、個人意識形態和信念，作為現象或過程的經驗，非在於蒐集事實和描述行動。其研究發現傾向於反映出參與者改變其知覺和洞察力的「積極性」編碼（active coding）；其過程如下：(1)研究者檢查初期的資料，並開始作初步編碼（initial coding），此時研究者沒有先入為主的類別存在，他對所有的學理方向，採取開放態度。初步的分析札記謂之初步備忘（initial memos），記載各種編碼名稱，並包括比較和觀念。研究者界定最適宜的和詮釋資料的觀念，並把這些觀念當作暫時性的分析類別。這些早期的備忘協助指引和聚焦進一步資料蒐集的方式。(2)基於上述，得以蒐集更多資料，且使分析進入焦點編碼（focused coding）階段。重要的或常出現的初步編的碼，常被用作進一步分類、聚焦於反映出這些碼的基礎。就此點而論，研究者開始綜合和統整互動過程中的學理觀念。進階備忘（advanced memos）的撰寫在於精緻概念類別，以及協助構建和釐清該研究。(3)學理編碼（theoretical coding）跟隨焦點編碼而至，乃在於妥適安排諸類別間的關係。若干類別被用來作為學理概念（theoretical concepts）。更進一步擬寫的備忘，以及備忘的類別與概念的統整，會導致以圖示呈現（diagramming）。在分析之後，執行文獻探討，乃為了避免獨以研究者的現有觀念來看這個世界（引見Ary et al., 2019）。也會使用觀察和文件分析，但是主要的蒐集資料的來源，還是採用開放式和探詢式個別訪談。研究者須盡可能觀察到參與者經驗的性質和影響，及其與可能之理論的關聯性。紮根理論研究針對某一項主題，訪談20至25位受訪者，以求達到資料飽和（Ary et al., 2019）。

紮根理論與質的研究之關鍵性特徵，在於須在一段長時間使用多種技術蒐集資料，加以歸納而得。惟紮根理論尚須不斷檢視所蒐集之資料，以建立起「紮根」於資料的結論，且這種研究不至於建立起如Piaget的認知發展理論如此巨大的理論，它適用於研究田野的脈絡以及其他情境的實用理論。紮根理論者與其他質的研究者之差異，在於他們期待自己的研究發現，能概括於其他情境。另紮根理論研究者使用的持續比較法（詳第九節壹之三）與三角交叉法（詳第九節壹之四）所蒐集資料的來源不同；前者為了建立所比較反應資料的效度，這些資料係來自相同的出處；而後者則比較來自不同來源（如來自訪談、觀察）的資料為主。

多數質的研究，把焦點置於較「新穎的」研究問題，或嘗試發現用以探究新教育現象的重要問題。有些質的研究，在現象研究方面，採取新的方向，是以研究被視為探索的或發現取向的研究。雖然質的研究所能提供的是脈絡界限的概念，但可了解後續更多的個案研究或紮根理論可試圖「伸展」及於更具有結構性的設計。

參、批判研究

批判研究（critical studies）有時候被稱爲批判人種誌（critical ethnographies），取自批判理論（critical theory）、女性論（feminist theory）、種族論（race theory）以及後現代觀點（postmodern perspectives），係用來標示對邊緣化個人或團體的重要論題回應的研究者，所採取的支持性角色爲特徵。批判研究聚焦於權力和控制系統、特權、不公正、支配、以及影響以種族、性別和社經階級爲基礎的團體。這些團體間的鬥爭成爲中心的議題，研究者具有政治的腦筋，經常爲這些團體成員增能賦權和改變社會而努力，而使得參與者獲致更多的權力和影響力。讓被邊緣化的團體，從受支配社會的文化中得到解放、藉以消弭存在的不平等。

Creswell（2014）指出，批判研究有如下的特徵：批判研究者通常是有政治腦筋的人士；批判研究者代表參與者向群衆講話，以賦予參與者更多權威，作爲給他們增能賦權的手段；批判研究者尋求改變社會；批判研究者在研究中確認和公布他們的偏見，他們承認，所有研究都受到價值影響；批判研究者挑戰現況，並質疑何以致此；批判研究者尋求情境意義和較寬廣社會權力以及控制結構的關係；批判研究者尋求與他們研究的參與者做自由的對話。

批判研究使用各種蒐集資料的手段，專注於記載邊緣化參與者文件的方式，舉凡與人種誌有關的方法，如觀察和訪談，都是最常被使用來研究的方法。

第三節　質的研究之抽樣策略

質的研究者爲了選取子單位（subunits），作深入的研究，最先應找尋可提供豐碩資訊的資料提供者、團體、位置或事件（Patton, 2002）。易言之，合目標抽樣即是一種合適的策略，藉之選取可確知的小規模群體或個人，以獲得有關現象的資訊。

合目標抽樣的類別有：場所選擇（site selection——請見本章第七節之貳、參）、綜合取樣（comprehensive selection）、最大變異抽樣（maximum variation sampling）、網狀或雪球式抽樣（network or snowball sampling）、依個案類型抽樣（sampling by case type）、機會抽樣（opportunistic sampling）、驗證或否證抽樣（confirming and disconfirming sampling）等，這些抽樣類別，有的雖已在本書第4章第三節略有提及，爲了提供完整性說明，在此一併再予探討。質的研究者勾勒出田野地圖之後，可能要將這些策略以及依個案類型抽樣，俾選取的極端個案（extreme-cases）、典型個案（typical-cases）、獨特性個案（unique-cases）、聲望個案（reputation-cases）、關鍵個案（critical-cases）、深入個案（intense-case）、概念／理論本位（concept/theory based），以及把各種合目標抽樣策略結合（combination of purposeful sampling strategies）的方式。每一種策略，是質的研

究者為了演化研究的焦點，以選取資訊豐碩之個案的可能方式。所以將它們稱為「策略」，而不稱為程序，乃由於每一種策略均須透過勾勒田野，以獲得初步的資訊，以及經由整個資料蒐集過程，不斷地予以修正。質的研究一開始，通常採用綜合取樣。茲將合目標取樣策略簡述如下：

1. **綜合取樣**：是一種理想的取樣類型。運用這種取樣，對每個參與者、團體、背景、事件以及其他有關資訊，均予檢查。每個大小不同的子單位可能均是異質的，研究者不希望損失所有可能的變異，因此均鉅細靡遺地檢查。如研究某校接受融合教育的自閉症兒童時，便須觀察該校所有自閉症兒童。

2. **最大變異抽樣或配額取樣**：是研究者為了闡釋研究問題中具有某些不同特徵或素質的個案，而採取之抽樣策略。所以研究者須先確定研究的特徵或素質，然後再去找尋能夠展現該特徵各個不同向度的個案或場所。如他可能把小學教師的母群體依服務年資分成三類，然後從各類中選取主要的資訊提供者，以研究教師的生涯發展，惟這「不是」一種代表性抽樣，因為質的研究者僅使用這種策略，使得發現能詳細描述不同服務年資教師之生涯發展的不同意義（詳見本章第八節之貳）。與最大變異抽樣的相反方式為同質性抽樣（homogeneous sampling），後者試圖深入描述特殊團體，從中選擇具有相似特徵的小團體為樣本進行研究。焦點團體訪談（FGI）係以同質性團體為基礎的典型。

3. **網狀取樣或雪球式抽樣**：是「前一個群體或前一個人指名其後續參與者或群體的策略」（Goetz & LeCompte, 1984, p.79），即以參與者所推薦者當作選樣的基礎。研究者先發展所要探尋的屬性或特質剖面圖，然後要求每個參與者提出適合該剖面圖或具有該屬性的人選。網狀選樣（雪球式抽樣）常在深度訪談中應用，而不適用於參與觀察研究。

4. **依個案類型抽樣**：包括以下八種：

(1) **極端個案選樣**：亦稱異常個案抽樣（deviant case sampling）。首先要鑑定典型的或一般的個案，然後選取在某方面顯現不平凡或特殊特徵的豐碩資訊提供者為極端個案。如很大的與很小的學校的比較個案分析，亦即研究者從公立學校決定平均人數，然後選出適合研究需要之大、小型學校。

(2) **典型個案選樣**：研究者先行發展一般個案特徵的剖面圖，然後找出一個個案為例。如某研究者找尋一位典型的小學校長，以著手制度的角色分析，便要根據全國調查而得的剖面圖，於是女性、太年輕或太老者、未婚男性、與剖面圖不符的其他人士等，均在排除之列。

(3) **獨特性個案選樣**：焦點置於某向度的不平凡或鮮見的個案。這種個案在歷史事件中較易發現。

(4) **聲望個案選樣**：由專家根據質的研究者所要探尋的屬性，向研究者推薦的個人或群體，如被校長所認定「有能力的」教師，或由教育行政當局所認定的「有績效的學校」。

(5) 關鍵個案選樣：這些個案需先經過鑑定，且具有相當令人矚目的，或基於某理由而被視為特別重要者，如「理想的」個案、政治敏感個案。關鍵個案選樣可作「合乎邏輯」的概括，以及可將此資訊大量應用於其他的個案，因為該個案如果為真，其他個案也可能如此。

(6) 深入個案選樣：採深入個案選樣但非極端式的選樣，如研究者選高、中、低程度學生為對象，進行解說，或研究霸凌而選取不同攻擊傾向層次學生為對象便是。

(7) 概念／理論本位選樣：研究者選取能協助研究，產生或發展理論或理論中的特定概念之資訊豐碩者、或熟悉情境者去體驗概念的意義，或試著去執行概念／理論，運用這種方法，研究者須清楚了解在研究期間浮現的概念或較大型的理論。如研究者之所以選擇若干個體體驗遠距教育的場景進行研究，乃因研究者研究這些場景，可以產生學生對遠距教學態度的理論。

(8) 結合合目標抽樣策略：依研究目標需求，選擇各種抽樣策略。特別是在大規模與長期的過程研究，顯得有其必要。

5. 機會抽樣：研究者於研究開始之後，為充分利用在實際蒐集資料過程中，出現之意外事件的機會，蒐集能回答研究問題的新資訊，而決定所需觀察的活動、接觸的人物、或合宜的時間等。

6. 驗證或否證抽樣：研究者針對研究初期依探索、蒐集資料而形成的初步發現，想要予以追蹤檢驗，而抽取新的個人或場所來予以驗證或否證。驗證性樣本可以肯定、進一步說明現有結果，增加其深度、廣度和信度；否證性樣本可作為反向解釋的依據，並為已驗證的結果，劃定範圍界限。

質的研究者視選樣策略為動態的，以及事後的；而非靜態的，或事前的母群體的母數研究設計。是以合目標抽樣是吾人蒐集資料時，同時執行的一種過程。在研究報告中詳細說明選擇場所的規準，以及選用的合目標抽樣策略，可以減低對設計效度的影響。此外，對於參與研究的個人或群體的報導，應以守密為妥。

至於質的研究的合目標抽樣所需樣本數，須視研究目標、聚焦的場景研究策略、基本的資料蒐集策略、可用的資訊提供者等而定，惟一般的人數係位於 $n = 1$ 至 $n = 40$（含）以上。

第四節　質的研究設計之信度和效度

壹、質的研究的信度

質的研究者使用的信度，在於考量蒐集得來之資料的信度。有關質的信度，亦有以可靠性（dependability）表之：指涉研究者探討資料蒐集、詮釋的程序和過

程，是否具有穩定性，可供他人追隨而言（Marshall & Rossman, 2006）。可依賴性經常是指在於只有摘述研究者提出之經驗性的結論報告，與包括對方法採取完整解說在內的實證性、研究本位的質的研究報告二者之間存在著差異。雖然在質的研究結果裡，不可能包括所有資料，但是許多質的研究者會將他們的資料提供給其他研究者，俾供隨時檢閱之用（Mills, 2014; Mills & Gay, 2016）。為了探討提升研究者蒐集得來之資料的可靠性問題，Guba（1981）建議可以採取如下步驟：

一、重疊法（overlapping methods，類似三角交叉法的過程）：研究者使用兩種以上方法，使一種較弱的方法為較強的方法所補償。如訪談法可用來補償觀察法的不足。

二、外界的審核機制（external audit trail）：在該機制中，由他人決定做決定的方式以及情境具有什麼獨特性，以及記載研究進行方式的文件，包括做什麼、何時做和為什麼如此做等在內。審核機制涵蓋在訪談和觀察蒐集而得的原料、記錄研究者決定要訪談的對象或觀察的標的或觀察什麼和要做如是觀察的理由、彙存從原料中發展工作假設的方式以及後續的修正和考驗、研究發現等記載。此一步驟可以由外界的審核者（可能是諍友、校長或研究生）來檢查執行資料蒐集、分析和詮釋的過程。因此，研究者必須完整保持札記和活動紀錄，以及保管做好組織的資料，以便隨時可供檢索之需。研究者也須提供研究樣本、選樣過程、脈絡描述、資料蒐集方法、詳細田野札記、影音檔以及可供他人檢核的描述性資料等。

三、複製邏輯（replication logic）：複製邏輯涉及在多個場所或以多個團體執行研究，以決定該項研究是否具有可依賴性，俾提供建議。依照該項邏輯，以多個時間、於不同場景或對不同的人員為對象進行研究，如果研究發現為真的次數愈多，就愈具有可依賴性，研究者據以做成的結論，就愈有信心。換句話說：如果研究發現可以以不同的人在不同場所做複製研究，則該項證據建議此一研究發現可以廣泛應用。

四、逐步複製（stepwise replication）：將資料交給兩位探究者，各自獨立進行區分和分析，然後將結果予以比較，該結果如有一致性，即作為具有可依賴性的證據（Johnson & Christensen, 2008）。

五、資料或方法的三角交叉，以確證得到類似的結果。

六、編碼──再編碼／評定者內部一致（code-recode/intrarater agreement）：係指研究者將資料編碼，然後騰出一段時間來分析資料，接著回來重新將原來已經編碼的資料再次做編碼，進而比較該兩組經過編碼的材料，是否有一致性。

七、評定者間／觀察者間一致化（interrater agreement/interobservr agreement）：由於質的研究常使用多位探查者，而使研究者為了評估可依賴性，主張使用該項策略。如研究者隨機選取一份謄本，交給一位同僚，由他依照研究者確定的編碼系統，進行編碼；另一位編碼者則可自由地添加自己認定的編碼系統去做編碼工作，當後者編碼完成之後，將之取來和原先的編碼相比較，以了解兩位編碼者所編的成

分是否相同。

貳、質的研究設計效度

質的研究的效度，係指對現象的解釋與世界實體之間呈現的一致程度。其所探討的問題約有如下各項：研究者眞正觀察到他們所思、所見的嗎？探究者眞正聽到他們所思索和所聽到的意義嗎？易言之，質的研究設計的效度，係指參與者和研究者對事件所做的詮釋之間，具有相同意義的程度，亦即指涉研究者和參與者對事件描述或組成因素的同意程度，特別是對這些事件意義的同意程度。

在質的研究中，研究發現的眞實性（truthfulness）稱爲「可信賴性」（credibility），類似於量的研究中使用的「內在效度」概念。

McMillan和Schumacher（2010）曾就提高質的研究效度的諸項策略，就可行性和倫理的角度切入，綜合提出以下十項策略：

一、延長在田野工作時間，提供對資料作暫時性分析、初步比較和確證機會，以獲致研究發現與參與者實體之間的配合。

二、運用多種方法的策略，使用多位研究者、多種理論、或多種詮釋資料觀點、多種資料詮釋來源以確證資料，以及多門學科以擴展吾人對方法與現象的了解等三角交叉方法（triangulation），來蒐集與分析資料。

三、逐字記錄參與者使用的語言，以獲致參與者逐字的陳述和出自文件中的引述。

四、作低推論描述，幾乎做逐字的正確紀錄，以及詳細描述參與者使用和了解的重要術語以及所在情境。

五、使用多位研究者，使用大團體團隊進行質的研究以提升效度固然是理想，但多數研究採用兩個研究者組成的團隊，由他們對蒐集資料表示是否同意。

六、以機械記錄資料，使用錄音、錄影或照相，以獲致比較完整的、準確的紀錄。

七、運用參與的研究者，許多研究者獲得資訊提供者（informant）的協助，來確證已經觀察和紀錄的資料、對參與者意義的詮釋，以及對整個過程的解釋；參與者可以寫日記、或做軼事紀錄，以和研究者分享。

八、由成員查核，在資料蒐集期間，和參與者做非正式的檢查，以求準確；通常在參與觀察研究中進行。

九、由參與者評述，研究者深度訪談每一個人，或對同一人作一系列訪談，可能會要求這個人評述從他所獲得的筆記或綜合內容。參與者應要求修正訪談資訊，以求準確，接著分析從每位受訪者獲得的資料，以得到綜合性的統整發現。

十、使用負向和或不一致的資料，積極探詢、記錄、分析和報告與組型負向或不一致的例外資料，或用以修正在資料中發現的組型。

讀者如欲深入了解質的研究之信、效度、可遷移性、可依賴性之外，尚有可確

認性（confirmability），後者相當於量的研究中的「客觀性」（objectivity）。請參見王文科、王智弘（2010）或張昇鵬主編（2018）、本章第十節。

第五節　質的研究的反思

　　反思是一種廣義的概念，包括嚴謹檢查個人私自的和對學理的承諾，以了解這些承諾如何成爲選擇質的研究方法、構築研究問題、產生特別的資料、與參與者產生關聯、以及發展出特定詮釋的根源。進而把這些資料，經由研究者心靈再造的過程，寫成報告。換句話說，反思是研究者在整個研究過程，採取的一種嚴格的自我探究。研究者不斷向自己提出難題的舉措，乃基於研究者無法維持中立、客觀、或與研究切割的假定而發。就建立效度（可信性或稱信實度）來說，反思是一項重要的程序。是以質的研究者雖不否認人有主觀性，但是須透過各種策略予以探討。揆諸事實，質的研究極度仰賴研究者的人際技能，如：建立信賴、維持良好關係、不下判斷、以及尊重情境中的規範。研究者用他們全部的個人經驗，竭盡所能地透過同理心的了解，以及非常尊重參與者的觀點之前提，對資料的分析與創新之間，維持平衡作用。田野工作的人際情緒（interpersonal emotions）在資料蒐集活動中，因要做面對面的互動，而更加顯現其重要性（McMillan & Schumacher, 2010）。

　　整個質的研究的進度，基本上仰賴研究者與參與者間建立的關係，互動過程比較屬於個別性的，幾乎找不到兩位研究者所做的觀察、訪談、或與他人產生關聯的方式完全相同。這些議題，於眞正的研究中，如要提升反思能力，必須予以處理。取自資訊提供者（informants）的資料，即使是代表著特別的觀點，或者受到研究者出現的影響，都是有效的。這些資料只有在其代表性超出脈絡的範圍，才會有問題。研究者如能在田野耗上足夠的時間，並運用多種資料蒐集策略來和研究發現相互確證，其可能存在的偏見，就會減弱。是以一項研究設計，能將反思納入，鉅細靡遺交代清楚，有其必要性。W. Pillow提出可使反思有效的四種策略，可供參考：第一是認識自我，即個人的自我覺察；第二是認識他人，即掌握資訊提供者的精華，或「讓他們爲自己辯護」；第三是蒐集眞理，即研究者堅持獲致對的和精確的資料；第四是超越，即研究者要超越自己的主觀性和文化脈絡（引自McMillan & Schumacher, 2010）。

　　反思也涉及研究者欲透過自我質疑，以降低個性所帶來的不舒適感。Patton（2002）曾建議，把這種質疑聚焦於自我、有關人士（audience）和參與者這些篩選的管道之上，提出反思的問題，如圖14-1所示。自我管道使用的問題，如：我知道什麼？我如何知道我知道什麼？什麼塑造或已形成我的觀點？我使用什麼聲音來分享我的觀點？我的作爲與我的發現有什麼關係？有關人士管道使用的問題，如：他們帶來什麼觀點給我提出的發現產生影響？他們如何覺察我？我如何觀察他們？

圖14-1
反思的問題

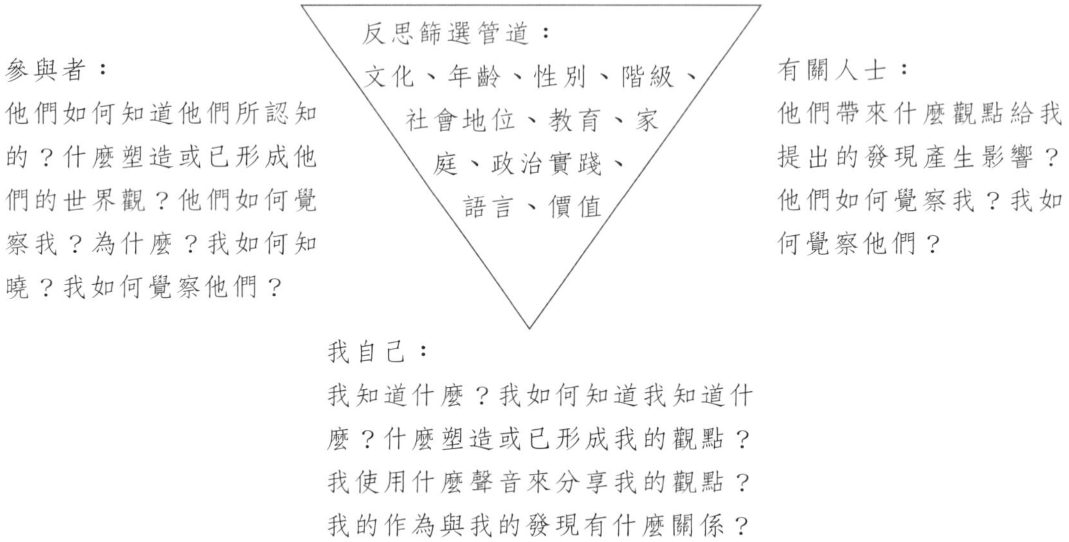

參與者：
他們如何知道他們所認知
的？什麼塑造或已形成他
們的世界觀？他們如何覺
察我？為什麼？我如何知
曉？我如何覺察他們？

反思篩選管道：
文化、年齡、性別、階級、
社會地位、教育、家
庭、政治實踐、
語言、價值

有關人士：
他們帶來什麼觀點給我
提出的發現產生影響？
他們如何覺察我？我如
何覺察他們？

我自己：
我知道什麼？我如何知道我知道什
麼？什麼塑造或已形成我的觀點？
我使用什麼聲音來分享我的觀點？
我的作為與我的發現有什麼關係？

取自同表14-1來源，p.66。

參與者管道使用的問題，如：他們如何知道他們所認知的？什麼塑造或已形成他們的世界觀？他們如何覺察我？為什麼？我如何知曉？我如何覺察他們？

　　持批判論研究者對於他們的實證研究作品，持相當謹慎的態度，唯恐被視為意識形態的論述，或成為複製社會的、種族的、和性別的偏見的作品。例如：一個與聲音有關的難題是：允許所有的聲音浮現嗎？特別是那些被視為反情境的社會緘默分子的觀點呢？另一種反思的策略為立場（positionality），假定：僅有展現研究者自己立場的文本，以及供作推理的脈絡基礎，才可視為好的研究。批判論研究者經常在所提出研究中的緒論篇，提到他們在研究中個別社會的、文化的、歷史的、種族的、和性別的立場，正是反思的代表。另在參與式行動研究（participatory research）中，探究者本人融入行動資料中，這種包含研究者和參與者的雙重角色在內的任務和所獲得的資料，相當複雜，須作檢核（McMillan & Schumacher, 2010）。

第六節　人種誌的意義

　　人種誌（ethnography）在研究方法中，是蒐集資料的基本策略，有各種不同的名稱，如教育人類學（educational anthropology）、參與觀察（participant observation）、田野研究（field research）、自然探究（naturalistic inquiry）等。

《藍燈屋英語辭典》（*Random House Dictionary of the English Language*）將之界定爲「人類學的一支，對個別文化作科學的描述。」如果作進一步的分析，人種誌可說是「互動性」的研究（interactive research），在田野作密集時間的觀察、訪談與記錄的過程；即針對所選擇的場所，就自然發生的現象而作的研究。雖然人種誌研究不像統計分析，有特定的研究程序，但是與其他探究方式仍有共同的方法、策略，如參與觀察、深度訪談（in-depth interviews），以及蒐集檔案資料（archival collection）。多數人種誌研究爲探索性的或發現取向的研究（exploratory and discovery oriented research），旨在了解人的世界觀以及發展新的理論。

　　教育人種誌通常可分成三種類型：一爲眞實人種誌（realist ethnography），作者以第三人稱觀點來描述、分析和解釋情況，而提出客觀性報告，即從田野場景中的參與者那兒習得資訊，如工作生活、社會網絡、地位系統等。二爲人種誌個案研究（ethnographic case study），旨在描述特定團體的活動、方案或事件，以及該團體經過一段時間發展而來的共享行爲組型進行深入的研究，但是較無法全面呈現人類文化性質。三爲批判人種誌（critical ethnography），係爲了倡導對抗現存社會（含學校）中不平等以及特定團體的掌控支配，而由研究者所撰寫具有高度政治化的人種誌，試圖解放社會中陷入邊緣化的團體，其主要探討的議題有如：權力、權威、解放、壓迫、不公正等（Creswell, 2018; Mills & Gay, 2016）。

　　至於教育人種誌（educational ethnography）的定義有：

　　1.教育人種誌是對社會的情景與團體所作的分析性描述；這些情景或團體能爲重塑教育活動的有關人士所曾「共同分享的信念、實務、人工製品、民俗知識與行爲」（Goetz & LeCompte, 1984, pp.2-3）。人種誌者相信實體（reality）是經由「社會的建構」（social construction）而成，個人或團體從特定的實體如事件、人或物中，衍生或賦予意義。爲使這些實體具有意義，個人予以建構並將這些建構加以組織或重組爲觀點、知覺，以及信念系統。這些觀點、知覺，以及信念系統是個人或團體「建構的實體」（constructed realities）。換句話說：「資料可說是由來源或來源所提供的建構而得；而資料分析在於將那些建構予以重組（reconstruction）」（Lincoln & Guba, 1985, p.332）。

　　2.教育人種誌是研究人的生活與教育關係的過程、方式與問題（Goetz &LeCompte, 1984, pp.17-18）。透過資料蒐集的策略，可得知人在社會情境中的知覺。此一過程是歸納式的，從已蒐集得到的特定社會建構（資料）中取得抽象概念。

　　3.Wiersma和Jurs（2009）更直截了當地說，如將人種誌定義置入教育研究中，則人種誌的研究過程爲：「在教育的特定脈絡中，對教育系統、過程與現象所提供的整體性和科學性描述的過程。」（p.242）

　　爲了解說人種誌者從觀點中找尋意義的方式，茲舉一例與傳統的研究方式作對照。假定傳統的研究者想要了解某教師的行爲，是否與學生間的攻擊變項有關，爲

了決定不同攻擊行為的次數，研究者編製歸類攻擊類型的觀察表，以及訓練可信任的觀察者。

在所假設的情境中，這些攻擊行為中有一類是「某個學生打另一個學生」。有經驗的觀察者或記錄員會直覺地了解，在教室內「某個學生打另一個學生」的一切行為，不完全相似。但量的研究者接受的訓練與取向，則暫時把這些保留，不予探討，僅報導所謂的事實，即某學生打其他學生的次數。人種誌者則不然，質的研究者相信了解類似打人的事件之間的些許差異，乃是重要的；此類的研究，均以取得這些資訊為方向。人種誌者以為在研究初期即轉譯、分類或歸屬行為，易於忽視與質的研究感到興趣有關的重要發現。

人種誌者系統的從事衍繹事件之意義的工作。在上述假設的例子中，研究者知悉整個情境以及參與者的觀點，因而能選取有關的細節，以決定某學生打另一個學生的意義，人種誌者將能回答下列諸問題：

1.事件發生時，教室內發生什麼？諸如教師的行動以及其他學生的行動如何？

2.事件發生之前與之後，立即發生什麼事情？

3.各個參與者（打人者、被打者、其他學生、教師）對該事件的感受如何？

4.他們視打人為攻擊行為嗎？

5.打人者與被打者對該行為的意義有一致的看法嗎？

人種誌者不會立即決定某學生打另一學生的意義。而是透過觀察以及配合知識和經驗，提出工作預感（working hunches），可在後續的資料蒐集工作中，詳作查核，結果是該事件可能不被視為攻擊行為，而被視為：

1.如同在交換遊戲中的情形，它是一種情感的表露。

2.在次級文化規範中，它是可接受的行為，以顯示男性的力量。

3.它試圖引起教師的注意或破壞教室秩序，而不是針對受打者而發。

惟該事件是否為攻擊行為，尚有許多關鍵性的特徵有待了解：

1.該事件是一種起始的動作，或是兩個人之間一系列攻擊行動的最後一擊。

2.該事件與以前類似的行動，在時間、地點，甚至類別上言之，均不相同，可能是一種強而有力的過度反應。

3.該事件可能是在較大的社會幫派系統中，所涉及的兩個人之間的人際關係。

最後，須記住的是人種誌者的研究取向，不同於量的研究者。人種誌研究以詮釋學／建構論的哲學為基礎，尋求了解人的建構——如同它們在自然脈絡中發生的思想與意義、感受、信念以及行動。研究者以整個脈絡的觀察者身分，處於特定的位置，了解影響行為的諸項要素，加以統合和解釋，以重組這些由多種建構而成的實體。

第七節　人種誌研究的設計

　　人種誌研究的階段，很少是按部就班循序進行的「緊接著的設計」，但大致可分成以下的階段：(1)敘述起始的焦點、目標以及待研究的問題；(2)選擇研究的設計與場所；(3)發展在田野中的研究者角色；(4)在初步勾勒田野地圖之後，選擇參與者、脈絡以及活動（合目標抽樣）；(5)在蒐集資料以前與期間，選擇蒐集資料的策略；(6)在資料蒐集期間及以後，選擇資料分析的技術；(7)選擇呈現資料的形式以及資料的解釋。茲先就(1)～(4)項在本節敘述，其他各項另列專節探討，其中(2)、(3)兩項予以合併分析。

壹、研究目標與問題——預示的問題與問題的重新形成

　　教育人種誌詳細描述脈絡、活動以及參與教育活動者的信念。研究者通常駐守在現場一段長時間，且以整個脈絡為焦點，進行研究。人種誌研究的旨趣，乃在於了解現象與發展理論，這些不同的研究目標，會對問題的陳述產生影響。

　　人種誌研究者以預示的問題（foreshadowed problems）或預期的研究問題（anticipated research problems）開始研究，此等預示的研究問題在田野蒐集資料期間，可以重新形成。所謂預示的問題，泛指與參與者（如：時間、地點、事件）有關的問題，包括發生什麼、為什麼會發生，以及如何發生在內。這些問題的焦點置於不同社會情境和經驗中的結構和運作的歷程。茲以下例說明：

> 為了描述校長的人事作業，須描述與分析如下三個子項目。第一、校長認定教師的哪些行為是不滿意？第二、校長認定不滿意的行為之後，他們要採取什麼行動，來解決問題？第三、在認定與解決的過程期間，影響校長作決定的因素是什麼？（Luck, 1985, p.4）

　　人種誌研究的問題可能衍自於：每日經常發生或一再發生的教育事件或個人的經驗、意識形態與哲學、理論、以前的研究，以及由在情境中的他人所認定的問題與觀念。換句話說，各種形式的實證問題到處可見，最重要的是需認定他們的可能性如何。以下各形式的問題，幾乎可以直覺地感受出來：「我懷疑現在將會發生……」、「對參與者來說，該事件的真正意義是什麼？」，或「他們準備如何去處理那件事情？」

　　確認一個可能供做研究的問題，乃是人種誌的技巧。當人種誌者的好奇心被激發，或對於自己所觀察或體驗的事件之原因與方法感到迷惑時，就會積極地去探索這些問題。人種誌者雖和其他的研究者一樣，研究理論和以前的研究成果，但是他

們有意將這種認知暫擺一旁，直到在田野中發現其關聯性時，再予以注意和重視。

　　預示的問題在於標示研究者所持的暫定性研究目標、研究問題、以及聚焦於蒐集資料的策略；多數預示的問題都有一個描述的重點。

一、問題的重新形成

　　預示的問題並「非」先入為主的觀念，而是在資料蒐集期間，用來指引作決定的一種有關事實、議題、概念以及理論的工作知識（working knowledge）。為了發現參與的「意義」，即須在田野中重新形成問題。著名的人類學家B. Malinowski強調，在田野工作期間，研究者應具備重訂起始觀念的基本能力，他說：

> 良好的理論訓練，得以熟知其最近的結果，與先入為主的觀念不同。如某
> 人出發探險，決定證明若干假設，若他不能不斷地改變他的看法，在證據
> 的壓力之下，不情願拋棄既有的觀點，毋庸說他的工作將毫無價值。但是
> 他帶到田野的問題愈多，他依照事實塑造理論，以及見到與理論有關的事
> 實就會愈多，他為工作所作的準備就愈充分。

　　Malinowski似乎要求研究者須熟諳社會科學及教育實際有關的理論、研究、議題以及爭論的部分，俾從中發現可供研究的問題。

　　Lofland和Lofland（1995）指出，適合於田野研究的社會生活要素有：各種行為上的實務，如交談或讀書；各種事件，如離婚、犯罪等；兩人以上的會議與互動性遭遇；角色；關係，如外籍配偶中的親子關係；團體，如幫派、工作團隊；組織如醫院或學校；小型社群安置，如農村；社會環境，如運動界、華爾街；生活型態或次級文化。

　　人種誌研究在研究過程中，對理論的角色，採取折衷的觀點。一般而言，理論對研究問題的影響，為如下三種中的任一種：

　　1. **產生研究問題**：研究者可能以伸展或改良已確立之理論的方式，敘述問題。R. C. Rist（1978）在*隱匿的兒童：美國社會的學校統整*（*The invisible children: School integration In American society*, Cambridge, MA: HUP）中，採取的焦點為當學校採取統合時，學生會遭遇到什麼，但是人種誌者首先要提出的概念問題，是從文獻中「我們所指的統合是什麼意義？」對本研究來說，統合可能指著種族同化、種族多元觀、階級同化，以及階級多元觀。人種誌者可從同化理論中，產生研究的問題。

　　2. **為敘述起始問題提供概念架構**：接受若干學科訓練的學者及其優勢的傳統，常形成足以反映學科概念和假定的問題。人類學的結構功能主義和涵化論、心理學的行為主義和社會學習理論，以及社會學的社會系統和社會角色，可能會影響預設的問題的敘述。

3. **重新形成研究問題**：最先提出的預示的問題，俟研究者進入田野之後，為了賦予觀察潛在的意義，需要更適當的解釋與概念，予以重新塑造。如L. M. Smith 和W. Geoffrey〔（1968）. *The complexities of the urban classroom: An analysis toward a general theory of teaching*, New York: Holt, Rinehart, and Winston〕原本想描述中層階級教師處理一群低階級兒童的「真實世界」，但透過觀察訪談之後，以人格理論、社會理論和學習理論，重新形成預示的問題。

不論研究者以社會學、心理學、人類學或政策的觀點，在田野進行研究，將之公開化，乃是重要的。就本質而言，以好幾種學理的以及概念的架構，在田野進行研究的人種誌者，更易於認定事件以及擴展情境的概念層面。

二、資料蒐集策略的焦點

預示的問題標示資料蒐集的焦點，對於參與觀察之場所和接受深度訪談之參與者的選擇，顯得特別重要。然而預示的問題並「無」限制觀察，因為長時間在田野工作，會演化出更多的研究問題。如某人第一年以一所創新的小學進行研究，那兒的教師和行政人員皆是新進的，課程、領導形式也是新的，即使建築物也不像傳統有隔牆的。原先資料蒐集策略的焦點，在於教師社會系統的發展、校長的角色、教學的創新，以及全校學生的社會系統。但經由資料蒐集策略的運用，不僅找出原先這些問題的發現，而且也獲得更多的發現，重新塑造有關教師完成增加的工作量以及提升行政效率的研究問題。

貳、場所選擇（進入田野）以及研究者角色──個案研究設計

傳統的人種誌研究，是個案研究設計（case study design）。在包括許多參與者、背景、過程以及活動的單一場所執行。所謂個案研究設計係指不管背景、社會情境或研究的參與者的數量多少，研究者選擇一種現象，作深入的了解。「個案」與研究焦點有關，且影響研究者能以實證方式敘述完成該研究的事實。「場所選擇」則涉及詳細說明在預示的問題中，所涵蓋的場所的規準，以及找得合適的、可行的研究場所。經選出的場所須能呈現在預示的問題中所述的現象與過程，然後予以研究。研究者為了獲允在某場所進行人種誌研究，也宜公開在蒐集資料時的研究者角色。

一、場所選擇

選擇場所是一種磋商的過程，俾使研究者可自由進出的場所「適合於」預示的問題之需，以及對研究者的時間、技能、移動等而言，均屬「無礙可行」。田野研究者經常預先透過非正式管道，取得資訊。有關場所及其可能的適用性資料，有各種來源，如文件、現在與以前的同事，以及公開的訊息。資料的選擇大抵要仰賴研究者在非正式蒐集資訊時的良好判斷，投入的時間。

　　當人種誌者確認一個可能的場所之後，須與允許他進入研究的人士保持進一步的接觸。多數的人種誌者準備一份簡述的研究計畫，提到場所、參與者和活動、整個研究的時間長度以及研究者角色。該份計畫也載有研究者、贊助的組織、資料的一般用法（含人權的保障）等資訊。此時，場所以及人的可接近性，乃是重要的關鍵。L. Schatzman和A. L. Strauss主張「最初爲研究者接受的任何限制，稍後較爲有利的時刻，可能被視爲是可以有磋商的餘地。」就研究倫理和進入田野，以及確立研究者角色來說，正式的認可乃是重要的。一旦獲得認可，研究者本人便擺脫了場所的支配，去樹立研究者角色、勾勒田野，以及執行合目標抽樣，有關勾勒田野以及合目標抽樣，詳見第四節。

二、研究者角色

　　人種誌者選擇適合於研究目標的研究者角色（researcher role）——在蒐集互動性資料中，由人種誌者所獲得或歸屬於他的關係。R. L. Gold曾分析四種可能的研究者角色，即完全參與者、完全觀察者、參與者的觀察、觀察者的參與，它們的定義已見於本書第9章第一節。這些角色隨人種誌者出現的方式，而對接受研究的社會系統產生不同的影響。其中完全觀察者的角色，研究者從不參與，在心理上也不介入，如透過單面鏡的觀察屬之。完全參與者的角色類似於透過經驗的生活、回憶經驗以及撰寫個人領悟的角色。因爲上述兩種角色都沒有互動的性質，不適合於人種誌研究之需，但可運用於質的研究的其他層面。事實上，研究者是隨著蒐集資料的進行，而經常改變他們的角色。情境一旦發生改變，角色也隨之產生變化。當研究者首次進入場景時，扮演的是局外人角色，隨著研究的進行，逐漸發展出局內人角色。此外，在資源與可使用時間有限的情況，研究者就不易成爲積極、主動的參與者。

　　觀察者的參與或參與者的觀察兩種角色，適合於人種誌的角色。除非進行研究，否則不可能形成觀察者的參與這種角色，因此，人種誌者唯有基於蒐集資料的目標，方獲允承負該角色。參與者的觀察係指意圖在環境中從事研究者所擁有的角色，不問研究是否執行，該角色（如督學、諮商員、教師）仍然存在。由參與者的觀察所執行的學校人種誌，有可能存在的情形是，所有的發現可能受到觀察者——背景互動性效應而造成歪曲，以至於限制該研究的外在效度。傳統的人種誌角色是局外人以及觀察者的參與的角色。

　　揆諸實際，研究角色有多種，如人種誌者須能說出與參與者溝通的流利語言，俾透過互動，取得資料；又如須建立社會關係，俾能由適合於某團體的角色組（role sets）移轉到其他團體的角色組。人種誌者是一個感受敏銳的觀察者，盡可能忠實地記錄現象。人種誌者雖不像機械的記錄儀器，但是他們能提出更多的問題，查核預感，以及更深入地分析現象。

　　當事件在自然情況之下推展，且人種誌者在場時，參與者以典型的方式表現，

所獲得的將是有效的資料。由於研究者角色影響資料蒐集工作，對於研究中的這個角色應加以陳述。

參、勾勒田野

人種誌研究不同於假設考驗或調查研究，它在較大的場所脈絡內，描述與解釋任一次級脈絡限制的資料，此一特徵常被視為強調整體性（holistic emphasis），資料中的次級個案與接受研究之現象的整個脈絡有關。在整個情境中發生的一切，可能成為資料的來源，但是人種誌者「不能也毋須觀察每一件事」，只需獲取強調整體性的所有充足資料即可。人種誌者使用勾勒圖示策略，便能獲得「整體」感，以及從資訊豐富的個案中，能做好合目標抽樣的工作。

人種誌者獲允進入田野，應與研究場所中所有的人建立和睦的關係。人種誌者獲允進入田野，既不能保證參與者在作田野札記的局外人面前，自然地表現行為，也無法確保參與者願意和研究者共同分享他們的知覺、想法與情感。人種誌者的技巧充分反映在參與者是否對研究者感到興趣、予以尊重，視為能夠確保機密的、不妄作判斷的觀察者，或是他們是否視研究者為粗魯的、製造分裂的、採批判性的觀察者，無法令人信任。在整個資料蒐集的期間，人種誌者須能贏得參與者的信任，且一直保守他們的秘密。因為參與者隨時都可能拒絕與人種誌者分享他們的知覺、感情與思想。

由於人種誌者設定研究者角色，也開始勾勒田野（mapping the field），俾獲取在場所中社會的、空間的以及時間的關係之資料，以求得整體的脈絡感。一幅社會地圖（social map）記載人數與人的類別、組織的結構，以及參與者的活動。一幅空間地圖（spatial map）記載位置、設施，以及所提供的特殊服務。一幅時間地圖（temporal map）描述組織生活的節奏、時間表，以及習慣性的例行工作。

人種誌者最初的勾勒田野，一旦完成，他們選取在預示的問題中所提及的那些人、情境以及事件，俾從中獲得豐碩的資料。在資料蒐集期間，隨著新問題的呈現，人種誌者為了取得有效的資料，須透過合目標抽樣（purposeful sampling），改變觀察次數以及位置（有關抽樣策略詳見本章第三節）。

第八節　人種誌資料蒐集策略與類型

人種誌與以下特殊的資料蒐集策略結合在一起：互動性觀察（interactive observation）、訪談、人工製品的蒐集，和補充技術的運用。每一種策略可再細分成較特定的技術。典型上，人種誌者使用多項法（multimethods）——即使用多種策略，以確證以單一策略蒐集的資料；或以各種方法，確認採單一資料蒐集策略所得之資料。小學的班級研究能用以確認與師生晤談的觀察。一般說來，人種誌者常

使用觀察、訪談、分析人工製品，和運用補充技術的方法，或者將這些策略作某種組合後運用之。

有關資料蒐集的策略，常在場所選擇、進入田野以及初步勾勒田野之後，才作成決定。初步的計畫須作評判與修正，如原先計畫透過觀察取得的資料，可能只要藉著訪談即可達成；從訪談資料中的初步發現，可能要藉著研究者編製的問卷或分析人工製品，才能獲得證實。分析文獻或非預期的事件，可能提示觀察或訪談的新方向。選擇資料蒐集策略，是決定可用來蒐集以及確定資料的替代方式；以及決定修正吾人掌握之現象的「事實」的歷程。整體而言，人種誌的資料大抵分成三種類型：內引資料（emic data）為研究參與者用其概念或工具表達的資料，為第一手資料，如以方言表達的在地概念；第二種為外衍資料（etic data），為研究者重新解釋參與者觀點的資料，所以有可能是透過如社會科學家觀點，以專業用語呈現的資料，而非來自研究參與者直接表達之資料；第三種則是辯論資料（Negotiation data），亦即使用研究者與參與者共同可以同意的資料。

壹、參與觀察

參與觀察（participant observation）是人種誌研究用以蒐集基本資料的技術之一。人種誌者盡可能生活在參與者的日常活動之中，把個人與他人或研究者互動的知覺記載於田野札記。

參與觀察視接受觀察的情境及提供的機會，而使參與觀察者有主動參與觀察者（active participant observer）、有特別權限的觀察者（privilege observer）和被動觀察者（passive observer）之分。主動參與觀察的角色是參與者，即教師主動從事教學時，觀察自己的教學成果，且要作成有系統的觀察記錄。有特別權限的觀察者，係指觀察者雖然不是擔任參與者的角色（如教師未負責直接教學時間），但仍可觸及研究的有關資料（如教師仍有機會觀察學生）。被動觀察者不被視為參與者，他們僅能觀察某些活動而聚焦於蒐集資料即可（Gay et al., 2012; Mills, 2014; Mills & Gay, 2016）。

一、在現場參與觀察（on-site participant observation）

該方法的最基本要求是研究者駐於田野（field residence），即研究者有一段密集的時間，停留在田野。一般言之，田野工作是勞力密集的探究方式，人種誌研究的焦點置於一段時間的過程，並且把觀察得到的變化作成記錄。

二、延長資料蒐集的時間（prolonged data collection）

資料蒐集工作應繼續下去，直到自然的事件合理終止為止；或當情境發生急遽變化，田野的一切不再與研究焦點有關時，自然停止。

三、密集的觀察與傾聽（intensive observing and listening）

參與觀察使研究者獲得被研究對象以行動表達對實體的知覺、感受、想法以及信念。人們的知覺實際上是他們對世界的真正構念（constructs）或是他們建構的實體。由此說來，人種誌者如能習得特殊的語言模式，以及接受觀察者個人的語言變異情形，將更為理想，因為語言乃在傳遞這些社會的構念。觀察是一種主動的過程，包括沉默的線索，如臉部表情、姿勢、音調、以及其他非語文的社會性互動，均暗示著語言的精緻意義，不可忽略。

參與者的故事、軼事以及虛構——如教員在休息室或學生在走廊每天閒聊的內容——可以顯示出他們的世界及其建構不同實體生活的方式。

傾聽也是一種需要的任務；傾聽涉及能取代他人的角色、見到參與者所認定的世界。人種誌者有意去傾聽時，須將自己的知覺暫置一旁，而首先考慮參與者的知覺。

四、確證田野觀察（corroborating field observations）

雖然研究者是採不干擾的作法，但是為了追求準確以及肯定，他須主動透過不同參與者，來探求他們對各事件的不同看法。人種誌者長時間在許多脈絡中觀察不同的參與者，以取得無法用其他方法獲得的資料，得以觸及具有獨特性的資訊類別。如人種誌者能確證參與者在不同情境，或在不同時間，對某一論點、問題或他人所作的反應；該位參與者實際上做的是什麼？參與者的非語文溝通如音調、身體運動，含蘊的意義是什麼？以及他對覺察別人的感受、說法或作法如何？欲尋求以及確證不同的知覺，須從多種來源——在不同時間對不同脈絡中的不同人士——取得所需資料。

人種誌者在確證資料的過程，常發現人們所說的與所做的行動之間，常存在著不一致性。參與觀察可讓人種誌者確證人們認為他們正在做的事或研究者認為他們正在做的事。人種誌研究記載的文獻，呈現革新的實務與計畫不同，以及教育改革的目標和可用資源間的不搭配情形。

五、顯著的田野觀察（salient field observations）

由於互動的社會情境，過於複雜與微妙，以致難以觀察或記錄周全，因此研究者不想去把握所發生的每一件事。人種誌者藉著長駐在田野，而發展出決定取捨所要把握事件的技巧。人種誌者將與預示的問題、較廣泛的概念架構，以及互動的脈絡特徵有顯著關係的現象，進行觀察，並作成紀錄。這些元素儘管在方法上有共同性，但人種誌的田野札記卻有分歧性的情況，提供解釋。

人種誌者觀察什麼？多數人種誌者對發生的社會場景或與活動有關的人、時、事、地、物，及其方式和理由，作成詳細性的描述紀錄。觀察的一般大要簡述如下：

1.「誰」在團體或場景中？有多少人出現在現場？他們的身分是什麼？他們如何成為該團體或場景的成員？

2.在此地發生「什麼」？在團體或場景中的人做什麼以及和他人說些什麼？

(1)重複的與不規則的行為是什麼？人們從事什麼事件、活動或例行工作？活動如何組織、標記、解釋或證實？

(2)在團體中的人對他人表現行為的方式如何？人們自己如何組織，或如何與他人結合？明顯的地位與角色是什麼？誰為誰作成什麼決定？

(3)他們交談的內容是什麼？普通的以及較鮮有的主題是什麼？他們使用什麼語言進行語文的與非語文的溝通？他們溝通的內容解說了什麼信念？交談遵循著什麼格式與歷程？誰說給誰聽？

3.團體或場景位在「何處」？什麼樣的物理情境構成他們的脈絡？所創立的或使用的自然資源以及技術是什麼？該團體如何分配、使用空間與物體？在該團體的脈絡中所發現的景象、聲音、味道以及感受是什麼？

4.團體在「什麼時候」會合而產生互動？這些會合的次數有多少以及時間有多長？團體如何運用與分配時間？參與者如何看待他們的過去與未來？

5.經確定的元素「如何」連結——從參與者的觀點或研究者的角度？維持的穩定性如何？如何發生變化以及如何處置？控制該社會組織的規章、規範以及民德是什麼？該團體如何與其他團體、組織，或制度結合在一起？

6.該團體「為什麼」如是運作？參與者賦予他們作為的意義是什麼？在該團體發現什麼符號、傳統、價值以及世界觀？

人種誌者在研究一個團體的場景時，雖然不會立即探討所有的這些問題，但是該架構揭示參與觀察焦點的重要領域。

六、田野札記與反思性記錄（field notes and reflex records）

田野人種誌者在實際執行觀察發生的事件時，所作成的記錄資料，是為田野札記（field notes）。田野札記載有日期以及所認定的脈絡，札記內充塞著獨特的縮寫內容，有點像未經組織或未經編輯處理的東西，他人不易閱讀。在觀察之後，觀察者應立即將田野札記綜合與摘述。一般而言，田野札記包括兩部分：其一為研究者所見所聞的描述，另一為研究者所思所感的反思（詳見本章第五節）。

人種誌者詳細記錄描述性的而非模糊的田野札記，以下所載的是研究成人閱讀時，實際寫成的田野札記與模糊記載二者對照的假設性例子：（Boraks & Schumacher, 1981, pp.76, 86）

反思性記錄是當研究者離開現場之後，立刻寫成的文件，以綜合所觀察得到的主要互動關係及景象，更重要的是在於評估資料的品質、提出質疑和暫時性的解釋。無論在田野札記或在反思性記錄中，暫時性的解釋須和真正的觀察（資料）二者區分開來，有時候在反思性記錄中，這些充滿領悟力的見解，具有自由聯想的品

質：可引用類推、使用隱喻與明喻，或註記學理與文獻，以為後續的資料分析，提供助益。

反思性記錄中，有部分可能是研究者產生的偏見，而提出的批判性自我調控，在研究中經常以「研究中的自我」（Self in Research）敘述出來，即在該段落中，研究者報告傳記式主觀見解的來源，以及減弱影響蒐集與分析影響力的策略。

模糊的記載	描述性的札記
1.畢依把wood誤讀成would	（OBS：畢依的熱心，從她在閱讀時，深呼吸，甚至立誓，表現出來；她努力嘗試乃是無庸置疑的）。當畢依閱讀"would you believe I would not do it again"時，她把would讀如wood，有時候她會提醒自己，教師說would。畢依試著再重讀一次，然後說："Oh, I miss the point, would he"。
2.朱恩複述故事的些許情節，即僅與她自己有關的部分。她深思這些部分	朱恩是一個高挑的、瘦的、多話的婦女。同仁說她是被處理中心轉介而來，被視為智能障礙與情緒困擾者。當要求她從課本的線索說故事時，須予以喚起才行。如底下有關她的意外事件的故事： 朱恩：「我的頭髮著火了。」 教師：「怎麼著火的？你能告訴我多一些嗎？」 朱恩：「我正在抽菸，我的打火機點火了。我把打火機靠近耳朵，纏住頭髮燒了起來，我的整個頭陷入火海之中。」 教師：「你能告訴我再多一點嗎？」 朱恩：「你們告訴我說我看起來像點了燈的聖誕樹。」

作人種誌記錄時，宜遵守以下三種原則：（Spradley, 1980）

1. **語言鑑定原則**：由於人種誌者常使用「混合的語言」（amalgamated language，如參與者的語言、觀察者的語言、現場有關人員使用的語言等）作記錄，因此應予確定語言之歸屬，藉供分析時的參照，以免造成歪曲。

2. **逐字記錄原則**：人種誌者除了確認在田野情境中的各種語言的用法之外，盡可能逐字記錄人們所說的一切。

3. **具體原則**：即描述觀察時，使用具體語言；為了遵循該原則，人種誌者須防範在田野札記中，出現社會科學使用的抽象術語。社會科學的主要目標在於概括，人種誌者在研究期間也力求概括，但是一開始應以自己所見、所聞以及所感等的具體事實開始。

貳、深度訪談

深度訪談（in-depth interviews）也是蒐集資料的一種基本策略，以開放式反應問題（open-response questions）作深入的訪談，獲取「參與意義」（participant meanings）的資料。所謂「參與意義」係指在社會環境中的個人，構思其世界的方式，以及他們解釋生活中的重要事件或「賦予意義」的方式。深度訪談在格式、專門化的應用、問題內容、問題順序，以及執行和記錄訪談的邏輯，有多種變化，茲分述於後。

一、訪談的類型以及專門化應用

質的訪談有如下幾種類型，每一種類型的結構和計畫，以及資料分析中，各種反應的比較皆有所變化（Patton, 2002）這些類型可與第8章第四節之貳相參照：

1. **非正式對話訪談**（informal conversational interview）：問題出自目前的脈絡，並在事件的自然過程中提出；沒有預先決定的問題主題或措詞。非正式對話是參與觀察的主體部分。其優點為：增加問題的特色與關聯性；訪談係根據觀察結果而來；訪談可與個人及環境搭配。其缺點有：以不同的問題從不同的人蒐集不同的資訊；若某些問題非出於「自然」，則較欠缺系統性與綜合性；難以組織與分析資料。本類型與無結構型訪談相當。

2. **訪談指引法**（interview guide approach）：主題事前決定好，但是在訪談期間，由研究者決定問題的順序以及用字遣詞。非正式對話訪談與訪談指引法，較屬於會話性質以及符合情境的考慮。其優點為：以大綱所蒐集得到的每個回應者的資料，較具系統性與綜合性；可預期在資料中會呈現邏輯差距而加以填補；訪談保持對話的性質與符合情境的要求。其缺點有：重要的與有特色的主題可能會被疏忽、遺漏；訪談者在安排問題順序與用字遣詞，可能因觀點不同而提出不同反應，以致減弱反應的可比較性。本類型與半結構性訪談相當。

3. **標準化開放式訪談**（standardized open-ended interview）：向參與者以相同順序，發問相同問題，職此之故，可減低訪談者效應與偏見，惟問題使用標準化措辭，可能限制了自然性（naturalness）以及反應的關聯性（relevancy）。其優點為：回應者回答相同的問題，可增加反應的可比較性；每個人對於訪談主題的反應資料完整；當有好幾位訪談者進行訪談時，可減弱訪談者效應與偏見；允許使用評鑑者了解與評論在評鑑中所使用的工具；有助於資料的組織與分析。其缺點為：訪談與特別的個人或環境之關係欠缺彈性；問題的用字遣詞標準化，可能限制問題與回答的自然性與關聯性。

4. **封閉、固定反應的訪談**（closed, fixed response interview）：問題與反應類別係事先決定。反應類別是固定的，填答者從固定反應項目中予以選擇。其優點為：資料分析簡單；各反應項目可以直接比較且易於歸類；在短時間內，可以問許

多問題。其缺點有：反應者須把適合於他們的經驗及感受融入研究者的類別中，而這些類別或許是非人情化、無關的和機械式的覺察而來；如此完全限制他們作反應選擇的方式，可能干擾應答者真正的經驗或意念。本類型與結構性訪談相當。

　　究竟要選用何種訪談策略，端視脈絡與目標而定，一般人種誌研究的目標有：

1.為了獲取現在對活動、角色、感受、動機、關注、思想的知覺。

2.為了獲取未來的期望或預期的經驗。

3.為了證實以及伸展取自其他來源的資訊。

4.為了證實或伸展由參與者或人種誌者所發展出來的預感與觀念。

訪談的專門化應用策略有如下幾種：

　　1. **與關鍵的資訊提供者訪談**（key-informant interviews）：是與具有專門知識、地位或溝通技巧的個人，作深度的晤談，他們願意和研究者共同分享知識與技巧。這些人大抵為非典型的個人，需從可能是關鍵的資訊提供者中，作審慎選擇（Spardley, 1979）。

　　2. **生涯與生活史訪談**（career and life history interviews）：是人類學家為獲取有關文化的資料，而使用的策略，以引出個人的生活敘事（life narratives）。教育人種誌者使用這種訪談技術，來取得生涯史或專業生活的敘述資料。如當檢查小學女性教師的生涯觀念與以前研究男性教師的生涯有所差異時，人種誌者便建議，須擴充生涯概念，將專業女性也包括在內。教育家的生涯與生活史研究，通常需要訪談二至七個小時，若分享的社會經驗發生在好幾年以前，可能需安排大量的時間進行訪談。

　　3. **訪談優秀分子**（elite interviews）：與某一組織或社區中被認為有影響力、優異的公眾化人物進行訪談，以其對該組織的全貌，與其他組織的關係、法律與財政結構，知之甚詳。

　　4. **現象學的訪談**（phenornenological interviews）：是深度訪談的一種特定類型，以選擇出來的參與者作研究，試圖了解他們生活經驗的意義或本質。這種策略可以對每個人實施單次長時間的綜合性訪談，或對每個人實施分隔三次的訪談。現象學研究主要探討的是參與者所經驗到的是什麼，他們如何體驗到，以及受訪者賦予該經驗的意義是什麼。在訪談之前，研究者可把感興趣的現象，描述自己完整的經驗內容。現象學的訪談允許公開將焦點置於研究者的個人經驗，並將之與受訪者的經驗結合起來。教育工作者經常應用現象學訪談，來取得一種經驗的多元意義。

　　與關鍵的資訊提供者訪談，生涯史訪談以及確證調查，典型上是與其他蒐集資料的策略聯合使用。

二、質的問題

　　問題內容因不同的研究目標和問題、學理架構，以及選取的研究場所、參與者及脈絡而有差異。雖然，從以前研究中選取問題，可能得不到有效的訪談資料，但

是在訪談稿的建構中，檢查不同的訪談資料是重要的。有關質的問題可歸納成如下幾類（Patton, 2002）：

1. **經驗／行為問題**（experience/behavior questions）：以引出個人所做的或已經做的——當人種誌者不在場期間，對經驗、行為、行動、活動所作的描述。換句話說，那一天如果我在這，我將見到你有什麼經驗？

2. **意見／價值問題**（opinion/value questions）：以引出個人思索他們的經驗，以反映出個人的意向、目標和價值——你想見到發生什麼或你相信什麼……？

3. **情感問題**（feeling questions）：以引出個人在情緒上對他們的經驗的反應——你覺得焦慮、快樂、害怕、畏懼、相信……嗎？

4. **知識問題**（knowledge questions）：以引出個人具有的事實知識或個人認為事實的知識——請告訴我有關……你知道什麼？

5. **感覺的問題**（sensory questions）：以引出個人描述他們對周圍環境見到、聽到、觸到、嚐到以及聞到什麼，如何去見、聽、觸、嚐、聞到它們——當你走進諮商員的辦公室時，她問你什麼？她實際上如何稱呼你？

6. **背景／人口學的問題**（background/demographic questions）：以引出個人描述他們協助研究者確認以及安置某些人與他人的關係——即有關年齡、教育程度、職業、住所／移居問題等例行性的資料。

質的訪談需發問真正是開放式的問題。生手的研究者常以事實資料開始，涉及某一答案時，他們常使用的問題是接受訪談者能夠推論出被期望的答案：這些大抵是二分答案問題（dichotomous response questions），以引出是／否或簡短語辭的反應。當採用這些方式時，訪談採用疑問句而非對話式互動的音調。

確定質的問題，有好幾種技術，如有經驗的訪談者使用的訪談原稿評論術（interview script critique）、訪談指引田野考驗法（interview guide fieldtesting），藉之可將最初的問題用語修正，以達到能顯示出應答者世界觀的最後用語。以下引用田野考驗反應的最初用語以及訪談指引的最後用語（Schumacher et al., 1985, pp.150-153），對上述最初二分答案問題，雖可得到極端的反應，但是質的問題可獲得不同的資料，反映出研討會中呈現的多重意義，至為明顯可見。

二分答案問題可能含蘊著所偏好反應的導引性問題。導引性問題可草擬「相反意見」或預先設定的問題（presupposition question），即含蘊審慎的假定以引發複雜或審慎反應的問題。茲引確證師資培育方案發展研究為例，在左欄的是引入二分反應的問題，在右欄則改為引入預先設定的問題（Schumacher, 1984, pp.75-82）：

最初二分答案問題	最後質的問題
Q：教師們在研討會會遭遇困難嗎？	Q：您預期教師在研討會會遭遇到什麼問題？
R：是。	

最初二分答案問題	最後質的問題
Q：教師們改變了嗎？	Q：參加研討會會對教師產生怎麼樣的影響？
R：有些是改變了。	
Q：在教學研討會，您學到東西了嗎？	Q：您提供該小組的教學策略，您學到了什麼？
R：是。	
Q：您找出規劃委員會所提出的任何問題嗎？	Q：您喜歡見到規劃委員會做什麼？
R：是。	

引入二分反應的問題	引入預先設定的問題
在職教師熱衷於教學後照顧班上學生嗎？	「執行〔該計畫〕最困難的是哪些部分？」（預先設定：有許多困難）
您預期參與研討會的教師表現有別嗎？	「您預定參與研究會的教師表現如何？」（預先設定：會有立即的改變）
您知道任何非預期的結果或溢出效應嗎？	「計畫委員會如何處理非預期的機會？」（預先設定：有非預期的機會）

　　有些訪談者強調有疑問詞「為什麼」前導的問題，一般而言，是無效的。「為什麼」的問題常是出自假定的，流於含混不清，或過於抽象而無法引出具體的資料。惟在某些情境中，以疑問詞「為什麼」前導的問題，可讓研究者引出因果的過程或關係。

三、問題的順序

　　有效的訪談，有賴於有效率的探測性處理（probing）以及問題順序的排列，僅提供以下指針：

　　1. **訪談探測性處理**：旨在引出詳盡而精密的進一步解釋，以及釐清反應。設計妥善的訪談稿經由田野考驗，以確定探測性處理的用詞及安排，針對個人的反應變化，而調整題目。研究者說的要比應答者少：反應者需要的線索，通常被減至些許的文字。

　　2. **研究者的目標與焦點的陳述**：通常一開始便要提出。在這個時候須能為個人的身分提供保密的保證以及綜覽可能的討論題目。溝通的資訊為重要的資料，和該資料重要的理由，以及訪談者願意解釋與受訪談者有關的訪談目標。研究者應迎合資訊提供者，提供解釋或改變訪談的焦點，以循著新的領域進行探討。

　　3. **問題的順序**：雖然多數人種誌者能蒐集而得每個問題的適當資料，以及有效率地利用資訊提供者，但是問題的順序是會變化的。嚴格的順序或有綜合性，但

也因而同時使資訊提供者和訪談者感到疲倦和不耐。一般說來，問題係按主題歸類，但是在很多的場合，訪談者忽視原稿的順序，隨著人們自願地思索稍前的答案，而發生變化。

4. 人口學的問題：該問題不是散布在整個訪談中，就是呈現在總結的摘要中。有些研究者為了建立共鳴及集中注意，一開始就想要獲得這份資料。

5. 複雜的、爭議的或困難的問題：這些問題通常是保留到訪談的中期或稍後時期，當資訊提供者的興趣被激起之時才發問。有些研究者寧願在開始訪談時，即提出描述性的問題，然後移轉到較複雜的信念與需作解釋的問題。

四、訪談邏輯

當人種誌者設計會影響訪談期間的一般邏輯的同時，他們選擇訪談主題與問題。影響訪談期間的附帶條件有五：(1)持續時間長度；(2)次數，即為了獲得資料須分開舉行多少次的訪談；(3)訪談的「情境」或位置；(4)參與者的身分以及在該期間出現的次數；以及(5)資訊提供者的風格。有些研究設計計畫定期的訪談時間表，而有些設計僅在重要事件發生之後，才需安排訪談。

訪談者變換他們的互動性方式。互動的方式可能是對立的、情緒中立的，但在認知上卻是複雜的，或屬於同理心的。特定的技術可用來控制訪談的步調，並提供適當的支持與認可。多數質的訪談者較願意採用對話式的音調，以表示同理心以及理解。

深度訪談的一種變型，為焦點團體訪談（focused group interview, FGI），它是和一群合目標的樣本訪談，而非與每一個人個別訪談，俾對某問題獲得較佳的了解，或對某一問題、事物、新產品、計畫，或觀念進行評估的策略。先設計一個社會環境，激發個別團體成員彼此相互間的知覺、意見以及觀念，透過這種比一對一訪談更為有效率的策略，所蒐集得到的豐碩資料，可以提升訪談的品質（王文科、王智弘，1999）。

五、訪談紀錄、轉錄以及細節

質的訪談的基本資料，係得自於訪談期間所宣露出來的逐字解說內容。將訪談過程錄音，可確保口語互動的完整性和提供信度檢核的資料、原稿，以及放錄音檔俾與語文紀錄對照，進而找出更深一層的意義。雖然使用錄音筆或錄音檔，但仍需作札記，俾協助重新塑造問題和作探測性處理，以及作非語文的溝通，協助資料分析。在許多情境中，手寫的札記可能是最佳的記錄方法，由訪談者作記錄，可促使他注意，控制在訪談期間進行的步調，以及研究者依領悟所得寫成之資料的合理性。不管作札記或錄音，以不干擾研究者對受訪談者的注意力為原則。

緊接著訪談之後，研究者須整理完成手寫的紀錄或轉錄錄音內容；轉錄是指將這些札記與其他資訊轉化成可以協助分析的體例。最後的紀錄包括逐字記錄的準確

資料、訪談者的非語文溝通符號以及評論，以提升後續的資料分析的意義。訪談者使用的符號與所作的評論，都是訪談者一開始時就要確認的，這種最後完成的格式應載明日期、地點，以及資訊提供者的身分。

訪談者將每個訪談期間的「細節」（elaborations）記錄下來——即對他的角色與支持的自我反思、受訪談者的反應、多增加的資訊，以及訪談意義的延伸；為了對有效的資料建立品管，此活動是反省以及詳述細節的關鍵時刻。此時發展的許多初步的觀察，以後要透過其他蒐集資料的活動，予以檢核。根據經驗所得，每訪談一個小時，研究者須花四小時工作，以更進一步獲取最後的記錄或謄本以及添加的細節。

參、蒐集人工製品

蒐集人工製品不是一種互動性的策略，與其在研究者與參與者之間鮮有或沒有互動，便可獲得人種誌資料。如人種誌者駐守在學校現場期間，他們必須與個人互動，甚至具有某種程度的參與者身分，即使僅以非口語方式的表現亦然。若研究者記載該互動性角色的影響，這種互動並不礙事；但是蒐集人工製品的策略是屬於非互動性的（noninteractive），但為了安排有關資料，可能是需要具有想像力的田野工作。

蒐集得來的人工製品是形成文化的信念以及行為的具體表徵，描述人類的經驗、知識與行為以及它們所含蘊的價值、情感和知覺。教育人種誌者的研究，大抵採用史學家分析文獻以及考古學者檢核先民遺物的技術。

一、人工製品的類型

當前教育界可使用的人工製品大致分成二類：

1. **個人或官方文件**（personal documents or official documents）：係指由社會群體的參與者保存著的書面的以及符號的紀錄，這些通常是屬於官方的教育文件，如備忘錄、會議紀錄、學生報告、註冊紀錄、課程計畫、學生基本資料，政府文件或以第一人稱描述的個人日記、附件等。當勾勒田野範圍以及駐守在田野期間，可蒐集現有的檔案以及人口學紀錄。

其中有關某個群體之人口資料、輟學率、成就分數、暴力行為與休學人數、出席紀錄、身心障礙學生數、運動傷害人數等統計資料，可供質的研究者用來：建議未來趨向、提出此問題或確證質的資料。質的研究者，更希望從統計資料中，了解人們的思考方式，以及他們對常識的理解。

2. **物體**（objects）：指用以宣示社會意義和價值的表徵或物件，如校旗、文憑、證書等。

二、人工製品的分析與解釋

人工製品的蒐集與分析需採五種策略：

1. **尋找人工製品**：始於勾勒田野，而持續於駐守田野期間。人種誌者尋找期待的人工製品，以獲得文獻和物體。

2. **確認人工製品**：為了便於確認，人工製品宜按便於檢索的方式，編排目錄。藉著記載人工製品的類別、簡述、用途及持有者／繼承者，以及代表性等資料。

3. **分析人工製品**：分析由團體生產或獲得的人工製品時，需有描述性的資料。重要的問題是誰使用它、如何使用、在何處使用，以及使用的目標安在。

4. **鑑定人工製品**：即決定其真偽與準確性，以確認人工製品在社會情境中的意義。

5. **解釋人工製品的意義**：此一策略宜與觀察和訪談資料，相互取得確證。

肆、補充的技術

補充的技術包括解釋視覺技術、分析非語文溝通，以及運用焦點團體。研究者可擇用這些技術，來確證初步的發現或進而提出另外的問題。

1. **視覺技術**：包括涉及當前社會景象的影帶或相片。有關影帶記載著非語文的行為與溝通，可作永久記錄之用，但是影帶也可能因焦距不同以及經費的原因，而在解釋上產生疑義。

2. **分析非語文的溝通**：即針對軀體運動及其傳遞的信息進行研究，舉凡臉部表情、姿勢以及運動，均可與語文資料作三角交叉的查核，由於非語文溝通欲加解釋時，常需輔以其他資料，因此得格外小心才行。

3. **焦點團體**：即採焦點團體訪談（FGI），前面已提到，係以合目標抽樣方式選取一群人，藉著激發彼此間知覺和觀念，而對問題、新產品或方案的評估有較佳了解。該團體典型上是由彼此不相識但屬於較同質性的成員8至12人組成。對於複雜的問題，團體可以略小，由5-7人組成即可，每次持續訪談的時間為 $1\frac{1}{2}$ 至2個小時。目前焦點團體訪談被參與觀察者和深度訪談者當做確證的技術；個案研究與批判研究以它作為好幾種研究的技術之一；在評鑑與政策研究，它是唯一提供證據本位的技術。

第九節　人種誌的資料分析與提出

人種誌的分析，是一種有系統的選擇、歸類、比較、綜合以及解釋的過程，以解說單一的現象；但會隨著研究焦點、目標以及蒐集資料策略的不同，而有廣泛的變化。

人種誌資料分析包括以下幾個循環的階段：

1. 在田野以及在整個研究中，繼續不斷的發現，以確認暫時性的論題（tentative themes）以及發展概念和小型理論。

2. 在蒐集資料之後，歸類以及安排資料，以改進吾人對組型和論題的理解。

3. 質的評估資料的可信性，以改進吾人對情境和社會環境的理解。

多數人種誌者習得：

1. 資料分析並沒有標準的程序可循。

2. 雖然使用歸納的資料分析法，但在適當時間也考慮使用演繹法。

3. 賦予資料意義，大都依賴他們的「智識的精確性」要求，以及對暫時性解釋的容忍。

人種誌者很少像量的研究者一樣，公開他的資料分析策略，這麼做並不是故作神秘，主要原因在於人種誌者採用的歸納分析（inductive analysis），難以像統計分析一樣，可作簡要的表達。

近年來對於質的資料的分析，逐漸走向電子化方向。又電腦統計軟體不斷推陳出新，引人注意。依McMillan和Schumacher（2010）的建議，有以下統計軟體可供參考：MaxQDA（http://www.Maxqda.com）、ATLAS.ti（http://www.atlasti.com）、Ethnograph（http://www.qualisreasearch.com）、Nvivo（http://www.qsrintemational.com）、HyperRESEARCH（http://www.researchware.com）。

壹、歸納分析

歸納分析意指根據資料，分析組型、論題以及類別。歸納分析是：

1. 田野的發現分析（discovery analysis in the field）。

2. 初步的資料分析（preliminary analysis of the data）。

3. 歸類與安排資料（categorizing and ordering data）。

4. 描述性──分析性綜合（descriptive analytical synthesis）。

5. 擴展分析，將重要發現統合，以提出紮根概念和小型理論。茲分述如下，以供質的分析的參考。

一、田野的發現分析

人種誌者不像預言家，他們無法知悉在田野中真正要開展的是什麼，他們連續地選擇研究的最後的焦點。有助於選擇研究焦點的某些途徑是：選擇預示的問題、選擇概念的與學理的架構、在田野採用包括合目標抽樣在內的資料蒐集策略，以及初步的田野資料分析。人種誌者可能發現，以最初的學理架構闡釋有關人的社會「實體」的深度意義，可能未必妥當，因此在資料蒐集以及正式的資料分析期間，須將學理予以擴大、窄化或改變。選擇田野的資料蒐集策略，以及評估資料的效度，有助於確定研究的焦點。人種誌者無法報告所有的資料，但在資料蒐集以前、

期間，甚至之後，需確定研究的焦點。

以下所述係由有經驗的人種誌者，用來發展暫時性發現以及初步觀念的一些分析策略：

1.在田野札記中寫下許多「觀察者評述」以及「細節」，以確定論題、預感、解釋、問題。

2.寫下摘要式觀察以及備忘錄，以便供作綜合及確定研究的焦點之用。

3.從蒐集的資料，建構解釋性的資料，並予以展現出來。

4.操弄觀念、直覺的過程，以發展論題與概念。

5.在田野期間，以探索文獻開始，並寫下它如何協助觀察或如何與觀察對比。

6.操弄暗喻以及類推，但不作標記；或掌握被觀察的精髓以及社會情境的動態性。

7.對參與者徹底試驗呈現的觀念以及論題。

人種誌者以準確的記錄、思辨與擴散性思考，取得平衡。事實與細節是手段，而非目的，產生觀念、論題和概念才是目的。在社會科學中詳細的發現不久即告忘記，但是產生的論題、概念與觀念則不會如此。

二、初步資料分析

初步資料分析，是將一堆資料賦予意義的第一步——確認出現在資料中的組型（patterns）。欲找尋組型，意味著盡可能以許多的方式檢查資料，長駐於田野的人種誌者，常對出現在田野的觀念，感到驚奇，並將之記載在札記中。研究者須從事確認規則、外形和意義群的工作，即暗示著有存在的組型。

有些人種誌者仿效系統設計的編碼方式（請參考第二節之貳），作為初步分析資料的策略如下：

1.組織資料：田野札記、草稿以及蒐集的人工製品，均宜按順序編號，俾便於安置資料。

2.瀏覽所有可能含有主題（topics）、類別（categories，亦稱論題〔themes〕）與組型（patterns）的資料，並加以編碼（coding）。

3.尋找主題、類別、組型以及觀念。主題來自會話、標題、社會情境中的語言、再度發生的活動、情感、民俗與人種誌者的「暫時性的解釋」、細節，以及備忘錄。有些組型明顯可見，而有些唯有透過稍後分析，始可發現。

4.把規則以及意義群寫成備忘錄。

5.針對主題中已完成的部分，或有用的概念、模型或理論，閱讀文獻，以幫忙了解資料。研究者經常在完全不相同領域，找到有用的文獻；人種誌者並不硬將資料納入既定的架構，而是從不同方式來看資料。

6.為了分析與研究這種特殊的資料，重新界定探究的焦點，多數的人種誌資料，可供作好幾種研究。

又編碼是質的研究為達成目的的必要手段，有必要再作進一步說明。按編碼可分成主碼（major codes）、子碼（subcodes）、和副碼（supplemental codes）。主碼是廣域的類別，子碼係將主碼作更細密的分類，而副碼屬於邊緣的類別，但仍對研究的現象有所影響。如在一項社會互動研究中，其主碼之一如為友誼；其子碼可能為：同年級同性別、跨年級同性別、同年級不同性別、跨年級不同性別；其副碼可為：師生關係，如同性別（男師男生、女師女生）、不同性別（男師女生、女師男生）等屬之。當然編碼是為組織與綜合資料之用，惟在分析過程中，如有必要，可將編碼予以修正。至於一個編號系統的數目，雖無固定限制，但有人（Bogdan & Biklen, 2013）建議，限制的編碼數目，約從30至50個。

三、歸類與安排資料

歸類與安排資料順序，是運用擴散性思考與邏輯分析的歸納過程，用以增進研究者對呈現之組型與論題的了解。雖然此過程使用編碼（coding），似乎有點機械性，但需要認知上的彈性。需花的時間，部分是依資料的量、資源以及目標而定。研究者在歸類與安排資料，是以歸納方式，確認「意義的歸組」（chunks of meaning）。「歸組」是指含有有意義的資料，與研究焦點及目標有關，研究的目標會影響所產生的類別：有些預示的問題與評鑑事物，可產生明顯的類別；紮根理論取向的研究，可能強調其他類別。

人種誌者在歸類、揀選以及排列資料時，可採取以下的策略，惟這些策略並非間斷的、按部就班的過程：

1.人種誌者如B. G. Glaser和A. L. Strauss使用歸納程序的「持續比較」（constant comparison）歸類，以指陳相似性與差異性。其步驟為：(1)研究一開始即著手蒐集資料；(2)從資料中尋找可形成焦點類別的關鍵性問題、發生的事件或活動；(3)蒐集可提供許多焦點類別事件的資料；(4)繼續尋找新的事件，並將資料中有關正在探索的、試圖描述與解釋的所有事件的類別，一一記載下來；(5)依據所蒐集的資料進行作業，以導出可發現基本的社會歷程與關係的模式；(6)當分析工作集中於核心類別時，則進行登錄，編碼和撰寫工作。

2.對每一種情況，以多種方式揀選，確認形式。在一篇有關校長與不感滿意教師的研究中，最先由不感滿意類型的教師，然後由有果斷力的教師，揀選不感滿意的教師類別。每一經由揀選的類別重新安排，以了解在不感滿意教師型與有果斷力教師型之間是否有形式存在。如未發現形式時，可另外形成一個類別——即鑑定不感滿意教師的方法，這一類別會導致一種形式的呈現。

3.「確認」每一種可能之類別的屬性，和敘述能掌握該類別特性的「暫時性名稱」，所喜愛的名稱須是出自於資料。

4.安排類別的「順序」。排列類別順序在於擴大、結合、包含與形成新的類別，使之具有實證的與邏輯的意義，這些新類別在意義上是「結合在一起的」。透

過擴散性思考，可改良形式與類別（論題）。這些類別可以加以擴充，以納入其他資料、納入其他類別，或形成一種包羅萬象的類別。

四、評估資料的可靠性

人種誌者在資料分析的每個階段，都要以質的角度評估資料的可靠性，即呈現的類別、形式與主題，反映有效的與可信的資料的程度。為了估量資料的品質以及對資料的了解，可採以下三種形式：

1. **尋找負向的證據**：以駁斥特殊的或不一致的例子。由於多種人種誌者使用綜合選樣（從許多參與者選擇所有可能的例子，無法事先知悉稍後被歸類為極端個案、獨特性個案、或關鍵個案等），而在資料中經常呈現特殊性，特殊例子可使人種誌者能夠修改呈現的形式與主題。

2. **運用N. K. Denzin的三角交叉法**（triangulation，或譯「三角校正法」）：即進行複核資料來源、資料蒐集策略、時間、與理論架構等的效度（Denzin & Lincoln, 2005）。

三角交叉法的第一個步驟，在於評估得自不同資料來源之敘述的準確性。如投入課程革新行動的教師、行政人員和學生的敘述，可用來判斷知覺的深度與準確性。三角交叉法也涉及運用不同形式的資料，描述與分析現象。Denzin（1978b, p.308）曾指出：

> 三角交叉法可採取許多種形式，惟其基本的特性在研究相同的實證單位方面，將結合兩種以上的不同研究策略。

圖14-2以社會互動的兩個案例為例，解說三角交叉法。其中一例涉及資料的來源，另一例則涉及資料蒐集的程序。

圖14-2
以社會互動為例說明三角交叉法（質的效度複核過程）

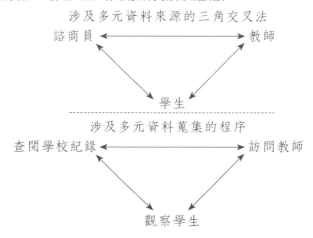

就三角交叉法的形式分，約有五種（王文科，2000）：一為資料的三角交叉法（data triangulation），係指在研究中，採用各種來源的資料。二為研究者的三角交叉法（investigator triangulation），係指運用好幾個不同的研究者或評鑑者。三為理論的三角交叉法（theory triangulation），係指對單一資料運用多種觀點予以解釋。四為方法的三角交叉法（methodological triangulation），係指使用多種方法來研究單一問題。五為科際的三角交叉法（interdisciplinary triangulation），指運用各種學科，如心理學、社會學、人類學等來了解活生生的經驗。

基本而言，三角交叉法是比較資訊之用，以決定是否確有證據存在，即在共同的發現或概念上，找尋資訊的聚合性。就廣義而言，三角交叉法乃在評估資料是否充分，若資料不一致或無法凝聚，便不充分，研究者要面對將相信什麼的困境，那麼該等主題便非研究的主要焦點所在。

3. 展現建構資料（data displays）：即將資訊作有組織的匯合，諸如以圖、矩陣、流程圖等呈現資料，協助分析。

貳、發現的提出：抽象作用的層次

人種誌研究的一種標記是，提出長篇的敘述，但缺少統計的圖表。資料以引自田野札記及引述參與者呈現的資料，而用敘述性語言提出。對多數人種誌研究來說，資料簡直是汗牛充棟——田野札記檔案、文獻架、摘要觀察札記；所有的觀察不必在單一研究中悉數報告出來，根據自然事件的複雜性以及期望提出結果的抽象作用層次，選取研究的最後的與重要的焦點。

人種誌研究描述自然事件的「脈絡」、現場選取的情境與社會環境、參與者，以及整個資料蒐集的時間。所有合適人員的姓名須以機密編號方式處理。

研究結果的提出，視意圖中的抽象作用層次而定，據抽象作用層次而提出的結果，可將研究分成以下各種：

一、描述性敘事（descriptive narration）

描述性敘事的焦點置於在一段期間內，接受研究之團體與其活動的變化情形。外行人對敘事的說法，係指事件的故事。描述性敘事極像調查報告的敘事，此一研究對知識的貢獻為：保存由受過學科訓練的觀察者對過去的事件所作的紀錄，對於以後的研究有其用途。

二、描述——分析的詮釋（descriptive analytical interpretation）

抽象作用的第二個層次為描述、分析與詮釋中的任一種。人種誌者選擇性地分析人的行動與事件的各個部分，備供解釋之用。強調事件的複雜性與交互關係以及人的生活。本研究對知識的貢獻為：提供對被研究之現象的了解；亦可使他人期待（不是預測）在類似情境可能發生的現象。

三、紮根理論的研究（grounded theoretical research）

有的研究超越描述分析的範圍，另增加學理的向度。對人種誌研究來說，適於形成小型或中程理論。這種從觀察歸納而得的概念，是衍自資料，故可稱為「紮根」理論（"grounded" theory）。紮根理論與量的研究不同，後者中的理論構念，演繹自文獻探討中確認的理論；前者所得的兩種或多種概念間的關係即為假設與理論的基礎，如人種誌研究已發展出小型的學生角色、個別化教學理論即屬之。

第十節　人種誌研究的信度與效度

壹、人種誌研究的信度

人種誌研究通常不把焦點放在將事件或行為的次數所列成的表之上，而是聚焦於將研究中的現象作準確的描述，在某特定的研究中，其內在信度係根據兩個（含）以上的觀察者對他們所見，及其詮釋所見方式一致的程度。觀察者如何處理，以求一致？基本上，提升信度乃為不二的途徑，就提升人種誌研究的信度方式言，與其他的研究方式並無出入。

人種誌研究者為了提升內在信度的作法有：

1.盡可能確定研究的脈絡以及通盤的問題，在情境中的觀察者的地位，須確定清楚。

2.採用三角交叉法，即運用多種程序蒐集資料。

3.廣泛描述；若觀察者間的看法存在著不一致性，其不一致性出自何處，便可從描述中發現，且可透過討論的機會解決此種不一致性。

4.探合作、聯合參與研究的機會，使教師與大學教授得有分享看法、討論詮釋，以及檢核別人所作的描述的機會，藉以縮短分歧的見解。

5.將研究的情境錄製下來，可供觀賞，並進而討論彼此所見之差異性所在（亦可參考本章第四節）。

至於外在信度則屬程度問題。因有些研究者主張無一事件可準確複製，多數人種誌研究者對於別人是否可複製他們做過的研究，並不關心。由於人種誌研究的程序多變，應用的複雜程度亦有差別，因此人種誌研究者對於採用的研究方法，需特別作綜合性的描述，否則，若只做速記式的描述，則堅稱審慎執行資料的蒐集與分析工作，似有疏漏，Goetz和LeCompte（1984, p.217）曾作了摘要式的說明：

　　研究者必須清晰地界定、充分地討論資料分析的歷程，以及對檢核和綜合資料的方式，提出追溯的說明。因為信度依賴後續研究者建構原先分析之策略的可能性，唯有以夠詳盡的方式確定這些（歷程）的那些人種誌的說

明，是可以複製的。

貳、人種誌研究的效度

　　有了信度，未必就有效度。如觀察者們可能同意的結論，也可能是錯誤的。若研究的結論未獲得信任，研究程序可能存在缺陷，則該研究便缺乏內在效度。若研究的結果無法概括，則缺乏外在效度；即使結果有內部的一致性且該研究可以複製亦然。

　　首先要考慮的是內在效度。在實驗設計中，可藉著隨機化或納入更多的自變項設計，以求盡可能地控制無關變項。可是在人種誌研究中，由於係在自然環境中執行，無法作這種控制，尤其人種誌研究經常涵蓋一段較長的時間，增加無關變項產生影響的可能性。儘管如此，由於研究脈絡持續較長的時間，可提升因果關係的出現機會。另外，事件出現的時間順序、各個資訊提供者的觀點，以及諸混淆變項的可能影響，均為影響內在效度的因素，但是，因為這些因素呈現在情境中，尚容易被了解。為了確立內在效度，需同時涉及演繹及歸納的兩種歷程；研究者從資料中可能存在的原因，進行有系統的推理。

　　外在效度關注的事項是概括（generalization），即研究結果概括於什麼樣的母群體、條件、脈絡、情境等？Goetz和LeCompte（1982）把該問題解釋為一種「現象的代表性（typicality），或者該現象依著有關的向度和其他現象比較與對照的程度。」（p.51）在教育研究中，隨機抽樣經常不是一種可行的選擇，因而使用的樣本之代表性須依邏輯的基礎予以探討。當要從人種誌研究中概括時，須將環境的條件以及方法論予以特定化，確立供比較的基礎方屬可行。是以吾人應如何把人種誌的研究結果概括？Wiersma和Jurs（2005, 2009）引用Polkinghorne（1991）區分兩種概括的方式加以說明，後者將之分成總量式概括（aggregate-type）與通用式概括（general-type）。總量式係指概括限於所敘述的整個母體群，通用式則指概括是對母群體中每一成員而言，量的研究使用總量式概括，而人種誌研究則使用通用式概括。

　　外在效度可藉著在多處場所的研究，予以強化。若跨多處場所的研究，獲得的現象一致，則該現象的可概括性便會增加。即使現象呈現不一致性，研究場所間的差異或可顯示概括的限制或特殊的條件。教育中的人種誌研究並非皆可在多處場所進行，事實上，能符合多處場所標準的並不多。可是在同一研究中，將研究脈絡中的所有變異包括在內時，可以提升外在效度。如小學的寫作教學研究，同一研究在低年級兩個（含）以上班級實施，或可提升外在效度。

　　不論採取何種研究形式，在研究中不可能獲致絕對的信度與效度，但是研究者在研究脈絡中仔細地控制變項，以及操作效應，得以確立信度與效度，此種普遍性的策略，亦適用於人種誌研究。

第十一節　人種誌研究的優缺點與問題

壹、人種誌研究的優點與限制

　　教育領域的研究，由於長期以來受到量化與實驗概念的支配，無法有突破性的發展，不免發生各種反對的聲浪，人種誌研究法即針對這股力量產生反擊的具體反映（Fetterman, 1984; Hymes, 1978）。但在教育研究領域採用人種誌法，亦有其優點與限制，先就優點言之，約有如下四項（Goetz & LeCompte, 1984）：

　　1.人種誌研究須設計一個相當完整的環境狀況，加之此種研究常需延續數個月，採取縱貫式的途徑進行，是其他多數的教育研究所不易做到的。

　　2.人種誌研究法比其他研究法，更易獲致新的見地與假設。

　　3.根據觀察自然環境蒐集得到的資料，建立的假設或理論，較切合實際。

　　4.由於觀察者開始研究時不採用特定假設，因此比採用傳統方法的觀察者更易留意不是期望中的現象，而有意外的收穫。

　　再就人種誌研究的限制而言，約有如下六項（Goetz & LeCompte, 1984）：

　　1.想採用人種誌研究進行觀察，須在社會學或社會人類學領域接受充分而完整的訓練外，尚要具有敏銳及審慎的觀察能力，因此，研究者如未接受觀察技術的訓練，將影響研究成果的品質。

　　2.為了了解研究的環境，常需耗費大量時間，從事觀察活動。一般言之，多種的人種誌研究常要延續數個月，或超過二、三年，如此一來將使原先設計的研究，耗費更多的金錢；而且經由長期研究的結果，很難由其他的科學家複製。

　　3.觀察而作的記錄冗長而繁雜，量化不易，解釋也有困難。

　　4.觀察是主觀的，不易查核其信度，觀察者的偏見或先入為主的觀念，可能嚴重困擾研究的發現，卻不易察覺。

　　5.教室事件的觀察，欲求一一完備記錄下來，並不可能；因為觀察者在活動進行中，須不斷作決定，該記錄什麼，什麼該省略。

　　6.觀察者經常主動參與所研究的環境，可能造成角色衝突與情感投入，因而降低蒐集得到之資料的效度。

　　此外，採人種誌法進行研究時，研究者宜遵守如下的倫理信條（Spradley, 1979）：

　　1.首先要考慮資訊提供者的利益、權利與感受，並予保護。

　　2.透過溝通，讓資訊提供者了解研究目標，而樂於接受時方宜進行。

　　3.資訊提供者的隱私權，應受到尊重與保護。

　　4.不可利用或剝奪資訊提供者的權益。

5.研究者撰寫的報告，宜對資訊提供者有所裨益。

貳、人種誌研究面臨的問題

一、使用數量表示的問題

人種誌的研究描述某一現象時，經常使用「大的」、「一段長時間」、「相當快速」等語詞。但是對某些現象的研究來說，如其延續的時間長度，以數量表之，總比說「一段相當長的時間」準確。又如班級大小是描述中的特徵時，以平均人數表之，總比簡單的描述用語，更能提供有用的資訊。

人種誌者提供有關研究現象數量的估計相當粗略，即僅提供一個範圍（ballparking），如「有許多群眾聚在禮堂開討論會」屬之，有些活動或情境，無法或不可能取得數量資料，取其範圍可矣。如果是如此，研究者須了解範圍的估計，僅在表示大小順序。由於人種誌研究大都仰賴描述，即使使用統計量數，也僅作描述，而不作推論。

二、使用抽樣程序的問題

量的研究在選擇研究對象時，大抵採用隨機抽樣，以確保其代表性，人種誌研究的焦點通常置於特定的情境或脈絡，但是現象中的每一部分，不可能一一予以觀察或查核，所以難免會涉及選樣。

大多數的人種誌研究，在單一場所執行，或可能在少數場所進行，因此，除非執行廣泛性研究，否則不宜應用隨機選取場所的作法。如有項大規模的研究，以全國高中為對象，其中涉入的有二十個場所，這些場所即可從全國高中的母群體中，隨機抽取。

三、使用問卷、觀察量表以及內容分析的問題

問卷和結構的觀察量表通常與調查研究結合，提供分析資料的方式與一般的量化程序無殊。人種誌的研究，利用問卷蒐集的資料，可補充訪談的不足，與其問卷的題目比訪談使用的開放式題目，更具結構性。

正式取自內容分析的資料，同樣可以在人種誌研究中，充當補充資料之用。在觀察場所存放的資料，可以內容分析處理，如小學班級的布告欄的內容即是其中一例。

第十二節　教育人種誌研究舉隅

人種誌研究需肯耗費大量時間者始可著手進行，唯有經由長期的觀察，研究的現象方可被了解。若只有由教師們執行人種誌研究，研究的焦點便大受限制。因

此教師們可能發覺他們在人種誌研究中最有用的角色是與他人共同合作為宜。K. J. Kantor, D. R. Kirby 和J. P. Goetz（1981）強調這一點：

> 有經驗的教師具備兒童以及班級情境的知識，使得他們可能成為強而有力的研究者；人種誌允許他們使用該種知識以及開啓教師和研究者對話的機會。教師與研究者之間的合作努力是特別有希望的。

為了具體說明教育人種誌的研究，茲以下列由S. Florio和C. M. Clark所撰**小學班級寫作功能**（*The functions of writing in an elementary classroom*）一文為例，簡述如下：

> 本項報告係根據在兩個班級，執行為期二年的研究寫成，其中一個班級為小學二、三年級開放空間的教室，另一為六年級的教室，刊於1982年5月發行的英語教學研究（*Research in the Teaching of English*, 16(2), pp.115-130），焦點置於二、三年級的班級教學。
>
> 本研究屬於科際的性質，採用人種誌研究的方法論、融入認知心理學的觀念以及有教學經驗教師的知覺。從以下各來源取得資料：
> 1.根據在每個班級執行密集式參與觀察寫成的人種誌札記。
> 2.選取班級中每日生活的錄影帶。
> 3.從週報記載由教師描述的教學，以及特別的寫作教學資料。
> 4.就有關週報以及錄影帶的內容，訪問教師。
> 5.蒐集學生的寫作作業，以及和學生討論他們的作業。
>
> 該班占有該校的一整邊，是校內一間特別教室，用以調整開放班級、跨年齡教學的需要。該報告對教室內涵有所描述，特別強調它是適用寫作教學的地方。此種描述，就了解教學脈絡來說，有其重要性。
>
> 根據蒐集的資料，以及所作的解釋，確認以下四項寫作的功能：
> 1.透過寫作以參與社群。
> 2.透過寫作以認知自己及他人。
> 3.透過寫作以掌握自由時間。
> 4.透過寫作以展示學術能力。
> 上述的社群係指涉入班級寫作教學的團體。

有關執行研究的過程，作者有如下的敘述：

> 田野工作者的見識，不限於公開投入的寫作以及寫作教學，而是不辭辛勞

地把大量的時間耗在學校以及班級，觀察與分享整日的活動，而逐漸注意
到教師與學生寫作時所使用的模式。同樣的情況是，當教師與學生在接受
正式的和非正式的訪談，被問起有關寫作問題時，這些問題最初均以他們
班級生活的較大脈絡的名義提出。最後，本著相同的精神，普遍而大量蒐
集學生的寫作與圖畫。

上述的敘述，摘述人種誌研究的方法論。在該份報告中，對四項寫作的功能，
進行緊密的探究，提出寫作的範例以及觀察者的解釋，接著報告提出摘要性的結
論，其中之一引述如下：

觀察所得，寫作是具有希望的功能，或許在教育學上最具有挑戰性──以
學生真正的經驗開始寫作，以及當作學校一種合理的事件和讓學生對該歷
程有大量的控制力量與影響力量予以組織。

作者最後評述這種寫作教學的研究方式的適用性及價值，作為結論。

註：本章部分資料取自McMillan和Schumacher（1989），並徵得作者與出版商的同意，謹此誌
　　謝。

作 業

一、選擇題

1. 質的研究中的個案係指：（①用作深入研究對象的個人 ②由研究者選取的特定情境，經由該情境對較寬闊的現象，有所了解 ③一個檔案的聚集或法規的圖書館 ④一個變項）。

2. 人種誌研究問題的根源，衍自：（①閱覽學理的文獻 ②人種誌者以前個人的經驗 ③以前的實驗研究 ④人種誌者在情境中的經驗）。

3. 人種誌的研究問題，一開始是：（①比較一般性的研究問題以及預示的問題 ②研究假設 ③一列變項 ④統計假設）。

4. 陳述預示的問題標示人種誌者將：（①與這些先入為主的觀念緊密結合 ②僅觀察那些期待的問題 ③認定事件顯露的多重意義與歷程 ④考驗經證實之研究的理論）。

5. 質的研究可能在於：（①考驗理論 ②從周全的文獻探討中衍生而來 ③視個人為在研究中可以被取代的受試者 ④提供從參與者賦予社會情境的意義來了解概念或提示紮根理論）。

6. 個案研究設計係指：（①樣本的大小與代表性 ②實驗組與控制組兩組的比較 ③臨床與醫學的個案史 ④一個分析單位）。

7. 合目標抽樣係指：（①在蒐集資料以前設計的取樣程序 ②最不可欲的策略，為綜合性抽樣 ③當吾人蒐集資料之同時，尋找豐碩資訊個案的策略 ④屬於機率抽樣）。

8. 歸納分析係指：（①為了發展與證實或考驗普遍命題以及因果律而採取的質的程序 ②從資料分析、形式、主題與類別 ③從理論概括特殊 ④漠視參與的意義，特別是逐字的陳述和措辭）。

9. 人種誌者：（①在田野時禁作觀察記錄 ②根據文件與參與者，記錄他們自己的觀察結果 ③採取批判的與判斷的觀點傾聽及觀察 ④與參與者維持融洽的方式，進入田野研究以蒐集資料）。

10. 以三角交叉法蒐集資料係指：（①把每個參與者的證詞視為值得信任予以接納 ②把研究者的第一印象視為準確的予以處理 ③每一種觀察與其他資料來源複核 ④漠視與確證的事實不一致的資料）。

11. 有關抽象作用的各種層次，下列何者是質的研究所能提供的？（①與新聞報導類似的敘述事件或過程 ②為了過去發生的事件提供解釋與理解的一種分析或詮釋 ③發現變項、概念或假設 ④以上三項皆是）。

12. 人種誌對研究的貢獻，下列何者「不」包括在內？（①探索的或發現取向的研究　②提供許多個案研究的優勢證據　③概括應用於不同情境與母群體　④評鑑研究，特別是形成性評鑑）。

13. 為了評量人種誌研究，吾人必須探尋：（①研究的概念架構與研究問題　②延長駐守田野或作適當數量的人種誌晤談　③假定研究假設以及該角色影響資料蒐集的方式　④以上三項都要公開敘述）。

14. 質的研究之資料蒐集策略是：（①參與觀察　②深度訪談　③蒐集人工製品　④多項方法，或結合以上數種策略）。

15. 質的研究者強調發展「紮根」理論，即指：（①從資料發展出理論　②在研究開始前，須確立固定的理論基礎架構　③僅在草地上的受試者可以發展理論　④理論需築基於已選取的研究設計之上）。

16. 在質的研究中，下列哪一種研究角色不適當？（①參與觀察者　②訪談者　③參與者與研究者的雙重角色　④完全的觀察者或完全的參與者）。

17. 質的研究資料蒐集策略包括：（①參與觀察　②深度訪談　③文獻與蒐集人工製品　④以上三項另加補充的技術）。

18. 質的研究參與需要描述什麼？（①在團體或社會景象中的人　②發生社會景象的時間與地點　③團體運作方式　④以上三者皆是）。

19. 質的研究文學與人工製品是：（①很少採用　②限制於個人的文獻　③有助於證實其他的資料　④視為其表面價值的資料）。

20. 深度訪談是：（①封閉式反應訪談　②標準化開放式反應　③訪談指引式訪談　④非正式對話訪談）。

21. 紮根理論是：（①以歸納法建構理論　②以演繹法建構理論　③研究者須先觀察社會生活的各個方面，再建構理論　④僅①和③的答案正確　⑤僅②和③的答案正確）。

22. 紮根理論始自於：（①組型　②假設　③關鍵變項　④資料蒐集）。

23. 一般而言，人種誌強調：（①現象學觀點　②語意學觀點　③內觀的觀點　④外觀的觀點）。

24. 某中學學生的缺席率常超過30%，研究者想了解學生的紀錄以及訪談學生和老師，這個例子屬於人種誌研究的哪一種類型？（①批判人種誌　②人種誌個案研究　③實在人種誌　④理想人種誌）。

25. 機會抽樣與同質性抽樣的不同，在於前者：（①詳細描述子單位　②在開始蒐集資料以後才著手進行　③蒐集典型個案資料　④蒐集非典型個案資料）。

26. 就下列描述中，指出各屬於：（①紮根理論　②人種誌　③個案研究　④現象學。）

a.研究者目標在於：從延長觀察的群體中，了解該群體及其文化。

b.研究者詳細檢查單一受試者或單一情景。

c.研究者藉著決定參與者覺察的經驗之意義來尋求描述經驗。

二、試就人種誌研究的性質與實驗研究的性質作一比較（本題請於學過實驗研究法後再答）。

三、如吾人確認人種誌研究的概念因素有觀點（perspectives）、文化（cultures）與組織（organizations），試述這些概念因素之間的關係如何？

四、試界定三角交叉法的歷程。假定某研究者正對小學數學教學執行人種誌研究，試問如何運用三角交叉法？

五、試分辨人種誌研究的信度與效度。

六、何以人種誌研究有時候難以建立外在效度？提升人種誌外在效度的途徑如何？

七、在蒐集資料期間，成人教育計畫的主任偷聽到某些成人對該計畫的負面評價，以及見到人種誌者記錄這些評價，這位主任告訴人種誌者如是的評價一旦公開，會對該項計畫造成不佳的形象，因此該主任要求人種誌者把那些特別的田野札記破壞。人種誌者如何處理該情境？

八、人種誌研究為了蒐集資料，需進行哪些觀察？試舉例說明之。

九、試從一份專業性期刊，選出一篇以人種誌法研究的論文。先仔細閱讀該篇論文，然後確定研究問題與所提出的假設。並分析該論文是否以恰到好處的方式細述研究進行的情形，俾讓讀者了解以及從中攝取結論？

十、將下列訪談指引問題的措辭改變以符合質的問題，並將這些問題以適當的順序予以安排，以引發教師對由校長施予評量的知覺：

1. 您認為專業人員的教師需接受他們的校長評量嗎？

2. 貴校校長在對您做年度評量之前，他拜訪貴班好幾次嗎？

3. 貴校校長在每次拜訪以後，都與您有一次討論會嗎？

4. 校長對您的教學所做的評量公平嗎？

十一、下列的敘述為質的問題，試指出所要研究的個案是什麼？

1. 本研究在描述與分析某所市區大學女性教師覺察她們的專業和個人生活的方式，以及她們統整生活的方法。

2. 研究問題在於描述蘇老師第一年擔任小學教職以來，與學生、教師同仁、行政人員、家長在一起，學習專業的角色，以及她發展教師專業觀的「意義」。

3. 研究問題在於描述與分析執行創新中學計畫的教師社會系統，以便提出基礎的學理概念。

十二、試簡述一般研究的步驟與人種誌研究的步驟的不同。

十三、何謂田野札記？包括什麼內容？

十四、試就最適合採用下列方法研究的問題各一種：1.人種誌；2.現象學研究；3.個案研究；4.文獻分析。

十五、請舉例描述主動參與觀察者，有特別權限的觀察者和被動觀察者之間的不同。

十六、質的研究的特徵為何？

十七、現象學研究與紮根理論研究有何異同？

十八、質的研究的反思涉及哪些層面？

十九、如何提升質的研究的信度和效度？

二十、紮根理論建構的理論是否毫無限制？

二十一、持續比較法和三角交叉法的不同安在？

二十二、紮根理論研究，使用哪些不同的編碼？

二十三、試述開放編碼、主軸編碼與選擇編碼的目標之差異。

答案：

一、1.②； 2.④； 3.①； 4.③； 5.④； 6.④； 7.③； 8.②； 9.④；10.③；
11.④；12.④；13.④；14.④；15.①；16.④；17.④；18.④；19.③；20.③；
21.④；22.④；23.③；24.②；25.②；26.a-②，b-③，c-④。

二、

人種誌研究	實驗研究
1.建構主義的基礎：從參與者的參照架構，尋求了解人的行為。	1.實證的基礎：尋求探究事實以及確定原因。
2.當人從事常規活動時，有系統地觀察行為再現的模式。	2.確立需待了解彼此之間的變項——有些（自變項）須被操縱，以了解他們對其他（依變項）的影響。
3.確認以及描述自始自終交叉循環的現象。	3.考驗關係。
4.以研究的概念架構與事件為基礎，發展假設。	4.預先形成研究問題或假設。
5.以自然的實驗進一步考驗田野情境。	5.使用實驗室或田野情境。
6.複核各種資源來源、脈絡以及時間，以確認發現。	6.計算交互評定者一致以及統計機率。

以上為詳答，亦可為略答，實驗研究至少直接操縱一個自變項；人種誌研究焦點所在的變項是研究者不需干預而任其在自然情境中發生者。

三、觀點形成文化，文化集體組成組織。

四、三角的探討途徑是質的複核效度；涉及比較（如諸項來源或資料蒐集程序）以決定一致性程度。

五、信度涉及研究程序與結果的可複製性；效度涉及結果的解釋（內在效度）及其接著而來的概括性（外在效度）。

六、由於人種誌研究是情境特定的，或脈絡特定的，因此概括性（外在效度）可能受到

限制。擴充人種誌研究的範圍為多種情境，可提升外在效度。

七、人種誌者應首先提醒該主任同意進入田野的作法：所有資料都要保密，且提出的發現涉及的人名及地點也要轉譯。其次，人種誌者須解釋，由於所提出的批評，所記錄的陳述，在那個時候，人種誌者不知批評的意義或者批評是否將在發現中提出，唯有透過與其他資料複核才能確立模式。第三，人種誌者宜利用適當場合鼓勵該主任說出更多與這些成人有關的事情，俾使研究者得以評估成人證詞的可信任價值。人種誌者也可利用適當場合，請該主任談論有關成人教育計畫的公共形象。

八、略。

九、略。

十、質的訪談指引樣式如下：

1.當校長拜訪貴班時，您的感覺如何？
探測性處理：你能告訴我為什麼嗎？

2.校長在觀察教學之後，通常會和教師有一次討論會。您能告訴我這些討論會像什麼嗎？

3.您認為貴校校長對您的教學所做的評量公平嗎？
探測性處理：為什麼公平或不公平？

4.您認為評量與您的專業教師觀有何關係？

十一、1.某市區大學的女性教師成員。

2.蘇老師頭一年在小學擔任的教師。

3.執行創新中學計畫的教師。

十二、一般的研究步驟，常依直線順序進行，大致如：界定問題→建立假設→名詞操作性定義→設計研究工具→蒐集資料→分析資料→獲得結論→提出結果報告。人種誌研究很少採用此種直線模式，率多遵循循環模式（cycle patterns）而行，如下圖所示，包括選擇人種誌方案、發問人種誌問題、蒐集人種誌資料、作成人種誌記錄、分析人種誌資料、撰寫人種誌報告（Spradley, 1980, p.29）。

十三、田野札記是研究者在田野進行質的研究，所記載的筆記，包括研究者所見所聞，或其對觀察所做的詮釋，其中包括描述性的內容（所見所聞部分）以及反思性的內容（即研究者的思考或感受部分）在內。

十四、略。

十五、主動參與觀察者係指研究者在情境中擔負主動參與者的角色；有特別權限的觀察者雖未擔負參與者的角色，但是可以接觸情境中的活動；被動的觀察者不是參與者，僅能觀察某些活動。某位正在教育學院就讀的學生，從事研究教育學院學生的真正面貌時，他就是主動參與觀察者。有位研究者觀察某校運作的一切——如教學、行動、會議等，但他不是該校的教師或學生，即是有特別權限的觀察者。在某校每週僅觀察某科目兩天的教學，即被視為被動觀察者或受限觀察者（limited observer）。

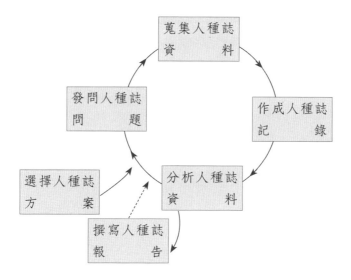

十六～十九、略。

二十、紮根理論研究，涉及在一段長時間以多元技術蒐集資料，然後予以歸納而建構的理論。對於所蒐集的資料，不斷予以評述，據以建構理論，是以如是的理論，不在獲致如Piaget的認知發展理論、Freud的性心理理論那麼大型。它只是用於研究田野脈絡、或其他類似情境的實用理論；它亦與一般質的研究有別，它期望研究的發現，可以概括於其他的情境。

二十一、持續比較法是描述資料分析的精密方法，其程序係由研究者取資料中的某一部分與其他部分作比較，以決定其間的相似性與差異性。而三角交叉法是由研究者從不同的來源（如訪談、觀察）資料，作比較，以確認反應的效度；但持續比較法則是使用相同資料的來源所作成的比較。

二十二、系統設計使用開放、主軸和選擇編碼過程；建構設計使用啟始、焦點與學理編碼過程。

二十三、略。

第**15**章

個案研究法

第一節　個案研究的意義與目標

壹、個案研究的運用與意義

　　為了達成觀察社會的實際工作，並將所得的社會資料作有系統的組織，個案研究法為一可採行的研究方法。此方法以一個整體的社會單位（a social unit as a whole）為對象，該單位可能是一個人、家庭、社會團體、社會機構或社區。社會工作員與輔導諮商員採用個案研究，乃在於診斷特定的條件，提供建議治療的因應策略，大抵以個人作為獨特的研究對象。一般的研究者則以具有代表性的個別團體為對象，仔細分析樣本的資料，務期從中獲致結論，概括所屬的母群體。

　　個案研究在教育研究上，有一段漫長的歷史，但也普遍應用於其他領域的研究，如醫學、臨床心理學及個別差異的研究屬之，重要的如S. Freud的著作以及J. Piaget的研究都不難發現。Freud是運用個案研究方法於精神病學研究的先驅，就其處理精神神經症的病人方面言之，他努力於發現一致的經驗模式。在他細心的探求之下，使得病人能夠回憶自己在兒童及年輕時代發生的，但已遺忘良久的有關創傷性的，或與性有關的意外事件。Freud假設：這些意外事件或可用來解釋病人的神經性的行為。Freud曾研究Sergei Petrov——狼人（the Wolf Man）——的生活史，並以「來自嬰幼期神經症的生活史」（"From the Histroy of an Infantile Neurosis"）為標題於1918年出版問世。此書是Freud所利用的典型個案研究之一，他認為所作個案研究的結果，與其假設一致，使得心理分析一時蔚為一項有效的處理方法。

　　個案研究不限於研究個案團體及其成員的行為特徵，小村莊以至大都會在內的各種社區的型態也包括在內。早期的社區研究，較為吾人熟稔的應推由Robert和Helen Lynd分別在1929年、1937年提出的**米德爾市**（*Middletown*）以及**轉變中的米德爾市**（*Middletown in Transiton*）兩篇報告，用以描述美國印第安那明西市（Muncie, Indiana）的生活方式，該市位在美國的中西部，是一個中型的城市，該

兩份報告用以回溯該市自1890年代因瓦斯浪潮而發跡，歷經第一次世界大戰、20年代的財富，以至30年代的蕭條經過。有些社區的研究專以特殊的層面為對象，如A. B. Hollingshead於1949年出版的**艾默鎮青年**（*Elmtown's Youth*）專以美國伊利諾州的一個小社區的青年人的文化或生活為對象；又如W. L. Warner及其同僚P. S. Lunt於1941年出版的**現代社區的社會生活**（*Social Life in a Modern Society*）一書，便以美國麻州紐貝波（Newburyport）的新英蘭社區，為其發展社會階級結構假設的研究對象。此外，各種個別的團體，如酒精中毒者、毒品吸食者、青少年罪犯、小佃農、工人、專業人員、行政人員、軍眷、各教派信徒、大學、福利單位、幫派、商業團體等，亦多當作是個案研究的對象，從中可發現其間的文化與發展情況。

由上述的分析，可知個案研究較多用於檢核研究當時的事件，但其間有關的行為，無法予以操縱，職此之故，個案研究有時須借重與歷史研究相同的蒐集資料的技術，如利用圖書館或電話查問，此外，個案研究另需運用兩種為歷史研究所無法的蒐集資料方法，即直接觀察與有系統的訪談。

依據Best和Kahn（2006）的界定，個案研究是為了決定導致個人、團體，或機構之狀態或行為的因素，或諸因素之間的關係，而對此研究對象，作深入探究。Gall等（2007）亦認為個案研究是指深入研究自然情境中的現象，且從涉入該現象的參與者的觀點來予以探究。基於此種認識，他們指出個案研究約有四項特徵：(1)焦點置於特定的事實或情況，來研究現象；(2)對個案作深度研究；(3)在自然環境中研究現象；(4)研究個案參與者的內觀（局內人）與外觀（局外人）的觀點（emic and etic perspective）。

綜合上述，可將質的個案研究區分成內爍個案（intrinsic case）與工具個案（instrumental case）兩種（Stake, 2008）。前者是聚焦於個案本身，探究的是不平凡的或具獨特性的個人、團體、或事件（如不平凡的資優運動員、新式的進階安置班級、特許學校、一場政治選舉）；後者聚焦於對特定主題、實體或議題的探究和闡釋（如研究單一學校青少年的性行為、探究單一學區教師的流動情形）。

貳、個案研究的目標

個案研究依其具有探索性（exploratory）、描述性（descriptive），與解釋性（explanatory）和評鑑性（evaluative）目標，而區分成探索性個案研究、描述性個案研究，解釋性個案研究，以及評鑑性個案研究；探索性個案研究與處理是什麼（what）形式的問題有關，如一所有效能的學校運用什麼方式運作便是，描述性個案研究與處理誰（who）、何處（where）的問題有關；至於如何（how）與為什麼（why）的問題，則多屬於解釋性個案研究的任務。另評鑑性目標，係指研究者採任一種評鑑方法，來進行個案研究，研究者要執行且須做判斷。此外，研究者可就受評現象，蒐集豐厚描述，藉以確定主要構念、組型的特色。由於受政府經費支持

的方案，須接受正式的評鑑。

　　個案研究依其目標，雖可細加分類，惟就一般情形而論，任何個案研究多涉及描述性、探索性與解釋性目標，單獨以一項目標爲努力方向的個案研究，非但不充分，亦不多見。因此，綜合言之，個案研究法的目標，乃在於了解接受研究的單位，重複發生的生活事象（life cycle），或該事象的重要部分，進行深入探究與分析，以解釋現狀，評鑑績效，或描述、探索足以影響變遷及成長諸因素的互動情形，因此個案研究應屬於縱貫式的研究途徑，揭示某期間的發展現象。論其重點係放在研究對象所具有的代表性（typicalness），而非唯一性（uniqueness）因素。因爲若過分強調唯一性，無異排除了科學研究所講究的抽象作用，與研究發展所主張的概括作用。

第二節　個案研究的設計

壹、設計的形式

　　個案研究設計的形式有四種：

1.單一個案（整體）設計（single-case [holistic] designs）。
2.單一個案（嵌入）設計（single-case [embedded] designs）。
3.多種個案（整體）設計（multiple-case [holistic] designs）。
4.多種個案（嵌入）設計（multiple-case [embedded] designs），如圖15-1。

單一個案設計（single-case designs）適用於研究下列諸項環境：

　　1.該單一個案可用來考驗一種好理論的關鍵個案（critical case）：如對某一高職教育的個案研究，可用來考驗能力本位教育的成效屬之。

　　2.該單一個案代表一種極端的或獨特的個案：如在診療心理學中，很難找到異常的人，因此只要任一個案都有記載與分析的價值。

　　3.是研究者有機會觀察和分析先前無法以科學研究的現象。

　　整體與嵌入個案研究的區分在於個案研究如只對一個計畫（program）總體的性質，進行檢核，即爲整體設計。若對單一個案，不僅以該個案爲一個分析單位，而且也把注意力置於子單位（subunit or subunits），即爲嵌入設計；如對單一公共計畫進行的個案研究，可能將該計畫內的個別方案（projects）的結果，亦予以探究屬之。

　　如把多種個案設計與單一個案設計比較，前者需要更多的資源與時間，務須慎重行事。無論多種個案的整體研究或嵌入研究，均需在每個個案的現場執行調查。

圖15-1

個案研究設計的基本形式

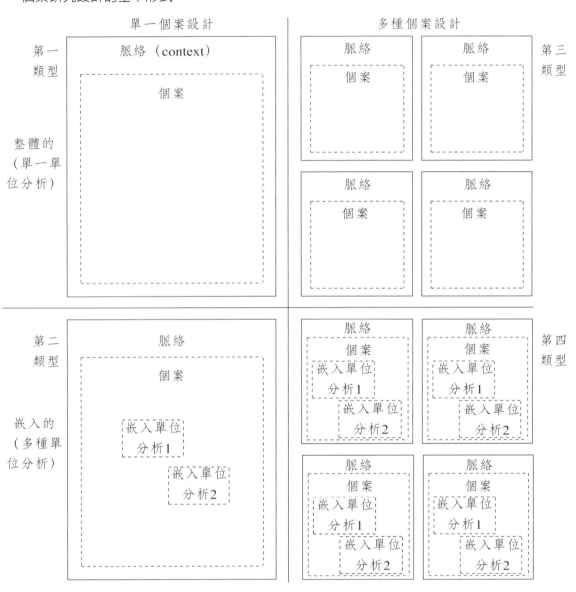

取自 *Case study research: Design and methods* (p.50), by R. K. Yin, Sage Publications. Copyright 2014 by Sage Publications.

貳、設計考慮的要素

　　個案研究的研究設計，特別要考慮如下五項要素（Yin, 2014, pp.29-37）：

一、研究的問題

個案研究的問題，採用誰（who）、什麼（what）、何處（where）、如何（how）與爲什麼（why）等形式，提供重要線索，但就一般情況分析，個案研究較適用於如何與爲什麼的問題。個案研究者最基本的任務，乃在於確定研究之問題的性質。

二、研究的命題

研究的每個命題，在於導引在研究範圍內，必須留意的方向與內容。如研究的論題訂爲「各組織間的關係」，提出「組織如何合作以及爲什麼要合作，以提供聯合服務」，此等「如何」以及「爲什麼」的問題，固能使研究者掌握答案，但這些問題並未指明研究者需研究什麼內容，因此唯有進一步轉向，敘述若干命題，作爲開始研究的正確方向；如研究者可能認爲組織基於共同的利益考慮，必須合作。此一命題，不僅反應學理上重要的爭議問題（即其他構成合作的誘因不存在或不重要），且揭示研究者尋找有關證據之處（即界定與確定特定利益的範圍）；否則，任何事物均要蒐集，恐無可能。

三、分析的單位

即界定「個案」的問題，古典的個案研究，可能以一個人爲分析的單位，蒐集有關該個人的資料。當然數個類似的個人或個案，則可構成多種個案設計。個案也可能是某一事件或實在體，如作決定、計畫、執行過程以及組織變遷等。

四、連結資料與命題的邏輯

即根據事先確立的命題，然後以資料佐證。此種作法雖有很多種，如組型匹配（pattern matching）、建立解說（explanation building）、時間系列分析（time-series analysis）、邏輯模式（logical model）與跨個案綜合（cross-case synthesis），迄無一種能精確的描述所分派的受試者以及處理的條件，惟這些作法中，最適合於個案研究使用的應推D. Campbell所描述的「組型匹配」觀念。

研究者須從相同個案者取得若干與某種理論命題有關的訊息。如坎貝爾於1969年發表與組型有關的一篇論文——時間系列組型（time-series pattern）中指出：美國康乃狄克州（Connecticut）每年因交通事故造成的死亡率，似乎在州法通過時限55英哩以後便下降。惟若進一步檢查在州法通過前、後數年的死亡率，未呈現有系統的升降，或有顯著減低的現象。因而坎貝爾下結論說：時速限制對於交通的死亡率沒有影響。從坎貝爾所描述的兩種可能組型（如圖15-2），然後顯示資料，俾作適當的比較何者爲宜。若兩種可能的組型被視爲對立命題，則組型匹配技術，乃是把資料與命題結合成爲關係的一種方法。

圖15-2

組型匹配舉隅

預先的命題：組型一，「有效應」的組型

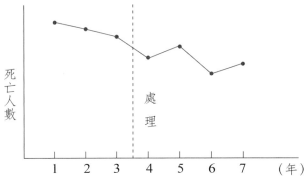

組型二，「無效應」的組型

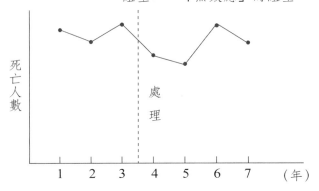

實際的觀察（「無效應」的組型）

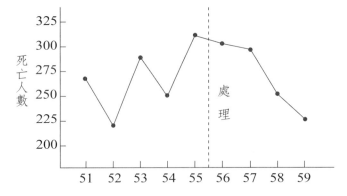

五、解釋研究發現的規準

上述Campbell組型匹配技術，似可用來解釋研究發現，但因在組型中的每一筆資料均爲單一數字——該年死亡人數，無法統計其變異數，不能進行統計考驗，而欠缺解釋這些發現的準確規準。是以至少要有兩個對立的命題，然後根據不同的組型資料加以解釋，較爲完備。

綜上所述，個案研究設計應包括五個要素中的前面三個要素，將引導研究者確認所要蒐集的資料；後面二個要素，將導引設計進入期待中的個案研究分析，建議在蒐集資料之後要做的工作。

第三節　個案研究者的條件

從事個案研究者基本上應具備如下的技能，方能勝任，即：(1)他必須具備問好問題以及解釋答案的技能；(2)他必須是一個好的「傾聽者」，始不被自己的意識形態及先入爲主概念所束縛；(3)他必須具有適應性與靈活應變的能力，不致因遭遇新情境而將之視爲威脅，而應當視爲機會；(4)他確能掌握所研究的問題，不管是理論的或政策導向的皆如此；(5)他必須沒有偏見，並依倫理信條進行研究（Yin, 2014, pp.73-79）。

爲了從事特定的個案研究，除了研究者須具備上述的各項技能之外，如能事先作好訓練與準備，當屬更佳。依一般情況來說，以研討會方式實施個案研究最爲適宜，爲了充分的準備與討論，如是的訓練研討會，至少需有一週的時間。

訓練研討會的議程，宜包括如下各項：

1.個案研究的目標。

2.場所的分派。

3.個案研究的任務：包括：(1)取向與準備；(2)場所的指定與行程的安排；(3)現場拜訪；(4)撰寫個案研究報告；(5)評述與認可草案；(6)爲下一次研究指定場所與安排行程。

4.其他訓練事宜：包括：(1)閱讀個案研究導論、晤談指南，以及其他有關的程序事項；(2)閱讀有關做田野工作的資料，如注視與傾聽、間接問問題、環繞重要的部分、組織札記；(3)閱讀個案研究的模型；(4)清楚且正確記載所有接觸到的一切，如姓名、頭銜、組織與電話號碼；(5)在田野（現場）蒐集資料，並作成紀錄，以及以個案研究提出，至於所有文獻宜以註解式的參考書目列出。

接受如是訓練的每位研究者，至少應能了解：

1.爲什麼要執行該項研究？

2.需要尋找的證據是什麼？

3.可預期的變化是什麼？若發生此等變異，需作何處理？

4.與預定命題一致、形成支持性的證據,或與之不同、形成相反性的證據是什麼?

此外,在實地或田野記錄的博多稿(protocol),包括訪談博多稿(interview protocol)和觀察博多稿(observational protocol),皆強調為了蒐集資料,須重視如下的任務:

1.獲得允許,接近關鍵的組織或受訪者。

2.在田野時需準備充分的資源,包括鉛筆、紙張、紙夾,以及一個可供秘密撰寫札記的熟悉、安靜的場所。

3.發展一套程序,俾當個案研究者需要其他的個案研究者或同僚提供協助和輔導時,即可如願。

4.明確記載資料蒐集活動的預期時間表,俾能在限期內完成。

5.提供無法預期的事件,如可供研究的受訪者改變,以及個案研究者的情緒與動機改變。

第四節　個案研究的步驟與類別

壹、個案研究的步驟

個案研究常以單一個案進行研究,強調的是深度的分析,唯一的缺憾是無法直接導向概括化,因為大眾似乎一致同意,從一定數目中抽取一人,即使觀察很深入,畢竟他不具有代表性,無法從中獲致普遍性的原理、原則。如能將個案研究以適量的樣本為對象,進行客觀分析,觀察重要變項間的關係,驗證假設,亦可獲致有效的原理、原則。至於個案研究通常採取的步驟約有如下各項:

1. **敘述目標**:包括直接要研究的單位是什麼?及其特徵、關係與歷程為何?

2. **設計研究的途徑**:研究單位如何選取?可用的資料來源有哪些?使用哪些方法蒐集資料?

3. **蒐集資料**:有關資料的來源,另見本節之貳。

4. **組織資料**:以統合成一完整結構的研究單位。

5. **撰寫結果報告並討論結果的重要性**:有關個案研究報告的撰寫,另見本節之參。

貳、個案研究資料的來源

個案研究蒐集資料的主要來源約有六項(Yin, 2014, pp.105-118):

一、文件（documents）的應用

文件的最重要用途，在於為其他的資料來源提供佐證，或增加資料之用，一般而言，能為個案研究提供具有應用價值的文件有：信函、備忘錄，或其他公報；會議的議程、通知與紀錄，以及其他已寫成的事件報告；行政文件，如計畫書、進度報告，以及內部的其他文件；對相同研究場所所作的正式研究或評鑑資料；剪報以及出現在大眾媒體的其他文章。

二、檔案紀錄（archival records）

包括：服務處所的紀錄，即指過去一段時間接受服務的人數紀錄；組織紀錄，如過去一段時間該組織的結構圖及預算表；某地方的地理特徵，如地圖或圖表；調查資料，如以前對某場所所做的人口調查紀錄或資料；以及個人紀錄，如日記、電話號碼簿等。

三、訪談（interviews）

個案研究的訪談，通常採開放式的進行，亦即研究者既可向被研究者發問，亦可要求被研究者提出自己的觀點；研究者也可採較結構性問題向被研究者發問，猶如正式的調查一般。但這種訪談的時間甚短，約為一小時，因此訪談的形式屬於焦點型（focused type），切忌漫無重點。至於訪談之結果，可採記錄方式或以錄音方式進行，並無定論，惟在下列的條件之下，不宜貿然採行錄音：(1)受訪者排斥錄音，或見到錄音機頓感不舒適時；(2)沒有需抄錄或有系統傾聽錄音檔內容的具體計畫時；(3)研究者因使用錄音設備以致分心時；(4)研究者以為錄音機可以作為傾聽的替代品時。

四、直接觀察（direct observation）

研究者實地訪問個案研究的場所，即有直接觀察的機會，如觀察會議的進行、人行道的活動、工廠的工作、教室等屬之。

五、參與觀察（participant observation）

即研究者不只是被動的觀察者，而是在個案研究情境中扮演各種角色，直接參與正接受研究的事件。

六、人工製品（physical artifacts）

包括：科技產品、儀器設備、藝術作品、其他物質形成的證據。

上述六項資料來源，各有其特色或價值，為了避免造成偏見或疏漏，研究者宜多加運用，使用多種途徑蒐集所需資料，一方面可以構成個案研究的資料庫（database），有備無患；另一方面亦可以作複核參照（crossreferencing），增加個案研究的信度。

438 教育研究法

參、個案研究報告的撰寫

個案研究沒有刻板的樣式可循，有的甚至不需以文字撰寫的樣式完成報告，儘管如此，個案研究報告的提供，仍受人矚目，其樣式也隨之與個案研究有關者的需要而變化。一般而言，關注個案研究的人士，比關注其他研究的人士為多，這些人士大致有：

1. **同學術領域的同僚**：同學術領域的同僚，關注個案研究發現與以前的學理或研究的關係。

2. **決策者、實際工作者、社區領導者，以及不擅長個案研究的其他專業人員**：個案研究為這些非專家提出的報告，宜以描述某種實際的生活情境，以及行動上的啟示為重要。

3. **學生學位論文評定委員會**：由於有不少的學位論文依賴個案研究而來，於是該委員會的成員即成為個案研究報告的消費者。此類個案研究側重研究主題的方法論以及學理上的問題。

4. **研究經費的支持者**。（Yin, 2014, p.180）

基於上述關注個案研究人士需要的不同，而有各類的報告出現，根據從行為科學有關的文獻分析所得，個案研究的類別，呈現如下各種（Bogdan & Biklen, 2007）：

1. **歷史上組織的個案研究**（historical case studies of organization）：用以追溯過去某時代某組織的發展情況，如夏山的實驗學校研究便屬於此類（詳見Neill, 1960）。這類的研究通常要借重晤談、觀察現狀或文獻達成。

2. **觀察的個案研究**（observational case studies）：集中於研究某組織如學校，或某組織的一部分如班級中的一群人在某期間的交互作用情形。此種研究以進行活動的團體為對象，通常以參與觀察作為蒐集資料的方式。

3. **生活史**（life history）：此類係針對某一事件的第一位倡導者的故事為內容，通常對單一的個人作多方面的晤談而取得資料。

4. **情境的分析**（situational analysis）：即從所有參與某特定事件者的觀點，來研究該事件；如學生的蠻行事件，可藉著參與的學生，其家長、教師、校長、同儕、青少年法庭法官的晤談結果分析，當所有的觀點聚集一起時，對於該事件的了解，方有重要的貢獻。

5. **臨床的個案研究**（clinical case study）：用以了解特別型態的個人，如對於有特定學習困擾的學生頗為適用，此類研究通常以臨床的晤談與觀察，或運用測驗等工具，對受研究者作深入的了解，洞察其困擾之所在，進而指陳可能處理的途徑。例如：藍姓教師用個案研究決定某生閱讀困難的原委屬之（Raim & Adams, 1982）。

至於個案研究報告的撰寫方式，前面已約略提及，可分成文字表達（書面）

的報告（written reports）與非文字表達（非書面）的報告（nonwritten reports）兩種，亦即個案研究報告，不一定非採文字撰寫不可，亦可以口頭陳述、圖表，或錄影帶呈現，但以文字表達的報告較能準確地傳遞訊息，且便於溝通之用。

以文字表達（書面）的報告，有如下各種類型（Cohen et al., 2012; Yin, 2014, pp.184-187）：

1. **古典的單一個案研究**（classic single-case study）：以專書、報告或期刊論文的形式呈現，但只描述與分析單一個案，所敘述的資料，亦可以圖表補充文字資料的不足。

2. **將古典單一個案的敘述變更為多種個案的敘述**：此種研究雖然敘述多種個案，但每個個案皆單獨成為一章陳述；此外，另有一章作交叉個案（cross-case）的結果分析，有的甚至有好幾章作如是的處理。

3. **包含多種個案研究或單一個案研究，但不採傳統的敘述方式**：每個個案根據本節貳所述六種資料的來源，採取問題與解答的方式排列，即有一系列的問與答，然後才提出綜合性的探討，即作交叉個案分析（cross-case analysis）。

4. **僅作多種個案研究**：不對個別個案分章敘述，整篇報告，均採交叉個案分析。

以單一個案為例，個案研究的撰寫，共分如下六種解說型結構（illustrative structures）（Yin, 2014, pp.187-189）：

1. **線型—分析的結構**（linear-analytic structures）：適用於描述性個案研究、解釋性個案研究與探索性個案研究，其步驟為：研究問題的敘述、使用蒐集與分析資料的方法、發現結論與獲得啟示。

2. **比較的結構**（comparative structure）：適用於描述性、探索性與解釋性個案研究。將同一個案研究二次或二次以上，俾對相同的個案，採用替代性的描述或解釋。

3. **年代的結構**（chronological structures）：按個案的年代順序分期（如早期、中期、晚期）提出報告，適用於描述性、探索性與解釋性個案研究。

4. **塑建理論的結構**（theory-building structures）：適用於探索性與解釋性個案研究。各章的寫法或順序，以遵循形成某種理論的邏輯而編排。

5. **懸而未決的結構**（suspense structures）：適用於解釋性個案研究。個案研究的直接「答案」或「成果」出現在首章，其他各章則用來解釋該章的發展。

6. **無順序的結構**（unsequenced structures）：適用於描述性個案研究。章節順序的編排並不顯得特別重要，只要足以描述個案研究即可，且各章節的描述力求周全（completeness）為妥。

任何一份個案研究欲求符合要求，甚至達到模範的水準，至少應具以下的特徵（Yin, 2014, pp.201-206）：

1.個案研究必須是具有重要性的，攸關一般大眾利益，無論就學理、政策、或

實用觀點而言，均見其重要性。

2.個案研究必須是周全的，即個案的領域一目了然，有足夠的資料可以使用，且非人為的安排。

3.個案研究必須考慮替代性的觀點，特別是在探索性個案研究或描述性個案研究尤須如此。

4.個案研究必須呈現足夠的證據，並以中性呈現為宜，支持的與挑戰的資料皆包含在內，不致有所偏頗。

5.個案研究不論採何種方式寫成報告，文字宜求清晰、具有感性、激發性，讓讀者願意一頁接一頁地讀下去。

第五節　個案研究的信度與效度

評判個案研究設計的品質，因量與質的研究技術的運用，而有差別。比較偏向於量的研究方面的評判，Yin（2014）提出三種決定效度規準，以及一種信度規準。

效度規準包括：構念效度（construct validity）、內在效度（internal validity）和外在效度（external validity）。構念效度即指個案研究所使用的量尺，確能正確操作，迎合所研究之概念的程度，與本書第5章第三節貳之三所述的類似，為考驗構念效度，在個案研究蒐集資料階段，使用多種來源證據，建立證據鏈。內在效度與外在效度則與好的實證研究設計運用的規準類似，可參見本書第1章第六節之壹以及第11章第四、五兩節，惟內在效度偏向於解說兩個變項間的因果關係，較不適用於描述性個案研究，因其不在尋找現象中的因果組型，是以為了考驗內在效度，在個案研究資料分析階段，要進行組型匹配、建立解說、探討相對立的解說、使用邏輯模式。為了考驗外在效度，在研究設計階段，對單一個個案研究，使用理論；對多種個案研究，使用複製邏輯。至於信度乃在於探討後續的研究者研究的個案、使用的程序與第一位研究者相同時，所獲致結果類似的程度，亦請參閱第1章第六節之貳，在個案研究資料蒐集階段，使用個案研究博多稿，以及發展個案研究資料庫，來考驗信度。

所有研究者認為個案研究不宜以量的角度來判斷其品質，而改採詮釋的觀點來處理，而提出詮釋效度（interpretive validity）的主張，以為判斷詮釋研究者的知識觀點的真實性，須迎合四項規準：即研究報告是否具有啟迪閱讀報告者的作用或使被研究者覺得其具備有用性（usefulness）。研究脈絡是否具備完整性（contextual completeness），如個案的歷史，所處的物理情境、參與人數、活動類別、進行時程以及事件發生的時間順序、分工情形、重要事件及其影響、成員的知覺與意義、社會規則與法令組型等。研究者對研究情境的態度（positioning）以及所展現的敏

銳度。最後一項規準爲報告的格式（style）是否能吸引讀者擬情式地進入參與者的世界，而引導他們覺察到研究報告的眞實性（Altheide & Johnson, 1994）。至於其他尚可提升個案研究信度、效度的具體作法，請參見本書第14章第四節和第十節。

第六節　個案研究的優、缺點與舉隅

壹、個案研究的限制與優點

個案研究雖然是觀察研究的一種有用的方法，但仍有若干限制（Best & Kahn, 2006）：

1.個案研究法乍看似乎簡單易行，但爲了充分運用，研究者須熟識探究領域現有的及相關的理論知識，並能區分重要的變項與無關變項。目前對於變項的選擇，趨向於強調變項的「壯觀性」，而不側重其「重要顯著性」的作法，似宜斟酌。

2.資料的蒐集與分析資料的客觀，一向是科學所重視，因爲主觀的偏見，往往無法達成此項目標。如根據預設的信念，而選取若干變項，探索關係，即充滿著危險性；又如觀察有限的樣本，便要從中發現一致性，此種結論的效度，至不適當，亦因如此，有不少的教育研究者極力排斥個案研究法。

3.個案研究結果，可能誤將只是相關的關係，視爲因果關係。

儘管如此，個案研究仍有其優點：

1.在社會科學的領域中，如欲計畫重要的研究，在蒐集背景資料方面而言，個案研究特別有用，與其分析徹底，易於指出值得注意的重要變項、歷程與互動關係。可說是爲進一步研究建立充分而有效之假設的來源奠定基礎。

2.個案研究資料中的軼事或範例，可爲解說概括化統計發現，提供有利的佐證。

貳、個案研究舉隅

晚近個案研究大抵採質的技術進行撰擬報告者居多。是以本節爲了提供質的個案研究報告的寫法，另附「多元特殊性的個案研究」乙篇如下，備供參考。

「多元特殊性的個案研究」舉隅

(一) 緒論

「阿類克（假名）在閱讀。他整天在閱讀。」

「他閱讀些什麼？」

「科學美國人、國家地理雜誌、空中與太空……」

阿類克的母親稍作停頓，繼續說：「有一次他沉醉於書本和雜誌好幾個小時。

他能夠理解，他的科學語彙之豐富令人難以置信。」

「你說他有多大年齡？」

「十一歲。」

「他怎麼沒上學？」

「因健康問題，我們把他留在家中。」

隨著個案會議的進行，逐漸浮現出阿類克是一個特殊兒童。他的障礙有：氣喘、嚴重的食物與化學過敏、動作技巧欠佳、知覺與定向困難、過動與學習障礙。儘管有這些問題，阿類克屬於語文資優生，具有多元特殊性。

當個案會議接近尾聲時，我的心中湧現了一些問題。有這麼多問題的兒童如何也能成為高度的資優者？他有什麼獨特的學習特徵？他未接受正規學校教育對他的發展產生何種影響？本研究旨在探究這些問題。

(二) 障礙資優兒童

過去的十年間，資優教育領域逐漸注意到資優生中的另一群體，即有障礙的資優者（Feldhusen, Van Tassedl-Baska, & Seeley, 1989; Fox, Broday, & Tobin, 1983; Nielsen & Mortoff-Albert, 1989; Vespi & Yewchuk, 1992; Whitmore & Maker, 1985）。然而，對資優障礙學生的理解尚停滯在萌芽期（Whitmore, 1989b）。許多教師、父母和諮商員甚至不知有此類兒童存在（Baun, 1984; French, 1982; Rosner & Seymoru, 1983; Tannenbaum & Baldwin, 1983; Willaims, 1988）。許多學者對未持續研究障礙資優生的學習特徵與需求此項事實感到憂心（Fox, Brody, & Tobin, 1983; Johnson & Corn, 1989; Sutter & Wolf, 1987; Whitmore, 1989a）。已進行的多數研究聚焦在學障兒童，卻極少關注身體障礙、健康障礙，或多重障礙等資優學生（Johnson & Corn, 1989; Van Tassel-Baska, 1991）。

障礙資優學生可能成為低成就者，約有三組因素可能引發低成就，即：(1)環境因素；(2)個人—神經的因素，以及(3)個人—心理的因素（Gallagher, 1991）。任一類障礙資優學生會存有個人—心理問題的危險，也體驗到如不當學校教育或個人—神經問題等環境的壓力因素。

(三) 研究目的

為了協助障礙資優兒童避免造成低成就，以及充分發展他們的潛能，需要了解他們的學習環境和助長他們學習的脈絡。個案研究乃為達成此項任務的一種方法。個案研究用來描述獨特性以及未被充分了解的現象等，特別適用，如用來描述多元特殊資優生方面格外有用（Foster, 1986; Moon, 1991）。本個案研究的目的在於探究：(1)具有多元特殊的十一歲男孩的特徵；以及(2)在家教導此類兒童的優點和缺點。

(四) 研究方法

本研究選擇質的單一個案方法論（Merriam, 1998; Moon, 1991）作為研究的方法論架構。本研究設計係結合、折束三種不同的個案研究要素發展而來，此三種個案研究分別為臨床個案研究、發展個案研究以及觀察個案研究（Moon, 1991）。臨床資料取自評量阿類克的各類方案所提出的書面報告；發展資料係得自訪談其雙親談及有關他早年生活的情形；觀察資料是由擔任阿類克指導教師的S. M. Moon所提供。擔任阿類克指導教師所持的教育目標在於發展阿類克的語文才能，而在創作方面提供過程取向的教學（Calkins, 1986; Murray, 1985, 1987）。研究的目的在於提供自然的環境，以觀察阿類克在他的才能領域所具有的獨特學習特徵。

1. 參與者

運用獨特性（標準本位）的選樣技術（Coetz & LeCompte, 1984）選取參與者。在本文一開始所報告的個案會議，是整個計畫的具體化事件。從會議中，顯然可見阿類克是一個集資優與障礙於一身的獨特兒童。此外，他具有獨特的學習經驗，因為他在小學階段參與在家教學。換句話說，選擇阿類克當研究樣本是基於以下三項規準：(1)高層次的語文資優；(2)多重障礙；以及(3)非傳統性的學校教育。

2. 資料蒐集

阿類克的特殊教育檔案裝有來自達加斯中心的醫療紀錄——對其過敏症的診斷與治療、職能治療報告、由學校心理學家所負責三年期的心理測量評量，以及個案會議摘要。此等資料作為臨床個案研究的直接資料。

觀察資料透過一學年的參與觀察蒐集而得。本文的第一位作者（Moon）每一週在學區教育局會議室與阿類克見面一個小時，為他提供過程取向的寫作教學。一學年共上課二十五次。由於阿類克反對在上課時錄音，因此在本研究階段以田野札記作為參與觀察直接記錄資料的方法。

發展資料是指透過回溯、半結構訪談（Patton, 1990），而取得師生互動期間的資料。由於阿類克的母親是撫育他費心最多者，所以在為期兩週中，她接受三次訪談；每次訪談持續一至二小時。在第一次訪談中，阿類克的母親描述他出生到三歲的發展；第二次訪談時，她討論他三至十一歲的發展；第三次訪談中，則討論六至十一歲的發展。所有這三次訪談均在學區教育局的一間大型會議室進行。在跟阿類克母親訪談工作全部結束之後，在某大學電算中心的辦公室訪談他的父親一小時，這次訪談的目標在於獲得阿類克對於他出生到十一歲間發展的看法。所有對其雙親的訪談均加以錄音並作成實錄。

3. 資料分析

在整個研究中，資料的蒐集與分析同時進行。本文的第一位作者負責全部的資料分析。每次與阿類克訪談後，她重讀當天的田野札記、反思觀察所得的行為，同時為了下一次訪談發展待考驗的暫時性假設。所使用的資料分析技術包括分析

歸納法（Erickson, 1986; Goetz & LeCompte, 1984）以及恆常比較法（Strauss & Corbin, 1998）。

研究者特別閱讀所有得自參與觀察的田野札記，以及在一個情境中所得的訪談實錄，然後她花了好幾天時間慢慢地再閱讀這些資料，並在文稿邊再進行編碼、加註類別。本分析階段旨在描述阿類克的發展與學習特徵，以及思考在家教學對阿類克發展的影響。此外，透過恆常比較研究（Strauss & Corbin, 1998）來與相關的研究文獻作比較。在分析的最後階段，發展出一些結論，這些結論與支持它們的證據呈現在發現的部分。

4. 信度與效度

本研究從好幾種方法探討信度與效度。在資料蒐集階段採用多種證據的資料；多種蒐集資料的方法以及在發問、蒐集資料與獲得結論之間作公開的聯繫，以取得資料（Linclon & Guba, 1985; Yin, 1989）。藉著建立個案研究資料本位以及詢問關鍵提供資訊者（阿類克、他的父母，以及提出心理測量評量報告的心理學家），要求閱讀研究報告初稿，以求得準確性與完備性。

(五) 發現

1. 結論一

阿類克在十一歲時展現高度的語文優異以及數學的學習障礙。

有四項資料支持此一結論：雙親的報告、兩位心理學家提出的心理測量評估，本報告第一位作者在為期一年師生互動關係期間自然觀察結果，以及與文獻中學障資優生的比較。

(1) 雙親的報告

在本研究報告開始所描述的個案會議當中，阿類克的母親說：阿類克在家展現高度的語文優異。在同一期間阿類克母親所寫的信件中，描述他典型的日課表（圖15-3），在該信件中所提到閱讀的量和方式是相當可觀的。在訪談中，阿類克的雙親表示圖15-3所載的日課表，是阿類克十一歲時的典型課表。

(2) 心理測量評估

當阿類克在九歲時接受的評量結果顯示，他在修訂版魏氏兒童智力量表上的得分，在語文、實作分數與特定分測驗得分之間，以及閱讀和數學成就測驗之間的得分有大的差距（如表15-1）。此等差異與學習障礙資優生有關聯（Berk, 1983; Nielsen et al., 1994; Silverman, 1993b; Tannenbaum & Baldwin, 1983）。更具體地說，阿類克顯示出與資優兼具學習障礙兒童的三種共同組型之一——在修訂版魏氏兒童智力測驗上語文分數比實作分數高出15～40分。阿類克的語文分數127分，實作分數95分，相差32分，與其他兒童在該組型上的表現有相同之處。阿類克在語文語言取向的活動表現好，但在知覺性動作活動則顯得困難（Tannenbaum & Baldwin, 1983）。整體言之，阿類克最弱的是數學與動作技能，前者經學校心理學家診斷，他帶有學習障礙；後者在他的年齡組的得分在第十百分位數。

圖15-3

阿類克十一歲時的日課表

摘自阿類克的母親1988年3月4日寫給特教服務處主任的信函：

阿類克通常醒來即開始閱讀百科全書（康布頓百科全書、大英百科全書、知識新書、科學與創新、環繞美國世界以及動物王國百科全書）。有時我提醒他吃飯，他接著就注視其中的一套書（The Audubon Field Guides, Roger Tory Peterson Field Guides, Masterpieces of Science Fiction，以及八套時代生活叢書中的任一套）。當我提醒他做家庭作業時，他總是顯得不太甘願；然而，他以閱讀歷史為主。

研究者詳述：家庭作業是由家庭教師所指定的。此時，阿類克每週有兩個小時，就其最弱的數學和社會科兩個領域，接受家庭教師指導。

接著他把注意力轉回到非小說類的書籍，如大英自然科學與未來圖書館以及新版的醫學和保健書刊。提醒他用中餐。下午他都把時間花於閱讀雜誌（科學美國人、全國地理雜誌、3-2-1接觸，Ronger Rick, Audubon, Omni, Outdoor Indiana, Smithsonian, Smithsonian s Air and Space, Dr. Who Magazine, The Planetary Society Newsletter等）。他也看卡通錄影帶，通常一邊看電視，一邊閱讀。用完晚餐，他常閱讀小說。在晚間他也畫漫畫並寫喜劇。接著他告訴我一個就寢時間的故事。

阿類克在修訂魏氏兒童智力量表分測驗上的分數顯得分散，Silverman（1993b）發現他是學習障礙的資優學生。他的優點在於類同、辭彙與理解，而弱點在於計算、記憶廣度和符號替代。在修訂魏氏兒童智力量表上分測驗的最高與最低分數間的量尺分數有所差異，且達.05顯著水平（Silverman, 1993b）。十一歲的阿類克在辭彙與記憶廣度分測驗間的差異達11分。在修訂版魏氏智力測驗設計與符號替代之間相差11分；在圖形設計與修訂符號替代之間的差異達8分。然而，阿類克九歲時在修訂魏氏兒童智力量表上的語文分數為127分，透過行為觀察建議，他似未反映出特別具有高度的語文能力。當阿類克在十二歲接受史—比智力測驗重測時，他的語文推理是154分（表15-1）。阿類克在該測驗上的得分，肯定他顯現高度語文資優；但是他在修訂魏氏兒童智力量表上語文的分數，也支持了這種論點（Silverman, 1993b; Silverman & Kearney, 1992）；當兒童在修訂兒童智力測驗達到上限分數（17、18、19）時，應接受史—比量表上的長期記憶重測。

(3) 參與觀察結果

由阿類克父母報告，以及由史—比語文分測驗所示，他具有高程度語文能力，已由多方面參與觀察研究階段予以支持。阿類克在導生制的場合中，一再表現他擁有大量的、流暢的辭彙。在感興趣的科學領域，他也擁有廣域的知識基礎。他掌握精密的科學概念，留給人深刻印象。他的口語閱讀流暢與流利。在與阿類克一起工作若干週之後，其雙親所推薦其達到語文資優水準所作的有關閱讀習慣的描述，已獲得確認。

表15-1
十二歲的阿類克書面心理報告中的評量資料

修訂的魏氏兒童智力測驗	
語文分測驗	實作分測驗
15	8
18	11
8	12
19	9
13	4
9	

智商分數	
語文分數	128
實作分數	91
全量表分數	112

史—比智力量表：第四版			
語文推理分測驗		抽象／視覺推理分測驗	
字彙	80	組型分析	44
	65	矩陣	51
語文關係	76	切／折紙	54
標準領域分數：	154	標準領域分數：	99

　　阿類克經常把書本帶到導生制的閱讀課，他樂於把喜愛的舊書與剛接到新書與人分享。圖15-4記載研究者與阿類克部分對話的內容，談到兩本他已閱讀多次的科學書籍。對話的片段揭示阿類克的語文優點與缺點。他明顯是一個讀者，他喜愛書與觀念，書是他快樂的泉源。

　　圖15-4展示的對話也揭示阿類克使用語文互動的某些弱點，他對問題的反應常是單音節的。欲對問題採批判思考，對他來說是有困難的。若由他主導對話主題或說出他自己的故事，他表現得特別流暢。然而問題易於超出他的批判思考能力。結果是他經常拒絕回答問題，當他欲回答時，常需要他花時間去建構答案，又當他這麼做時，常是不出聲地唸著。

　　該情境類似於他的生產性語文能力。對阿類克來說，些微的動作協調是問題，所以用手寫的動作令他感到厭煩且畏縮，為了彌補這種缺憾，他學習去口述他的故事觀念。當阿類克口述一個新的故事時，他口語表達得相當流暢，他能毫不猶豫地口述合乎文法的完整句子和複雜觀念。茲將阿類克於1989年4月29日口述平面的動物圖的故事摘述如下：

圖15-4

摘自田野札記的片段

阿類克與研究者間的對話內容，涉及阿類克喜愛的一本叫《我們的宇宙》的非小說類書籍；本書係為成人而寫的。對話在第13次導生課上進行，當時恰為阿類克十二歲生日的次一週。本文以OC（觀察者評述）為序，代表著在此一對話期間，由研究者在田野札記中所作的書面評述。

阿類克：你知道褐色的株儒是什麼嗎？

研究者：不知道。

阿類克：形成的一顆原恆星（protostar）沒有足夠的材料使之燃燒發光，像木星一樣。

觀察者評述：不出聲地唸著。

阿類克：呀！像木星。

研究者：你最喜歡什麼星球？

阿類克：火星。

研究者：為什麼？

阿類克：我不知道？

觀察者評述：稍等一下，想想看。

觀察者評述：阿類克想要照顧好這本書；他真正以讀它為樂，並和我一起分享。他想告訴我每一件事情。他喜愛書和觀念，令我想起我小孩在學前教育時的情景。

平面的生物的問題在於牠們需有特殊的內在裝備，才能生活。這包括從頂端到頭的底部有許多厚長的纖維串聯著，一條大的人工血管從心臟連到鰓，然後再回到心臟，於是在頭、足與軀幹之間布滿著血管。

阿類克口述這些內容給和他一起定期聚會的研究者聽。他的口述極為流暢，只有在等研究者記載他所說的內容時，才會暫時停頓；記載的內容是準確記載他的口述。

阿類克能完整地回憶他說的故事，當他的母親在謄寫他的口述稿稍有錯誤時，會使他相當苦惱。有一次，研究者大聲讀出他母親所打出的口述故事時，研究者有好幾次停止讀出並問道：「阿類克，下一個句子是什麼？」他能根據記憶、字的關係，勇於表達地作補充（第18次，1989年3月1日）。

阿類克也能在打字稿中指出所有拼錯的地方。類似的情形是當被問起像：「在這個句子的前面部分漏掉一個逗號，你有發現嗎？」的問題時，他總會把它找出來（第15次，1989年2月1日；第25次，1989年4月26日）。

阿類克也表現高層次的語文創造思考能力，特別是在流暢方面是如此，在本學年開始，獨創性的表現較弱，但在結束時則有所改善。透過導生制的安排，阿類克

在他的故事中的人物、場所充滿著創新的理念。在好幾個場合裡，他談到有關獲得故事中理念的過程，仿佛他正在看一場電影一般。他所談到的好幾個最佳的故事理念，是來自於夢（第8次，1988年11月8日；第16次，1989年2月8日）。他亦擅長於將豐碩的科學知識統整入他的科學小說故事中，他喜歡「在學理上可以使用簡潔的故事」（第15次，1989年2月1日）。

此外，他無限熱衷於寫作以及與指導教師在一起的場合。他的寫作動機幾乎是出自內在的──因為他以此為樂，並從中找到滿足。阿類克也相當積極，有時候顯得膨脹自己，認為自己具有創作家的實力，用他的話說：「假如我想到它，我就喜歡上它！」（第4次，1989年2月28日）

然而阿類克的寫作能力也有弱點，為了改進而反思寫作時常遭遇極大困難。對他來說，要作修改，特別是重要概念的修改，格外艱難，而令他感到挫折。近年來在該領域雖有些許進步，但一般來說，阿類克評量與修正自己寫作的能力，遠不如他的創造能力以及以機械修正手工的能力。對他來說，批判思考似乎不及創造思考；此外，他以做為一個作家自我期許的膨脹感，讓他抗拒接受建構性回饋。

又他的故事在本年開始，也有情緒膨脹情形，這些故事讀起來像漫畫書，隨著時間的流逝，阿類克在本年建構強而有力的戲劇性故事以及塑造實際具有情緒力量的人物雖然在增進中，但是仍然不如成熟的成人的作品。

(4) 與文獻中有關學障資優兒童的比較

如將阿類克的學習特徵與文獻中的學障資優兒童的特徵作比較，可以發現許多共同點。有關心理測量上的類似性，前面業已提到。阿類克似乎也呈現高語文、低表現、學障、資優兒童典型的行為特徵。為Tannenbaum和Baldwin（1983）所列舉的多項特徵，也可在阿類克身上找到，如對未能迎合自己期望時的挫折與憤怒、豐碩知識基礎、長篇大論、多種興趣、創造力與對批評敏感。阿類克也展現Baum和Owen（1988）所列該群體的典型特徵：(1)在非學術情境展現創造性的生產力，以及(2)當要完成符合其興趣的挑戰性任務時，會展現特別的能力與高度動機。

2. 結論二

以在家教學來培育阿類克的資優，似乎比以矯正其弱點來培育他社會的與情境的成長更為有效。

有四項證據來源支持這個結論：與其父母進行回溯式訪談有關他的發展史、經年評量阿類克的各種專家提出的書面報告、為期一年的導生制觀察而得阿類克的認知、社會與情緒的特徵與學障資優兒童的文獻作比較。

(1) 發展與教育的歷史

阿類克出生於1977年，約早產8週。由於長期性與做困難的工作，除了腦傷之外，還有與生俱來的透明膜病（Hyaline Membrane Disease）以及腸套疊（intussusception）而接受外科矯治。

阿類克自出生以來，即接受刺激智能的環境。其父母皆受過大學教育的聰明

者，喜愛閱讀，整間房子都是書本。在訪談過程中，他們皆表現好奇心以及對學習的喜愛。遺傳與環境因素似乎賦予阿類克成為一個資優者。

阿類克的雙親報告說，他在數量與語文領域表現才華：9個月大時，他能以字詞說話；12個月大時，他能辨認字母；18個月大時，他會加減算、以完整句子說話、喜歡說笑話，以及能閱讀簡單的字詞。他的父母說：在24個月大時，他的口頭—語文技巧等同於五至十歲兒童的程度。他的父親皺著眉頭說：「我們一旦談起話，他就說個不停。」（訪談，1989年4月21日）

在他出生的頭一年，常受風寒而有呼吸系統的疾病。較嚴重的是在24個月大時，他對馬鈴薯有過敏的反應，甚至持續發燒到105°F，而陷入休克，幾乎死亡。

不幸的是，阿類克經歷休克之後，喪失操作數字的能力，且從未復原。他也把習得的字母與字詞忘光，但是這些在很短時間內便恢復過來。他經常臥病，所以母親讀許多內容給他聽。在阿類克生病的這段期間，其特徵是：強烈的好奇心，以及玩玩具。他雖未與其他兒童玩裝扮遊戲，但是他自己玩許多裝扮遊戲。1980年春，三歲半的阿類克被當地醫生轉介到達拉斯一所治療敏感的特殊診所；被診斷為：氣喘、頭痛和對食物與化學具有敏感性。給他的過敏症治療方式包括：隔離在家、特殊安排的飲食、自我注射免疫疫苗與服用維他命。這些醫生並建議阿類克不要上學。

結果是阿類克在五至十一歲間，在家由雙親施教以及接受各種在家教學。每一年設計一種新的個別化教育計畫（IEP），以指引未來一年的在家教學。IEP包括認知與情意目標。例如阿類克八歲時，為其提供的書面IEP，有高度結構化的行為管理關聯方案以及所有學科的在家教學處理。阿類克十歲時為其提供的書面IEP，是社會技巧諮商與學業性的指導。

在這段期間，有兩次試圖將他統整入正當的學校環境受教，不幸的是，每作一次安排之後，阿類克的健康情形就迅速轉壞，必須讓他離校，回到在家教學的方式。在兩次接受統整教育的經驗發現，阿類克的行為明顯出現：破壞的行為、過敏、嚴重社會的問題以及強烈需要來自教師的關注。

六歲半的阿類克閱讀Audubon社會系列叢書以及兒童版的新世界百科全書。他也開始撰寫與解說他自己的書。阿類克在七至十一歲間，發展各種喜好：七歲時，他喜愛蘑菇，予以討論、作畫與認同；八歲時，他喜愛昆蟲；九歲時喜歡海中貝殼、魚和Beverly Cleary故事；十歲時，喜歡科學小說故事，也閱讀整本的大英百科全書和好幾套的科學叢書。他的記憶力驚人，他會全部回憶許多電視秀的內容，以及記憶逐字的對話。他的母親說：「他幾乎記得幾年前在狄斯尼世界的每一個步驟及細節。」（訪談，1989年12月15日）在同一期間，他對數學鮮有自我性的興趣。

(2) 阿類克的獨特教育經驗的優點

阿類克在家教育的最大優點，可能在於給予他大量非結構性的時間，專致於他的興趣。由於雙親的鼓勵，阿類克選擇把大部分時間放在閱讀、教育性電視與撰寫故事。結果是，他的辭彙與科學知識無比豐富。

對阿類克來說，在家教育的另一重要的優點，似乎是發展創造力與內在的動機。就學障資優兒童來說，創造力經常是一項未開發的優點（Baum & Owen, 1988; Baum, Emerick, Herman, & Dixon, 1989）。藉著雙親的鼓勵和非結構性的教育環境，阿類克已獲得成長。非結構性時間給阿類克得有機會發展自我選擇在學業上追求閱讀和創作的內在動機；他也發展對令他感到興趣之工作的長期注意廣度，雖然他有過度敏感的問題，亦不影響及此。

學習障礙資優兒童在學校情境中雖易有低學業性自我效能問題（Baum & Owen, 1988; Nielsen & Mortoff-Albert, 1989），但是阿類克沒有此項問題。若要有所細究，在他的優點領域上有關學業的自我效能是膨脹——他認為自己的科學與語文能力比真正的表現更令人印象深刻。

(3) 阿類克的教育經驗的弱點

對阿類克來說，在家教育也有不少缺點，最重要的是社會割離與情緒剝奪。阿類克在情緒上與社會上相當不成熟；他與同儕的關係不佳，朋友很少。幾次想把他統整入常態的學校環境，終因嚴重的社會問題以及過度需要成人注意而遭到破壞，他的社會技能，似乎因他的割離而受到障礙。他在導生制的作品中，展示在參與正常的給與取的關係方面，顯得力有未逮。

阿類克教育的另一個缺點是缺乏平衡。由於阿類克把大部分時間，獲允投入於自己的興趣方面。透過在家方案，他接受的教學，僅有少量是放在矯正、他在用手書寫和數學方面的弱點，但卻出奇地有效，雖然多數學障資優兒童在學校接受許多矯正其缺點的教育以及很少作充實其優點的教育（Baum, 1984; Baum & Owen, 1988; Baum et al., 1989），但是阿類克的情境恰好相反。他接受大量非結構性的充實活動，但很少接受矯正的教育。結果他的優點轉強而缺點變弱。

學障資優生不擅長自我評估自己不足的領域；然而，阿類克也無法對自己優點的領域，作批判性的自我評估。他的自我評估技能不足，或許由於無結構性教育環境，而很少鼓勵他針對創造性產物，進行批判與修正而加劇。阿類克似乎也有點抗拒教學：他喜歡控制學習的情境，但對教師指導的反應不佳。

(六) 討論

當阿類克十二歲那一學年結束時，他接受學校心理學家的再評量，是否完成所敘述的部分要求，以決定他接受的教育安置與課程設計的適當性。表11-1的分數資料，是這種評量的一部分。根據再評量的結果以及獲得改善的身體健康，為阿類克設計的IEP包括如下的建議：(1)阿類克持續在一位有教過資優生的教師指導之下，

參與他擅長領域（閱讀、創作以及科學）的個別化教學。(2)他也參與為情緒障礙學生安排的自足式特殊教育課程，以便在一個結構性環境中體驗到與其同儕作更多的接觸，在團體情境中發展已獲改善的情緒狀態與行為，以及矯治他在學業上的缺失（手寫與數學）。這些建議將在接著來的秋季實施。

阿類克的不平凡故事，對教導障礙資優的教師而言，具有啟示作用。本研究發現建議：具有多種特殊性的兒童應盡可能使用多種方法，特別仔細地予以評估。如單依測驗分數來評估他們的才能，可能會帶來危險。基於以下的幾個理由，可以說阿類克的測驗分數不能準確反映出他的能力。第一，他在特定的分測驗上得到低的分數，易於壓低他的總得分。第二，施測的心理學家稱他在測驗情境中受到相當大的挫折，因此無法展示他的真正才能。第三，心理學家報告，他的動作技能問題，也壓低他在某些作業上的分數。第四，修正的魏氏兒童智力量表上限太低，以致無法準確評估他高度的語文資優水準。為了評估兒童特定的優點與缺失的剖面圖，針對多元特殊性兒童蒐集得到的評估資料，必須依已知該兒童的障礙程度以及檢查分測驗的得分，而不是根據總分來予以解釋。

此外，阿類克的故事強調了在家教養多元特殊兒童的利與弊。當家長對教育與學習感到興趣時，家的環境可能發展具有特定學習的剖面圖。像阿類克一樣免除受控於正常學校的上學，可以激發其內在動機，得有機會去探索自己的興趣以及發展創造力。

然而對此類兒童實施在家教學，也有嚴重的缺點。如果在家教學未能與同儕活動取得平衡，兒童的社會的與情緒的成長，可能受到妨礙。可悲的是阿類克因病而迫使他出現這種情況；因此，在可能的情況之下，為像阿類克一樣的孩童實施在家教學方案時，需要與同儕活動以及和團體教學的經驗取得平衡。

阿類克的故事也建議我們，同時具有資優與學障的兒童可能有相當的才能。身為教師者須捫心自問，為了培育那些才能，在一般的學校環境中如何為阿類克複製最佳的學習環境。答案可能包括：提供個別適合的導生制、在一般學校上學日的結構中創立無結構的空間，好讓學生去擇尋自己的興趣，以及提供發展創造力的機會。這些答案為從事資優教育的教師所熟知，皆為建議為資優與特殊才能學生提供的實務（Shore, Cornell, Robinson, & Ward, 1991）。

不幸的是，少有學校為障礙資優兒童有系統地提供此等機會。Albuquerque公立學校系統（APS）則是唯一的例外。徵得新墨西哥大學的合作，APS發展兩類特殊兒童方案（Twice-Exceptional Children Project）（Nielsen et al., 1994），為學障、行為異常或溝通障礙的資優生，提供個別適合的教育方案。該教育方案的要素是得自特殊教育、資優教育與普通教育而作的創造性組合安排。如果學校想要有效地協助多元特殊性兒童發展他們的潛能，便需要更多像兩類特殊兒童方案那樣的方案。

阿類克的故事說明障礙的資優兒童的優點須加以認可及鼓勵，同時為考量全人教育而規劃教育介入的重要性。希望這種密集式注意具獨特學習經驗的獨特兒童的

作法，將會進一步激發探究障礙資優兒童的特殊需求與特徵的興趣。

*註：資料取自Multiple exceptionalities: A case study by S. M. Moon & D. R. Dillon, 1995, *Journal for the Education for the Gifted, 18*(2), pp.111-130，並做部分修正而得。

作　業

一、選擇題

1. 個案研究的對象為：（①整體的社會單位　②一個人　③一個家庭　④一個機構）。

2. 以一個個案為分析單位，且把注意置於其子單位的謂之：（①單一個案整體設計　②單一個案嵌入設計　③多種個案整體設計　④多種個案嵌入設計）。

3. 下列哪一種個案研究，不需採用交叉個案分析？（①古典的單一個案研究　②多種個案的敘述　③以問答方式採行多種個案或單一個案研究　④僅作多種個案研究）。

4. 有關個案研究的敘述，下列何者為非？（①可為建立有效的假設奠定基礎　②可為概括化統計發現，提供佐證　③可發現相關的關係　④研究結果可以概括化）。

5. 下列哪一種個案研究結構，不適用於描述性、解釋性、評鑑性與探索性的個案研究？（①線型—分析的結構　②比較的結構　③年代的結構　④無順序的結構）。

6. 某位教師為了探究某生閱讀困難而採行的個案研究，以下列何者稱之較為適當？（①觀察的個案研究　②情境的分析　③臨床的個案研究　④組織的個案研究）。

7. 有用性、脈絡完整性、研究者態度以及報告方式是下列何者的特性？（①構念效度　②內在效度　③詮釋效度　④外在效度）。

8. 內觀的觀點係指：（①實證論研究者對研究現象所持的觀點　②研究的參與者對研究現象的觀點　③詮釋論研究者對研究現象所持的觀點　④讀者對研究現象所持的觀點）。

9. 個案研究者何以需要個人投入蒐集資料的任務？（①研究者蒐集資料時要不斷將資料作三角交叉複核　②研究者須對現象發展出整體性的了解　③研究者必須蒐集大量資料　④研究者須投入確保發現之信度的工作）。

10. 個案研究強調豐、厚的描述，指的是：（①在撰寫個案研究報告時仰賴反思的分析　②對現象及其意義作綜合而直接的敘述　③從內觀與外觀的觀點來描述現象　④使用三角交叉法撰寫報告）。

二、試比較說明下列各名詞：1.單一個案設計與多種個案設計；2.整體個案研究與嵌入個案研究。

三、試簡述「組型匹配」觀念。

四、個案研究的步驟如何？

五、個案研究的資料來源有哪些？

六、從量的研究角度觀之，個案研究的單位是什麼？其優、缺點安在？

七、以文字表達的個案研究報告有哪些類型？

八、試以單一個案進行研究，並提出報告。

答案：

一、1.①；　2.②；　3.①；　4.④；　5.④；　6.③；　7.③；　8.②；　9.②；10.②

二～八、略。

第16章

敘事研究法

第一節　敘事研究的定義與運用的時機

　　Narrative（敘事的）一字係由動詞narrate演化而來，有如說故事一樣地把故事詳細說出而來。敘事是指研究者把接受研究者的經驗予以組織，作為進入一系列意義深長事件時空中的一種最初始的途徑，兼具推理和詮釋的模式。透過敘事，研究者可以理解被研究者建構或重新建構他們的認同，或了解敘事者建構意義的方式，或以女性或批判理論為架構來達成解放的目標（Sfard & Prusak, 2005）。

　　敘事研究係指研究者使用方法，讓接受研究者說出他們心中具有「故事性質的生活故事，藉以了解不同個人體驗其周遭世界的方式。」（Connelly & Clandinin, 1990, p.2）。敘事研究者蒐集有關個人的生活資料，且採取協同合作方式，建構有關個人經驗的敘事，以及討論其賦予該等經驗意義。

　　敘事研究屬於具有特性的質的研究，典型上它聚焦於研究單一個人的生活經驗，或少數個體的細節故事或生活經驗，透過蒐集故事、個人經驗報告等資料，以探討那些經驗的意義。敘事研究是跨學科的探究，且在不同學科有一段漫長的歷史，如文學、史學、藝術、電影、神學、哲學、心理學、人類學、社會學、社會語言學和教育學。因此，敘事研究法為一種以時間序列為主的事件描述研究。

　　教育研究領域約在1990年出現綜合分析該研究設計的文章，是由教育工作者D. Jean Clandinin和F. Michael Connelly刊行在*Educational Researcher*的"Stories of Experience and Narrative Inquiry"（Clandinin & Connelly, 1990）一文，他們引述許多在社會科學應用敘事的例子、精細思索蒐集敘事田野札記的過程、以及討論敘事研究的寫作和結構。這篇文章拓展了他們早期探討敘事侷限於班級教與學的脈絡。最近這兩位作者把他們的理念細說於*Narrative Inquiry*（2000）書中，公開支持「敘事研究者要做的是什麼事情」（p.48）。

　　至於敘事研究對教育所造成的影響，值得而言者，約有：(一)過去十五年來，增加重視教師反思、教師研究、行動研究和自我學習。(二)更加強調教師的認知

——他們知道什麼，他們如何思考，他們如何發展專業，以及在班級他們如何做決定。(三)在教育研究過程中，透過協同合作式教育研究努力，增加重視教師聲音，以收賦權增能之效。這些影響改變了教育研究的版塊，促使以科學本位研究的實務，邁向探討社會的、文化的與經濟的議題。

在以下的情況，可以運用敘事研究：(一)當有人願意述說他們的故事，且研究者願意報導他們的故事之時；(二)當按照年代順序，述說故事之時；敘事研究聚焦於微觀的分析圖像（micro-analytic picture）一個人的故事；而不像人種誌（ethnography）那麼描述寬廣文化規範的圖像，也不似紮根理論（grounded theory）研究那樣去建構抽象的理論。

敘事研究也對實證論所認為世界上僅存有一種真理的觀念，提出挑戰。

第二節　敘事研究的過程與類型

壹、敘事研究的過程

欲進行敘事研究，通常要遵循以下的過程：

第一、確認研究的目標及所要探索的現象。如本研究的目標在於：描述某所高中甲教師遇到學生濫用藥物問題，及其對該生採取的處理方式。研究者所將要探索的特定現象即為：高中青年的藥物濫用問題。

第二、從所能習得該現象的對象中，選取立意目標的個體。以前例為例，如該所高中甲教師志願與研究者合作，對該班級進行此項研究。

第三、提出起始的敘事研究問題。前例中的甲教師已經體驗到：處遇藥物濫用學生問題的經驗是什麼？生活經驗影響到甲教師處遇該問題的方式的是什麼？

第四、描述研究者的角色。研究者將取得甲教師服務學校的同意協同合作，進行該項的研究，且要徵得所有須同意之單位和人員的允許，才可以進行。

第五、描述蒐集（故事）資料的方法，特別要注意到訪談研究者利用蒐集敘事研究資料的各種方法，包括訪談，以及檢查書面和非書面的資料來源，如個人在期刊或日記記載的故事、觀察個別記載的田野札記、蒐集個人發出的信件、聚集來自家庭成員對個人所敘述的故事、蒐集有關個人的回憶錄或官方通訊的文件、蒐集有關個人的照片或人工製品、個人生活經驗的紀錄等。

第六、描述分析和解釋資料的適當策略。如研究者和甲教師協同合作參與重述敘事的故事，然後確認最後的書面解說。即該過程包括檢視原始資料、確認在故事中的元素、組織或安排故事中元素的順序、重述傳遞個人經驗的故事。所以要重述故事乃緣於聽眾和讀者能對按邏輯順序敘說的參與者故事，有較佳的了解。

第七、與研究的參與者協同合作來建構敘事以及確認故事的準確度。

第八、完成敘事解說的撰寫。

貳、敘事研究的類型

依據K. Casey（1995-1996；引自Creswell, 2014）的說法，敘事研究有以下各種類型：自傳、個人文件、自我人種誌（autoethnographies）、傳記、生命文件、人種心理學、生命寫作、生命史和生命故事、個人中心人種誌、個人解說、口述歷史、流行記憶、個人敘事、人種史、拉丁美洲證詞、敘事訪談、人種傳記、波蘭回憶錄。

至於敘事研究所歸屬之類型，主要的根據有如下各項（Creswell, 2018）：

一、誰撰寫或記錄故事？

傳記式（biograph）的敘事研究，是由研究者記錄或撰寫另一個人的生活經驗。自傳式（autobiography）的敘事研究，則是研究者和參與者同為一個人。

二、敘事的範圍：所記錄和呈現的生命週期有多長？

如生命史（life history）是個人整個生命經驗的敘事故事，但在教育上很少做這樣的研究，一般僅聚焦於個人生命中的單一事件或插曲為多。又如個人的經驗故事（personal experience story），係從單一或多種軼事事件來發現個人個別經驗的敘事研究。

三、誰提供故事？

在教育不同場景的不同人士，如行政人員、教師、學童、監護人、供給食物的工人及其他教育人員等，都能以口頭或撰寫他們故事的方式敘事。

如教師的故事（teachers' stories）是由教師就她／他們自己個別的教室經驗，所做的個別解說。或如兒童故事（children's story）則是由研究者從學生身上，獲得口說或是文字表達的學習經驗皆屬之。其他在教育領域的人員，如校長、政府教育官員皆可成為提供敘事故事的來源者。

四、學理的或概念的架構類別對研究的影響：即使用學理的架構（theoretical lens）嗎？

即提供在敘事發生的社會、政治與歷史脈絡中團體或個體的主張，以作為研究者撰寫報告之結構的引導性觀點或意識形態謂之，如使用女性主義或批判理論屬之。

五、所有敘事的類型可以結合嗎？

在一項敘事研究中，可能將上述的諸項不同元素結合在內。例如一項敘事研究，由於研究者撰寫和報導有關參與該項研究者的一切，而歸屬於傳記式敘事。相

同的研究可能聚焦於教師個人的研究；也可能探究教師生活中的事件，如教師遭學校解聘而成為部分生命中的故事、或個人的經驗故事的敘事；此外，如果這個人是女性，研究者可能使用學理的觀點去檢視學校中的權利和控制的議題，而成為女性主義的敘事。最後所得的該份敘事研究，可能是傳記、個人故事、教師的故事和女性主義觀點等不同元素的結合。

第三節　敘事研究的技術與特徵

壹、敘事研究的技術

敘事研究所採用的技術主要的有如下各項：

一、重新說故事（restorying）

重新說故事的過程可分成三個階段：

第一、研究者執行訪談，並將錄音檔、影像檔的內容轉錄下來，以取得來自訪談所得的原料。此一過程不僅記載口語，也納入訪談的細微差異，如幽默感、憤怒、嬉笑等。

第二、研究者根據從故事中確認的關鍵因素，重謄原料。如某位教師描述如何處遇班上受到藥物影響的學生，從教師所做的評論中，吾人可以確定若干的論題（themes），如尋求來自輔導人員、校護的協助。

第三、研究者將故事按年代予以組織編排，並與場景、人物、行動、問題與解決途徑配合。如上述那位教師的故事，可能將場景定位在他有使用藥物學生（人物）的班級，並聚焦於學生的行動（離座行為、其他和班級有關的行為）；由該等行動所引發的問題（如其他學生因而分心，教師把時間專注於少數學生身上等）；以及教師運用的任何解決途徑（如尋求教室外的協助與學生簽訂學習契約等）。

這些階段完成之後，要求參與者和研究者協同合作撰寫最終的個人重述性經驗的故事。這種協同合作確保告知的敘事（narrative told）與報告的敘事（narrative reported）之間沒有差距。

二、敘事性分析（narrative analysis）和分析敘事（the analysis of narrative）

敘事性分析係指研究者所建構而成的一種敘事，他先透過訪談、介入和觀察，蒐集對事件所做的描述，同時把這些描述綜合而成敘事或故事（類似於重新說故事的過程一樣），在此一敘事類型研究的故事，是研究的成果以及研究者試圖要去回答如何和為什麼會出現此種特殊的成果。分析敘事則是代表一種過程，在此種過程中，研究者把蒐集的故事當作資料，並加以分析，以形成可以橫跨所有故事的一組共同性的論題，用以掌握在敘事中的所有故事的精髓，以適用於敘事中所蒐集來的

所有故事，但是運用此種取向的研究，卻會因研究者為了發展對論題一套的陳述，以作為所蒐集而來之故事的一般性知識，而降低對每個故事獨特性部分的強調。本章有關的敘事研究，聚焦於敘事性分析；亦即關注敘事或故事的描述，焦點放在如何和為什麼會發生此種結果的特定故事。

三、口述歷史（oral history）

研究者透過結構性訪談或開放式訪談，從參與者取得資料。為了建構口述歷史，研究者可以請參與者列一個時間表，把重要的事件或記憶分段敘述。

四、蒐集照片、記憶箱和其他人工製品

研究者從中喚起參與者生活中的細節，以及探究他們如何將這些特定的現象關聯在一起的方式。

五、述說故事

研究者可使用錄音檔或影像檔、或使用田野札記或逐字記錄方式，將參與者的說故事內容記載下來，備供分析；也由於研究者在現場，得有許多機會增添對參與者每日生活的理解。

六、書寫信件

讓參與者書寫他們的生活經驗，或讓敘事研究者與參與者對話的另一種方式，是透過書信的撰寫，電子郵件最容易倡行和保存。

七、自傳和傳記的撰寫

藉著參與者的眼光，以傳記或自傳的方式，將其生活史構建或協同合作建構起來；研究者可透過這些，來拓展他們理解過去事件和經驗對參與者體驗之現象的影響。

八、其他敘事資料

如教案、親職通訊、個人哲學信念等。

貳、敘事研究的特徵

敘事研究的特徵，論其關鍵性的部分，約有如下各項（Creswell, 2014）：

一、敘事研究聚焦於個別的經驗（individual experiences）

敘事研究者聚焦於一個或多個單一個人的研究，且對探索該個人之經驗特別感到興趣。這些經驗既屬於個人性質的——個別經驗到的，也屬於社會性質的——個體與他人互動的。敘事研究者試圖聚焦於了解個人的歷史或過去的經驗，以及這些經驗如何對該個體現在和未來的經驗發揮貢獻或影響。

二、敘事研究關注個人長期經驗（chronology）

即研究者按時間順序或事件的年表分析與撰寫個人的生活，以了解個人的過去、現在與未來。

三、敘事研究透過訪談所蒐集的資料為基礎，聚焦於建構生活的故事

敘事研究者為了發展年表式的個人經驗觀，要求參與者告訴有關他的經驗故事。敘事研究者把重點置於蒐集由個人告訴他們的故事，或者從廣泛的田野文本（field texts）中蒐集故事資料。這些解說來自於非正式的團體會談，或一對一的訪談而得。敘事研究的故事（story in narrative research）通常以個人的第一人稱口頭述說，或重新述說；這些故事通常有開頭、中間和結尾；且可能包括如小說中所述的時間、地點、情節和場景。田野文本代表研究者從不同來源蒐集資訊，如利用討論、會談、或研究者與一個人間的訪談等。

四、敘事研究使用重新說故事（restorying）作為建構敘事性解說的技術

所謂重新說故事係指研究者蒐集故事、依故事的關鍵元素（如時間、地點、情節和場景）加以分析，然後按年代順序重新撰寫故事的過程。因為告訴故事的個體通常會漏失順序或未按邏輯順序敘說，透過重新說故事，研究者能就這些觀念之間建立因果的聯結。根據Clandinin和Connelly（2000），他們提出了三次元空間敘說結構（Three dimensional-space Narrative Structure），認為在重敘故事時，研究者在建構故事內容應包括互動（interaction），指個人特質和環境因素、人際因素共同影響的觀點；連續（continuity），經由過去和現在經驗，期待未來；情境（situation），包括有關事件當下，人、事、時、地、物、數的資訊。

五、敘事研究在故事中納入背景（context）或場景（setting）

敘事研究中的場景，可能包括朋友、家庭、工作場所、社會組織或學校。即故事自然發生的地方。

六、敘事研究是涉及研究者與參與者在最後文本協商過程中的協同合作方法

敘事研究中的協同合作（collaboration），指的是研究者積極讓參與者隨著研究的進行，涉入研究過程之中；這種協同合作包括建立中心的現象、決定產生有用資訊的田野文本類型、最後撰寫重新敘說個人經驗的故事。協同合作亦涉及研究者與參與者之間維持開放、信任、誠摯和協商的關係（Marshall & Rossman, 2006），以減少敘事性告知和敘事性報告之間可能存在的差距。

七、敘事的建構總涉及對以下問題的回應

「接著會發生什麼事情？」（And then what happened?）恰如Lemley和Mitchell（2012）所指稱的，敘事的研究者持續要發問的問題為「我知道什麼」和「我如何

知道的」。

第四節　敘事研究的步驟

敘事研究的主要步驟，依照Creswell（2018）的觀點，可分成以下各項：

一、確認探索或關注的教育議題或現象。

二、採立意抽樣，選取可以從中了解該現象的個體。

三、從選取的個體處蒐集故事：蒐集故事的最佳方式，是透過個別對話或訪談，讓個體述說他的經驗。亦可透過以下這些，蒐集其他的田野文本：如個體在日記或日誌記載的故事、觀察個體和做田野札記、蒐集個體發出的函件、從家族成員彙集個體的故事、蒐集有關個體的文件紀錄、蒐集相片記憶箱和其他人工製品、個體生活經驗的紀錄（如舞蹈、戲劇、音樂、美術、文學等）。

四、重新敘述個體的故事：包括檢查原始資料、確認故事中的要素、將故事中的要素排序或組織、接著提出一個重述的故事，以傳達個體經驗。研究者使用重述的故事，乃因為傾聽者和讀者藉著研究者將參與者的故事，按照邏輯的順序排列，較容易了解所述說的故事。

五、與參與者—述說故事者協同合作：該步驟係與過程中的其他步驟保持互動關係。協同合作的方式包括：進入場所以及和參與者協商、和參與者密切工作以取得捕捉個體經驗的田野文本、以研究者的用語撰寫和述說個體的故事。

六、撰寫有關參與者經驗的故事：典型上不必把文獻列一專章，將之與有關問題的研究納入該研究的最後一章即可；加上，由於讀者可能不熟悉敘事，研究者需撰寫一章有關敘事研究的重要性和涉及的程序，俾使讀者了解有關的敘事研究。

七、確認報告的準確度：確認報告準確度的策略包括交由成員查核、將諸項資料來源做三角交叉式查核、尋找無法確認的證據等。

第五節　敘事研究的評鑑

評鑑敘事研究的方法除了與鑑定質的研究的規準一致之外，尚須符合敘事的層面（Creswell, 2018）：

一、研究者聚焦於個體的經驗嗎？

二、是聚焦於單一或少數的個體嗎？

三、研究者蒐集個體的經驗故事嗎？

四、研究者以重述方式述說參與者的故事嗎？

五、在重述的故事中，聽見參與者的聲音和研究者的聲音嗎？

六、研究者確認從故事中浮現的論題嗎？

七、故事中包括有關個體的所在場景和位置的資訊嗎？

八、故事有包括過去、現在與未來的時間、年表式順序嗎？

九、有研究者與參與者協同合作的證據嗎？

十、故事適度地探討研究者所提的目標和問題嗎？

作　業

一、選擇題

1. 敘事研究與其他形式的質的研究差異在於：（①聚焦於團體的過程　②建構紮根理論　③聚焦於單一個人並透過故事和個人經驗蒐集資訊　④較不關注測量）。

2. 描述個人生活、蒐集個人的經驗故事，以及討論這些經驗的意義謂之：（①個案研究　②敘事研究　③人種誌研究　④行動研究）。

3. 作為特殊的質的研究類型而言，敘事研究典型上較重視何者？（①使用論題而不採用個人經驗　②界定問題　③使用固定的訪談結構　④以個人自己的言語來記載他的故事）。

4. 下列何者不是增進對敘事研究感到興趣的理由？（①個人的解說　②小說式的解說　③自傳　④生活撰寫）。

5. 下列何者最可能採敘事研究來做探索？（①國中蔡鸞妮校長的經驗　②在多元文化教室中兒童的社會關係　③在鄉村國中學生數學成就的性別差異　④高中與國中學生數學成就的差異比較）。

6. 下列何者不是用來區分個別解說和傳記的不同？（①誰撰寫該種解說　②影響該解說的學理架構　③敘事的範圍　④誰提供該故事）。

7. 敘事研究與其他研究方法的不同特徵在於下列何者？（①脈絡的重要性　②訴說故事　③聚焦於個別的經驗　④研究者與參與者之間的協同合作關係）。

8. 下列何者會增進對敘事研究的興趣？（①增加班級學生的運動　②強調教師的知識　③一般大眾難以做紮根理論的研究設計　④教師的反思不被重視）。

9. 為個人或團體以及撰寫報告提供引導之意識形態或觀點的謂之：（①探究方法　②主觀觀點　③學理架構　④敘事架構）。

10. 下列何者不是用來協助研究者決定所要執行的敘事研究類型的問題？（①將發展什麼理論？　②誰撰寫該篇故事？　③誰提供故事？　④記載且提出生命中的多少時間？）。

11. 為了將研究置入適當的年表順序，而將故事重新布局，是屬於敘事研究的哪一種特徵？（①協同合作　②年代表　③論題分析　④重新說故事）。

12. 下列何者在敘事研究中不太被採用？（①調查　②訪談　③觀察　④寫作）。

13. 蒐集事件之敘事資料的順序為何？（①原始資料、重新說故事、重新轉譯　②原始資料、重新轉譯、重新說故事　③原始資料、重新說故事、論題分析　④原始資料、重新轉譯、年代表）。

14. 敘事研究中的協同合作係指下列何者？（①共同作者　②協助編碼的同僚

③研究者與參與者一起主動投入　④以上選項皆是）。

15. 要求參與者保存日誌代表敘事研究過程的哪一部分？（①問題界定　②參與者選擇　③故事蒐集　④重新說故事）。

16. 當研究者在一項研究中，使用蒐集得來的故事，以發展能反映出綜合這些故事的敘事，即表示該研究者正從事於下列何者？（①口述歷史　②述說故事　③敘事性分析　④分析敘事）。

17. 重新說故事：順序：（①訪談：資料蒐集　②資料蒐集：訪談　③界定問題：協同合作　④協同合作：界定問題）。

18. 敘事研究的結構與撰寫其他報告的型式不同在於何者？（①不使用圖表　②少使用文獻探討　③比其他質的研究作更多的深度分析　④較多學理的取向）。

19. 蒐集故事、分析故事中的關鍵因素，以及按年代順序重新將之撰寫出來的過程，乃在於描述下列何者？（①重新說故事　②口述歷史　③述說故事　④撰寫傳記）。

20. 使用述說故事作為資料蒐集過程的規範性部分之優點，在於許多故事：（①是有趣的　②提供研究者增加了解參與者經驗的機會　③好讓研究者將事實與虛構區隔開來　④對同一事件提供不同的解說）。

二、試釋在敘事研究中何以研究者和參與者之間關係居於關鍵性的重要地位？可從敘事研究的特徵申述該種關係。

三、試區辨敘事性分析和分析敘事。

四、請選擇兩種蒐集敘事研究資料的技術，分別討論其特徵及其優缺點？

五、試提出一項敘事研究問題，並說明該研究問題與敘事研究之間的密合性。

六、敘事研究與個案研究的區別安在？

七、現象學研究與敘事研究有何異同？

答案：

一、1.③；2.②；3.④；4.②；5.①；6.④；7.④；8.②；9.③；10.①；11.④；12.①；13.②；14.③；15.③；16.③；17.②；18.②；19.①；20.②。

二～五、略。

六、在敘事研究中，一個或多個研究參與者的故事，皆可視為個案；只是個案研究在於探究發生於自然脈絡中的現象，而敘事研究則尋求去解釋故事。

七、同：二者聚焦於個人詮釋其經驗的意義。

　　異：現象學研究不提供重述個人故事之事件發生的年代順序；且試圖去找尋好幾個群體所聚焦之經驗的個別層面以及共同性。

第17章

內容分析研究法

第一節 內容分析的意義、目標與類別

　　內容分析（content analysis）亦稱資訊分析（informational analysis）或文獻分析（documentary analysis）。在許多領域的研究，常需透過文獻獲得資料，因此內容分析研究法便有其價值與採用的必要，該法與史學家使用的歷史研究法類似，惟後者以探討較遙遠的過去的紀錄為主，而內容分析主要在解釋某特定時間某現象的狀態，或在某段期間內該現象的發展情形。

壹、內容分析的意義與目標

　　Markoff等（1975, p.5）閱覽文獻，提出常用的內容分析的定義如下：

　　1.D. P. Cartwright在1953年提出的定義為：「內容分析」與「編碼」（coding）可以交換使用，指以客觀的、系統的，以及量的方式，描述任何符號的行為。

　　2.B. Berelson於1954年下的定義為：內容分析是一種研究的技術，針對溝通產生的內容作客觀的、系統的，以及量的描述。

　　上述是較屬於傳統科學的或量的假設考驗定義，與倡導質的描述的觀點有所出入，因而較偏愛採用高度結構化的內容分析技術。具體言之，如是觀點的基本目標在於將語文的、非量的文獻轉變為量的資料，因此內容分析的結果，常以含有次數或百分比的圖表呈現，與調查法呈現的資料相似，如此一來，內容分析有助於使用正式假設，以科學方法抽取樣本，以及就蒐集得到量的資料以電子計算機或統計技術分析之，就此而論，其目標與調查的目標並無多大出入。惟揆諸事實，內容分析除了上述的目標外，運用於教育研究時尚有如下各項目標；前五項目標具有敘述性研究的性質，後續三項目標，在性質上言，較屬於歷史的研究（Best & Kahn, 2006）：

1. **描述現行的實際業務或條件**

   舉例：(1)大學生的家庭社經背景分析。

   　　　(2)台灣各國中編班方式的規準。

2. **發現在相對上，重要的或有趣的若干問題或主題**

   舉例：(1)民眾對於改進大學入學方式的意見反映。

   　　　(2)國內現有教育研究法教科書揭示的統計概念。

3. **發現教科書或其他出版品內容的難度**

   舉例：(1)高中生物課本採用之術語的程度。

   　　　(2)國小一年級國語課本發現的抽象概念。

4. **評鑑教科書導入的偏見或宣傳成分**

   舉例：(1)日本中學歷史教科書揭示的中日戰爭。

   　　　(2)美國中學的社會問題教科書描述的自由企業制度。

   　　　(3)美國初中的文學教科書所持種族的或宗教的刻板印象。

5. **分析學生作業錯誤的類型**

   舉例：(1)○○高商練習中打學生第一學期打錯的情況。

   　　　(2)申請美國Indiana University Bloomington入學信函中拼字錯誤的情況。

6. **指認作家的文學風格、概念或信念**

   舉例：(1)莎士比亞的暗喻用法。

   　　　(2)Alexander Campbell在布道中提出的三位一體概念。

   　　　(3)杜威的教育即生長說。

7. **解釋可能引發某項結果、行動或事件的有關因素**

   舉例：(1)國家科學發展政策對於大學院校新增系所的影響。

   　　　(2)在職進修制度對於提升高中教師素質水準的作用。

8. **分析用來代表個人、政黨、機構、國家或觀點的象徵符號**

   舉例：(1)代表國家之國旗內涵分析。

   　　　(2)領域教學在九年一貫課程代表的意義。

內容或文獻分析，對於改進教育的或社會的實務方面，或增添重要的知識方面而言，都能發揮其效能。由於有待運用此方法來研究的領域尚多，因此不應將此方法侷限於計數或列表的研究，質的研究也是可能採用的技術。

貳、內容分析的類別

內容分析的類別固然與上述的目標有關，為了進一步作具體的分析，僅分述如下，惟各種研究的類別在範圍與概括化層次有別，必須留意：

1. **概念的分析**（conceptual analysis）：為了釐清教育概念，可採取以下的作法：描述概念的精義或一般的意義、確認概念的不同意義，或在各種例子中描述概

念的適當用法。像專業觀（professionalism）這個教育概念的分析，可能成為整個研究的焦點。釐清教育概念的意義，與未來的研究有潛在的關聯性。

2. 編纂（edition or compilation）：文獻的編纂與出版，可按年代順序保留下來，對以後的研究有所助益。

3. 描述性敘事（descriptive narration）：針對某事件作描述性敘事，依年代告知其始末的故事。雖然敘事的重點在於描述事件的細節，但事實上，它是故事的延續性與流程的綜合。由於研究的主題嚴格，概括化的可能性大受限制。

4. 詮釋性分析（interpretative analysis）：詮釋性分析，乃將某教育事件與該期間內其他事件的關聯性相互結合的作法，該類分析包括同時發生的經濟的、社會的與政治的事件，即對該事件的研究，不採孤立而在較寬闊的脈絡中，進行分析。如全台灣地區九所師專於1987年改制為師範學院的分析研究，可能與世界先進國家培養小學師資的作法、鄰近國家的安排、政治的立場、國家經濟的狀況等事件有關。

5. 比較分析（comparative analysis）：即把當時與其他期間教育事件的相似性與差異性，作質的比較分析，此種分析可以標示一致的趨勢、一系列獨特的情境，或開展新方向。如可將1960年開始逐年將師範學校改制為師專的事件，以及於1987年將師專一起改制為師院的事件，作一比較分析。

6. 普遍化的分析（universal analysis）：學理的分析或哲學的分析，提供普遍的詮釋。透過學理的或哲學的分析，歷史的例證、過去趨勢的規則，以及事件的順序所提議的命題，皆可用來解釋教育事件的進程，如課程發展理論可以提議以下的命題，即國家中社會的、政治的、經濟的與科技的變遷，會在學校課程中反映（McMillan & Schumacher, 1993, pp.448-450）。

上述的任何一種分析的類別，在教育研究中均有其用途。教育概念分析具體指出某一概念內蘊的意義與涵義。文獻的編纂為未來的研究保存了不可或缺的文獻。描述性敘述可作為後續的詮釋性分析或比較分析提供間接資料。為了進一步了解過去，詮釋性與比較研究陳述「因果的解釋」。如有新的資料出現或有不同的社會科學概念呈現，既有的詮釋或分析，可能需作修正，普遍化分析也常有類似情況發生。

上述這些內容分析的類別，大致上說來，較偏向於質的研究領域，第二節所提到的內容分析的步驟，則較偏向量的研究方向思考。

第二節　內容分析的步驟

壹、確定目標

內容分析研究的首一步驟，爲確定有待達成的具體目標或有待考驗的假設，即在於提供描述性資訊、複核研究發現與考驗假設，詳細的目標已見於第一節之壹，不再贅述。

貳、決定蒐集資料的方法

內容分析與觀察或調查相同，在蒐集資料之前，需決定方法的結構程度，究竟是質的或量的、非系統的或有系統的、客觀的或主觀的。有的希望採取非結構的、質的、非系統的、主觀的方法；亦有的強調結構的、量的、有系統的、客觀的方法。唯有的分類強調內容分析宜以後者的方法較符合科學化的需求，這種說法雖未必能被全面接受，但自有其立場，如就結構的、量的、系統的、客觀的資料蒐集方法爲取向，一位內容分析者必須面臨：抽取文獻樣本、界定類別（categories）、內容、界定記錄的單位、界定脈絡單位（context unit）以及界定計數系統等五項主要任務，茲分別說明於次（Bailey, 1987, pp.302-311）：

一、抽樣

本書第4章已對抽樣方法詳予分析，內容分析的抽樣程序大抵與之相同。最先的步驟爲編列抽樣架構，或列出將可能被抽取當樣本的所有單位表，當然如是的安排極易造成偏見，特別是未接受良好教育者，可能鮮被當作文獻的來源。如試圖比較不同社會階級（下層階級、中層階級、上層階級等）所持的宿命論等級，可能因代表上層階級的材料過多，代表下層階級的材料缺乏，而造成嚴重的傷害。

抽樣的架構確定之後，本書第4章所探討的抽樣方法均可使用，但以使用隨機抽樣最爲普遍，也最不複雜。惟所有有待抽取的單位如依隨機順序排列，系統抽樣也可運用。文獻若同時依流通情形與地理位置分層，自可採用分層隨機抽樣。

二、類別

類別與研究目標有關，資料如被劃歸在某一類別，但不能同時劃入另一類別，因此各個類別是力求周延、互斥與獨立的。所謂獨立的，係專指某一類別的價值不能決定另一類別的價值。

O. R. Holsti曾就過去的內容分析，使用許多不同的類別，提出解說，如：F. L. Mott將報紙內容所刊載的版面分成十二類：外國新聞與特寫，華盛頓新聞，處理公共事務的專欄，社論，商業、財政、航海業，體育，社會，婦女天地，戲院、電

影、書籍、藝術，廣播新聞，連環圖畫、網頁、電子郵件訊息、網際網路留言板，以及插圖。當然研究者仍可依不同的研究目標，以及文獻的不同形式，確立各種分類系統。

三、記錄的單位

類別的選擇未必能決定合適的記錄單位或分析單位。亦即就某些文獻以及某些類別來說，並無獨一無二的記錄單位。Holsti曾列舉五種主要的記錄單位：

1. **單字（詞）或符號**：文獻分析通常以單字（詞）為最小的研究單位。依據霍爾提的分析，單字（詞）或符號在處理閱讀能力、風格、心理治療以及查知識字程度方面，是廣泛運用的單位。以單字（詞）為記錄單位的優點為單字（詞）是間斷的，有明確的疆界，比較容易認定。

2. **主題**：主題涉及道德的目標，或文獻的目的或文獻的一部分。如人口沒有零成長，整個世界注定鬧饑荒，是一個主題；共產主義一般來說對民主自由生活構成威脅則是另一個主題。完全闡明一個主題可能只要一些字詞或一個句子中的部分即已足夠，但有時候需要許多段，甚至好幾章或若干冊才可。欲決定主題的疆界，比起決定其他的記錄單位困難，且易流於主觀。

3. **人物特性**：以人物特性作為記錄單位，限於如小說、戲劇、電視劇、電影劇等的文獻。描述人物特性的類別系統如社會經濟地位，或種族地位。記錄單位是特定的個人，以及適合記錄在每一類別的人數。此種單位的優點在於個人是間斷的且不含混的，不致如編譯主題時所遭遇到的疆界問題，而且以人物特性為單位的研究者，不致被數字所控制，是以人物特性乃是好的單位，只是有特別適用的對象罷了。

4. **句子或段**：句子或段的疆界易於區分是其優點，但是句子或段經常包含一個以上的主題，而這些主題又非互斥，因此在記錄時常感困擾，是其缺失。

5. **項目**：若有許多文獻待供比較時，句子或段仍屬於小單位。Holsti建議以項目作為分析的單位，他說：

> 當要描述整篇文章、整部影片、整本書，或整個廣播節目的特徵時，「項目」是記錄單位。這個單位對多數研究來說是過於總括性，而且當項目落在兩類之間時，可能出現問題：如帶有喜劇主題的戰爭片被歸類在「戰爭」與「喜劇」之下，便是如此。

由此可知以項目為單位，除了具有粗糙性之外，有時候在項目與主題之間難有明顯的區分，除非事先限定項目用以指涉整個文獻，而主題僅用於指涉文獻中的小部分。

四、脈絡單位

就任何的記錄單位來說，如不考慮該單位所位在的脈絡，可能難以或不可能確定其所屬的類別。即假定在價值研究中，研究者想以價值一詞作為記錄單位，但是使用該詞的文獻不足，是以使用該詞顯得不切實際，研究者也因而覺得比單（字）詞為大的任何單位，未必就能提供準確的涵義。

如某研究者不僅對決定權力的存在感到興趣，而且進一步熱衷於夫、妻權力的探討。第一個步驟是找尋單詞「權力」，因為它是記錄單位，也是價值類別的名稱。然而從該單詞，無法得知權力究竟屬於夫或妻。該詞須置於脈絡中才有意義，因而研究者常選擇脈絡單位，脈絡單位是包含記錄單位在內的較大單位。是以若記錄單位是字詞，脈絡單位可能是句子、段、主題、章或全冊。若已有某種特殊類別組以及某類型文獻，則使用脈絡單位可能沒有必要。惟確有必要採用脈絡單位時，宜由研究者作主觀上的選擇。

五、計數系統

研究者決定類別、記錄單位，以及脈絡單位之後，須進一步決定量化資料的方法。內容分析中，用以計數或量化資料的方法，主要的有四種：

1. **簡單的二元編碼**：以標示某類別是否在文獻中呈現——此種以是否呈現列舉的形式，部分視研究目標而定。這種簡單的記錄某一類別是否存在，是屬於分類的類別層次（nominal level）或為質的資料分析，而非量的資料分析。

2. **類別在文獻中呈現的次數**：此一方法比簡單的二元編碼更進一步，可以提供更多的量化資訊。了解某類別呈現的準確次數，比僅知該類別是否出現有價值。次數量數是列舉系統中，最受歡迎且使用最廣者，對某些內容分析的類型而言，居於重要的地位。依據次數列舉的內容分析形式之一為字詞次數研究，可用以決定誰是某文獻的創作者。固然決定創作權的方式有多種，但是最常用的方式應是計數某特定字詞呈現在文獻中的次數，此種內容分析可以評估效標關聯效度（criterion-related validity，詳見第5章）之用。

計算次數是決定古代有爭議的文獻誰屬的最佳方法之一，但是近年來研究者也想利用這種方法從事推論，某文獻呈現某類別組的次數愈多，則在該向度的分數就愈高。如有涉及性別歧視的類別有四，有某一文獻在四類別中提到的次數為50次，另一文獻僅提及10次，則可說前一文獻比後者代表較高的性別歧視值。使用次數量數的困擾，在於它假定所有類別相等，以及所有提到某一特定類別或記錄單位需同等加權。

計算次數雖可能遭遇單位加權不等的問題，但是次數列舉顯然具有簡單性與方便的優點。

3. **某類別在文獻中占有的空間或篇幅**：可用以表示該類別的重要性。篇幅數量常依據某類別在報紙中呈現的空間，或在大眾傳播媒體（如廣播或電視節目）中

呈現的時間，以決定其輕重。惟如是的內容分析可能尚要考慮到該類別在報紙中的版面、字體的大小，在廣播節目中的時段，以及報導的內容屬於正面或反面而定；職此之故，報導內容的空間或篇幅未必與內容有密切關係，加上使用該方法分析態度、價值或風格，更是問題重重；尤其值當兩家對立的報社或廣播機構對某件事情的報導，可能偏見成分濃厚，欲以其報導的篇幅作為分析的依據，歪曲太多，實不適宜。

4. **陳述句的強度**：依據陳述句的強度的量數，可以提供較多的資訊。但是處於爭議中的變項或類別的準確值，在文獻中一般都不以數值呈現，為了衍生數值，研究者須使用某些編製量尺的程序行之。其中最簡單的編製量尺程序為總和等級程序，約與計算次數相近，然後予以加權。為了進一步處理這個問題，研究者以強度計數說明時，可說某一個陳述句比另一個陳述句代表某一概念的較高層次，因此除非較低層次的陳述句最先被敘述，作為基礎，否則不需有較高層次的陳述句。試考慮以下的陳述句：

(1)未婚婦女外出工作是對的。

(2)已婚未生育子女的婦女外出工作是對的。

(3)已婚且其子女已長大成人的婦女外出工作是對的。

(4)已婚而不問其子女年齡的婦女外出工作是對的。

若吾人以強度計數，可以假定這些陳述句是不相等的，即在測量對婦女工作態度的四點量尺上有不同的值，如吾人認為這些陳述句是依強度順序排列，則同意(4)的人，也同意(1)、(2)與(3)；不同意(4)，但同意(3)的人，也同意(1)與(2)；不同意(3)與(4)但同意(2)的人，也同意(1)；不同意(2)、(3)與(4)的人，仍然同意(1)，或四個皆不同意。

由上述可知：強度計數系統提供較佳的內容觀念。在次數編碼的情況之下，若陳述句(1)呈現在文獻A，而陳述句(4)呈現在文獻B，便可下結論說：兩個陳述句在測量對工作婦女的態度量尺上代表的值相等。若以強度計數說明時，可下結論說：文獻A在量尺上代表同意的最低值，而文獻B代表最高值。

強度計數指數（indexes for intensity enumeration）的編製，本質上是量表的編製。在內容分析方面最常用的程序為塞斯通的配對比較（Thurstone's paired comparison），該程序包括配對所有可能的陳述句，以了解在既定量尺上哪些等級較高，哪些等級較低。上述的四個陳述句可以排成等級。為了了解哪些被接受的程度較低，哪些被接受的程度較高，可以比較：

(1)對(2)　　　(2)對(3)　　　(3)對(4)

(1)對(3)　　　(2)對(4)

(1)對(4)

若諸評定者同意(1)比(2)、(3)或(4)在被接受的程度方面為低；(2)比(3)或(4)為低；以及(3)比(4)低，則吾人可取得對婦女參與勞動力的態度量表的證據。

參、安排分析程序

內容分析的最後一個步驟，為決定使用特定的分析程序。如同在其他的研究中的情況一樣，為了綜合資料以及解釋資料，均需統計的程序。

迄今，綜合內容分析資料的最常用方法為使用絕對次數以及相對次數，前者如在資料中發現特定事件的數目，後者如特定事件對全部事件的比例。如平均數、中數和標準差等描述統計，也可用來比較不同事件的發生情形。由於相關、簡單的交叉列表或卡方分析等技術適合於分析類別資料，因此在內容分析中，常予以運用，此外，像區辨分析（discriminant analysis）與類群分析（cluster analysis）有時也適用之。

第三節　內容分析的優點與缺失

壹、內容分析的優點

內容分析研究的優點，值得而言者有如下各點（Babbie, 2004; Bailey, 1987）：

1.研究對象如已無法接觸（如死亡）時，捨內容分析法之外，別無其他替代法；因此儘管有人不滿意內容分析法，但除了不研究之外，已無其他方法可以替代。

2.內容分析法特別適合於從事長期間研究的縱貫式分析，藉以探究對象的趨勢。

3.內容分析經常採用較大的樣本，如某位研究者想研究報紙刊載某類訊息，則需抽取相當大的樣本。

4.內容分析的記錄資料是有自發性（spontaneity），如提供資料者的日記，便是在自然情況下完成的。

5.內容分析的資料是一個人的自白，留供後人論斷，是以該人的日記、死後出版的自傳、遺書等都是唯一可獲得的資訊。

6.內容分析比大規模的調查，成本較低，且較省時；因為許多文獻大都集中在圖書館、報館資料室，均易查尋，分析者只要負擔到儲存資料場所的旅運費即可。

7.由於有的文獻，如報紙的專欄，都由學有專精之士撰寫，其品質較郵寄問卷的品質為佳。

8.內容分析的文獻多早已完成，因此內容分析不致對既有的內容、主題有所影響。

貳、內容分析的缺失

1.文獻資料可分由不同的人，基於某種目的（如為了錢）而為，難免會有誇張，隨意編織，甚至夾雜個人偏見，僅記載作者認定好的事件，不被認定好的事件可能流失。

2.資料可能隨時間而散佚，只有名人的資料保留下來，一般人寫的信件或日記，即使價值很高，可能遭到破壞或儲存在不知處，難以取得。

3.文獻的撰寫非基於研究目標而為，含有隱私成分，因此大部分的文獻都不完全（incompleteness）。

4.有許多個案的資訊未予記載；而其他的個案，記載資料很多，但可能因守密或遭破壞而不存在。

5.內容分析易有抽樣偏差發生，尤以教育程度區分為然，低教育程度者寫的文獻比高教育程度者為少，大眾傳播工具常依後者的觀點報導，恐無代表性。

6.文獻提供的僅是語文的行為，至於非語文的行為，則未提供直接的資料。

7.文獻大都缺乏標準的格式可循，尤以個人的文獻為然，也因如此欲比較各個人完成的文獻時，不是不可能，就是頗感困難。

8.編碼困難——以文字寫成的文獻因目標不同，內容或材料殊異，缺乏標準化，長度格式不一；加之所有文獻大都以文字陳述，缺乏數字，量化頗有困難（Babbie, 2004; Bailey, 1987）。

第四節　　內容分析的效度與信度

壹、內容分析的效度

某一文獻的作者，如是第一個解說事件或體驗感受的人士，則該文獻的效度，就會增加。因此內容分析如與觀察比較，前者易有表面效度（face validity）。若撰寫文獻者，非基於研究，而是為某種目標或某種隱密的動機而為，則容易破壞效度。加上事件發生與寫成文獻之間，有一段長的距離，容易遺忘。萬一選出的材料為偏差樣本而非隨機樣本，無法為所發生的事件，提供準確的圖像。

先就表面效度而言。在社會科學的研究中，文獻分析比其他的資料蒐集方法，更需嚴格查核其表面效度。舉凡文獻的內容、字型、語言、寫作風格、紙墨成分，都可被取來查核其真偽或效度之需。

次就效標效度（criterion validity）而言。雖有人認為描述性研究只要建立表面效度即可，但如有可能，宜建立效標效度以作為補充。由於許多文獻完成的時間甚早，無法以觀察研究來作比較，也無從訪問他人，以檢核效度；甚至可供比較之用的其他文獻，可能早已損毀殆盡。況且內容分析研究常需運用涵蓋許多時間系列的

文獻，難以發現各個時間的比較規準。儘管如此，藉著該文獻與具有效標效度的文獻資訊比較，俾對該文獻作外在查核乃有其可能性。

最後就構念效度而言，文獻亦宜具有構念效度。如有研究者藉著研究第一次世界大戰之前，高層次決策者所寫的文獻，以考驗有關國與國之間攻擊行為的一組假設。該研究者接著在文獻的內容分析中，發現支持所提假設的見解。其次，他採取表演國際模擬競賽高中生寫成的資料，來考驗相同的假設；如這些假設在兩個脈絡中受到支持，便可下結論說：這些文獻具有構念效度。

貳、內容分析的信度

內容分析的信度的檢核與檢核觀察的信度相似，其作法有二：

1.把在時間內的兩點或更多點的相似文獻，作比較以查核其信度，謂之工具信度（instrument reliability）。

2.把兩個（含）以上研究者在相同時間點上的研究結果作比較，以查核其信度，謂之分析者信度（analyst reliability）。

決定工具信度的努力常會受到選擇的文獻的妨礙。此外，文獻分析是一種相當主觀的過程。揆諸內容分析的定義，雖然強調客觀的與系統的方法，但是內容分析者分析時，建構的類別以及決定的記錄單位、脈絡單位以及計數系統，難免涉及主觀的決定，也因如此，使得內容分析者無法建立標準的類別；是以留意文獻，應把重點置於評估分析者信度，而不是文獻間信度（interdocument reliability）的評估。

Holsti指出：迄今尚乏獨一、簡單的途徑，可用來解決決定信度適當層次的問題。雖然他根據經驗法則，傾向於主張使用武斷的層次；但是他說必須想到在信度與各類別關聯性之間取得折衷之道，而非僅使用無關的、人為的類別，以求達成人為的高層次信度。

第五節　次層次分析

壹、複製研究與次層次分析

由於複製研究（replication）與次層次分析（secondary analysis）二者之間的區別，讀者不易釐清，在專論次層次分析之前，有必要先就複製研究作一說明，以免造成混淆。

複製研究係結合「重複」（repeat）與「複本」（duplicate）二詞而成，用以證實或挑釁以前研究所獲致之結論的一種重要方法。其作法為運用與先前研究完全相同的程序，在不同時間與不同環境，對不同的受試者，審慎複製的一項研究，以求得結論，若該結論與以前的那些一致，則此等結論更強而有力，其效度也會獲得

肯定，在發展與確認新的原理與理論方面而言，複製研究乃是重要的。

另一種可資採用的研究程序為次層次分析，旨在由另一個人重新分析以前的研究者蒐集而得的資料；其中可能涉及與先前研究不同的假設、不同的實驗設計，或不同的統計分析方法。即受試者是相同的、資料也是相同的，不同的是所選用的分析方法。

運用次層次分析法從事研究有如下的優點（Best & Kahn, 2006; McMillan & Schumacher, 2010）：

1.新的研究者可能為原來的研究找到更具客觀性的見解，或另一種嶄新的觀點；且可能提出較佳的問題或待考驗的假設。如心理學家利用早已存在之資料而獲得的觀點，可能會比早先社會學家的觀點，具有較大的意義。

2.次層次分析可為研究領域帶來較專門的技術，以及較多的實驗設計和統計分析技巧。

3.次層次分析花的時間與金錢較原先的研究為少；因為資料是現成的，且不必干擾受試者（師、生）的時間，與其基本的活動可從原來研究中轉變而來。

4.對於修習研究方法論的學生來說，次層次分析可能提供有用的經驗，並且能夠使學生使用真正的資料，而毋須採用模擬的或較差的資料來作練習。

5.次層次分析的資料，常提供很大的樣本數，而使得探究次級團體時，較有彈性、可以改進信度和獲得值得信賴的結果。

但次層次分析也有缺失，值得而言者有：

1.研究者所需的資料，常不可得。

2.原有的資料如果有誤差存在，次層次分析的研究者常無從察覺（McMillan, 2008）。

貳、次層次分析舉隅

次層次分析法在教育研究中，扮演著重要的任務，其中最具有代表性的為**教育機會平等**（*Equality of educational opportunity*），其他如**天才的發展研究**（*Genetic studies of genius*）、**我國大學入學考試報考與錄取者家庭背景之比較分析**等亦有代表性，茲分別述之。

一、教育機會平等研究

美國國會在1964年通過民權法案（Civil Right Act），指導聯邦教育署長執行如下的研究：「美國本土、托管地、屬地與哥倫比亞特區，由於種族、膚色、宗教或國籍而在各級公立教育機構造成教育機會不足。」

此項委託研究假定少數團體的教育機會與白人享有的不相等，此項研究是所有做過的類似研究中規模最大的，發現的結果即是大眾熟稔的**柯爾曼報告書**（*Coleman Report*），係由有名的社會學家James S. Coleman等執筆，並以**教育機**

會平等爲書名，於1965年出版。

　　該項全國性的研究採兩階段的機率抽樣，其一，從公立學校一、三、六、九和十二年級中抽取64,000位學生當樣本；其二，從四千餘所學校中抽取60,000位教師當樣本。此外，尚從學生家長、學校校長、學區督學，及傑出地方人士，蒐集所需資料；並分由教育家、律師及社會學家對個別城市執行個案研究。爲了便於比較，蒐集而得的資料按地理位置區分組織，計分北部、北部大都市、南部與西南部、南部大都市，以及中西部與西部。個人則按白人、黑人、東方人、印第安人、墨西哥裔美人，以及波多黎各人分類。

　　至於蒐集資料的工具包括問卷調查表、意見調查表、測驗、量表等。一、三、六、九及十二年級學生提供的資料包括：

1.閱讀理解能力。

2.作業——學習技巧。

3.語文能力。

4.非語文能力。

5.數學成就。

6.自我概念。

7.一般資料。

8.社會經濟地位。

教師與行政人員提供的資料有：

1.社會經濟地位。

2.學位名稱。

3.學科別。

4.對少數民族的態度。

5.任教年數。

學校與設備的資料包括：

1.學校建築物——年代與條件。

2.特別設備——禮堂、體育館、自助餐廳。

3.認可——州認可或地方認可。

4.每日上課時間以及每學年的時間。

5.開授課程。

6.課外活動。

7.圖書館——專職的館員。

8.美術與音樂教師。

9.健康服務——學校護士——心理服務。

10.輔導服務。

11.學科資優、身體殘障、智能不足的特殊教育方案。

12.教科書的妥當與否。

13.免費幼兒園。

14.免費供應牛奶——免費供應午餐方案。

15.準備標準化測驗、量表計畫。

16.單位學生成本。

從家長蒐集而得的若干資料有：

1.社會經濟地位。

2.職業。

3.教育程度。

4.父、母在家的情況。

5.對子女教育成就的態度。

本項研究使用蒐集資料的工具，均盡可能檢核其信度與效度，資料分析則採用複相關，以及多因子變異數和共變數分析處理。其中獲有若干結論，僅摘錄重要部分如下：

1.該項報告書拒絕了為少數民族兒童提供的教育機會不平等的假定；而且與教育機會平等有關聯的所有學校的設備，幾乎沒有差異。甚至在若干區域為少數民族學校提供的設備比為白人而設的學校還要妥善。

2.影響學校成就的主要因素，似乎是家庭的背景，而非學校的特徵。多年以來，學校為縮短最初成就差距而作的努力，其成效似乎微乎其微。

3.學生社經地位的組合，而非任何的學校因素與成就有高度的相關。

4.學業成就的等第，依序而分為：白人、東方裔的美人、美國印第安人、墨西哥裔美人、波多黎各人和黑人。雖然白種人的學生的得分顯著高於任何其他的群體，但是東方裔的美人，在非語文與數學成就方面有卓越的表現。

5.教育機會不平等與區域的差異較有密切關係，而不存在於以黑人或白人為主的學校之間。北部、中西部與西部的學校，似乎比南部與西南部學校有較好的設備。

6.各群體內部存在的階級差異，似乎比各種族間存在的差異為顯著。

柯爾曼報告書一出版，即備受有經驗的研究者以及特殊利益團體成員的批判，他們曾指出該研究蒐集資料顯出的瑕疵及對其所做的解釋表示不滿意之處，認為研究發現是不可接受的。有些人士則認為該研究在抽樣與資料的統計分析方面，亦有程序上的缺失。

請求接受研究的900,000名學生，約有640,000名成為應邀受測的樣本，或僅占想參加受試者的三分之二接受測試。北部大城市有21個學區拒絕參與研究，包括波斯頓、芝加哥、印第安那波里斯，以及洛杉磯等大城在內。此外，另有23個學區作有限度的參與，但拒絕他們的學生受測。又接受研究的白人與非白人的人數相等，就資料的統計分析言，便導入了可能無效的因素。

使用的問卷被批評爲缺乏「品質的東西」，獲得的結果自不具意義，只是一些表面的反應。甚至未對問卷作答者的比例高，特別是對於那些帶有情緒性或爭議性的問題，尤其是如此。例如：有三分之一的校長對於自己學校的教員同仁的種族組成問題不填答。

有些批評者相信該報告書並未對教育發揮高度而顯著的貢獻，但是多數的批評者同意它激發大家對家庭、學校與社區關係作進一步研究的興趣。在該報告書以前的有關研究，不曾招致如此多的爭論，與其涉及的問題複雜、敏感性的問題不少，特殊的利益團體顯示的防衛態度，成爲不同意該報告書內容的來源，殊不足爲奇。例如：贊成與反對學校用校車接送學生上學者的觀點，便都是基於他們自己已確定的立場而發。

美國有許多的研究接受政府各種機構、特別委員會，或慈善基金會的認可，採用次層次分析方法行之。有的便根據**柯爾曼報告書**的資料，更深入探討各方面的問題，但採用不同的統計程序以及提出不同的問題。有些只把研究資料限於與單一地理行政區有關者，而有些則採用較寬廣的區域資料進行分析。欲作深入了解其摘要者，可參閱於1972年出版，由Frederick Mosteller和D. P. Moynihan主編的**論教育機會平等**（*On equality of educational opportunity*, New York: Random House, Vintage Books）一書。

二、天才的發展研究

對於資賦優異研究具有劃時代意義的代表作是標名爲天才的發展研究此一系列，該系列提供重要的資料和提議許多的假設，供以後採用各種方法研討之用。這些出自Lewis M. Terman構想的研究，採用了調查、文獻分析、個案研究、追蹤研究、評鑑，及原因比較研究等方法。

該系列研究的第一冊爲**一千個資優兒童的身心特質**（*The mental and physical traits of a thousand gifted children*, Stanford, *CA: Stanford University Press,* 1926），旨在比較資優組與非資優組兒童的特徵；第二冊爲**三百個天才早期的心理特質**（*The early mental traits of three hundered geniuses,* 1926）係採用文獻資料分析歷史上1450至1850年間傑出男女的童年期與青年期的特徵；第三冊爲**青年人的希望**（*The promise of youth, 1930*），即經過六年以後，對原先資優兒童組所進行的追蹤研究結果；第四冊**資優兒童長大成人**（*The gifted child grows up,* 1947），旨在描述他們二十五年後的狀況；第五冊**資優組的中年生活**（*The gifted grows up at midlife, 1959*），在描述三十五年後的狀況；第六冊**希望的實現：Terman資優組兒童五十年的追蹤**（*Oden,* 1968）；第七冊**Terman研究的資優成人生活滿足的來源**（Sears, 1977）；以及第八冊**Terman研究的資優婦女中的職業與生活滿足**（Sears & Barbee, 1978）。

此一系列縱貫式研究幾乎延長達半個世紀以上，使研究者得以探討資優者由兒

童至成人的特徵，評鑑資優者對個人發展與對社會創造貢獻的影響力。

三、我國大學入學考試報考者與錄取者家庭背景之比較分析

黃昆輝（1978）在**我國大學入學考試報考者與錄取者家庭社經背景之比較分析**中，以1975學年度台北市、台灣省及金馬地區各高中、高職及補校應屆畢業生，報考1976學年度大學院校聯招者為調查對象，採分層隨機抽樣技術，按考生畢業學校所在地區及性別，由甲乙丙丁四組總報考人數94,807名中，選取19,544人（約占五分之一）為樣本。

該調查工具為研究者自編的「1976學年度大學入學考試考生家庭社經背景調查問卷」，其內容除了受調查對象之姓名、性別、報考組別、實足年齡，以及畢業學校等有關資料外，主要項目有：

1.家庭居住地區。

2.家庭人口數。

3.全家每月收入總數。

4.家庭文化水準。

5.父母教育程度。

6.父母職業別。

7.其他：包括家中讀書場所、課餘準備升學情形、影響選擇志願因素，以及鼓勵考生報考大學人員類別等。

該項研究的統計分析處理方式如下：

1.以卡方（χ^2）考驗報考者與錄取者，在問卷各項目所作填答反應的一致性。

2.以Z檢定考驗報考者與錄取者在問卷各項目填答反應百分比分配差異的顯著性。

3.以列聯相關係數（contigency correlation coefficient）考驗報考者與錄取者於各項目填答反應的關聯情形。

4.以斯皮爾曼等級相關係數（Spearman rank-correlation coefficient）考驗報考者與錄取者在各項目填答反應百分比高低的相對次序。

根據實際調查結果，該項研究獲致如下六項結論：

1.報考者父親教育程度，在高中（職）與初中（職）以下二者之比率，約占一半，錄取者父親教育程度所占比率，以前者稍高，占57.14%；後者占42.86%。但若與其他有關國家比較，我國大學入學考試錄取者來自父親教育程度較低者，仍占相當大比率（本國此次受調查者母親教育程度以小學畢業者居多）。

2.報考者與錄取者父親職等類別的分布情形，略有差異，惟就錄取者而言，此種差異與外國相比則較不顯著。

3.我國大學入學考試考生來自中等收入家庭者，其在報考者總人數中及錄取者總人數中所占的比率，非常接近，其入學機會並未受到家庭收入的影響；惟來自高

收入與低收入家庭者，其入學機會則稍受家庭收入的影響。

4.城市地區比鄉村地區的家庭，其子女錄取機會的比率較高。

5.錄取者來自人口數較少之家庭者，其所占比率較高。

6.家人參與文化活動情形及家中購置圖書情形與其子女之大學入學機會，並無顯著相關。

該調查研究最後作了如下的總結：「我國大學入學考試考生的錄取機會，確稍受父親教育程度、父親職業類別、家庭收入、家庭居住地區及家庭大小等構成家庭社經背景因素之影響，惟錄取者的考生來自父親教育程度較低、父親職業屬於技術及非技術工人，以及全家收入較低等之家庭者，占了相當大的比率，獲得相當大的入學機會。可見我國大學入學考試還能符合教育機會均等的精神。」

王大修（1983）針對本項結論，以〈我國大學教育機會均等的再檢討〉一文，根據原有的資料，採用范伯格（Fienberg）介紹的標準化統計表（Standardizing Tables of Counts）方法分析，並就原來研究採用統計分析方法提出檢討，最後肯定地指出：家庭社經背景影響到子女入學機會的不均等，而且家庭社經背景愈高，錄取之機會愈大。若就此點而論，其基本精神與原研究結論並不相悖，只是原研究總結的最後一句，稍嫌武斷。且就整體而言，原研究涉及範圍較廣、且較深入，不能以某些觀點的出入，而抹煞其價值。

作　業

一、選擇題

1. 將班級語文行為的錄音資料，進行分析研究謂之：（①內容分析　②臨界事件分析　③社交測量分析　④軼事分析）。

2. 內容分析研究最近的趨勢是：（①比較內容次數　②研究內容變項與其他研究變項之間的關係　③比較不同國家常用的句型　④計算教科書可讀性指標）。

3. 內容分析選擇材料的樣本：（①不能做，因為為了作有效推論，必須研究整個母群體材料　②將決定研究方案的目標　③無法採隨機抽樣技術取得　④須採隨機抽樣技術取得）。

4. 如為了評鑑內容分析研究的適當性，下列何者「不」宜包括在內？（①有關該研究主題使用的主要資料的來源　②不包括在該研究主題內的其他問題　③從事實合理衍生的概括　④公開描述研究問題的範圍）。

5. 文獻分析的最小研究單位是：（①單字或單詞　②主題　③項目　④性格）。

6. 研究者決定將文獻資料量化，需運用：（①抽樣理論　②記錄單位　③計數系統　④次層次分析）。

7. 某位研究者對以下的研究主題感到興趣：高教育水準的國家比低教育水準的國家較少有幫派的存在。請問該位研究者的分析單位為何？（①幫派　②教育水準　③國家　④以上皆非）。

8. 次層次分析的關鍵問題在於：（①成本　②效度　③選樣　④資料蒐集策略）。

二、試就內容分析所欲達成的各項目標，各舉一例說明。

三、試述複製研究與次層次分析的不同。

四、試就內容分析的類別，如教育概念的分析、編纂、詮釋性分析、比較分析、普遍化的分析等，各舉一例說明。

五、內容分析研究須考慮哪些效度問題？

答案：

一、1.①；2.②；3.④；4.②；5.①；6.③；7.③；8.②。

二～五（略）。

第**18**章

混合法、評鑑研究法與行動研究法

混合法大致涵蓋質的和量的研究在內。雖然評鑑研究法多以量的數據呈現，行動研究多以質的資料表之，但是在兩種研究中已有質的和量的資料兼顧的混和趨勢。

第一節　混合法：定義、目的、優勢與弱勢

混合法根源於實用主義（pragmatism），古典的實用主義論者如C. S. Peirce, W. James 和J. Dewey倡導的實用方法，提供研究者思考質量二元論的方式，研究者如採用實用的、平衡的，和多元的觀點，將能協助增進不同典範之研究者間的溝通，提升知識水準，以及回答重要的研究問題。實用主義論者認為一種好理論，應可協助吾人完成特定目標，或降低吾人對已經採取行動所產生之結果的懷疑。大多數的實用主義者利用的是實證和實用的方法，以及哲學的系統；其對做研究的影響是，主張多採用混合法，他們認為結合量的和質的方法，能更有創意地回答研究的問題（Lodico et al., 2010）。

混合法在英文上有如下的名稱：mixed methods、mixed mode、mixed methods research和mixed methods designs；係指在單一研究中，研究者為了了解研究的問題，依序蒐集、分析和混合質的和量的資料，結合而成量的和質的研究觀點與程序（Creswell, 2014; Mills & Gay, 2016）。在教育研究中，該種程序超越量的和質的研究論證；其目標不在於取替該兩種研究典範。與其質的和量的研究典範均有其重要性和用途，混合法研究典範是屬於質的和量的研究典範之外的第三個典範，希望在單一或跨研究中，擷取二者的優點，降低其缺點；猶如將質的研究放在連續體的一端，量的研究置於另一端。混合法研究則是擺在二者之間新的一大塊，坐在第三張椅子上（Johnson & Orwuegbuzie, 2004）。

混合法是一種適當的探究方法，只是該研究的程序較耗時，且須密集地去蒐集和分析資料。混合法研究設計目前日益盛行，乃緣於在許多情境中採用多種方法進

行探究，可對研究問題提供具有包含性、多元性和互補性的最佳結果。

至於要判斷一項研究是否採用混合法，可以採取以下的策略：

‧在題目中有無包括以下的文字、或相關術語，來標示蒐集量的和質的資料：*quantitative and qualitative, mixed methods*等；或*integrated, combined, triangulation, multimethod, mixed model, mixed methodology*等。

‧在資料蒐集的章節中，有無討論以量的和質的資料，作爲所蒐集資料的部分。

‧在研究目的或研究問題的敘述中，有無標示研究者在研究期間，所要蒐集的爲量的和質的資料。

另教育研究採用混合法有其優勢和劣勢，研究者宜加以注意，其中值得而言之的優勢，約有如下各項：1.融入量的和質的研究方法的優點；2.提供較綜合性圖像，強調量的成果，以及影響成果的過程；3.蒐集的資料出自多種方法，可以提出較完整的研究問題與結論；4.對質的或量的資料，提供互補的作用。至於混合法的弱勢約有以下各項：1.研究者是否具備從事兩種研究能力，將會影響研究發現的可信性；2.研究者須採密集方式去蒐集資料，既費時，又耗費資源；3.研究者可能出自時髦心理，膚淺運用，以致效果不大；4.報告的撰寫與結論的形成不易。

第二節　混合法研究設計

混合法研究可分從兩個重要類型分析，一爲混合模式（mixed model），另一爲混合法（mixed methods）。混合模式係指在某一研究階段內的研究過程，或在跨階段的研究過程，混合使用質的和量的觀點。

某一階段內的混合模式設計，如：使用問卷調查的問卷內容包括總和量表（量的資料蒐集）和一題或多題開放式問題（質的資料蒐集）。至於跨階段的混合模式設計，則包括如圖18-1所示中的設計2至7。

圖18-1
單一方法（1, 8）與混合法設計（2-7）

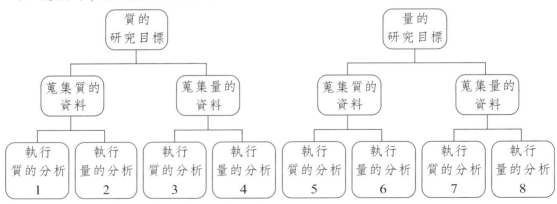

　　混合法研究設計中的混合法設計共分成九種，如圖18-2所示，依照Creswell（2014）的觀念，其中較常用的有以下六種，又當中的前四種是屬於基本的設計；後面的兩種則屬於較為複雜但漸受歡迎的設計：

圖18-2

混合法研究設計的混合法設計矩陣

決定時間順序

		同時	依順序
決定強調典範	同等地位	QUAL＋QUAN	QUAL→QUAN QUAN→QUAL
	優勢地位	QUAL＋quan	QUAL→quan qual→QUAN
		QUAN＋qual	quan→QUAL QUAN→qual

一、解釋型設計（explanatory designs）

　　該項設計亦稱解釋型順序設計（explanatory sequential design），先導入所蒐集的量的資料，使之成為代表主要的資料蒐集方式，然後在第二階段，蒐集較小分量的質的資料，與其以量為第一優先，並占較高的權重，亦稱先量後質模式（QUAN→qual model）。亦即本設計先以量的方法形成假設、蒐集和分析研究資料，來解釋或詳細說明量的研究結果，為研究的問題提供一般性的圖像，然後視研究結果的需要，再決定第二階段蒐集質的資料的類型，予以分析和詮釋，藉以用來改進、延伸或解說該一般性的圖像。是以該設計分兩階段蒐集量的和質的資訊，故亦稱兩階段模式（two-phase model）（Creswell, 2014），是所有混合法的形式，在教育研究領域中最受歡迎的一種。

　　解釋型設計在研究的使用上，有其優勢和弱勢。主要的優勢有：(1)量的和質的資料部分清晰而明確。(2)掌握量的和質的資料中的最佳部分。第一階段從母群體獲致量的結果；接著，透過質的深度分析，探索而得更詳細的發現。至於其弱勢約有：(1)研究者須決定在量的研究結果中的那個部分，須在後續的研究予以運用。(2)該設計是勞力密集的工作，且須仰賴專門技能和更多的時間（Creswell, 2014）。

二、探索型設計（exploratory designs）

　　該項設計亦稱探索型順序設計（exploratory sequential design），先蒐集和分析質的資料，且占較高的權重，接著，在第二階段，蒐集和分析量的資料；質的研究結果的品質，可藉量的研究結果，而獲得提升。該設計亦稱為先質後量模式

（QUAL→quan model）。本項設計的旨趣乃在於：(1)使用蒐集質的資料的程序來探索特定的現象，藉供設計測量該現象的量的工具（先質後量）；或(2)使用量的研究部分，來探索（確認、決定或擴展）在質的資料中所發現的關係（先質後量，且以質爲第一優先）。

至於探索型設計的優勢，在於允許研究者確認經由參與者獲得的資料，所建立起來的量數；即研究者起先藉著傾聽參與者的觀點，而不是以預先決定的一組變項，來觸及主題。其劣勢在於：(1)須密集蒐集資料，因此處理過程，相當耗時；尤其在考驗工具信、效度時，更須費時。(2)研究者須決定最適當的量數，俾在後續研究中使用。

三、三角交叉型設計（triangulation designs）

該項設計亦稱聚斂並行型或同時設計（convergent paralled or concurrent design），係指研究者同時蒐集量的和質的資料，且二者同等權重，併用質的和量的資料分析方法，然後一起用來解釋研究結果，故稱爲量質同時模式（QUAN+QUAL model）、或質量同時模式（QUAL+QUAN model），俾能對感興趣的現象提供較佳的了解（同時蒐集質的和量的資料，或量的和質的資料）（Creswell, 2014; Creswell & Clark, 2011; Mills & Gay, 2016; Snyder, 2006）。本項設計的立論基礎乃有鑑於一種資料蒐集形式的優勢，可以用來彌補另一種資料蒐集形式的弱勢。如在測量工具所得的量的分數提供的優勢，可用來彌補質的文件的弱勢。又質的深度觀察的優勢，可給量的資料的弱勢，提供彌補的作用；與其量的資料無法適度反映有關研究情境的資訊。

採用本設計研究程序爲研究者同時分析所蒐集得來的量的和質的資料，將所得的結果，進行比較並做詮釋，以獲得二者是否彼此支持或相互矛盾；亦即提供兩組資料直接比較。

三角交叉型設計的優勢在於：結合每一種資料的優勢，即量的資料提供了可概括化，而質的資料提供有關脈絡或場景的資訊。其弱勢爲：須將一種資料的形式轉譯成另一種形式，以便提供統整和比較資料庫之需，但是即使統整成爲可能，也可能會因彼此呈現不一致的結果，而須再蒐集更多資料，來調和其間的差異。

四、嵌入型設計（embedded design）

該項設計同時或依順序蒐集量的與質的資料，但是其中一種資料扮演支持另一種資料的角色之現象，可以QUAN+qual示之。在蒐集第一種資料之後，所以要蒐集第二種資料，乃基於要增加或支持原來基本的資料而爲。承負支持性任務的資料，可以是量的或質的資料，但是文獻上呈現的是質的資料用來支持量的資料的居多，且這些資料可在研究進行前、時、後蒐集和分析。

嵌入型設計的具體做法是，在進行單一研究（如實驗研究或相關研究）時，研

究者同時蒐集量的和質的資料，個別分析這兩群資料，並探討不同的研究問題。如量的資料探究介入措施是否影響成果，質的資料評估參與者體驗介入的方式。

　　嵌入型設計的優勢在於：結合量的和質的資料二者的優點，雖然在整個研究較強調量的方法，但也提供質的資料。至於本設計的劣勢在於：由於質的和量的資料探討的研究問題不同，不易進行比較；如在實驗研究或相關研究中導入質的資料，則會對成果造成影響；加上要蒐集兩種資料，是屬於勞力密集的工作。

五、轉換型設計（transformative design）

　　該項設計採用上述四種設計中的任一種，但是要將該設計置入一個轉換架構或視角內；該架構為混合設計提供方向所趨的視角，揭示研究的整體目標、研究問題、資料蒐集和研究成果。該架構的意圖是從事邊緣化或代表性不足群體的議題研究，務求帶來變革。

　　本項設計的優勢是：屬於價值本位的和意識形態的，典型的架構是：女性主義、族群、種族、身心障礙和同性戀的觀點。使用本項設計所要面臨的挑戰，在於如何將該架構統整於混合方法的研究之中。

六、多階段型設計（multiphase design）

　　該項設計和轉換型設計一樣，採用上述一至四種設計中的任一種，由研究者或一研究者團隊透過一系列階段或多元研究，來檢查問題或主題。這些階段或研究群體的意圖，在於要求研究者明確界定各個方案或階段，以協助探究一組較大規模的研究問題或方案的目標。因此，這些階段或研究可運用結合同時的或依順序的設計形式，從事大規模的衛生研究以及評鑑研究，以探究共同標的。典型上說，一個階段或方案的研究，會導致另一個階段或方案的進行，是以各個方案或階段透過整體研究彼此依靠在一起或告知。

　　本項設計的優勢在於：使用多種方案或階段，並加以連結起來，俾能對整體方案或共同的研究目標，有著較佳的了解。但是使用本項設計仍有需面臨的挑戰，諸如：如何籌組由各種不同方向研究者在一起愉快工作的研究團隊、確保各個階段或研究連結在一起、所有研究能洞察整體的方案目標。

　　根據上述分析，可知混合法設計的類型間區隔之標準，在於：

　　1. **優先順序**（priority）**或權重**（weight）：即排定資料的優先順序在於量的或質的資料比較受到重視或強調；它們權重相等，或量的資料重於質的資料，或質的資料重於量的資料。

　　2. **次序**（sequence）：即同時蒐集量的資料和質的資料，或量先質後，或質先量後。

　　3. **結合性**（combining）：即資料分析方式係將它們結合，或者分開處理。

第三節　混合法研究設計步驟

混合法研究設計依照Creswell（2018）以及Johnson和Onwuegbuzie（2004）的觀點，約有如下步驟可循：

一、決定研究的問題

二、決定進行混合法或混合模式研究的可行性和適當性

三、決定採混合法或混合模式研究的理論基礎

四、決定混合法或混合模式研究

五、確認採用蒐集資料的策略

六、蒐集量的和質的資料

七、分開或同時分析，即將資料予以化約、展現、轉換、修正、鞏固、統整或比較（Onwuegburize & Teddlie, 2003）

八、確證資料的合理性

九、詮釋資料

十、採一個或二個階段撰擬報告

第四節　混合法研究設計的評鑑

茲綜合Creswell（2018）以及Mills和Gay（2016）的觀點，就評鑑混合法研究時，可針對以下所提出的問題來加以考量：

‧該研究至少使用一種量的和一種質的研究方法嗎？

‧該研究使用混合研究設計有提供學理的基礎嗎？

‧該研究敘述使用何種混合研究類型設計？

‧該研究描述蒐集質和量的資料之優先順序嗎？

‧蒐集資料的數量及其伴隨而來的資源、時間、專門技能等議題，使得該研究可行嗎？

‧該研究探究量和質的問題嗎？

‧該研究清楚界定質和量的資料蒐集技術嗎？

‧資料分析技術適合於混合法的設計類型嗎？

‧該研究的書面報告與混合法設計的類型一致嗎？

第五節　評鑑研究：形式、對象及判斷其品質的標準

　　有關評鑑研究的意義與趨勢，及其與教育研究的區別，已經在本書第1章第四節之三有所說明，在此不再贅述。惟在評鑑教育實務的操作，可以一個場所、或單一地區或某一行政單位內的多個場所進行，而場所的多寡，會影響教育評鑑的問題，以及設計的決定；評鑑方法可應用於單一場所，或多種場所的方案與政策。

　　評鑑研究的形式，有形成性評鑑（formative evaluation）和總結性評鑑（summative evaluation）之分，二者的區別如圖18-3所示。

　　評鑑研究所發問的典型問題可能如：在這幾項方案中哪一項最具有效能且能有效率地達成教育評鑑研究對象，即是前面所稱的教育實務，更具體來說，以下各項均為受評的對象（McMillan & Schumacher, 2010）：

　　1.課程材料，包括教科書、影片、軟體程式、教育電視節目、錄影帶等。

圖18-3

形成性評鑑與總結性評鑑的區別

	形成性評鑑	總結性評鑑
目　　　　　標：	決定價值或品質：改進方案	決定價值或品質；對方案的未來或選用作成決定。
有　關　人　士：	方案有關的行政人員和教師參與	行政人員、作決定者或／和潛力的消費者、或支持經費的單位
評　　鑑　　者：	主要是由外界評鑑人員所支持的內部評鑑人員	一般言之，在獨特個案中，由內部評鑑人員所支持的外界評鑑人員
主　要　特　徵：	提供回饋，俾使方案人員能予以改良	提供資訊，使作決定者決定是否持續該方案、或使消費者決定是否採用
設　計　限　制：	需要什麼資訊？在什麼時候？	作主要決定所需的證據是什麼？
資料蒐集的目標：	診斷	作判斷
資料蒐集的頻次：	經常進行	有限度
樣　　　　　本：	常用小樣本	通常用大樣本
發　問　的　問　題：	正在做什麼？需要修正什麼？它如何獲得改良？	結果是什麼？和什麼人？在什麼情境？需要多少成本、材料與訓練？

資料來源*Program evaluation: Alternative approaches and practical guideline*（3rd ed.）（p. 20），by J. L. Fitzpatrick, et al., Allyn & Bacon. Copyright 2004 by the Publishers.

2.方案，包括啟蒙方案、教育優先區方案、特殊才能與資優方案、防範輟學方案、遠距教育方案、個別化教育方案等。

3.教學方法，包括討論法、講演法、學習者中心法、發現教學法等。

4.教育工作者，包括行政人員、實習教師、專任教師等。

5.學生，包括身心障礙學生、小學生、中學生、大學生、資優班學生等。

6.組織，包括變通學校、國民中學、職業學校、大學校院等。

7.管理、資源利用和成本。

針對上述的評鑑對象進行評鑑之後，如何判斷其品質之優劣？由美國和加拿大十六個專業協會組成的教育評鑑標準聯合委員會（Joint Committee on Standards for Educational Evaluation, 2016; Yarbrough et al., 2011）認為須發展出可供採用的好的方案評鑑標準（The Program Evaluation Standards）共三十項，而這些標準需能滿足五項要求，即效用性標準（utility standards）、可行性標準（feasibility standards）、適當性標準（propriety standards）、準確性標準（accuracy standards）和評鑑績效標準（evaluation accountability standards），每一項標準又有具體的指標予以描述，茲摘述如下：

一、效用性標準

旨在確保一項評鑑，能為方案的利害關係人發現迎合其需求的有價值過程和產物。

1. U1可信任的評鑑人員：執行評鑑人員需值得信賴，並能勝任評鑑工作，俾使評鑑的發現能達成最大的可信性和可接受性。

2. U2注意利害關係人：認定涉入評鑑或受到評鑑影響人士，俾在實施評鑑時能顧及他們的需求。

3. U3經協商過的目標：評鑑的目標應該獲得確認，並依利害關係人的需求，持續進行協商。

4. U4確認價值觀：應仔細描述價值觀，俾使用來作為價值判斷基礎的觀點、程序和理論根據，清晰可見。

5. U5選擇和蒐集相關資訊：即確認評鑑的資訊，並能迎合利害關係人緊急的需求。

6. U6賦予過程和成果意義：評鑑應建構活動、作描述和判斷，以鼓勵參與者重新發現、再做詮釋，或修正他們的理解和行為。

7. U7及時和適當溝通，並提出報告：評鑑人員應注意各界人士對資訊的持續性需求。

8. U8關注結果和影響：評鑑應顧及適當性，促成評鑑結果被採用的可能性，避免誤用，或造成負向的結果。

二、可行性標準

旨在增進評鑑的效率和效能。

1. F1方案管理：評鑑應使用有效能的評鑑管理策略。

2. F2實用程序：評鑑程序應具有實用性，並能符應方案的運作方式。

3. F3脈絡的生存能力：評鑑應認定、調控和平衡文化與政治的利益，以及個人和團體的需求。

4. F4資源使用：評鑑應有效能和有效率地使用資源。

三、適當性標準

即報告在評鑑中，什麼是適當的、合法的、正確的和公正的。

1. P1回應和獨有的取向（responsive and inclusive orientation）：評鑑應能對利害關係人和他的社群反應。

2. P2正式同意：經過協商同意的文件，應成為公開的義務，並考量受評者及其他利害關係人的需求、期望和文化脈絡。

3. P3人權和尊重：評鑑的設計和執行，應能保障人權和合法權利，以及維護參與者和利害關係人的尊嚴。

4. P4清晰和公平：評鑑應是以可理解的和公平方式，探討利害關係人的需求和目標。

5. P5透明和公開：評鑑應提供利害關係人描述完整的發現、限制和結論；除非這麼做，違反法規和適當性的義務。

6. P6利益衝突：利益衝突必須坦承，並做公開處理，不必在評鑑過程和結果之間尋求妥協。

7. P7會計責任：評鑑應能解說所有的資源，並按照良好的會計程序和過程編列。

四、準確性標準

在於意圖增進對評鑑的描述、命題和發現的可信賴度以及真實性；特別是支持對評鑑品質做解釋和判斷的那些描述、命題和發現。

1. A1經認定的結論和決定：評鑑的結論和決定，應能在他們所產生影響的文化脈絡之中，獲得公開的認可。

2. A2有效的資訊：評鑑的資訊，應作為意圖的目標；並能支持有效的詮釋。

3. A3可信的資訊：評鑑的程序，應是有意圖的運用，提供充分可信的和具有一致性的資訊。

4. A4明確描述方案和脈絡：基於評鑑的目標，評鑑應是以相當詳細並確定範圍方式記載方案的文件。

5. A5資訊管理：評鑑應運用有系統的蒐集、檢核、確認和儲存資訊的方法。

6. **A6良好的設計與分析**：評鑑應運用在技術上，符合評鑑目標的合宜性設計和分析。

7. **A7明確的評鑑推理**：從資訊、分析到發現、詮釋、結論和判斷的評鑑推理，須將資料做清晰、完整的記載。

8. **A8溝通和提出報告**：評鑑結果的溝通，應有適當的範圍，並能防範錯誤、偏見、歪曲和誤解。

五、評鑑績效標準

乃在於鼓勵提出適當記載評鑑資料的文件，以作為聚焦於提出改進以及評鑑過程和結果之績效的後設評鑑觀點。

1. **E1評鑑文件的記載**：評鑑應完整記載經協商而得的目標和實施的設計、程序、資料和成果。

2. **E2內部的後設評鑑**：評鑑應使用可應用的標準，檢查評鑑的設計、應用程序、蒐集的資訊和成果。

3. **E3外部的後設評鑑**：方案評鑑的支持者、受評者、評鑑人員和其他利害關係人應鼓勵使用可應用標準的人士，執行外部後設評鑑。

該五項評鑑標準，大致反映在各種評鑑模式之中；在真正的評鑑過程，標準的取捨，固然屬於評鑑人員本身的權限，但是這些標準，確具有指引評鑑工作的功能。

第六節　評鑑研究的步驟：以方案評鑑為例

評鑑研究所要採取的步驟，可能隨著使用模式的不同，而有所差異，但大致上有其相似性，Gall等（2007）以方案評鑑為例，所提出的以下評鑑步驟，可供參考。

一、釐清作評鑑的理由

評鑑研究可能出自於評鑑者個人的興趣、或應某些人或機構的要求而進行，也可能同時出自於個人和機構二者的需求之下進行。為了決定一項評鑑的合理性，評鑑者須花時間去訪談關鍵性個人，以決定所提出的評鑑請求，是否合理或合乎倫理。

二、選擇評鑑模式

因為不同的模式，在以下向度有所不同：評鑑目標與被問起的問題、蒐集資料的方法、評鑑者與監督評鑑的行政人員、接受評鑑的個人與組織之間的關係。是以評鑑的實施，應視所要評鑑向度的不同，而選用合適的評鑑模式。

三、確認利害關係人

所謂利害關係人，指的是投入受評方案的任何人、可能受到評鑑結果影響的人士、或對評鑑發現感興趣的人士。在評鑑研究一開始，即確認利害關係人，有其重要性；他們可協助釐清要求做評鑑的理由、指引該項評鑑採用的問題、選擇研究設計、詮釋結果，以及提出發現報告方式和要提供給何人。

四、決定受評的項目

方案的要素可分成目標、資源、程序和管理四類；這些類別有助於設計評鑑研究，但與使用的評鑑模式無關。所謂方案的目標：指的是方案發展者所想要達成的目標、效應或目的。所謂資源指的是執行方案所需的人員、設備、空間及其他成本項目。至於程序指的是與達成方案目標有關，而使用的技術、策略和其他的過程。又方案的管理指的是一套管理系統，用以調控能有效達成方案目標的資源和程序。

五、確認評鑑的問題

依照L. J. Cronbach的觀點，選擇評鑑的問題，可分成兩個階段：第一為擴散性階段（divergent phase），涉及產生與評鑑有關的綜合性問題、議題和資訊。評鑑者可邀請利害關係人提出一系列此類的問題。第二為聚斂性階段（convergent phase），即將前一階段所列出的問題，縮減成可以處理的數目。而方案評鑑所要回答的問題，大致聚焦於如下五項：即：(1)接受評鑑的方案之目的和目標是什麼？(2)該方案意圖的結果是什麼？(3)該方案意圖結果達成了嗎？(4)該方案是否有其他非意圖的結果，如果有，它們是正向的或是反向的結果？(5)該方案的結果，足以允許它持續進行下去嗎？（Best & Kahn, 2006）

六、發展評鑑設計與時間表

多數評鑑研究，在設計、執行和報告方面，與教育研究極為相似。然而，評鑑研究提出若干為教育研究所無的問題。其中之一的問題，為形成性評鑑與總結性評鑑所涉及的內部評鑑委員和外來評鑑委員的問題。又多數評鑑研究，涉及真正實驗設計或準實驗設計的內在效度和外在效度問題。評鑑研究亦涉及時間問題，又多數教育研究，可能沒有完成的時間壓力；但是，評鑑研究則有提出最後報告的期限，因此，評鑑者須在其評鑑設計中，建立一份時間進度表，以確保評鑑研究的完成，能如預期。

七、蒐集與分析評鑑資料

與一般研究相類似。

八、報告評鑑結果

評鑑報告需迎合不同利害關係人之需求，而有繁簡之別；並須有簡要的後設分析。

第七節　量的與質的評鑑方法

不同的評鑑模式，有其各自秉持的哲學、目標和方法論，吾人如準備進行評鑑研究，須先對各種評鑑方法，有所理解，以決定何者最適合評鑑研究的需求，在此僅參考Gall, Gall和Borg（2007）的分法為主，予以分析，先析述量的評鑑方法，後敘質的評鑑方法。

壹、量的評鑑方法

一、個人的評鑑（evaluation of the individual）

有關個人的評鑑研究，應可溯至20世紀初葉，對學生的智力和學業成就之個別差異所作的評估，此等評估的結果，係用來診斷學生學習是否遭遇困難、精熟所學內容程度、評定學生學業等第、作為能力分班，或安排特殊教育服務的根據。此種評鑑方式，業已延伸及於對教師、行政人員和其他人員的評鑑，採取猶如對學生的個別差異的評鑑一樣，且依據效標或常模來作比較，俾進行判斷。

就一般情形而言，聚焦於對個別學生的評鑑，已有使用評估（assessment）一詞的趨向，而評鑑（evaluation）一詞則專指對方案、教材或學程等所做的評鑑，以作區別（McNeil, 2008）。

二、目標本位的評鑑（objectives-based evaluation）

Tyler（1949）的課程評鑑模式，影響後續的教育評鑑模式，如差異評鑑（discrepancy evaluation）、成本分析（cost analysis）、不受目標約束的評鑑（goal-free evaluation）等。

Tyler的模式，可說是行為目標評鑑模式中最早，且迄今影響力仍然維持不墜的一種。該模式大致遵循以下的步驟運作：(1)以預定的行為目標開始；(2)確認可讓學生表現行為目標所載之行為的情境；(3)選擇、修正或發展可測量的合適工具；(4)運用上述工具，在某一定期間的先後，取得評量所得之資料，予以比較；(5)分析比較結果，以決定課程的優、缺點，並提出可能的解釋；(6)根據結果，對課程提出必要的修正（Glatthorn et al., 2016）。這種目標本位的評鑑所揭示的方案目標，通常要透過基準（benchmark）來予以支持（Lodico et al., 2010）；它比目標詳細，且具體陳述參與方案者所要達成方案成效的量的目標，例如：評鑑目標為，以文件呈現國中學生學業成就上的改變，特別是在英語能力的增進方面；其基準可定為，國一至國三學生，在第一年通過中級英檢的學生占總人數的10%，第二、三年的比率則遞增至20%。

差異評鑑根據系統——管理而來，首先強調尋求方案的標準（standards）；其

次，決定學生在該方案的某部分的表現（performance）；進而比較（compare）該項表現與控制該方案此一部分的標準之間，是否有差距（discrepancy）存在；最後，利用這些差異的資訊，來改變表現或變更方案此一階段的標準，或終止該方案，或進入該方案的下一個階段（Provus, 1971）。

該模式共分成五個階段，茲以課程方案評鑑為例，說明如下：

(一) 設計（design）階段

檢視課程內部因素（空間設置、人員、資源、材料等）和外界因素（與類似可行方案做比較）是否完善，可透過問卷調查行之。

(二) 設施（installation）階段

課程方案實際運作與設施（包括設備、媒體、方法、學生能力和教師資格）標準或符合程度標準之間的比較。

(三) 過程（process）階段

包括學生與教師的活動、功能與溝通。

(四) 成果（product）階段

係根據學生、教育人員以及有關學校與社區的表現結果。

(五) 成本（cost）或方案比較階段

就該方案的輸出與類似方案的輸出做成本利益分析比較。（如圖18-4）

成本分析在於：(1)決定方案的成本與方案的利益之間的關係，且可以以幣值計算者，稱為成本利益比率（cost-benefit ratio）；或(2)決定各種介入的成本與測得的達成期望成果之效能間的關係，稱為成本效能（cost-benefitness）。

不受目標約束的評鑑主張，評鑑者應不要事先知悉方案的目標，才不至於忽視該方案帶來的其他效應，特別是相反的副作用。但是，該種評鑑雖從不受目標約束出發，最後還是要轉到目標本位的途徑，以確定評鑑可以決定目標是否已經達成；是以該種評鑑，應是用來補充而非取代目標本位的評鑑。

三、需求評估（needs assessment）

需求有差距（discrepancy）、慾望（want）、喜好（preference）或不足（deficit）之意義。這四種意義均符合需求評估的重點，只是後面三種意義，似乎較偏重個人需求，而第一種定義則比較符合整體上的精神，即指著在現有條件與期望條件之間存在的差距，叫做需求（need）。是以需求評估須對現有條件的優點進行判斷，加上需求評估能為訂定方案發展的目標，奠定基礎，所以常被視為目標本位評鑑的模式之一，而被當作量的觀點處理；但事實上，質的需求評估在教育領域

圖18-4

Provus的差異評鑑流程

階　　　　段	內　　　　容		
	輸入	處理	輸出
1.設計	設計適當		
2.設施	設施精確		
3.過程	過程調節		
4.成果	成果評估		
5.方案比較	成本利益分析		

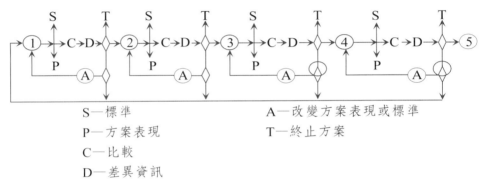

S—標準　　　　　　　　A—改變方案表現或標準
P—方案表現　　　　　　T—終止方案
C—比較
D—差異資訊

引自王文科、王智弘著，《課程發展與教學設計論》（第9版）（315頁）。五南。2014。

仍有其重要性。

　　需求評估的評鑑模式付諸實際，仍有其缺失。例如：需求定義的分歧，涉及個人的價值觀或團體的價值觀，已如上述，便難以確定其優先性或選擇性。但是，由於需求評估是大部分方案發展的起點，所以常被採用。

四、CIPP評鑑模式

　　CIPP評鑑模式係包括以下四種教育評鑑類型的頭一個英文字母組成，即Context evaluation（脈絡評鑑或譯成背景評鑑）、Input evaluation（輸入評鑑）、Process evaluation（過程評鑑）和Product evaluation（成果評鑑）。每一種評鑑類型與計畫和運作該方案時，所要作成的不同決定結合在一起，所以Oliva（2009）將作決定的階段和教育領域所需的決定類型作為CIPP模式的兩項特色。

　　脈絡評鑑係屬於最基本的評鑑種類，在於確認特定教育情境中發生的問題和需要，從中發現現存條件與期待中的條件之間，所存在的差距。藉此來提供訂定目標的資訊，以作成計畫的決定（planning decision），是以確定目的和目標，乃根據脈絡評鑑結果而來。

　　輸入評鑑涉及判斷達成方案目標所需的資源和策略，務期確定適中的策略和程

序，以作成結構的決定（structuring decision）。

　　過程評鑑係針對方案一旦設計完成，並付諸實施時，評鑑者應設計蒐集評鑑資料的策略，以調控日復一日的方案運作，並確認程序設計或執行過程中的缺失、提供規劃方案決定的資訊，以及保持程序的紀錄，以作成實施的決定（implementing decision）。

　　成果評鑑用以決定方案目標已經達成的程度，俾決定該方案是否持續、修正、或終止，是為再循環的決定（recycling decision）。至於成果評鑑所採用的一般方法包括：設計目標的操作性定義、測量與活動目標結合在一起的規準、將測得的這些結果和預先決定的絕對性或相對性標準做比較，以及使用記載的脈絡、輸入和過程的資訊來對結果作合理性的詮釋（Stufflebeam et al., 1971）。

　　CIPP模式幾乎將目標本位評鑑和需求評估模式納入在內；同時也兼攝形成性和總結性評鑑的精神，可說具有綜合性的色彩。基本上該模式是屬於量的評鑑模式，但是也能進行質的分析。

貳、質的評鑑方法

一、感應性評鑑（responsive evaluation）

　　感應性評鑑聚焦於利害關係人關注的事項（concerns）和議題（issues）之上。所謂關注的事項是指利害關係人感受到威脅的任何事項，或任何想要將之具體化的主張。議題則是諸位利害關係人之間爭論的要點所在。

　　感應性評鑑，是常在自然情境中探行的模式，主要在於評鑑十二項過程（由A到L），這些過程可排成鐘型，且可以階段表示，共可分成三個階段（如圖18-5）：

　　第一階段：評鑑者與當事人、方案人員及利害關係人交談，以獲致他們對方案所持的不同觀點和價值觀（正午至四時，L-D）。

　　第二階段：確定需求的資料和蒐集資料的方法（5-7時，E-G）。

　　第三階段：評鑑者根據各種自然方法，傳達發現結果（8-11時，H-K）。

　　感應性評鑑的主要優點，在於它能使評鑑者對當事人的感受，保持敏銳度；但該方法的缺點，是評鑑時容易被當事人所操縱。

二、準司法的評鑑模式

　　準司法的評鑑模式，係由法庭衍生而來的評鑑程序，包括對抗評鑑（adversary evaluation）和法庭審判式的評鑑（judicial evaluation）。

　　先就對抗評鑑而論。對抗評鑑實施時，有代表正、反兩方的判斷，這種評鑑可分成四個階段：第一、藉著調查各個利害關係人，而產生與該受評方案有關的廣泛議題（產生議題階段）；第二、將這些議題減縮成可以處理的數目（選擇議題階

圖18-5

感應性評鑑中的主要事件

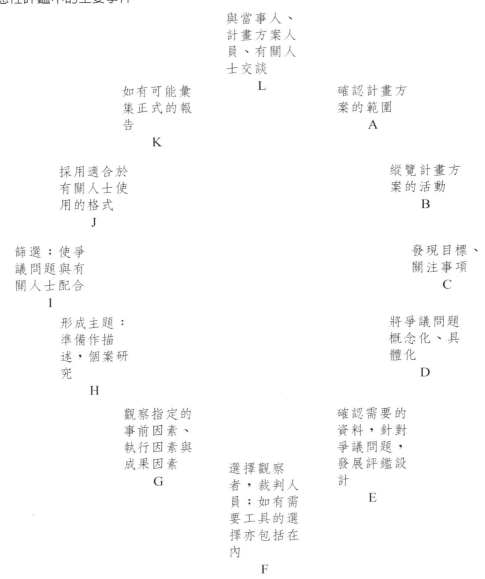

與當事人、計畫方案人員、有關人士交談
L

如有可能彙集正式的報告
K

確認計畫方案的範圍
A

採用適合於有關人士使用的格式
J

縱覽計畫方案的活動
B

篩選：使爭議問題與有關人士配合
I

發現目標、關注事項
C

形成主題：準備作描述，個案研究
H

將爭議問題概念化、具體化
D

觀察指定的事前因素、執行因素與成果因素
G

確認需要的資料，針對爭議問題，發展評鑑設計
E

選擇觀察者，裁判人員；如有需要工具的選擇亦包括在內
F

引自王文科、王智弘著，*課程發展與教學設計論*（第9版）（318頁）。五南。2014。

段）：第三、組成兩個相對立的評鑑小組，針對每個問題，各自蒐集支持的有力證據（準備論證階段）：第四、讓各評鑑小組陳述意見，俾供決策者參考（聽證階段）。

再就法庭審判式的評鑑分析，吾人為了增進對某一方案的廣泛了解，澄清該方案所引發的教育議題的微妙性和複雜性，進而提出建議和政策的指引，以促進制度

的成長和實務的改良，可使用模擬司法的程序。它與對抗式評鑑有別，它不需組成兩個對立的評鑑小組進行辯論，只需在類似法庭的場所，遵照聽證的體例，公開提出資料。由決策者、公民、其他有興趣的利害關係人所組成的小組，聽取證據。每個案件的提出者為了使該案件與某一議題有所關聯，須請證人陳述它們的觀點，所有證人均需由兩個案件的提出者直接訊問和交叉訊問，如同在法庭的情況，在一開始和結束時，都提出陳述，等到所有證據陳述完畢，該小組經過審慎考量而提出建議。

這種評鑑適用於教育方案的形成性和總結性評鑑之用，但耗時且所費不貲。

三、專家本位的評鑑

包括教育鑑賞（educational connoisseurship）與教育批判（educational criticism）。前者在於察知教育方案的品質及其意義的過程；鑑定者為了執行好此一任務，必須具備受評方案以及相關聯方案的專家知識。

先就教育鑑賞言之，Eisner（1991）曾運用生態學概念，說明教育鑑賞者可能考慮教育各方面之間的相互關係，他一共列舉了五個向度，來加以敘述，即指著目的或目標的意向向度、學校的組織或結構特徵向度、課程向度、教學向度和評鑑向度。教育鑑賞便是透過對教師和教室生活的直接觀察、訪談、檢查教材、學生作品、教師編製的測驗、學校行政人員的公告、家庭作業等來評鑑上述的五個向度。至於鑑賞涉及要注意大致包括：已經說的是什麼？未說的是什麼？其聲調如何？以及其他標示意義的因素；另一種程序則是分析學生的作品，俾使教師、評鑑人員和其他人士充分了解教室內所發生的豐碩內容和表現（McNeil, 2008）。

再就教育批判而言，係指描述和評鑑接受察知之方案的過程。Eisner亦指出，鑑賞乃在欣賞私密的行為（private act），無須公開判斷或描述，但是當鑑賞者一旦成為批判者時，他便將之轉變為公開的形式予以揭露、說明（Pinar et al., 1995）；在這種教育批判中，評鑑人員發問的問題有如：某校在本學年度已經發生什麼事件？屬於關鍵的事件是什麼？這些事件何以發生？學生與教師如何參與該等事件？結果如何？此等事件如何獲得強化？此等事件讓兒童學習到什麼？（McNeil, 2006）針對這些問題，根據Eisner的說法，教育批判包括描述、解釋、評鑑等向度。描述部分試圖描述教育生活中有關的規章、建築等的品質。詮釋部分係指運用科學的觀念，探索意義，以及為了分析社會現象而發展出替代的方案。至於評鑑部分則是為了改進教育的過程，和提供作價值選擇的基礎，而做成的判斷。

為了宣露教育方案的豐碩內容，尚可借重影片、錄放影帶、相片、記錄師生晤談等手段，來描述學校生活的層面，藉以彌補教育批判所提供之資訊的量和質的不足。

教育鑑賞與批判是否具有效度，端視評鑑者的專門知能而定，此種評鑑與前面各種質的評鑑之不同，在於它傾向於單獨的努力結果，激發探究的問題，通常由評

鑑者所訂定，而非來自利害關係人。

　　教育評鑑研究目前常被提起的幾項議題，不外是：評鑑係基於政治的目標、績效責任、抑或專業成長的考量（如McMillan & Schumacher, 2010）；形成性評鑑與總結性評鑑，量的評鑑與質的評鑑，學校評鑑採內部或外界評鑑（如Nevo, 2001），何者為重的爭議？關於此等議題，雖然會因需求或時機，而有所偏重，但是似乎均缺一不可，而有轉向混合法（mixed approach）的趨勢（McMillan & Schumacher, 2010; Creswell, 2014）。

第八節　行動研究的意義、類型、學理基礎及研究倫理

壹、行動研究的意義

　　有關行動研究的歷史，迭有爭論，其資料可說汗牛充棟。但是K. Lewin（1890-1947）被認定約在1934年左右創立行動研究者，而被稱為行動研究之父。行動研究已在各種情境中採用，包括學校、醫院、衛生所、社區機構、政府單位和其他環境。由於地方條件極為懸殊，對諸多問題的解決，無法找到可以解說地方條件的概括性真理。Lewin主張「研究導致行動」，做為向已經確立的教育實務提出挑戰的方式。在教育上，有人將行動研究概念的根源，溯至J. Dewey 的進步主義觀，最近以美國來說，將之歸諸與聯邦立法關聯的實用和哲學的壓力的回應，如對所有學生都成功法案（every student succeed act, ESSA）和證據本位實務（evidence-based practice）的回應。Lewin 和 L. Stenhouse相信傳統的研究與日常教育環境缺乏聯結，欲求真正改進實務常緩不濟急。他們鼓勵教師投入研究，作為改進他們實務工作的方式。

　　行動研究（action research）常被視為應用研究的一種類型，由教師、行政人員或其他教育專業人員所使用研究原理的過程，用以解決地方層級的特定問題、提供作決定的資訊（Wiserma & Jurs, 2005），或改進教育專業人員本身日復一日的實務為主要目的（McMillan & Schumacher, 2010），故亦被稱實務工作者研究、教師研究、局內人的研究，以及自我學習的研究（Gall et al., 2007）。

　　行動研究的定義中，Mills（2018）的說法算是比較周全的，他指出：

> 行動研究是由教師、校長、學校諮商人員、或在教學環境中的其他利害關係人，所執行的系統性研究，以蒐集有關他們的特定學校的運作方式、他們如何教學，以及他們的學生學習效果有多好等資訊。這種蒐集得來的資訊，係以獲得洞察力、發展反思性實務、影響學校環境和一般教育實務朝正向變革、改進學生的成果以及涉入的那些人的生活為目標（p.8）。

是以行動研究的目標，乃在於把研究方法，應用於特定的學校或教室情境中的教育問題，以改進學校的實務、把研究的功能與教師的工作結合，藉以提升教師的素質、改進教師的研究技巧與思維習慣、促使教師與他人和睦相處、並強化教師的專業發展。簡言之，行動研究的焦點注重的是及時的應用，且針對此時此地情境中的問題而為。

行動研究在教育上的應用，在於強化以下的趨勢：鼓勵學校的變革；助長以民主方式（即讓許多人投入）探討教育；透過合作，從事研究，以使個人增能；將教師和其他教育人員定位在研究者，尋求縮短教育實務與他們的願景之間的落差；鼓勵教育人員反思他們的實務；推動試驗新理念的過程（Mills, 2011）。

貳、行動研究的類型及其學理基礎

行動研究可分成參與式行動研究（paticipatory action research）與實用行動研究（practical action research）兩種予以說明。

一、參與式行動研究

參與式行動研究有各種不同的名稱，如：解放行動研究（emancipatory action research）、合作式行動研究（collaborative action research）、批判式行動研究（critical action research）、社區本位的探究（community-based inquiry）、批判教育學（critical pedagogy）（Berg, 2007, Creswell, 2014; Lodico et al., 2010）。

參與式行動研究以解放為架構（emancipatory-liberatory framework），其研究者經常主動涉入尋找新的政策、方案或資源，以協助否認學校內部權力的團體。這些研究者研究的是團體的問題，如身心障礙學生、以英語為第二種語言的家長。在所有個案中，研究者與團體中的人士合作，一起工作，以確認可能的解決途徑；它具有一種社會的和社區的導向，以及強調研究在社會中對解放或變革的貢獻。代表人物包括：巴西的Paulo Freire、德國的Jurgen Habermas、澳大利亞的Stephen Kemmis和Erest Stringer。

參與式行動研究的主要根源有二：

1. **社會和人文科學的批判理論**：其與行動研究意向的共同點在於：
   (1)共同對啟蒙過程感到興趣；
   (2)共享從傳統、習慣和科層體制之原則中，獲得解放的興趣；
   (3)專心致力於參與改革的民主過程的興趣。（Kemmis, 1988; Mills, 2014）

2. **後現代論**（postmodernism）：它向真理和客觀觀念挑戰，不主張事實具有明確性，而認為真理是相對的、有條件的、和情境性的，以及知識是先前經驗的自然發展的結果。因此，應挑戰每日教室生活中被視為理所當然的假定。

參與式行動研究的目標，在於改良人的組織、社區和家庭生活的品質（Stringer, 2007），將之應用於教育，即聚焦於改進和增能校內、教育系統和學校

社群內的個人。參與式行動研究具有的意識形態基礎，塑造該研究過程的方向。參與式行動研究者所持有的教育研究的價值觀不僅是對社會的反應，而且應展現民主的（能讓人參與）、參與的（形塑學習者社群）、增能賦權的（提供免於受壓迫的自由、削弱條件約束）、提升生活的（能使人的潛能充分表現）等特徵。參與式行動研究者認為行動研究為了使各類利害關係人（stakeholders）參與，可採取以下的活動實施之：焦點團體（focus groups）、內團體論壇（in-group forum）、非正式會議（informal meetings）、制度或機構（institutions）、部門會議（departmental meeting）、社群會議（community group meetings）（Berg, 2007）。

參與式行動研究約有如下的主要特色（Kemmis, McTaggart, & Nixon, 2014）：

1.是一種社會的過程，由研究者審慎探索個人與他人之間的關係（教師團隊一起工作）；

2.個人執行研究的對象是：他們自己；俾能對自己的實務，塑造與限制他們行動的理解力、技能、價值觀和目前知能，有較佳的認知；

3.該研究的形式，是屬於實用的和協同合作式的；

4.該研究是解放的，可以改變學校科層體制的程序，俾能助長學生的學習；

5.該研究可協助學生擺脫媒體、語言、工作程序、教育情境中權力關係的限制；

6.該研究是反思的、辯證的，聚焦於為實務帶來變革。

參與式行動研究雖被視為缺少實用性，但是用之來探究被視為理所當然的關係，以及教師專業生活過程而言，它提供具有啟發性和解決問題的方法。

二、實用行動研究

實用行動研究較著重如何去探討行動研究的過程，較少具有哲學的趨向。其聚焦於小規模的研究計畫，屬於特定的、具體的、地區性問題或議題，由校內或學區的個別教師或教師團隊所執行，是以教師所關注的自己學校、教育情境或班級為對象，以尋求改進實務的方法。

實用行動研究的推動，係基於以下的假定：

1.教師即研究者能自主地決定有待進行的研究；

2.教師即研究者能持續專致於專業的成長和學校的改良；

3.教師即研究者能有系統反思自己的實務；

4.教師即研究者能選擇自己研究的焦點領域、資料蒐集技術、分析與詮釋資料、設計行動計畫（Creswell, 2014; Lodico et al.; Mills, 2014）。

以學校為本位的實用行動研究類型，依照Ferrance（2000）的觀點，可分成以下四種類型：

1.個別教師自己研究任教班級的問題；

2.兩位以上教師基於共同的興趣一起協同合作執行行動研究，以處理班級問題

或所屬單位的問題；

　　3.全校教師一同聚焦於與全校攸關或共同的問題；

　　4.教師們一起從事全學區的研究，其議題聚焦於組織的決策、社區的決策、或評量學生表現的決策。

　　至於參與式行動研究與實用行動研究二者的主要的差異，Creswell（2014）作了如表18-1所示的觀點。

表18-1

參與式行動研究與實用行動研究的差異

參與式行動研究	實用行動研究
研究限制個人生活的社會議題	研究當地的實務
強調「平等」的合作	使涉入個人或團體本位的探究活動
聚焦於「提升生活」的變革	聚焦於教師發展和學生的學習
導致解放研究者	實施行動計畫 引導教師成為研究者的方向

註：取自 *Educational research: Planning, conducting, and evaluating quantitative and qualitative research* (p.599), by J. W. Creswell, Merrill/ Prentice Hall, 2008.

　　又論者除了比較參與式行動研究與實用行動研究之外，亦曾將正式的量的研究與行動研究二者的區別，作一番說明，表18-2即是所做的分析。

表18-2

量的研究與行動研究的比較

正式的量的研究	行動研究
目的或目標	
為了根據預先設定的條件，來預測未來事件，而產生可以概括較大母群體的客觀性知識。	詮釋事件並讓個人或團體能針對當地的問題，形成可以接受的解決方法。
為了解釋世界或實體的性質而考驗理論。	針對共同性問題，獲得有發展可能的、可以存續的、有效的解決方式。
為了增加知識的基礎，而詮釋現象。	為了改進實務而詮釋現象。
研究較大的議題且可以概括的。	以與概括性較少關聯的方式，來確認和修正當地的問題。

表18-2　量的研究與行動研究的比較（續前頁）

正式的量的研究	行動研究
觀點	
根據專業文獻已知的內容，來發展研究。	根據經驗與實務工作者的價值觀，來發展研究。
使用廣泛的文獻探討和仰賴主要的資料。	使用粗略的文獻探討和大都仰賴次要的資料。
理想上重視客觀和價值中立，或控制偏見。	尊重個人主觀和權威的判斷。
使用較嚴謹的程序和較長的時間架構。	使用較不嚴謹的程序和較簡短的時間架構。
研究一種現象的較小單位。	包含複雜性。
研究方法	
基本上使用量的研究觀點，來測量和預測變項。以及考驗統計顯著性，以研究因果的關係。	使用各種來源的資料，來協助了解脈絡或介入的效果。
遵循細心預定的程序。	不必遵循細心預定的程序。
聚焦於制式的研究規則和測量的概念。	聚焦於日復一日的經驗實體。
實驗設計被視爲量的研究的標準規範。	當研究者相信處遇是優異的作法時，堅持把學生分派至控制組，以否定學生是可能的最佳教學根源。
在量的研究盡可能使用隨機抽樣。	根據研究意圖，選擇參與者。
基本上使用專業發展出來的工具。	基本上使用教師設計的或方便的工具。
資料分析仰賴統計技術與複雜的質的分析。	資料分析聚焦於實用的顯著性，且報告原始資料。
強調學理的顯著性和增進一般性的知識。	強調實用的顯著性以及增加特定脈絡的知識
研究者角色	
研究經常是由局外人──學者、研究者、教授執行。	研究由局內人──實務工作者或教師執行。
研究者和被研究者間的區隔清楚。	研究者和被研究者間的區隔不清，且參與者投入該過程中。
需要執行研究的正規訓練。	很少執行研究的正規訓練。
研究者給專案的有關人士提出發現報告。	研究者將非正式的發現與同儕或有時候和專業的有關人士分享。

註：取自 *Introduction to research in education* (p.485), by D. Ary, L. Cheser Jacobs, C. K. Sorensen Irvine, & D.A. Walker, Thomson/ Wadsworth, Cengage Learning, 2019.

參、行動研究的倫理議題

行動研究倫理和其他研究倫理所依據的原理，並無多大差異。行動研究較採用開放式的，但常隨研究者聚焦於脈絡中不同的問題而有所變化；在行動研究中的研究者（如教師）與參與者（如學生）之間，很少有距離存在，在這種情況下，如何讓參與者維持自主、並作判斷，以參與研究歷程，便須格外重視倫理議題，以下是Mills（2014）、Efron和Ravid（2013）為行動研究倫理提供的若干常識性指針：

1.決定是否需要獲得IRB（機構檢核委員會）或／和學區的允許，執行研究與蒐集資料。

2.告知同意與保障參與者的安全，避免受傷害。研究者在研究過程前，須徵得參與者和／或監護人（家長）的同意，且考量是否以書面為之。至於保障參與者免受傷害，可採匿名或保密方式行之。

3.研究者與參與者間的對話，本諸不公開原則，對話內容務求誠實以對，不允許有任何的隱瞞。

4.研究者持有的倫理觀點，宜與個人的倫理立場密切接近。

5.身為教師以及所生活之社群成員的研究者，須能認同民主過程、社會公平正義和解放等可能支配其倫理立場的較寬廣的社會原理，來引導其倫理的行為。

6.研究者確保研究資料的準確性，不容為了強化個人信念或價值觀，而去組合不符倫理、科學的資料。

7.尊重研究場域，身為一位行動研究者，應對執行研究的場域，如學校、班級的需求、目的和優先順序，予以尊重。

8.當行動研究者蒐集和詮釋研究資料時，要秉持最高標準，力求誠實和準確。

第九節　確認行動研究的焦點領域

選擇行動研究焦點領域的規準有四：即需聚焦於自己實務中的教與學、需在自己控制範圍內、需是自己所熱心關注者、需是自己願意去改變或改良者（Creswell, 2014; Sagor, 2000）。至於行動研究問題的種類，依照D. Hobson和L. Smolin的觀點，則出自於以下各項：

(一) 改進學生學習的願望

如為了提升小學一年級學生使用閱讀材料，我如何將教室做最好的編排？

(二) 改進課程的願望

如如何使用Excel來教導數學概念？

(三) 調適教學策略的願望

如如果我使用三元教學模式，學生的問題解決能力將會獲得改進嗎？

(四) 個人專業成長的願望

如我的基本課程意識形態為何，且我的教學實務受到他的影響程度如何？（引自Gall et al., 2007）

Mills（2014）以為要進入行動研究之焦點領域的策略或方式，即是所謂的探索（reconnaissance），包括以下的具體作為：

(一) 透過自我反思

以個人的價值觀和信念，反思自己的焦點領域：了解有關理論和實務，學校和社會之間關係的事件，如何成為現在這個樣子，以及您個人對教和學的信念是什麼？可能被問起的「假如——什麼」問題，可視為反思過程的一部分，如：假如我在德文班級用英語講解教學會發生什麼事情？在班上的同學感受到的焦慮會獲得減輕嗎？這是行動研究在心理醞釀過程的一部分，自我反思不會立即產生新的、且令人興奮的課程或教材，但在稍後當您對該項介入活動有較清楚的了解時，在該種過程中就會有某些東西（如課程或教材）隨著產生出來。

(二) 透過描述性活動

盡可能試著去描述自己希望去改變或改進的情境，而把焦點聚在誰、什麼、何時、何處和如何，能抓住這些問題去釐清行動研究的焦點領域，以防止將所作的探究太費解而無法開始。通常這些描述源自於觀察，藉著描述您想要改變或改進的情境、描述您擁有問題的證據，以及描述您相信會影響情境的關鍵性因素等。例如：您記錄觀察一週班上使用華語和學習華語者間的互動情形，描述互動的類型如發生求助現象、誰參與互動、互動發生在哪裡和何時，以及您對該情境所做的解釋。

(三) 透過解說性活動

就自己想去探索的情境，既經適當描述之後，就試著去解釋它，而假設所確定的關鍵因素，如何以及為什麼影響該情境。基本上，這是發展假設的步驟，旨在描述在研究中，期待諸項變項之間存在的關係。

(四) 文獻探討

為了進入焦點領域，對行動研究過程而言，文獻探討是一種有價值的貢獻，它能節省研究者的寶貴時間。且研究者把時間投入文獻之中，就可透過他人的眼光，來反思自己的問題，將自己置入文獻之中，而找到所要做的研究，並提供支持；或者接受其他研究者，所做的研究的挑戰，以及他們如何觸及特別的問題，有關相關文獻探討部分，亦可參考本書第3章。

第十節　行動研究的執行與運用步驟

行動研究的步驟，因人的觀點不同而略有差異，茲綜合Creswell（2018）、Gall等（2007）、McMillan 和Schumacher（2010），以及Lodico等（2010）的觀點，將之分成如下的步驟：

一、透過反思、描述、解說自己的實務工作、文獻探討等而確認或選擇所要改進的研究焦點、主題或議題階段

本步驟即在於決定研究的問題、目的或目標。其具體的作法已如本章第三節所述，不再重複。

二、確認與研究者一起合作研究的人士階段

所謂合作人士，係指能協助研究者反思和資料蒐集與分析的人士，包括研究者的同僚、學生、家長、社區人士和其他對教育實務成果感興趣者。

三、擬訂並進行系統蒐集資料階段

為了回答研究的問題，研究者須決定要蒐集哪些類型的資料，以及蒐集資料所需抽取的樣本；通常質的和量的方法都要兼採其中；至於蒐集資料的類型，包括觀察、訪談、問卷、測驗，即採用多種工具蒐集資料，並將蒐集而得的資料運用三角交叉法（triangulation）進行檢核和驗證。具體言之，在蒐集資料之前，必須了解蒐集該類資料的理由、準備要蒐集什麼資料、什麼時候要在什麼地方蒐集、要花多長時間、由誰負責蒐集、如何分析其結果、如何與人分享。在行動研究計畫蒐集和使用的資料的類型，因作者不同而分成不同的類別，Mills（2014）將之分成3 Es：即經驗（感受）（experiencing）、探求（enquiring）和檢查（examining），亦請參見圖18-6。

(一) 經驗或感受（Experiencing）

係指透過研究者自己的經驗蒐集資料，該類別聚焦於可以各種方式記錄觀察而得的資料，如：(1)田野札記（field notes），在行動研究中，為了提供觀察期間進行的活動紀錄，田野札記是最為共同的資料蒐集策略，包括描述地點、人、物體、行動、目標、時間和頻次、感受。須盡可能觀察和記載每一件事、觀察和找尋平常的事物、尋找矛盾。(2)參與觀察（participant observations）、包括主動參與觀察者（從事活動並進行觀察）、有權限的觀察者（在非屬自己教學時間而以教師助理身分進行的觀察）、被動的觀察者（僅在所要蒐集資料時才出現）（請參閱第14章第八節）。(3)其他：檔案資料、日誌、人工製品、研究工具（包括態度量表、問

圖18-6

行動研究蒐集資料類型舉例

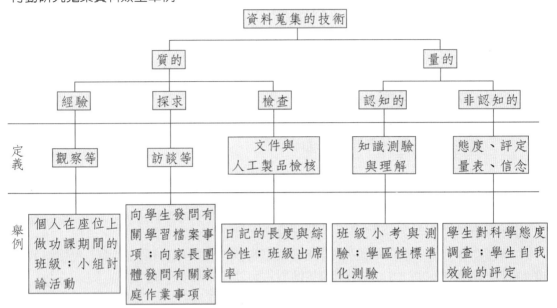

仿自 *Educational research: Fundamentals for the consumer* (p.352), by J. H. McMillan, Person Education, Inc. Copyright 2012 by Pearson Education, Inc.

卷、測驗等）等。

(二) 探求

係指研究者發問的時機。行動研究最常使用來蒐集探求資料的研究策略，是透過訪談和問卷。訪談包括非正式的人種誌訪談、結構的正式訪談、焦點團體訪談、電子郵件訪談等。

(三) 檢查

係指使用和製作紀錄。限於在學校環境早已自然發生的資料，包括檔案文件、日誌、繪圖、影音檔案、照片等人工製品。

四、分析與詮釋資料階段

雖然行動研究的文獻支持應用於行動研究時，使用質的研究方法和設計，比使用量的研究方法和設計適當。但是量的數字資料不要、也不應捨棄不用，可使用描述統計加以分析。當研究者想要以可信賴的、準確的、可靠的、正確的方式，摘述與提出已蒐集得到的資料，便要執行資料分析。研究為了賦予研究發現意義，以回答「怎樣」的問題，而詮釋資料。至於資料分析技術包括：確認主題、編碼調查、訪談與問卷、發問關鍵問題、作組織的概覽、發展概念圖、執行前項因素與結果

的分析,以及展示發現。另資料詮釋技術包括:藉提問問題延長分析、把發現與個人經驗聯結起來、尋找諍友的忠告、在文獻探討脈絡中置入發現,以及轉向理論(Mills, 2014)。

五、根據研究結果,建立行動計畫方案階段

研究者根據資料分析所得,決定為改進實務所需的作為:包括修正或重定學習計畫、發展新的方案、或改變學校現行的政策等。這個步驟為行動研究與其他研究的區別所在,以及整個研究過程中的重要部分。

六、採取行動以評估是否使實務獲得改進階段

行動研究者應將其研究發現與他人共享,可透過發表、對話和書面方式,與人分享資訊。行動研究,顧名思義,是行動導向的,導向於了解和改善實務。因此,在研究過程的最後一個步驟,在於根據所設計行動計畫(plan for action),據以決定須採取什麼步驟,來改變或改進實務。

七、分析和詮釋所有蒐集的資料,反思其對實務的意義階段

行動研究者須閱讀札記、數據、期刊、報告等資料,均相當費時;又閱讀共同合作者提供的資料,可用來解釋衍自行動計畫方案所產生的問題以及導致的變革。其中描述性統計可以分析數量的資料,質的資料分析則在於確立論題或組型,最後,教師研究者必須決定就實務工作而言,此等資料具有的意義所在。例如:若學生報告說家長到班級來令他們受窘,教師是否要為家長義工找尋適合於他們的班級之外的合適角色?或者教師要檢核家長在教室內的角色,進而加以改變,以減少令學生感到受窘的情況?

八、形成暫時性結論以及決定所要持續或修正的行動階段

行動研究者把將執行計畫所得,經過評鑑和反思而改變的行動計畫實務,和同僚分享;然後,再提出新的研究問題;接著,確認問題、持續蒐集和分析新的資料,和提出行動計畫方案,以解決問題。是以基本上,行動研究是一個循環的、永無終止的過程,只要實務工作者認為尚有改進實務的方法可循,行動研究就可繼續下去。一旦行動研究者建置一個合作者的網絡,該持續研究的過程就易於進行。

第十一節　適用於行動研究效度的規準

G. L. Anderson, K. Herr和A. S. Nihlen主張:行動研究者需有一套判斷他們探究品質的系統,以特別迎合於他們班級本位的研究計畫之需求(引自Mills, 2014),為了達成此目的,Anderson等提出以下適用於行動研究效度的規準:民主效度、成果效度、過程效度、觸媒效度與對話效度。

一、民主效度（democratic validity）

需要研究中的所有參與者（教師、校長、家長與學生）準確地表達多元的觀點。對研究者來說，問題在於如何確保參與者的多元的觀點會被掌握。確保行動研究的民主效度的一種方法，是讓教師和行政人員與代表接受研究團體的參與者協同合作，一起努力。確信研究的問題出自於特定的脈絡，以及解決的途徑能夠適合於該脈絡。

二、成果效度（outcome validity）

特定研究的行動須能達成效果，使接受研究的問題獲得成功的解決；亦即如果吾人在研究習得的東西，可被應用於後續的行動研究循環，則該項研究可能被視為有效。

三、過程效度（process validity）

研究過程需以「可依靠的」和「能勝任」的方式，來進行。在任何研究中，都有可能去發現支持任何可行的觀點。然而，在吾人所從事的研究過程，常導致吾人去反對把所提出的研究，當作唯一有效的典型的實務，探討這個問題的一種方式，是留神去反思所使用的資料蒐集技術是否合適，而且若所蒐集的資料無法回答提出的問題時，便要去修正所採取的策略。

四、觸媒效度（catalytic validity）

研究的參與者須根據他們對研究主題的加深了解，然後將研究結果當作行動的「觸媒」，使您和他人投入行動，以達成成效。

五、對話效度（dialogic validity）

涉及就研究者的研究發現與實務，和他人進行批判的對話。對話效度乃建立於應用同儕評論過程來尋求研究的「優點」。

第十二節　確保行動研究效度的策略

H. F. Wolcott曾於1994年提出欲確保行動研究的效度，可採取的策略，經Mills（2014）加以修正後有如下各種：

一、講的少聽的多

建議研究者執行訪談、問問題、或讓兒童、家長、和同僚從事討論研究的問題時，必須小心調控聽與說的比率；且要有耐心，允許回應者有時間去做反應，避免自己成為最佳資訊提供者。

二、準確紀錄觀察

當研究者教學並執行班級研究時，要做紀錄觀察並不容易。然而，在教學事件之後，研究者要盡可能儘早去紀錄觀察，俾正確捕捉所釋放出來的精華。雖然錄影和錄音紀錄可協助做準確記載，但是當參與觀察者的研究者，在許多場合，必須仰賴自己的田野札記、日誌，或記憶。

三、提早開始撰寫

研究者要在工作的日子裡，找時間撰寫日誌，以記載在教室發生的事情，並且要利用時間，記錄下來自己的反思。同時也要寫下須重新蒐集的教學事件或觀察，以填補空白。比方說：什麼問題是次一天需要發問的，或什麼將成為觀察的焦點。

四、讓讀者為自己而「看」

在任何行動研究的解說中，把蒐集得來的基本資料如圖片、圖畫、相片、影音檔案等納入，可讓閱讀者（同僚、校長、大學教授）見到他們自己的資料。這些資料在全校性行動研究努力方面，係用來尋求未承負主要任務的教學同僚對可能變革的支持；且贏得他們投入下一個行動研究循環。與其「秀出來」的資料可能比說出來的要較具有勸導性。

五、充分報告全部資料

面對問題時，研究者想要去發現齊全的答案和解決的途徑方面，經常不記載不一致的事件和資料，雖然研究者不需要報告每一件事情，但是記載不一致的資料以及進一步去解說，以求了解在研究的班級／學校發生的一切，是有助益的。

六、要坦白

研究者對他們的工作，應保持坦白，假如他們撰寫的敘事，希望公開出版或與較廣泛的有關人士分享，則他們要公開揭示在執行探究時可能的偏見。研究者也應公開他們做成判斷的事情。坦白或許是公開提供在研究期間發生之事情的機會，且此舉將會影響成果。

七、尋求回饋

對於研究者提出的書面研究報告，尋求來自同僚（或許甚至包括學生、家長、志工和行政人員）的回饋，是一種好的理念。其他的讀者可協助提出有關的問題，乃理所當然。他們提出有關解說的準確性問題，且協助研究者回到自己的班級，去探究更為正確（或至少不會全錯）的故事。

八、準確地撰寫

研究者已經撰寫完成一篇行動研究，大聲閱讀或請求親密的同僚的協助，以尋

求在文本中的矛盾，是很好的主意。我們經常因為太接近於探究，以至於無法真正見到在局外人看來，是極為明顯的矛盾。

第十三節　評鑑行動研究（價值）的規準

茲綜合Creswell（2014）、Mills和Gay（2016），以及McMillan和Schumacher（2010）對評鑑行動研究（價值）的規準如下：

1.該計畫方案清楚探討需解決的實際問題或議題嗎？

2.行動研究者使用多種方法，蒐集足夠資料，並經過分析，來協助探討該問題或議題嗎？

3.行動研究者在研究期間與他人合作嗎？所有合作者獲得尊重嗎？

4.研究者根據資料合乎邏輯地塑建進步的行動計畫嗎？

5.該研究透過增能改變參與者和提供他們新的理解能力來提升他們的生活嗎？

6.行動研究真正導致實務的變革或明顯解決問題嗎？

7.行動研究向使用該資訊的有關人士提出報告嗎？

另外本書在第21章專引Mills和Gay（2016）的觀點，亦可提供參考。

又Ary, Jacobs, Sorensen和Walker（2014）提供行動研究可用的線上資源，茲引述如下，藉供參考：

ACTION　行動研究http://www.actionresearch.net

ARN　　　行動研究網絡http://actionresearch.altec.org

ARAL　　行動研究與行動學習http://www.aral.com.au/

CARN　　協同合作式行動研究網絡http://www.esri.mmu.ac.uk/carnnew/

PARnet　　參與式行動研究網絡www.parnet.org

TAR　　　教師行動研究www.edchange.org/multicultural/tar.html

作　業

一、選擇題

1. 混合法設計能提供的特色之一，下列何者為是？（①信度　②效度　③三角交叉　④降低抽樣誤差）。

2. 下列何者不是混合法研究的主要因素？（①同時蒐集質的和量的資料　②同時分析質的和量的資料　③混合質的和量的資料　④在單一研究中使用質的或量的資料）。

3. 教育當局對親子間溝通有關未達法定年齡飲酒議題，感到興趣，為了評估他們所採取的介入措施，他們以國中生為焦點團體，藉以引出他們對該議題的意見；接著他們使用得自焦點團體的反應，來編製調查問卷，並以電話向國中生家長施測，這種方式較類似於混合法設計的哪一種？（①三角交叉型設計　②探索型設計　③解釋型設計　④嵌入型設計）。

4. 當研究者想要設計並考驗在研究的第二階段的工具，該工具係使用在第一階段所蒐集的質的資料編製而成，這屬於混合法設計的哪一種？（①三角交叉型設計　②探索型設計　③解釋型設計　④嵌入型設計）。

5. 當研究者想在實驗嘗試之前、期間、之後蒐集質的資料，典型上使用混合法設計的哪一種？（①三角交叉型設計　②探索型設計　③解釋型設計　④嵌入型設計）。

6. 探索型：三角交叉型：（①順序：同時　②同時：順序　③追蹤：聚斂　④聚斂：追蹤）。

7. 兩階段混合法設計的特徵為何？（①區隔質的和量的因素資料蒐集程序　②在最後的報告區隔質的和量的因素報告　③分成方法兩章，但研究結果只有一章　④資料蒐集和最後報告同時區隔成質的和量的因素）。

8. 下列何者是採用混合法設計的最佳理由？（①回答研究問題　②能蒐集更多資料　③提供對各種關係較完整的了解　④能使用當前受歡迎的方法論）。

9. 下列何者可視為混合法研究的例子？（①對學生施測紙筆調查，然後對數位學生執行焦點團體訪談　②調查時兼採封閉式和開放式題目　③隨機選擇群體進行深度訪談　④訪談一群人然後計數他們提到特定問題的次數）。

10. 決定混合法研究結論的品質的規準如何？（①反應質的和量的問題的完整性　②執行混合法研究的可行性　③執行量的和質的研究方法的完美程度　④使用混合法研究的理論根據之清晰性）。

11. 下列何者不是評鑑研究的目標？（①制定教育計畫　②改進教育方案　③了解

教育實務的歷史背景　④了解方案內在的心理的、社會的和政治的過程）。

12. 下列何者不是形成性評鑑要發問的典型問題？（①視聽教材與目標有直接關聯嗎？　②該種課程與其他課程以學生成果來做比較如何？　③提供給學生的所有精華資訊可以使他們去解決問題嗎？　④技能發展的順序適合於學生的學習嗎？）。

13. 在教育評鑑脈絡中，下列何者最適合於描述準確性？（①確使評鑑按法定程序進行　②確使評鑑能提供有關人士實用的和及時的資訊　③確使評鑑切合實際　④確使評鑑敘述和傳送有關實務在技術上言適當的資訊）。

14. 在教育評鑑脈絡中，下列何者最適合於描述適當性？（①確使評鑑按法定程序和合乎倫理地進行　②確使評鑑能提供有關人士實用的和及時的資訊　③確使評鑑切合實際　④確使評鑑敘述和傳送有關實務在技術上言適當的資訊）。

15. 下列何者能準確描述評鑑研究領域？（①只有一種模式適用於綜合性評鑑　②只有一種評鑑模式　③評鑑模式自動會提供按部就班的方向來滿足評鑑研究需求　④有多種模式為迎合特定需求而提供方法或指針）。

16. 在一項評鑑研究中，從所有利益相關人士蒐集綜合性評鑑問題一覽表，是屬於選擇問題的哪一階段？（①方案描述　②擴散　③目標定義　④聚斂）。

17. 評鑑研究可能最常使用的量的研究設計是哪一種？（①相關　②單一個案　③實驗　④事後歸因）。

18. 評鑑研究報告典型上，與一般研究報告的差異，在於前者：（①較為簡單，因為利益相關人士僅要求底線　②經常為不同利益相關人士團體準備不同形式的報告　③包含較廣泛性的文獻探討　④較強調研究發現的概括性）。

19. 不受目標約束評鑑與其他評鑑主要差異安在？（①不要告知評鑑者受評方案的意圖目標　②需要獨特的統計分析　③用來評鑑形成性階段的方案　④主要與負面方案的效應有關）。

20. 請就以下各題的敘述與教育評鑑的各種類型選項代號配對：
    敘述：-1：決定方案標準與方案實際表現之間的一致性。
    　　　-2：統計方案利益與達成那些利益之間的關係。
    　　　-3：蒐集有關現在需求、所需資源與策略、方案運作以及目標達成之資料。
    　　　-4：評鑑者執行研究以發現運作方案的真正效應。
    選項：①不受目標約束評鑑　②CIPP評鑑　③需求評估　④成本分析。

21. 下列何者是感應性評鑑的特徵？（①廣泛使用主觀的探究　②聚焦於客觀的反應組型　③涉及心理學發展理論　④首先發展研究設計，評鑑則在感應設計的需求）。

22. 對抗評鑑與法庭式評鑑的重要差別在於前者為何？（①涉及公開聽證，出席者提出支持或反對特定觀點的案例　②根據法律程序評判方案的特徵　③涉及兩個評鑑小組之間的辯論，以取勝或勸導對方為期待的成果　④廣泛使用於教育

研究）。

23. 教育鑑定與批判法主要依賴下列何者？（①受評方案利害關係人的意見 ②評鑑人員先前對受評方案類型的了解 ③方案管理人對受評方案的判斷 ④以上三者皆是）。

24. 在行動研究過程中有一個即使不是最重要，也是重要的因素之一的是：（①蒐集資料 ②適當地分析資料 ③透過對話和發表分享研究結果 ④採取行動）。

25. 下列何者不是行動研究的目標之一？（①發展教師反思教學的品質 ②提供大眾真正感受的描述 ③提供教師研究者解決每日在學校遭遇的問題之方法 ④發展教師的專業素質）。

26. 以聚焦於社會責任和將參與者從被壓迫的虛弱環境中解放為特徵的行動研究，屬於下列何者？（①實際行動研究 ②情境行動研究 ③參與式行動研究 ④辯證行動研究）。

27. 以個別教師的做決定權威、專注於持續性專業發展和有系統反思他們的實務工作為特徵的，是屬於哪一種行動研究？（①實際行動研究 ②情境行動研究 ③參與式行動研究 ④辯證行動研究）。

28. 參與式行動研究可以下列何種研究界定之？（①可以應用和受到脈絡限制的 ②質疑當前實施的實務 ③比較今昔的教育實務 ④不使用學理架構）。

29. 執行探索的一項重要活動是自我反思，為了洞察您的信念和了解您所提的焦點領域，質疑反思的關鍵領域為何？（①影響您的實務的理論 ②您持有的價值觀 ③您的學校工作適合於較大的學校教育和社會脈絡 ④以上皆是）。

30. 下列何者不屬於能執行行動研究的三個層級之一？（①個別教師研究 ②校長指引研究 ③教師小組研究 ④全校性研究）。

31. 自我反思自己的教育實務，是屬於行動研究的哪一部分？（①動態的 ②合作的 ③實際的 ④批判的）。

32. 行動研究蒐集資料的三合來源是哪些？（①學生、教師和同僚 ②經驗、探求和檢查 ③問卷、訪談和反思 ④測驗、訪談和觀察）。

33. 以下何者適合於描述行動研究的「觸媒效度」？（①研究須採用可以依靠的和能勝任的方式進行 ②研究的參與者要向採取行動邁進 ③就研究發現和實務與他人進行批判性對話 ④以上皆非）。

34. 訪談、書面反應與表現量數可歸屬於行動研究蒐集資料策略中的哪一種類型？（①經驗 ②探求 ③檢查 ④闡明）。

35. 田野札記、觀察文件和日誌可歸屬於行動研究蒐集資料策略中的哪一種類型？（①經驗 ②探求 ③檢查 ④闡明）。

36. 學生資訊教師記錄和學校人工製品可歸屬於行動研究蒐集資料策略中的哪一種類型？（①經驗 ②探求 ③檢查 ④闡明）。

二、試各舉一例說明混合法設計中的解釋型設計、探索型設計和三角交叉型設計等類型。

三、混合法設計的優、缺點安在？

四、評鑑混合法研究的最重要和最不重要的規準為何？

五、研究者對身心障礙實習教師的工作壓力和倦怠執行一系列的訪談，在訪談之後蒐集更多資料，來描述教師的工作壓力和倦怠以及對學生的影響。請問各要採用什麼程序來把該項研究延伸成為探索型設計和三角交叉型設計？

六、如要研究重度肢體障礙學生的教育經驗，如何結合量的和質的研究方法？需要蒐集什麼類型的量的和質的資料？有什麼理論根據足以說明該項研究需要兼具質的和量的資料？哪一種混合法設計適用於該項研究？採用混合法設計來執行該項研究所要採取的步驟和資料分析與只採用一種研究方法比較，有何差異？

七、討論在本章所敘述的行動研究的類型？

八、請列舉行動研究與傳統的正式研究之間的差異至少三項。

九、請說明Mills的蒐集資料的3Es策略。

十、一項行動計畫要包括哪些因素？

十一、在什麼情境下使用形成性評鑑比總結性評鑑適當？

十二、試說明教育評鑑與教育研究之間的差異。

十三、請界定評鑑研究使用的利害關係人（stakeholder）一詞。並說明在評鑑研究中須加以確認利害關係人的理由。

十四、何謂後設評鑑？典型上後設評鑑包括哪些？後設評鑑是否僅適用於評鑑研究？

十五、試簡述CIPP評鑑模式中的四種教育評鑑。

十六、試描述對抗評鑑的四個階段及其缺失。

十七、為了檢查偏遠高中科學方案及其對學生能否順利進入大學就讀的影響，聘請一位外部的方案評鑑人員擔任評鑑工作，然而該校早已由一位教師擔任非正式的內部評鑑人員，負責蒐集學生表現的資料，試問該兩位評鑑人員須具備什麼專門技能來評鑑該方案？每一位可能蒐集什麼資料？

十八、在正常的情況下，方案評鑑人員可能面對哪些議題？特別是當評鑑人員與受評者間存有密切的工作關係時，將如何面對？

答案：

一、1.③；2.④；3.②；4.②；5.④；6.①；7.④；8.③；9.①；10.③；11.③；12.②；13.④；14.①；15.④；16.②；17.③；18.②；19.①；20.-1.③, -2.④, -3.②, -4.①；21.①；22.③；23.②；24.④；25.②；26.③；27.①；28.②；

　　29.④；30.②；31.③；32.②；33.②；34.②；35.①；36.②。

二～四、略。

五、探索型設計：先使用教師訪談，根據訪談結果來編製一份用於數學教師的調查問卷。解釋型設計：在調查教師的知覺之後，對特殊需求的學生進行觀察。三角交叉設計：評估諮商人員使用訪談和自陳調查的時間。

　　探索型設計的程序之一：使用訪談的發現來編製一份量的調查問卷，對較大的教師群體施測。三角交叉設計的程序之一：要求教師在接受訪談之前、當時、或之後填妥一份調查問卷。

六～十二、略。

十三、涉入受評方案的任何一個人，和或受到評鑑結果影響的任何人皆稱利害關係人。

　　確認利害關係人之理由：(一)利害關係人能協助評鑑者釐清作評鑑的理由、引導評鑑的問題和設計研究的最佳方式、詮釋發現，以及報告結果。(二)若漠視某些利害關係人，他們會阻撓或破壞評鑑，甚至不相信評鑑結果。

十四、對任一評鑑研究或任何研究的評鑑皆稱後設評鑑，因此在評鑑研究和其他研究類型皆適用後設評鑑。典型上，後設評鑑包括探討在研究中可能影響結果之效度的限制和弱點。

十五～十八、略。

第三篇

資料分析與解釋

本篇旨在介紹可供研究者使用的各種統計技術及其適用的範圍,和解釋的方式。共分成敘述統計(descriptive statistics)、推論統計(inferential statistics)兩章說明,至於其他與資料分析有關的程序,則列在推論統計之末探討。

第**19**章

敘述統計

第一節　統計學及其相關概念

　　統計學是描述、組織、綜合、分析和解釋量的資料的方法或程序。透過統計處理可以把個別觀察而得的資料，結合成為團體的特徵，形成原理原則。如家庭的平均收入、代表性城市等都是統計的概念，常被視為團體的特徵處理，這些特徵可用年齡、大小或其他量數表示。如說國小五年級學生的平均年齡為十一歲，係將它概括於所有小學五年級的學生，而非特指某位學童，因此統計測量具有抽象作用，以取代大量的個別數量。

壹、統計學的類別

　　統計技術有兩個大類：一為敘述統計（descriptive statistics），另為推論統計（inferential statistics）。前者把一群數或觀察轉換為指數，以描述資料，是以它將大量的觀察，予以概述、組織與化約，通常採數學公式將各組的觀察化約為一些數字，以描述與資料有關的「事實」。敘述統計是概述資料的最基本方式，解釋量的研究結果所不可或缺者，但有其限制，即據此而獲得的結論，只能解釋所觀察的團體，無法延伸及於其他團體。

　　推論統計係以部分樣本的資料，推測或預測全體母群體性質的過程。由於許多研究問題，需從可採用的受試者，或行為樣本，預估母群體的特徵，因此在提出結果報告時，常採用推論統計。推論統計依賴描述統計而來，如未充分了解敘述統計，推論統計就更不易掌握。

　　敘述統計有許多種，供研究者取擇，以描述一群資料。究竟應選擇何者，需視使用的測量量尺與研究目標而定。測量量尺留待下面討論，敘述統計技術與每種量尺有對應關係，研究目標的達成或研究問題的解答有賴對不同統計技術的了解，而妥善予以運用。

貳、測量的量尺

執行研究的一個基本步驟是測量（measurement），透過測量，將觀察轉譯爲數，S. S. Stevens稱：廣義言之，測量是依規則，分派數值予物體或事件。

測量量尺依等級而分有類別量尺（nominal scale）、順序量尺（ordinal scale）、等距量尺（interval scale）與等比量尺（ratio scale），如圖19-1所示，各有不同的特徵與適用範圍。

圖19-1
測量量尺

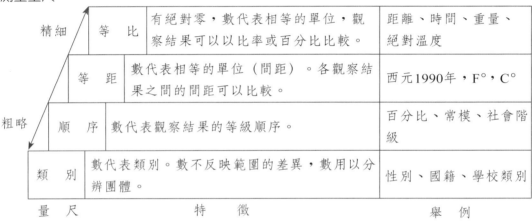

1. **類別量尺（nominal scale）**：類別量尺是量化方法中最低的等級，用以區分或描述事物之間的差異性。如把大學畢業生分成博士、碩士、學士等類別，並按公、私立分組，即是運用類別量尺，各類別屬於質的不同，而非量的差異。亦即各類別間唯一的關係是彼此有別，非指被測量的特徵能由它們所代表的有「較多」或「較少」的分辨，是以每個人可按性別（男、女）、教育程度（小學、中學、大學）、職業（工、商、農、軍、公、教等）、宗教信仰（佛教、道教、天主教、基督教等）劃分類別。

類別量表用來表示任何特徵的數字，代表的並非絕對的或相對的數量，僅是表明某既定類別的成員數而已，彼此沒有關係可言。因此，類別量尺上列載的數量，不能以加、減、乘、除運算，僅能依據計數，運用此種統計程序，如算出觀察每個觀察類別所得的數量。

2. **順序量尺（ordinal scale）**：順序量尺用以表示具有某屬性的物體或個人彼此之間的相對位置，卻無法標示各位置之間的距離；即順序量尺可把毗連的事物按「較多」或「較少」的順序排列。如在一個團體中由最高至最低的順序排列，便是以相對的位置或等級表示：第一、第二、第三、第四、第五……第n。順序量尺沒有絕對值，且毗連各等級之間的差異，可能不等。因此，等級的間隔（如第一與第

二、第二與第三，依此類堆）雖然相等，但是實際的間隔並非等量。如有五人的身高依1、2、3、4、5等級而分為：182公分、178公分、170公分、165公分、158公分，但彼此之間的差數（為4、8、5、7公分）並不相等。

　　3. 等距量尺（interval scale）：等距量表不但可依物體屬性排列順序，且能確定測量單位之間，彼此等距，數字差異相等，即表示測量的屬性之間的差別相等。亦即等距量尺係以同等的測量單位為基礎的量尺，在某特徵得90分與91分的人，在數量方面的差異，被設定與得60分和61分的人之間的差異相等。

　　等距量尺代表某素質或特徵的相對數量，因此優於類別和順序量尺。但等距量尺在運用上仍有限制，即缺乏真正的零，不能測量完全沒有的素質。90這個量數也不能說是45的兩倍。心理測驗與量表都是等距量尺，均有此一限制。

　　4. 等比量尺（ratio scale）：等比量尺除了和等距量尺一樣，具有距離相等的特性之外，尚有兩種特性：(1)等比量尺有真正的零，可以標示完全不存在的素質。如公分量尺上的零點，標示的完全沒有長度或高度；(2)等比量尺的數字有真正的數量，可以加、減、乘、除運算之，且可以比率關係表之。5公分是15公分的1/3，2公斤的5倍是10公斤，自然科學可以等比量尺描述變項，但行為科學只能以等距量尺描述變項，因此就測量的層次而言，行為科學的準確度比不上自然科學。

參、母數資料與無母數資料

　　應用統計處理的資料有兩種：

一、母數資料（parametric data）

　　母數資料是測量到的資料，母數統計考驗假定所使用的資料，需符合以下的要求：

　　1.呈常態分配或接近常態分配。

　　2.變異數具有同質性。

　　3.應用於等距與等比量尺資料。（Best & Kahn, 2006; Tuckman, 1972）

二、無母數資料（nonparametric data）

　　計數的或等級的資料屬之。無母數資料有時亦稱不受母群體分配限制的考驗（distribution-free tests），它毋須仰賴常態分配母群體的嚴格限制，適用於處理類別與順序量尺的資料。表19-1係依量尺等級、資料處理、適用考驗等項，扼要說明測量量化的等級。

表19-1
測量量化的等級

等級	量尺	過程	資料處理	適用的某些考驗		組數	依變項數目
4	等比	測量等距 真正的零 比率關係		t考驗	┌ 獨立樣本 └ 相關樣本	} 2 } 2	} 1 } 1
				變異數分析	┌ 簡單 └ 多因子	} ≥2 } ≥2	} 1 } 2
				共變數分析		≥2	≥2
				因素分析		≥2	≥2
3	等距	測量等距 沒有真正的零	母數	皮爾遜相關係數		2	1
				費雪檢定		≥2	1
2	順序	按順序排列等級		斯皮爾曼等級相關		2	1
				曼惠特尼U考驗		2	1
			無母數	魏克遜考驗		2	1
1	類別	分類與計數		卡方考驗		≥2	≥1
				中數考驗		≥2	≥1
				符號考驗		2	1

*註：部分取自 *Research in education* (10th ed.) (p.355), by J. W. Best & J. W. Kahn, Allyn & Bacon. Copyright 2006 by Allyn & Bacon.

第二節　資料的圖示方法

　　學生成績紀錄簿所載各個學生的成績，是未經組織的資料，研究者須加以組織，方易作正確的解釋。一般以圖示代表團體資料的方法有三，本節即在敘述該等方法。

壹、次數分配

　　多數研究列有許多不同的分數，如果這些分數不依其數值順序排列，如表19-2所示，恐難從資料中發現其意義。組織分數的最簡單的方法，是將它們由最高至最低的方式列出，形成所謂等級分配（rank-order distribution）。等級分配可經由分組、歸類、劃記的處理，列成次數表（frequency table）或次數分配（frequency distribution），如表19-3、19-4。

表19-2

未經組織的學生分數

47	39	42	44	36	42	46	43	44	44
37	49	43	45	45	48	45	43	45	38
41	44	42	47	46	40	45	42	42	44
50	43	46	45	48	43	44	43	44	46
45	40	40	45	44	37	42	41	36	42

表19-3

依表19-2而來的組距次數分配表

組距	劃記	次數（f）
48～50	////	4
45～47	州 州 ////	14
42～44	州 州 州 州 /	21
39～41	州 /	6
36～38	州	5（N＝50）

表19-4

依表19-2而來的等級分數次數分配表

等級分數	劃記	次數（f）
50	/	1
49	/	1
48	//	2
47	//	2
46	////	4
45	州 ///	8
44	州 ///	8
43	州 /	6
42	州 //	7
41	//	2
40	///	3
39	/	1
38	/	1

表19-4　依表19-2而來的等級分數次數分配表（續前頁）

等級分數	劃記	次數（f）
37	//	2
36	//	2（N = 50）

　　欲回答許多重要的問題，次數分配有其用途。它們能迅速標示出現的次數最多與最少的分數（如表19-4），分配的一般形狀（如集中在某些位置或分散各處，如表19-3），以及分數彼此是否各自獨立。

　　從表19-4可看出最高分數為50，最低分數為36，50個學生分數分配的全距為50 － 36 + 1 = 15。如把全部分數分成5組，則每一組距為15/5 = 3。

　　一個數列中位於中間的量數或點，稱為組中點，其算法為上限與下限之和的半數，由於分數的組距為奇數時，其組中點為整數，組距偶數的組中點為分數，因此吾人較樂於採用奇數組距。惟就一般情形而論，組距可採3，5，10個量數；次數分配表分組歸類的組數以5～15組為宜。

貳、直方圖

　　次數資料常以條圖或棒狀圖在兩個向度的圖形上，代表每個分數或組距發生的次數，謂之直方圖（histograms）。圖形上的垂直向度列出分數的次數，水平向度列出由最低至最高的等級分數，所繪製的棒狀圖係與結果對應，如圖19-2。

圖19-2
依表19-4而來的分數直方圖

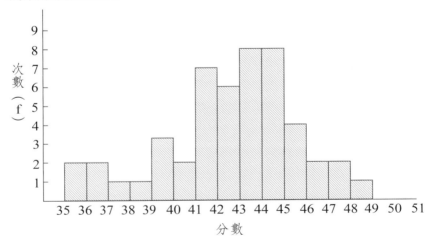

　　直方圖使人易於了解結果的形象，有其效用。惟這種形象也會因該圖的垂直向度的數距的改變，而造成扭曲。隨著分數次數之間間距的變化，以及使用單位大小的改變，而形成不同的形象，即每個圖形固均可用來表示相同的資料，但視覺的結果可能不同。

參、次數多邊圖

　　次數多邊圖（frequency polygons）與棒狀圖很近似，唯一不同的是，前者以單點而不用棒狀標示，這些單點可以直線連結起來。圖19-3即與圖19-2使用相同資料的次數多邊圖，從中可以發現，二圖極為相似。

圖19-3
依表19-4而來的次數多邊圖

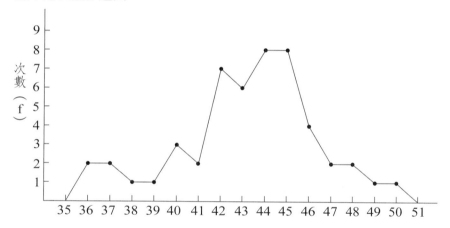

第三節　統計量數

　　以有意義方式敘述與分析資料的統計量數可分成集中量數（measures of central tendency）、離中量數（measures of dispersion）、相對地位量數（measures of relative position）、關係量數（measure of relationship），除了關係量數已於本書第14章探討相關研究法時，予以敘述之外，其餘三種量數，均在本節分析。

壹、集中量數

　　常用的集中量數有平均數（mean）與中數（median）、眾數（mode）。就該三種量數中，非統計人員較易了解平均數，因而常使用平均數描述某團體的特徵。即使某地的天氣，亦經常以均溫或平均降雨量標示；團體的社會經濟地位，常以平

均所得決定。但對統計人數來說，以平均數標示的特徵，並非十全十美；因而就集中量數言，在教育研究方面，尚可採用中數與眾數。

一、平均數

$\overline{X}$ 符號示之，其算法為所有分數的總和，除以分數的次數。如七個分數的總和為28，則平均數為4。公式如下：

$$\overline{X} = \frac{\Sigma X}{N}$$

$\overline{X}$ = 平均數

Σ = 總和

X = 分配中的諸分數

N = 分數的數目

二、中數

以Md和Mdn符號示之，係指位於分配中點的一個數值，其上與其下的分數數目各占總數的二分之一，由於它是位置量數，而不是大小量數，只要利用觀察而不必用計算即可得。當分數的數目為單數，其中間的分數即為中數，如7、6、6、5、3、2、2的中數為5；當分數的數目為偶數，其中數即位於兩個中間分數之間的中點，如6、4、4、3、2、1、4、3是位於中間的分數，其中點(4 + 3)/2 = 3.50。又中數不受兩端任一端的極端分數的影響，如下列兩例的中數均為4。

A	B
7	50
6	49
5	30
4……中 數……4	
3	3
2	2
1	0

中數的計算可用如下公式求得：

$$Md = L + \left(\frac{\frac{N}{2} - cfb}{fw} \right) i$$

Md：中數

N ：次數分配的總人數

L ：中數所在組的下限

cfb：中數所在組下限以下的累積次數

fw ：中數所在組的資料

i ：組距

以表19-5資料為例說明其計算過程：

表19-5

接受教育統計學測驗的105個學生成績的中數

分數（x）	次數（f）	累積次數（cf）
35	1	105
34	3	104
33	15	101
32	8	86
31	14	78
30	14fw	64
29	16	50
28	10	34
27	8	24
26	4	16
25	1 — cfb	12
24	3	11
23	1	8
22	3	7
21	4	4

$$Md = 29.50 + \left(\frac{\frac{105}{2} - 50}{14} \right) 1 = 29.678$$

在該等分數的次數分配顯示：次數分配的總分數（N）等於105，因而N/2的值即得52.50。再看累積次數這一欄，發現累積次數50所在的分數29，以及累積次數64所在的分數30，是以該分配的中數應位於分數30這一組內。現在即可應用上述

公式來找分配的中數,其L值為29.50,因為包含中數的組距由下限的29.50至上限的30.50;cfb的值(即中數所在組的下限以下的累積次數)為50;在該組值的次數值即是分數30這一組的次數,為14;組距(i值)為1,由此計算而得的中數即為29.678。

本節第肆部分探討相對地位量數時,計算四分位數的Q_1與Q_3可仿此方式算得。

某些形式的資料分配,其中數可能比平均數更符合實際的集中量數。如某國民小學五位教師的薪資如下:

褚老師	$30,000	
衛老師	16,000	
蔣老師	15,400	……中數
沈老師	15,000	
韓老師	13,600	
	$90,000	

$$M = \frac{90,000}{5} = 18,000$$

依平均數求得的薪資($18,000)比該組五人的四位為高,而中數卻與之不同。因之中數對於兩端分配中的任一端的極端數值而言,較平均數不具敏銳性。

三、眾數

以M0符號示之,係指在一項分配中出現次數最多的那個分數。只用觀察,毋須計算,即可找出。經過歸類的資料分配中,眾數被設定是出現次數最多那一組的中間分數。如2、2、3、4、4、5、5、5、6、6、7這些分數的眾數是5。又如國小六年級學童的典型年齡是十二歲,因為十二歲的六年級生比其他年齡的為多。又如一位襯衫販賣商所賣襯衫尺寸為15,比其他的任何尺寸為多,因此尺寸為15的襯衫,訂製與貯存的量最多,15便為眾數。

在某些分配中,眾數有時候不只一個。一項分配如有兩個眾數,謂之雙眾數;超過兩個以上眾數,稱之多峰眾數。如在某城市汽車發生意外事故的次數,依小時列表,似乎可發現兩個眾數的時間,即上午7時與8時之間,以及下午5時與6時之間。因為在該兩段時間內,從商店與辦公室出入的車子最多,屬於尖峰時間。

為了分析該三種集中量數特定的敏銳性,有必要再作比較。如有分數,3、2、5、6、9、7、3,眾數為3、中數為5、平均數也是5。如把其中的9分改成16分,眾數仍為3、中數仍為5,但是平均數受到分數更易的影響,等於6。由此可見,資料中若出現極端分數時,中數與眾數比較不受影響,而平均數則被拉向極端分數。

從常態分配與偏態分配中的三種集中量數觀察,亦可了解此種差別的敏銳性。在常態分配中,這三種量數是相同的(如圖19-4);在偏態分配中,以平均數最接

圖19-4
常態分配的集中量數

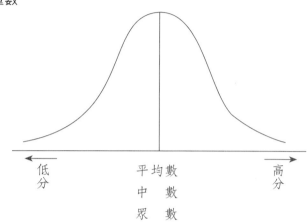

低
分

平　均　數
中　　　數
眾　　　數

高
分

圖19-5
偏態分配的集中量數

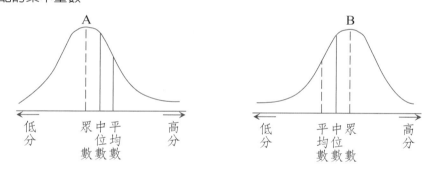

A

低
分

眾　中　平
　　位　均
數　數　數

高
分

B

低
分

平　中　眾
均　位
數　數　數

高
分

近分配的尾端，眾數離尾端最遠，中數則位於平均數與眾數之間。如在正偏態分配中（圖19-5A），分配尾端的極端分數，使得平均數值增加；在負偏態分配中（圖19-5B），隨著分配在低分數邊的極端分數的變化，三種集中量數的順序，恰好與前者相反。

　　平均數的適用時機有：(1)欲求得最大的信度時，即從母群體抽取的各樣本間的變化通常會太大；(2)接著要計算其他的量數，如離中量數時；(3)分配接近於常態時；(4)欲知樣本的「重心」時。中數的適用時機有：(1)沒有充裕的時間來計算平均數時；(2)分配呈顯著的偏態時；(3)欲了解個案是否位於分配的上半或下半，但不特別關心其離中點有多遠時；(4)提供的分配不完全時。眾數的適用時機有：(1)欲對中央值作最迅速的估計時；(2)粗略估計中央值時；(3)欲知最典型的案例時（Guilford, 1965）。

貳、離中量數

　　集中量數旨在描述循一順序量尺所在的位置，這些量數只是用來描述資料分配

之特徵的部分，尚須其他統計分析的形式，否則尚不稱完備，這些形式中的一種為離中量數，又稱變異量數（measures of variability），用以標示群體中各受試者得分的「離中」程度；若各分數很不相似，離中（變異）程度便高。簡言之，離中量數不外在於揭示分數的分散情形。

下列是兩組學生的成績：

該兩組學生成績的平均數與中數相同。但從中可以發現，平均數不足以周全地描述第一組或第二組各個學生間成績的差異。為了比較他們的表現，須利用離中量數。第二組各毗連分數間的差異小，屬於同質的；第一組各分數由優等至劣等皆有，屬於異質的。

最常用的離中量數有全距（range）、離均差（mean deviation）和平均差（average deviation; AD）、四分差（quartile deviation）、變異數（variance）與標準差（standard deviation）。

一、全距

以R符號示之，是最簡單的離中量數，為最高分與最低分之差加1。就第一組來說，全距為41（100 − 60 + 1）；就第二組來說，全距為5（82 − 78 + 1）。欲迅速求得離中的可能指數時，可以全距示之：蓋當N大於或等於100時，全距/6等於一個標準差。

第一組			第二組		
學生姓名	分數	等第	學生姓名	分數	等第
楊雲騰	100	A	何崑岡	82	C
朱露霜	90	B	呂平章	81	C
秦金生	80	C	施鳳鳴	80	C
尤麗水	70	D	張白駒	79	C
許玉出	60	F	孔萬方	78	C
$\Sigma X = 400$			$\Sigma X = 400$		
N = 5			N = 5		
$\overline{X} = \dfrac{400}{5} = 80$			$\overline{X} = \dfrac{400}{5} = 80$		
Md = 80			Md = 80		

二、離均差和平均差

離均差以小x符號示之，是用來表示某種量數與平均數之距離的分數，此一距

離又稱為差數。計算公式為：

$$X - \overline{X} = x$$

若該量數位於平均數之上，差數為正（＋），若位於平均數之下，差數為負（－）。同一組中離均差的總和為0[$\Sigma(X - \overline{X}) = 0, \Sigma_x = 0$]，試以前述兩組為例證之：

	第一組			第二組		
學生姓名	X	$(X - \overline{X})$		學生姓名	X	$(X - \overline{X})$
		x				x
楊雲騰	100	+20		何崑岡	82	+2
朱露霜	90	+10		呂平章	81	+1
秦金生	80	0		施鳳鳴	80	0
尤麗水	70	−10		張白駒	79	−1
許玉出	60	−20		孔萬方	78	−2
	ΣX = 400	ΣX = 0			ΣX = 400	ΣX = 0
	N = 5				N = 5	
	$\overline{X} = 80$				$\overline{X} = 80$	

至於平均差則取離均差絕對值，再求其平均數即得。即$AD = \dfrac{\Sigma |X - \overline{X}|}{N}$，以上例第二組之$AD = \dfrac{2 + 1 + 0 + 1 + 2}{5} = 1.2$。

三、四分差

以Q符號示之，是指在一項分配中高四分位數與低四分位數之差距的一半。高四分位數（Q_3）係指一項分配中的一個點，在該點以下的占總數的75%；低四分位數（Q_1）亦是指該項分配中的一個點，在該點以下的占總數的25%。因此高四分位數也可說是75%位數，低四分位數是25%位數。四分差的計算公式如下：

$$Q = \frac{Q_3 - Q_1}{2} = \frac{P_{75} - P_{25}}{2}$$

如在一項分配中的分數依序為：8，10，15，17，20，22，25，28，35，40，42，43。則四分差應為第n/4個分數與第3n/4個分數差距的一半。此地的n等於12，因此第n/4個分數為15，第3n/4個分數為35，故$Q\left(= \dfrac{35 - 15}{2}\right)$為10。

從上述的程序可知欲找出Q_3與Q_1的方式與找中數的方式類似，事實上中數即為第二個四分位數。四分差與中數皆為順序的統計量；四分差與中數同時使用的機會最多。

四分差在於解釋位在中間50%量數的分布情形。若量數過分分散，其四分差的值將比分散小的為大。但是和全距相比時，四分差的值比全距穩定，不受極端量數的影響。

四、變異數

以σ^2符號示之。以各分數與平均數之差的平方和，除以N即得。公式為：

$$\sigma^2 = \frac{\Sigma(X - \overline{X})^2}{N} 或 \frac{\Sigma x^2}{N} \qquad x = (X - \overline{X})$$

變異數是一個數值，用以說明一項分配的所有分數與平均數離散的情形。

五、標準差

以σ符號示之，為變異數的正平方根，亦用來表示一項分配中的分數的離中量數，公式如下：

$$\sigma = \sqrt{\frac{\Sigma(X - \overline{X})^2}{N}} 或 \sqrt{\frac{\Sigma x^2}{N}}$$

茲以下例說明變異數與標準差的計算方式：

X	x	x^2
84	+2	+4
83	+1	+1
82	0	0
81	1	+1
80	2	+4
	Σx^2	= 10
$\sigma^2 = \frac{10}{5} = 2$		$\sigma = \sqrt{\frac{10}{5}} = \sqrt{2} = 1.414$

雖然以差數來說明變異數與標準差的意義，至為清晰，惟在實際運用時，並不方便，欲計算大量分數分配的變異數或標準差時，顯得有點困難。因此，針對此種缺失，可逕用原始分數而不採差數計算，這種計算方式，可能導致數值過大的現象，但可利用計算器處理。以原始分數計算變異數及標準差的公式如下：

$$\sigma^2 = \frac{N\Sigma X^2 - (\Sigma X)^2}{N^2}$$

$$\sigma = \sqrt{\frac{N\Sigma X^2 - (\Sigma X)^2}{N^2}}$$

茲以下例說明使用原始分數求得變異數與標準差的過程：

X	X^2
95	9,025
90	8,100
85	7,225
80	6,400
75	5,625
70	4,900
65	4,225
60	3,600
55	3,025
$\Sigma X = 675$	$\Sigma X^2 = 52,125$

$$N = 9$$

$$\sigma^2 = \frac{9\,(52,125) - (675)^2}{9\,(9)}$$

$$= \frac{469,125 - 455,625}{81}$$

$$= 166.67$$

$$\sigma = \sqrt{166.67} = 12.91$$

標準差像平均數，是屬於等距或等比統計量，依據一項分配中個別分數計算而得，經常與平均數有密切關聯。

全距的適用時機有：(1)欲迅速了解可能的離中指數時（因為當N大於或等於100時，全距/6 $\cong$ 一個標準差）；(2)想要了解極端分數的資料時。四分差的適用時機有：(1)當只有提出中央值的統計量──中數時；(2)分配縮短或兩端不完全時；(3)有些極端分數或存在極端偏態時；(4)想要了解中間50%真正分數的分布情形時。標準差的適用時機有：(1)想要知道數值的最大可信性時；(2)欲作進一步的計算時；(3)想以常態分配來作解釋時（Guilford, 1965）。

由於標準差與常態分配關係頗為密切，因此在探討其他量數時，先行分析常態分配有關的概念。

參、常態分配

如把吾人的身高、體重、智商等特質分別測量，並將所得的結果，繪成次數多邊圖，可能會形成鐘形的常態曲線（normal curve）或常態機率曲線（normal probability curve），也就是所謂的常態分配（normal distribution）。

常態分配是學理上的或數學上的分配模式，如圖19-6即是常態曲線，從中可以發現如下的特徵：

1.常態曲線的縱軸的兩邊對稱。

2.各項聚集在中央附近（平均數）。

3.該分配的平均數、中數及眾數的值相同。

4.曲線兩端的任一端均無疆界，不論兩端如何伸展，均不致觸及基線；此曲線只是一種機率曲線，而非真實的曲線。

在常態曲線之上的面積接近100%。如以標準差來解釋：在平均數與距離該平均數的各標準差間曲線涵蓋的面積，可用百分比來表示其間的關係。這些關係可如圖19-6所示。

從圖19-6常態曲線的外貌中，可以發現：

1.曲線是對稱的，在平均數以上或以下等距的次數百分比相同。

2.平均數與附近標準差涵蓋面積的百分比最大，隨著離平均數的距離之增加，而減少涵蓋面積的百分比。

3.平均數位於曲線的最高點，且與中數、眾數等值。

4.約有1%的空間落在離±3.00個標準差之外。

圖19-6
常態分配中落在平均數與某標準差距離內次數百分比

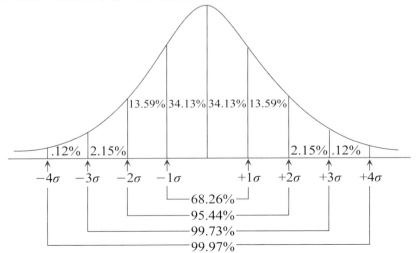

$\overline{X}$ 至 ±1.00z 34.13%

±1.00 至 ±2.00z 13.59%

±2.00 至 ±3.00z 2.15%

　　z：標準差與平均數的距離

　　常態曲線亦是用來描述機率的曲線。如母群體中某部分的身高呈常態分配，則其中身高在平均數與平均數以上一個標準差間的人，被隨機選取的機會有34.13%；或身高在平均數與平均數以下一個標準差間的人，被選取的機會亦為34.13%；或身高位於平均數上下一個標準差間的人，被選取的機會有68.26%；另一種解釋為這個群體的部分中，有68.26%的身高位於平均數與其上下一個標準差之間。

　　為了讓讀者了解此種概念，茲舉例說明之。假定智商呈常態分配，魏氏兒童智力測驗的平均數為100，標準差為15，則魏氏兒童智力測驗分數，在平均數以上一個標準差為115，平均數以下一個標準差為85。根據此種資訊，可知約有68%的母群體在魏氏兒童智力測驗的分數在85與115之間。

　　就實用的目標來說，常態曲線通常是由平均數延伸±3個標準差，多數事件發生在這些界限之間。但是這種說法並非說事件或量數不會落在離平均數三個標準差以外的區域，只是這種可能性太小，以致按機率而作預測或推估時，不予考慮。統計人員處理的是機率而非事實，因此作任何預測時，總是採取保留的態度。

　　當分數呈常態分配或接近常態分配時，可運用「常態曲線的面積」（見附錄陸），在「常態曲線的面積」中呈現的為臨界值，因為這些數值提供常態分配的資料，可以下列方式解釋之：

　　1.在平均數與某一z分數之間所占數個面積的百分比。

　　2.若個案數（N）為已知時，個案落在平均數與z分數之間的百分比。

　　3.某一事件發生在平均數與標準差之間的機率。

　　　z = 離平均數的標準差數

$$z = \frac{X - \overline{X}}{\sigma}$$

　　圖19-7用以說明在常態曲線之下面積的劃分情形。如為常態分配，便具有以下各種特徵：

　　1.平均數與+1.00z間的空間，位在曲線之下的整個面積為.3413。

　　2.落在平均數與+1.00z之間的個案的百分比為.3413。

　　3.發生在平均數與+1.00z之間的事件的機率為.3413。

　　4.分配分成兩等分，一半在平均數之上，另一半在平均數之下。

圖19-7

在平均數與1.00z之間的常態曲線所包含的面積

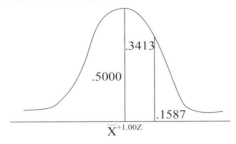

5.由於曲線中的一半在平均數之上，以及位於平均數和+1.00z之間的面積為.3413，所以在+1.00z以上的曲線面積為.1587。

由於常態機率曲線是對稱的，右邊（平均數以上）的形狀與左邊（平均數以下）的形狀相同，曲線的每一邊的值相同，因此在機率表中呈現的值僅為一組，且以1%個標準差單位表之。

		機率
平均數以上	.5000	50/100
平均數以下	.5000	50/100
+1.96z以上	.5000 − .4750 = .0250	2.5/100
+.32z以下	.5000 + .1255 = .6255	62.5/100
−.32z以下	.5000 − .1255 = .3745	37.5%

在教育研究的領域中，常態曲線的實際用途約有如下各項：

1.把原始分數轉換為標準分數。

2.計算常態分配中分數的百分等級（percentile rank）。

3.將（品）質的資料量表化，轉變成為數值；此等資料可就對問卷、判斷、等級的反應，列成量尺。

4.把次數分配常態化，在使心理測驗或量表的標準化方面而言，乃為重要的過程。

5.考驗實驗中所觀察之量數的顯著性，探索觀察次數與機會變動或源自抽樣過程的誤差之關係，以及類化於樣本所自的母群體的情形。

以上所探討的為常態分配的情形，惟並非所有的分配，特別是樣本資料的分配不同於或不接近常態分配，因此可能會出現兩種其他的分配，即偏態分配（skewed distribution）與雙峰分配（bimodal distribution）。在偏態分配中，大多數分數接近全距的高或低的一端；位在另一端的分數相當少。圖19-8中的A分配是正偏態，B分配為負偏態。所以為產生偏態分配的因素有很多，如測驗太難或過易，或者樣本

異常（智力很高或很低）都可能是原因。

　　雙峰分配有兩個中數（如圖19-8中的C分配），不像常態分配或偏態分配只有一個中數。這種現象的產生，是由於樣本包括兩種母群體的成員組成所致。如我國成人（男、女不同）的身高可能為雙峰分配。

圖19-8
非常態分配

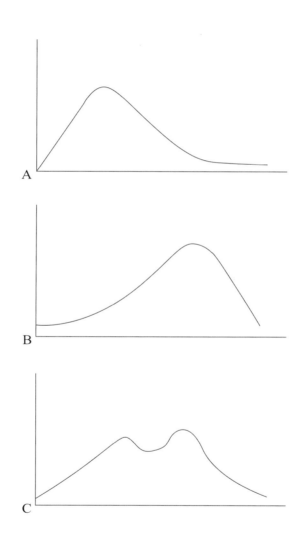

肆、相對地位量數

　　根據某一特質，描述某個人在所屬團體中占有之地位的量數，稱為相對地位量數；因此，這種量數係與某一參照點比較而來，主要的有百分等級（percentile rank）、標準分數（standard score）（林清山，1978a）與四分位數（quartile）。

一、百分等級

常被用來描述某分數與其他分數之間的關係，百分等級是分配中的一個點，標示有既定百分比的分數位在它之下。若百分等級為第80的分數是65，則指有80%的分數是在65分以下。中數的百分等級為第50，與其有50%的分數在它之下。

高級中學常採等第評定三年級的畢業生，但因學校大小不同而有很大出入，是以各校評定之等第價值，便十分有限，解決之道之一乃在於須將它們轉換成可供比較、有共同基礎的分數，百分等級即基於此種基礎，能把班級等第轉換成為百分等級，公式如下：

$$PR（百分等級）= 100 - \frac{(100RK - 50)}{n}$$

RK：距離頂點的等第

如曹昆池在某高中三年級139個同學中的等級為第27，即有26個等級在他之上，112個在他之下，他的百分等級為：

$$PR = 100 - \frac{(100 \times 27 - 50)}{139} = 100 - 19 = 81$$

另有與百分等級有關的相對地位量數為百分位數（percentile）。百分位數是個分數，在該分數以下有百分之多少的人數或分數，通常以整數示之。某分數的百分位數為第47（P_{47}），即表示有47%的人的分數在該分數之下，另有53%的人的分數超過該分數。百分位數通常以1至99表之。由此觀之，百分位數係以分數或量數表之，而一個分數或量數的百分等級總以百分比表之。若在一組分數中，吾人欲獲知在某分數以上或以下所占的百分比，可用百分等級示之；若欲了解超出或等於某特定百分比的分數，宜以百分位數表之。

二、標準分數

係用來表示分配中任一分數的方法，以標準差為單位，說明該分數與平均數間的距離，利用這種轉換，而把原始分數化成標準分數。標準分數可以三種來加以說明，即z分數、Z或T分數、大學入學委員會分數（Z_{cb}）。

欲就一項分配中的某分數，求其與平均數的差數，以標準差為單位來表示，通常要比分數本身有意義。z分數，即是此種表示的方式。這種把原始分數轉換成標準分數之後，方可比較在不同測驗上所得的分數。z分數計算公式已見於參，為了便於說明，茲再引述如下：

$$z = \frac{X - \overline{X}}{\sigma}$$

X：原始分數（個別分數）

$\overline{X}$：群體平均數

σ：群體分數的標準差

　　如根據如下的資料，吾人欲知某生的智商成績是否與數學成績位於相同的水準。雖然在兩種測驗上的得分均在平均數以下15分，似乎均在相同的能力水平，然而須計算在每種測驗上的z分數方可確定。

智力測驗	數學能力測驗
X = 85	X = 35
$\overline{X} = 100$	$\overline{X} = 50$
$\sigma = 15$	$\sigma = 5$
$z = \dfrac{80 - 100}{15} = \dfrac{-15}{15} = -1.0$	$z = \dfrac{35 - 50}{5} = \dfrac{-15}{5} = -3.0$

　　根據比較z分數結果顯示，該生成績在數學測驗方面比在智力方面，較其他同學為差。

　　另一種轉換的標準分數為Z或T分數，用以避免和有負數出現的z分數（平均數以下）混淆，並可消除小數值。其公式如下：

$$Z = 50 + 10\frac{(X - \overline{X})}{\sigma} \text{ 或} 50 + 10z$$

　　如嚴世祿在英文測驗及數學測驗的成績等資料如下，便可算出Z分數：

英文測驗	數學測驗
X = 84	X = 40
$\overline{X} = 110$	$\overline{X} = 47$
$\sigma = 20$	$\sigma = 5$
$\begin{aligned} Z &= 50 + 10\frac{84 - 100}{20} \\ &= 50 + 10(-1.30) \\ &= 50 + (-13) \\ &= 37 \end{aligned}$	$\begin{aligned} Z &= 50 + 10\frac{40 - 47}{5} \\ &= 50 + 10(-1.40) \\ &= 50 + (-14) \\ &= 36 \end{aligned}$

由上述可知Z分數係由z分數轉換而來的標準分數。另一種標準分數為美國大學入學委員會（College Entrance Examination Board）與數個測驗機構使用的另一種轉換分數，即大學委員會分數，藉著量尺的擴展，可提供較準確的量數，其計算公式如下：

$$Z_{cb} = 500 + 100 \frac{X - \overline{X}}{\sigma} = 500 + 100z$$

該量尺的平均數為500，標準差為100，全距為200－800

z分數、Z分數與Z_{cb}分數的比較，可如圖19-9所示：

圖19-9

三種標準分數之比較

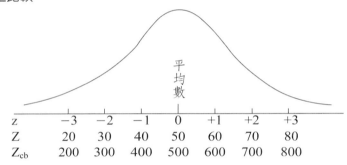

分數、Z(T)分數與百分等級的對照，如表19-6所示。

三、四分位數

係指把整個次數分配的次數或分數分成四個等分，每個等分，各占25%的人數。因此第一個四分位數或稱低四分位數（Q_1）即是代表在該分數以下的占總數的25%；第二個四分位數（Q_2），即中數，用以表示在該分數之下的占總數的50%；第三個四分位數或稱高四分位數（Q_3），用以表示在這個分數之下的占總數的75%。Q_1與Q_3的計算公式如下：

$$Q_1 = L + \left(\frac{\frac{N}{4} - cfb}{fw} \right) i$$

$$Q_3 = L + \left(\frac{\frac{3N}{4} - cfb}{fw} \right) i$$

Q_1：低四分位數（第一個四分位數）

Q_3：高四分位數（第三個四分位數）

N ：次數分配的總人數

L ：特定四分位數所在組的下限

cfb：特定四分位數所在組下限以下的累積次數

fw ：特定四分位數所在組的次數

i ：組距

表19-6

常態分配分數的標準分數與百分等級

標準分數		接近的	標準分數		接近的	標準分數		接近的
Z	T	百分等級	Z	T	百分等級	Z	T	百分等級
−3.0	20	0.1	−0.9	41	18.4	1.2	62	88.5
−2.9	21	0.2	−0.8	42	21.2	1.3	63	90.3
−2.8	22	0.3	−0.7	43	24.2	1.4	64	91.9
−2.7	23	0.4	−0.6	44	27.4	1.5	65	93.3
−2.6	24	0.5	−0.5	45	30.8	1.6	66	94.5
−2.5	25	0.6	−0.4	46	34.5	1.7	67	95.5
−2.4	26	0.8	−0.3	47	38.2	1.8	68	96.4
−2.3	27	1.1	−0.2	48	42.1	1.9	69	97.1
−2.2	28	1.4	−0.1	49	46.0	2.0	70	97.7
−2.1	29	1.8	0.0	50	50.0	2.1	71	98.2
−2.0	30	2.3	0.1	51	54.0	2.2	72	98.6
−1.9	31	2.9	0.2	52	57.9	2.3	73	98.9
−1.8	32	3.6	0.3	53	61.8	2.4	74	99.2
−1.7	33	4.5	0.4	54	65.5	2.5	75	99.4
−1.6	34	5.5	0.5	55	69.2	2.6	76	99.5
−1.5	35	6.7	0.6	56	72.6	2.7	77	99.6
−1.4	36	8.0	0.7	57	75.8	2.8	78	99.7
−1.3	37	9.7	0.8	58	78.8	2.9	79	99.8
−1.2	38	11.5	0.9	59	81.6	3.0	80	99.9−
−1.1	39	13.6	1.0	60	84.1	3.1	81	99.9
−1.0	40	15.9	1.1	61	86.4	3.2	82	99.9+

*資料來源：*Handbook in research and evaluation* (2nd ed.) (p. 112) by S. Isaac and W. B. Michael. Edits Publishers. Copyright 198 by Edits Publishers. 1983.

其計算方式，可參考中數的計算方式進行。以表19-5資料，可求得Q_1與Q_3如下：

$$Q_1 = L + \left(\frac{\frac{N}{4} - cfb}{fw} \right) i$$

$$= 27.50 + \left(\frac{\frac{105}{4} - 24}{fw} \right) \times 1 = 27.725$$

$$Q_3 = L + \left(\frac{\frac{3N}{4} - cfb}{fw} \right) i$$

$$= 31.50 + \left(\frac{\frac{3 \times 105}{4} - 78}{8} \right) \times 1 = 31.594$$

據此亦可求得該分配離中量數中的四分差（Q）：

$$Q = \frac{Q_3 - Q_1}{2} = \frac{31.594 - 27.725}{2} = 1.9345$$

第四節　後設分析

後設分析（meta-analysis）係指研究者有系統地運用統計技術，綜合以前好幾種獨立執行的量的研究之結果，予以評述的程序（review procedure），有時候涉及「嚴謹的研究評述」（rigorous research review）、「系統的研究綜合」（systematic research synthesis），或「整合的研究評述」（integrative research review，故亦稱研究綜合（research synthesis）、或研究整合（research integration）；其焦點置於相同的問題，且使用類似的變項，若干研究所得量的資料作系統結合的方法。Glass（1976, p.3）曾將研究的基本分析（primary analysis）、次層次分析（secondary analysis）與後設分析，作成以下的區分：

1. **基本分析**：將研究資料作初步的分析。

2. **次層次分析**：為了以較佳的統計技術，回答原先的研究問題，或為了使用舊資料回答新問題，將資料再作分析（re-analysis）。

3. **後設分析**：即分析分析（analysis of analyses），為了統整發現，大量蒐集個別研究的分析結果，再作統計分析，含蘊著對研究的、因果的、敘述的討論，提出替代性處理，以賦予迅速擴充之研究文獻的意義。

後設分析雖有其作用，但仍遭受批判，值得注意，依據Glass等（1981）的說法，對後設分析的批判，約有如下各項：

1.後設分析要比較與聚合不同測量技術、變項定義（如處理、成果）以及受試者，他們之間的差異太大，欲從中攝取合乎邏輯的結論，殊不容易。

2.後設分析的結果，是不可解釋的；因為得自「好」的與「壞」的研究設計的結果，均囊括其中。

3.已出版的研究，較偏向於有顯著性的發現；但沒有顯著性的發現，絕少出版，因此對之作後設分析時，容易造成偏失。

4.使用得自相同研究的多種結果，可能造成後設分析的偏失或無效，以及由於這些結果並非獨立而呈現似乎比其真正的情形還可靠的結果。

為了說明後設分析，茲以結合考驗（combined tests）與效果值量數（measures of effect size）為例說明，讀者若欲進一步了解，請參閱Glass et al.（1981）之著作。

壹、結合考驗

結合考驗是針對相同假設，分析不同研究的結果，而獲致的全面性考驗的摘要（summary）。其中分成費雪結合考驗（Fisher combined test）、威納結合考驗（Winer combined test）、與史脫佛結合考驗（Stouffer combined test）。

費雪結合考驗的計算公式如下：

$$\chi^2 = -2\Sigma \log_e P \tag{1}$$

χ^2量數可從公式(1)中獲得，其自由度等於2n，n為結合考驗數，p為與每一考驗結合的單側機率。

威納結合考驗的計算公式如下：

$$Z_c = \frac{\Sigma t}{\sqrt{\Sigma[df/(df-2)]}} \tag{2}$$

本考驗適用於考驗小樣本（<10）。

史脫佛結合考驗的計算公式如下：

$$Z_c = \frac{\Sigma_z}{\sqrt{N}} \tag{3}$$

N = 結合考驗數

本考驗比費雪程序或威納程序的計算來得直接，因為費雪程序需作對數轉換，威納程序需調整自由度。惟由z程序得到的結果，雖較強而有力，但與t程序的結果相近。

　　茲舉例說明上述三種考驗。假定吾人想評述以前考驗以下假設的研究：練習可提升個人的自我概念或自尊，從文獻探討中，找到探討該研究問題的四項研究（如表19-7）。其中A與C以古柏史密自尊量表（Coopersmith Self-Esteem Inventory）測量自我概念，B、D分別使用田納西自我概念量表（Tennessee Self-Concept Scale）與羅森堡自尊量表（Rosenberg Self-Esteem Scale）測量自我概念。

　　從這些獨立研究中得知A（$p < .01$）與C（$p < .05$）研究的實驗組平均的自尊分數顯著高於控制組，但B，D研究則否，甚至B研究中的控制組的自尊分數高於實驗組。為了考驗上述假設，即將上述四種研究結合。為了便於計算結合考驗，可將表19-7綜要而成表19-8。

　　位於t或z之前的符號表示結果的方向，負號（－）表示結果與多數結果不一致，應用公式1所得結果如下：

表19-7

檢查練習對自尊影響的四種研究假定結果

研究	控制組		實驗組		組內標準差	t
	n	$\overline{X}$	n	$\overline{X}$		
A	41	11	41	17	10	2.72**
B	29	225	33	175	100	−1.95
C	104	9	98	12	7	2.03*
D	11	23	11	31	12	1.56

*$p < .05$（雙側考驗），**$p < .01$（雙側考驗）。

表19-8

適用於計算結合考驗的四種獨立研究的結果

研究	t	df	單側p	z	$-2\log_e p$
A	2.72	80	.004	2.65	11.04
B	−1.95	60	.97	−1.88	0.06
C	2.03	200	.024	1.98	7.46
D	1.56	20	.06	1.52	5.63

$$\chi^2 = 11.04 + 0.06 + 7.46 + 5.63 = 24.19 \tag{4}$$

　　由於對該假設的獨立考驗有四種，每個研究一種，故2n或(2)(4) = 8為自由度，$\chi^2 = 24.19$，$p < .01$。

應用公式2所得結果如下：

$$Z_c = \frac{2.72 - 1.95 + 2.03 + 1.56}{\sqrt{(80/78) + (60/58) + (200/198) + (20/18)}} \tag{5}$$

$$= \frac{4.29}{2.04} = 2.10$$

以單側考驗分析，獲得該Z_c值或較大值的機率為p（≥ 2.10）$< .018$。應用公式3所得之結果如下：

$$Z_c = \frac{2.65 - 1.88 + 1.98 + 1.52}{\sqrt{4}} = 2.13 \tag{6}$$

以單側考驗分析，獲得該Z_c值或較大值的機率為p（$Z \geq 2.13$）$< .017$。

不管使用哪一種結合考驗，根據該四個研究的結合證據表示需拒絕虛無假設。即使對該四個研究作個別檢查時，有兩個顯示不顯著，但經由結合考驗似可發現練習對自尊有正面的效應。至於究竟要在使用時，應取捨哪一種結合考驗，可能須作考慮，若所有個別研究結果以t呈現，較適宜採用威納程序。若各個研究的統計數不同，則需將之轉換成合適的單側p值，以供結合結果之用。費雪程序是所有結合考驗中最有效能的，但可能與較直接的史脫佛程序形成加權的對抗。揆諸事實，這些程序所獲得的結果之間的差異不大。

貳、效果值量數

上述的結合考驗程序，旨在將與某一假設有關結果的統計顯著性，提供摘要指數（summary index）。惟統計考驗不對關係的強度或影響力效應，作深入的了解，是以將結合考驗和效果值指數一併處理，頗為值得。所謂「效果值」（effect size）係指在母群體中呈現某現象的「程度」或虛無假設錯誤的程序，而不論哪種處理方式，虛無假設總被認為效果值為零（Smith & Glass, 1977）。效果值係以小數呈現，但可能也有大於1.00的情形，惟並不常見。

為了說明效果值量數，茲分成組差異（group differences）、相關關係（correlational relationship）說明：

一、組差異

組差異的計算公式如下：

$$d = \frac{|M_1 - M_2|}{\sigma} \tag{7}$$

d = 以標準單位表示平均數之t考驗的效果值指數

M_1, M_2 = 以原先測量單位求得母群體平均數

σ＝任一母群體（假定變異數具有同質性）的標準差

惟在實際的情況，樣本平均數與標準差常被用來當作接近於母群體的類推值，因此公式(7)可改爲公式(8)。

$$d = \frac{|\overline{X}_1 - \overline{X}_2|}{sd} \tag{8}$$

職此之故，兩組平均數間的差（異）除以標準差，可得效果值的標準化、量尺不變估計值（standardized, scale-invariant estimate）。標準差通常是控制組或前測的標準差。在實驗研究中，效果值可用來比較不同自變項（介入）對相同依變項影響的相對強度和方向。此外，效果值也可用來協助決定自變項在依變項上造成的差異，是否足以建議其可付諸實施的分量。

試將表19-7的結果綜合成表19-9爲例說明之。效果值（SE）的計算係分別針對四個研究進行，如將公式8應用於A研究的結果，可得：

$$d = \frac{|11 - 17|}{10} = \frac{6}{10} = 0.60 \tag{9}$$

其他研究的d值求法與A研究的求法類似，取得d絕對值後，再分派予正（＋）或負（－）值。結果有利於實驗（或後測）組，則d值分派正值，反之分派負值。如效果值接近於.00，表示實驗組（或後測）與控制組（或前測）的表現相同，如果效果值爲正值，表示實驗組表現優於控制組，如爲負值則反之。又正值愈大，則表示實驗處理愈有效。是以表19-9中的A、C與D分派正值，B分派負值。所有研究的d值求出後，便可求得跨四個研究的效果值估計值，公式如下：

$$d_{average} = \frac{\Sigma d}{n} \tag{10}$$

因此表19-9的效果值估計值爲：

$$d_{average} = \frac{0.60 - 0.50 + 0.43 + 0.75}{4} = 0.32 \tag{11}$$

根據此一發現，吾人可說練習改進自我概念接近於0.32標準差單位，至於對組差異研究的效果值所作的解釋，各種說法不一，Cohen（1988）提供粗略的指針可作參考。d＝.2（小效果），d＝.5（中效果），d＝.8（大效果）。就教育研究言，亦有人認爲只要達0.33或0.25標準差，即具有顯著性。

二、相關關係

本法乃在綜合涉及兩個變項（以等距或等比量尺表示）間關係的相關研究結果。其計算方式有如公式(12)與(13)兩種：

表19-9

四個獨立研究的結果與效果值

研究	組平均數		組內標準差	d
	控制組	實驗組		
A	11	17	10	0.60
B	225	175	100	−0.50
C	9	12	7	0.43
D	23	31	12	0.75
平均				0.32

$$\bar{r} = \frac{\Sigma r}{n} \tag{12}$$

$\bar{r}$ = 平均r，r = 原始的皮爾遜相關係數，n = 結合相關係數

$$\overline{Z}_r = \frac{\Sigma Z_r}{n} \tag{13}$$

$\overline{Z}_r$ = 平均費雪r，Z_r = 費雪Z

假定吾人想評述以前四項研究對以下假設的考驗：個人所得與自尊有顯著相關。其結果如表19-10所載。

表19-10

假定個人所得與自尊相關的四個研究

研究	n	r	Z
A	16	.13	.13
B	82	.56**	.63
C	102	−.24*	−.25
D	47	.67**	.81

*$p < .05$（雙側考驗），**$p < .01$（雙側考驗）。

應用公式12，得 $\bar{r} = \dfrac{.13 + .56 - .24 + .67}{4} = .28$

應用公式13，得 $\overline{Z}_r = \dfrac{.13 + .63 - .25 + .81}{4} = .33$

當將 $\overline{Z}_r$（＝.33）轉回至 $\bar{r}$（＝.28），可知前者比後者多了.05。

相關研究的效果值之解釋，Cohen（1988）又提出粗略的指針，將效果值分成小（r＝.10）、中（r＝.30）與大（r＝.50）三種，在前例中，平均相關接近.28，表示個人所得與自尊之間的相關屬於中型效果（medium-sized effect）。

Smith和Glass（1977）使用效果值來作後設分析，其作法是以效果值結合相同（類似）自變項與依變項的研究結果。亦即後設分析比單一研究，能爲諸變項間的關係，作成較佳的估計；是以納入後設分析的各個小組須聚焦於相同的假設或研究問題。如執行一項對學校一般成就的後設分析，不能聚焦於特定領域採取特定教學方法對中學生化學成就的影響。該結果係透過統計加權平均效果值，提出這些研究結果的總摘要。平均效果值的公式如下：

$$\overline{\Delta} = \frac{\Delta_1 n_1 + \Delta_2 n_2 + \cdots + \Delta_k n_k}{N}$$ （修改自Ary et al., 2019, p. 162）

$\overline{\Delta}$ ＝平均效果值	假定國中數學採一綱多本教材對學生數學成就的影響結果如何？有4組進行研究，其統計資料如下：
Δ_1 ＝第一組效果值	
Δ_k ＝最後一組效果值	G_1：$\Delta_1 = .4$，n＝40
n_1 ＝第一組人數	G_2：$\Delta_2 = .9$，n＝60
n_k ＝最後一組人數	G_3：$\Delta = .1$，n＝70
N ＝總人數	G_4：$\Delta = -.2$，n＝30

其平均效果值＝.4 (40) + .9 (60) + .1 (70) + (−.2) (30)/200 = .36

這個結果，依Cohen（1988）的描述，可說一綱多本對學生成就的影響位於小效果（.2）與中效果（.5）之間。

上述以效果值作爲後設分析的量數，乃屬於團體研究類型所作的處理；如要對單一受試者設計進行後設分析，由於無法計算平均數和標準差，且研究者常使用圖示來展現資料，藉以比較基準線期與介入期的狀況，因而研究者常根據單一受試者處理結果的圖示資料，計算其效果值，其做法之一爲：計算非重疊資料點百分比（percent of nonoverlapping data point, PND），所得在90～100%屬高效果，70～90%爲中度效果，50～70%爲低效果，50%以下爲沒有效果。其算法爲：PND ＝ 在基準線最高點以上且位於處理期處理的點數的總和（如爲8）／位於處理期處理的點數的總和（如爲10）×100（＝80%）（Banda & Therrien, 2008）。依此算得的結果如爲80%，即表示該介入爲中度效果。

作 業

（註：關係量數雖已見於第14章，但計算題則併在本章處理）

一、選擇題

1. 後設分析的文獻評述：（①是以前研究的敘述性綜合　②能夠應用於每一種文獻評述中　③選取以前研究的結果，進行統計分析，以產生某一處理的效應大小　④在評述歷程中，需要少數研究者作決定）。

2. 有關敘述統計，下列的陳述，哪些為真？（①敘述統計用來概述（summarize）資料　②敘述統計從樣本推論母群體特徵　③解釋推論統計時不需敘述統計　④相關係數是敘述統計　⑤敘述統計的選用視研究的目標與樣本大小而定）。

3. 僅提供類別卻沒有順序可循的測量量尺，謂之：（①等距　②非順序　③類別　④等比）。

4. 百分位數分數是哪一種測量量尺？（①類別　②等距　③順序　④等比）。

5. 下列何者不能表示次數分配？（①直方圖　②多邊圖　③常態曲線　④等級歸類）。

6. 集中量數使用最廣的是：（①平均數　②中數　③標準差　④眾數）。

7. 一組在平均數附近的分數，其平均的離中量，可用下列何者予以表示？（①全距　②標準差　③百分等級　④中數）。

8. 在常態分配中，增加一個標準差，約在＿＿＿百分位數。（①第60　②第50　③第90　④第84）。

9. 有下列分數：4，7，7，8，10，12，12，12，18。試問其平均數、中數、眾數，依序為：（①8，12，10　②8，10，12　③10，10，12　④10，10，10　⑤12，12，12）。

10. 試區分下列變項，各適用哪種測量量尺：（①類別量尺　②順序量尺　③等距量尺　④等比量尺）。

   (1)社會經濟地位。

   (2)督學評定實習教師的等第。

   △下列(3)～(5)題括弧內的數字所代表的量尺是哪一種：

   (3)陸小華在班上數學成績是（第二）高分，因為他答對（14）題。

   (4)桂永明大學時代參加籃球比賽，總穿（2號）球衣。

   (5)在瓊斯杯國際籃球邀請賽中，某隊有（14）個球員著（12）號球衣。

   (6)老鼠器官中貯存的鈣量受到不同的實驗處理。

   (7)對學校的態度。

11. 下列的術語，何者不用來描述後設分析？（①整合的研究評述　②敘事的文獻批判　③系統的研究綜合　④嚴謹的研究評述）。

12. 呂教授在一項比較交互教學法與傳統教學法之效能的研究，計算出效果值為.83，這個效果值的最佳描述為：（①小　②中　③大　④無法解釋）。

13. 研究者為提升統計力，下列何者是不能操弄的唯一因素？（①效果值　②樣本數　③拒絕虛無假設的p值　④明確說明方向的研究假設）。

14. 比較兩組在一項測驗上的平均數，得到效果值為1.41，代表著？（①兩組平均數差異是弱的　②兩組平均數的差異大　③兩組標準差差異是弱的　④答案為1和3）。

15. 研究發現的實用顯著性，以由下列何者決定最佳？（①統計顯著性考驗　②統計力考驗　③信賴區間　④效果值）。

二、就下列各個案例，選用最合適的統計程序：

1. 教低閱讀組的老師對該組25位學生的平均分數感到興趣。

2. 行政人員想發現教師缺席與成就之間有無關係存在。

三、眾數、平均數或中數最適合於哪一種量尺？

四、為了減少極端分數的效應，吾人宜採用四分差或標準差作為變異的指數？

五、某測驗的平均數40，標準差4，試將下列原始分數以z分數表之：a.41，b.30，c.48，d.36，e.46。

六、下列各項陳述，您是否同意？為什麼？

1. 某社區有半數以上家庭的年所得，低於該社區的平均所得。

2. 中數是一項分配的最高分數與最低分數間的中點。

3. 一項分配的全距較大，即代表該分配的標準差較大。

4. 相關係數乃在測量配對變項之間的因果關係。

七、下列的陳述，各適用皮爾遜相關係數、斯皮爾曼相關係數、淨相關係數或相關比中的哪一種：

1. 如吾人消除社經地位對智商與欣賞詩篇的影響力，仍可說較聰明的學生對於詩較具有鑑賞力嗎？

2. 象棋比賽獲勝的次數與語文智商有關嗎？

3. 學生在大一英文得到高的等第，在大二英文亦然嗎？

4. 兒童吃飽飯後，隨著時間的消逝，學習效果愈佳，但過了某時間之後卻隨著時間的消逝，而學得愈差嗎？

八、在一項分配中，如果每個分數各加5分，下列每一種將會有什麼變化？

(1)全距；(2)平均數；(3)中數；(4)眾數；(5)變異數；(6)標準差。

九、試依下列資料，回答所提出的六個小題：

	平均數	標準差	姚生	邵生	湛生
數學測驗	90	30	60	100	85
歷史測驗	20	4	25	22	19

1. 在任一測驗上，誰得到最差的分數？
2. 在任一測驗上，誰得到最好的分數？
3. 在兩項測驗上，誰得到的分數最一致？
4. 在兩項測驗上，誰得到的分數最不一致？
5. 在兩項測驗上，誰得到最好的平均分數？
6. 在兩項測驗上，誰得到最差的平均分數？

十、試依常態機率表，計算下列各值：

(1)$-1.25z$以下；(2)$-1.25z$以上；(3)$-1.40z$與$+1.67z$之間；(4)$+1.50z$與$+2.50z$之間；(5)第65百分等級；(6)第43百分等級；(7)最高1%的分數；(8)中間50%的分數；(9)未包括在$-1.00z$與$+1.00z$之間的；(10)第50百分等級。

十一、1. 試就下列相關，繪製相關矩陣：

教師親切感與學生成就　　　　　　.50

教師親切感與對行政人員的態度　　.47

成就與對行政人員的態度　　　　　.60

教師性別與教師親切感　　　　　　$-$.46

教師性別與學生成就　　　　　　　$-$.21

教師性別與對行政人員的態度　　　$-$.14

2. 若該項研究中相關的顯著效標為.45，試說明其發現。

十二、母數與無母數假定有何差異？試述兩種有無共同性？

十三、某個班級舉行教育統計學的期末考試，學生答完所有的題目，全班答對與答錯題目數的相關係數是多少？

十四、某位研究者計算10個變項相互間的相關，共求得45個相關係數；發現學校大小與對學校的態度呈顯著相關，以及權威式行政結構與課外活動次數呈顯著相關。其他的相關則不顯著，試就這些發現予以評述。

十五、試以斯皮爾曼等級相關，計算ρ。

受試者	X變項	Y變項
1	1	2
2	3	1
3	2	3.5

受試者	X變項	Y變項
4	4	5.5
5	6.5	8
6	5	3.5
7	8	8
8	6.5	5.5
9	10	8
10	9	10

十六、試以皮爾遜積差原始分數法，計算配對變項間的相關係數：

25	85
20	90
21	80
18	70
15	75
17	80
14	75
15	70
12	75
13	60

十七、試依下列資料，從已知X預測Y分數：

X90，以及

1. $r = +.60$，$\overline{X} = 80$，$S_x = 12$，$\overline{Y} = 40$，$S_y = 8$

2. $r = -.60$

十八、試說明基本分析、次層次分析與後設分析的不同。

十九、Smith和Glass（1977）的Δ和Cohen的d是用來界定什麼的兩種方式。

二十、請說明效果值和其用途以及後設分析的目標。

二十一、一項有關新式閱讀計畫對學生語文成就的影響，計有A、B、C三組的研究結果如下：

組別	實驗組		控制組		
	平均成績	SD	平均成績	SD	n
A	30.25	3.28	25.14	4.75	100
B	28.81	2.56	26.62	2.01	541

組別	實驗組		控制組		
	平均成績	SD	平均成績	SD	n
C （2,000人）	29.5	2.5	25.5	1.5	120

試問：1. 就A、B兩組的效果值比較，何者較高？

　　　2. A、B、C三組的平均效果值為何？

答案：

一、1.③；2.①④；3.③；4.③；5.④；6.①；7.②；8.④；9.③；10.(1)①；(2)②；
(3)1→3；(4)1；(5)3→1；(6)4；(7)3或2；11.②；12.③；13.①；14.②；15.④。

二、1.平均數；2.皮爾遜積差相關。

三、眾數——順序量尺，平均數——等距量尺，中數——順序量尺。

四、四分差。

五、a..25，b.−2.5，c.2，d.−1，e.1.5。

六、1.同意。若大部分家庭為低所得，則中數低於平均數。

　　2. 不同意。中數是在一項分配中的一點，各有半數的分數位在它之上與在它之下。
而非最高分數與最低分數之間的中點。

　　3. 不同意。全距不能決定變異數或標準差的大小。這些值標示所有分數，而非最極
端的分數，群聚在平均數附近的情形。

　　4. 不同意。相關係數標示相關的大小，但未必能標示因果關係。

七、1. 淨相關係數；2.斯皮爾曼相關係數；3. 皮爾遜相關係數；4.相關比。

八、(1)不變；(2)+5；(3)+5；(4)+5；(5)不變；(6)不變。

九、

	姚　生	邵　生	湛　生
數學測驗z	−.100	+.33	−.17
歷史測驗z	+1.25	+.50	−.25

(1)姚生；(2)姚生；(3)湛生；(4)姚生；(5)邵生；(6)湛生。

十、(1)11%；(2)89%；(3)87%；(4)6%；(5)+.39z；(6)−.18z；(7)+2.33z；(8)−.67z至
+.67z；(9)32%；(10)0z。

十一、1.

	教師親切感	學生成就	對行政人員的態度	教師性別
教師親切感	—	.50	.47	.46
學生成就		—	.60	.21
對行政人員的態度			—	.14
教師性別				—

　　2. 教師親切感與學生成就、教師親切感與對行政人員的態度、成就與對行政人員的態度、教師性別與教師親切感等之相關係數達到顯著性，其他則無。

十二、略。

十三、r = −1.00

　　　　最正確　　　　最不正確
　　　　最少正確　　　　最少不正確

十四、學校大小可能成為對學校態度的重要因素，但未必為因果關係，且反之未必然。權威式行政結構可能是影響課外活動次數的重要因素，但未必呈因果關係，且反之未必然。其他的相關不顯著可以顯示，研究者未依據學理，妄作臆測，或所依學理不當所致。

十五、.88。

十六、.68。

十七、$\hat{Y}$ = 44；Y = 36。

十八、略。

十九、效果值。

二十、效果值是Z分數的一種類型，係以實驗組與控制組平均數的差除以控制組的標準差而得，在於表示自變項與依變項間關係的強度。至後設分析乃結合相似自變項與依變項之研究結果而得的平均效果值。

二十一、1. A、B有類似效果值。
　　　　　2. 1.305。

第20章

推論統計

本書在第1章即已指出，研究的最終目標，乃在於根據觀察所得諸變項之間的關係，發現一般的原理原則。惟若要把母群體中的全部個體一一觀察，恐無法如願，比較合理可行的途徑，是從母群體中選取具有代表性的樣本，進行觀察，繼則分析樣本資料，最後從中推論而得母群體的特徵。有關抽樣的類型與程序已見諸本書第4章。

第一節　統計推論

外行人常以為一種適當的樣本，即是母群體的小型複本或與母群體有相同特徵者，事實上，這種想法是錯誤的。如多數研究者分別從台灣地區所有小學教師的母群體中，隨機選取100人當樣本，該樣本的平均加權不會相同，有些可能比較高，有些比較低，但多數是聚集在母群體平均數附近。樣本平均數的這種變異，可能是出自於抽樣誤差（sampling error）。在抽樣過程中發生的抽樣誤差，並不表示有任何的錯誤，而是在於說明，當許多經隨機選取的樣本的平均數，欲加計算時，不免含有機會變異的成分在內。

從隨機樣本（統計數）估計或推論母群體的特徵（母數），並不是一種正確的過程。蓋連續從相同母群體隨機抽取之樣本的平均數並非同一，是以這些平均數若不同一，可認為任何樣本的平均數，可能與母群體平均數不同，乃是相當合理的；這對統計人員來說，似乎是無法克服的困難，因為他們對母群體作概括說明時，僅根據一種樣本而來。惟幸運的是，樣本平均數變異的性質已為吾人所熟知，因此，可在機率的基礎上，估計樣本平均數的變異程度。

中央極限定理（the central limit theorem）係用來描述樣本平均數特徵的重要原理，因此接著要對中央極限定理作一分析。

所謂中央極限定理，係指若從無限母群體隨機抽取許多同樣大小的樣本（大於

30）時：

　　1.各樣本的平均數，將接近於常態分配。

　　2.各樣本平均數的平均值，將接近於母群體的平均數。

　　3.各樣本平均數的分配，有其標準差，即爲所知的平均數的標準誤（standard error of the mean），可從下列公式中算出：

$$S_x = \frac{S}{\sqrt{N}}$$

　　S：個別分數的標準差
　　N：樣本數
　　$S_{\bar{x}}$：平均數的標準誤

　　爲進一步解說中央極限定理的運算，試定母群體的平均數爲180，標準差爲12。圖20-1可用以說明個別分數分配與樣本平均數分配間的關係。若樣本數爲36，平均數爲180，標準差爲12。則：

$$S_{\bar{x}} = \frac{S}{\sqrt{N}} = \frac{12}{\sqrt{36}} = 2$$

圖20-1
樣本＝36時個別分數與樣本平均數的常態分配

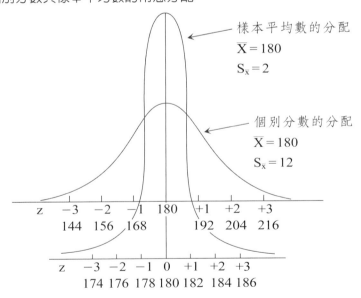

　　平均數的標準誤之值，比個別分數的標準差小。這種情形不難了解，因爲計算各樣本的平均數時，平均數代表的是中間的分數值，並非代表極端分數。另須注意

全距與個別分數標準差以及樣本平均數之標準差間的差。從 $S_{\bar{x}} = \dfrac{S}{\sqrt{N}}$ 這個公式，

顯然可知，隨著樣本數的增加，平均數的標準誤依著減少。茲以極端例子說明，如樣本數（N）接近無限大，其平均數接近母群體平均數，平均數標準誤則接近於零，即 $S_{\bar{x}} = \dfrac{S}{\sqrt{\infty}} = \dfrac{S}{\infty} \fallingdotseq 0$。如樣本數減少，且接近於1時，其平均數標準誤則接近於個別分數的標準差，即 $S_{\bar{x}} = \dfrac{S}{\sqrt{1}} = \dfrac{S}{1} = S$。是以隨著樣本數的增加，誤差量則隨著減少；樣本數是與抽樣誤差呈負相關的，簡如圖20-2。

　　對於須從樣本平均數估計母群體平均數的統計人員來說，其所得的樣本平均數，不能離未知的母群體平均數太遠。或許可說母群體平均數「只有天曉得」，但是由隨機選取之樣本中算得的特定平均數，可依下列的方式，找出其與母群體平均數的相關。

　　機會或機率接近於：

68/100　　即樣本平均數離母群體平均數不超過1個平均數標準誤
95/100　　即樣本平均數離母群體平均數不超過1.96個平均數標準誤
99/100　　即樣本平均數離母群體平均數不超過2.58個平均數標準誤

圖20-2
樣本大小與抽樣誤差量間的關係

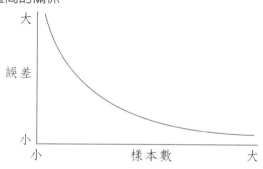

　　是以從隨機選取之樣本的平均數，推論而得的母群體平均數的值，係根據機率估計而來。以圖20-1觀之，由於$S_{\bar{x}} = 2$點，即隨機選取的36個樣本，與母群體平均數相距不會超過2點的機率有68/100；同時樣本平均數不超過3.92點（$\pm 1.96 S_{\bar{x}}$）的機率有95/100。

　　吾人知悉樣本的平均數與其標準誤之後，易於決定信賴區間（confidence interval），在信賴區間內，最易找到母群體的「真正」平均數。為了找得95%信賴區間，平均數的標準誤乘以1.96，然後將所得結果加入平均數或從平均數中扣除即得。為了找得99%信賴區間，平均數的標準誤乘以2.58，然後將所得結果加入平均

數或從平均數中扣除即得。因此，若有某樣本的平均數爲93，平均數標準誤（$S_{\bar{x}}$）
爲3.2，則95%信賴區間爲：

$$\mu_{95\%}（母群體平均數）= 93 \pm（1.96）S_{\bar{x}} = 93 \pm（1.96）3.2$$
$$= 93 \pm 6.27$$
$$\mu_{95\%} = 位於86.73與99.27之間$$

99%信賴區間爲：

$$\mu_{99\%} = 93 \pm（2.58）S_{\bar{x}} = 93 \pm（2.58）3.2 = 93 \pm 8.86$$
$$\mu_{99\%} = 位於84.14與101.86之間$$

據此敘述母群體的平均數位於86.73與99.27之間，說100次有95次可能是正確的；敘述母群體平均數位於84.14與101.86之間，說100次有99次可能是正確的。

第二節　　母數檢定（考驗）

母數檢定被認爲是最強有力的檢定，運用母數檢定時，須迎合若干基本假定：(1)觀察的各項資料是獨立的，選取某一個案，並不是依賴另一個案而來；(2)樣本有相等的或近乎相等的變異數，當樣本小時，這個條件格外重要；(3)變項以等距或等比量尺表示（Best & Kahn, 2006）。

與母數檢定有關的策略，如虛無假設（null hypothesis）、第一類型與第二類型錯誤（type I and type II errors）、顯著水準（level of significance）、單側與雙側的顯著性檢定（one-tailed and two-tailed significance），茲分述於後。

壹、虛無假設（H_0）

有關虛無假設的介紹，已在本書第2章第二節之貳、參約略提及，此處試以例子說明，俾有助進一步的了解與應用。

假設高雄縣某國中三年級學生中，有100位接受一項傳授數概念的教學實驗。隨機抽取其中的半數，以甲方法施教之，另50名施予乙方法。兩組的實驗情境力求相等，只有教學方法有別。根據實驗結束的測試成績分析，如接受甲方法學生的平均成績低於乙方法學生的平均成績時，這種差異可作如下的解釋：由不同教學方法或機會造成。儘管隨機分派受試者接受處理，但由於機會因素，分派在乙方法的這一組的學生比較用功、動機較強，或由於其他因素，而非由教學方法，造成接受乙方法的學生成績優於接受甲方法的學生。職此之故，該兩組間的差異，可能出自於變項——教學法與數概念的掌握——間的關係，也可能唯一由機會因素（即抽樣誤

差）促成。但哪一種解釋爲眞，實無從了解，只能根據觀察所得的差異，估計其單由機會造成的可能性，以及決定可被接受的解釋屬於何者。

對機會因素的解釋，即是採用虛無假設，敘述各變項間「缺乏」眞正的關係或不存在任何的錯誤，任何觀察的結果，僅爲機會的函數。如前例的虛無假設可界定如下：教學方法與精通數的概念沒有關係。虛無假設的另一種敘述，仍以前例說明：即「接受甲方法的受試者的平均成績與接受乙方法的受試者的平均成績相等」，以符號表示：

$H_0 : \mu_A = \mu_B$

H_0：虛無假設

μ_A：接受甲方法施教對象的平均成績

μ_B：接受乙方法施教對象的平均成績

此處接受甲方法施教的50位學生，是所有可能以甲方法受教之高雄縣某國中三年級學生的樣本；另50名亦爲可能接受乙方法施教之學生的樣本。研究者期望將得自實驗的資料，推論而出接受甲方法或乙方法教學之其他三年級學生的結果。

研究者欲就觀察所得兩組之間的差異，予以詮釋，須就採用機會解釋（虛無假設）與採用變項間關係的解釋（研究假設）二者，擇取其中之一。但這種根據不全資料而作的抉擇，便容易發生錯誤。

貳、第一類型與第二類型錯誤

研究者根據資料顯示的結果，將會接受或拒絕虛無假設，但無論接受或拒絕，可能爲對，也可能有誤。若虛無假設是眞的，研究者接受該虛無假設，便是正確；但要是研究者拒絕了此一爲眞的虛無假設，便犯了第一類型錯誤。

若虛無假設爲假，研究者接受它，便是錯誤的；若研究者拒絕假的虛無假設，即屬正確。此種接受或保留假的虛無假設的作法，便犯了第二類型錯誤。有關第一類型與第二類型錯誤的可能情形如表20-1。

表20-1
第一類型與第二類型錯誤

		實際情境（爲研究者所不知悉）是虛無假設爲：	
		眞（即沒有顯著差異）	假（即有顯著差異）
研究者作顯著性檢定後下結論：虛無假設爲：	眞（未拒絕）	研究者是正確的	研究者犯了第二類型錯誤（β）
	假（拒絕）	研究者犯了第一類型錯誤（α）	研究者是正確的

典型上，第一類型錯誤容易導致不當的更易或改變；而第二類型錯誤，容易造成對現狀的維繫；因此第一類型錯誤的結果會比第二類型錯誤的結果嚴重，當然也可能有例外的情形。

參、顯著水準

根據某預定水準來拒絕或接受虛無假設，此預定水準即為顯著水準。在教育研究中，通常以.05作為拒絕或接受虛無假設的標準，且該標準的選擇，應在執行研究之前作成決定。在一項實驗研究中，如根據實驗組與控制組平均數的差，在.05水準拒絕了虛無假設，即表示該項差異有95%的機率是由實驗處理造成的，其由抽樣誤差造成的機率低於5%。

較嚴謹的顯著性檢定（考驗）為.01顯著水準。如在.01水準拒絕虛無假設，即說明了實驗組與控制組平均分數的差，在100個供作實驗的複本中，出自抽樣誤差的不會超過一個以上。

顯著水準以機率p值（probability value p）表之。事實上用以敘述顯著水準的方式有好多種，如下列所述，指的完全相同：

1.兩組的差異達.01顯著水準。

2.兩組有顯著差異（$p < .01$）。

3.兩組有顯著差異（$\alpha = .01$）。

研究者在獲致結果之前所訂的為α水準，根據計算而得的結果決定的為P水準。

以t檢定來考驗兩組間的差異程度時，若樣本數大（超過30個），t臨界值（t critical value）以z分數表之。如t值等於或大於1.960，便可下結論說兩組平均數間的差，在.05水準是顯著的。如t值等於或大於2.576時，可作結論說兩組平均數間的差，在.01水準是顯著的。

如以以下資料考驗新教學方法與傳統教學方法對學生閱讀成效，究竟以何者為優時，虛無假設為採新教學法與傳統教學法對學生閱讀成效的影響沒有差異。

$$
\begin{aligned}
&\text{實驗組} &&\text{控制組}\\
&N_1 = 32 &&N_2 = 34\\
&\overline{X}_1 = 87.43 &&\overline{X}_2 = 82.58\\
&S_1^2 = 39.40 &&S_2^2 = 40.08
\end{aligned}
$$

$$t = \frac{\overline{X}_1 - \overline{X}_2}{\sqrt{\dfrac{S_1^2}{N_1} + \dfrac{S_2^2}{N_2}}} = \frac{87.43 - 82.68}{\sqrt{\dfrac{39.40}{32} + \dfrac{40.80}{34}}}$$

$$= \frac{4.85}{\sqrt{1.23 + 1.20}} = \frac{4.85}{1.56} = 3.11$$

由於t值大於2.576，虛無假設在.01顯著水準被拒絕。即該項實驗若從相同母群體

隨機重複抽取樣本的平均表現與以前觀察所得發生差異的機率，在100個重複抽取的樣本，出自抽樣誤差的少於一個。根據此一檢定，可以發現已有強而有力的證據，足以說明新教學法應用於類似的學生母群體時，所作的實驗處理，可能造成差異。

　　根據觀察樣本所得的數據，可能涉及誤差，因此統計人員只能據之以作估計，不能視為準確無誤。如前面所敘，當拒絕真的虛無假設，即犯了第一類型錯誤。一般選定的顯著水準，即在決定第一類型錯誤的機率。如研究者在.05水準拒絕虛無假設，即表示他拒絕以抽樣誤差作解釋的危險性達5%。接受錯誤的虛無假設，即犯了第二類型錯誤，當虛無假設為誤時，接受抽樣誤差的解釋的決定乃是錯誤的。

　　把顯著水準訂在.01，旨在減少犯第一類型錯誤的危險；但是這種高度的顯著水準，增加了犯第二類型錯誤的機會。為了避免犯任一類型錯誤，宜從增加樣本數（N）著手。

　　剛開始從事研究者，通常有一種錯誤的概念，以為若研究者拒絕虛無假設，即「證明」了研究假設；但是拒絕虛無假設與否，僅在於表示支持或不支持研究假設而已！若研究者拒絕虛無假設，並下結論說，各組間有真正的差異；但並不意味著它們的不同，就是出自於研究者所假設的理由，可能尚有其他的理由存在。換句話說，若研究者拒絕虛無假設，並非意味著研究者的研究假設錯誤。

肆、雙側與單側檢定（考驗）

　　若把虛無假設作如下的敘述：運動員與非運動員的平均智商（除了抽樣誤差之外）沒有差異。則研究者所處理的僅是有無「差異」，而非處理任一組較優或較劣的問題，其中前者可能大於後者，反之亦然。

　　「運動員與非運動員的平均智商沒有差異」此一虛無假設，應用雙側檢定（考驗）。如將虛無假設改變，標示任一組的優異或低劣，則可作如下敘述：

　　「運動員的智商比非運動員的低。」
　　「運動員的智商比非運動員的高。」

　　該兩條假設中的每一條，標示差異的方向。當研究者建立的假設有著差異方向時（不只是差異的存在時），他使用單側檢定。但顯著性考驗通常以使用雙側檢定為多。研究者須相當確信差異僅在單側發生時，才宜選用單側檢定，惟這種情況並不多見。

　　就大樣本的雙側檢定來說，5%的拒絕區分布在曲線的高低兩側（即左右兩端，各端占2.5%），要超出±1.960標準差量尺，才算是到了拒絕區（如圖20-3）。就單側檢定言之，由於5%的拒絕區位於曲線的高側（右端）或低側（左端），t臨界值較少，在標準差量尺上，不必超越以達到拒絕區（即僅集中在左側或右側），其t臨界值為±1.645（如圖20-4）。

圖20-3
在.05水準的雙側考驗（每邊各占2.5%）

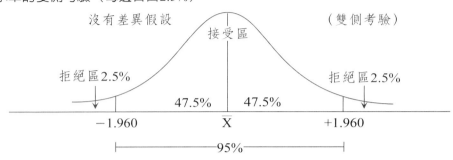

圖20-4
在.05水準的單側考驗（在一端為5%或在另一端為5%）

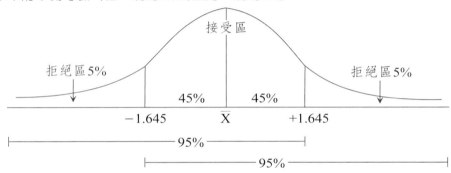

拒絕虛無假設時大樣本t臨界值

	.05水準	.01水準
雙側檢定	1.960	2.576
單側檢定	1.645	2.326

　　就小樣本的兩個平均數的差異顯著性檢定來說，拒絕虛無假設所需的t臨界值，詳見t分配表（附錄肆），需要適當數目的自由度。如比較8個運動員與10個非運動員之樣本的平均智商的差異顯著時，其自由度的數目為$N_1 + N_2 - 2 = 8 + 10 - 2 = 16$。從t分配表的自由度在16個的地方，找到用來拒絕虛無假設所需的t臨界值為：

df = 16	顯著水準	
	.05	.01
雙側檢定	2.120	2.921
單側檢定	1.746	2.583

就上述分析可知，兩個獨立平均數差異的顯著性檢定已涉及大樣本，用來拒絕虛無假設之t臨界值，可在常態機率表中找得。惟當使用小樣本推論母群體的差異時，使用的t臨界值便依樣本數的不同而有差別，其間便涉及自由度（degree of freedom）的概念，有待進一步的分析。

伍、自由度

在一項分配中，自由度的數目，係指彼此能獨立的觀察數值的數目，或能自由變化、彼此不互相推演之量數的數目而言。這種概念至為困擾，但可從如下的敘述獲得釐清（Best & Kahn, 2006）：

1.若把一個硬幣擲在空中，統計人員預測會出現人頭的一面，如果確是如此，他的預測便算正確的、獨立的預測（independent prediction）。但是他若預測人頭面在上、非人頭面朝下，此時他做了兩個預測；但是僅有一個預測是為獨立的預測，因為另一個預測是從第一個預測推演而來；第二個預測沒有增加新的資料。在這個例子中，自由度只有一個而不是兩個。預測的強度（力量）係依隨著觀察數目或自由度的增加，而有所增加。

2.從分配中的各量數計算平均數，係求出各量數的總和後，除以個數（N）即得。但在計算平均數中，已用去了一個自由度，因此，接著計算變異數和標準差時，便要根據（N−1）個獨立觀察事件或（N−1）個自由度為基礎。失去自由度的例子如下說明：

甲	乙	
原來的分配	改變後的分配	
+5	15	
+4	8	
+3	5	該四個量數可用任何方式改變
+2	7	
+1	20	該量數依賴其他四個量數或被它們所決定
$\Sigma X = +15$	$\Sigma X = +15$	
N = 5	N = 5	
$\overline{X} = +3$	$\overline{X} = +3$	

在改變後的分配，第五個量數的值必須為−20，其和才等於+15，平均數等於+3，且各數與平均數差數的總和等於零。因此在該5個量數中，有4個量數是獨立可變的，但有一個不能獨立或為固定的，且須依其他4個量數推演而來，其自由度

為N−1（＝5−1＝4）個。

　　預測的強度或推論值的準確性，係依隨著獨立觀察數目（樣本數）的增加而增進。因為大樣本可能有偏差，樣本的大小，不是唯一重要的決定因素；但是，若不偏差樣本係隨機取自母群體，大樣本比小樣本更能為推論母群體值，奠定準確的基礎。

　　前一章已提及計算母群體的變異數與標準差的公式。由於研究大都從母群體中選取樣本，故有必要介紹樣本的變異數（S^2）與標準差（S）的公式。樣本公式與母群體公式僅有些微差異。母群體使用的公式，是差數除以N，原始分數除以N^2，但樣本使用的公式，則分別除以n−1、與n(n−1)；如以樣本計算σ，將會低估母群體的標準差，為了校正此種偏差，除以n−1或n(n−1)，或多或少仰賴樣本數的大小；如此一來，樣本的標準差便愈能代表母群體。小樣本的校正作用相當大，如N=5，除以4，而非除以5，其分母減少20%。大樣本的校正作用並不顯著，如N＝100，除以99，而非除以100，其分母減少1%。

　　以差數及原始分數計算樣本標準差的公式分別如下：

$$S = \sqrt{\frac{(X-\overline{X})^2}{n-1}} 或 \sqrt{\frac{X^2}{n-1}} \quad 以及 \quad S = \sqrt{\frac{n\Sigma X^2 - (X)^2}{n(n-1)}}$$

　　讀者從上式公式當可發現，其與計算母群體標準差的公式相似，唯一改變的是分母。如以n(n−1)代替N^2，計算前一章以原始分數求得變異數與標準差的例子的資料，可得樣本變異數與標準差如下：

$$S^2 = \frac{9(52,125) - (675)^2}{9(8)} = \frac{469,125 - 455,625}{72}$$

$$S^2 = \frac{13,500}{72} = 187.50$$

$$S = \sqrt{187.50} = 13.69$$

　　這些結果係由σ^2=166.67（改變+20.83）、與σ=12.91（改變+0.78）改變而來。母群體公式算得的比用樣本公式算得的結果，有相當大的差異，原因是樣本小（n＝9），需作較大的校正。計算變異數與標準差需作校正，乃是重要的，除非考慮失去的自由度，否則計算樣本的變異數或標準差，易於低估母群體變異數或標準差。由於抽樣誤差，樣本平均數不可能與母群體平均數相同，分母使用的是自由度的數目，而不使用樣本數（n），可校正對母群體變異數或標準差所作的低估。

第三節　司徒登分配（Student Distribution）

　　當觀察的樣本數小（少於30）時，用來決定統計顯著性的是t表，而不是常態機率表。這種小樣本數的概念，約在西元1915年，由愛爾蘭的都伯林黑啤酒釀造所的一位顧問統計師William Seely Gosset所倡用。礙於雇主禁止研究者以眞名發表論文，因此Gosset發表自己的研究發現時，便署以司徒登（Student）的假名。

　　Gosset認爲小樣本平均數的分配曲線與常態曲線略異。小樣本的分配，就觀察所得在平均數的位置較低，但在分配的兩側或兩端較高。Gosset的t臨界值，係依小樣本算出的，詳見本書附錄參的t分配表。對小樣本來說，拒絕虛無假設所需的t臨界值，在某顯著水準上，是較高了一些（如圖20-5）。拒絕的每個t臨界值，係依適當的自由度之數目而來；但依著樣本數的增加，用來拒絕虛無假設的t臨界值漸減，且接近於常態機率表的z值。

圖20-5
大樣本與小樣本平均數的分配

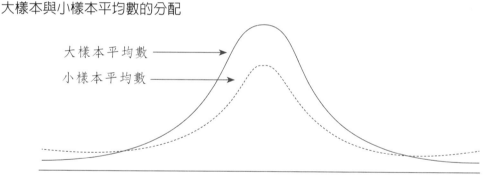

壹、兩個獨立小樣本平均數間差異的顯著性

　　若兩個小樣本的變異數相等或接近相等，併組變異數法（method of pooled variances），可用來考驗兩個獨立平均數間差異的顯著性。

　　爲考驗此種顯著性所使用的公式，比在第二節參、顯著水準所使用的，雖多了一些，但顯著性考驗也較爲精確。適用於拒絕虛無假設之t臨界值的自由度爲$N_1 + N_2 - 2$。該公式如下：

$$t = \frac{\overline{X}_1 - \overline{X}_2}{\sqrt{\dfrac{(N_1 - 1)S_1^2 + (N_2 - 1)S_2^2}{N_1 + N_2 - 2}\left(\dfrac{1}{N_1} + \dfrac{1}{N_2}\right)}}$$

　　在小樣本的t考驗中，必須迎合的一個條件爲，變異數同質（homogeneity of

variance）或相等，但非指兩組用來比較的樣本變異數須相同，只要它們在量的差異，未達統計上的顯著性即可，使得因抽樣誤差造成的差異，不致傷害過程的效度。

為了決定樣本是否符合變異數相等的規準，可使用F_{max}考驗。

$$F = \frac{S_L^2 \text{（最大變異數）}}{S_S^2 \text{（最小變異數）}}$$

由於F比率是以最大變異數除以最小變異數，其值不小於1。為了考驗變異數的同質性，使用F分配表的方式與t分配表的方式極為相同。在F分配表（附錄肆）中，從分子自由度（$N_L - 1$）與分母自由度（$N_S - 1$）交界處，即可找到F臨界值。若研究者根據最大、最小變異數，算出的F值比F分配表的值大，便可說兩個變異數並非同質，須用無母數考驗，而不用t考驗。

試以比較學習障礙兒童與非學習障礙兒童的體能為例說明。每個學生的體能，以好幾種方式測量，且以量尺1至10表之，其結果如下：

學習障礙者	非學習障礙者
$\overline{X}_1 = 7.62$	$\overline{X}_2 = 5.92$
$S_1^2 = 8.40$	$S_2^2 = 5.12$
$N_1 = 13$	$N_2 = 31$

變異數的同質性計算如下：

$$F = \frac{S_L^2}{S_S^2} = \frac{8.40}{5.12} = 1.64$$

$$df. = (N_L - 1), (N_S - 1) = 12,30$$

從F分配表查得F的臨界值，在自由度12,30時為2.09（$\alpha = .05$），即$P > .05$，無法拒絕虛無假設，即$S_L^2 = S_S^2$。故兩個變數可視為同質，可用t檢定，比較兩組平均數如下：

$$t = \frac{\overline{X}_1 - \overline{X}_2}{\sqrt{\frac{(N_1 - 1)S_1^2 + (N_2 - 1)S_2^2}{N_1 + N_2 - 2}\left(\frac{1}{N_1} + \frac{1}{N_2}\right)}}$$

$$= \frac{7.62 - 5.92}{\sqrt{\frac{(13 - 1) \times 8.40 + (31 - 1) \times 5.12}{13 + 31 - 2}\left(\frac{1}{13} + \frac{1}{31}\right)}}$$

$$= \frac{1.7}{\sqrt{\frac{254.4}{42} \times \frac{44}{403}}} = \frac{1.7}{0.83} = 2.091$$

df. $= 13 + 31 - 2 = 42$

p < .05的臨界值 = 1.960

p < .01的臨界值 = 2.576

故拒絕虛無假設（p < .05）

　　如以第二節，參、顯著水準的資料，採本節壹的公式比較實驗組與控制組的差異，所得之結果相同：

實驗組　　　　控制組

$N_1 = 32$　　　　$N_2 = 34$

$\overline{X}_1 = 87.43$　　　$\overline{X}_2 = 82.58$

$S_1^2 = 39.40$　　　$S_2^2 = 40.80$

$F = \frac{40.80}{39.40} = 1.04$（變異數同質）

　　從F分配表查得F的臨界值在自由度31, 33時為 $\doteqdot 1.74$（$\alpha = > .05$），即$p > .05$，故二者可視為同質。可使用t檢定，比較兩組平均數如下：

$$t = \frac{\overline{X}_1 - \overline{X}_2}{\sqrt{\frac{(N_1 - 1)S_1^2 + (N_2 - 1)S_2^2}{N_1 + N_2 - 2}\left(\frac{1}{N_1} + \frac{1}{N_2}\right)}}$$

$$= \frac{87.43 - 82.58}{\sqrt{\frac{31(39.4) + 33(40.8)}{32 + 34 - 2}\left(\frac{1}{32} + \frac{1}{34}\right)}}$$

$$= \frac{4.85}{\sqrt{40.12\left(\frac{66}{1088}\right)}}$$

$$= \frac{4.85}{\sqrt{2.43}} = \frac{4.85}{1.56}$$

$$= 3.11$$

因此本章以兩種公式比較兩個獨立樣本的平均數，真正是相等。

獨立樣本平均數間的t檢定，另有一個公式如下：

$$t = \frac{\overline{X}_1 - \overline{X}_2}{S_{\overline{X}_1 - \overline{X}_2}}$$

$S_{\overline{X}_1 - \overline{X}_2} =$平均數差的標準誤

平均數差的標準誤（$S_{\bar{X}_1 - \bar{X}_2}$）係從每項分配的變異數估計而得，其算法如下：

$$S_{\bar{X}_1 - \bar{X}_2} = \sqrt{\frac{\sum X_1^2 + \sum X_2^2}{n_1 + n_2 - 2}\left(\frac{1}{n_1} + \frac{1}{n_2}\right)}$$

n_1　：第一組的個案數

n_2　：第二組的個案數

$\sum X_1^2$：第一組差數平方和

$\sum X_2^2$：第二組差數平方和

如有一例的資料如下：

X_1組　　　　X_2組

$\bar{X}_1 = 18$　　　$\bar{X}_2 = 25$

$n_1 = 20$　　　$n_2 = 20$

$\sum X_1^2 = 348$　　$\sum X_2^2 = 425$

$$\therefore S_{\bar{X}_1 - \bar{X}_2} = \sqrt{\frac{348 + 425}{20 + 20 - 2}\left(\frac{1}{20} + \frac{1}{20}\right)}$$

$$= \sqrt{2.034}$$

$$= 1.43$$

$$t = \frac{18 - 25}{1.43} = \frac{-7}{1.43} = -4.89$$

$df = 20 + 20 - 2 = 38$ 時，t值達.001顯著水準

另有以原始資料呈現的例子如下：

A組		B組	
X_1	X_1^2	X_2	X_2^2
8	64	7	49
8	64	7	49
7	49	8	64
6	36	6	36
5	25	6	36
5	25	4	16
6	36	4	16
6	36	3	9

9	81	5	25
8	64	5	25
$\sum X_1 = 68$	$\sum X_1^2 = 480$	$\sum X_2 = 55$	$\sum X_2^2 = 325$
$n = 10$	$n = 10$		
$\overline{X}_1 = 6.8$		$\overline{X}_2 = 5.5$	

$$S_{\overline{X}_1 - \overline{X}_2} = \sqrt{\frac{480 + 325}{10 + 10 - 2}\left(\frac{1}{10} + \frac{1}{10}\right)}$$

$$= \sqrt{8.944} = 2.99$$

$$t = \frac{\overline{X}_1 - \overline{X}_2}{S_{\overline{X}_1 - \overline{X}_2}} = \frac{6.8 - 5.5}{2.99} = 0.43$$

$df = 10 + 10 - 2 = 18$ 時，t值未達統計上的顯著性

貳、兩個配對組或關聯組（非獨立樣本）平均數間差異的顯著性

上述考驗兩個獨立平均數間差異顯著性的例子，係假定受試者被隨機分配於兩組；但有的情境並非如此，因此這兩組間的平均數差異顯著性，仍有待檢定，方屬適合。這些情境有以下兩種：

1.當受試者依一個或多個特徵，如智商、閱讀成就、同卵雙生子等，配對編組時。

2.當同一組的受試者接受前測，施予處理，然後重測，以決定處理的影響力，是否達統計上的顯著性時。

由於上述兩種情境的各組，不是獨立樣本，須計算以下的相關係數：

1.配對樣本的後測分數。

2.參與實驗者的前測與後測分數。

採用相關係數的t檢定公式如下：

$$t = \frac{\overline{X}_1 - \overline{X}_2}{\sqrt{\frac{S_1^2}{N_1} + \frac{S_2^2}{N_2} - 2r\left(\frac{S_1}{\sqrt{N_1}}\right)\left(\frac{S_2}{\sqrt{N_2}}\right)}}$$

其自由度為配對數減1，試舉例說明如下：

如將小學五年級學生，依智商配對分成兩組，各20人，實驗組接受新法教學，控制組則依傳統方法施教。研究者將虛無假設定為：兩組的成就平均數在雙側檢定.05水準上沒有差異。

$$X \qquad\qquad C$$

$N_1 = 20 \qquad\qquad N_2 = 20$

$S_1^2 = 54.76 \qquad\qquad S_2^2 = 42.25$

$\overline{X}_1 = 53.20 \qquad\qquad \overline{X}_2 = 49.80$

$r = +.60 \qquad\qquad df = 20 - 1 = 19$

$F = \dfrac{54.76}{42.25} = 1.30$（變異數同質）

$$t = \frac{53.20 - 49.80}{\sqrt{\dfrac{54.76}{20} + \dfrac{42.85}{20} - 2\,(+.60)\left(\dfrac{7.40}{4.47}\right)\left(\dfrac{6.50}{4.47}\right)}}$$

$$= \frac{3.40}{\sqrt{2.74 + 2.14 - 1.20\,(1.66)\,(1.45)}} = \frac{3.40}{\sqrt{4.84 - 2.89}} = \frac{3.40}{1.40} = 2.43$$

$df = 20 - 1 = 19$

$p < .05$的臨界值 $= 2.093$

故虛無假設被拒絕

非獨立樣本的t檢定，另有一個計算公式如下：

$$t = \frac{\overline{D}}{\sqrt{\dfrac{\Sigma D^2 - \dfrac{(\Sigma D)^2}{N}}{N(N-1)}}}$$

$\overline{D}$ ：配對分數差數的平均數 $= \dfrac{\Sigma D}{N}$

ΣD^2：差數平方和

N ：配對數

df ：$N - 1$

　　如學生家長屢抱怨祈老師出的理化測驗比毛老師的難，校長為了驗證此種說法是否為真，於是從該校國二第十七班選出20名學生，分別接受祈、毛二師編製的理化測驗各30題，各生所得分數及t值的計算程序如下：

同　學	祈師測驗（X）	毛師測驗（Y）	D	D^2
禹生	28	29	−1	1
狄生	26	30	−4	16
米生	25	27	−2	4
貝生	24	25	−1	1

同 學	祈師測驗（X）	毛師測驗（Y）	D	D²
明生	24	22	+2	4
臧生	23	29	−6	36
計生	22	21	+1	1
伏生	21	22	−1	1
成生	21	29	−8	64
戴生	21	20	+1	1
談生	20	29	−9	81
宋生	20	25	−5	25
茅生	20	27	−7	49
龐生	20	18	+2	4
熊生	19	24	−5	25
紀生	18	16	+2	4
舒生	18	26	−8	64
屈生	17	21	−4	16
項生	16	22	−6	36
祝生	14	20	−6	36
	ΣX = 417	ΣX = 482	ΣD = −65	ΣD² = 469

$$\overline{X} = 20.85 \quad \overline{Y} = 24.10 \quad \overline{D} = \frac{\Sigma D}{N} = \frac{-65}{20} = -3.25$$

$$t = \frac{\overline{D}}{\sqrt{\dfrac{\Sigma D^2 - \dfrac{(\Sigma D)^2}{N}}{N(N-1)}}}$$

$$= \frac{-3.25}{\sqrt{\dfrac{469 - \dfrac{(-65)^2}{20}}{20(20-1)}}}$$

$$= \frac{-3.25}{.824} = -3.94$$

$df = 20 - 1 = 19$

$p < .05$的臨界值 $= 2.093$

$p < .01$的臨界值 $= 2.861$

根據上述的計算結果，符號不計，t值為−3.94，顯然比自由度19的t臨界值

2.093（$p < .05$），2.861（$p < .01$）為大，顯然祈老師編製的題目比毛老師編製的為難。

第四節　相關係數的統計顯著性

　　有關母數的皮爾遜積差相關以及無母數的斯皮爾曼等級相關的分析與計算，已見於本書第14章第二節。此處僅敘述決定其統計顯著性的方法。

　　根據資料求得的相關係數，可能源自機會或抽樣誤差，因此須利用檢定，決定其統計的顯著性。

　　虛無假設（H_0）陳述相關係數為零，只有當依機率為基礎的機會或抽樣誤差不被承認時，相關係數才具有統計的顯著性。考驗相關係數（r）的顯著性，通常採用以下的公式：

$$t_r = \frac{r\sqrt{N-2}}{\sqrt{1-r^2}}$$

　　自由度為（$N - 2$），t值等於或大於t分配表上的t臨界值，相關係數才具有統計上的顯著性。

　　若$r = .40$，$N = 25$

$$t = \frac{.40\sqrt{25-2}}{\sqrt{1-(.40)^2}} = 2.09$$

　　在.05水準、自由度23（25 － 2）的雙側檢定上，因t值超過臨界值（$t = 2.07$），故拒絕了虛無假設。但隨著樣本數的減少，抽樣誤差隨著增大。就較小的樣本來說，其相關係數須較大，才具有統計上的顯著性。如：

　　若$r = .40$，$N = 18$

$$t = \frac{.40\sqrt{18-2}}{\sqrt{1-(.40)^2}} = \frac{1.60}{.92} = 1.74$$

　　自由度16（18 － 2）的t值（= 1.74），不等於或不大於.05顯著水準上的t臨界值（= 2.12），因此必須接受虛無假設。即樣本數等於18，相關係數為.40的情況，不足以拒絕虛無假設，只能以抽樣誤差來作解釋。

　　對相關的解釋所涉及的恐不限於它的統計顯著性。如大樣本$N = 200$時，低相關$r = .20$即達統計顯著性；不論其統計顯著性如何，.20的相關仍然是低相關的，兩個變項的共同變異數僅為.04。

第五節　百分比差異的顯著性考驗

計算兩個百分比差異的顯著性考驗，仍分獨立樣本與關聯樣本說明之：

壹、獨立樣本百分比差異的顯著性

以以下公式考驗兩個獨立樣本百分比差異的顯著性。

$$z = \frac{P_1 - P_2}{\sqrt{\left(\frac{f_1 + f_2}{n_1 + n_2}\right)\left(1 - \frac{f_1 + f_2}{n_1 + n_2}\right)\left(\frac{n_1 + n_2}{n_1 n_2}\right)}}$$

P_1：第一組樣本占某群體的百分比

P_2：第二組樣本占某群體的百分比

f_1：第一組樣本數

f_2：第二組樣本數

n_1：第一組群體總人數

n_2：第二組群體總人數

試舉例說明之。如從某大學抽取男、女學生各150人與250人，結果患近視者男生55人，女生65人，試問二者患近視的百分比是否有顯著差異？

$$P_1 = \frac{55}{150} = .37，P_2 = \frac{65}{250} = .26$$

$$z = \frac{.37 - .26}{\sqrt{\left(\frac{55 + 65}{150 + 250}\right)\left(1 - \frac{55 + 65}{150 + 250}\right)\left(\frac{150 + 250}{150 \times 250}\right)}} = 2.32$$

查z值表可得$_{.975}Z = 1.96$，$\because z = 2.32 > 1.96$

故得知男、女生患近視的百分比有顯著差異

貳、關聯樣本百分比差異的顯著性

採以下公式考驗兩關聯樣本百分比差異的顯著性：

$$z = \frac{P_1 - P_2}{\sqrt{\frac{a + b}{N}}}$$

a：a細格的百分比

b：b細格的百分比

N：人數

　　試以下例說明之：有250個學生在教學前、後，其數學心理傾向如下，經由統計處理，可知其前後態度是否有顯著改變。

教學前

	不喜歡	喜歡	
喜歡（教學後）	A 50	B 100	150
不喜歡	C 75	D 25	100
	125	125	250

先將之轉化成百分比：

教學前

	不喜歡	喜歡	
喜歡（教學後）	a .2	b .4	.6
不喜歡	c .3	d .1	.4
	.5	.5	1.00

代入公式 $z = \dfrac{.5 - .6}{\sqrt{\dfrac{.2 + .1}{250}}} = -2.89$

　　查 z 值表可得 $_{.025}z = -1.96$，符號不計，z值（-2.89）顯然比臨界值 -1.96 為大，即教學前後態度不同，因其喜歡的百分比已有顯著改變。

第六節　變異數分析

　　t檢定的主要限制為只限於比較兩組樣本，如要比較兩組以上的樣本，應採用變異數分析（anaysis of variance, ANOVA）。變異數分析而得的是F統計數。如比較兩組樣本時，F值等於t值的平方（$F = t^2$）。

壹、三組比較

　　t檢定最簡單的延伸為三組比較，其中如在分析一種自變項的不同處理方式對某變項的影響時，便稱之單因子變異數分析（one way analysis of variance）。或k×1變異數分析，k即代表處理組的組別數，故三組的比較即為3×1變異數分析（3×1 ANOVA）。

　　如研究者要比較個別化教學、同儕交互影響教學，以及傳統教學等方式對於學生學習數學成績的影響時，他將30個學生隨機分派到三組，每組10個，實施一個學期的教學後，施予20題的測驗，結果如表20-2。

表20-2
不同教學方式對數學成績的影響

個別化教學（第I組）		同儕交互影響教學（第II組）		傳統教學（第III組）	
X_1	X_1^2	X_2	X_2^2	X_3	X_3^2
19	361	18	324	16	256
14	196	20	400	12	144
17	289	17	289	15	225
17	289	18	324	11	121
13	169	20	400	15	225
20	400	19	361	18	324
17	289	18	324	14	196
16	256	19	361	14	196
18	324	15	225	13	169
19	361	20	400	10	100
$\Sigma X_1 = 170$	$\Sigma X_1^2 = 2,934$	$\Sigma X_2 = 184$	$\Sigma X_2^2 = 3,408$	$\Sigma X_3 = 138$	$\Sigma X_3^2 = 1,956$
$\overline{X}_1 = 17.0$	$S_1^2 = 4.89$	$\overline{X}_2 = 18.4$	$S_2^2 = 2.49$	$\overline{X}_3 = 13.8$	$S_3^2 = 5.73$
$N_1 = 10$		$N_2 = 10$		$N_3 = 10$	

$$\Sigma X = \Sigma X_1 + \Sigma X_2 + \Sigma X_3 = 170 + 184 + 138 = 492$$
$$N = N_1 + N_2 + N_3 = 10 + 10 + 10 = 30$$

　　變異數分析的計算，依下列步驟：

　　1.求出每一組分數的總和〔ΣX〕。

　　2.每個分數予以平方後，求得各組分數平方之和〔ΣX^2〕。

　　3.算出各組分數之個數〔N〕。

4.求出每組平均數〔$\overline{X} = \dfrac{\Sigma X}{N}$〕。

5.計算每組變異數：

$$S^2 = \frac{\Sigma X^2 - \dfrac{(\Sigma X)^2}{N}}{N-1}$$

6.求出總分數〔$\Sigma X = \Sigma X_1 + \Sigma X_2 + \Sigma X_3$〕。

7.求出總個數〔$N = N_1 + N_2 + N_3$〕。

8.計算組間（between groups, SS_B）平方和：

$$\begin{aligned}
SS_B &= \frac{(\Sigma X_1)^2}{N_1} + \frac{(\Sigma X_2)^2}{N_2} + \frac{(\Sigma X_3)^2}{N_3} - \frac{(\Sigma X)^2}{N} \\
&= \frac{(170)^2}{10} + \frac{(184)^2}{10} + \frac{(138)^2}{10} - \frac{(492)^2}{30} \\
&= 2{,}890.0 + 3{,}385.6 + 1{,}904.4 - 8{,}068.8 \\
&= 111.2
\end{aligned}$$

9.計算組內（within groups; SS_W）平方和：

$$\begin{aligned}
SS_W &= [(N_1 - 1)S_1^2] + [(N_2 - 1)S_2^2] + [(N_3 - 1)S_3^2] \\
&= [(9)(4.89)] + [(9)(2.49)] + [(9)(5.73)] \\
&= 44.01 + 22.41 + 51.57 \\
&= 117.99
\end{aligned}$$

10.求出自由度：

組間自由度（d.f.）$= K - 1 = 3 - 1 = 2$
組內自由度（d.f.）$= N - K = 30 - 3 = 27$

11.計算組間均方（MS_B）與組內均方（MS_W）：

$$MS_B = \frac{SS_B}{K-1} = \frac{111.2}{2} = 55.60$$

$$MS_W = \frac{SS_W}{N-K} = \frac{117.99}{27} = 4.37$$

12.求出F：

$$F = \frac{MS_B}{MS_W} = \frac{55.60}{4.37} = 12.72$$

13.從F分配的自由度與臨界值表（附錄肆）中查得F值。依本題〔組間，組內〕自由度為〔2, 27〕，$p < .05$的臨界值為（3.35）；$p < .01$臨界值為（5.49）。本題之F值超過上述兩種臨界值，故$F(2, 27) = 12.72$，$p < .01$。

變異數分析，可以下表簡述之：

變異數分析摘要表

變異來源	離均差平方和 （SS）	自由度 （d.f.）	均方 （MS）	F
組間（處理）	SS_B	$K - 1$	$MS_B = \dfrac{SS_B}{K-1}$	
組內（誤差）	SS_W	$N - K$	$MS_W = \dfrac{SS_W}{N-K}$	$\dfrac{MS_B}{MS_W}$
總數	$SS_B + SS_W$	$N - 1$		

前例可仿變異數分析摘要表，列於後：

變異數分析摘要表

變異來源	離均差平方和 （SS）	自由度 （d.f.）	均方 （MS）	F
組間（處理）	111.20	2	55.60	
組內（誤差）	117.99	27	4.37	12.72**
總數	229.19	29		

註：**$p < .01$

用於ANOVA的估計效果值（effect size estimate）被稱為η^2，其便利性是易從SPSS中取得。由處理效果而產生的組間平方和（SS），是一種系統的變異。若以組間平方和除以全部分數總和的平方，即可決定由自變項（即處理）來解說依變項整體變異的比例，這個指數（index）叫做η^2。以上述變異數分析摘要表為例：

$$\eta^2 = \frac{SS_B}{SS_B + SS_W} = \frac{111.20}{229.19} = .48$$

若將$.48 \times 100$，則得48%，可說在ANOVA的模式中，在依變項中有48%的變異是受到自變項的影響。用來解釋η^2的指引為：$\eta^2 = .01$為小的效應，$\eta^2 = .06$為中的效應，$\eta^2 = .14$為大的效應。是以在本研究中，所得的為大的效果值。

依三組比較（3×1）的變異數分析，可推演出更多組單向變異數分析的計算程序如下：

$$SS_B = \frac{(\Sigma X_1)^2}{N_1} + \frac{(\Sigma X_2)^2}{N_2} + \cdots + \frac{(\Sigma X_K)^2}{N_K} + \frac{(\Sigma X)^2}{N}$$

$$SS_W = [(N_1 - 1)S_1^2] + [(N_2 - 1)S_2^2] + \cdots + [(N_K - 1)S_K^2]$$

貳、多重比較

當F值達到顯著性時，吾人得知至少在某處有一個顯著差異存在，但卻無法了解差異位於何處，也無從了解那些平均數的差異顯著不同於其他平均數。亦即F值雖達顯著性，但無法以成對方式準確描述差異之所在，如三組雖有顯著差異，但第一組不同於第二組與／或第三組嗎？第二組與第三組不同嗎？這些問題仍有待進一步分析資料，才可確定，這種處理方式叫做多重比較（multiple comparison）。根據這樣的說法，可知多重比較是在變異數分析之後進行，旨在決定那些平均數顯著不同於其他的那些平均數。

多重比較技術有多種，可供研究者選用，基本上，這些技術涉及計算t考驗的特殊形式，就此種形式而言，誤差術語係以結合各組的變異數為基礎，而不只就各組予以比較。這種特殊的t考驗調適所執行的許多種考驗。當執行許多種考驗時，機率水準（p）易於增加；如設定α為.05，且執行許多種考驗，可能以較大的水準如.90結束。職此之故，發現顯著差異的機會增加，但是犯第一類型錯誤的機會也會增加。一般言之，在研究之前，而非在研究之後，決定採用哪一種平均數比較，且須以研究假設為基礎。

可供採用的多重比較技術有許多種，包括：薛費法（Scheffé method）、涂凱法（Tukey method）、紐曼—庫爾法（Neuman-Keuls method）、鄧肯法（Duncan method）、Fisher的最小顯著差異檢定法（Least Significant Difference [LSD] Test）、當晶特的檢定法（Dunnett's Test）等。其中最常被採用的是薛費法。簡茂發（1987）曾就前四種予以分析比較。

一、薛費法

薛費考驗適合於將一組平均數，作任何的或所有可能的比較。此種計算方法相當簡單，樣本數也毋須相等。又薛費考驗相當保守，這固是好消息，也是壞消息。好消息是比較平均數所犯第一類型錯誤的機率，從不會比原先的變異數分析所選定的α水準大。壞消息是就所選出供研究比較的變異數分析的F即使具有顯著性，但卻無法發現多重比較具有顯著差異。惟就一般情形而言，薛費考驗所具有的彈性以及易於應用，而被廣泛運用於各種的情境。

薛費考驗使用如下的公式：

$$F = \frac{(\overline{X_1} - \overline{X_2})^2}{MS_W\left(\dfrac{1}{n_1} + \dfrac{1}{n_2}\right)(k-1)}$$

$$MS_W = \frac{SS_W}{N - K}$$

$$df = (k - 1)(N - K)$$

茲以表20-2及其算法為例，比較第 I 組（個別化教學）與第 II 組（同儕交互影響教學）的平均數，將有關數值代入上式公式得：

$$F = \frac{(17.0 - 18.4)^2}{4.37\left(\dfrac{1}{10} + \dfrac{1}{10}\right) \cdot 2}$$

$$= \frac{(-1.4)^2}{4.37\left(\dfrac{1}{5}\right) \cdot 2}$$

$$= \frac{1.96}{1.748}$$

$$= 1.12$$

因為在df = 2,27，α = .05的F值為3.35，始達顯著性，但是1.12 < 3.35，故可下結論說第 I 組與第 II 組平均數間沒有顯著差異

接著應用薛費公式，考驗第 I 組與第 III 組（傳統教學）得：

$$F = \frac{(17.0 - 13.8)^2}{4.37\left(\dfrac{1}{10} + \dfrac{1}{10}\right) \cdot 2}$$

$$= \frac{10.24}{1.748} = 5.86$$

df = 2,27，α = .01的F值為5.49，始達顯著性，5.86 > 5.49，故可說第 II 組與第 III 組平均數間的差異達.01顯著水準

又以薛費公式，考驗第 II 組與第 III 組，得：

$$F = \frac{(18.4 - 13.8)^2}{4.37\left(\dfrac{1}{10} + \dfrac{1}{10}\right) \cdot 2}$$

$$= \frac{21.16}{1.748} = 12.11$$

df = 2,27，α = .001的F值為9.02，始達顯著性，12.11 > 9.02，故可下結論說第 I 組與第 II 組平均數間的差異達.001顯著水準。

　　上述多重比較的結果，可列如表20-3。

表20-3

薛費法多重比較

組　別	II	III
I	1.12	5.86**
II		12.11***

註：**$p < .01$

　　***$p < .001$

　　由表20-3可知：個別化教學優於傳統教學，同儕交互影響教學優於傳統教學；但個別化教學與同儕交互影響教學間的差異不顯著。

二、涂凱法

　　以涂凱法、紐曼—庫爾法與鄧肯法作多重比較，涉及臨界值的選取，故欲分別探討該三種方法之前，宜先作差距檢定（Studentized Range Test）（簡茂發，1989）。

　　當各組樣本數相等時，比較K組平均數相互之間的差異，可採差距統計量（the Studentized Range Statistic）檢定之，公式如下：

$$Q = \frac{\overline{X}_{max} - \overline{X}_{min}}{\sqrt{MS_W/n}}$$

　　進行差距檢定時，須把各組按平均數大小，由右至左順序排列，分別與平均數較小者比較，其中平均數最大者與平均數最小者的差距最大，亦即Q值最大，再就次大者檢定之。

　　應用涂凱法進行各組平均數差距檢定時，不問介乎其間有多少層級，係以最多階次者為準，查表決定其臨界值；由於決斷時採用的臨界值較大，故使平均數之間的差異，不易達到顯著水準，茲仍以表20-2及其算法為例說明。各組之平均數，依其大小依序排列如下：

$$\overline{X}_2 = 18.4，\overline{X}_1 = 17.0，\overline{X}_3 = 13.8$$

　　先將最大者與最小者加以比較，代入上述公式，可得：

$$Q = \frac{18.4 - 13.8}{\sqrt{4.37/10}} = \frac{4.6}{0.66} = 6.97$$

第三篇　第20章　推論統計　583

再將次大者與最小者加以比較，代入公式得：

$$Q = \frac{17.0 - 13.8}{\sqrt{4.37/10}} = \frac{3.2}{0.66} = 4.85$$

最後將最大者與次大者加以比較，代入公式得：

$$Q = \frac{18.4 - 17.0}{\sqrt{4.37/10}} = \frac{1.4}{0.66} = 2.12$$

各組平均數相互之間的Q值所求得之結果如表20-4，其顯著性考驗之臨界值可查表（附錄陸）而得。

從表20-4及其計算過程可知：同儕交互影響教學顯著優於傳統教學，且個別化教學亦顯著優於傳統教學。但個別化教學與同儕交互影響教學二者未有顯著差異。

表20-4

涂凱法多重比較

組　別	II	III
II	4.85**	
I	6.97**	2.12

註：**$p < .01$

Q的自由度為（k, kn − k − n + 1），即〔3，（3×10 − 3 − 10 + 1 = ）18〕，查附錄陸上面一列的k = 3，及最左邊一行的dfw = 18，二者之交會處值為4.70（α = .01）。

三、紐曼—庫爾法

紐曼—庫爾法亦稱N-K法，適用於各組樣本數相等的平均數差距檢定。其計算公式與涂凱法雖同，但須依相比的兩個平均數在排列次序中相差的層級數（number of steps），查出不同的Q臨界值。如仍以表20-4及其算法為例，先將三組樣本平均數依大小次序，可得第II組最大，第I組次之，第III組最小。相鄰兩組，如第I組與第II組的相差層級為2，其臨界值以Q_2表之，又如第I組與第III組的相差層級為2，其臨界值以Q_2表之。中間相隔一組的兩組，如第II組與第III組的相差層級為3，以Q_3表之。$df_W = k(n-1) = N - k = 27$，因為該表（附錄陸）中沒有27，故以較小的自由度24代之。查表（附錄陸）$df_W = 24$時，$_{.95}Q_2 = 2.92$，$_{.95}Q_3 = 3.54$，$_{.99}Q_2 = 3.96$，$_{.99}Q_3 = 4.54$，表20-5所列為各組平均數相互比較時，代入差距檢定公式，所求得的Q值，與上列臨界值比較，以考驗其差異的顯著性。

從表20-5可知：除了個別化教學與同儕交互影響教學之間的差異不顯著外，其

餘各組相互間均有顯著的差異，亦即同儕交互影響教學最佳，個別化教學次之，傳統教學較差。

四、鄧肯法

鄧肯法與紐曼—庫爾法的系列檢定程序類似，惟須採用特別的臨界值表（參見附錄捌），其顯著水準亦與其他各法有異，但可以$1 - (1 - \alpha)^{k-1}$推算之。各組平均數依大小次序排列後，K代表兩個平均數在排列次序中相差的層級數。如$\alpha = .01$，K$= 2$時，顯著水準為$1 - (1 - .01)^{2-1} = .01$；K$= 3$時，顯著水準為.02；K$= 4$時，顯著水準為.03（簡茂發，民76）。

表20-5

紐曼—庫爾法多重比較

組　別	II	III
II	4.85**	
I	6.97**	2.12

註：**$p < .01$

茲將表20-2及其演算為例，將有關的數值代入差距檢定公式，求得各組平均數相互之間的Q值。原$df_w = 27$，因該表中沒有27，故以較小的自由度24代之，再查表（附錄柒）：

若$\alpha = .05$，$Q_2 = 2.919$，$Q_3 = 3.066$
若$\alpha = .01$，$Q_2 = 3.956$，$Q_3 = 4.126$

表20-6為各組平均數相互間差異顯著性檢定結果。從該表可知：個別化教學與同儕交互影響教學之間的差異不顯著，其餘各組相互間均有顯著的差異。

表20-6

鄧肯法多重比較

組　別	II	III
II	4.85**	
I	6.97**	2.12

註：**$p < .01$

　　上述多重比較的諸方法中，以薛費法被採用的範圍最廣，其餘三種方法只適用於各組樣本數相等的條件。如以該等方法所犯第一類型錯誤的機率言之，以薛費法最小，其次依序爲涂凱法、紐曼－庫爾法、鄧肯法；若以該等方法所犯第二類型錯誤的機率而言，恰好相反，以鄧肯法最小，接著依序爲：紐曼－庫爾法、涂凱法、薛費法。

五、Fisher's LSD法

　　最小顯著差異（Least Significant Difference [LSD]）檢定法，係由Fisher於1935年所創，用於變異數分析之後，欲進一步探討或比較一組與另一組平均數的差異。惟其較適用於檢定次數少，以及顯著水準小的情況，因此，若研究者未能從變異數中，獲致差異顯著的結果，則不適用本項檢定。LSD的計算公式如下：

$$LSD_{A,B} = t_{.05} \, DFW \sqrt{MSW(1/n_A + 1/n_B)}$$

t = 出自t分配表的臨界值

MSW = 得自ANOVA檢定組內平均數的平方

n = 計算平均數時，使用之分數的量數（個數）

DFW = DF（組內）以及MSW = MS（組內）

　　試從如下資料，計算A、B兩組測驗結果平均數的差異：

組別	$\bar{y}$	s	n
A	71.2	4.9	10
B	79.9	5.1	10
C	75.2	5.2	10
D	82.3	5.3	10

ANOVA				
	DF	SS	MS	F	p值
組間	3	419.2	182.81	6.45	
組內（誤差）	36	959.58	26.65		
整體	39	1,378.78			

　　首先，將t的臨界值訂在.05，DFW = 自由度36時，t的分配值爲2.028，將之置入LSD的公式內，LSD = $2.028 \times \sqrt{26.65 \times (1/10 + 1/10)}$ = 4.68。

接著，從測驗結果中計算 $|y_A - y_B| = |71.2 - 79.91| = 8.7 > 4.68$，拒絕虛無假設。除了這個配對組之外，仍可持續檢定各配對組，在本案例中，各配對組的LSD相同（因為$n_A = n_B = n_C = N_D$，是以$LSD_{A,B} = LSD_{A,C} = LSD_{A,D} = \cdots\cdots = LSD_{C,D} = 4.68$）。又我們把其餘所有配對組平均數的差與4.68做比較時，得到絕對的配對差和Fisher's LSD之結果如下：

$|\overline{Y_A} - \overline{Y_C}| = 4 < 4.68$，接受虛無假設；$|\overline{Y_A} - \overline{Y_D}| = 11.1 > 4.68$，拒絕虛無假設；

$|\overline{Y_B} - \overline{Y_C}| = 4.7 > 4.68$，拒絕虛無假設；$|\overline{Y_B} - \overline{Y_D}| = 2.4 < 4.68$，接受虛無假設；

$|\overline{Y_C} - \overline{Y_D}| = 7.1 > 4.68$，拒絕虛無假設。

六、Dunnett檢定法

Dunnett檢定法係由Charles Dunnett於1955年所提出，係就一般常用的t檢定予以修正的檢定方式。當有K個處理組與一個特定的控制組或標準組做兩兩配對比較時，特別適用。

在一般案例中，所做兩兩配對比較，全部有K(K−1)/2次(K是總組數)，但若以各個處理組與一個控制組做兩兩配對比較時，要做(K−1)次比較。本項檢定常在醫學和農藝實驗上使用。它和Tukey檢定的不同，在於後者旨在比較每一組平均數與其他各組平均數間的差異，而Dunnett檢定則在比較每一組平均數和同一控制組平均數之間差異情形的檢定。

Dunnett檢定使用的公式如下：

$T_d = M_i − Mc/2MSE/n_h$

M_i：第i個實驗組平均數

M_c：一個控制組平均數

MSE：平均數平方誤

n_n 實驗組和控制組樣本數的和諧平均數（harmonic mean）

自由度：N-a（N是所有各組人數的總和，a是包括控制組在內的組數）

參、多因子變異數分析

單向變異數分析，係以一個自變項和該變項所屬之兩個（含）以上團體平均數，進行處理的統計程序，惟在任一研究中，自變項在一個以上卻是屢見不鮮的情況：揆諸事實，以好幾個自變項，從事分析，所提供的資訊，將會更多且完備。如一群研究者比較三種閱讀課程的效能，可以使用1×3變異數分析，以考驗三組之間的成就，沒有差異（$\overline{X_1} = \overline{X_2} = \overline{X_3}$）的虛無假設；如研究者亦對男、女學生間的成就是否有差異，亦感到興趣，則性別就可當作第二個自變項，因而可得六組（X_1, M：X_1, F：X_2, M：X_2, F：X_3, M：X_3, F），依此進行統計以分析結果的作法，即

爲雙因子變異數分析（two-way ANOVA）。由於因子（factor）是自變項的另一種稱呼，多因子（factorial）係指一個以上的變項。多因子變異數分析（factorial ANOVA）是一般性的稱呼，指將兩個或更多個自變項一併予以分析之意；更準確的術語，如雙因子或三因子變異數分析，即在於告知自變項的準確數目；各自變項以下所細分的子群可以層次（levels）稱之；因此3×4 ANOVA仍爲雙因子變異數分析，只是兩個自變項的層次分爲3與4之不同而已。

　　依表20-2的實驗爲例，研究者若想進一步知道哪一種處理與最高數學成績有關、男女學生成績是否同樣好、男女學生是否在不同處理中獲得同樣的好處。哪種處理方式與哪種性別和最高成績有關的問題是所謂「主要效應」（main effects）的問題；男女學生是否受到不同處理影響的問題，即爲處理與性別「交互影響」（interaction）的問題。如研究者按處理方式與性別將表20-2的資料作進一步分析，即爲3×2變異數分析，與其有三種處理方式以及性別二類。茲將表20-2的資料依性別細分，列如表20-7。

　　3×2變異數分析的計算，依下列步驟：

1.算出各細格的總和〔ΣX〕。

2.求得每個分數的平方及其平方和〔ΣX^2〕。

3.計算每細格分數的數目〔N〕。

4.計算每細格的平均數〔$\overline{X} = \dfrac{\Sigma X}{N}$〕。

5.計算每細格的變異數：

$$S_{cr}^2 = \frac{\Sigma X^2 - \dfrac{(\Sigma X)^2}{N}}{N - 1}$$

6.計算每行的總和〔ΣC〕。

7.計算每行的總數目〔NC〕。

8.計算每列的總和〔Σr〕。

9.計算每列的總數目〔Nr〕。

10.計算總和$\Sigma X = (\Sigma r_1 + \Sigma r_2)$。

11.計算總數目$N = (Nr_1 + Nr_2)$。

12.計算行間（處理）平方和如下：

表20-7

教學方式、性別對數學成績的影響

	個別化教學		同儕交互影響教學		傳統教學		列的總數
	X_{11}	X_{11}^2	X_{21}	X_{21}^2	X_{31}	X_{31}^2	
	19	361	18	324	16	256	
	14	196	20	400	12	144	
男	17	289	17	289	15	225	$\Sigma r_1 = 242$
	17	289	18	324	11	121	$\Sigma N r_1 = 15$
	13	169	20	400	15	225	
	$\Sigma X_{11}=80$ $\overline{X}_{11}=16.0$ $N_{11}=5$	$\Sigma X_{11}^2=1,304$ $S_{11}^2=6.0$	$\Sigma X_{21}=93$ $\overline{X}_{21}=18.6$ $N_{21}=5$	$\Sigma X_{21}^2=1,737$ $S_{21}^2=1.8$	$\Sigma X_{31}=69$ $\overline{X}_{31}=13.8$ $N_{31}=5$	$\Sigma X_{31}^2=971$ $S_{31}^2=4.7$	
	X_{12}	X_{12}^2	X_{22}	X_{22}^2	X_{32}	X_{32}^2	
	20	400	19	361	18	324	
	17	289	18	324	14	196	$\Sigma r_2 = 250$
女	16	256	19	361	14	296	$\Sigma N r_2 = 15$
	18	324	15	225	13	169	
	19	361	20	400	10	100	
	$\Sigma X_{12}=90$ $\overline{X}_{12}=18.0$ $N_{12}=5$	$\Sigma X_{12}^2=1,630$ $S_{12}^2=2.5$	$\Sigma X_{22}=91$ $\overline{X}_{22}=18.20$ $N_{22}=5$	$\Sigma X_{22}^2=1,761$ $S_{22}^2=3.7$	$\Sigma X_{32}=69$ $\overline{X}_{32}=13.8$ $N_{32}=5$	$\Sigma X_{32}^2=985$ $S_{32}^2=8.2$	總計

行　$\Sigma C_1 = 170$ 　　　　$\Sigma C_2 = 184$ 　　　　$\Sigma C_3 = 138$ 　　　　$\Sigma X = 492$

總數$\Sigma N_{c1} = 10$ 　　　$\Sigma N_{c2} = 10$ 　　　　$\Sigma N_{c3} = 10$ 　　　　$N = 30$

第一列　總數（男孩）$= \Sigma r_1 = \Sigma X_{11} + \Sigma X_{21} + \Sigma X_{31} = 80 + 93 + 69 = 242$

第二列　總數（女孩）$= \Sigma r_2 = \Sigma X_{12} + \Sigma X_{22} + \Sigma X_{32} = 90 + 91 + 69 = 250$

第一行　總數（個別化教學）$= \Sigma C_1 = \Sigma X_{11} + \Sigma X_{12} = 80 + 90 = 170$

第二行　總數（同儕教學）$= \Sigma C_2 = \Sigma X_{21} + \Sigma X_{22} = 93 + 91 = 184$

第三行　總數（傳統教學）$= \Sigma C_3 = \Sigma X_{31} + \Sigma X_{32} = 69 + 69 = 138$

合計，$= \Sigma X = \Sigma r_1 + \Sigma r_2 = 242 + 250 = 492$，$N = 30$

$$SS_{BC} = \frac{(\Sigma C_1)^2}{N_{c1}} + \frac{(\Sigma C_2)^2}{N_{c2}} + \frac{(\Sigma C_3)^2}{N_{c3}} - \frac{(\Sigma C)^2}{N}$$

$$= \frac{(170)^2}{10} + \frac{(184)^2}{10} + \frac{(138)^2}{10} - \frac{(492)^2}{30}$$

$$= 2,890.0 + 3,385.6 + 1,904.4 + 8,068.8$$

$$= 111.2$$

13.計算列間平方和如下：

$$SS_{Br} = \frac{(\Sigma r_1)^2}{N_{r1}} + \frac{(\Sigma r_2)^2}{N_{r2}} - \frac{(\Sigma X)^2}{N}$$

$$= \frac{(242)^2}{15} + \frac{(250)^2}{15} - \frac{(492)^2}{30}$$

$$= 3,904.3 + 4,166.7 - 8,068.8$$

$$= 2.2$$

14.計算組間平方總和如下：

$$SS_B = \frac{(\Sigma X_{11})^2}{N_{11}} + \frac{(\Sigma X_{21})^2}{N_{21}} + \frac{(\Sigma X_{31})^2}{N_{31}} + \frac{(\Sigma X_{12})^2}{N_{12}} + \frac{(\Sigma X_{22})^2}{N_{22}} +$$

$$\frac{(\Sigma X_{32})^2}{N_{32}} - \frac{(\Sigma X)^2}{N}$$

$$= \frac{(80)^2}{5} + \frac{(93)^2}{5} + \frac{(69)^2}{5} + \frac{(90)^2}{5} + \frac{(91)^2}{5} + \frac{(69)^2}{5} - \frac{(492)^2}{30}$$

$$= 1,280.0 + 1,729.8 + 952.2 + 1,620 + 1,656.2 + 952.2 - 8,068.8$$

$$= 121.6$$

15.計算交互影響（處理×性別）平方和如下：

$$SS_{int} = SS_B - (SS_{BC} + SS_{Br})$$

$$= 121.6 - (111.2 + 2.2)$$

$$= 8.2$$

16.計算組內（誤差）平方和如下：

$$SS_W = [(N_{11}^2 - 1)S_{11}^2] + [(N_{21}^2 - 1)S_{21}^2] + [(N_{31} - 1)S_{31}^2] +$$

$$[(N_{12} - 1)S_{12}^2] + [(N_{22} - 1)S_{22}^2] + [(N_{32} - 1)S_{32}^2]$$

$$= [(4)(6.0)] + [(4)(1.8)] + [(4)(4.7)] + [(4)(2.5)] + [(4)(3.7)]$$

$$+ [(4)(8.2)]$$

$$= 24.0 + 7.2 + 18.8 + 10.0 + 14.8 + 32.8$$

$$= 107.6$$

17.繪製變異數分析摘要表如下：

變異數分析摘要表

變異來源	SS	d.f.	MS	F
行間（處理）	SS_{BC}	$c-1$	$MS_{BC} = \dfrac{SS_{BC}}{c-1}$	$\dfrac{MS_{BC}}{MS_W}$
列間（性別）	SS_{Br}	$r-1$	$MS_{Br} = \dfrac{SS_{Br}}{r-1}$	$\dfrac{MS_{Br}}{MS_W}$
交互影響（處理×性別）	SS_{int}	$(c-1)(r-1)$	$MS_{int} = \dfrac{SS_{int}}{(c-1)(r-1)}$	$\dfrac{MS_{int}}{MS_W}$
組內（誤差）	SS_W	$N-cr$	$MS_W = \dfrac{SS_W}{N-cr}$	
總數	$SS_{BC}+SS_{Br}+SS_{int}+SS_W$			

18.計算17.所列變異數分析表的自由度與均方（MS），然後求出行、列、交互影響的F值。表20-7最後所得的變異數分析表如下：

變異數分析摘要表

變異來源	SS	d.f.	MS	F
行間（處理）	111.2	2	55.60	12.41**
列間（性別）	2.2	1	2.20	0.49 n.s.
交互影響（處理×性別）	8.2	2	4.10	0.92 n.s.
組內（誤差）	107.6	24	4.48	
總數	229.2	29		

註：$**p < .01$

19.查本書所附F分配的自由度與臨界值表，查得自由度為（2, 24）時，$p < .05$ 的F臨界值是（3.40）；$p < .01$的F臨界值為（5.61）。行間（處理）效應的F值大於該兩個臨界值，故F（2,24）= 12.41，$p < .01$；把列間（性別）效應的F值〔F（1,24）= 0.49〕與自由度（1,24）的F臨界值〔$\alpha = .05$，F（1,24）= 4.26〕相較，因為前者小於後者，故性別的影響不顯著；同理，交互影響的F值〔F（2,24）= 0.92〕未超過自由度（2,24）的F值〔$\alpha = .05$，F（2,24）= 3.40〕，故未達統計上的顯著性。

從步驟18.所附變異數分析表得知：雖然處理效應達統計上的顯著性，但是性別效應或性別與處理交互影響的效應，未達顯著性。

上述變異數分析摘要表，可再使用η^2說明兩種條件的效果值：

解說處理的$\eta^2 = 111.2/229.2 = .488$

解說性別的$\eta^2 = 2.2/229.2 = .009$

在此，解說處理的效果值是大的，解說性別的效果值則是小的。

行、列的數目如果多於上述的例子（即為多因子設計），其計算方式加以延伸即可。如增至j行、k列，其主要計算公式如下：

$$SS_{BC} = \frac{(\Sigma C_1)^2}{N_{c1}} + \frac{(\Sigma C_2)^2}{N_{c2}} + \cdots + \frac{(\Sigma C_j)^2}{N_{cj}} - \frac{(\Sigma X)^2}{N}$$

$$SS_{Br} = \frac{(\Sigma r_1)^2}{N_{r1}} + \frac{(\Sigma r_2)^2}{N_{r2}} + \cdots + \frac{(\Sigma r_k)^2}{N_{rk}} - \frac{(\Sigma X)^2}{N}$$

$$SS_B = \frac{(\Sigma X_{11})^2}{N_{11}} + \cdots + \frac{(\Sigma X_{jk})^2}{N_{jk}} - \frac{(\Sigma X)^2}{N}$$

$$SS_{int} = SS_B - (SS_{BC} - SS_{Br})$$

$$SS_W = (N_{11} - 1)S_{11}^2 + \cdots + (N_{jk} - 1)S_{jk}^2$$

由上述分析可知，變異數分析處理的依變項只有一個，當待處理的依變項在兩個以上時，則要採用變異數的多變項分析（multivariate analysis of variance; MANOVA），因此採用本分析技術，研究者可以同時了解不同組別之間在不同變項上的差異，及這些變項之間的相關。此種分析而得的值稱之為Wilk's lambda，其意義與F值相同。

第七節　共變數分析

共變數分析（analysis of covariance, ANCOVA）可說是經過調整後的變異數分析，係利用統計控制的方法，將足以影響實驗結果，卻無法以實驗方法控制的有關因素，利用直線迴歸法，將這些因素從變異數中剔除，再經調整後，求出變異數的不偏估值，此為統計控制的方式，上述所謂有關因素，稱為共變量（covariate）。此種共變數分析對於一開始就不相等時的各組，在分析上特別有用。

共變數分析特別適用於無法或不可用實驗控制的無關變項。對於在學校情境進行的研究，格外有用，蓋基於實用的理由，研究者無法利用隨機分派把參與實驗的各組趨於相等，針對各組一開始時即不相等，而採用共變數分析的作法，在教育研究上特別有價值。如下列各例，可用共變數分析求得：

「兩組在前測時的表現，如果相等，他們在後測的表現是否會有顯著差異？」（易言之，如後測時的其中之一組優於另一組，是否該組一開始即占優勢？如果一開始兩組均相等，結果可能會是如何？）

「如果男、女學生的智商相等，他們在數學科測驗上的成績會有差異嗎？」

「如果以等量時間傳授男、女學生科學的知識，他們對科學的興趣如何？」

上述的三個問題，試圖讓兩組在某方面相等的條件下，比較其平均數，俾了解其間的不同，是否不只是機會的原因。但在比較各組平均數之前，便需將偏差的因素排除。共變數分析並不是為了取代隨機分派，但總想把一開始的差異調整至最低程度，調整一開始的差異的最佳方法，不外是一開始即找出無差異的兩組。

可能影響實驗結果但被控制的變項，即是前述的共變量。前測的表現通常被用來當作分析後測分數的共變量；此外，可能被視為造成選樣偏差之來源的其他變項，如標準測驗分數、以前的等第、學生年齡、智商等，也常被用作共變量。根據分析，使用共變數分析時，需要顧及如下的條件：(1)共變量不限一個，不必一定要在教學實驗開始前獲得；(2)共變數分析為一項母數技術，須符合母數有關的假定；(3)共變量需用等距量表測量而得；(4)共變量與依變項呈直線相關，為求共變數分析確實有效，共變量與依變項可為正相關或負相關，但不可為零相關。

試舉一例說明共變數分析的運用情形。如有37位某國中學生被隨機分派兩種處理中的任一組，其中一組學生在放學後，規定家庭作業；另一組放學後則無家庭作業。但在接受該項實驗前，施予數學前測測驗，並於一學期後，施予相同的數學後測測驗，結果如表20-8。

計算共變數分析的步驟如下：

1.算出前測和後測分數的和〔$\Sigma X_1, \Sigma X_2, \Sigma Y_1, \Sigma Y_2$〕。

2.將每個前測和後測分數平方後，求其平方和〔$\Sigma X_1^2, \Sigma X_2^2, \Sigma Y_1^2, \Sigma Y_2^2$〕。

3.計算每組分數的數目〔N〕。

4.計算每組前測與後測平均數〔$\overline{X_1}, \overline{X_2}, \overline{Y_1}, \overline{Y_2}$〕。

5.計算每組前測與後測變異數：

$$S_x^2 = \frac{\Sigma X^2 - \frac{(\Sigma X)^2}{N}}{N-1} \quad S_y^2 = \frac{\Sigma Y^2 - \frac{(\Sigma Y)^2}{N}}{N-1}$$

6.計算前測與後測的總和：

$$\Sigma X = \Sigma X_1 + \Sigma X_2$$
$$\Sigma Y = \Sigma Y_1 + \Sigma Y_2$$

7.求出總個數〔$N = N_1 + N_2$〕。

8.計算交叉乘積的總和：每個前測分數（X）與對應後測分數（Y）相乘，求得其積〔ΣXY〕。

9.計算交叉乘積的總和〔$\Sigma XY = \Sigma X_1 Y_1 + \Sigma X_2 Y_2$〕。

10.計算後測組間平方和如下：

$$SS_B = \frac{(\Sigma Y_1)^2}{N_2} + \frac{(\Sigma Y_2)^2}{N_2} - \frac{(\Sigma Y)^2}{N}$$

表20-8

有無家庭作業學生的數學前測後測成績

家庭作業組					沒有家庭作業組				
前測		後測			前測		後測		
X_1	X_1^2	Y_1	Y_1^2	X_1Y_1	X_2	X_2^2	Y_2	Y_2^2	X_2Y_2
12	144	13	169	156	13	169	13	169	169
4	16	5	25	20	11	121	14	196	154
4	16	6	36	24	5	25	4	16	20
0	0	4	16	0	9	81	7	49	63
5	25	7	49	35	0	0	2	4	0
8	64	11	121	88	9	81	10	100	90
9	81	11	121	99	6	36	7	49	42
10	100	10	100	100	12	144	10	100	120
1	1	6	36	6	3	9	2	4	6
4	16	7	49	28	5	25	10	100	50
10	100	12	144	120	13	169	15	225	195
9	81	12	144	108	2	4	0	0	0
8	64	13	169	104	6	36	7	49	42
12	144	14	196	168	12	144	13	169	156
13	169	18	324	234	6	36	10	100	60
2	4	10	100	20	11	121	10	100	110
12	144	17	289	204	4	16	3	9	12
11	121	10	100	110	9	81	8	64	72
					6	36	9	81	54
$\Sigma X_1=134$	$\Sigma X_1^2=1{,}290$	$\Sigma Y_1=186$	$\Sigma Y_1^2=2{,}188$	$\Sigma X_1Y_1=1{,}624$	$\Sigma X_2=142$	$\Sigma X_2^2=1{,}334$	$\Sigma Y_2=154$	$\Sigma Y_2^2=1{,}584$	$\Sigma X_2Y_2=1{,}415$

$\overline{X}_1=7.44$　$S_{X^2}^2=17.20$　$\overline{Y}_{Y^2}=10.33$　$S_{Y^2}^2=15.64$
$N_1=18$

$\overline{X}_2=7.47$　$S_{X^2}^2=15.15$　$\overline{Y}_{Y^2}=8.11$　$S_{Y^2}^2=18.65$
$N_2=19$

前測總和$(\Sigma X)=\Sigma X_1+\Sigma X_2=134+142=276$
後測總和$(\Sigma Y)=\Sigma Y_1+\Sigma Y_2=186+154=340$
交叉乘積總和$(\Sigma XY)=\Sigma X_1Y_1+\Sigma X_2Y_2=1{,}624+1{,}415=3{,}039$
總人數$(N)=N_1+N_2=18+19=37$

以表20-8為例，其後測組間平方和為：

$$SS_B = \frac{(186)^2}{18} + \frac{(154)^2}{19} - \frac{(340)^2}{37}$$
$$= 1,922.00 + 1,248.21 - 3,124.32$$
$$= 45.89$$

11.計算組內平方和如下：

$$SS_W = [(N_1 - 1)S_{y1}^2] + [(N_2 - 1)S_{y2}^2]$$
$$= [(17)(15.64)] + [(18)(18.65)]$$
$$= 265.88 + 335.70$$
$$= 601.58$$

12.計算總平方和（SS）如下：

$$SS_T = SS_B + SS_W$$
$$= 45.89 + 601.58$$
$$= 647.47$$

13.計算處理內經過調整後的平方和SS'$_W$如下：

$$SS'_W = SS_W - \frac{\left(\Sigma XY + \frac{\Sigma X_1 \Sigma Y_1}{N_1} - \frac{\Sigma X_2 \Sigma Y_2}{N_2}\right)^2}{[(N_1 - 1)S_{y1}^2] + [(N_2 - 1)S_{y2}^2]}$$
$$= 601.58 - \frac{\left[3,039 - \frac{(134)(186)}{18} - \frac{(142)(154)}{19}\right]^2}{[(17)(17.2)] + [(18)(15.15)]}$$
$$= 601.58 - \frac{(3,039 - 1,384.67 - 1,150.95)^2}{292.4 + 272.7}$$
$$= 601.58 - \frac{(503.38)^2}{565.1}$$
$$= 601.58 - 448.0$$
$$= 153.18$$

14.計算經過調整的總平方和SS'$_T$如下：

$$SS'_T = SS_T - \frac{\left(\Sigma XY - \frac{\Sigma X \Sigma Y}{N}\right)^2}{\Sigma X_1^2 + \Sigma X_2^2 - \frac{(\Sigma X)^2}{N}}$$

$$= 647.47 - \frac{\left[(3,039) - \frac{(276)(340)^2}{37} \right]}{1,290 + 1,334 - \frac{(276)^2}{37}}$$

$$= 647.47 - \frac{(3,039 - 2,536.22)^2}{1,290 + 1,334 - 2,058.81}$$

$$= 647.47 - \frac{(502.78)^2}{565.19}$$

$$= 647.47 - 447.26$$

$$= 200.21$$

15.計算處理間經過調整的平方和（SS'_n）如下：

$$SS'_B = SS'_T - SS'_W$$
$$= 200.21 - 153.18 = 47.03$$

16.計算自由度如下：

組間自由度（d.f.）$= K - 1 = 2 - 1 = 1$
組內自由度（d.f.）$= N - K - 1 = 37 - 2 - 1 = 34$

17.計算經調整後的組間均方（MS'_B）與經調整後的組內均方如下：

$$MS'_B = \frac{SS'_B}{K - 1} = \frac{47.03}{1} = 47.03$$
$$MS'_W = \frac{SS'_W}{N - K - 1} = \frac{153.18}{34} = 4.51$$

18.計算F：

$$\frac{MS'_B}{MS'_W} = \frac{47.03}{4.51} = 10.43$$

19.查本書所載自由度（1,34）的F臨界值。$p < .05$的臨界值4.17，$p < .01$的臨界值為7.56。F值為10.43，均超過該兩項臨界值，故$F(1,34) = 10.43$，$p < .01$。

共變數分析摘要表形式如下：

共變數分析摘要表

變異來源	SS	d.f.	MS	F
組間（處理）	SS'_B	$K-1$	$\dfrac{SS'_B}{K-1}$	
組內（誤差）	SS'_W	$N-K-1$	$\dfrac{SS'_W}{N-K-1}$	$\dfrac{MS'_B}{MS'_W}$
總　數	$SS'_B + SS'_W$	$N-2$		

表20-8資料的計算結果，以摘要表形式表之：

共變數分析摘要表

變異來源	SS	d.f.	MS	F
組間（處理）	47.03	1	47.03	
組內（誤差）	153.18	34	4.51	10.43**
總　數	200.21	35		

註：**$p < .01$

　　共變數分析的一種延伸叫做共變數的多變項分析（multivariate analysis of covariance, MANCOVA），共涵蓋的依變項須在兩個以上，因而所得的值稱為Wilk's lamda，其意義與F值相同。

　　最後提及變異數分析與共變數分析的關係。變異數分析僅以後測資料進行比較，其分析的敏銳度不如共變數分析來得高，表20-8資料的變異數分析列舉如下，取來與共變數分析結果比較，便可證明上述不虛。從中可以發現，變異數分析結果未達統計上的顯著性，同樣的資料經共變數分析卻達.01的顯著水準。一般來說共變數分析增加分析的敏銳度，乃在於共變量與依變項相關所致，在本例中，共變量（前測）與依變項（後測）呈高相關（r = .83），此種情形可用來解釋共變數分析與變異數分析結果顯著不同的理由。惟在可靠的成就測驗上，前測、後測呈高相關，是不足為奇的。

共變數分析摘要表

變異來源	SS	d.f.	MS	F
組間（處理）	45.89	1	45.89	
組內（誤差）	601.58	35	17.19	2.67,n.s.
總　數	647.47	36		

本書第17章第二、三節曾提及共變數分析常用來使前測或其他共變量不等的各組，利用統計處理，趨於相等。惟需兩組的共變量相差不致太大，才能處理得宜，如果各組在前測上或其他的共變量的差距超過1.5個標準差，可能無法正確表出其間的差異，職此之故，如果各組變異量差異大時，利用共變數分析而得的結果，須小心解釋。

凡是變異數分析處理的例子，都可用共變數分析處理，包括多元處理的多因子實驗設計在內。然而複雜的共變數分析很難即刻處理，須用SPSS、SAS等電腦統計軟體來協助運算。

第八節　無母數檢定

無母數或不受分配限制的檢定（考驗），在如下的時機適用之：

1. 樣本之所出的母群體分配，不知道是常態的。
2. 變項以類別形式（按類別歸類，以次數計數）表出的。
3. 變項以等級形式（順序等級，以第一、第二……等）表出的。

由於無母數檢定係以計次或等級資料，不以量數值為基礎，和母數檢定相較，顯得較不正確，考驗力量較弱。據此而獲得的結果如果錯誤，不易拒絕虛無假設。因此許多統計人員建議，盡可能使用母數檢定，唯有母數的假定不能切合需求時，才使用無母數檢定。但也有統計人員主張無母數檢定優點較多，與其效度不建立在母群體分配的假定之上，況且此等假定經常被運用母數檢定的研究者所忽略或違背。

利用無母數檢定的方法有許多種，常用的約有六種：即卡方檢定（Chi square（χ^2）test）、中數檢定（median test）、曼—惠特尼U檢定（Mann-Whitney U test）、魏氏配對組帶符號等級檢定（Wilcoxon matched-pairs signed ranks test）、符號檢定（Sign test）、克—華單因子變異數分析（Kruskal-Wallis one-way analysis of variance）、弗里得曼二因子等級檢定（Friedman's two-way rank test）和斯皮爾曼等級相關係數（Spearman rank-difference coefficient of correlation, ρ）；其中斯皮爾曼等級相關係數的計算方式已見於第14章；除了斯皮爾曼等級相關係數外，以卡方檢定、曼—惠特尼檢定被使用的機會最多。

壹、卡方檢定（χ^2）

卡方檢定僅應用於計數次數的而非測量之值的間斷資料，係屬一種獨立檢定，其基本觀念是某一變項不受另一變項的影響，或某一變項不與另一變項關聯。χ^2值不是關係程度量數，其所估量的是，除了機會（抽樣誤差）之外，尚有哪種因素，可解釋顯著的關係。χ^2檢定與其他統計學上的檢定一樣，乃假定觀察的樣本，係經

隨機選擇而得。

卡方檢定求得的χ^2值須等於或大於χ^2表上相當的臨界值（見附錄玖），才可拒絕虛無假設，顯著水準通常定在.05或.01。

典型言之，卡方檢定所要解答的問題是，從樣本觀察而得的次數資料是否與理論或期待母群體的次數資料，有顯著的差異。如要研究高或低社經地位學生完成中學課業或中途離校的比例，是否達顯著差異，便可運用卡方檢定。但運用卡方檢定時，有如下的限制，須予注意：

1.卡方僅適用於次數資料（像在某些測量量表上測得的分數，如智商或成就測驗分數，亦可依高分組、中等分數組、低分組三類，化為次數的形式處理）。

2.卡方所處理個別的事件或量數，彼此獨立。換句話說，某一反應的性質與另一反應的性質，彼此互不影響。

3.一般來說，理論次數應不少於五。

4.歸類的資料，須合乎邏輯或實證的基礎。

5.觀察次數的和與期待次數的和，必須相同。

6.觀察次數與期待次數之間不一致的代數之和為零。（Isaac & Michael, 1981）

卡方檢定的計算，試以2×2表、耶茲氏校正（Yate's correction for continuity）、大於2×2表為例，分別說明之。

先就2×2表的卡方檢定言之，依下列步驟行之：

1.把資料安排在2×2表中：

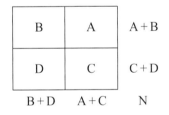

2.計算卡方，公式如下：

$$\chi^2 = \frac{N[|AD - BC|]^2}{(A+B)(C+D)(A+C)(B+D)}$$

3.決定採用單側或雙側檢定。

4.計算自由度為1的卡方臨界值〔（行－1）×（列－1）〕。

如男、女童在休閒時間喜愛聽收音機或閱讀書報的人數如下表，研究者想要了解性別與喜愛活動之間是否有關係存在，可以卡方檢定處理之。

	收音機	書報	
男	47B	A62	$(62+47)$
女	58D	C39	$(39+58)$
	$(47+58)$	$(62+39)$	206

$$\chi^2 = \frac{N[|AD-BC|]^2}{(A+B)(C+D)(A+C)(B+D)}$$

$$= \frac{206[|(62)(58)-(47)(39)|]^2}{(109)(97)(101)(105)} = 5.71$$

d.f. $= (2-1)(2-1) = 1$

$p < .05\chi^2$臨界值3.84

$p < .01\chi^2$臨界值6.64

故男、女童在休閒時間聽收音機或閱讀書報在.05水準有顯著差異

次就耶茲氏校正公式言之。以自由度為1計算2×2表的卡方值時，若任何細格的次數少於10，上述求χ^2值的公式，應作如下修正：

$$\chi^2 = \frac{N\left[|AD-BC| - \frac{N}{2}\right]^2}{(A+B)(C+D)(A+C)(B+D)}$$

如某製藥公司想要評定最近開發出來，用以解除頭痛藥丸（X－40）的效能；隨機選取並分派病人在實驗組與控制組，實驗組病人每天給六顆治頭痛藥丸，控制組病人每天給六顆糖衣丸，實驗一週後成果如下：

	實驗組 （X－40）	控制組 （糖衣丸）	
頭痛減輕	30A	B40	$(40+30)$
頭痛繼續	4C	D10	$(10+4)$
	$(30+4)$	$(40+10)$	84

代入公式：

$$\chi^2 = \frac{84\left[|(30)(10)-(40)(4)| - \frac{84}{2}\right]^2}{(70)(14)(50)(34)}$$

$$= \frac{806736}{1666000} = .48$$

d.f.$= (2-1)(2-1) = 1$，$p < .05$的X^2臨界值3.84

故採用X－40藥丸與頭痛的減輕沒有顯著的關係

最後以多於2×2表（如2×3，3×3，3×4，4×4等）的卡方值計算言之。其公式如下：

$$\chi^2 = \Sigma \frac{(f_0 - fe)^2}{fe}$$

f_0　：觀察次數

fe　：理論次數或期待次數

fe　：$\dfrac{（\Sigma 行次數）（\Sigma 列次數）}{總次數}$

d.f.：（行－1）×（列－1）

如按社經地位把學生分成四組，最高者為A組，最低者為D組，中間依序為B、C組；然後要他們回答「你的家庭目前的生活和兩年前比較，是較差、較佳、相同，或無法確定？」的問題。為了了解不同社經地位學生答案的不同，是否達顯著水準。可採上述公式求出（見表20-9）：

表20-9

家庭社經地位與家庭生活的改善

生活改善組別	較佳	相同	較差	無法確定	列（小計）
A	115(120)*	245(229.5)	125(131)	15(19.5)	500
B	375(360)	690(688.5)	375(393)	60(58.5)**	1,500
C	460(480)	920(918)	540(524)	80(78)	2,000
D	250(240)	440(459)	270(262)	40(39)	1,000
行（小計）	1,200	2,295	1,310	195	5,000

期待次數（括弧內的次數）的計算舉隅

*$\dfrac{(500)(1,200)}{(5,000)} = 120$　　**$\dfrac{(1,500)(195)}{(5,000)} = 58.5$

f_0	fe	$f_0 - fe$	$(f_0-fe)^2$	$\dfrac{(f_0 - fe)^2}{fe}$
115	120	－5	25	.208
375	360	15	225	.625
460	480	－20	400	.833

f_0	fe	$f_0 - fe$	$(f_0 - fe)^2$	$\dfrac{(f_0 - fe)^2}{fe}$
250	240	10	100	.417
245	229.5	15.5	240.25	1.047
690	688.5	1.5	2.25	.003
920	918	2	4	.004
440	459	−19	361	.786
125	131	−6	36	.275
375	393	−18	324	.824
540	524	16	256	.489
270	262	8	64	.244
15	19.5	−4.5	20.25	1.038
60	58.5	1.5	2.25	.038
80	78	2	4	.051
40	39	1	1	.026
				$\chi^2 = 6.908$

d.f. $= (4 - 1) \times (4 - 1) = 9$, $p < .05$ 的 χ^2 臨界值 $= 16.92$

故家庭社經地位與家庭生活的改善沒有顯著關係

貳、中數檢定

中數檢定係用來決定兩個獨立樣本之中數差異的顯著性，並回答下列的問題：即「經隨機選取之樣本的中數之作用，與得自相同母群體之中數的作用相似嗎？」此與決定兩個平均數差異顯著性的t檢定不同，中數檢定是用來比較中數的。

中數檢定實際上是以一個自由度的 2×2 表的 χ^2 檢定的應用，步驟如下：

1.計算結合樣本分配的中數。

2.計算每一組的中數以上及以下的量數。

3.依 2×2 表，計算 χ^2 值。

某位研究者想依據受試者在操縱測驗上正確反應的數目，比較藥物治療的效果。在實驗進行中，實驗組的受試者接受藥物治療，而控制組則接受寬心藥。結果如表20-10所載。由於有個細格次數少於10，故適用耶茲氏校正公式。

表20-10

接受操縱測驗的40個受試者的分數

X	（藥物治療）		C	（寬心藥）		
56	24	f	58	16	f	結合組中數20
55	24	14	56	15	6	
43	23	↑	52	15	↑	
41	21		40	14		
31	19	Md	38	13	Md	
31	17		28	12		
27	16		19	10		
26	13	↓	18	10	↓	
26	12		18	9		
25	9	6	17	8	14	

	在中數或中數以上	中數以下	
實驗組	14　A	6B	(146)
控制組	6　C	14D	(614)
	(14 + 6)	(6 + 14)	40

$$\chi^2 = \frac{N\left[|AD - BC| - \dfrac{N}{2}\right]^2}{(A+B)(C+D)(A+C)(B+D)}$$

$$= \frac{40[|(14 \times 14) - (6)(6)| - 20]^2}{(20)(20)(20)(20)}$$

$$= \frac{40[(160) - 20]^2}{160,000}$$

$$= \frac{784,000}{160,000} = 4.90$$

d.f. = (2 − 1)(2 − 1) = 1，$p < .05$的χ^2 臨界值3.84，故實驗與控制組間的分數有顯著差異存在

參、曼─惠特尼U檢定

曼─惠特尼U檢定是用以考驗兩個母群體間差異顯著性的，所採樣本係從相同母群體隨機抽取，屬於無母數檢定，相當於母數的t檢定。曼─惠特尼U檢定中比中數檢定強而有力，以單側或雙側檢定虛無假設。當母數假定不能使用t檢定，以及

觀察結果以順序量尺值表示時，適用曼－惠特尼U檢定。

　　曼－惠特尼U檢定基本上是要計算U_1，在使用小樣本進行的實驗，從中觀察而得的結果U的顯著性，可依曼－惠特尼表上的臨界值決定之。

　　當兩組中的任一組的樣本數大於20時，U的抽樣分配接近於常態分配，其虛無假設可參照常態機率表所載z臨界值予以考驗。

　　結合的樣本值與組數無關，N_1與N_2係從最低等級至最高等級排列，第一等級是最低的分數、第二等級是次低的分數，依此類推。然後把每個樣本組的等級分別加起來，求其總和，且各用ΣR_1、ΣR_2表之。

　　U檢定的計算，有兩個公式：

$$1. U_1 = N_1 N_2 + \frac{N_1(N_1+1)}{2} - \Sigma R_1$$

$$2. U_2 = N_1 N_2 + \frac{N_2(N_2+1)}{2} - \Sigma R_2$$

N_1　：第一組的數目
N_2　：第二組的數目
ΣR_1：第一組等級的和
ΣR_2：第二組等級的和

　　但實際計算時，僅需算出其中一個U即可，另一個可由下列公式求出：$U_1 = N_1 N_2 - U_2$。若求得的U值較小時，可查曼－惠特尼U表（附錄拾）；此外U的z值可採下列公式表之：

$$z = \frac{U - \dfrac{N_1 N_2}{2}}{\sqrt{\dfrac{(N_1)(N_2)(N_1+N_2+1)}{12}}}$$

　　計算z值時，用哪一種U（較大或較小）值是無關緊要。z的符號視採用之性質而定，但數值均為相同。

　　如董老師從相同母群體隨機選取四十名學生，隨機分派在兩組，接受不同閱讀方法（如A法與B法）的訓練，想從中了解兩種方法的成效如何。於是提出虛無假設：接受A與B法訓練的學生之表現，沒有顯著差異。經實施一個學期之後，各組資料如表20-11。

表20-11

接受A法與B法閱讀訓練學生的分數

A	等　級	B	等　級
50	3	49	2
60	8	90	36
89	35	88	33.5
94	38	76	21
82	28	92	37
75	20	81	27
63	10	55	7
52	5	64	11
97	40	84	30
95	39	51	4
83	29	47	1
80	25.5	70	15
77	22	66	12
80	25.5	69	14
88	33.5	87	32
78	23	74	19
85	31	71	16
79	24	61	9
72	17	55	6
68	13	73	18
$N_1 = 20$	$\Sigma R_1 = 469.50$	$N_2 = 20$	$\Sigma R_2 = 350.50$

$$U_1 = N_1 N_2 + \frac{N_1(N_1+1)}{2} - \Sigma R_1$$
$$= (20)(20) + \frac{20(21)}{2} - 469.50$$
$$= 140.50$$
$$U_2 = N_1 N_2 + \frac{N_2(N_2+1)}{2} - \Sigma R_2$$
$$= (20)(20) + \frac{20(21)}{2} - 350.50$$
$$= 259.50$$

驗算：$U_1 = N_1N_2 - U_2 = 400 - 259.50 = 140.50$

$$z = \frac{U - \dfrac{N_1N_2}{2}}{\sqrt{\dfrac{N_1N_2(N_1 + N_2 + 1)}{12}}}$$

$$= \frac{140.50 - \dfrac{400}{2}}{\sqrt{\dfrac{(20)(20)(41)}{12}}} = -1.61$$

$p < .05$，z的臨界值1.96，故兩組的差異未達$.05$顯著水準

肆、符號檢定

符號檢定係用來評量實驗處理的效果的，適用於如下的有限環境：

1.實驗的變項或處理效果，無法計量，僅能判斷為優或劣的表現。

2.配對的實驗組或控制組的組數在10個以上，如屬同卵雙生子可以智商、性向或其他的變項配對。受試者自己可在觀察前、後設計中配對，即其中之一在控制組，另一在實驗組。

有26對受試者被隨機分派在實驗組與控制組，實驗結束時，實驗組中每位受試者由專家判定其與控制組配對的受試者的表現為優（＋）或劣（－），結果如下：

N = 26
18組受試者被判定為優　　+18
7組受試者被判定為劣　　　-7
1對被判定無差異　　　　　0
故N = 25

被發現沒有差異的案例，若進一步分析時，該對會被刪除。

有待檢定的虛無假設如下：實驗組的表現在.05顯著水準上沒有優於控制組；並假設正號的數目與負號的數目相等。針對該項虛無假設，以單側檢定評定實驗組表現的優異性，並依常態機率表z臨界值作顯著性考驗：

$$z = \frac{(O \pm .50) - \dfrac{N}{2}}{\sqrt{\dfrac{N}{4}}}$$

O：研究者感到興趣的符號的組數

當$O < \dfrac{N}{2}$時，使用（O + .50）

當O > $\frac{N}{2}$ 時，使用（O − .50）

*O = 18，N = 25（有一組沒有差異）

〔*研究者喜歡用（＋）符號；若在某項實驗，研究者喜歡加權的
損失（−），可計算（−）符號。〕

∵ 18 > $\frac{N}{2}$，故使用公式中的（O − .50）

$$z = \frac{(O - .50) - \dfrac{N}{2}}{\sqrt{\dfrac{N}{4}}} = \frac{(18 - .50) - \dfrac{25}{2}}{\sqrt{\dfrac{25}{4}}} = \frac{5}{2.50} = 2.00$$

又 $p < .05$ 單側檢定的z臨界比率為1.64

故拒絕虛無假設，且可確定實驗組的表現優於控制組

符號檢定適用於考驗相依而非獨立樣本間的差異；由於僅考慮優、劣的方向，未反映差異量的大小，因此不免略嫌遲鈍。

伍、適用於十對以上的魏克松配對組帶符號等級檢定

魏氏檢定略似於符號檢定，惟較具有考驗力，與其考驗的不僅（如符號檢定限於）配對組間的方向，同時也考驗差異的大小。若多數的差異對某一組有利，該組可能是優異組。虛無假設設定的差異的方向與大小約略相同。

魏氏檢定與符號檢定一樣，處理由個人配對組成的配對樣本，不能應用於獨立樣本，其計算程序簡述如下：

1.在實驗與控制處理之下，配對間的差（異），用d表示，每對分數都有一個d。

2.按d的大小排列等級，但不計符號。第一等級表示差（異）最小的、次小的差（異）列為第二等級，依此類推，等級總數等於配對數。

3.每一等級附加差（異）的符號。

4.把所有正號的差（異）的等級加起來，且把所有負號的差（異）的等級加起來。如正號的等級總數等於負號的等級總數，便可下結論：實驗的控制處理或變項間的效果，沒有差異。

當一對分數相等，在計算時，應把該對刪除。又當等級間的差（異）有兩個或兩個以上是相等時，它們各個的等級均以接著而來的兩個或兩個以上連續等級的平均數表之，如：

「兩個相等的差的等級的算法」

差（異）20, 21, 21, 26, 27

等級　　1, 2.5, 2.5, 4, 5

$$\frac{2+3}{2}=2.5$$

「三個相等的差的等級的算法」

差（異）18, 21, 21, 21, 28

等級　　1, 3, 3, 3, 5

$$\frac{2+3+4}{2}=3$$

在正、負號d中，就符號較少的等級加起來，以T表之。以z公式計算，再依據常態機率表中的臨界值予以解釋。

$$z=\frac{T-\dfrac{N(N+1)}{4}}{\sqrt{\dfrac{N(N+1)(2N+1)}{24}}}$$

N：配對數

T：d值中正、負號較少者的等級之和

如把13對同卵雙生子分開教學，每對的其中之一分配在異質班級（H），而另一個安置在能力分組班級（A）。一年之後，他們接受創造力測驗，比較成績的高下。其虛無假設為：兩個樣本的表現，在.05顯著水準上，沒有差異。資料如表20-12。

表20-12

分配在異質班級（H）與能力分組班級（A）之同卵雙生子的創造力分數

對　數	H	A	d	d的等級
a	70	80	+10	11
b	62	69	+7	8
c	85	90	+5	6
d	70	68	−2	②
e	54	58	+4	4.5
f	49	58	+9	10
g	80	74	−6	⑦
h				
i	79	80	+1	1

表20-12 分配在異質班級（H）與能力分組班級（A）之同卵雙生子的創造力分數（續前頁）

對　　數	H	A	d	d的等級
j	90	93	+3	3
k	64	75	+11	12
l	75	79	+4	4.5
				T = 9

N = 13 − 1 = 12（∵有一對沒有差異）

T = 如占少數符號（−）（d和g兩對）等級之和

$$z = \frac{T - \frac{N(N+1)}{4}}{\sqrt{\frac{N(N+1)(2N+1)}{24}}}$$

$$= \frac{9 - \frac{(12)(13)}{4}}{\sqrt{\frac{12(13)(25)}{24}}}$$

$$= -\frac{30}{12.75}$$

$$= -2.35$$

$p < .05$，z臨界值−1.96

∴兩個樣本的表現有顯著的差異

陸、克─華單因子變異數分析

克─華單因子變異數分析係將魏克松配對組帶符號檢定直接類推動三組（含）以上的獨立樣本之上，旨在考驗依所有取自相同母群體之樣本所建立的假設。

執行克─華單因子變異數分析時，不問成員歸屬在哪一組，先把所有分數，由小至大混合排列等級；然後計算各組之等級的和，以R_i示之；如果虛無假設為真，吾人期待R_{is}近乎相等，由本項分析求得的H值，以自由度K−1，查χ^2臨界值表，即可確定假設是否被接受，其公式如下：

$$H = \frac{12}{N(N+1)} \sum_{i=1}^{K} \frac{R_i^2}{n_i} - 3(N+1)$$

K = 小組組數

n_i = 在 i 小組觀察得到的次數

R_i = 在 i 小組的等級總數

N = Σn_i = 全部樣本數

如果有位國中輔導教師想透過慈暉班教學來降低青少年學生的輟學率，而把被鑑定為有問題的9位學生編在慈暉班、9位學生安置在普通班、另外9位學生則在家接受教育。教師以學校記錄學生輟學的天數作為指標變項，希望根據以下的資料，獲得結論。

在家教育		普通班		慈暉班	
輟學天數	等級	輟學天數	等級	輟學天數	等級
15	18	10	9	16	19
18	22	13	13.5	14	16
19	24.5	14	16	20	26
14	16	11	10	22	27
5	4.5	7	6.5	19	24.5
8	8	3	2	5	4.5
12	11.5	4	3	17	20
13	13.5	18	22	18	22
7	6.5	2	1	12	11.5
Ri	124.5		83		170.5

$$H = \frac{12}{N(N+1)} \sum_{i=1}^{K} \frac{R_i^2}{n_i} - 3(N+1)$$
$$= \frac{12}{27(27+1)} \left(\frac{124.5^2}{9} + \frac{83^2}{9} + \frac{170.5^2}{9} \right) - 3(27+1)$$
$$= \frac{12}{756} (5,717.722) - 84$$
$$= 90.757 - 84 = 6.757$$
$$df = 3 - 1 = 2$$

$p < .05$　χ^2臨界值為5.99，故拒絕虛無假設。

柒、弗里得曼二因子等級檢定

由經濟學家弗里得曼（Milton Friedman）所倡導的二因子K個相關樣本等級檢定（rank test for Kcorrelated samples）（Howell, 2007），亦稱弗里得曼二因子變異數分析（Friedman two-way analysis of variance），適用於從相同母群體，抽取當研究的相關標本在兩個（含）以上。如欲判斷使用視聽媒體對演講品質的影響，選出三組由17位演講者分別對主題均採視聽媒體解說、部分主題採視聽媒體解說、完全不使用視聽媒體；然後要求各組聽眾在75點量尺上評定演講者的分數，再依所有成員評定的平均數為依變項，假設性的資料如下，每位演講者被各組聽眾評定的原始

分數平均數，依高低排序在括弧內（引自Howell, 2007, p.661）。

演講者	使用視聽媒體的次數		
	完全不用	偶而使用	多次使用
1	50(1)	58(3)	54(2)
2	32(2)	37(3)	25(1)
3	60(1)	70(3)	63(2)
4	58(2)	60(3)	55(1)
5	41(1)	66(3)	59(2)
6	36(2)	40(3)	28(1)
7	26(3)	25(2)	20(1)
8	49(1)	60(3)	50(2)
9	72(1)	73(2)	75(3)
10	49(2)	54(3)	42(1)
11	52(2)	57(3)	47(1)
12	36(2)	42(3)	29(1)
13	37(3)	34(2)	31(1)
14	58(3)	50(1)	56(2)
15	39(1)	48(3)	44(2)
16	25(2)	29(3)	18(1)
17	51(1)	63(2)	68(3)
	30	45	27

計算上述三組之間的變異情形，可使用弗里得曼的考驗如下：

$$\chi_F^2 = \frac{12}{NK(K+1)} \sum_{i=1}^{K} R_i^2 - 3N(K+1)$$

R_i = 第i種條件等級的和

N = 受試者（演講者）人數

K = 條件數

將上述資料，代入χ_F^2中，得

$$\chi_F^2 = \frac{12}{17(3)(3+1)}(30^2 + 45^2 + 27^2) - 3(17)(4)$$
$$= 10.94$$

在自由度K-1(＝2)，$p = .05$的χ^2臨界值為5.99，故拒絕虛無假設。

第九節　電腦在資料分析上的運用

電腦（computer）具有迅速的、精確的數學計算與統計運算功能，研究者如能善加運用，可節省大量的時間與精力，無論在自然科學、行為科學或人文科學，電子計算機已蔚為最有效用的研究工具之一。電子計算機為因應各種不同的需求，而發展出多種不同的套裝軟體（package），提供各研究者使用。發展套裝軟體之目的，乃在於提供使用電子計算機的便捷方法，無論研究者是否會寫程式（program），都能使用電子計算機，享受因電子計算機為人們提供的服務以及所帶來的樂趣。一般言之，在電子計算機中心，都應有計算平均數、標準差、相關係數、t檢定、變異數分析、共變數分析、多元迴歸、因素分析以及各種無母數分析的程式或子程式可用。

適用於教育與心理學研究的統計套裝軟體，主要的有「社會科學統計套裝軟體」（Statistical Package for the Social Sciences，包括SPSS™以及SPSS－X™兩種）、統計分析系統（Statistical Analysis System, SAS®）及BDMP。其中較有名氣且較多人使用的（但不一定是最好的），為由SPSS出版的那些程式，尤其中文版視窗版SPSS問世之後，讀者用來更加方便且迅速。惟究竟要使用那些程式，端視使用者的需要與偏好而定。

使用SPSS時，研究者首先要準備好資料，然後告訴SPSS，要它做哪些事，很快的SPSS就會把結果呈現，非常方便；研究者不必寫任何程式，要使SPSS套裝軟體能了解希望它幫研究者做哪些事，必須參考SPSS使用手冊，依照其規定的方式，準備資料，進行分析處理工作。

第十節　缺漏資料的處理與研究結果的解釋

壹、缺漏資料的處理

當研究者在登錄統計資料時，經常／偶而會發現參與者填答的資料中有所缺漏，須加以處理，方可進行統計分析。所謂缺漏資料（missing data）泛指參與者沒有提供研究上所需的資訊而言，包括這些資訊可能是遺失了，或參與者跳題作答

而未被事先發現以致漏填，也可能因填答問題具敏感性而被拒絕作答所致。這些缺漏資料，若不加以處理，將會造成統計分析上的問題。

最好的處理方式是事先的預防，在設計問題時，提供參與者願意作答且能作答的問題，即可避免資料的缺漏。

參與者提供的資料一旦有所缺漏時，便得考量補救之道，一般而言，論者約提供如下的作法，可供參考：

其一：將有缺漏資料的參與者排除在接受資料分析之列，只有讓填答資料完整的參與者接受分析，惟此舉可能會使接受統計分析的參與者人數減少。

其二：賦予缺漏資料的個案在該題項上一個替代值。如某類別變項的平均數為7，則在該資料方格中每一個缺漏變項的值為7。若其為連續變項則可使用SPSS/Window的電腦程式來計算每個缺漏資料的值，George和Mallary（2001）即有此種主張，且認為大致有15%以上的缺漏資料，在不致改變統計發現的情況之下，以平均數作替代值。

其三：運用迴歸分析法，以缺漏資料為依變項；此種迴歸方程式提供的預測值可作為缺漏資料的值。

其四：最容易的解決途徑為採用無母數統計考驗。

貳、結果的解釋

應用顯著性考驗（檢定）的唯一結果為，在統計上達到顯著性與否的一個數值，其真正的意義，有待研究者予以詮釋。這種統計分析的結果，需依照研究的目標、最初的研究假設，以及同一研究領域所執行的其他有關研究，提出解釋。為了具體說明，茲分從以下四項析述之（Mills & Gay, 2016）：

一、假設的結果

研究者須討論研究結果是否支持研究假設及其理由所在，以及研究結果是否與其他發現一致及其理由之所繫。若研究結果與其他研究不一致，不一致的理由須加以探討；在該項研究中可能涉及效度問題，或可能發現以前未被發現的關係。

若研究結果未拒絕虛無假設，以及研究假設未獲得支持，並無大礙；一個剛從事研究者面對此種情況，產生的自然反應，可能是大表失望，事實上，毋須如此，因為：未能拒絕虛無假設並非指所提出的研究假設錯誤；即使是如此，宜力求了解什麼因素造成這種情況，哪些變項可能是無關的因素才是重要。即使一項研究假設獲得支持，也未必指所作的處理對不同的母群體、不同的材料以及不同的依變項，會產生相同的結果。惟所作的研究，若有些嚴重的效度問題，研究者應將這些問題詳作描述。若因某種理由，而有受試者亡失現象，研究者須探討其理由，以及這種情況可能對研究造成的影響。

二、未假設的結果

未假設的結果（unhypothesized results）須小心解釋。在研究期間，常出現的明顯關係，卻未在假設中提出；如接受實驗的受試者似乎在學習新數學概念時，需使用一些例子，乃為一種未假設的關係。但研究者既不想改變原來的假設，也不願加入新的假設，因假設須依理論或經驗演繹而得，且在事先形成。對假設的真正考驗（檢定），出自於其解釋與預測什麼「將」會發生，而非什麼正在發生的能力。惟研究者能蒐集與分析那些未預見之關係的資料，然後提出的研究結果，仍可作為以後由研究者本人或他人研究的基礎，特別是將之用來檢定和研究者所提出的發現有關的假設時，格外適用。

三、統計的與實用的顯著性

揆諸事實，結果達統計上的顯著性，並非即指此等結果具有任何教育上的實用價值。統計的顯著性（statistical significance）僅指研究結果可能由機會造成的百分比，如5%，亦即觀察所得的關係或差異可能是一種真正的關係，但不必是重要的關係，這種關係通常以機率（probability）或p值表之。如樣本很大時，相關係數很小，就達統計上的顯著性，但對任何人來說，卻毫無真正的實用價值。同樣的情形是，t檢定的誤差受到樣本數的影響，隨著樣本數的增加，誤差（分母）便會減少，因而t比率隨之增加。職此之故，很大的樣本，平均數的差很小，即可在t檢定達到顯著性。因此兩組分數的平均數的差異，可能達到統計上的顯著性，但可能不值得去修改課程。

統計的顯著性不容與實用的顯著性（practical significance）混為一談。亦即結果達統計的顯著性，並不意味著它們是「重要的」或「實用的」顯著性。如前段所述，使用大樣本求得的相關係數、t值或其他統計指數，容易達到統計的顯著性，但如使用小樣本的實驗研究，處理的效果就不易被測出；例如：當樣本數為100時，$r = .20$的相關，即達統計的顯著性（$p < .05$），但仍屬低相關，兩個變項之間無法顯示強度相關。類似的情況是在50題測驗上的前、後測得分，後測多了2分，以t值計算，達統計的顯著性，但是多得2分是否充分的或具實用的重要性。如果研究者即是實驗工作者，他必須作決定，但是決定統計的顯著性比較簡單，通常以電腦程式即可解決；然而要作成實用的顯著性決定，就比較主觀了（Efron & Ravid, 2013）。

四、結果的複製

支持研究假設的最強力量，可能是源自結果的複製（replication of results）。所謂複製意指把研究再做一次。第二次（第三次等）研究可能是第一次研究的重複，使用相同或不同的受試者，或是代表著考驗相同假設的替代性作法。雖然以相同受試者重複進行研究會支持結果的信度，但是在相同的或不同的背景中，以不同

的受試者,重複該項研究,可增加發現的可概括性。當在某一研究中,發現不平凡的或新的關係時,或當研究結果具有實用的顯著性以及研究中的處理真正能造成差異時,格外需要複製。

關係的顯著性,若在較自然的情境中複製,也可能獲得提升。如在猶如實驗室的環境中,高度控制的研究發現A方法比B方法有效。以實用顯著性以及教室實務的涵義之名義,解釋和討論結果時,則需小心。惟若在教室情境中,發現相同的結果,研究者對於該等結果的可概括性,較不必作暫時性的說明。

作 業

一、選擇題

1. 在研究中，作成機率敘述，因為：（①期待個案的總數鮮為人知 ②抽樣可能有誤差存在 ③測量的信度與效度問題 ④答案②與③皆是）。

2. 虛無假設是一種怎麼樣的敘述？（①與期待的結果相同 ②因為我們僅能反證，但不能證明，而有必要 ③以與統計考驗相對應的反面陳述 ④報告研究有所必要）。

3. 下列何者不能用來表示顯著水準？（①p ②α ③t ④alpha）。

4. t考驗（檢定）用來比較：（①兩個（含）以上平均數 ②一個平均數與一個已確立的興趣值 ③兩個平均數 ④答案②與③皆是）。

5. 相依樣本的t檢定的另一名稱為：（①相關的對 ②配對 ③非相依 ④獨立的）。

6. 在單因子變異數分析中，研究者將報告：（①一個F統計量 ②3個統計量 ③所有獨立變項的結果 ④所有依變項的結果）。

7. 多因子變異數分析使用的時機為：（①有兩個或更多個自變項 ②有兩個或更多個依變項 ③t考驗不可行 ④答案①與③皆是）。

8. 使用多重比較程序，乃在於：（①較為方便 ②在作結論時，可減少錯誤的機會 ③考驗所有組別差異的唯一方法 ④其他程序過於保守）。

9. 在什麼時候，會發生交互作用？（①每個變項的結果不同時 ②每個變項的效應不同時 ③兩個或更多變項結合以獲致獨特效應的結果時 ④兩個人或更多人彼此交談時）。

10. 2×4 ANOVA係指：（①兩個自變項與一個依變項 ②一個有兩種層次的自變項與一個有四種層次的依變項 ③八個自變項 ④一個有兩種層次的自變項與另一個有四種層次的自變項）。

11. 多變項程序使用的時機為：（①有好幾個變項 ②有一個以上相關的依變項 ③自變項各含有兩種以上的層次 ④有待處理多重檢定）。

12. 推論統計能使研究者：（①獲致不致錯誤的結論 ②以不完全的資訊，獲致合理的結論 ③敘述事實，現象的結論 ④可獲致顯著水準的結論）。

13. 發生第二類型錯誤的時機為：（①拒絕錯誤的虛無假設 ②拒絕真正的虛無假設 ③已犯了第一類型錯誤 ④維持錯誤的虛無假設 ⑤維持真正的虛無假設）。

14. 「顯著水準」係指：（①在分析實驗的資料之後，統計某事件單由於機會發生的機率 ②研究者願意接受第一類型錯誤的機率 ③第二類型錯誤的真正機率

④研究者願意接受第二類型錯誤的機率）。

二、研究者想研究小學生是否較快樂的問題。試問：

　　1. 該問題的虛無假設是什麼？

　　2. 在本個案中第一類型與第二類型錯誤是什麼？

　　3. 若甲以.05顯著水準，而乙以.001顯著水準探討本問題，試問何者較易犯第一類型錯誤？

　　4. 若丙以.05顯著水準，而丁以.001顯著水準探討本問題，試問何者較易犯第二類型錯誤？

三、煙商僱用研究者比較吸煙者與非吸煙者之間罹患肺癌的比率。煙商考量以前對該問題研究的結果，可能勸導研究者須特別小心，以避免犯哪一類型的錯誤？

四、當研究結果未達統計上的顯著性時，表示什麼意義？

五、犯第一類型錯誤的兩個必要條件是什麼？

六、下列各項敘述，你是否同意？為什麼？

　　1. 拒絕負面的假設比證實正面的假設，在邏輯上更強而有力。

　　2. 在未涉及抽樣的純敘述性研究中，統計的顯著性考驗沒有實用的目標。

　　3. 若統計檢定決定，某一項研究發現在.05水準達到顯著性，即標示其間的關係，由抽樣誤差所導致的機率僅有5%。

　　4. 在.05顯著水準被拒絕的任何假設，確可在.01水準被拒絕。

　　5. 以單側檢定拒絕虛無假設的t臨界值高於雙側檢定的臨界值。

七、就下列情況，計算自由度的數目：

　　1. 從樣本標準差估計母群體標準差。

　　2. 計算相關係數的統計的顯著性。

　　3. 決定兩組平均數間的顯著性。

　　4. 計算$2 \times 4 \chi^2$表。

　　5. 計算$3 \times 5 \chi^2$表。

八、試說明在什麼條件之下，宜使用共變數分析，而不宜使用變異數分析，反之亦然。

九、某位研究者測驗兩組隨機抽取的樣本在一項任務上的表現。每個人的表現以優、良、可、劣計分。以t檢定處理兩組平均數的差異。該結果以.01水準而不以.05水準的顯著性予以解釋。惟據以作成的決定是拒絕虛無假設，並下結論說，樣本量數事實上是不同的。接著，研究者擔心已可能犯第二類型錯誤。在本例中，無論在推理與使用的程序方面，可能有好幾個錯誤，試分別指明之。

十、下列各例，適用於哪一種統計程序最佳？

　　1. 某位研究者對於處理小學三年級的訓育問題感到興趣，隨機分派實習教師進行教學，以觀成效。

　　2. 某位教師對於任教班級學生施予為期4週的性教育課程之後，想要了解學生是否對性的態度有所改變。為了評估該計畫的重要性，教師在課程實施前、後測量

學生的態度。

3. 就第2個問題來說，該教師決定對自己的計畫作更周密的檢定，而把學生隨機分派一組，接受控制的情境。她也分析其對男、女學生的影響。

4. 某位輔導員想了解高二學生的自尊與到輔導中心商談的次數之間的關係。

5. 某位博士班研究生對於高成就與低成就學生間的態度的差異情形。在他們接受測試之後，得到教師不同類別的回饋。本項研究中教師回饋的方式有4種；態度有8種，如對教師的態度、對學習科目的態度、對學習的態度等。

十一、某位研究者想要決定實施數學個別化教學的重要性，隨機分派30個學生，接受3種實驗處理，12週之後所得之數學成績如下：

全班教學	能力分組	個別化教學
13	22	22
19	24	20
18	23	21
17	25	19
15	20	20
17	22	18
18	23	21
16	21	17
16	23	20
17	19	19

1. 試依這些資料計算3×1 ANOVA，包括自由度、決定各組間是否有顯著差異。

2. 敘述該項研究的發現。

十二、有項實驗設計旨在決定使用微電腦是否有助於發展學生的解題技巧。控制前測，運用共變數分析以決定組間在.05水準是否有顯著差異？資料如下：

不使用微電腦組		使用微電腦組	
前測	後測	前測	後測
15	19	14	19
14	18	12	15
15	20	15	17
17	21	16	22

不使用微電腦組		使用微電腦組	
前測	後測	前測	後測
16	19	14	18
19	22	15	19
13	17	18	21
15	20	13	16
14	17	14	18
16	19	13	17

十三、將50名大一學生隨機分派在實驗組與控制組，以決定輔導計畫對學業平均成績的影響。試利用曼—惠特尼U檢定下列假設：實驗組與控制組的學業表現，在.05水準沒有顯著差異。資料如下：

控制組	實驗組
2.01	2.10
2.69	3.00
3.07	1.96
2.14	2.04
2.82	3.27
2.57	3.60
3.44	3.80
4.00	2.75
3.01	1.98
2.55	2.00
2.77	2.98
3.09	3.10
2.72	3.69
3.34	2.66
2.81	2.56
3.05	2.50
2.67	3.77
1.90	2.40

控制組	實驗組
1.70	3.20
1.57	1.71
1.39	3.04
2.09	2.06
3.68	2.86
2.11	3.02
2.83	1.88

十四、根據智商把某國中一年級乙班學生配對分成兩組,一組使用傳統法教健康教育的某一單元,另一組以先討論後看幻燈片的方式教導;俟教完該單元之後,施予測驗,資料如下:

幻燈片	傳統法
70	60
98	88
79	78
80	82
75	60
70	54
87	80
68	54
78	50
89	80
84	60
96	90
88	70
74	86
78	60
65	75
92	88
80	60

幻燈片	傳統法
70	92
88	96

試以魏克松配對組帶符號等級檢定，考驗兩組對該單元理解的差異，達.05顯著水準。

十五、有一組老鼠接受維他命的補充，另一組則接受定期的節食。兩組老鼠係隨機分配而得，試以單側檢定「補充維他命不致增加實驗組老鼠的體重」此一假設，是否達.05水準。

實驗組　　　　控制組
N = 12　　　　16
S = 15.50克　　12.20克
$\overline{X}$ = v140克　　120克

十六、試依下列資料，考驗「頭髮顏色與每月約會次數」沒有相關的虛無假設（試利用雙側檢定處理，並把顯著水準訂在.05）。

髮色 ＼ 約會次數	少於10次	11～15次	多於15次
金髮	6	60	14
褐髮	14	48	8
紅髮	10	32	8

十七、計算相關係數的t值：r = +.30，N = 18

十八、試依以下資料，計算Y：

a = 11.2，b_1 = .2，b_2 = .4，b_3 = .3，X_1 = 70，X_2 = 60，X_3 = 82

十九、試以薛費法就第十一題的結果，作事後比較。

二十、因為要評鑑在家教育的替代方法，所以研究者挑選12位問題青少年為對象，以評定(1)他們在家教育期間；(2)在家教育之前，以及(3)在家教育之後輟學的天數如下：

學生	1	2	3	4	5	6	7	8	9	10	11	12
之前：	10	12	12	19	5	13	20	8	12	10	8	18
期間：	5	8	13	10	10	8	16	4	14	3	3	16
之後：	8	7	10	12	8	7	12	5	9	5	3	2

請使用弗里得曼檢定，又得到的結論是什麼？

二十一、下表是一項3組；N＝30研究的ANOVA的部分資料，請填寫摘要表資料，並作解釋。亦請計算作為效果值量數。

變異來源	SS	df	MS	F	顯著水準
組間	97.4				
組內	161.4				
總數	258.8				

答案：

一、1.④；　2.②；　3.③；　4.④；　5.②；　6.①；　7.①；　8.②；　9.③；10.④；
11.②；12.②；13.④；14.②。

二、1. 就讀學校的層級與快樂沒有關係。

2. 如研究者宣布小學生比非小學生快樂，或小學生比非小學生不快樂，但事實上兩組的快樂等量時，便犯了第一類型錯誤。

3. 如研究者無法下結論小學生比較快樂或比較不快樂，但事實上他們卻是如此時，研究者便犯了第二類型錯誤。

4. 以.05顯著水準考驗本題的甲。

5. 以.001顯著水準考驗本題的丁。

三、第一類型錯誤。

四、結果易成為機會的函數；證據不足以證實結論合理。

五、虛無假設必須為真，且研究者必須予以拒絕。

六、1. 同意。證實正面的假設，論點較弱，因為尚有其他理由可以解說結論為真；它無法排除替代性或對立性假設的有效性。拒絕負面假設運用較強而有力的邏輯。

2. 同意。統計的顯著性考驗，在機率基礎之上，作為解說接受或拒絕抽樣誤差的根據，因此惟當涉及抽樣處理才有顯著性考驗。

3. 同意。顯著水準決定抽樣誤差的機率，而非解釋處理變項之用。當研究者發現，一項觀察在.05水準達到顯著性，他即在於承認解釋抽樣誤差的機會有5%。

4. 不同意。.01α水準的標準比.05水準的標準更嚴格。惟任何假設在.01水準被拒絕了，可確信在.05顯著水準會被拒絕。

5. 不同意。單側檢定的t臨界值較小。拒絕區為常態曲線的單邊，並未越過此區。

七、(1)N－1；(2)N－2；(3)$N_1 + N_2 - 2$；(4)3；(5)8。

八、共變數使用的目標，要者有二：以統計程序調整最先未經控制各組的一個變項或多個變項與依變項的差異；增強發現兩組平均數間差異顯著性的可能性。

九、推理或程序的誤差有：

1. t檢定不能應用於測量順序量尺的資料，以及平均數不宜以順序資料計算。
2. 顯著性有混淆，考驗的顯著性既訂在.01水準，也訂在.05水準。
3. 拒絕虛無假設獲得的結論是母群體量數，而非樣本量數的不同。
4. 因為拒絕虛無假設，沒有可能犯第二類型錯誤，只有犯第一類型錯誤的可能，即拒絕真的假設。

十、1. 本研究分成三組，可使用單因子變異數分析，如有必要可接著採用事後比較。
2. 因為同組的學生評量兩次，適用相關樣本的t檢定。若依變項在一個以上（即性教育分成數個向度），則要採用多變量檢定。
3. 2×2 ANOVA。此一分析可對每一種主要效應提供檢定，以及檢定組與性別間的交互作用。
4. ①計算自尊與商談次數之間的相關，以t考驗了解相關與零是否有顯著的不同；②將學生分組（如高、中、低自尊組），以每組平均次數計算1×3 ANOVA。
5. 有兩個自變項以及八個相關的依據項。適用24多變量變異數分析，如有必要可接著採用事後比較。

十一、1. $F = 27.922$，d.f. $= 2,27$，$p < .001$。
2. ANOVA在於顯示諸項平均數間有無顯著差異，本研究發現能力分組效果最大，個別化教學居次，全班教學最差，然而每對間的差異，可用t考驗或事後比較程序比較其間的差異。

十二、$F = .10$，$d = .f.1,17$，n.s.。

十三、$z = .28$。未拒絕虛無假設，輔導計畫的效果似未達統計上的顯著性。

十四、$z = 2.13$。拒絕虛無假設，兩組測驗分數的差異似乎是顯著的。

十五、$t = 3.77$。拒絕虛無假設，實驗組增加的體重是顯著的。

十六、$\chi^2 = 10.33$，d.f. $= 4$，髮色與約會次數達.05顯著水準。

十七、$t = 1.26$，未拒絕虛無假設，相關係數未達統計上的顯著性。

十八、$Y = 24.6$。

十九、略。

二十、$\chi^2_F = 9.04$，在df $= 2$，$p = .05$的χ^2臨界值為9.04
∴拒絕虛無假設。

二十一、

變異來源	SS	df	MS	F	顯著水準
組間	97.4	2	48.70	8.14	.01
組內	161.4	27	5.98		
總數	258.8	29			

$\eta^2 = $ 組間SS / 總數SS $= 97.4/258.8 = .38$

結論：該研究各組間平均數的差異達統計上顯著差異的水準。效果值是大的。

第21章

研究報告的撰寫與評鑑

　　研究報告的撰寫方式，隨著學科領域或學術團體的不同要求而異；但大致有規範可循，而這些規範對某些人而言，多少帶有強制的性質，如研究生撰寫學位論文時，須符合就讀學校或系所所規定的體例即是。

　　目前國內對研究報告體例的要求，未盡一致，但學術性刊物對投稿者常自訂一套體例，否則不予刊登，以免造成雜亂無章的局面，有其貢獻，值得稱許。即使國外亦然，一般來說，以外文撰寫的心理學報告，在體例上的要求，似有逐漸採用美國心理學會*出版手冊*（*Publication Manual of the American Psychological Association* [APA], 2020）倡導的APA格式的趨勢；但非心理學的領域，則未盡如此，惟大致上仍多以美國芝加哥大學出版組印行的*芝加哥格式手冊*（*Chicago manual of style: The essential guide for authors, editors, and publishers* (16th ed.). Chicago, IL, University of Chicago Press, 2017），或多參考Turabian（2017）提供的規定的格式為準；或以美國現代語文學會（the Modern Language Association of America）的*研究報告作者手冊*（*MLA Handbook for Writers of Research Paper*, 8th ed., by Gibaldi, J. & Franklin, P., 2016）的規定為依據。本書無意專採某一種格式，而是在參考書目的撰擬部分，一方面引介APA*出版手冊*（*Publication Manual of the American Psychological Assouation*）的格式，以應心理學界的要求；另一方面則引介*芝加哥格式手冊*。如是的安排，可讓讀者了解，格式並非只有一種，以增廣視野。至於中文的書目，則可仿照西文的寫法，並配合中文的語法、習慣調整之即可。

第一節　論文、研究報告的體例

壹、期刊、雜誌論文的體例

　　一般期刊、雜誌刊登的論文，大抵分成量的研究（quantitative）報告、混合法

研究論文、複製研究論文、質與量的後設分析論文、文獻探討（literature review）論文、學理性論文（theoretical articles）、方法的論文（methodological articles）、個案研究（case studies）、學生的報告、碩博士論文和其他類（APA, 2020）。

一、量的研究報告

係屬於原創性研究報告，包括如下四個部分，各自代表不同的研究過程：

1. **緒論**：說明研究問題的背景以及敘述研究的目標；
2. **研究方法**：描述執行研究時所採用的方法；
3. **結果**：針對研究，提出所發現的結果；
4. **討論**：就研究結果的涵義，予以解釋和討論。

二、文獻探討

係針對已公開發表之研究材料，提出批判性評鑑，包括整合研究與後設分析（meta-analysis）。此類論文有助於釐清問題，並可協助了解時下研究的進展，包括：問題的界定與釐清，過去研究摘要（旨在告知讀者有關時下研究的狀況），確認文獻中的關係、矛盾、差距與不一致性，進一步建議解決問題的（次一）步驟。

三、學理性論文

其結構與文獻探討接近，只是前者僅就影響學理性問題有關的實證資訊，予以陳述。研究者探源溯流方式分析學理的發展，旨在擴充或修正學理上的構念；研究者通常會提出新的理論，或分析現有理論的瑕疵，或展現某一理論優於另一理論之處。在此類論文中，研究者通常會檢核該理論的內在一致性與外在效度，即該理論是否有自相矛盾之處，理論與實證研究是否彼此相互矛盾。

四、方法的論文

此類論文在於提供研究者社群新的研究觀點、修正現有的方法，以及討論量的與資料分析的方法；其焦點置於方法論的或資料分析的觀點，在解說該方法時，應導入實證的資料。方法的論文應提供研究者夠詳細的資料，俾使他們得以將該方法應用於他們的研究問題之上，進而言之，此類論文可使讀者合理地將該方法與時下使用的替代方法作比較，並執行該方法。

五、個案研究和其他類型的質的研究論文

當作者為了解說問題，指出解題的手段、或投注於需要的研究或學理問題，對個人或組織進行研究，而將所得的個案材料予以描述，作此種研究，一方面要徵得受研究者書面同意，另一方面將個案的材料作適度地偽裝。

六、其他

包括一些未出版的論文，如簡要報告、對已出版之論文的評述與答覆、書評、訃文、致編者的信函、專題論文、混合法的論文、複製的論文等。

貳、學位論文或研究報告的體例

不論是碩士論文、博士論文，或學期報告的撰寫體例，大致包括四個主要部分：報告正文前的基本資料（preliminary section or front matter）、報告的主體（main body of the report）、參考書目／文獻（reference section）、附錄。每個部分又細分成若干大項。茲以博士論文為例，就其內涵列如圖21-1。

圖21-1
博士論文章節名稱的安排

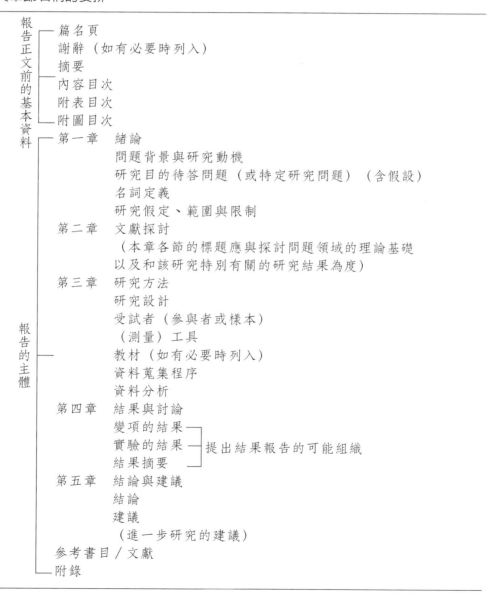

一、報告正文前的基本資料

報告正文前的基本資料，大致包括：篇名（題目名稱）頁、謝辭、摘要、內容目次、附表目次、附圖目次等。

1. **篇名頁**：報告的首頁，即是篇名頁，大致包括：報告的題目名稱、作者姓名、提交報告或論文的學校、學位名稱、提出日期（標示中華民國年月或西元年月均可）、指導教授等。以學位論文的篇名頁觀之，直式與橫式的寫法，各有出入，如圖21-2(1)、(2)所示。撰寫報告或論文所選用之篇名，須考慮如下各項：(1)篇名須簡明清晰，足以表明研究的目的；(2)篇名涵蓋的範圍，不要超出研究所揭示的內容；(3)篇名不要流於廣泛，以致選用的工具或方法，無法滿足需要。如要了解台南市國小學生的自我概念，篇名不宜訂爲「（我國）國小學生的自我概念」，稱爲「台南市國小學生的自我概念」爲妥。又國內論文的篇名之末總喜歡加上「……之研究」，有人認爲論文或報告本身即是研究，加上這些字，實有畫蛇添足之感，應予刪除；有人則主張，加上又何妨，似無定論；(4)篇名如一列（行）排不完，須分成幾列（行）時，在分列（行）之初，除了需考慮文詞的統整性之外，橫排以形成倒金字塔式爲佳。

圖21-2(1)
論文篇名頁橫排格式

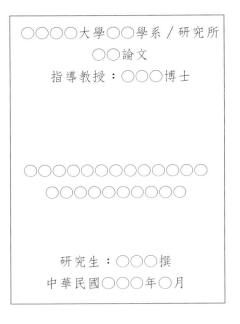

圖21-2(2)
論文篇名頁直排格式

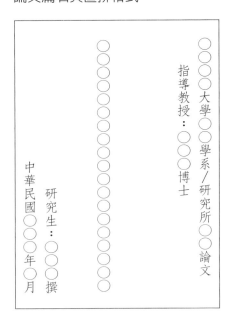

2. **謝辭**：謝辭這一頁，是研究者對於在論文或報告撰寫期間，對提供特殊協助者表示敬意之用，通常包括指導教授、協助蒐集資料者、家人、資助研究經費單位等；謝辭的內容，宜求簡短，避免過分誇張。如無特殊需要，本頁亦可省略。

3. **摘要**：一篇學位論文或嚴謹的研究報告，似乎少不了摘要。摘要須能準確反映論文或報告的內容與目的，力求清晰易讀且忠實，避免妄作評述。一篇實證性研究報告的摘要應描述：研究的問題、研究對象的特徵（如人數、年齡、性別、類別等）、研究方法（如資料蒐集技術、介入程序）、發現（含統計顯著水準）、結論與啟示或應用。學理性論文或文獻探討之摘要則應包括：主題、目標與範圍、使用資料來源、結論。方法的論文摘要應包括所討論之方法的類別、方法的特徵、方法應用的範圍、統計程序的力量等主要特徵。至於個案研究的摘要包括：所研究之個體、組成的主題及相關特徵，該案例之問題的性質或解決方式，進一步研究的問題（APA, 2001）。一般碩、博士論文摘要包括：問題的敘述、簡述研究方法與設計、主要發現及其重要性、以及結論（Slade & Perrin, 2010）。其字數多寡不一，如以英文撰寫的實驗性質的論文和博士論文，大抵以100～150字為宜；如為學理性論文，則以75～100字為妥（APA則認為連同每個字母與間隔計算在內，不宜超過960個，即最多限於120個字）。中文摘要的字數並無明確標準可循，但最多以不超越600字的稿紙一張或電腦打字12號字一頁為妥。

4. **內容目次**：好的內容目次，即為論文或報告的完整性大綱。中文的內容目次，大致包括章名與節名兩部分。各章、節名之下，載有頁數。章、節名稱須與報告或論文內所載的一致。

5. **附表目次**：論文或報告如有附表，以單獨的一頁列出附表目次為宜，其名稱及編號須與論文或報告的文本內容一致。論文或報告的內容簡短，附表不多時，其編號可依表1、表2、表3，依此類推，延續下去。但附表太多時，則宜按章別分別編號，各章自成一個單元，如第1章的表，依序為表1-1、表1-2、表1-3，依此類推。是以表7-5即表示第7章第五個表。另依APA規定，表次從表的最左邊排起，表的名稱則列在其底下第二行位置，並與表次這一行的起始對齊（如本書各個附表的排列方式），但中文著作另有各自的規定。

6. **附圖目次**：附圖目次的安排依APA（2020）規定，圖次別與名稱，置於該圖左上方，圖次置於第一行，圖的名稱置於第二行；但如續接的頁，則在頁以後續接圖的名稱，再接上（續前頁），詳見第二節之參。

7. **附錄目次**：如有附錄依序以附錄一、附錄二排列，如無則可省略。

二、報告的主體

報告或論文的主體，以量的研究為例說明，大致上可分成五個部分，即緒論、文獻探討、研究方法、結果與討論、結論與建議。但屬於學理性分析的報告或論文，則需顧及全文的完整性與合邏輯性，能自成一個體系即可，惟緒論一章則不可省略（見本節之壹），茲針對量的研究的體例，分別說明於後。

1. **緒論**：該部分與本書第7章第一節量的研究計畫大綱壹所述的緒論內容，除了文獻探討另成一章外，其餘各節，二者大致相同。即緒論一章，大抵包括：問題

背景與研究動機、研究目的與待答問題（或稱特定研究問題）或假設、名詞定義、研究的假定、範圍與限制等項，但可視論文或報告的性質，而略有增刪。

2. **文獻探討**：有的論文或報告將文獻探討細分成理論基礎與文獻概覽兩節。旨在引證過去的研究結論，以為現在的研究，提供背景，且採摘要方式列出。有關研究發現一致的和不一致的部分，均須同時兼顧，不宜有所軒輊。本書第7章第一節壹緒論之四與第3章，也有深入的說明。

3. **研究方法**：本部分亦有人稱之為「研究設計與實施」。包括研究設計（必要時可將研究架構圖納入）、選樣所運用的技術與樣本數、蒐集資料的方法、選用或編製之工具的信度與效度、使用的材料、分析資料使用的統計程序、研究倫理等。此部分亦可參考本書第7章第一節之貳和參的說明。但亦有人認為方法一章只要分成受試者（參與者）、樣本與程序兩節即可；受試者（參與者、樣本）一節包括確認參與的研究者與人數、選取樣本的方法、重要的人口學特徵（如性別、年齡、社會經濟地位等）、可供讀者複製的資料。程序一節包括執行研究的實際步驟，如測量工具的選用、實驗處理、受試者的分派、評量的順序、時間安排等項。

4. **結果與討論**：該部分為整篇論文或報告的核心。有的將「結果與討論」併成一章，有的則將之分成兩章，一章描述「結果」，另一章專作「討論」（Slavin, 1992）。無論結果與討論二者分開或合併，該部分的撰寫，應根據研究假設或目的、或待答問題，提供清晰的描述。本章宜在稍起個頭後，複述假設，接著提出所有發現，來探索其與假設的關係；除了採文字敘述外，尚借重圖、表的設計，將結果以圖或表呈現出來，從中可以發現重要的結果。有關圖、表宜與敘述的文字排在一起，藉著圖文的相互對照，收到一目了然的效果，且可省去冗長文字的描述。圖、表通常包括名稱、使用的統計量數、樣本數、顯著水準，或附註等項。文字的敘述，旨在闡釋原理、原則，或提供重要的解釋，並非複述圖表內的資料。

5. **結論與建議**：該部分大致分成結論與建議二節，結論旨在回答緒論所提出的待答問題，或就假設被接受或拒絕的情形，予以陳述，但均需本諸數據資料而來。至於建議部分，有時候可細分成兩項，第一為就該項研究結論之所得，針對與現況有關的問題，分別提出興革的建議，藉供有關當局參採；惟建議內容，不能與論文或報告的研究結果無關，否則，便失去意義與價值；且建議事項的表達方式，應有彈性，不要流於武斷，或訴諸情緒；建議的第二項為進一步研究的建議，包括複製研究的可能性、未來研究有待改進之處、尚待深入研究的有關問題等，可為後續研究提供新的取向。

晚近有人把第4章「結果與討論」改為「研究結果」，而把討論留至第5章，則第5章的名稱應改為「討論、結論與建議」。

三、參考書目／文獻

論文或研究報告所列出的參考書目／參考文獻都放在報告或論文主體之後，不

過應自成一頁開始,在「參考書目／參考文獻」標題之後列出。

參考書目／參考文獻有reference和bibliography之分。在研究報告或論文中,通常使用的是前者,係包括在文本中引用的期刊論文、書籍、蒐入書籍中專章、技術報告、電腦程式、未出版作品、網路資料等在內的文件。至於bibliography則指reference所包括的文件之外,另增其他在文本中未予引用,但可能有用途的出版品在內。

又論文或報告中引註資料所需的參考書籍,須能在參考書目／文獻中找得,否則便失去引註的價值。但只要檢查國內有關的報告或論文,常發現在參考書目／文獻中找不到論文或報告所引註的書籍或文章,不免令人生疑,該位研究者是否真正見到該份資料,或間接引註他人著作而來。

四、附錄

附錄亦宜從另一頁起頭,如果附錄件數在兩件以上,便需依序排列,如附錄一、二……,依此類推。凡與論文或報告有關的資料,過分冗長或不宜列在論文主體內者,均可放在附錄中。如複雜的圖表、問卷、測驗、函件、工具等,亦可置於附錄中。

至於質的研究報告的體例內容,可參考McMillan和Schumacher(2010, p.26)所指陳其與量的研究報告體例的差異圖中了解(詳見圖21-3)。

圖21-3
量的和質的研究報告體例的比較

報告的要素	量的研究	質的研究
題目和作者	∨	∨
摘要	∨	∨
緒論與問題敘述	∨	∨
文獻探討	密集的、詳細的	簡要的
研究問題	特定的、窄化的問題和／或假設	帶有預示的一般性問題
方法與設計	參與者或受試者、工具、程序、介入	參與者、場域、情境和脈絡
結果	統計的	敘事的、描述的
討論	∨	∨
結論	∨	∨
參考文獻	∨	∨

第二節　撰寫報告或論文的基本技巧

　　研究報告或論文撰寫的基本技巧，分從撰寫的格式、頁數的標記、附表、附圖等項析述。

壹、撰寫的格式

　　研究報告或論文的撰寫，須講究創新、清晰與簡潔。文字的措辭須嚴謹，不可疏鬆；即使最深奧的觀念，宜以簡單易懂、合乎邏輯的詞句描述最佳；俚語、輕率的語辭，避免在論文或報告中出現。基於客觀的要求，內容須避免具有勸誡或說教的成分。蓋研究報告或論文強調的目標，是事實或資料的描述與解釋，不在激發他人採取行動，這與一般論說文或特寫的文章有別。

　　人稱代名詞如「我（們）」、「你（們）」，宜避免在論文或報告中使用；這些人稱代名詞，可以「人們」、「研究者（們）」、「心理學家（們）」等代替；亦可改用被動語態寫出，如不說「我從每班中選出10名學生」，而說「從每班中選出10個學生」即可。1974年APA的*出版手冊*（*Publication manual*）第二版對這種作法稍有改變，認為如果適當，上述人稱代名詞仍可採用，惟作者僅有一人時，不宜以「我們」稱之，但可直接使用「我」稱之。若為了避免含混不清，宜使用人稱代名詞，而不使用第三人稱，如描述作實驗採取的步驟時，寫出：我們閱覽文獻，而不寫：作者探討文獻。（APA, 2010）

　　引用權威人士的觀點，中文寫出他（們）的姓名，西文寫出他（們）的姓氏（surname）即可，像教授、先生、主任、學者等頭銜可一律省去。

　　在附註、附圖、附表中，可使用縮寫字或簡稱，但在報告或論文的主體內，不宜使用縮寫字或簡稱，惟若干不致產生疑慮的，不在此限，如IQ、PhD、UNESCO、AIDS、SARS、台中榮總、台大、彰化師大等屬之。

　　量化的名詞，在句子的開頭，不宜以阿拉伯數字表出；但在文中、附表、附圖，可用阿拉伯數字寫出；數字如超過三位數，應用逗號分開，如1,456；1,234,567。另對於10和大於10的數字，除了表示序數（如第一組和第三組、第二層因素）、基數（如四個年級、三個組）、以文字和數字結合以用來表示數量（如前二個題目）、常用的分數（如三分之二多數），以及句子、題目、或文本標題的一開始部分以外，皆可以阿拉伯數字呈現（如37歲、除以7、11時16分、表4、圖8、在7點量尺上得到4分、2,000元）。

　　一般說來，在論文或報告中採用的統計公式，如為標準的統計公式，其公式和統計的計算過程，不用列出；若該公式相當罕見，列入報告，則無不可。至於依統計公式計算而得的數值，如t、F、χ^2值以計至小數第二位即可。統計數字在行文

中，亦有所規範，例如：男性教師的得分（$M = 91.99$，$SD = 12.69$）顯著高過女性教師的分數 $M = 88.78$，$SD = 13.00$），$F(1,587) = 8.68$，$p = .03$。χ^2 值的敘述在行文中，需載明自由度與樣本的大小，如 $\chi^2(4，N = 90) = 10.51$，$p = .03$。t 值的表達亦同，如 $t(75) = 219$，$p < .05$。此外，N 代表總樣本數，n 表示總樣本數中的限制部分樣本數。此等統計符號，宜以斜體字示之。

貳、頁數的標記

　　論文或報告的頁數之標記，大致是「報告正文前的基本資料」組成一個單位：「報告主體」、「參考書目」與「附錄」形成一個單位。

　　論文或報告頁數的標記，因採橫排或直排而有差別。直排多以一、二、三、四……標記頁碼之，分別置於各頁頁緣中間以下二分之一的位置。橫排中的「報告正文前的基本資料」通常以小羅馬字（i，ii，iii，……）或阿拉伯數字（1，2，3，……）標示，「報告主體」及「參考書目」、「附錄」通常以阿拉伯數字標示。可安排在每頁底部中間的位置，或頁緣的左右上端。

　　整篇論文或報告的編訂，須俟文稿裝訂成冊之後，才定案。因此最先編訂的頁數，宜先用鉛筆輕輕記上，以便最後定稿時，增刪較為容易。

參、附表

　　附表係依材料的類別，有系統地以縱排或橫排展示的方式。藉著附表，讀者容易了解和分析大量的資料，進而掌握若干重要的細節與關係。但附表以及稍後提到的附圖，須審慎標示。但圖表的分量不宜太多，以免讀者感到不耐，當然如能愈簡單愈佳，只要能表達所需的關係就夠了，要是資料過繁，可能會削弱附表的價值。

　　若附表篇幅太大，占半頁以上，宜儘量安排在一頁之內，不應分占兩頁。如附表的篇幅少於半頁，該表與文本中說明的文字，盡可能安排在同一頁，並將該表緊置在說明的文字之後。又說明的文字中提及附表時，應指明附表的編碼，如「表2-5」、「表2-6」，而不宜只說如「上表」或「下表」。附表連續占有二、三頁以上篇幅的，並不多見，如有這種情況，則在後續各頁左上方標示原附表名稱，再接上「（續前頁）」字樣。

　　附表內各欄的主題，須能清楚標示所測量之資料的性質或單位，像百分比（％）、次數（f）等應置於各欄的上端，而不是與附表的數字擺在一起。又如數字因省去好多個零而縮短時，須標明每個單位的數量，如（單位：百萬元；單位：千人）。數字排列通常依大小順序，依序遞減排列，如是的安排，較易發現其間的關係。表內的資料，各列以一個間隔隔開，有時候為了便於讀表，亦可以線隔開。通常附表名稱與其內容間，以水平線隔開，附表的底部亦然，但左、右兩邊的垂直線，為求美觀，經常省略不劃，附表中的資料，如須進一步解釋時，皆在所需待註資料右上端，加註符號（如：*、**、#，然後在附表底部之下註明，APA的格式是

以註的方式加以說明，如表21-1所示，有關註的內容，如屬自己研究而得的表，探內容附註（content footnotes）（詳下一段）；如取自他人的表則如表21-1所示的註法，另需添加版權許可附註（copyright permission footnote）（詳後）。

表21-1
任教不同年級之台灣、新英格蘭、伊利諾教師樣本在對特殊學生回歸主流態度全部得分的平均數與t檢定

	第一組 台灣教師樣本			第二組 新英格蘭教師樣本			第三組 伊利諾教師樣本			1VS2	1VS3
年級	N	M	SD	N	M	SD	N	M	SD	t	t
1-3	67	87.79	13.96	283	90.07	18.32	118	106.79	15.33	-0.97	-8.32*
4-6	167	89.43	11.19	282	93.90	17.05	119	105.91	14.50	-3.02**	-10.80**

註：資料取自"Teacher attitudes toward the educational mainstreaming of exceptional students: A comparison between Chinese and American educators," by Y. Leyser, W.-K. Wang, and G. Kapperman, 1993, *College Student Journal, 3*, p.375. Copyright 1993 by Project Innovation. Adapted with permission.

$*p < .05, **p < .01$

　　一般而言，表的附註包括內容附註（content footnotes）與版權許可附註（copyright permission footnote），其中前者的註（notes）約可分成三種（American Psychological Association, 2010, pp. 138-139）：

　　1. 一般的註（general note）：係在提供與整個表有關的資訊，並予以解釋；表中如有縮寫字、符號等，則以解釋該等字與符號結尾，一般的註之內容，通常列在註的第一段內，惟如不需這些文字，則可省略。

　　2. 特定的註（specific note）：涉及表中特別的行或格或個別細格上頭，以小寫英文字母a，b，c，……表示，並依序在一般的註之下標示之，如$a_n = 25$這組參與者沒有完成作業。

　　3. 機率的註（probability notes）：用以標示顯著性考驗結果，如$*p < .05$，$**p < .01$，$***p < .001$。通常列在註之最下方；且僅當在表內與特定資料有關時，才納入機率的註。

　　統計量數如不可能超過1時（如相關、統計顯著水準），在小數點之前不要寫0；但當統計量可能超過1時，在小數點前則要加0（如0.16公分）。

　　是以在報告主文中，要準確記載機率至小數點後二至三位（如$p = .023$，而不寫$p < .05$）；但在圖表中，如使用準確的機率，難以據之了解圖示時，可以「$p <$

」的格式呈現。當在文本中討論研究結果時，不論呈現方式如何，須使用準確的機率。

　　但CMS的格式是先在附表底部註記資料來源，另外須加註說明者，再以「註：……」示之。

　　另版權許可附註乃在標示附表資料的來源，亦應在該表之下的註中標示，如表21-1所示，取自外文期刊論文的寫法為：

　　註：取自"論文名稱,"by A. B. Author and C. D. Author, 20××, 刊物名稱（以斜體示之）, 期別（以斜體示之）, p.××. Copyright 20×× by 版權持有者. Reprinted (or Adapted) with permission.

若取自外文書本，其寫法如下：

　　註：取自書名（以斜體示之）（p.××）, by A. B. Author and C. D. Author. 出版商. Copyright 20×× by 版權持有人. Reprinted (or Adapted) with permission.

　　至於*p < .05，**p < .01，***p < .001則應列在資料來源之下一段。

　　國內對註的寫法，屬於外文期刊論文中的「Copyright 20×× by版權所有者、Reprinted (or Adapted) with permission」：以及在外文書本中的「Reprinted (or Adapted) with permission」常予省略。

　　以上所述為外（英）文附表的註之寫法，中文則可參考採用，如以期刊論文與書本為資料來源時，可修飾寫成。即將論文形式的註寫成：註：取自×××撰，「論文名稱」，西元年代，刊物名稱（斜體），××（標示期別，以斜體阿拉伯數字示之），××（標記出處頁碼，並以阿拉伯數字表之即可），×××（版權持有者）持有××××年版之版權，經同意採用（或修正）之。如為書籍形式，則寫成，註：取自×××著，斜體書名（××頁）。出版商。×××持有××××年版之版權，經同意採用（或修正）之。

肆、附圖

　　附圖係指以圖、畫的方式，呈現統計的資料，包括各種曲線圖、地圖、直線圖、棒狀圖、餅狀圖、散狀圖、流程圖、相片、圖解、略圖、圖樣或圖畫在內。如運用妥當，附圖提供的資料，一眼便可清楚、了解。附圖雖不足以代表主文描述的內容，但可反映若干重要的關係。

　　附圖的處理，宜考慮以下各項：

　　1.附圖的名稱須能清晰描述所指之資料的性質。

2.附圖愈簡單愈好，只要足以表達明確的觀念即可，藉之可在未閱讀主文之前，就能了解大概。

3.附圖的資料須仔細記載，避免發生錯誤或造成歪曲。

4.附圖宜謹慎使用，不宜過多，過多的附圖，形同氾濫，不但不足以闡述內容，反而造成減損。

5.附圖如占有半頁以上，須自成一頁。少於半頁的，須與文字內容安排在同一頁。

6.附圖須緊隨在相關的討論內容之後；不宜把附圖放在討論內容之前。

7.附圖中的數字，宜以阿拉伯數字填註，不宜以其他數字符號編排。

8.附圖的名稱及編碼置於該圖的左上方，如對該圖有所解說或附註，則將之置於附圖的下方。附圖內容如多於二頁，則在第二頁左上方標示原附圖的名稱，並附上「續前頁」字樣。

9.文字內容提及附圖時，宜說如「圖3-7」而不宜說如「下圖」或「上圖」。

第三節　美國心理學會引註與參考文獻的格式

壹、附註的寫法

APA體例中引註（citation）或芝加哥體例（詳第四節）中的引註、附註（footnote）具有多重目的，主要的有如下三項：

1.作者引述權威人士的見解，佐證自己的觀點。

2.使他人信任其所引用或摘錄的材料，確有來源。

3.讀者可根據材料的出處，進一步去查證其為真或偽。

在撰寫研究報告或論文的過程，作者須利用引註（或附註）解釋文中的觀點。但若運用不當，偶而也會損及原文的邏輯與一貫性，因此在引用時需格外謹慎。

美國心理學會（American Psychological Association）2020年及其以前出版的手冊中，對引註的寫法有相當詳細的規定，茲分別引述於後。

一、作者僅有一人

〔舉例〕：根據林清江（1996）分析師資培育多元化制度指出：……

在一項師資多元化制度研究中（林清江，1996）指出：……

1996年林清江在研究師資多元化制度中指出：……

〔說明〕：①中文列出作者姓名及（西元）出版年代。外（英）文只列出作者的姓氏與出版年份（即使在參考文獻內引註包括出版年月亦然）。又在文本討論中，同時包括年份和作者的寫法（如本項舉例的第三

例），極為罕見。

②同一段內引註同一人研究且不致產生混淆時，可只列出作者姓氏（或姓名），不必再列出出版年份。

二、作者多人

1. 作者有兩人

〔舉例〕：Chickering和Gamson（1987）指出：團體的努力提升學習，……

有人研究（Chickering & Gamson, 1987）指出：……

黃光雄、蔡清田（1999）提出課程選擇的十項原則如下：……

〔說明〕：①中文在行文間寫法，作者為二人時，不論首次或後續出現，均為：甲姓名和乙姓名（20××）；或甲姓名、乙姓名（20××）；或在括弧內寫為（甲姓名和乙姓名，20××），或（甲姓名、乙姓名，20××）。

②外（英）文在行間的寫法，作者二人時，不論首次或後續出現，均為：A姓氏和B姓氏（2020）；或在括弧內寫為：（A姓氏，2020）。

③中文情況相似者，比照辦理。如：黃光雄和蔡清田（2019）；（黃光雄和蔡清田，2019）。

2.作者三人（含）以上，在文本中引註時，即予以縮減為第一位作者姓氏，再加上et al.，亦即只寫首位作者姓氏，然後寫上：et al., 年代即可。如引註Byrd、Crews和Ebner三位作者在1991年合著出版的著作，在文本中出現，則寫成第一位作者姓氏，再加上et al.即得，本書寫法為：Byrd et al., 1991；中文書之寫法類似，即：程又強等，1988。

3.同年份出版之兩本著作的作者多人相同，作者姓氏如下（APA, 2020, p.267）：

Kappor, Bloom, Montez, Warner, and Hill (2017)

Kappor, Bloom, Zucker, Tang, and Day (2017)

將上述作者姓氏年代縮減為Kappor et al. (2017) 如下：

Kappor, Bloom, Montez, et al. (2017)

Kappor, Bloom, Zucker, et al. (2017)

由於et al.是複數，不能只代表一個姓氏，如果只有最後一位作者相同姓氏，則要在每個引註中，全部列出姓氏。如：Hasan, Liang, Kahn, and Jones-Miller (2015). Hasan, Liang, and Weintraub (2015)。

4.引用任一書目的作者在20人（含）以內作者名、姓，應在參考書目中出現。且在第19和20名之間，以刪節號標示之。

三、以團體（如公司、協會、政府機構、研究團體）為作者

1. 可縮寫的團體

〔舉例〕：（National Institute of Education [NIE], 1995）……〔首次出現時〕

（NIE, 1995）……〔再度出現時〕

〔說明〕：①引註內容出現第二次時方可採縮寫，乃針對原有名稱太長又麻煩者，且其縮寫之後易使人了解或熟知者，始可為之。

②在參考書目中須寫出全銜。

③中文寫法可參照處理。

2. 須引述全銜的團體

〔舉例〕：（University of North Carolina, 1994）

〔說明〕：①如縮寫後會造成錯誤或誤解者，須採全銜。

②中文寫法可參照處理。

3. 有主從之區分的團體

〔舉例〕：(Indiana University Bloomington, Department of Educational Psychology and Counseling, 2008)。 （國立台灣師範大學教育學系，1970）。

〔說明〕：一個機構如有分支單位時，母機構要置於子單位之前。

四、沒有作者或不具名的著作

1. 沒有作者的著作

〔舉例〕：意謂著較不想從事與成就有關的活動（"Differential Impact", 1984）

College Bound Senior（1979）一書指出……

〔說明〕：如果著作中沒有載明作者，便要將著作名稱移到作者位置，並把著作中第一個重要的文字的字母順序納入排序，且於年份前緊接著作處，加上句點。中文則可將著作首字的筆畫順序納入，但於年份之前，無須加上句號。又外文著作無論是書籍或文章，每個字除了冠詞或介系詞外，其每一個字的第一個字母均須大寫，如為書籍也要使用斜體字。

有關納入參考文獻中的法規之處理方式，與沒有作者的著作相同。

2. 不具名著作

〔舉例〕：……（Anonymous, 1995）

〔說明〕：①先寫出Anonymous，再寫出年份；如出現在參考書目中，則將之視同作者按字母順序排列。

②中文寫法可仿照，如以（佚名，1998）表之，並按筆畫順序將之列入參考文獻中。

五、作者姓氏相同、名字不同的西文作者的排序，按第一作者名字縮寫的西文字母排序

〔舉例〕：E. L. Thorndike（1920）和R. L. Thorndike（1963）看法頗為一致……

J. J. Gallagher和Courtright（1986）以及S. A. Gallagher和George（1978）之見解……

〔說明〕：著作之作者姓氏相同，名字不同，即使年份不同，須將可能造成混淆的同一姓氏者之名字一併寫出。

六、同一作者有兩本以上著作列在同一括弧內

〔舉例〕：相關的研究（Renzulli et al., 1981, 1982）

過去的研究（Slavin, 1990, 1994, in press）

〔說明〕：①著作年份依序排在作者姓氏之後，印刷中的著作，作者多人時，作者姓氏除依英文字母順序排列外，其印刷中的著作年份則列在已出版著作之後。

②中文寫法參照處理。

〔舉例〕：相關的研究（Barrows & Coleman, 1982, 1985, in press-a, in press-b）

過去的研究（Gardner, 1978a, 1978b, 1978c; Squire, 1985, 1987, in press-a, in press-b）

〔說明〕：①印刷中的著作有兩本（份）以上，分別標以a，b，c，……。

②同一年份著作有多本（份）時，亦在年代之後依序標示a，b，c……以供區別。

③中文寫法參照處理。

七、經典著作

〔舉例〕：（Aristotle, trans. 1931）

James（1890/1983）

〔說明〕：①古老著作如有翻譯本，在原著者姓名之後，加上逗號，並於翻譯本出版年份前加trans.。

②採用翻版著作，將該版年份列入，如可知悉原版年份，宜將之列在翻版年份之前。

③沒有出版年份著作，則在作者姓名之後，加上逗號和n.d.。

八、引註特定部分的資料

〔舉例〕：（McMillan & Schumacher, 2006, p.182）

（Patton, 2001, chap.7）

〔說明〕：引註資料來源的特定部分，包括頁、章、圖、表或方程式，應寫出其

引註的頁碼、章別等。

至於直接引用電子資料時，在括弧內應包括作者、年份和頁碼；可是許多電子資料並沒有提供頁碼，如能明顯見得到區分段落，則在引用文字之後，可採用引文原來所在的第幾段落別來代替頁碼，英文可使用縮寫字para.。其標示法為："……"（para. 7）。如果在文件中只有標題，但無法明顯見到段落和頁碼，只要引用標題名稱和其之後的段落數，藉供讀者可以找到所引用的資料即可；如"……"（Discussion section, para. 1）。另在某些案例中，頁碼和段落數均不可得，標題全文要全部引用時也太累贅，可在引用的括弧內，以雙引號標記標題的簡稱，並在其前面加註作者的姓氏和年份即可；如："……"（Golan, KUchler, & Krissof, 2007, "Mandatory LabelingHas Targeted," para.4）（註：原標題名稱為Mandatory Labeling Has Targeted Information Gaps and Social Objectives）。

九、私人通訊或交流

〔舉例〕：（W.-K. Wang, personal communication, February 17, 1995）

J. Piaget（personal communication, April 6, 1978）

〔說明〕：①私人通訊或交流包括對話、通電話、班級講演、線上聊天、信件、……列在參考文獻中。又私人交流內容如屬可以還原的，可將來源引註在檔案材料內。

②須在行文中列入通訊者的姓名，並寫上準確年月日。

不論哪一種引註的寫法，如果位在同一個括弧內，中、西參考文獻並列時，中文應按姓氏筆畫為序寫在前面，西文部分則依字母為序排列於後，如（林清江，1981；陳奎憙，1991；Coleman, 1976a, 1978b; Freeman, 1978）。

貳、參考書目／參考文獻的寫法

在參考書目／參考文獻中常使用的縮寫字有如下各種：

chap.……第×章	Rev. ed.……修訂版
ed.……第×版	Ed. (Eds.)……主編者（們）
No.……第×期	Pt.……第×篇
Vol.……×卷或×冊，如Vol.3	Trans.……譯者
vols.……共×卷或×冊，如4vols.	n.d.……沒有載明年份
p. (pp.)……×頁（××──××頁）	Suppl.附件（冊）
Tech. Rep.技術報告	Narr. (Narrs.)敘事

一、參考書目／參考文獻依作者排序寫法

1. **姓名部分**：西文文獻依照第一位作者姓氏的字母順序排列，接著爲其第一個名字縮寫；但是中文則依其姓名筆畫先後爲序編排。如：

   Singh, Y. 先於Singh Siddhu, N.

   Lopez, M. E. 先於Lopez de Molina, G.

   Ibn Abdulaziz, T. 先於Ibn Nidal, A. K. M.

   Girard, J.-B. 先於Girard-Perregaux, A. S.

   Vilafuerte, S. A. 先於Vila-Lobos, J.

   Benjamin, A. S. 先於ben Yaakov, D.

   MacArthur, V. 先於McMillan, J. D.

   McNeil, J.., II先於McNeil, J., III(APA, 2010)

   王千溢先於王彥澄

2. **姓名加出版年份部分**：同一作者有多本著作時，各本著作先列出作者姓名，然後依照以下規則編排：

   ①單一作者且同一人時，中西文均按照出版年份爲序，最早出版的排前面；如：

   Creswell, J. W. (2007). *Qualitative inqury and research design: Choosing among five approaches* (2nd ed.). Sage.

   Creswell, J. W. (2008). *Educational research: Planning, conducting, and evaluating quantitative and qualitative research* (3nd ed.). Merill/ Prentice Hall.

   ②西文作者在兩人以上，且當第一作者爲同一人，第二或第三作者不同人時，則按第二作者姓氏之字母順序編排；又或當第二作者亦同人時，則按第三作者姓氏字母順序排列，依此類推。中文則按姓名筆畫爲序編排。如：

   McMillan, J. D. (2000) 先於McMillan, J. D. (2008)

   McMillan, J. D. (2010) 先於McMillan, J. D., & Schumacher, S. (2008)

   McMillan, J. D., & Schumacher, S. (2008) 先於McMillan, J. D. & Schumacher, S. (2010)

   Boocker, K. S., & Plucker, J. (2010)先於 Boocker, K. S., Kneller, G. F., Bloom, B. S., & Bruner, J. (2008)

   王文科（2009）先於王文科（2010）

   王文科（2010）先於王文科和王智弘（2009）

   ③參考文獻中的作者相同（或順序相同），且作者在兩位以上，其出版年份亦同時，西文則要按書名（篇名）第一個字的筆畫順序排列。

④若參考書目同一項的作者出版年份均同，且確定爲系列叢書中的文章，則按系列叢書的順序排列，如Part 1 and Part 2，而不按字母順序排列。又如作者相同、且同一年份出版的書籍或刊行的論文在一篇以上，於其年代之後，依序加註的英文字母a，b，c，……一律要小寫。

如：Schumacher, S., (1998a)……

　　Schumacher, S., (1998b)……

　　王文科（2019a）……

　　王文科（2019b）……

二、參考文獻包括的要素

1. **作者**：可能是個體、各行業人士、群體〔體制、政體、機構、組織、個體與機構的結合等（APA, 2020）〕。

①作者姓名可增至20人，然在19與20名間，以刪節號區間，引自Scribbr com，如：

Mrller, T. C., Brown, M. J., Willson, G. L., Evans, B. B., Kelly, R. S., Turner, S. T., Lewis, F., Lee, L. H., Cox, G., Harris, H. L., Martin, P., Gonzales, W., Carter, D., Hughes, W., Campbell, C., Baker, A. B., Flores, T., Gray, T. E., Green, G., ... Nelson, T. (2018)

至於中文的寫法，可參考行之。

②若參考文獻中排列的作者，雖然不同，但其姓氏和第一個名字縮寫相同時，要將作者的完整的第一個名字置入中括弧內：

如：Janet, P.〔Paul〕. (1886)

　　Janet, P.〔Pierre〕. (1908)

③如作者的名字有連字符號連接，則維持連字符號，並在每一個名字之後加上句號。

如：以Betsy, C.-S., 來代表Cullum-Swan Betsy。

④如作者在兩人以上，且最後以with而不是用and和最後一位作者連接；在參考文獻中將with及其後的作者置入括弧內，但是在文本內的附註，僅須引註在其前面的作者。

如：在參考文獻內的寫法：Kirk, S. A., Gallagher, J. J. (with Anastassiow). (1993)

　　在文本內的引註寫法：(Kirk & Gallagher, 1993)

2. **編（輯）者**

①參考文獻如爲編輯的西文書籍，將編輯者的姓名置於作者的位置（先寫姓氏，再寫名字縮寫），接著，在（最後一位）編輯者後面的括弧內，寫上（Ed.）或（Eds.），然後在括弧之後加上句點；如：（Ed.）.或

（Eds.）.。

中文的寫法如：黃政傑（主編）或黃政傑（編），但習慣上都將括弧省去。

惟為了區別括弧內是作者為編（輯）者的身分，還是以照此處的寫法為妥。以免誤以為作者姓名為：黃政傑主編。

②蒐入書籍中當作其中一章的體例

要將該章的作者當作者；書籍編輯者的姓名（依照<名.名.姓.>順序），則置於In這個字之前。如果該書沒有編輯者，在In之後緊接書名即可。又如沒有註明出處的起訖頁碼，列入章名亦可。當作者與出版商相同時，以Author作為出版商的名稱。

其西文的寫法如：

文章作者姓，名縮寫.（年份）. 文章名稱. In主編者名縮寫. 姓 & 主編者名縮寫. 姓.（Eds.），以斜體標示之書籍名稱（pp. xxx-xxx）. 出版商.……〔主編如僅一位，括弧內只寫（Ed.），多位時寫（Eds.）

〔舉例〕：Gay, G. (1980). Conceptual models of the curriculum process. In A. W. Foshay (Ed.), *Considered action for curriculum improvement* (pp. 120-143). Association for Supervision and Curriculum Development. ……〔印刷版書中引用其中一章的寫法，如該書分派有doi，則將doi納入URL中，不用列出出版地點和出版商〕

中文書籍的寫法如：

許天威（2006）。身心障礙者的轉銜計畫。蒐入許天威、徐享良和張勝成（主編），**新特殊教育通論**（第2版，443-499頁）。五南圖書。

黃政傑、張嘉育（2008）。利害關係人評鑑：理念與方法。蒐入黃政傑（主編），**課程評鑑：理念、研究與應用**（1-22頁）。五南圖書。

3. 出版日期

①著作出版的年份置入括弧。至於雜誌、報紙和通訊，則須出刊年份以及準確的日期（月，或月和日），並用逗號將年份與日期區隔；如（2010, April 6）。日期如為季別，則將年份和季別放入括弧，並以逗號區隔；如（2010, spring）。中文的寫法如：（2009, 2/25）、（2010，春）。至於書籍出版的年份，宜按照原出版商版權頁的註記方式，以西元年份標示。

②發表於會議的論文或海報式論文，只要在括弧內載明會議年份和月份，其間並以分號區隔即可。論文如已經被接受，但無法確定出版日期者，則在括弧內寫上（in press）。至於無法找到日期的，則寫上（n.d.）。（印刷中）或（付梓中）、（未載日期）或（沒有日期）。

③在多冊著作中的數冊或檔案庫中的多封信件，其出版日期以最早標示至

最近的年份，如：（2001-2010）。

4. 名稱

①西文論文或章名的名稱或副名稱的第一個英文字的第一個字母需大寫，但不用斜體和將之置入引號內，結束時加上句號。中文論文名稱寫法仿傚之。

②期刊、雜誌、通訊等的名稱，要全部寫出；且每個字的第一個字母要大寫，其餘字母小寫即可。又這些期刊名稱一律斜體。如：*Gifted Child Quarterly*。中文名稱宜一律斜體，但國內則有人將之寫成細明粗黑體字，如：**東海教育評論**或東海教育評論。

③書籍或報告的名稱或副名稱的第一個英文字的第一個字母需大寫，且要使用斜體標示；在名稱之後，立即要將版次、報告號碼、冊數等，放入括弧內，括弧內的資訊無須斜體；括弧資訊與名稱之間也不要使用句號。中文寫法，涉及斜體字或粗體字部分同上。

④如引用某叢書或文集中的一冊，則要將叢書和該冊名稱分成兩部分的名稱處理。如：

Strong, E. K., Jr., & Uhrbrock, R. S. (1923). Bibliography on job analysis. In L. Outhwaite (Series Ed.), *Personnel Research Series: Vol.1. Job analysis and the curriculum* (pp. 140-146). http://doi.org/10. 1037/10762-000.

⑤本部分以句點結尾。

⑥如有一些非屬常規的重要資訊，備提供認定和檢索之用時，應緊接在名稱之後，將之置入中括弧，以為標記，又括弧內標示的是形式的描述，而非描述名稱。這些標記的第一個字的第一個字母需大寫。如：〔Special issue〕〔Monograph〕〔Abstract〕〔Brochure〕〔Motion picture〕〔Lecture notes〕〔CD〕〔Computer software〕〔Supplemental material〕；中文部分，可以中文稱呼列入，如：〔摘要〕、〔動畫〕。

5. 出版的資訊

①在期刊雜誌名稱之後，接著列出期刊雜誌的期別阿拉伯數字，該數字以斜體字標示。如果期刊雜誌同時標有卷別數和期別數，則先以斜體寫出卷別阿拉伯數字，然後再將期別阿拉伯數字置入括弧內，但不須斜體，並在最後寫出全文在該期刊雜誌中的起訖頁碼。如：*Gifted Child Quarterly, 57*, 40-55. 中文有關斜體字部分的處理，同前。如：（**彰化師大教育學報**，16，45-70。）或（**彰化師大教育學報**，15，45-70。）

②一般來說，期刊、雜誌的出版商，不納入參考文獻內。

③書籍和報告等非屬期刊型的著作，在其名稱之後（如需要，另須註明出版版次），但不需要註明出版地點；若出版商為大學，且在大學校名中包含州或省的名稱，則不必重複寫出出版的地點。依APA（2020）規範

出版地點毋須列入。

④在出版的書名（版次）之後，爲句號。出版商名稱，以可理解的簡要形式呈現即可。至於associations, corporations，和university press的名稱要完整寫出；但是對於多餘的名詞如Publishers, Co., 和Inc.則可省去，只要保留Books和Press即可。如果作者也是出版商，則使用Author標示出版商。中文的寫法如：五南圖書、心理出版社。

⑤本項以句點結尾，如：Pearson Education.

Author.

Prentice-Hall.

Western Australian Institute of Technology.

三、電子化資料來源與定位器的資訊

電子化檢索的過程主要涉及的有全球資源定位器（uniform resource locators [URLs]）和數位物件識別號（digital object identifiers [DOIs]）兩種方式。

全球資源定位器是一個指定在網際網路上物件的標準，就像一個檔案一樣。它代表的是伺服器的網址，主要用來標示某項資訊的所在之位置，及其存取的方式。使用者只要在**瀏覽器**上輸入位址處，輸入URL的格式內容，就可以擷取其所指定主機的相關資料。

URL的要素包括：網路資源的通訊協定名稱（protocol）、爲所連線網路資源的主機名稱（host domain）、爲網路資源存放在網站內的路徑（path to document）、爲網路資源存放在網站內的特定檔案名稱（file name of specific document）。以下的URL中，http（hypertext transfer protocol超文件文書協定）係爲協定名稱；www.scu.edu.au爲主機名稱；schools/gcm/ar/arr/arow爲路徑名稱；dault.html爲特定檔案名稱。

http://www.scu.edu.au/schools/gcm/ar/arr/arow/dault.html

由於在網際網路上的全部內容容易被移動、重建、或刪除，而造成破壞的超連結，以及使全球資源定位器無法就參考文獻部分著手工作；加上URL表示的只是資源所在地（即網址），而非數位資源本身的資訊。爲了解決這個棘手的問題，學術界的出版商著手分派DOI給期刊論文、報告、書籍、視頻、或其他文件，藉以彌補URL不足之處。

DOI系統隸屬於國際數位物件識別號基金會（International DOI Foundation），就目前已經註冊的DOI代理機構中，以在美國專門負責提供學術資料的CrossRef網站最大。

當作者的論文問世且可以電子化方式取用時，出版商就會分派予一個DOI；所有的DOI號碼以10開始，以及包含以斜線區隔開的字首和字尾。字首是由國際數位物件識別號基金會分派給註冊代理機構或出版商的代碼，計有四個或較多個獨特

數位碼。字尾是由出版商依照自己認定標準，自行指定，彈性較大，出版商甚至可選擇以哪一部分進行註冊，以書籍為例，一本書籍或電子化資源可以註冊單一的DOI，書籍有時候會以國際標準書號為其DOI；甚至可按不同章節或圖表，各自註冊一個DOI。DOI典型的識別號如：10.1037/0071393722。DOI典型上是位在電子期刊論文的首頁接近版權告示處，或在資料庫論文起始頁見到，參考文獻所列出的 DOIs之功能是，要與研究者所參考的內容相連結，DOI或許可能潛藏在標記為Article, CrossRef, PubMed或另一個全文賣主姓名的按鈕之下，讀者壓下按鈕卡擦一聲，就能見到實際的論文或摘要，並可以購置到該篇論文。若連結不順暢，或DOI被註記在印刷的出版品中，讀者只要把DOI鍵入由CrossRef.org註冊代理機構DOI resolver所提供的搜尋場域，就能引導至該篇論文或購買該論文的聯結紐。以DOI找到線上論文的位置，就會提供讀者觸接與該篇論文連結的任何線上補充性檔案。

　　在參考文獻中，DOI的寫法為：doi: xxxxxxx，一旦使用DOI ，就不需進一步使用檢索資訊來確認或找尋內容。若內容中未分派DOI，就須提供期刊、書籍、或報告出版商的網站首頁。若讀者正從私人資料庫接觸到論文，便須做快速網站搜尋，以找到該網址。APA的**出版手冊**第7版，將DOI納入URL，之後就以https://為首，取代doi為首。

　　一般來說，不必在參考文獻中納入資料庫資訊，因為在特定資料庫涵蓋的期刊，過了一段時間，可能會發生變化；又所使用的聚集器如EBSCO, OVID. 或ProQuest（每一種聚集器包括許多特定學科資料庫，如PsycINFO）也可能無法準確顯示是哪一種資料庫提供論文的全文。另有些檔案文件（如不連續的期刊、專題論文、博士論文、或未正式出刊的報紙）僅能在如ERIC或JSTOR的電子資料庫找到。當文件不易透過它原始的出版管道找得時，就試著從網站的首頁去尋找電子檔案。

　　當檢索資料時，除非資源材料經過一段時間會改變，否則不宜在參考文獻中納入檢索的日期。又在參考文獻中引用的出版品或固定的媒體，以引用最新版本為宜。

四、參考文獻實例

　　茲以西文為體例，必要時舉例說明，然後在其後，視情況亦試舉中文寫法的例子。

(一) 書籍、參考書籍、和書籍中的某（些）章

　　這一類包括書籍，如百科全書、辭典、和特定學科的參考書籍在內的參考書籍（如*Diagnostic and Statistical Manual of Mental Disorder*），僅用電子形式出版的書籍，可從線上取得的參考著作和公開領域的書籍，已經絕版且僅能在線上伺服器取得的書籍。如書籍分配有DOIs，就將其納入。

1. **整本書的體例**

    (1)姓, 名縮寫. （年份）.書名（以斜體字或黑體字呈現）.出版商.

    〔舉例〕：

    Airasian, P. W. (1991). *Classroom assessment.* McGraw-Hill.……〔整本書印刷版本的寫法〕

    王文科、王智弘（2014）。***課程發展與教學設計論***（第9版）。五南圖書。

    (2)姓, 名縮寫. （年份）.***書名***（以斜體字或黑字體呈現）. 檢索自網址 Retrieved from http://xxxxxx

    〔舉例〕：

    Sick, L. (2009). *Record structure for APA databases.* Retrieved from http://www.apa.org/databases/training/record-structure.pdf ……（僅為電子書的寫法）

    林明地（2004）。***創意的學校經營***。檢索自http://xxxxxx

    (3)姓, 名縮寫. （年份）.***書名***（以斜體字呈現）. Doi:xxxxxx

    (4)姓, 名縮寫. （編輯者）. （年份）. ***書名***（以斜體字或黑色字體呈現）. 出版地點: 出版商.

    〔舉例〕：

    VandenBos, G. R. (Ed.). (2007). *APA dictionary of psychology.* American Psychological Association.

    黃政傑（主編）（2008）。***課程評鑑：理念、研究與應用***。台北：五南圖書。

    ……這裡將主編放在（）內，但亦有人認為不必使用括弧，不過，還是以加有括弧為宜。

2. 電子版印刷出版書籍的體例

    〔舉例〕：

    Schiraldi, G. R. (2001). *The post-traumatic stress disorder sourcebook: A guide to healing recovery, and growth* (Adobe Digital Editions Version). http://doi.org/10.1036/0071393722.

3. 多冊編輯著作中的數冊，且出版年度超過一年者的體例

    〔舉例〕：

    Koch, S. (Ed.). (1959-1963). *Psychology : A study of science* (Vol. 1-6). McGrall-Hill.

4. 電子版叢書某一冊書中被引用之一章的體例

　〔舉例〕：

Maccoby, E. E., & Martin, J. (1983). Socialization in the context of the family: Parent-child interaction. In P. H. Mussen (Series Ed.) & E. M. *Hetherington (Vol. Ed.), Handbook of child psychology: Vol. 4. Socialization, personality and social development* (4th ed.) (pp. 1-101). https://10.1037/10762-000

5. 原非英文著作的英文譯本的體例

　〔舉例〕：

Piaget, J. (1988). Extracts from Piaget's theory (G. Gellerier & J. Langer, Trans.). In K. Richardson & S. Sheldon (Eds.), *Cognitive development to adolescence: A reader* (pp. 3-18). Erbaum. (Reprinted from *Manual of child psychology*, pp. 703-732, by P. H. Mussen, Ed., 1970, Wiley)

如在文本中引用寫法為：（Piaget, 1970/1988）。

至於譯自西文的中文著作的寫法，因要查閱時，多須從譯者姓名找尋，所以寫法均不一致，茲建議以下幾種處理方式，但以(2)、(3)的編排較佳：

(1)原作者（出版年份）。斜體或黑色字體呈現之書名（xxx譯）。出版商。（原出版於xxxx年）……應列在參考文獻中的中文文獻部分的中文書目之最前面或最後面，並按其姓氏的西文字母排序。

(2)譯者姓名（譯）（出版年份）。斜體或黑體之書名（原作者名縮寫.姓氏著）。出版商。（原出版於xxxx年）……應列在參考文獻中的中文文獻部分，並按姓氏筆畫納入排序。

(3)譯者姓名（譯）（原作者名縮寫. 姓氏著）（出版年份）。斜體或黑體之書名。出版商。（原著作出版於xxxx年）……應列在參考文獻中的中文文獻部分，並按姓氏筆畫納入排序。

6. 電子版再刷書籍的體例

　〔舉例〕：

Freud, S. (1953). The method of interpreting dreams: An analysis of a specimen dream. In J. Stachey (Ed. & Trans.), *The standard edition of the complete psychological works of Sigmund Freud* (Vol. 4, pp. 96-112). http://books. google.com/books (Original work published 1900)

如在文本中引用寫法為：(Freud, 1900/1953)。

7. 已譯成英文的其他西文著作的體例

　〔舉例〕：

Real Academia Espanola (2001). *Diccionario de la Lengua Espanola* [Dictionary of the Spanish language] (22nd ed.). Author.

本項寫法在於強調原文書名要使用斜體，英文譯名置入中括弧內，但不用斜體。

8. 線上參考著作的體例

〔舉例〕：

Graham, G. (2005). Behaviorism. In E. N. Zalta (Ed.). *The Stanford encyclopedia of philosophy* (Fall 2007 ed.). http://plato. sandard.edu/entries/behaviorism/

9. 沒有作者或編輯者的線上參考著作的體例

〔舉例〕：

Heuristic. (n.d.). In *Merriam-Webster's online dictionary* (11th ed.). http://www.. m-w.com/dictionary/heuristic

若線上版涉及印刷版本，則須在書名之後，納入版次。

(二) 定期出刊的期刊、雜誌、報紙和通訊

一般分派有DOI的寫法體例如下：

作者姓, 名縮寫., 作者姓, 名縮寫, &作者姓, 名縮寫（年份）. 文章名稱. *期刊名稱斜體*. *卷或期別斜體*{或*卷別斜體*（期別）}, 起訖頁碼. http://doi/xx. xxxxxxxxxx

如果內容沒有分派DOI，就寫出檢索的網站名稱即可。

1. 有DOI期刊論文的體例

Jones, L. V., & Tuckey, J. W. (2000). A sensible formulation of the significance test. *Psychological Methods*, 5, 411-414. http://doi.org/10.1037/1082-989X.5.4.411

2. 沒有DOI期刊論文的體例

Getweed, R. J. Jr. (2009). Information literacy for distance students. *Journal of Library Administration, 36*(2), 52-56. http://www.jla.org/……寫出該期刊首頁網址即可

Advance online publication且分派有DOI期刊論文的體例：

Cox, C. (2006). An analysis of the impact of federated search products on library instruction using the ACRL standards. *Portal: Libraries and the Academy, 6*(3), 253-267. Advance online publications. http://doi.org/10.1212/s00222-009-0987-6

3. 雜誌論文的體例

與期刊的寫法相同，惟出版日期如有註明月份時，則予以加入，並置於年份之後，其間並以分號區隔，如2010年5月發行，即寫成（2010, May）。又如屬於線上雜誌論文，則於*卷別*（期別）之後，註明檢索網址（Retrieved from http://xxxxxxxx）。中文寫法分別為：（2010，5月）、檢索自http://

xxxxxx

4. 報紙論文的體例

與期刊的寫法相同，惟出版日期如有註明年月日時，則將月日予以加入，並置於年份之後，其間並以分號區隔，如2010年11月16日發行，即寫成（2010, November 16），中文寫法為：（2010，11月16日）或（2010, 11/16）。至於引用的頁碼，則在報紙名稱之後，加上分號，後接p.或pp.，以示引用頁數為單頁（如p. A3）或兩頁（如pp. A4,A7）以上。又如文章出現在不連續的頁碼，要將全部頁碼列出，並分別以分號區隔，如：（pp. B3, B5, B7-B9）。

5. 在預備付印檔案中的待印論文的體例

〔舉例〕：

Watson, J. D., & Jones, F. H. (in press). A structure for deoxyribose nucleic acid. *Nature*, http://www.nsueafl.edu/DNA/draft-pubs/12345678.pdf_

6. 期刊專門議題的體例

此一部分須提供專門主題或議題的主編者和主題名稱，若無主編，則把主題移到作者的位置，且要提供專題起訖頁碼。

體例如下：

作者姓, 名縮寫., 作者姓, 名縮寫, &作者姓, 名縮寫（Eds.）.（年份）.專題名稱. [Special issue]. *期刊名稱*（斜體）, 斜體*卷別或期別*, 起訖頁碼.

7. 沒有署名的社論體例

〔舉例〕：

Editorial: "What is a disaster" and why does this question matter? (Editorial). (2006). *Journal of Contingencies and Crisis Management, 14*, 1-2.

8. 以摘要作為原創的資料來源的體例

有兩種體例可循：

作者（年份）. 論文名稱[Abstract]. 摘要名稱（斜體）, 卷期別（斜體）, 頁碼.

作者（年份）. 論文名稱. 斜體*刊物名稱*, *斜體卷別或期別*, *起訖*頁碼, Abstract retrieved from http://xxxxxx

9. 技術和研究報告的體例

法人組織、政府單位等的技術或研究報告，一般的寫法有二：

作者（年份）. *作品名稱（斜體）*（xxxx報告 No. xxxx）. http://……

作者（年份）. *作品名稱（斜體）*（xxxx報告 No. xxxx）. 出版商.

〔舉例〕：

王文科（2005）。*高中數理資優學生生涯發展準備度之研究*（國科會補助專題研究計畫成果報告No. NSC91-2413-H-018-008）。http://xxxxxx

10.會議或研討會以書籍或期刊形式出版的實錄的體例

(1)外文研討會的體例：

貢獻者姓, 名縮寫. 名縮寫. 貢獻者姓, 名縮寫. 名縮寫. &貢獻者姓, 名縮寫. 名縮寫.（年，月）. 貢獻的名稱. In名. 名. 姓（Chair）. **研討會名稱（斜體）**, 辦理會議組織名稱, 地點。

〔舉例〕：

Muelbauer, J. (2007, September). Housing, credit, and consumer expenditure. In S. C. Ludvigson (Chair). *Housing and consumer behavior.* Symposium conducted at the meeting of the Federal Reserve Bank of Kansas City, http://……

(2)發表論文或壁報展示的體例：

發表者姓, 名縮寫. 名縮寫.（年，月）. **論文或壁報名稱**（斜體）. 論文或壁報發表的會議組織名稱，地點. 如：Wang, C. -H. (2003, April). *The effects of school support on play interest intensity and longevity.* Poster session presented at the Biannual Conference of Society for Research on Child Development. 如為論文發表，則把Poster session改為Paper即可。

〔舉例〕：

Wang, C. H., Lu, P. S., & Wang, W. K.(2004, January).*Will different instructional methods? influence students' motivation and interest to learn math*? An examination of long-term impact of two instructional methods. Paper presented at the eleventh Hawaii International Conference on Education. http://……

上述論文如為摘要形式，且可在線上檢索者，則可在地點之後續接：Abstract http://xxxxxx。又上述論文如採實錄形式編排，可視情況採取如一篇文章蒐入主編者書中的形式，或如同論文登載於期刊的形式處理，且均須在最末加註分派的doi。

(三) 碩、博士論文

1. 可從博、碩士論文資料庫尋得的體例

作者姓, 名. 名.（年代）.論文名稱（博士論文或碩士論文，該論文名稱以斜體字示之）. 檢索自資料庫名稱.（可取得的或訂購的號碼）

〔舉例〕：

Johnson, S. (2004). *Financial variables and merger premiums: Evidence from bank merger* (Publication No.10289373)[(Doctoral dissertation of Wisconsin-Madison)]. ProQuest Dissertation and Theses Global.

2. **可從學校資料庫中檢索而得的體例**

   碩、博士論文如從學校機構資料庫、或網站中尋得者，則各自在（Doctoral dissertation or Master's thesis）之後，註明尋自的機構資料庫名稱或網址，取自機構資料庫的寫法如：姓名.（年份）.斜體論文名稱（Doctoral dissertation）. http://www.ohiolink. edu/etd/

3. **可從網站檢索而得的體例**

   取自網站的寫法如：姓名.（年份）. 斜體論文名稱（Doctoral dissertation, 校名）. http://xxxxxx網址.

4. **可從博士論文摘要檢索而得的體例**

   取自博士論文摘要（DAI）的寫法如：姓名.（年份）. 以斜體呈現之論文名稱. *Dissertation Abstracts International: Section A: Humanities and Social Sciences* or *Section B:Sciences and Engineering*, 卷（期）, 頁數.

5. **已出版的線上（不在資料庫上）博、碩士論文**

   Hutchson, V. H. (2012). *Dealing with dual differences: Social coping strategies of gifted and lesbian, gay, biseyual, transgender, and queer adolescents* [Master's thesis]. The College of William & Mary Digital Archive. http://digitalarchive. wm.edu/bitsream/handle/10288/16594/HutchesonVirginia2012.pdf

6. **取自本國網站博士論文的體例**

   取自台灣本地大學的碩博士論文的寫法如：姓名（年份）。斜體論文名稱（碩士或博士論文，頒授學位大學名稱）。如取自網址，則後續要寫出：http://xxxxxx。

   該篇論文未出版，其寫法為：姓名（年份）。論文名稱（以斜體示之）（未出版之博士論文或碩士論文）。學校名稱。如：王文科（1983）。***皮亞傑的認知發展理論在兒童教育上的應用***（未出版之博士論文）。國立台灣師範大學。又如Wang, C.-H. (2003). *Student's goal orientation, self-efficacy, attribution style, interest, and their influences on mathematical achievement-A Taiwanese context* (Unpublished doctoral dissertation). Indiana University Bloomington.

(四) 參考書目常見寫法舉隅

由於DOI與URLs模式相似，DOI的標記不再顯得必要性。且在URLs前，除非有檢索日期，否則在URLs前，不再寫Retrieved from（檢索自）字樣。

American Psychological Association. (n.d.-a). *Definitions related to sexual orientation and gender diversity in APA document.* https://www.apa.org/pi/1gbt/resources/……

American Psychological Association. (n. d. -b). *Task force on statistical inference.*

http://……

American Psychological Association (2010). *Publication manual of the American Association* (6th ed.).

Blackless, M., Charnvastra, A., Derryck, A., Fausto-Sterling, A., Lauzanne, K., & Lee, E. (2000). How sexually dimorphic are we? Reiew and synthesis. *American Journal of Human Biology, 12*(2), 151-166. https://doi.org/bttkh4

The bluebook: A uniform system of citation (2015). Harvard Law Review Association.

DuBois, J. M., Walsh, H., Strait, M. (2018). It is time to share (some) qualitative data: Reply to Guishard and Roller and Lawakas (2018). *Qualitative Psychology, 5*(3), 412-415. https://doi.org/10.1037/qup0000092

Howard, J. A., & Renfrow, D. G. (2014). Intersectionality. In J. D. Mclend, E. J. Lawler, & M. Schwalbe (Eds.), *Handbook of the social psychology of inequality* (pp.45-121). Springer. https://doi.org/10.1007/978-94-017-9002-4

Kubota, K. (2007). *"Soaking" model for learning: Analyzing Japanese learning/ teaching process from a socio-historical perspective*. (ED498566). ERIC. http://……

Open Scholarship Initiative. (2019, March 19). *OSI brief: Deceptive publishing*. http://osiglobal.org/2019/03/19/osibrief deceptive publishing/

Solomon, A. (2012). *For from the trees Parent, children, and the search for identity*.

上述書目均摘自APA（2020）第七版的出版手冊pp.401-405。

第四節　芝加哥格式手冊的附註、引註與參考文獻寫法

芝加哥格式手冊與**美國心理學會出版手冊**對引註、附註及參考文獻寫法的規定，不盡相同；但二者在文本中引註，採用的作者─年代格式（author-date style），則大同小異。APA的格式，已在第三節敘述。

有關芝加哥格式雖然在2003年，已由芝加哥大學出版部出版K. L. Turabian主編的*A manual for writers of research papers, theses, and dissertation: Chicago style for students and researchers*一書的規則為準。又該書至2007年刊行修訂版，除由原作者擔綱之外，另加入W. C. Booth, G. G. Colomb, J. M. Williams以及芝加哥大學編輯同仁參與修訂，並由The University of Chicage Press出版，至2017年已刊行第17版。本節以參考2003年及2007年的芝加哥格式為本，予以舉隅說明；惟在未分類介紹之前，先就附註（footnotes，在每頁之末謂之；另在每篇文章之末，則謂之endnotes）、參考文獻、文本內引註的基本格式，分別以N、B、T示之，茲按作者

一年代格式舉隅於後。

N: 1.Gary L. Anderson, "Reflecting on Research for Doctoral Students in Education," *Educational Researcher* 31, no. 7 (October 2002): 23-24.

2.Shulamit Reinbarz, *Feminist Methods in Social Research* (New York: Oxford University Press, 1992), 29-30.

3.Philip B. Kurland and Ralph Lerner, eds., *The Founders' Constitution* (Chicago: University of Chicago Press, 2000), chap. 9, doc. 3, http://press-pubs.uchicago.edu/founders/.

附註的阿拉伯數字序號通常置於所引註段落的上方，如「女性主義者對於社會上強調的一致性觀念，採取質疑的態度。[2]」

B: Anderson, Gary L. "Refecting on Research for Doctoral Students in Education." *Educational Researcher* 31, no. 7 (October 2002): 22-25.

Karland, Philip B., and Ralph Lerner, eds. *The Founder's Constitution*. Chicago: University of Chicago Press, 2000. http://press-pubs. uchicago.edu/ founders/.

Reinbarz, Shulamit. *Feminist Methods in Social Research*. New York: Oxford University Press, 1992.

T: (Anderson 2002, 23-24)

(Reinbarz 1992, 29-30)

(Karland and Lerner 2000, chap. 9, doc. 3)

(Garda 1987, vol. 2)(Garda 1987, 2 : 345)

冊　頁

(Wong 1999, 328; 2000, 475)

(Whittaker 1967, 1975; Wierts 1989a, 1989b)

又論文或書籍中沒有參考文獻，只有附註時的寫法，與同時有附註和參考文獻的寫法有些許不同。試以上述B：的Reinbarz著作為例。

第一次使用該附註，且該附註的書籍在參考文獻中有完整之資訊時，該附註的寫法為：

4.Reinbarz, *Feminist Methods*, 29-30.

第一次使用該附註，但在該附註的書籍中沒有完整的參考文獻時，該附註的寫法，則如同N:2.的寫法。

壹、書籍（專書）的格式

N: 5.Peter F. Oliva, *Developing the Curriculum*, 5th ed. (New York: Long-man, 2001), 308-51.……作者一人及版次，版次如為修訂版則以rev. ed.示之。

B:　Oliva, Peter F. *Developing the Curriculum*, 5th ed. New York: Longman, 2001.

N:　6.James G. March and Herbert A. Simon, *Organization*. (New York: Wiley, 1958), 79.……作者二人

B:　March, James G., and Herbert A. Simon. *Organization*. New York: Wiley, 1958.

作者三人時N與B的寫法和作者兩人時同，惟將and移到第二作者與第三作者之間。又作者在四人以上的寫法又有所不同，其寫法及說明如次：

N:　7.William McPherson and others, *English and American Literature: Sources and Strategies for Collection Development* (Chicago: American Library Association, 1987), 67.……作／編者在4～10人之間，附註只寫第一人，再接and others，如自然科學則使用et al.代之；中文的寫法可寫第一位作者的姓名，再加上「等」字，以下類似的情形，準用之。

T:　(McPherson et al., 1987, 67)

B:　McPherson, William, Stephen Leimann, Craig Likness, and Marcia Pankake. *English and American Literature: Sources and Strategies for Collection Development*. Chicago: American Library Associa-tion, 1987.……作／編者在4～10人之間，參考文獻須將作者全部寫出。

作者如在11人（含）以上，參考文獻只要寫出前7人，再加et al.即可。

若作者的姓名在書名或標題中，附註只寫出書名或標題即可，但在參考文獻中，即使在書名或標題中會重複出現其姓名，亦則須寫出其姓名。

N:　8.One More Time: *The Best of Mike Royko* (Chicago: University of Chicago Press, 1999).

　　9.*The Letters of George Meredith*, ed. C. L. Cline, 3 vols. (Oxford: Clarendon Press, 1970), 1: 125.

T:　(Meredith 1999)

　　(Royko 1999)

B:　Meredith, George. *The Letters of George Meredith*. Edited by C. L. Cline. 3 vols. Oxford: Clarendon Press, 1970.

　　Royko, Mike. *One More Time: The Best of Mike Royko*. Chicago: University of Chicago Press, 1999.

當作者或編者不知爲何人，寫附註時，可以書名／篇名爲代表，但在參考文獻中可以「Anonymous」當作者；又如有多本著作的作者相同，則宜歸在一起，且在第一本文獻之後，以──代表作者；而在引註中，姓氏則亦可以Anon.表之。

N:　10.*Stanze in lode delo donna brutta* (Florence, 1547).

T:　(Anon. 1547)

B:　Anonymous. *Stanze in lode delo donna brutta*. Florence, 1547.

　　──. *A True and Sincere Dclaration of the Purpose and Ends of Plantation*

Begun in Virgina.⋯1610.

又雖為佚名著作（在書名頁沒列作者），但作者身分已曝光或可加以猜測得知，則其姓名應寫在附註及參考文獻的〔〕內。

N: 11.〔Samuel Horsley〕, *On the Prosodies of the Greek and Latin Language* (1976).

B: 〔Horsley, Samuel〕. *On the Prosodies*⋯1976.

若以編者、譯者為當作者時，縮寫字ed.（單數）或eds.（複數），或是comps.或trans.緊接在姓名之後，如：

N: 12.Leonard Bickman and Debra J. Rog, eds., *Handbook of Applied Social Research Methods* (Thousand Oaks, CA: Sage, 1998), 79.

13.Suzette Macedo, trans. *Diagnosis of the Brazilian Crisis*, by Celso Furtado (Berkeley: Univ. of California Press, 1965), 147-53.

B: Bickman, Leonard and Debra J. Rog, eds., *Handbook of Applied Social Research Methods Thousand Oaks*, CA: Sage, 1998.

Macedo, Suzette, trans. *Diagnosis of the Brazilian Crisis*, by Celso Furtado. Berkeley: University of California Press, 1965.

至於在作者之外，另有編、輯、譯者，寫附註時通常將作者姓名擺在前面：編、輯、譯者姓名則列在書名或篇名之後，並在該姓名前以edited by 或ed., compiled by或com., translated by或trans.示之。請注意，該種寫法亦適用於參考文獻內，惟一向不使用eds.,和comps.

N: 14.Arthur Miller, *The Playwright and the Atomic World*, ed. Robert W. Carrigan (New York: Grove, 1963), 29.

15.Theodor W. Adorno and Walter Benjamin. *The Complete Correspondence, 1928-1940*, ed. Henritz Loritz, trans. Nicholas Waker (Cambridge, MA: Harvard University Press, 1999).

T: (Miller 1968); (Adorno and Benjamin 1999)

B: Adorno, Theodor W., and Walter Benjamin. *The Complete Correspondence, 1928-1940*. Edited by Henritz Loritz. Translated by Nicholas Walker. Cambridge, MA: Harvard University Press, 1999.

如果在討論時，編、譯者的重要性大於原書作者，則要把編、譯者放在書名之前，如：

B: Eliot, T. S., ed. *Liteary Essays*, by Ezra Pound. New York: New Directions, 1953.

有時候書籍係由組織、協會、或公司出版，而沒有以人當作者時，則該公司、協會、組織即為作者，其寫法與一般有作者的情形相同，惟在該書籍出版地點之後的出版商依然照列該組織、協會、或公司名稱。

原版加上翻譯本時，原則上原作者與譯者皆需引註，其寫法有以下兩種情形。

B: Furet, Francois. *Le pass'e d'une illusion*. Paris: Editions Robert Laffont, 1995. Translated by Deborah Furet as *The passing of an illusion* (chicago : University of Chicago press, 1999).

或Furet, Frangois. *The Passing of an Illusion.* Translated by Deborah Furet. Chicago : University of Chicago Press, 1999. Originally published as *La passé d'une illusion* (Paris: Editions Robert Laffont, 1995).

書中某一章的作者與所載之書籍作者若同一人，則先寫原作者，再載章名，然後以斜體呈現書名，至於文章與書籍作者不同或多人時，則有不同寫法，前者請見N:16.，後者可參考N:17.。但請注意的是該篇文章須以雙引號標示。

N: 16.Brendan Phibbs, "Herrlisheim: Diary of a battle," in *The Other Side of Time: A Combat Sargeon in World War II* (BostoN: Little, Brown, 1987), 117-63.

B: Phibbs, Brendan. "Herrlisheim: …," In *The Other Side of Time…*. Boston: Little, Brown, & Co., 1987.

T: (Phibbs 1987, 130-40)

N: 17.Anne Carr and Douglas J. Schuman, "Religion and Feminism: A Reformist Christian Analysis," in *Religion, Feminism, and the Family*, ed. Anne Carr and Mary Stewart Van Leeuwen, 11-32. (Louisville, KY: Westminster John Knox Press, 1996).

B: Carr, Anne, and Douglas J. Schuman. "Religion and Feminism: …." In *Religion, Feninism, and the Family*, edited by Anne Carr and Mary Stewart Van Leeuwen, 11-50. Louisville, KY: Westminster John Knox Press, 1996.

載於刊載會議實錄（conference proceedings）的文章，其引註及參考文獻的寫法，與N:17.的寫法相同，可參考之。至於在文本中，引用函件，並依作者—年代系統的寫法，可作如下處理：

T: In a letter to Charles Millnes Caskell from London, March 30, 1968 (Adams, 1930, 141), Adam wrote….

R: Adams, Henry, 1930. *Letters of Henry Adames, 1858-1891*. Ed. Worthington Chauncey Ford. Boston : Houghton Mifflin.

貳、著作分成多冊出版的撰寫格式

在引註、附註及參考文獻中撰寫所引用多冊著作中的某一冊的格式如下：

N: 18.William M. Bowsky, ed., *studies in Medieval and Renaissance History*, 4 vols. (LincolN:University of Nebraska Press, 1963-67), 2:273-96.

或

19.William M. Bowsky, ed., *Studies in Medieval and Renaissance History*, vol.

2 (LincolN: University of Nebraska Press, 1963-67), 273-96.

T:　(Bowsky 1963-67, 278)

B:　Bowsky, William M., ed. *Studies in Medieval and Renaissance History*. 4 vols.
　　　LincolN: University of Nebraska Press, 1963-67.

有些多冊的著作中，每冊的編者與全部的主編不同人時，其撰寫的格式如下：

N:　20.James C. Crutchfield, ed., *The Fisheries: Problems in Resource
　　　Management*, vol. 1 of *Studies on Public Policy Issues in Resource
　　　Management* (Seatle: University of Washington Press, 1965), 61-74.

B:　Crutchfield, James C., ed. *The Fisheries:* ⋯. vol. 1 of *Studies on Public Policy
　　　Issue*⋯. Seatle: University of Washington Press, 1965.

至於再刷（再印）的著作之撰寫格式如下，但在引註時，可以較近之年代表
之。

N:　21.C. M. Bowra, *The Romantic Imagination* (1949; repr., Berkeley: North Point
　　　Press, 1983), 17.

B:　Bowra, C. M. *The Romantic Imagination,* 1949. Reprint, Berkeley: North Point
　　　Press, 1983.

參、期刊、雜誌的撰寫格式

有關期刊的撰寫格式，除了線上期刊外，大致包括作者姓名、篇名、期刊名
稱、刊行訊息（卷、期、日期等）、參考頁碼（引註時僅載明引用資訊的頁碼即
可；但在參考文獻中即需列出全文出現在期刊中之起訖頁碼）。

一、期刊部分

N:　22.Christopher S. Mackay, "Lactantius and the Succession to Diocletian,"
　　　Classical philology 94, no. 2 (1999): 205.

　　　23.D. W. Harding, "Regulated Hatred: An Aspect of the Work of Jane Austen,"
　　　Scrutiny 8 (March 1940): 346.

　　　24.Harry Bird, "Some Aspects of Prejudice in the Roman World," *University of
　　　Windsor Review* 10, no. 1 (1975): 64.

　　　25.C. E. Nwezeh, "The Comparative Approach to Modern African Literature,"
　　　Yearbook of General and Comparative Literature, no. 28 (1979): 22.

B:　Bird, Harry. "Some Aspects of Prejudice in the Roman World." *University of
　　　Windsor Review* 10, no. 1 (1975): 64-73.

　　　Harding, D. W. "Regulated Hatred: An Aspect of the Work of Jane Austen."
　　　Scrutiny 8 (March 1940): 386-62.

　　　Nwezeh, C. E. "The Comparative Approach to Modern African Literature."

Yearbook of General and Comparative Literature, no. 28 (1979): 22.

二、雜誌部分

以下主要在於探討雜誌的附註、引註或參考文獻的寫法，惟前述期刊引註的寫法也多可應用於雜誌引註的寫法。

N: 26.Stephen Lacey, "The New German Style," *Horticulture*, March 2000, 44.……依雜誌出版日期引用，即使屬週刊或月刊的雜誌有卷、期別之分，但通常只依其出版之日期引用之。

27.Moly, O'Neil, Food, *New York Times Magazine*, 18 October 1992, 22 November 1998, 10 January 1999, 2 April 2000.……需要同時引註刊行在同一雜誌特定日期的多種資料。

三、報紙部分

引用報紙須載明作者、標題或專欄名稱、月份、日期及年代，由於報紙的論題可能分別在好幾個版面，所以頁碼最好省略，惟可加註版別，如全國版、中部版等。

N: 28.Editorial, *Philadelphia Inquirer*, July 30, 1990.

29.Mike Royko, "Next Time, Dan, Take Aim at Arnold," *Chicago Tribune*, September 23, 1992.

30.Obituary of Claire Trevor, *New York Times*, April 10, 2000, national edition.

31.David Clement, letter to the editor, *Wall Street Journal*, April 21, 2000.

至於在文本中引註時，則在括弧內，先註明報紙名稱，再提及發行日期即可，如：（*New York Times*, April 10, 2000）。但在參考文獻則包括：作者•「篇名」•報紙名稱，日期•版面別•如：

B: Goodstein, Laurie, and William Glaberson. "The Well-Marked Roads to Homicidal Rage." *New York Times*, April 10, 2000. national edition, sec.1.

肆、電子書、電子期刊、線上雜誌與報紙的撰寫格式

一、電子書部分

N: 32.J. Sirosh, R. Miikkulainen, and A. Bednar, "Self-Organization of Orientation Maps, Lateral Connectlons, and Dynamic Receptive Fields in the pnmary Visual Cortex," in *Lateral Interactions in the Cortex: Sturcture and Function*, ed. J. Sirosh, R. Miikkulainen, and Y. Choe (Austin, TX: UTCS Neural Networks Research Group, 1996), http://www.cs.utexas.edu/users/nn/web-pubs/htm/book96/(accessed August 27, 2001)……線上出版書籍。

B: Sirosh, J., R. Miikkulainen, and J. A. Bendar, "Self-Organization…in the Cortex." In *Lateral Interactions in the Cortex: Structure and Function*, ed. J. Sirosh, R. Miikkulainen, and Y. Choe. Austin, TX:UTCS Neural Networks Research Group, 1996. http://www.cs.utexas.edu/users/nn/web-pubs/htmlbook 96/(accessed August 27, 2001).

T: (Sirosh, Miikkulainen, and Bednar 1996).

同時以紙本和電子書形式出版的書的撰寫格式如下：

B: Kurland, Philip B., and Ralph Lerner, eds. *The Founders' Contitution*. Chicago: University of Chicago Press, 1987. Also available on line at http://press-pubs.uchicago.edu/founders/and as a CD-ROM.

二、電子期刊部分

N: 33.M. Tornikoski and others, "Radio Spectra and Variability of Gigahertz-Peaked Spectrum Radio Sources and Candidates," *Astronomical Journal* 121, no. 3 (2001), http://www.journals.uchicago.edu/AJ/journal/issues/v121n3/200486/200486. html.

如果需要在該附註中加註檢索的日期，則在該附註之末註明之，如加註（accessed August 30, 2003）。至於參考書目的寫法亦大同小異，如下所載：

B: Warr, Mark, and Christopher G. Ellison. "Rethinking Social Reactionsto Crine: Personal and Altruistic Fear in Family Households." *American Journal of Sociology* 106, no. 3 (November 2000): 551-78. http://www.journals.uchicago.edu/AJS/journal/issues/v106n3/050125/ 050125.html(accessed October 1, 2003).

三、線上雜誌與報紙部分

線上雜誌的附註、引註及參考文獻的撰寫格式如下：

N: 34.Jessica Reaves, "A Weighty Issue: Ever-Fatter Kids," interview with James Rosen, *Time*, March14, 2001, http://www.time.com.com/time/nation/artide/0,8599,102443, 00.html (accessed July 10, 2003).……線上雜誌部分，如檢索日期不需要時，可將（ ）資料刪除。

35.Alison Mitchell and Frank Bruni, "Scars Still Raw, Bush Clashes with McCain," *New York Times*, March 25, 2001, http://www.nytimes.com/2001/03/25/politics/ 25MCCA.html (accessed January 5, 2002).……線上報紙部分，如檢索日期不需要可刪除。

T: (Reaves 2001)

(Mitchell and Bruni 2001)

B: Reaves, Jessica.以下同N:34

Mitchell, Alison and Frank Bruni.以下同N:35.

伍、訪談與個人交流的撰寫格式

N: 36.Andrew MacMillan (principal advisor, Investment Center Division, FAO), in discussion with the author, September 1998.

37.Benjamin Spock, interview by Milton J. E. Senn, November 20, 1974, interview 67A, transcipt. Senn Oral History Collection, National Library of Medicine, Bethesda, MD.

38.MacMillan, discussion; Spock, interview.……以上（N:36-38）為未出版的訪談資料。

39.interview with health care worker, September 6, 2003.……受訪者不願曝光下的處理方式，惟需作解釋，如「所有訪談皆採秘密方式進行，在雙方同意條件下，不載明受訪者姓名」。

40.McGeorge Bundy, interview by Robert MacNeil, *MacNeil/Lehrer NewsHour*, PBS, February 7, 1990.……訪談內容已經出版或以廣播播放。

41.Constance Conlon, e-mail message to author, April 17, 2003.……個人交流。

T: (H. J. Brody, pers. comm.)

陸、未出版或未正式出版的材料

N: 42.Priscilla Coit Murphy, "What a Book Can do: Silent Spring and Media-Borne Public Debate" (PhD diss, University of North Carolina, 2000), 153-62.……學位論文格式，但毋須提及「未出版」（unpublished）字樣。

43.Stacy D'Erasmo, "The Craft and Career of Writing" (lecture, Northwestern University, Evanston, IL, April 26, 2000).……在會議上發表的講詞、論文。

44.Deborah D. Lucki and Richard W. Pollay, "Content Analysis of Advertising: A Review of the Literature" (Working paper, History of Advertising Archives, Faculty of Commerce, University of British Columbia, Vancouver, 1980.).……工作報告。

B: Wang, Chih-Hung (2003). "Student's Goal Orientation, Self-efficacy, Attribution Style, Interest, and Their Influences on Mathematical Achievement —A Taiwanese Context." PhD Diss., Indiana University Bloomington, 2003.

Nass, Clifford, "Why Researchers Treat On-Line Journals Like Real Peo-ple." Keynote address, annual meeting of the Council of Science Editors, San Antonio, TX, May 6-9, 2000.

柒、特殊的參考資料撰寫格式

一、有關主要的字典、百科全書等參考用書的寫法如下，其中s.v.代表在「……字詞之下」的意思，其複數形為「s.vv.」。

N:　45.*Encyclopedia Britannica*, 15th ed., s.v. "Salvation."

　　46.*Encyclopedia Britannica Online*, s.v. "Sibelius, Jean," http://search.eb.com/bol/topic?eu=69347 & sctn=1(accessed January 5, 2003).……線上參考用書。

　　47.Beatrice Farwell, *French Popular Lithographic Imagery*, vol. 12, Lithography in Art and Commerce (Chicago: University of Chicago Press, 1995), text fiche, p.67, 3c12.……微縮片版。

　　48.Louis J. Mihalyi, *Landscapes of Zambia, Central Africa* (Santa Barbara, CA.:Visual Education, 1975), slides.……投影片。

　　49.Louis Zukofsky, "Sincerity and Objectification," *Poetry* 37 (February 1931): 269. quoted in Bonnie Costello, *Marianne Moore: Imaginary Possessions* (Cambridge, MA: Harvard University Press, 1981), 78.……引自第二手資料。

B:　Tauber, Abraham. *Spelling Reform in the United States*. Ann Arbor, MI: University of Microfilms, 1958.……微縮片版。

　　Thomas, Trevor M. "Wales: Land of Mines and Quarries." *Geographical Review* 46, no. 1 (1956): 59-81. http://www.jstor.org/.

綜觀芝加哥格式的寫法與美國心理學會出版手冊的寫法確有相當大的差異，雖然國內教育、心理或社會相關系所的要求撰寫格式，不外APA或CMS的規範，但是讀者當本著就讀學校，系所或委託研究組織的要求，依其體例撰寫研究報告；加以芝加哥格式與美國心理學會格式，有些部分規定得相當繁瑣，本書雖只摘述其中主要部分，但重要的部分則確已包含在內，讀者在撰寫引註、附註或參考文獻時，可將本書置放在旁邊參考，隨時翻閱。至於中文的寫法無論參考何種格式，因涉及語法及用法的結構，宜將文字順序稍作調整，以求通順，免得落入食洋不化的窠臼。

第五節　研究報告或論文的評鑑

　　對修讀教育研究法或相關科目的學生而言，能就一篇論文或研究報告，進行批判分析，乃是值得嘗試的經驗。有待評鑑之論文或報告，可從國內各教育、輔導、心理、社會等相關系所出版的期刊中找得，也可從大學圖書館找得未出版的碩士或博士論文；甚至去年修讀本科目的同學所提出的研究報告，均為可供評鑑的對象。

　　藉著批判性的分析過程，學生得以洞察研究問題的性質、研究的方法、研究過程溝通的困難、分析資料以及獲致結論的方式、提出報告的體例等。

壹、量的報告的評鑑

一、一般的評鑑規準

　　一般用以評鑑論文或報告的規準，約有如下各項（Best & Kahn, 2006; Gay et al., 2012; Mills & Gay 2016）：

1. **摘要或提要**

(1)是否敘述研究的問題？

(2)參與者和工具的數量及類型作了描述嗎？

(3)確認使用的設計嗎？

(4)描述研究的程序嗎？

(5)主要的結果與結論再加敘述嗎？

(6)承諾的是否與研究所能提供的相近？

2. **緒論**

(1)問題

①是否敘述清楚？

②該問題是否「可研究」，即是否可經由資料的蒐集與分析，予以研究？

③對問題的分析，是否提供背景的資料？

④有無討論問題的重要性？

⑤問題的敘述，標示出感到興趣的變項，以及所要研究的各個變項之間的關係嗎？

⑥以直接的或操作性的方式界定重要名詞的意義嗎？

⑦研究者具備執行該研究所需的知能嗎？

(2)文獻探討

①包含的內容適當且具有綜合性、完備且準確嗎？

②重要的發現搜羅在內嗎？

③組織理想、起承轉合流暢、且捨棄關聯性不高的文獻，只討論最有關聯性的那些文獻嗎？

④提供的摘要和解釋有效，且對該研究具有啟示作用嗎？

⑤引用的文獻與問題、假設有直接的關聯嗎？

⑥參考文獻均經過批判性分析，且把各種研究結果作成比較或對比（即不只列出一系列的摘要或注釋）嗎？

(3)假設

①列出待答的特定問題或敘述待考驗的特定假設嗎？

②每一假設陳述兩個變項之間期待的關係或差異嗎？

③變項直接或以操作定義方式予以界定嗎？

④每個假設是可付諸考驗的嗎？

3. 研究方法

(1)受試者（或參與者）

①描述接受研究的母群體的特徵與大小嗎？

②描述可接近母群體和標的母群體嗎？

③樣本經選取的嗎？對樣本選取的方法有詳細的描述嗎？

④此種選樣方法，可以選出有代表性的不偏差樣本嗎？

⑤描述了樣本的特徵與大小嗎？且樣本數符合該研究方法所需最基本樣本數的要求嗎？

(2)工具

①工具及其實施符合保護參與者指引的規定嗎？需要獲得許可嗎？

②選用此等工具，有理論依據嗎？適當嗎？

③此等工具已描述所建立信度與效度，以及建立的程序嗎？其目標和內容也作了描述嗎？

④使用的工具適合於所想要測量的變項嗎？

⑤研究者具備建構或施測工具所需的技巧和經驗嗎？

⑥提出的證據足以顯示這些工具適用於所想要測試的樣本嗎？

⑦如需分測驗（量表），有列出各自的信度嗎？

⑧用來蒐集資料的工具之類型正確嗎（或如使用常模參照工具比效標參照工具更合適嗎）？

⑨此等工具的實施、計分與解釋方式，有充分描述嗎？

(3)設計與程序

①本設計與程序適合於本研究所要考驗的假設和所要回答的問題嗎？

②詳述程序，備供其他研究者複製嗎？

③各程序間，彼此有邏輯上的關聯性嗎？

④所應用的工具和程序正確嗎？

⑤曾執行試驗性研究，並描述其執行和結果，以及其對後續研究的影響嗎？

⑥描述控制程序嗎？

⑦研究者是否討論或說明其所未控制的、潛在的混淆變項嗎？

4. 結果

(1)提出的敘述統計量數適當嗎？

(2)顯著性考驗的機率水準，是否在分析資料之前予以決定？

(3)如使用母數檢定，有證據顯示研究者避免違反母數檢定所需的假定嗎？

(4)研究中的每個假設和設計均描述適用的顯著性考驗嗎？

(5)在質的研究中，使用歸納邏輯獲致研究結果嗎？

(6)用以解釋顯著性考驗的自由度適當嗎？

(7)提出的結果清晰嗎？

(8)安排的圖表適當嗎？易於了解嗎？

(9)每個圖表的資料在文本中予以描述嗎？

(10)資料關係的分析合乎邏輯、客觀嗎？

5. 討論（含結論與建議）

(1)每一結果，以與其原先有關的假設或主題加以討論嗎？

(2)每一結果，以與其他研究者先前在別的研究所得結果一致或不一致的名
義，予以討論嗎？

(3)由研究結果所作的概括強而有力嗎？

(4)未控制的變項對結果可能產生的影響，提出討論嗎？

(5)討論發現在學理上與實用上的啟示嗎？

(6)作者僅統計的顯著性或實用的顯著性，為未來的行動提出建議嗎？

6. 整篇論文的撰寫

(1)清晰、簡潔、客觀嗎？

(2)論文的各部分彼此相關嗎？

二、特定方法的評鑑規準

茲分從歷史研究、敘述研究、相關研究、因果—比較研究（事後回溯研究）、
實驗研究與單一受試者研究（Gay et al., 2012, Mills & Gay, 2016）說明之：

1. 歷史研究

(1)與問題有關的資料來源，大都為主要的或次要的？

(2)每項資料經由外在鑑定（external criticism）嗎？

(3)每項資料經由內在鑑定（internal criticism）嗎？

2. 敘述研究

(1)問卷研究

①描述問卷的效度嗎？

②問卷作過試驗性測試嗎？

③描述試驗性研究的程序與結果嗎？

④對問卷應答者的填答說明清楚嗎？

⑤問卷的每個題目與研究中的一個目標有關嗎？

⑥每個問卷題目處理單一概念嗎？

⑦每個問卷題目有參照點嗎？

⑧問卷中避免引導性的問題嗎？

⑨每個問卷題目有足夠的替代性題目嗎？

⑩問卷附送的信函解釋研究的重要性與問題嗎？並為可能的應答者提供合作的好理由嗎？

⑪在附送的信函中，為答案提供保密的保證嗎？

⑫回收率有多少，它如何影響研究的結果？

⑬描述追蹤的活動嗎？

⑭如果應答率低，能決定應答者與未應答者之間的差異嗎？

⑮資料分析以團體或群集方式，而不是使用一系列多單一變項的方式嗎？

(2)訪談研究

①訪談程序曾經作過試驗性測試嗎？

②描述試驗性研究的程序與結果嗎？

③訪談指南中的每一個題目與研究的特定目標有關嗎？

④訪談指南中的題目有參照點嗎？

⑤在訪談指南中，避免使用引導性問題嗎？

⑥使用的語言與問題的複雜性，適合於參與者嗎？

⑦訪談指南標示深入探索的形式與次數嗎？

⑧訪談者的資格與特殊的訓練，作了描述嗎？

⑨描述記錄反應的方法嗎？

⑩有更可靠的、不致產生偏差的記錄反應的方法嗎？

⑪對半結構與無結構題目反應，確定量化與分析的方式嗎？

(3)觀察研究

①觀察的變項加以界定嗎？

②觀察者在某一時間需觀察一種以上的行為嗎？

③使用編碼的記錄工具嗎？

④描述觀察者的資格與特殊的訓練嗎？

⑤報告觀察者信度的水準嗎？

⑥觀察者信度的水準夠高嗎？

⑦討論觀察者與受觀察者可能的偏差嗎？

⑧使用非強制性測量嗎？

3. **相關研究**

(1)關係研究

①仔細選擇變項或避免使用包羅萬象的途徑嗎？

②描述選擇變項的理論依據嗎？

③結論與建議是依據校正減弱或限制的分數級距後的相關係數值為基礎嗎？

④結論標示出研究的諸變項之間的因果關係嗎？

(2)預測研究

①預測變項的選擇有理論的依據嗎？

②標準變項作了界定嗎？

③獲致的預測方程式，至少以另一組來考驗其效度嗎？

4. **因果─比較研究（事後回溯研究）**

(1)區分各組的特徵或經驗（自變項）界定清晰嗎？

(2)指明關鍵性的無關變項嗎？

(3)採取控制程序，使各組的無關變項趨於相等嗎？

(4)小心謹慎地探討所發現的因果關係嗎？

(5)討論了似乎合理的替代性假設嗎？

5. **實驗研究**

(1)選用的實驗設計合適嗎？

(2)選用的實驗設計有所依據嗎？

(3)是否確認影響效度的因素且加以探討嗎？

(4)形成各組的方法有所描述嗎？

(5)形成實驗組的方式與形成控制組的方式相同嗎？

(6)使用現成的組別或另採隨機編組？

(7)處理隨機分派於各組嗎？

(8)確認關鍵的無關變項嗎？

(9)採取控制程序，使各組的無關變項趨於相等嗎？

(10)有無證據可以指陳反應性安排（如霍桑效應）的存在？

(11)附表清楚，且與研究結果有關嗎？

(12)研究結果概括於適當的群體嗎？

6. **單一受試者研究**

(1)蒐集資料的時間有受到限制嗎？

(2)在進入處理期前，建立基準線嗎？

(3)條件或階段的時間長度足夠代表該階段內的行為表現嗎？

(4)該設計適合於所發問的問題嗎？

(5)若使用多基準線設計，條件能迎合跨基準線的移動嗎？

(6)若使用撤回設計，探討該設計的限制嗎？

(7)研究者一次只操弄一個變項嗎？

(8)該研究可以複製嗎？

貳、質的報告評鑑

為了評鑑質的報告的品質，與判斷量的研究報告一樣，有若干規準可循：

一、一般的質的研究（McMillan & Schumacher, 2010, pp.38-39）

(一) 緒論

1.研究的焦點、目標或主題敘述清楚嗎？

2.有觸及研究焦點的情境或問題嗎？本研究有理論根據嗎？本研究的重要性清楚嗎？

3.有背景的研究與理論，可用來協助修正研究問題嗎？

4.緒論包含設計概述嗎？

5.文獻探討與研究焦點切合嗎？文獻作了分析與描述嗎？

(二) 方法

1.描述研究的場所，以確認其獨特性或代表性？

2.進入已確立的田野嗎？

3.解釋研究者的角色是什麼嗎？

4.承認研究設計的限制嗎？

5.蒐集到的資料把互動過程作了清晰描述嗎？

6.清楚描述脈絡嗎？

(三) 發現與詮釋

1.清晰地提出不同參與者的觀點嗎？參與者的話或評論被引述嗎？

2.提供的內容夠詳細且深入嗎？

3.提出多元的觀點嗎？

4.結果列有足夠的文獻嗎？根據結果能闡釋持有的主張與解說嗎？

5.清楚標示研究者個人的信念嗎？

6.詮釋合理嗎？承認研究者先入為主的觀念與偏見嗎？

(四) 結論

1.結論與發現在邏輯上一致嗎？

2.標示研究設計的限制與焦點嗎？

3.標示發現的涵義嗎？

二、敘事研究（亦請參考第16章第五節）

1.研究者提供採用敘事研究來研究所選擇之現象的學理依據嗎？

2.選擇個人作為研究所選擇之現象，有學理根據嗎？

3.研究者描述資料蒐集的方法，以及特別注意到訪談嗎？

4.研究者描述分析和詮釋的適當策略（如重敘故事）嗎？（Gay et al., 2012; Mills & Gay, 2016）

三、人種誌研究

1.書面的解說（人種誌）捕捉出現在研究中的社會的、文化的和經濟的論題嗎？

2.研究者花費「整個循環」於田野中的現象嗎？（Gay et al., 2012; Mills & Gay, 2016）

參、質的和量的混合報告之評鑑

一、混合法

1.該研究至少使用一種量的和質的資料研究法嗎？

2.使用混合研究設計，有提供學理的根據嗎？

3.敘述所使用的混合研究設計類型嗎？

4.描述質的與量的資料蒐集之優先順序嗎？

5.蒐集的資料數量以及伴隨而來的資源、時間和專門技能議題，使得該研究可行嗎？

6.該研究探究量的與質的研究問題嗎？

7.清楚界定質的與量的資料蒐集技術嗎？

8.資料分析技術適合於混合法設計的類型嗎？（Gay et al., 2012; Mills & Gay, 2016）

二、行動研究（亦請參考第18章第十四節）

1.焦點領域涉及研究者自己實務中的教與學嗎？

2.以研究者的專門知能、時間和資源，可以回答研究者敘述的問題嗎？

3.焦點領域是在研究者的操控之中嗎？

4.焦點領域是研究者所熱衷的對象嗎？

5.研究者提供的詳細行動計畫，影響到對實務的研究發現嗎？（Gay et al., 2012; Mills & Gay, 2016）

作　業

一、（研究的）結果與結論有何不同？

二、結果的「統計的顯著性」（statistical significance）與「研究的顯著性」（significance of the study）有無不同？

三、研究者討論研究結果，是否可與假設不一致？

四、試選出一篇研究報告，仔細閱讀結果（或資料分析）那一章，但暫勿閱讀結論一章，就寫下自己的結論，然後將此結論取來與原報告的結論作一比較。

五、試依據APA 2020的格式，寫出下列的參考書目的格式（中、英文書目不拘）：

　　1.兩位作者寫成的第二版書。

　　2.主編的書籍。

　　3.翻譯的書籍。

　　4.編輯成的書籍中，取用其中的一篇文章。

　　5.一篇登在學術性期刊中的文章。

　　6.一本經由修訂的書籍。

六、試選一篇學位論文，依本章的一般評鑑規準與特定方法的評鑑規準分別評定之。

七、學位論文、期刊發表之論文與研討會宣讀方論文，在體例上有無差別之處？

八、選擇題

　　1.在一篇研究報告中，下列何者不包括在內？（①受試者的特徵　②簡短的文獻探討　③研究發現　④研究結論）。

　　2.在研究報告中，下列何者包括正式的敘述假設？（①緒論　②結果與討論　③結論與建議　④研究方法）。

　　3.下列的材料，那些會在研究報告的附錄中出現？（①未出版的測驗　②不易在他處找得的冗長處理方式　③新的電腦程式　④以上皆是）。

　　4.下列何者要納入研究報告內？（①在分析中罕見的統計公式　②標準的統計公式　③獻給某人的語詞　④以上皆是）。

　　5.沒有列出作者的著作，在參考文獻中如何引用？（①在研究報告中可以省略　②在書籍中省略不註　③以題目的前幾個字置入　④以上皆是）。

　　6.資料與統計分析出現在研究報告的哪一章？（①研究方法　②緒論　③結果與討論　④結論與建議）。

　　7.評鑑下列何者的規準和博多稿的發展有關？（①實驗研究　②事後回溯研究　③調查研究　④相關研究）。

　　8.評鑑下列何種研究的規準與小心解釋因果關係的結果有關？（①相關關係　②相

關預測　③事後回溯　④以上皆是）。

9.評鑑下列何種研究的規準與影響內在效度作為選擇研究設計之結果有關？（①敘事　②人種誌　③相關　④實驗）。

10.下列何者係以問卷和焦點團體作為蒐集資料的方法？（①敘事　②人種誌　③混合法　④行動研究）。

九、所謂*Chicago manual style*（芝加哥格式手冊）有那些版本？

答案：

一、結果是一種直接的觀察，結論係依據結果而作的推論。

二、統計的顯著性僅指結果不可能是機會的函數；研究的顯著性係由涉及理論考驗或實用涵義的發現之重要性決定之。

三、可以。

四、略。

五、參考答案（以英文為例）。

1.Hallahan, D. P. & Kauffman, J. M. (1982). *Exceptional children* (2nd ed.). Prentice-Hall.

2.LeCompte, M. D., Millroy, W. L., & Preissle, J. (Eds.) (1992). *The handbook of qualitative research in education.* New York: Academic Press, Inc.

3.Luria, A. R. (1969). *The mind of a mnemonist* (L. Solotaroff, trans.). Avon Books. (Original work published 1965)

4.Kahn, J. V. (1984). Cognitive training and its relationship to the language of profoundly retarded children. In J. M. Berg (Ed.), *Perspectives and progress in mental retardation* (pp.51-72). University Park Press.

5.Seltzer, M. M. (1984). Correlates of community opposition to community residence for mentally retarded persons. *American Journal of Mental Deficiency*, 89, 1-8.

6.Baraun, J. & Graff, H. G. (1970). *The modern research* (Rev ed.). Harcourt Brace and World.

六、略。

七、學位論文的體例最為正式，舉凡細節部分也都有嚴格規定，通常都需遵循特定的體例手冊安排（如APA或CMS體例）。期刊文章以較簡明的方式呈現，有問題概述、有關文獻探討、研究方法、研究結果與結果的重要性討論所占篇幅略多。研討會宣讀的論文體例較不嚴謹，惟需迎合聽眾的需求，假設的陳述、程序的描述、重要的發現等都需涵蓋其中。

八、1.②；2.①；3.④；4.①；5.③；6.③；7.③；8.④；9.④；10.③。

九、略。

附　錄

附錄壹　亂數表

03	47	43	73	86	36	96	47	36	61	46	98	63	71	62	33	26	16	80	45	60	11	14	10	95
97	74	24	67	62	42	81	14	57	20	42	53	32	37	32	20	07	37	07	51	24	51	79	89	73
16	76	62	27	66	56	50	26	71	07	32	90	79	78	53	13	55	38	58	59	88	97	54	14	10
12	56	85	99	26	96	96	68	27	31	05	03	72	93	15	57	12	10	14	21	88	26	49	81	76
55	59	56	35	64	38	54	82	46	22	31	62	43	09	90	06	18	44	32	53	28	83	01	30	30
16	22	77	94	39	49	54	43	54	82	17	37	93	23	78	87	35	20	96	43	84	26	34	91	64
84	42	17	53	31	57	24	55	06	88	77	04	74	47	67	21	76	33	50	25	83	92	12	06	76
63	01	63	78	59	16	95	55	67	19	98	10	50	71	75	12	86	73	58	07	44	39	52	38	79
33	21	12	34	29	78	64	56	07	82	52	42	07	44	38	15	51	00	13	42	99	66	02	79	54
57	60	86	32	44	09	47	27	96	54	49	17	46	09	62	90	52	84	77	27	08	02	73	43	28
18	18	07	92	46	44	17	16	58	09	79	83	86	19	62	06	76	50	03	10	55	23	64	05	05
26	62	38	97	75	84	16	07	44	99	83	11	46	32	24	20	14	85	88	45	10	93	72	88	71
23	42	40	64	74	82	97	77	77	81	07	45	32	14	08	32	98	94	07	72	93	85	79	10	75
52	36	28	19	95	50	92	26	11	97	00	56	76	31	38	80	22	02	53	53	86	60	42	04	53
37	85	94	35	12	83	39	50	08	30	42	34	07	96	88	54	42	06	87	98	35	85	29	48	39
70	29	17	12	13	40	33	20	38	26	13	89	51	03	74	17	76	37	13	04	07	74	21	19	30
56	62	18	37	35	96	83	50	87	75	97	12	25	93	47	70	33	24	03	54	97	77	46	44	80
99	49	57	22	77	88	42	95	45	72	16	64	36	16	00	04	43	18	66	79	94	77	24	21	90
16	08	15	04	72	33	27	14	34	09	45	59	34	68	49	12	72	07	34	45	99	27	72	95	14
31	16	93	32	43	50	27	89	87	19	20	15	37	00	49	52	85	66	60	44	38	68	88	11	80
68	34	30	13	70	55	74	30	77	40	44	22	78	84	26	04	33	46	09	52	68	07	97	06	57
74	57	25	65	76	59	29	97	68	60	71	91	38	67	54	13	58	18	24	76	15	54	55	95	52
27	42	37	86	53	48	55	90	65	72	96	57	69	36	10	96	46	92	42	45	97	60	49	04	91
00	39	68	29	61	66	37	32	20	30	77	84	57	03	29	10	45	65	04	26	11	04	96	67	24
29	94	98	94	24	68	49	69	10	82	53	75	91	93	30	34	25	20	57	27	40	48	73	51	92
16	90	82	66	59	83	62	64	11	12	67	19	00	71	74	60	47	21	29	68	02	02	37	03	31
11	27	94	75	06	06	09	19	74	66	02	94	37	34	02	76	70	90	30	86	38	45	94	30	38
35	24	10	16	20	33	32	51	26	38	79	78	45	04	91	16	92	53	56	16	02	75	50	95	98
38	23	16	86	38	42	38	97	01	50	87	75	66	81	41	40	01	74	91	62	48	51	84	08	32
31	96	25	91	47	96	44	33	49	13	34	86	82	53	91	00	52	43	48	85	27	55	26	89	62
66	67	40	67	14	64	05	71	95	86	11	05	65	09	68	76	83	20	37	90	57	16	00	11	66
14	90	84	45	11	75	73	88	05	90	52	27	41	14	86	22	98	12	22	08	07	52	74	95	80
68	05	51	18	00	33	96	02	75	19	07	60	62	93	55	59	33	82	43	90	49	37	38	44	59
20	46	78	73	90	97	51	40	14	02	04	02	33	31	08	39	54	16	49	36	47	95	93	13	30
64	19	58	97	79	15	06	15	93	20	01	90	10	75	06	40	78	78	89	62	02	67	74	17	33
05	26	93	70	60	22	35	85	15	13	92	03	51	59	77	59	56	78	06	83	52	91	05	70	74
07	97	10	88	23	09	98	42	99	64	61	71	62	99	15	06	51	29	16	93	58	05	77	09	51
68	71	86	85	85	54	87	66	47	54	73	32	08	11	12	44	95	92	63	16	29	56	24	29	48
26	99	61	65	53	58	37	78	80	70	42	10	50	67	42	32	17	55	85	74	94	44	67	16	94
14	65	52	68	75	87	59	36	22	41	26	78	63	06	55	13	08	27	01	50	15	29	39	39	43
17	53	77	58	71	71	41	61	50	72	12	41	94	96	26	44	95	27	36	99	02	96	74	30	83
90	26	59	21	19	23	52	23	33	12	96	93	02	18	39	07	02	18	36	07	25	99	32	70	23
41	23	52	55	99	31	04	49	69	96	10	47	48	45	88	13	41	43	89	20	97	17	14	49	17
60	20	50	81	69	31	99	73	68	68	35	81	33	03	76	24	30	12	48	60	18	99	10	72	34
91	25	38	05	90	94	58	28	41	36	45	37	59	03	09	90	35	57	29	12	82	62	54	65	60
34	50	57	74	37	98	80	33	00	91	09	77	93	19	82	74	94	80	04	04	45	07	31	66	49
85	22	04	39	43	73	81	53	94	79	33	62	46	86	28	08	31	54	46	31	53	94	13	38	47
09	79	13	77	48	73	82	79	22	21	05	03	27	24	83	72	89	44	05	60	35	80	39	94	88
88	75	80	18	14	22	95	75	42	49	39	32	82	22	49	02	48	07	70	37	16	04	61	67	87
90	96	23	70	00	39	00	03	06	90	55	85	78	38	36	94	37	30	69	32	90	89	00	76	33

SOURCE: Taken from Table XXXII of Fisher and Yates': *Satistical Tables for Biological, Agricultural and Medical Research* (6th Edition 1974) published by Longman Group UK Ltd. London (previously published by Oliver and Boyd Ltd, Edinburg).

附錄貳　皮爾遜相關係數臨界值

	Level of significance for a one-tail test				
	.05	.25	.01	.005	.0005
	Level of significance for a two-tail test				
df	.10	.05	.02	.01	.001
1	.9877	.9969	.9995	.9999	1.0000
2	.9000	.9500	.9800	.9900	.9990
3	.8054	.8783	.9343	.9587	.9912
4	.7293	.8114	.8822	.9172	.9741
5	.6694	.7545	.8329	.8745	.9507
6	.6215	.7067	.7887	.8343	.9249
7	.5822	.6664	.7498	.7977	.8982
8	.5494	.6319	.7155	.7646	.8721
9	.5214	.6021	.6851	.7348	.8471
10	.4973	.5760	.6581	.7079	.8233
11	.4762	.5529	.6339	.6835	.8010
12	.4575	.5324	.6120	.6614	.7800
13	.4409	.5139	.5923	.6411	.7603
14	.4259	.4973	.5742	.6226	.7420
15	.4124	.4821	.5577	.6055	.7246
16	.4000	.4683	.5425	.5897	.7084
17	.3887	.4555	.5285	.5751	.6932
18	.3783	.4438	.5155	.5614	.6787
19	.3687	.4329	.5034	.5487	.6652
20	.3598	.4227	.4921	.5368	.6524
25	.3223	.3809	.4451	.4869	.5974
30	.2960	.3494	.4093	.4487	.5541
35	.2746	.3246	.3810	.4182	.5189
40	.2573	.3044	.3578	.3932	.4896
45	.2428	.2875	.3384	.3721	.4648
50	.2306	.2732	.3218	.3541	.4433
60	.2108	.2500	.2948	.3248	.4078
70	.1954	.2319	.2737	.3017	.3799
80	.1829	.2172	.2565	.2830	.3568
90	.1726	.2050	.2422	.2673	.3375
100	.1638	.1946	.2301	.2540	.3211

SOURCE: Taken from Table VII of Fisher Yates': *Statistical Tables for Biological, Agricultural and Medical Research* (6th Edition 1974) published by Longman Group UK Ltd. London (previously published by Oliver and Boyd Ltd, Edinburg).

附錄參　t分配臨界值表

Degrees of freedom	Probability			
	.1	.05	.01	.001
1	6.314	12.706	63.657	636.619
2	2.920	4.303	9.925	31.598
3	2.353	3.182	5.841	12.924
4	2.132	2.776	4.604	8.610
5	2.015	2.571	4.032	6.869
6	1.943	2.447	3.707	5.959
7	1.895	2.365	3.499	5.408
8	1.860	2.306	3.355	5.041
9	1.833	2.262	3.250	4.781
10	1.812	2.228	3.169	4.587
11	1.796	2.201	3.106	4.437
12	1.782	2.179	3.055	4.318
13	1.771	2.160	3.012	4.221
14	1.761	2.145	2.977	4.140
15	1.753	2.131	2.947	4.073
16	1.746	2.120	2.921	4.015
17	1.740	2.110	2.898	3.965
18	1.734	2.101	2.878	3.922
19	1.729	2.093	2.861	3.883
20	1.725	2.086	2.845	3.850
21	1.721	2.080	2.831	3.819
22	1.717	2.074	2.819	3.792
23	1.714	2.069	2.807	3.767
24	1.711	2.064	2.797	3.745
25	1.708	2.060	2.787	3.725
26	1.706	2.056	2.779	3.707
27	1.703	2.052	2.771	3.690
28	1.701	2.048	2.763	3.674
29	1.699	2.045	2.756	3.659
30	1.697	2.042	2.750	3.646
40	1.684	2.021	2.704	3.551
60	1.671	2.000	2.660	3.460
120	1.658	1.980	2.617	3.373
∞	1.645	1.960	2.576	3.291

SOURCE: Abridged from Table II in R. A. Fisher and F. Yates', *Statistical Tables for Biological, Agricultural, and Medical Research* (New York: Hafner, 1974).

附錄肆　F臨界值表

（上一行為.05，下一行為.01）

n₁ degrees of freedom (for greater mean square)

n_2	1	2	3	4	5	6	7	8	9	10	11	12	14	16	20	24	30	40	50	75	100	200	500	∞
1	161	200	216	225	230	234	237	239	241	242	243	244	245	246	248	249	250	251	252	253	253	254	254	254
	4,052	4,999	5,403	5,625	5,764	5,859	5,928	5,981	6,022	6,056	6,082	6,106	6,142	6,169	6,208	6,234	6,258	6,286	6,302	6,323	6,334	6,352	6,361	6,366
2	18.51	19.00	19.16	19.25	19.30	19.33	19.36	19.37	19.38	19.39	19.40	19.41	19.42	19.43	19.44	19.45	19.46	19.47	19.47	19.48	19.49	19.49	19.50	19.50
	98.49	99.00	99.17	99.25	99.30	99.33	99.34	99.36	99.38	99.40	99.41	99.42	99.43	99.44	99.45	99.46	99.47	99.48	99.48	99.49	99.49	99.49	99.50	99.50
3	10.13	9.55	9.28	9.12	9.01	8.94	8.88	8.84	8.81	8.78	8.76	8.74	8.71	8.69	8.66	8.64	8.62	8.60	8.58	8.57	8.56	8.54	8.54	8.53
	34.12	30.82	29.46	28.71	28.24	27.91	27.67	27.49	27.34	27.23	27.13	27.05	26.92	26.83	26.69	26.60	26.50	26.41	26.35	26.27	26.23	26.18	26.14	26.12
4	7.71	6.94	6.59	6.39	6.26	6.16	6.09	6.04	6.00	5.96	5.93	5.91	5.87	5.84	5.80	5.77	5.74	5.71	5.70	5.68	5.66	5.65	5.64	5.63
	21.20	18.00	16.69	15.98	15.52	15.21	14.98	14.80	14.66	14.54	14.45	14.37	14.24	14.15	14.02	13.93	13.83	13.74	13.69	13.61	13.57	13.52	13.48	13.46
5	6.61	5.79	5.41	5.19	5.05	4.95	4.88	4.82	4.78	4.74	4.70	4.68	4.64	4.60	4.56	4.53	4.50	4.46	4.44	4.42	4.40	4.38	4.37	4.36
	16.26	13.27	12.06	11.39	10.97	10.67	10.45	10.27	10.15	10.05	9.96	9.89	9.77	9.68	9.55	9.47	9.38	9.29	9.24	9.17	9.13	9.07	9.04	9.02
6	5.99	5.14	4.76	4.53	4.39	4.28	4.21	4.15	4.10	4.06	4.03	4.00	3.96	3.92	3.87	3.84	3.81	3.77	3.75	3.72	3.71	3.69	3.68	3.67
	13.74	10.92	9.78	9.15	8.75	8.47	8.26	8.10	7.98	7.87	7.79	7.72	7.60	7.52	7.39	7.31	7.23	7.14	7.09	7.02	6.99	6.94	6.90	6.88
7	5.59	4.74	4.35	4.12	3.97	3.87	3.79	3.73	3.68	3.63	3.60	3.57	3.52	3.49	3.44	3.41	3.38	3.34	3.32	3.29	3.28	3.25	3.24	3.23
	12.25	9.55	8.45	7.85	7.46	7.19	7.00	6.84	6.71	6.62	6.54	6.47	6.35	6.27	6.15	6.07	5.98	5.90	5.85	5.78	5.75	5.70	5.67	5.65
8	5.32	4.46	4.07	3.84	3.69	3.58	3.50	3.44	3.39	3.34	3.31	3.28	3.23	3.20	3.15	3.12	3.08	3.05	3.03	3.00	2.98	2.96	2.94	2.93
	11.26	8.65	7.59	7.10	6.63	6.37	6.19	6.03	5.91	5.82	5.74	5.67	5.56	5.48	5.36	5.28	5.20	5.11	5.06	5.00	4.96	4.91	4.88	4.86
9	5.12	4.26	3.86	3.63	3.48	3.37	3.29	3.23	3.18	3.13	3.10	3.07	3.02	2.98	2.93	2.90	2.86	2.82	2.80	2.77	2.76	2.73	2.72	2.71
	10.56	8.02	6.99	6.42	6.06	5.80	5.62	5.47	5.35	5.26	5.18	5.11	5.00	4.92	4.80	4.73	4.64	4.56	4.51	4.45	4.41	4.36	4.33	4.31
10	4.96	4.10	3.71	3.48	3.33	3.22	3.14	3.07	3.02	2.97	2.94	2.91	2.86	2.82	2.77	2.74	2.70	2.67	2.64	2.61	2.59	2.56	2.55	2.54
	10.04	7.56	6.55	5.99	5.64	5.39	5.21	5.06	4.95	4.85	4.78	4.71	4.60	4.52	4.41	4.33	4.25	4.17	4.12	4.05	4.01	3.96	3.93	3.91
11	4.84	3.98	3.59	3.36	3.20	3.09	3.01	2.95	2.90	2.86	2.82	2.79	2.74	2.70	2.65	2.61	2.57	2.53	2.50	2.47	2.45	2.42	2.41	2.40
	9.65	7.20	6.22	5.67	5.32	5.07	4.88	4.74	4.63	4.54	4.46	4.40	4.29	4.21	4.10	4.02	3.94	3.86	3.80	3.74	3.70	3.66	3.62	3.60
12	4.75	3.88	3.49	3.26	3.11	3.00	2.92	2.85	2.80	2.76	2.72	2.69	2.64	2.60	2.54	2.50	2.46	2.42	2.40	2.36	2.35	2.32	2.31	2.30
	9.33	6.93	5.95	5.41	5.06	4.82	4.65	4.50	4.39	4.30	4.22	4.16	4.05	3.98	3.86	3.78	3.70	3.61	3.56	3.49	3.46	3.41	3.38	3.36
13	4.67	3.80	3.41	3.18	3.02	2.92	2.84	2.77	2.72	2.67	2.63	2.60	2.55	2.51	2.46	2.42	2.38	2.34	2.32	2.28	2.26	2.24	2.22	2.21
	9.07	6.70	5.74	5.20	4.86	4.62	4.44	4.30	4.19	4.10	4.02	3.96	3.85	3.78	3.67	3.59	3.51	3.42	3.37	3.30	3.27	3.21	3.18	3.16

SOURCE: George W. Snedecor and William G. Cochran, *Statistical Methods*, 6th ed. (Ames, Iowa: The Iowa State University Press, 1967).

n_2 degrees of freedom (for greater mean square)

n_2	1	2	3	4	5	6	7	8	9	10	11	12	14	16	20	24	30	40	50	75	100	200	500	∞
14	4.60	3.74	3.34	3.11	2.96	2.85	2.77	2.70	2.65	2.60	2.56	2.53	2.48	2.44	2.39	2.35	2.31	2.27	2.24	2.21	2.19	2.16	2.14	2.13
	8.86	6.51	5.56	5.03	4.69	4.46	4.28	4.14	4.03	3.94	3.86	3.80	3.70	3.62	3.51	3.43	3.34	3.26	3.21	3.14	3.11	3.06	3.02	3.00
15	4.54	3.68	3.29	3.06	2.90	2.79	2.70	2.64	2.59	2.55	2.51	2.48	2.43	2.39	2.33	2.29	2.25	2.21	2.18	2.15	2.12	2.10	2.08	2.07
	8.68	6.36	5.42	4.89	4.56	4.32	4.14	4.00	3.89	3.80	3.73	3.67	3.56	3.48	3.36	3.29	3.20	3.12	3.07	3.00	2.97	2.92	2.89	2.87
16	4.49	3.63	3.24	3.01	2.85	2.74	2.66	2.59	2.54	2.49	2.45	2.42	2.37	2.33	2.28	2.24	2.20	2.16	2.13	2.09	2.07	2.04	2.02	2.01
	8.53	6.23	5.29	4.77	4.44	4.20	4.03	3.89	3.78	3.69	3.61	3.55	3.45	3.37	3.25	3.18	3.10	3.01	2.96	2.89	2.86	2.80	2.77	2.75
17	4.45	3.59	3.20	2.96	2.81	2.70	2.62	2.55	2.50	2.45	2.41	2.38	2.33	2.29	2.23	2.19	2.15	2.11	2.08	2.04	2.02	1.99	1.97	1.96
	8.40	6.11	5.18	4.67	4.34	4.10	3.93	3.79	3.68	3.59	3.52	3.45	3.35	3.27	3.16	3.08	3.00	2.92	2.86	2.79	2.76	2.70	2.67	2.65
18	4.41	3.55	3.16	2.93	2.77	2.66	2.58	2.51	2.46	2.41	2.37	2.34	2.29	2.25	2.19	2.15	2.11	2.07	2.04	2.00	1.98	1.95	1.93	1.92
	8.28	6.01	5.09	4.58	4.25	4.01	3.85	3.71	3.60	3.51	3.44	3.37	3.27	3.19	3.07	3.00	2.91	2.83	2.78	2.71	2.68	2.62	2.59	2.57
19	4.38	3.52	3.13	2.90	2.74	2.63	2.55	2.48	2.43	2.38	2.34	2.31	2.26	2.21	2.15	2.11	2.07	2.02	2.00	1.96	1.94	1.91	1.90	1.88
	8.18	5.93	5.01	4.50	4.17	3.94	3.77	3.63	3.52	3.43	3.36	3.30	3.19	3.12	3.00	2.92	2.84	2.76	2.70	2.63	2.60	2.54	2.51	2.49
20	4.35	3.49	3.10	2.87	2.71	2.60	2.52	2.45	2.40	2.35	2.31	2.28	2.23	2.18	2.12	2.08	2.04	1.99	1.96	1.92	1.90	1.87	1.85	1.84
	8.10	5.85	4.94	4.43	4.10	3.87	3.71	3.56	3.45	3.37	3.30	3.23	3.13	3.05	2.94	2.86	2.77	2.69	2.63	2.56	2.53	2.47	2.44	2.42
21	4.32	3.47	3.07	2.84	2.68	2.57	2.49	2.42	2.37	2.32	2.28	2.25	2.20	2.15	2.09	2.05	2.00	1.96	1.93	1.89	1.87	1.84	1.82	1.81
	8.02	5.78	4.87	4.37	4.04	3.81	3.65	3.51	3.40	3.31	3.24	3.17	3.07	2.99	2.88	2.80	2.72	2.63	2.58	2.51	2.47	2.42	2.38	2.36
22	4.30	3.44	3.05	2.82	2.66	2.55	2.47	2.40	2.35	2.30	2.26	2.23	2.18	2.13	2.07	2.03	1.98	1.93	1.91	1.87	1.84	1.81	1.80	1.78
	7.94	5.72	4.82	4.31	3.99	3.76	3.59	3.45	3.35	3.26	3.18	3.12	3.02	2.94	2.83	2.75	2.67	2.58	2.53	2.46	2.42	2.37	2.33	2.31
23	4.28	3.42	3.03	2.80	2.64	2.53	2.45	2.38	2.32	2.28	2.24	2.20	2.14	2.10	2.04	2.00	1.96	1.91	1.88	1.84	1.82	1.79	1.77	1.16
	7.88	5.66	4.76	4.26	3.94	3.71	3.54	3.41	3.30	3.21	3.14	3.07	2.97	2.89	2.78	2.70	2.62	2.53	2.48	2.41	2.37	2.32	2.28	2.26
24	4.26	3.40	3.01	2.78	2.62	2.51	2.43	2.36	2.30	2.26	2.22	2.18	2.13	2.09	2.02	1.98	1.94	1.89	1.86	1.82	1.80	1.76	1.74	1.73
	7.82	5.61	4.72	4.22	3.90	3.67	3.50	3.36	3.25	3.17	3.09	3.03	2.93	2.85	2.74	2.66	2.58	2.49	2.44	2.36	2.33	2.27	2.23	2.21
25	4.24	3.38	2.99	2.76	2.60	2.49	2.41	2.34	2.28	2.24	2.20	2.16	2.11	2.06	2.00	1.96	1.92	1.87	1.84	1.80	1.77	1.74	1.72	1.71
	7.77	5.57	4.68	4.18	3.86	3.63	3.46	3.32	3.21	3.13	3.05	2.99	2.89	2.81	2.70	2.62	2.54	2.45	2.40	2.32	2.29	2.23	2.19	2.17
26	4.22	3.37	2.98	2.74	2.59	2.47	2.39	2.32	2.27	2.22	2.18	2.15	2.10	2.05	1.99	1.95	1.90	1.85	1.82	1.78	1.76	1.72	1.70	1.69
	7.72	5.53	4.64	4.14	3.82	3.59	3.42	3.29	3.17	3.09	3.02	2.96	2.86	2.77	2.66	2.58	2.50	2.41	2.36	2.28	2.25	2.19	2.15	2.13

n_1 degrees of freedom (for greater mean square)

n_2	1	2	3	4	5	6	7	8	9	10	11	12	14	16	20	24	30	40	50	75	100	200	500	∞
27	4.21	3.35	2.96	2.73	2.57	2.46	2.37	2.30	2.25	2.20	2.16	2.13	2.08	2.03	1.97	1.93	1.88	1.84	1.80	1.76	1.74	1.71	1.68	1.67
	7.68	5.49	4.60	4.11	3.79	3.56	3.39	3.26	3.14	3.06	2.98	2.93	2.83	2.74	2.63	2.55	2.47	2.38	2.33	2.25	2.21	2.16	2.12	2.10
28	4.20	3.34	2.95	2.71	2.56	2.44	2.36	2.29	2.24	2.19	2.15	2.12	2.06	2.02	1.96	1.91	1.87	1.81	1.78	1.75	1.72	1.69	1.67	1.65
	7.64	5.45	4.57	4.07	3.76	3.53	3.36	3.23	3.11	3.03	2.95	2.90	2.80	2.71	2.60	2.52	2.44	2.35	2.30	2.22	2.18	2.13	2.09	2.06
29	4.18	3.33	2.93	2.70	2.54	2.43	2.35	2.28	2.22	2.18	2.14	2.10	2.05	2.00	1.94	1.90	1.85	1.80	1.77	1.73	1.71	1.68	1.65	1.64
	7.60	5.42	4.54	4.04	3.73	3.50	3.33	3.20	3.08	3.00	2.92	2.87	2.77	2.68	2.57	2.49	2.41	2.32	2.27	2.19	2.15	2.10	2.06	2.03
30	4.17	3.32	2.92	2.69	2.53	2.42	2.34	2.27	2.21	2.16	2.12	2.09	2.04	1.99	1.93	1.89	1.84	1.79	1.76	1.72	1.69	1.66	1.64	1.62
	7.56	5.39	4.51	4.02	3.70	3.47	3.30	3.17	3.06	2.98	2.90	2.84	2.74	2.66	2.55	2.47	2.38	2.29	2.24	2.16	2.13	2.07	2.03	2.01
32	4.15	3.30	2.90	2.67	2.51	2.40	2.32	2.25	2.19	2.14	2.10	2.07	2.02	1.97	1.91	1.86	1.82	1.76	1.74	1.69	1.67	1.64	1.61	1.59
	7.50	5.34	4.46	3.97	3.66	3.42	3.25	3.12	3.01	2.94	2.86	2.80	2.70	2.62	2.51	2.42	2.34	2.25	2.20	2.12	2.08	2.02	1.98	1.96
34	4.13	3.28	2.88	2.65	2.49	2.38	2.30	2.23	2.17	2.12	2.08	2.05	2.00	1.95	1.89	1.84	1.80	1.74	1.71	1.67	1.64	1.61	1.59	1.57
	7.44	5.29	4.42	3.93	3.61	3.38	3.21	3.08	2.97	2.89	2.82	2.76	2.66	2.58	2.47	2.38	2.30	2.21	2.15	2.08	2.04	1.98	1.94	1.91
36	4.11	3.26	2.86	2.63	2.48	2.36	2.28	2.21	2.15	2.10	2.06	2.03	1.98	1.93	1.87	1.82	1.78	1.72	1.69	1.65	1.62	1.59	1.56	1.55
	7.39	5.25	4.38	3.89	3.58	3.35	3.18	3.04	2.94	2.86	2.78	2.72	2.62	2.54	2.43	2.35	2.26	2.17	2.12	2.04	2.00	1.94	1.90	1.87
38	4.10	3.25	2.85	2.62	2.46	2.35	2.26	2.19	2.14	2.09	2.05	2.02	1.96	1.92	1.85	1.80	1.76	1.71	1.67	1.63	1.60	1.57	1.54	1.53
	7.35	5.21	4.34	3.86	3.54	3.32	3.15	3.02	2.91	2.82	2.75	2.69	2.59	2.51	2.40	2.32	2.22	2.14	2.08	2.00	1.97	1.90	1.86	1.84
40	4.08	3.23	2.84	2.61	2.45	2.34	2.25	2.18	2.12	2.07	2.04	2.00	1.95	1.90	1.84	1.79	1.74	1.69	1.66	1.61	1.59	1.55	1.53	1.51
	7.31	5.18	4.31	3.83	3.51	3.29	3.12	2.99	2.88	2.80	2.73	2.66	2.56	2.49	2.37	2.29	2.20	2.11	2.05	1.97	1.94	1.88	1.84	1.81
42	4.07	3.22	2.83	2.59	2.44	2.32	2.24	2.17	2.11	2.06	2.02	1.99	1.94	1.89	1.82	1.78	1.73	1.68	1.64	1.60	1.57	1.54	1.51	1.49
	7.27	5.15	4.29	3.80	3.49	3.26	3.10	2.96	2.86	2.77	2.70	2.64	2.54	2.46	2.35	2.26	2.17	2.08	2.02	1.94	1.91	1.85	1.80	1.78
44	4.06	3.21	2.82	2.58	2.43	2.31	2.23	2.16	2.10	2.05	2.01	1.98	1.92	1.88	1.81	1.76	1.72	1.66	1.63	1.58	1.56	1.52	1.50	1.48
	7.24	5.12	4.26	3.78	3.46	3.24	3.07	2.94	2.84	2.75	2.68	2.62	2.52	2.44	2.32	2.24	2.15	2.06	2.00	1.92	1.88	1.82	1.78	1.75
46	4.05	3.20	2.81	2.57	2.42	2.30	2.22	2.14	2.09	2.04	2.00	1.97	1.91	1.87	1.80	1.75	1.71	1.65	1.62	1.57	1.54	1.51	1.48	1.46
	7.21	5.10	4.24	3.76	3.44	3.22	3.05	2.92	2.82	2.73	2.66	2.60	2.50	2.42	2.30	2.22	2.13	2.04	1.98	1.90	1.86	1.80	1.76	1.72
48	4.04	3.19	2.80	2.58	2.41	2.30	2.21	2.14	2.08	2.03	1.99	1.96	1.90	1.86	1.79	1.74	1.70	1.64	1.61	1.56	1.53	1.50	1.47	1.45
	7.19	5.08	4.22	3.74	3.42	3.20	3.04	2.90	2.80	2.71	2.64	2.58	2.48	2.40	2.28	2.20	2.11	2.02	1.96	1.88	1.84	1.78	1.73	1.70

n_1 degrees of freedom (for greater mean square)

n_2	1	2	3	4	5	6	7	8	9	10	11	12	14	16	20	24	30	40	50	75	100	200	500	∞
50	4.03	3.18	2.79	2.56	2.40	2.29	2.20	2.13	2.07	2.02	1.98	1.95	1.90	1.85	1.78	1.74	1.69	1.63	1.60	1.55	1.52	1.48	1.46	1.44
	7.17	5.06	4.20	3.72	3.41	3.18	3.02	2.88	2.78	2.70	2.62	2.56	2.46	2.39	2.26	2.18	2.10	2.00	1.94	1.86	1.82	1.76	1.71	1.68
55	4.02	3.17	2.78	2.54	2.38	2.27	2.18	2.11	2.05	2.00	1.97	1.93	1.88	1.83	1.76	1.72	1.67	1.61	1.58	1.52	1.50	1.46	1.43	1.41
	7.12	5.01	4.16	3.68	3.37	3.15	2.98	2.85	2.75	2.66	2.59	2.53	2.43	2.35	2.23	2.15	2.06	1.96	1.90	1.82	1.78	1.71	1.66	1.64
60	4.00	3.15	2.76	2.52	2.37	2.25	2.17	2.10	2.04	1.99	1.95	1.92	1.86	1.81	1.75	1.70	1.65	1.59	1.56	1.50	1.48	1.44	1.41	1.39
	7.08	4.98	4.13	3.65	3.34	3.12	2.95	2.82	2.72	2.63	2.56	2.50	2.40	2.32	2.20	2.12	2.03	1.93	1.87	1.79	1.74	1.68	1.63	1.60
65	3.99	3.14	2.75	2.51	2.36	2.24	2.15	2.08	2.02	1.98	1.94	1.90	1.85	1.80	1.73	1.68	1.63	1.57	1.54	1.49	1.46	1.42	1.39	1.37
	7.04	4.95	4.10	3.62	3.31	3.09	2.93	2.79	2.70	2.61	2.54	2.47	2.37	2.30	2.18	2.09	2.00	1.90	1.84	1.76	1.71	1.64	1.60	1.56
70	3.98	3.13	2.74	2.50	2.35	2.23	2.14	2.07	2.01	1.97	1.93	1.89	1.84	1.79	1.72	1.67	1.62	1.56	1.53	1.47	1.45	1.40	1.37	1.35
	7.01	4.92	4.03	3.60	3.29	3.07	2.91	2.77	2.67	2.59	2.51	2.45	2.35	2.28	2.15	2.07	1.98	1.88	1.82	1.74	1.69	1.62	1.56	1.53
80	3.96	3.11	2.72	2.48	2.33	2.21	2.12	2.05	1.99	1.95	1.91	1.88	1.82	1.77	1.70	1.65	1.60	1.54	1.51	1.45	1.42	1.38	1.35	1.32
	6.96	4.88	4.04	3.56	3.25	3.04	2.87	2.74	2.64	2.55	2.48	2.41	2.32	2.24	2.11	2.03	1.94	1.84	1.78	1.70	1.65	1.57	1.52	1.49
100	3.94	3.09	2.70	2.46	2.30	2.19	2.10	2.03	1.97	1.92	1.88	1.85	1.79	1.75	1.68	1.63	1.57	1.51	1.48	1.42	1.39	1.34	1.30	1.28
	6.90	4.82	3.98	3.51	3.20	2.99	2.82	2.69	2.59	2.51	2.43	2.36	2.26	2.19	2.06	1.98	1.89	1.79	1.73	1.64	1.59	1.51	1.46	1.43
125	3.92	3.07	2.68	2.44	2.29	2.17	2.08	2.01	1.95	1.90	1.86	1.83	1.77	1.72	1.65	1.60	1.55	1.49	1.45	1.39	1.36	1.31	1.27	1.25
	6.84	4.78	3.94	3.47	3.17	2.95	2.79	2.65	2.56	2.47	2.40	2.33	2.23	2.15	2.03	1.94	1.85	1.75	1.68	1.59	1.54	1.46	1.40	1.37
150	3.91	3.06	2.67	2.43	2.27	2.16	2.07	2.00	1.94	1.89	1.85	1.82	1.76	1.71	1.64	1.59	1.54	1.47	1.44	1.37	1.34	1.29	1.25	1.22
	6.81	4.75	3.91	3.44	3.14	2.92	2.76	2.62	2.53	2.44	2.37	2.30	2.20	2.12	2.00	1.91	1.83	1.72	1.66	1.56	1.51	1.43	1.37	1.33
200	3.89	3.04	2.65	2.41	2.26	2.14	2.05	1.98	1.92	1.87	1.83	1.80	1.74	1.69	1.62	1.57	1.52	1.45	1.42	1.35	1.32	1.26	1.22	1.19
	6.76	4.71	3.88	3.41	3.11	2.90	2.73	2.60	2.50	2.41	2.34	2.28	2.17	2.09	1.97	1.88	1.79	1.69	1.62	1.53	1.48	1.39	1.33	1.28
400	3.86	3.02	2.62	2.39	2.23	2.12	2.03	1.96	1.90	1.85	1.81	1.78	1.72	1.67	1.60	1.54	1.49	1.42	1.38	1.32	1.28	1.22	1.16	1.13
	6.70	4.66	3.83	3.36	3.06	2.85	2.69	2.55	2.46	2.37	2.29	2.23	2.12	2.04	1.92	1.84	1.74	1.64	1.57	1.47	1.42	1.32	1.24	1.19
1000	3.85	3.00	2.61	2.38	2.22	2.10	2.02	1.95	1.89	1.84	1.80	1.76	1.70	1.65	1.58	1.53	1.47	1.41	1.36	1.30	1.26	1.19	1.13	1.08
	6.66	4.62	3.80	3.34	3.04	2.82	2.66	2.53	2.43	2.34	2.26	2.20	2.09	2.01	1.89	1.81	1.71	1.61	1.54	1.44	1.38	1.28	1.19	1.11
∞	3.84	2.99	2.60	2.37	2.21	2.09	2.01	1.94	1.88	1.83	1.79	1.75	1.69	1.64	1.57	1.52	1.46	1.40	1.35	1.28	1.24	1.17	1.11	1.00
	6.64	4.60	3.78	3.32	3.02	2.80	2.64	2.51	2.41	2.32	2.24	2.18	2.07	1.99	1.87	1.79	1.69	1.59	1.52	1.41	1.36	1.25	1.15	1.00

附錄伍　常態曲線的面積

(1) Z	(2) AREA BETWEEN THE MEAN AND Z	(3) AREA IN THE SMALLER PORTION	(1) Z	(2) AREA BETWEEN THE MEAN AND Z	(3) AREA IN THE SMALLER PORTION
0.00	.0000	.5000	0.40	.1554	.3446
0.01	.0040	.4960	0.41	.1591	.3409
0.02	.0080	.4920	0.42	.1628	.3372
0.03	.0120	.4880	0.43	.1664	.3336
0.04	.0160	.4840	0.44	.1700	.3300
0.05	.0199	.4801	0.45	.1736	.3264
0.06	.0239	.4761	0.46	.1772	.3228
0.07	.0279	.4721	0.47	.1808	.3192
0.08	.0319	.4681	0.48	.1844	.3156
0.09	.0359	.4641	0.49	.1879	.3121
0.10	.0398	.4602	0.50	.1915	.3085
0.11	.0438	.4562	0.51	.1950	.3050
0.12	.0478	.4522	0.52	.1985	.3015
0.13	.0517	.4483	0.53	.2019	.2981
0.14	.0557	.4443	0.54	.2054	.2946
0.15	.0596	.4404	0.55	.2088	.2912
0.16	.0636	.4364	0.56	.2123	.2877
0.17	.3675	.4325	0.57	.2157	.2843
0.18	.0714	.4286	0.58	.2190	.2810
0.19	.0753	.4247	0.59	.2224	.2776
0.20	.0793	.4207	0.60	.2257	.2743
0.21	.0832	.4168	0.61	.2291	.2709
0.22	.0871	.4129	0.62	.2324	.2676
0.23	.0910	.4090	0.63	.2357	.2643
0.24	.0948	.4052	0.64	.2389	.2611
0.25	.0987	.4013	0.65	.2422	.2578
0.26	.1026	.3974	0.66	.2454	.2546
0.27	.1064	.3936	0.67	.2486	.2514
0.28	.1103	.3897	0.68	.2517	.2483
0.29	.1141	.3859	0.69	.2549	.2451
0.30	.1179	.3821	0.70	.2580	.2420
0.31	.1217	.3783	0.71	.2611	.2389
0.32	.1255	.3745	0.72	.2642	.2358
0.33	.1293	.3707	0.73	.2673	.2327
0.34	.1331	.3669	0.74	.2704	.2296
0.35	.1368	.3632	0.75	.2734	.2266
0.36	.1406	.3594	0.76	.2764	.2236
0.37	.1443	.3557	0.77	.2794	.2206
0.38	.1480	.3520	0.78	.2823	.2177
0.39	.1517	.3483	0.79	.2852	.2148

(1) Z	(2) AREA BETWEEN THE MEAN AND Z	(3) AREA IN THE SMALLER PORTION	(1) Z	(2) AREA BETWEEN THE MEAN AND Z	(3) AREA IN THE SMALLER PORTION
0.80	.2881	.2119	1.30	.4032	.0968
0.81	.2910	.2090	1.31	.4049	.0951
0.82	.2939	.2061	1.32	.4066	.0934
0.83	.2967	.2033	1.33	.4082	.0918
0.84	.2995	.2005	1.34	.4099	.0901
0.85	.3023	.1977	1.35	.4115	.0885
0.86	.3051	.1949	1.36	.4131	.0869
0.87	.3078	.1922	1.37	.4147	.0853
0.88	.3106	.1894	1.38	.4162	.0838
0.89	.3133	.1867	1.39	.4177	.0823
0.90	.3159	.1841	1.40	.4192	.0808
0.91	.3186	.1814	1.41	.4207	.0793
0.92	.3212	.1788	1.42	.4222	.0778
0.93	.3238	.1762	1.43	.4236	.0764
0.94	.3264	.1736	1.44	.4251	.0749
0.95	.3289	.1711	1.45	.4265	.0735
0.96	.3315	.1685	1.46	.4279	.0721
0.97	.3340	.1660	1.47	.4292	.0708
0.98	.3365	.1635	1.48	.4306	.0694
0.99	.3389	.1611	1.49	.4319	.0681
1.00	.3413	.1587	1.50	.4332	.0668
1.01	.3438	.1562	1.51	.4345	.0655
1.02	.3461	.1539	1.52	.4357	.0643
1.03	.3485	.1515	1.53	.4370	.0630
1.04	.3508	.1492	1.54	.4382	.0618
1.05	.3531	.1469	1.55	.4394	.0606
1.06	.3554	.1446	1.56	.4406	.0594
1.07	.3577	.1423	1.57	.4418	.0582
1.08	.3599	.1401	1.58	.4429	.0571
1.09	.3621	.1379	1.59	.4441	.0559
1.10	.3643	.1357	1.60	.4452	.0548
1.11	.3665	.1335	1.61	.4463	.0537
1.12	.3686	.1314	1.62	.4474	.0526
1.13	.3708	.1292	1.63	.4484	.0516
1.14	.3729	.1271	1.64	.4495	.0505
1.15	.3749	.1251	1.65	.4505	.0495
1.16	.3770	.1230	1.66	.4515	.0485
1.17	.3790	.1210	1.67	.4525	.0475
1.18	.3810	.1190	1.68	.4535	.0465
1.19	.3830	.1170	1.69	.4545	.0455
1.20	.3849	.1151	1.70	.4554	.0446
1.21	.3869	.1131	1.71	.4564	.0436
1.22	.3888	.1112	1.72	.4573	.0427
1.23	.3907	.1093	1.73	.4582	.0418
1.24	.3925	.1075	1.74	.4591	.0409
1.25	.3944	.1056	1.75	.4599	.0401
1.26	.3962	.1038	1.76	.4608	.0392
1.27	.3980	.1020	1.77	.4616	.0384
1.28	.3997	.1003	1.78	.4625	.0375
1.29	.4015	.0985	1.79	.4633	.0367

(1) Z	(2) AREA BETWEEN THE MEAN AND Z	(3) AREA IN THE SMALLER PORTION	(1) Z	(2) AREA BETWEEN THE MEAN AND Z	(3) AREA IN THE SMALLER PORTION
1.80	.4641	.0359	2.30	.4893	.0107
1.81	.4649	.0351	2.31	.4896	.0104
1.82	.4656	.0344	2.32	.4898	.0102
1.83	.4664	.0336	2.33	.4901	.0099
1.84	.4671	.0329	2.34	.4904	.0096
1.85	.4678	.0322	2.35	.4906	.0094
1.86	.4686	.0314	2.36	.4909	.0091
1.87	.4693	.0307	2.37	.4911	.0089
1.88	.4699	.0301	2.38	.4913	.0087
1.89	.4706	.0294	2.39	.4916	.0084
1.90	.4713	.0287	2.40	.4918	.0082
1.91	.4719	.0281	2.41	.4920	.0080
1.92	.4726	.0274	2.42	.4922	.0078
1.93	.4732	.0268	2.43	.4925	.0075
1.94	.4738	.0262	2.44	.4927	.0073
1.95	.4744	.0256	2.45	.4929	.0071
1.96	.4750	.0250	2.46	.4931	.0069
1.97	.4756	.0244	2.47	.4932	.0068
1.98	.4761	.0239	2.48	.4934	.0066
1.99	.4767	.0233	2.49	.4936	.0064
2.00	.4772	.0228	2.50	.4938	.0062
2.01	.4778	.0222	2.51	.4940	.0060
2.02	.4783	.0217	2.52	.4941	.0059
2.03	.4788	.0212	2.53	.4943	.0057
2.04	.4793	.0207	2.54	.4945	.0055
2.05	.4798	.0202	2.55	.4946	.0054
2.06	.4803	.0197	2.56	.4648	.0052
2.07	.4808	.0192	2.57	.4949	.0051
2.08	.4812	.0188	2.58	.4951	.0049
2.09	.4817	.0183	2.59	.4952	.0048
2.10	.4821	.0179	2.60	.4953	.0047
2.11	.4826	.0174	2.61	.4955	.0045
2.12	.4830	.0170	2.62	.4956	.0044
2.13	.4834	.0166	2.63	.4957	.0043
2.14	.4838	.0162	2.64	.4959	.0041
2.15	.4842	.0158	2.65	.4960	.0040
2.16	.4846	.0154	2.66	.4961	.0039
2.17	.4850	.0151	2.67	.4962	.0038
2.18	.4854	.0146	2.68	.4963	.0037
2.19	.4857	.0143	2.69	.4964	.0036
2.20	.4861	.0139	2.70	.4965	.0035
2.21	.4864	.0136	2.71	.4966	.0034
2.22	.4868	.0132	2.72	.4967	.0033
2.23	.4871	.0129	2.73	.4968	.0032
2.24	.4875	.0125	2.74	.4969	.0031
2.25	.4878	.0122	2.75	.4970	.0030
2.26	.4881	.0119	2.76	.4971	.0029
2.27	.4884	.0116	2.77	.4972	.0028
2.28	.4887	.0113	2.78	.4973	.0027
2.29	.4890	.0110	2.79	.4974	.0026

(1) Z	(2) AREA BETWEEN THE MEAN AND Z	(3) AREA IN THE SMALLER PORTION	(1) Z	(2) AREA BETWEEN THE MEAN AND Z	(3) AREA IN THE SMALLER PORTION
2.80	.4974	.0026	3.05	.4989	.0011
2.81	.4975	.0025	3.06	.4989	.0011
2.82	.4976	.0024	3.07	.4989	.0011
2.83	.4977	.0023	3.08	.4990	.0010
2.84	.4977	.0023	3.09	.4990	.0010
2.85	.4978	.0022	3.10	.4990	.0010
2.86	.4979	.0021	3.11	.4991	.0009
2.87	.4979	.0021	3.12	.4991	.0009
2.88	.4980	.0020	3.13	.4991	.0009
2.89	.4981	.0019	3.14	.4992	.0008
2.90	.4981	.0019	3.15	.4992	.0008
2.91	.4982	.0018	3.16	.4992	.0008
2.92	.4982	.0018	3.17	.4992	.0008
2.93	.4983	.0017	3.18	.4993	.0007
2.94	.4984	.0016	3.19	.4993	.0007
2.95	.4984	.0016	3.20	.4993	.0007
2.96	.4985	.0015	3.21	.4993	.0007
2.97	.4985	.0015	3.22	.4994	.0006
2.98	.4986	.0014	3.23	.4994	.0006
2.99	.4986	.0014	3.24	.4994	.0006
3.00	.4987	.0013	3.30	.4995	.0005
3.01	.4987	.0013	3.40	.4997	.0003
3.02	.4987	.0013	3.50	.4998	.0002
3.03	.4988	.0012	3.60	.4998	.0002
3.04	.4988	.0012	3.70	.4999	.0001

附錄陸　差距統計量分配表

df for sX	$1-\alpha$	r = number of steps between ordered means													
		2	3	4	5	6	7	8	9	10	11	12	13	14	15
1	.95	18.0	27.0	32.8	37.1	40.4	43.1	45.4	47.4	49.1	50.6	52.0	53.2	54.3	55.4
	.99	90.0	135	164	186	202	216	227	237	246	253	260	266	272	277
2	.95	6.09	8.3	9.8	10.9	11.7	12.4	13.0	13.5	14.0	14.4	14.7	15.1	15.4	15.7
	.99	14.0	19.0	22.3	24.7	26.6	28.2	29.5	30.7	31.7	32.6	33.4	34.1	34.8	35.4
3	.95	4.50	5.91	6.82	7.50	8.04	8.48	8.85	9.18	9.46	9.72	9.95	10.2	10.4	10.5
	.99	8.26	10.6	12.2	13.3	14.2	15.0	15.6	16.2	16.7	17.1	17.5	17.9	18.2	18.5
4	.95	3.93	5.04	5.76	6.29	6.71	7.05	7.35	7.60	7.83	8.03	8.21	8.37	8.52	8.66
	.99	6.51	8.12	9.17	9.96	10.6	11.1	11.5	11.9	12.3	12.6	12.8	13.1	13.3	13.5
5	.95	3.64	4.60	5.22	5.67	6.03	6.33	6.58	6.80	6.99	7.17	7.32	7.47	7.60	7.72
	.99	5.70	6.97	7.80	8.42	8.91	9.32	9.67	9.97	10.2	10.5	10.7	10.9	11.1	11.2
6	.95	3.46	4.34	4.90	5.31	5.63	5.89	6.12	6.32	6.49	6.65	6.79	6.92	7.03	7.14
	.99	5.24	6.33	7.03	7.56	7.97	8.32	8.61	8.87	9.10	9.30	9.49	9.65	9.81	9.95
7	.95	3.34	4.16	4.69	5.06	5.36	5.6	5.82	6.00	6.16	6.30	6.43	6.55	6.66	6.76
	.99	4.95	5.92	6.54	7.01	7.37	7.68	7.94	8.17	8.37	8.55	8.71	8.86	9.00	9.12
8	.95	3.26	4.04	4.53	4.89	5.17	5.40	5.60	5.77	5.92	6.05	6.18	6.29	6.39	6.48
	.99	4.74	5.63	6.20	6.63	6.96	7.24	7.47	7.68	7.87	8.03	8.18	8.31	8.44	8.55
9	.95	3.20	3.95	4.42	4.76	5.02	5.24	5.43	5.60	5.74	5.87	5.98	6.09	6.19	6.28
	.99	4.60	5.43	5.96	6.35	6.66	6.91	7.13	7.32	7.49	7.65	7.78	7.91	8.03	8.13
10	.95	3.15	3.88	4.33	4.65	4.91	5.12	5.30	5.46	5.60	5.72	5.83	5.93	6.03	6.11
	.99	4.48	5.27	5.77	6.14	6.43	6.67	6.87	7.05	7.21	7.36	7.48	7.60	7.71	7.81

SOURCE: abridged from Table II.2 in The Probability Integrals of the Range and of the Studentized Range prepared by H. Leon Harter Donald S. Clemm, and Eugene H. Guthrie. These tables are published in WADC tech. Rep.58-484, vol.2, 1959.

附錄柒　鄧肯的多重差距表

df \ k	2	3	4	5	6	7	8	9	10	11	12	13	14	15	16	17	18	19
2	6.085																	
3	4.501	4.516																
4	3.927	4.013	4.033															
5	3.635	3.749	3.797	3.814														
6	3.461	3.587	3.649	3.680	3.694													
7	3.344	3.477	3.548	3.588	3.611	3.622												
8	3.261	3.399	3.475	3.521	3.549	3.566	3.575											
9	3.199	3.339	3.420	3.470	3.502	3.523	3.536	3.544										
10	3.151	3.293	3.376	3.430	3.465	3.489	3.505	3.516	3.522									
11	3.113	3.256	3.342	3.397	3.435	3.462	3.480	3.493	3.510	3.506								
12	3.082	3.225	3.313	3.370	3.410	3.439	3.459	3.474	3.484	3.491	3.496							
13	3.055	3.200	3.289	3.348	3.389	3.419	3.442	3.458	3.470	3.478	3.484	3.488						
14	3.033	3.178	3.268	3.329	3.372	3.403	3.426	3.444	3.457	3.467	3.474	3.479	3.482					
15	3.014	3.160	3.250	3.312	3.356	3.389	3.413	3.432	3.446	3.457	3.465	3.471	3.476	3.478				
16	2.998	3.144	3.235	3.298	3.343	3.376	3.402	3.422	3.437	3.449	3.458	3.465	3.470	3.473	3.477			
17	2.984	3.130	3.222	3.285	3.331	3.366	3.392	3.412	3.429	3.441	3.451	3.459	3.465	3.469	3.473	3.475		
18	2.971	3.118	3.210	3.274	3.321	3.356	3.383	3.405	3.421	3.435	3.445	3.454	3.460	3.465	3.470	3.472	3.474	
19	2.960	3.107	3.199	3.264	3.311	3.347	3.375	3.397	3.415	3.429	3.440	3.449	3.456	3.462	3.467	3.470	3.472	3.743
20	2.950	3.097	3.190	3.255	3.303	3.339	3.368	3.391	3.409	3.424	3.436	3.445	3.453	3.459	3.464	3.467	3.470	3.472
24	2.919	3.066	3.160	3.226	3.276	3.315	3.345	3.370	3.390	3.406	3.420	3.432	3.441	3.449	3.456	3.461	3.456	3.469
30	2.888	3.035	3.131	3.199	3.250	3.290	3.322	3.349	3.371	3.389	3.405	3.418	3.430	3.439	3.447	3.454	3.460	3.466
40	2.858	3.006	3.102	3.171	3.224	3.266	3.300	3.328	3.352	3.373	3.390	3.405	3.418	3.429	3.439	3.448	3.456	3.463
60	2.829	2.976	3.073	3.143	3.198	3.241	3.277	3.307	3.333	3.355	3.374	3.391	3.406	3.419	3.431	3.442	3.451	3.460
120	2.800	2.947	3.045	3.116	3.172	3.217	3.254	3.287	3.314	3.337	3.359	3.377	3.394	3.409	3.423	3.435	3.466	3.457
∞	2.772	2.918	3.017	3.089	3.146	3.193	3.232	3.265	3.294	3.320	3.343	3.363	3.382	3.399	3.414	3.428	3.442	3.454

df \ k	2	3	4	5	6	7	8	9	10	11	12	13	14	15	16	17	18	19
2	14.04																	
3	8.461	8.321																
4	6.512	6.677	6.740															
5	5.702	5.893	5.989	6.040														
6	5.243	5.439	5.549	5.614	5.655													
7	4.949	5.145	5.260	5.334	5.383	5.416												
8	4.746	4.939	5.057	5.135	5.189	5.227	5.256											
9	4.596	4.787	4.906	4.986	5.043	5.086	5.118	5.142										
10	4.482	4.671	4.790	4.871	4.931	4.975	5.010	5.037	5.058									
11	4.392	4.579	4.697	4.780	4.841	4.887	4.924	4.952	4.975	4.994								
12	4.320	4.504	4.622	4.706	4.767	4.815	4.852	4.883	4.907	4.927	4.944							
13	4.260	4.442	4.560	4.644	4.706	4.755	4.793	4.824	4.850	4.872	4.889	4.904						
14	4.210	4.391	4.508	4.591	4.654	4.704	4.743	4.775	4.802	4.824	4.843	4.859	4.872					
15	4.168	4.347	4.463	4.547	4.610	4.660	4.700	4.733	4.760	4.783	4.803	4.820	4.834	4.846				
16	4.131	4.309	4.425	4.509	4.572	4.622	4.663	4.696	4.724	4.748	4.768	4.786	4.800	4.813	4.825			
17	4.099	4.275	4.391	4.475	4.539	4.589	4.630	4.664	4.693	4.717	4.738	4.756	4.771	4.785	4.797	4.807		
18	4.071	4.246	4.362	4.445	4.509	4.560	4.601	4.635	4.664	4.689	4.711	4.729	4.745	4.759	4.772	4.783	4.792	
19	4.046	4.220	4.335	4.419	4.483	4.534	4.575	4.610	4.639	4.665	4.686	4.705	4.722	4.736	4.749	4.761	4.771	4.780
20	4.024	4.197	4.312	4.395	4.459	4.510	4.552	4.587	4.617	4.642	4.664	4.684	4.701	4.716	4.729	4.741	4.751	4.761
24	3.956	4.126	4.239	4.322	4.386	4.437	4.480	4.516	4.546	4.573	4.596	4.616	4.634	4.651	4.665	4.678	4.690	4.700
30	3.889	4.056	4.168	4.250	4.314	4.366	4.409	4.445	4.477	4.504	4.528	4.550	4.569	4.586	4.601	4.615	4.628	4.640
40	3.825	3.988	4.098	4.180	4.244	4.296	4.339	4.376	4.408	4.436	4.461	4.483	4.503	4.521	4.537	4.553	4.566	4.579
60	3.762	3.922	4.031	4.111	4.174	4.226	4.270	4.307	4.340	4.368	4.394	4.417	4.438	4.456	4.474	4.490	4.504	4.518
120	3.702	3.858	3.965	4.044	4.107	4.158	4.202	4.239	4.272	4.301	4.327	4.351	4.372	4.392	4.410	4.426	4.442	4.456
∞	3.643	3.796	3.900	3.978	4.040	4.091	4.135	4.172	4.205	4.235	4.261	4.285	4.307	4.327	4.345	4.363	4.379	4.394

附錄捌　卡方臨界值表

df	.99	.98	.95	.90	.80	.70	.50	.30	.20	.10	.05	.02	.01	.001
1	.0002	.0006	.0039	.016	.064	.15	.46	1.07	1.64	2.71	3.84	5.41	6.64	10.83
2	.02	.04	.10	.21	.45	.71	1.39	1.41	3.22	4.60	5.99	7.82	9.21	13.82
3	.12	.18	.35	.58	1.00	1.42	2.37	3.66	4.64	6.25	7.82	9.84	11.34	16.27
4	.30	.43	.71	1.06	1.65	2.20	3.36	4.88	5.99	7.78	9.49	11.67	13.28	18.47
5	.55	.75	1.14	1.61	2.34	3.00	4.35	6.06	7.29	9.24	11.07	13.39	15.09	20.52
6	.87	1.13	1.64	2.20	3.07	3.83	5.35	7.23	8.56	10.64	12.59	15.03	16.81	22.46
7	1.24	1.56	2.17	2.83	3.82	4.67	6.35	8.38	9.80	12.02	14.07	16.62	18.48	24.32
8	1.65	2.03	2.73	3.49	4.59	5.53	7.34	9.52	11.03	13.36	15.51	18.17	20.09	26.12
9	2.09	2.53	3.32	4.17	5.38	6.39	8.34	10.66	12.24	14.68	16.92	19.68	21.67	27.88
10	2.56	3.06	3.94	4.86	6.18	7.27	9.34	11.78	13.44	15.99	18.31	21.16	23.21	29.59
11	3.05	3.61	4.58	5.58	6.99	8.15	10.34	12.90	14.63	17.28	19.68	22.62	24.72	31.26
12	3.57	4.18	5.23	6.30	7.81	9.03	11.34	14.01	15.81	18.55	21.03	24.05	26.22	32.91
13	4.11	4.76	5.89	7.04	8.63	9.93	12.34	15.12	16.98	19.81	22.36	25.47	27.69	34.53
14	4.66	5.37	6.57	7.79	9.47	10.82	13.34	16.22	18.15	21.06	23.68	26.87	29.14	36.12
15	5.23	5.98	7.26	8.55	10.31	11.72	14.34	17.32	19.31	22.31	25.00	28.26	30.58	37.70
16	5.81	6.61	7.96	9.31	11.15	12.62	15.74	18.42	20.46	23.54	26.30	29.63	32.00	39.25
17	6.41	7.26	8.67	10.08	12.00	13.53	16.34	19.51	22.62	24.77	27.59	31.00	33.41	40.79
18	7.02	7.91	9.39	10.86	12.86	14.44	17.34	20.60	22.76	25.99	28.87	32.35	34.80	42.31
19	7.63	8.57	10.12	11.65	13.72	15.35	18.34	21.69	23.90	27.20	30.14	33.69	36.19	43.82
20	8.26	9.24	10.85	12.44	14.58	16.27	19.34	22.78	25.04	28.41	31.41	35.02	37.57	45.32
21	8.90	9.92	11.59	13.24	15.44	17.18	20.34	23.86	26.17	29.62	32.67	36.34	38.93	46.80
22	9.54	10.60	12.34	14.04	16.31	18.10	21.34	24.94	27.30	30.81	33.92	37.66	40.29	48.27
23	10.20	11.29	13.09	14.85	17.19	19.02	22.34	26.02	28.43	32.01	35.17	38.97	41.64	49.73
24	10.86	11.99	13.85	15.66	18.06	19.94	23.34	27.10	29.55	33.20	36.42	40.27	42.98	51.18
25	11.52	12.70	14.61	16.47	18.94	20.87	24.34	28.17	30.68	34.38	37.65	41.57	43.31	52.62
26	12.20	13.41	15.38	17.29	19.82	21.79	25.34	29.25	31.80	35.56	38.88	42.86	45.64	54.05
27	12.88	14.12	16.15	18.11	20.70	22.72	26.34	30.32	32.91	36.74	40.11	44.14	46.96	55.48
28	13.56	14.85	16.93	18.94	21.59	23.65	27.34	31.39	34.03	37.92	41.34	45.42	48.28	56.89
29	14.26	15.57	17.71	19.77	22.48	24.58	28.34	32.46	35.14	39.09	42.56	46.69	49.59	58.30
30	14.95	16.31	18.49	20.60	23.36	25.51	29.34	33.53	36.25	40.26	43.77	47.96	50.89	59.70

SOURCE: Taken from Table IV of Fisher and Yates': *Statistical Tables of Biological, Agricultural and Medical Research* (6th Edition 1974) published by Longman Group UK Ltd. London. (previously published by Oliver and Boyd Ltd, Edinburg.)

附錄玖　.05與.01顯著水準的 ρ 值

N(No. of pairs)	.050	.010
5	1.000	—
6	.886	1.000
7	.786	.929
8	.738	.881
9	.683	.833
10	.648	.794
12	.591	.777
14	.544	.714
16	.506	.665
18	.475	.625
20	.450	.591
22	.428	.562
24	.409	.537
26	.392	.515
28	.377	.496
30	.364	.478

附錄拾　曼—惠特尼U檢定的臨界值表

n₁＼n₂	9	10	11	12	13	14	15	16	17	18	19	20
1												
2	0	0	0	1	1	1	1	1	2	2	2	2
3	2	3	3	4	4	5	5	6	6	7	7	8
4	4	5	6	7	8	9	10	11	11	12	13	13
5	7	8	9	11	12	13	14	15	17	18	19	20
6	10	11	13	14	16	17	19	21	22	24	25	27
7	12	14	16	18	20	22	24	26	28	30	32	34
8	15	17	19	22	24	26	29	31	34	36	38	41
9	17	20	23	26	28	31	34	37	39	42	45	48
10	20	23	26	29	33	36	39	42	45	48	52	55
11	23	26	30	33	37	40	44	47	51	55	58	62
12	26	29	33	37	41	45	49	53	57	61	65	69
13	28	33	37	41	45	50	54	59	63	67	72	76
14	31	36	40	45	50	55	59	64	67	74	78	83
15	34	39	44	49	54	59	64	70	75	80	85	90
16	37	42	47	53	59	64	70	75	81	86	92	98
17	39	45	51	57	63	67	75	81	87	93	99	105
18	42	48	55	61	67	74	80	86	93	99	106	112
19	45	52	58	65	72	78	85	92	99	106	113	119
20	48	55	62	69	76	83	90	98	105	112	119	127

*Adapted and abridged from Tables 1,3,5 and 7 of D. Auble. Extended tables for the Mann-Whitney statistic. *Bulletin of the Institute of Educational Research at Indiana University*. 1953, 1 (No.2).

・・・重要參考文獻・・・

壹、中文部分

（註：①書名、期刊名稱及其卷別或單獨期別，本書參照APA寫法，以斜體字示之；另國內亦有人改以粗黑斜體字或粗黑字體呈現，可供取捨；②年代係依原著作標示的民國紀元，加上1911，以轉換為西元年分。）

中國教育學會（主編）（1987）。*教育研究方法論*。師大師苑。

王大修（1983）。我國大學教育機會均等的再檢討。*教育資料文摘，1*，11-35。

王文科（譯）（1981）。*教育研究法*（J. W. Best著）。復文圖書（原著作出版於1977年）。

王文科（1989a）。*如何選訂教育研究的專題*，79年教育專題研究選題研習教材。台灣省政府教育廳主辦，省立台中師範學院承辦。

王文科（1989b）。常用研究方法。輯於台灣省立台中師範學院編，*國民小學分科研習教育研究法研習教材*（64-123頁）。教育廳。

王文科（1989c）。教育研究的基本性質及其相關概念剖析。*特殊教育學報，4*，271-304。

王文科（編譯）（1994）。*質的教育研究法*（第二版，J. S. McMillan和S. Schumacher著）。師大師苑（原著作出版於1989年）。

王文科（2000）。*質的研究問題與趨勢*，1月25日發表於國立中正大學教育研究所承辦之「質的研究方法」研討會。

王文科、王智弘（譯）（1999）。*焦點團體訪談*（S. Vaugh, J. S. Schamm, & J. M. Sinagub著）。五南圖書（原著作出版於1996年）。

王文科、王智弘（譯）（2002）。*質的教育研究—概念分析*（J. H. McMillan & S. Schumacher著）。師大書苑（原著作出版於2001年）。

王文科、王智弘（2010）。質的研究的信度和效度。*彰化師大教育學報，17*，29-50。

王文科、王智弘（2014）。*課程發展與教學設計論*（第九版）。五南圖書。

吳芝儀、李奉儒（譯）（2008）。*質性研究與評鑑*（M. Q. Patton著）。濤石文化（原著作出版於2002年）。

吳明清（1982）。*教育的科學研究方法*。教育廳。

吳勝儒、鄭翠娟、莊育芬、王志全、唐詠雯、王淑仙……謝協君（譯）（2003）。*單一受試者研究—在教育與臨床情境中的應用*（S. B. Richards, R. L. Taylor, R. Ramassamy, & R. Y. Richards著）。濤石文化（原著作出版於1999年）。

呂俊甫（1970a）。教育研究與科學方法。輯於呂俊甫著，*教育與人才*（113-115頁）。台灣商務印書館。

呂俊甫（1970b）。學術的基本研究與應用研究。輯於呂俊甫著，*教育與人才*（105-112頁）。

台灣商務印書館。

林生傳（2003）。*教育研究法*。心理出版社。

林金悔（1977）。我國國小教師體罰態度與其人格特質的關係。*台灣師範大學教育研究所集刊，19*，399-482。

林清山（1978a）。*心理與教育統計學*。東華書局。

林清山（1978b）。教學情境的社會互動分析。輯於台灣師範大學教育系、所主編，*教育學研究*（519-534頁）。偉文圖書。

周家驥（1999）。*教育科學研究方法*。上海教育出版社。

郭生玉（1981）。*心理與教育研究法*。大世紀。

馬信行（2002）。*教育科學導論*。元照。

陳伯璋（1988）。*教育研究方法的新取向*。南宏圖書。

陳英豪、吳裕益（1982）。*測驗的編製與應用*。偉文圖書。

黃昆輝（1978）。我國大學入學考試報考者與錄取者家庭社會、經濟背景之比較。*台灣師範大學教育研究所集刊，20*，141-326。

黃昆輝（1980）。台灣省未來六年國小教師需求量之推估研究。輯於黃昆輝著，*教育行政與教育問題*（701-725頁）。五南圖書。

許天威（2003）。*個案實驗研究法*。五南圖書。

張宇樑、吳榴椒（譯）（2007）。*研究設計：質化、量化及混合方法取向*（J. W. Creswell 著）。學富文化（原著作出版於2004年）。

張昇鵬（主編）（2018）。*學不厭、教不倦：王文科博士教育文選*。國立彰化師範大學。

程又強、陳明終和吳清山（1988）。*教育與論文索引彙編*。心理出版社。

程法泌（1968）。人格衡量的新技術—猜人測驗。輯於孫亢曾等著，*現代教育論叢*。開明書店。

曾守得（1989）。*教育人種誌研究方法論*。五南圖書。

曾濟群（1994）。建構「資訊高速公路」圖書館應扮演的角色：中央圖書館的經驗。*國立中央圖書館館訊，16*(3)，1-7。

楊國樞、斐宗一、吳聰賢、李亦園（1978）。*社會及行為學研究法（上、下）*。東華書局。

賈馥茗（1970）。教育學的方法論。*台灣師範大學教育研究所集刊，12*，13-40。

賈馥茗（1979）。*教育概論*。五南圖書。

賈馥茗等（1981）。*教育與人格發展*。復文圖書。

臺灣省立屏東師範學院（1986）。*質的探討在教育研究上的應用學術研討會論文集*。

廖世傑、呂珮珊、周琬琳、王智弘、王文科（2012）。從研究倫理的發展探討教育研究中受試者權益之保護。*東海教育評論，5*，81-110。

蔡美華、李偉俊、王碧霞、莊勝發、劉斐文、許家吉、林中凱、蔡文標（譯）（1999）。*單一受試者設計與分析*（C. H. Krishef著）。五南圖書（原著作出版於1991年）。

蔡美華（譯）（2008）。*行動研究法*（G. E. Mills著）。學富文化（原著作出版於2007年）。

歐用生（1989）。**質的研究**。師大書苑。

歐滄和、李茂能（1985）。*社會科學研究方法辭典*。復文圖書。

簡茂發（1987）。*心理測驗與統計方法*。心理出版社。

簡茂發（1989）。教育研究的統計方法(一)(二)。輯於台中師範學院編印，**國民小學教師分科研習教育研究法研習教材**（158-254頁）。教育廳。

謝廣全（1987）。*最新實用心理與教育統計學*（增訂三版）。復文圖書。

貳、英文部分

Adams, G. R., & Schvaneveldt, J. D. (1985). *Understanding research methods*. Longman.

Ahamann, J. S. (1979, winter). Differential changes in levels of achievement for students in there age groups. *Educational Studies, 10*, 35-45.

Aiken, L. R. (1979, 1985, 1991). *Psychological testing and assessment* (3rd, 5th & 7th ed.). Allyn & Bacon.

Alkin, M. C. (1971). *Theory of evaluation: A monography* by: Center for the Study of Evaluation, UCLA Graduate School of Education.

Allport, G. W. (1961). *Pattern and growth in personality*. Holt, Rinehart & Winston.

Altheide, D. L., & Johnson, J. M. (1994). Criteria for assessing interpretive validity in qualitative research. In N. K. Denzin & Y. S. Lincoln (Eds.). *Handbook of qualitative research* (pp.485-499).

American Psychological Association. (2020). *Publication manual of the American psychological association* (7th ed.). Author.

Anderson, D. B., & Levin, S. B. (1976, September). Young children's attention to SeSame Street. *Child Development, 47*, 806-811.

Arthur, J., Waring, M., Coe, R., & Hedges, L.V. (Eds.). (2012). *Research methods and methodologies in education*. Sage.

Ary, D. L., Chester Jacobs, L., Sorensen Irvine, C. K., & Walker, D. A. (2019). *Introduction to research in education* (10th ed.). Wadsworth, Cengage Learning.

Aydelotte, W. O. (1963). Notes on the problem of historical generalization. In L. Gottschalk (Ed.), *Ge-neralization in the writing of history*. University of Chicago Press.

Babbie, E. R. (1990). *Survey research methods* (2nd ed.). Wadsworth.

Babbie, E. R. (2002). *The basics of social research* (2nd ed.). Wadsworth.

Babbie, E. R. (2004). *The Practice of social research* (10th ed.). Wadsworth.

Baer, L., & Ahem, D. K. (1988). *Statchoice-The statistical conducting program*. PSG Publishing.

Bailey, K. D. (1987). *Methods of social research* (3rd ed.). The Free Press.

Baker, E. L. (1984, March). Can educational research inform educational practice? Yes. *Phi Delta*

Kappan, 453-455.

Banda, D. R., & Therrien, W. J. (2008, Nov./Dec.). A teacher's guide to meta-analysis. *Teaching Exceptional Children 41* (2), 66-71.

Barlow, H., & Hersen, M. (1984). *Single-case experimental designs* (2nd ed.). Pergamon Press.

Bassey, M. (1999). *Case study research in educational settings*. Open University Press.

Berg, B. L. (2007). *Qualitative research methods for the social sciences* (6th ed.) Allyn & Bacon.

Best, J. W., & Kahn, J. V. (2006). *Research in education* (10th ed.). Allyn & Bacon.

Bloom, M. (1986). *The experience of research*. Macmillan Pub.

Bogdan, R. C., & Biklen, S. K. (2013). *Qualitative research for education: An introduction to theory and methods* (6th ed.). Allyn & Bacon.

Boraks, N., & Schumacher, S. (1981). *Ethnographic research on word recognition strategies of adult beginning readers*, Technical report. Richmond: Virginia Commonwealth University, School of Education. ERIC database. (ED. 207 007). http://... .

Borg, W. R. (1963). *Educational research*. David Mckay Co.

Borg, W. R. (1981). *Applying educational research: An practical for teachers*. Longman.

Borg, W. R., & Gall, M. D. (1989). *Educational research: An Introduction* (5th ed.). Longman.

Bowdouris, G. J. (1985). *An assessment of Ohio public school teacher instructional practices and perceptions towards aerospace education as related to the educational services provided to teacher by the NASA Lewis Research Center: A Federal government influence on public school curriculum*.(Doctoral dissertation, University of Toledo, Toledo, Ohio).

Bracht, G. H., & Glass, G. V. (1968). The external validity of experiments. *American Educational Research Journal, 5*, 437-74.

Bradburn, N. M. et al. (1981). *Improving interview method and questionnaire design*. Jossey-Bass.

Byrne, B. M. (1998). *Structural equation modeling with LISREL, Prelis and Simblis: Basic concepts, applications and programing*. Lawrence, Erlbaum Associates, Publishers.

Campbell, D. T., & Stanley, J. C. (1963). *Experimental and quasi-experimental designs for research*. Rand McNally & Co.

Carr, E. H. (1961). *What is history?* Vintage books.

Check, J., & Schutt, R. K. (2012). *Research methods in education*. Sage.

Clandinin, D. J., & Connelly, F. M. (2000). *Narrative inquiry: Experience and story in qualitative research*. Jossey-Bass.

Clough, P. (2002). *Narratives and fictions in educational research*. Open University Press.

Cohen, J. (1988). *Statistical power analysis for the behavioral sciences*. Erbaum.

Cohen, L., Manion, L., & Morrison, K. (2012). *Research methods in education* (7th ed.). London : Routledge.

Coleman, J. S. et al. (1965). *Equality of educational opportunity*. U.S. Government Printing Office.

Connelly, F. M., & Clandinin, D. J. (1990). Story of experience and narrative inquiry. *Educational Researcher, 19*(5), 2-14.

Cook. D. R., & LaFleur, N. K. (1975). *A guide to educational research* (2nd ed.). Allyn & Bacon.

Cook, T. D., & Campbell, D. T. (1979). *Quasi-experimentation: Design and analysis issues for field settings*. Rand McNally.

Colton, D., & Covert, R. W. (2007). *Designing and constructing instruments for social research and evaluation*. John, Wiley & Sons.

Corey, S. M. (1953). *Action research to improve school practices*. Bureau of Publication, Teacher's College, Columbia University.

Creswell, J. W. (2013). *Qualitative inquiry and research design: Choosing among five approaches* (3rd ed.). Sage Publications, Inc.

Creswell, J. W. (2018). *Educational research: Planning, conducting, and evaluating quantitative and qualitative research* (6th ed.). Pearson Education, Inc.

Creswell, J. W., & Plano Clark, V. L. P. (2011). *Designing and conducting mixed methods research* (2nd ed.). Sage Publications.

Denzin, N. K. (1978a). *Sociogical methods*. McGraw-Hill.

Denzin, N. K. (1978b). *The research art: A theoretical introduction to sociological methods* (2nd ed.). Aldine.

Denzin, N., & Lincoln, Y. S. (Eds.) (2005). *The Sage handbook of qualitative research* (3rd ed.). Sage Publicatns.

Dillman, D. A. (1978). *Mail and telephone surveys*. John Wiley & Sons.

DiStefano, P., Noe, M., & Valencia, S. (1981). Measurement of the effects of purpose and passage difficulty on reading flexibility. *Journal of Educational Psychology, 78*, 602-606.

Dooley, D. (1984). *Social research methods*. Prentice-Hall, Inc.

Dorr-Bremme, D. W. (1985, Spring). Ethnographic evaluation: A theory and method. *Educational Evaluation and Policy Analysis, 7*(1), 65-83.

Ebbutt, D. (1985). Educational action research: Some general concerns and specific quibbles. In R. G. Burgess (Ed.), *Issues in educational research: Qualitation methods* (pp. 152-174). Falmer Press.

Ebel, R. L. (Ed.). (1969). *Encyclopedia of educational research* (4th ed.). Macmillam.

Edwards, A. L. (1957). *Techniques of attitudes scale construction*. Appleton-Century-Crofts, Inc.

Edwards, A. L., & Kenney, K. C. (1946, February). A comparison of the Thurstone and Likert techniques of attitude scale construction. *Journal of Applied Psychology, 30*, 74-83.

Eisner, E. (1981). On the differences between scientific and artistic approaches to qualitative research. *Educational Research, 10*(4), 5-9.

Eisner, E. W. (1984, February). Can educational research inform educational practice? *Phi Delta*

Kappan, 447-452.

Efron, S. E., & Ravid, R. (2013). *Action research in education: A practical guide*. The Guilford Press.

Ferrance, E. (2000). *Action research*. Providence, RI: Northeaster and Island Regional Educational Laboratory at Brown University.

Fetterman, D. M. (Ed.). (1984). *Ethnography in educational evaluation*. Sage Pub. Inc.

Finley, M. I. (1963). Generalizations in ancient history. In L. Gottschalk (Ed.), *Generalization in the writing of history*. University of Chicago Press.

Flanders, N. A. (1970). *Analyzing teaching behavior*. Addison-Wesley.

Fowler, Jr., F. J. (1988). *Survey research methods* (rev. ed.). Sage Publishing.

Fraenkel, J. R., & Wallen, N. E. (1993). *How to design and evaluate research in education* (2nd ed.). McGraw-Hill Inc.

Fraenkel, J. R., Wallen, N. E., & Hyun, H. H. (2015).*How to design and evaluate research in education* (9th ed.). McGraw-Hill.

Gall, M. D., Gall, J. P., & Borg, W. R. (2007). *Education research: An introduction* (8th ed). Allyn & Bacon.

Gall, M. D., Gall, J. P., & Borg, W. R. (2010). *Applying education research: How to read, do, and use research to solve problems of practice* (6th ed.). Pearson Education, Inc.

Gay, L. R., Mills, G. E., & Airasian, P. (2012). *Educational research: Competencies for analysis and applications* (10th ed.). Prentice Hall.

George, D., & Mallery, P. (2001). *SPSS for Windows: Step by step: A simple guide and reference 10.0 update*. Allyn & Bacon.

Glass, G. (1976). Primary, secondary, and meta-analysis of research. *Educational research, 5*, 3-8.

Glass, G., McGraw, B., & Smith, M. (1981). *Meta-analysis in social research*. Sage.

Glass, G.V., & Stanley, J. C. (1970). *Statistical methods in education and psychology*. Prentice-Hall.

Glatthorn, A. A., Boschee, F., Whitehead, & B. Boschee, B. F. (2016). *Curriculum leadership: Development and implementation* (4th ed.). Sage Publications.

Goetz, J. P., & LeCompte, M. D. (1984). *Ethnography and qualitative design in educational research*. Academic Press.

Gold, R. L. (1969). Roles in sociological field observation. In G. I. McGall & J. L. Simmons (Eds.), *Participant observation reading* (pp.30-39). Addison-Wesley.

Good, C. V. (1972). *Essential of educational research: Methodology and design* (2nd ed.).Meredith Corportion.

Good, C. V. (Ed.) (1973). *Dictionary of education*. McGraw-Hill.

Gottschalk, L. (1956). *Understanding history*. Alfred A. Knopf, Inc.

Gottschalk, L. (Ed.) (1963). *Generalization in the writing of history*. University of Chicago Press.

Guilford, J. P. (1965). *Fundamental statistics in psychology and education* (4th ed.). McGraw-Hill.

Guttman, L. (1945). *Questions and answers about scale analysis*. Research Branch, Information and Education Division, Army Service Forces, Report D-2.

Guy, R. F., Edgley, C. E. Arafat, I., & Allen, D. E. (1987). *Social research methods*. Allyn & Bacon.

Hakel, M. D. (1968, July). How often is often? *American Psychologist, 23*, 533-534.

Hancock, D. R., & Algozzine, B. (2006). *Doing case study research: A practical quide for beginning researcher*. Teachers College, Columbia University.

Harrison, N. (1979). *Understanding behavioral research*. Wadsworth.

Harvey, L., & Newton, J. (2004, July). Transforming quality education. *Quality in Higher Education. 10*(2), 149-165.

Hawkins, G. S., & White, J. B. (1965). *Stonehenge decoded*. Doubleday.

Helmer, O. (1994). Adversary Delphi. *Futures, 26*(1), 79-87.

Hersen, M., & Barlow, D. H. (1976). *Single-case experimental designs: strategies for studying behavior*. Pergamon Press.

Hitchcock, G., & Hughes, D. (1995). *Research and the teacher-A qualitative introduction to school-based research* (2nd ed.). Routledge.

Howard, G. S. (1985). *Basic research methods in social sciences*. Scott, Foresman and Co.

Howell, D. C. (2007). *Statistical methods for psychology* (6th ed.). Duxbury.

Huck, S. W., Cormier, W. H., & Bounds, W. G. Jr. (1974). *Readings statistics and research*. Harper & Row.

Hy, R. J., Feig, D. G., & Regoli, R. M. (1983). *Research methods and statistics*. Anderson Pub. Co.

Hymes, D. H. (1978). *What is ethnography?* Sociolinguistics working paper, #45 Southwest Educational Development Laboratory, Austin, Texas.

Isaac, S., & Michael, W. B. (1981). *Handbook in research and evaluation* (2nd ed.). Edits Publishers.

Jacob, E. (1987). Qualitative research traditions: A review. *Review of Educational Research, 57* (1), 1-50.

Johnson, B., & Christensen, L. (2004). *Educational research: Quantitative, qualitative, and mixed approach* (2nd ed.). Allyn & Bacon.

Johnson, R. B., & Onwuegbuzie, A. J. (2004). A framework for analyzing data in mixed methods research, In A. Tashakkori & C. Teddlie (Eds.), *Handbook of mixed methods in social and behavioral research* (pp. 351-383). Sage.

Joint Committee on Standards for Educational Evaluation (2016). *Program evaluation standards statements*. Retrieved from http://www.jcsee.org/program-evaluationstandarss-statements

Kahn, J. V. (1984). Cognitive training and its relationship to the language of profoundly retarded children. In J. M. Berg (Ed.), *Perspectives and progress in mental retardation*. University Park Press.

Kamil, M. L., Langer, J. A., & Shanahan, T. (1985). *Understanding research in reading and writing.* Allyn & Bacon.

Kaplan, A. (1983). *The conduct of inquiry.* Aylesbury, Buckinghamshire, Intertext Books.

Kazdin. A. E. (1982). *Single case research designs: methods for clinical and applied settings.* Oxford University Press.

Kemmis, S., McTaggart, R., & Nixon, R. (2014). *The action research planner: Doing critical participatory action research.* Springer Press.

Kerlinger, F. N., (1973, 1986). *Foundations of behavioral research: Educational and psychological inquiry* (2nd, 3rd ed.). CBS College Publishing.

Kerlinger, F. N., & Lee, H. B. (2000). *Foundations of behavioral research* (4th ed.). Harcourt College Publishers.

Kneller, G. F. (1984). *Movements of thought in modern education.* John, Wiley & Sons.

Krathwohl, D. R. (1985). *Social and behavioral science research.* Jossey-Bass Pub.

Leedy, P. D., & Ormrod, J. E. (2015). *Practical research: Planing and design* (10th ed.). Allyn & Bacon.

Lemley, C. K., & Mitchell, R. W. (2012). Narrative inquiry: Stories lived, stories told, In S. D. Lapan, Quartaroli, M. T., & Riemer, F. J. (Eds.). *Qualiative research: An introduction to methods and designs.* (pp. 215-241). Jossey-Bass.

Lincoln, Y. S., & Guba, E. G. (1985). *Naturalistic inquiry.* Sage Pub. Inc.

Lipsey, M. W. (1990). *Design sensitivity: Statistical power for experimental research.* Sage Publications.

Lodico, M. G., Spaulding, D. T., & Voegtle, K. H. (2010). *Methods in educational research: From theory to practice* (2nd ed.). Jossey-Bass.

Lofland, J., & Lofland, L. H. (1995). *Analyzing social setting: A guide to qualitative observation and analysis* (3rd ed.). Wadsworth.

Luck, J. S. (1985). *The principal & the unsatisfaction teacher: A field study.* Unpublished doctoral dissertation, Virginia Polytechnic Institute and State University.

Malone, M. K. (2011). *Qualitative tips, tricks, and trends.* Paramount Market Publishing.

Markoff, J. et al. (1975). Toward the integration of content analysis and general methodology. In D. R. Heise (Ed.). *Sociological methodology*, Jossey-Bass.

Marshall, C., & Rossman, G. (2006). *Designing qualitative research* (4th ed.). Sage Publications.

Martella, R. C., Nelson, J. R., Morgan, R. L., & Marchand-Martella, N. E. (2013). *Understanding and interpreting educational research.* The Guilford Press.

Maxwell, J. A. (2005). *Qualitative research design: An interactive approach* (2nd ed.). Sage.

McConaghy, M. (1975, fall). Maximum possible error in Guttman scales. *Public Opinion Quarterly, 39*, 343-357.

McMillan, J. H., (2016). *Educational research: Fundamental for the consumer* (7th ed.). Pearson Education, Inc.

McMillan, J. H., & Schumacher, S. (2006). *Research in education: A conceptual introduction* (6th ed.). Addison Wesley Longman, Inc.

McMillan, J. H., & Schumacher, S. (2010). *Research in Education: Evidence based inquiry* (7th ed.). Allyn & Bacon.

McNeil, J. D. (2008). *Contemporary curriculum in thought and action* (7th ed.). John Wiley & Sons, Inc.

Mertler, C. A. (2016). *Introduction to educational research*. Sage Publications, Inc.

Mertler, C. A., & Charles, C. M. (2008). *Introduction to educational research* (6th ed.). Allyn & Bacon.

Merton, P. K. (1968). *Social theory and social structure*. The Free Press.

Mess, C. E. K. (1934). Scientific thought and social reconstruction. *American Scientist, 22*, 13-14.

Metfessel, N. S., & Michael, W. B. (1967). A paradigm involving multiple criterion measures for the evaluation of the effectiveness of school progress. *Educational and Psychological Measure, 27*, 3931-3943.

Miles, M. B., & Huberman, A. M. (1984). *Qualitative data analysis*. Sage Publications.

Mills, G. E. (2018). *Action research: A guide for the teacher researcher* (6th ed.). Pearson Education, Inc.

Mills, G. E., & Gay, L.R. (2016). *Educational research: Competencies for analysis and applications* (11th ed.). Pearson Education, Inc.

Minton, J. M. (1975, Spring). Impact of Sesame street on reading readiness. *Sociology of Education, 48*, 141-151.

Morgan, D. L. (1973). Evaluation: A semantic dilemma. In *The Educational Technology Reviews Series*, No. 11. Educational Technology Publication.

Morris, L. L., & Fitz-Gibbon, C. T. (1978). *Evaluator's handbook*. Sage Publications.

Mouly, G. T. (1978). *The science of educational research* (3rd ed.). Van Nostrand Reinhold Co.

Mount, N. S., & Roopnarine, J. L. (1987). Social-cognitive play patterns in same-age preschool classroom. *American Educational Research Journal, 24*, 463-476.

Neill, A. S. (1960). *Summer Hill*. Hart.

Neuman, W. L. (2011). *Social research methods: Qualitative and quantitative approaches* (7th ed.). Allyn & Bacon.

Nunndy, J. (1978). *Psychometric theory*. McGraw-Hill.

Oden, M. H. (1968). The fulfillment of promise: Forty-year follow-up of the Terman gifted group. *Genetic Psychology Monographs, 7*, 3-93.

Oliva, P. F. (2009). *Developing the curriculum* (7th ed.). Allyn & Bacon.

Onwuegbuzie, A. J., & Teddlie, C. (2003). Mixed methods research: A research paradigm whose time has come. *Educational Researcher, 33* (7), 14-26.

Oppenheim, A. N. (1992). *Quantitative design, interviewing and attitude measurement.* Pinter.

Osgood, G. E., Suci, G. J., & Tannenbaum, P. H. (1957). *The measurement of meaning.* University of Illinois Press.

Patton, M. Q. (2002). *Qualitative evaluation and research methods* (3rd ed.). Sage Publications, Inc.

Payne, G., & Payne, J. (2004). *Key concepts in social research.* Sage Publications.

Raim, J., & Adams, R. (1982). The case study approach to understanding learning disabilities. *Journal of Learning Disabilities, 15*, 116-118.

Reagan, M. D. (1967, March). Basic and applied research: A meaningful distinction? *Science, 155*, 1383-1386.

Richardson, S. A., Dohrenwend, B. S., & Klein, D. (1965). *Interviewing: Its forms and functions.* Basic Books.

Rosenthal, R. (1978). How often are our numbers wrong? *American Psychologist*, 1005-1008.

Sagor, R. (2000). *Guiding school improvement with action research.* ASCD.

Schumacher, S. (1984). *Evaluation of COTTEP filed-testing of workshop-seminar series and principles for summative evaluation.* Richmond: Virginia Commonwealth University, School of Education Retrieved from ERIC database (ED 252 499).

Schumacher, S., Esham, K., & Bauer, D. (1985). *Evaluation of a collaboration teacher education program: Planning, development and implementation, Phase III.* Richmond: Virginia Commonwealth University, School of Education. (ED 278 659). ERIC. http://... .

Schwartz, H., & Jacobs, J. (1979). *Qualitative sociology.* Division of Macmillan.

Scott, W. A., & Wertheimer, M. (1962). *Introduction to psychological research.* John, Wiley & Sons.

Sears, R. R. (1977). Sources of life satisfaction of the Terman's gifted men. *American Psychologist, 39*, 119-128.

Sears, P. S., & Barbee, A. H. (1978). Career and life satisfaction among Terman's gifted women. *In The gifted and the creative*: fifty-year perspective. John Hopkins University Press.

See, H. W. (1957, January). Sent it to the president. *Phi Delta Kappan, 38*, 130.

Sfard, A., & Prusak, A. (2005). Telling identities: In search of an analytic tool for investigating learning as a culturally shaped activity. *Educational Researcher, 34*(4), 14-22.

Shadish, W. R., Cook, T. D., & Campbell, K. R. (2002). *Experimental and quasi-experimental designs for generalized causal inference.* Houghton Mifflin.

Sherman, R. R., & Webb, R. B. (Eds.). (1988). *Qualitative research in education: Focus and methods.* The Falmer Press.

Sincoff, M. Z., & Goyer, R. S. (1984). *Interviewing.* Macmillan Pub. Co.

Slade, C., & Perrin, R. (2010). *Form and style: Research papers, reports, theses* (13ed.). Wadsworth/

Cengage Learning.

Slavin, R. E. (1994). *Research methods in education: A practical guide* (2nd ed.). Allyn & Bacon.

Smith, M. L. (1987, summer), Publishing qualitative research, *American Educational Research Journal, 24* (2), 173-183.

Smith, M. L., & Glass, G. V. (1977). Meta-analysis of psychotherapy outcome studies. *American Psychologist, 32*, 752-760.

Sowell, E. J., & Casey, R. J. (1982). *Research methods in education*. Wadsworth.

Spradley, J. P. (1979). *The ethnographic interview*. Holt Rinehart & Winston.

Spradley, J. P. (1980). *Participant observation*. Holt Rinehart & Winston.

Stake, R. E. (1978, February). The case study method in social inquiry, *Educational Researcher*, 5-8.

Stake, R. E. (2008). Qualitative case study. In N. K. Denzin & Y. S. Lincoln (Eds.), *Strategies of qualitative inquiry* (pp.119-150). Sage.

Stanley, J. C. (1957). Controlled experimentation in the classroom. *Journal of Experimental Education, 25* (3), 195-201.

Staver, J. R., & Gabel, D. C. (1979). The development and construct validation of a group-adminstered test of formall thought. *Journal of Research in Science Teaching, 16*, 535-544.

Stenhouse, L. (1985). A note on case study and educationl practice. In R. G. Burgess (Ed.), *Field methods in the study of education* (pp. 263-271). Falmer.

Stringer, E. T. (2007). Action research: *A handbook for practitioners* (3rd ed.). Sage.

Teddlie, C., & Yu, F. (2007). Mixed methods sampling: A typolog, with examples, *Journal of Mixed Methods. Research, 1* (1), 77-100.

Travers, R. M. W. (1969). *Introduction on educational research* (3rd ed.). Macmillan.

Tuckman, B. W. (1999). *Conducting educational research* (5th ed.). Harcourt, Brace College Publishers.

Turabian, K. C. (2007). *A manual for writers of research papers theses, and dissertation: Chicago style for students and researchers* (17th ed.). University of Chicago Press.

Van Dalen., D. B. (1979). *Understanding educational research* (4th ed.). McGraw-Hill.

Vockell, E. L. (1983). *Educational research*. Macmillan.

Webb, E. J. et al. (1966). *Unobtrusive measures: nonreactive research in the social sciences.* Rand McNally.

Webb, E. J. et al. (1981). *Nonreactive measures in the social sciences* (2nd ed.), Houghton Mifflin, 1981.

Wiersma, W. (1986). *Research methods in education: An introduction* (4th ed.). Allyn & Bacon.

Wiersma, W., & Jurs, S. G. (2005). *Research methods in education* (8th ed.). Allyn & Bacon.

Wiersma, W., & Jurs, S. G. (2009). *Research methods in education* (9th ed.). Allyn & Bacon.

Worthen, B. R., & Sanders, J. R. (1973). *Educational evaluation theory and practice*. Charles A.

Jones.

Wragg, E. C. (1994). *An introduction to classroom observation*. Routledge.

Wright, R. E., & Manera, E. S. (1984). Job stress and education administrator. *American Secondary Education, 13* (4), 13-16.

Yarbrough, D. B., Shulha, L. M., Hopson, R. K., & Caruthers, F. A. (2011). *The program evaluation standards: A guide for evaluators and evaluation users* (3rd ed.). Sage.

Yin, R. K. (1984). *Case study research: Design and methods*. Sage publications.

Yin, R. K. (1989). *Case study research: Design and methods* (Rev. ed.). Sage.

Yin, R. K. (1998). The abridged version of case study research: Design and method. In L. Bickmon & D. J. Rog (Eds.). *Handbook of applied social research methods*. Sage.

Yin, R. K. (2014). *Case study research: Design and methods*. (5th ed.). Sage. Publications, Inc.

···名詞索引···

壹、英漢對照

貳、漢英對照

7畫

8畫

11畫

國家圖書館出版品預行編目資料

教育研究法／王文科，王智弘著. -- 二十
版.--臺北市：五南圖書出版股份有限公司,
2024.09
　　面；　公分
　　ISBN 978-626-393-578-5（平裝）

1.CST: 教育研究法

520.31　　　　　　　　　　113010623

1I38

教育研究法

作　　者 ― 王文科、王智弘

企劃主編 ― 黃文瓊

責任編輯 ― 李敏華

文字校對 ― 李敏華

封面設計 ― 封怡彤

出 版 者 ― 五南圖書出版股份有限公司

發 行 人 ― 楊榮川

總 經 理 ― 楊士清

總 編 輯 ― 楊秀麗

地　　址：106臺北市大安區和平東路二段339號4樓

電　　話：(02)2705-5066　　傳　　真：(02)2706-6100

網　　址：https://www.wunan.com.tw

電子郵件：wunan@wunan.com.tw

劃撥帳號：01068953

戶　　名：五南圖書出版股份有限公司

法律顧問　林勝安律師

出版日期　1986年 3 月 初 版一刷
　　　　　2006年 3 月 十 版一刷（共二刷）
　　　　　2007年 3 月十一版一刷（共二刷）
　　　　　2008年 3 月十二版一刷（共三刷）
　　　　　2009年 3 月十三版一刷（共二刷）
　　　　　2010年 3 月十四版一刷（共三刷）
　　　　　2012年 3 月十五版一刷（共三刷）
　　　　　2014年 3 月十六版一刷（共三刷）
　　　　　2017年 6 月十七版一刷（共二刷）
　　　　　2019年 1 月十八版一刷
　　　　　2020年 9 月十九版一刷（共四刷）
　　　　　2024年 9 月二十版一刷

定　　價　新臺幣900元

經典永恆・名著常在

五十週年的獻禮——經典名著文庫

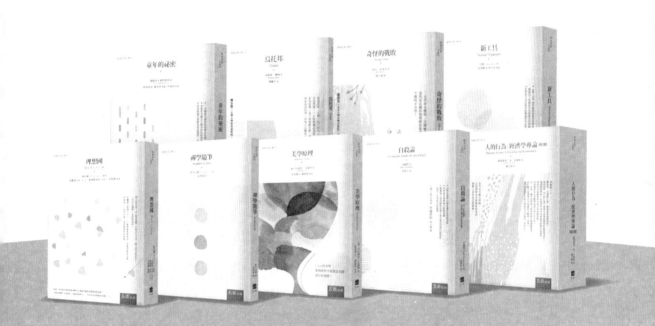

五南，五十年了，半個世紀，人生旅程的一大半，走過來了。

思索著，邁向百年的未來歷程，能為知識界、文化學術界作些什麼？

在速食文化的生態下，有什麼值得讓人雋永品味的？

歷代經典・當今名著，經過時間的洗禮，千錘百鍊，流傳至今，光芒耀人；

不僅使我們能領悟前人的智慧，同時也增深加廣我們思考的深度與視野。

我們決心投入巨資，有計畫的系統梳選，成立「經典名著文庫」，

希望收入古今中外思想性的、充滿睿智與獨見的經典、名著。

這是一項理想性的、永續性的巨大出版工程。

不在意讀者的眾寡，只考慮它的學術價值，力求完整展現先哲思想的軌跡；

為知識界開啟一片智慧之窗，營造一座百花綻放的世界文明公園，

任君遨遊、取菁吸蜜、嘉惠學子！